mandelbaum *verlag*

Andreas Stückler

KRITISCHE THEORIE DES ALTER(N)S

mandelbaum *verlag*

Gedruckt mit Unterstützung von

mandelbaum.at • mandelbaum.de

ISBN 978-3-99136-054-4
© mandelbaum verlag, wien • berlin 2024
alle Rechte vorbehalten

Lektorat: ELVIRA M. GROSS
Satz: KEVIN MITREGA, Schriftloesung
Umschlag: MARTIN BIRKNER
Druck: PRIMERATE, Budapest

Inhalt

Vorwort 9

1. Für eine kritische Theorie des Alter(n)s im Kapitalismus 11

2. Dissoziation des Alters 35

3. Zur historischen Konstitution des Alters im Kapitalismus .. 51

3.1 Das Alter und der »institutionalisierte Lebenslauf«
    der kapitalistischen Moderne 52
3.2 Die Steigerung der Lebenserwartung als soziale
    und historische Voraussetzung einer Lebensphase Alter 73
3.3 Entstehung einer Pflegephase 81
3.4 Alter(n) als gesellschaftliches »Problem« 82
3.5 Historische Etappen der Ausgliederung der Alten
    aus der Arbeit 85

4. Die überflüssigen Alten 95

4.1 Entbehrliche Arbeitskräfte, überflüssige Ruheständler 95
4.2 Kritik des Ruhestands oder Kritik der Arbeit? 109
4.3 Entbehrlich für Produktion und Reproduktion 122
4.4 Überflüssigkeit als totale Institution: das Altenheim 135
4.5 »Am besten wär's, euch zeitig totzuschlagen«:
    Die überflüssigen Alten als gesellschaftlich zu lösendes
    Problem 168

5. Der negative Altersdiskurs der kapitalistischen Moderne 194

5.1 Alter als Unproduktivität und Leistungsschwäche 202
5.2 Soziale (Kosten-)Last des Alters
    und »gesellschaftliche Überalterung« 212
5.3 Alter(n) als Krankheit und Verfall 237
5.4 »Alt werden, aber nicht alt sein«: Negativer Altersdiskurs
    versus positiver Langlebigkeitsdiskurs 267

6.	Altersloses Selbst, Jugendwahn und Anti-Ageing	286
6.1	Das »alterslose Selbst« des modernen Subjekts	295
6.2	Jugendwahn und Anti-Ageing	315
6.3	Sozialpsychologie der Überflüssigkeit	334
7.	Alter(n) im Zeichen neoliberaler Aktivierung	357
7.1	Die schöne neue Alterswelt des »active ageing«	367
7.2	Aktives Altern und die Krise der Arbeit: Warum die Alteraktivierung die demografische Problematik nicht lösen wird	385
8.	Jenseits der Dissoziation des Alters?	411
Literatur		427
Anmerkungen		456

»*In der antagonistischen Gesellschaft ist auch das Generationsverhältnis eines von Konkurrenz, hinter der die nackte Gewalt steht. Heute aber beginnt es auf einen Zustand zu regredieren, der zwar keinen Ödipuskomplex kennt, aber den Vatermord. Es gehört zu den symbolischen Untaten der Nazis, uralte Leute umzubringen. In solchem Klima stellt ein spätes und wissendes Einverständnis mit den Eltern sich her, das von Verurteilten untereinander (…).*«

Theodor W. Adorno

Vorwort

Bei diesem Buch handelt es sich um eine gekürzte und überarbeitete Version meiner 2020 am Institut für Soziologie der Universität Wien eingereichten und verteidigten Dissertation. Es ist das Ergebnis meiner jahrelangen Tätigkeit im Feld der Alter(n)sforschung und meiner intensiven kritischen Beschäftigung mit dem spannungsreichen Verhältnis von Alter(n) und Gesellschaft sowie mit der in diesem Spannungsfeld tätigen Wissenschaft – der Gerontologie, insbesondere der Sozialgerontologie als deren sozialwissenschaftlichem Flügel.

Viele der im Folgenden dargelegten Einsichten verdanke ich unmittelbar meiner Tätigkeit als wissenschaftlicher Mitarbeiter der *Österreichischen Plattform für Interdisziplinäre Alternsfragen* (ÖPIA). Ein früher Grundstein zu diesem Buch wurde auch durch eine Vorlesung über »Kritische Gerontologie« gelegt, die ich im Wintersemester 2014 gemeinsam mit Univ-Prof. Dr. Franz Kolland am Institut für Soziologie der Universität Wien gehalten habe. Einige der bereits damals entwickelten Thesen und Überlegungen sind in der einen oder anderen Form in die Dissertation eingegangen, etwa im Hinblick auf eine Kritik an der aktuell dominanten und den gerontologischen Diskurs bestimmenden Active-Ageing-Programmatik.

Die Idee einer kritischen Theorie des Alter(n)s (und deren Entwicklung im Rahmen einer Dissertation) entstand allerdings erst Ende 2015 durch die Rezeption der Wert-Abspaltungstheorie von Roswitha Scholz, die auch die zentrale Bezugstheorie der vorliegenden Arbeit darstellt. Der Gedanke, das Alter(n) als ein Moment des menschlichen Lebens zu theoretisieren, das im Widerspruch zum Kapitalverhältnis und damit assoziierten Verwertungslogiken sowie Produktivitäts- und Aktivitätsnormen steht, ist unmittelbar durch diese ursprünglich in einem ganz anderen Zusammenhang entstandene Theorie inspiriert. Die Anwendung wert-abspaltungstheoretischer Grundannahmen auf den Gegenstand des Alter(n)s bedeutet gleichzeitig auch die Integration eines bisher noch nicht oder nur marginal berücksichtigten Problemkomplexes in den wert-abspaltungskritischen Theoriezusammenhang.

Es sollen an dieser Stelle auch einige Personen dankend Erwähnung finden, die auf die eine oder andere Weise zu diesem Buch beigetragen und einen entsprechend großen Anteil daran haben, dass die hier dargelegte kritische Theorie des Alter(n)s Gestalt annehmen konnte: Hier habe ich zunächst dem Betreuer meiner Dissertation Univ.-Prof. Dr. Franz Kolland zu danken, der es mir im Rahmen der bereits erwähnten gemeinsamen Vorlesung ermöglicht hat, einige erste Grundlagen meiner kritischen Theorie zu erarbeiten, und der sich trotz mancher inhaltlicher Differenzen vorbehaltlos bereit erklärt hat, meine Dissertation zu betreuen. Das ist alles andere als selbstverständlich, und ich bin ihm zu größtem Dank verpflichtet. Ohne ihn würde dieses Buch möglicherweise (zumindest in dieser Form) nicht existieren.

Weiters geht mein Dank an die beiden Gutachter/innen meiner Dissertation, Univ.-Prof. Dr. Andreas Kruse von der Universität Heidelberg und Univ.-Prof. Dr. Silke van Dyk von der Universität Jena, deren konstruktive Kritik in die der Buchpublikation vorangehenden Überarbeitung meiner Dissertation eingegangen ist.

Zu danken habe ich außerdem Dr. Friedrich Hauer, der die Abfassung des größten Teils meiner Dissertation nicht nur lektorierend, sondern auch mit zahllosen inhaltlichen Anregungen begleitet hat – dies mitunter in einem Ausmaß, dass ich heute bei manchen kritischen Gedanken und Einsichten nicht mehr zu sagen vermag, ob sie ursprünglich von mir oder nicht vielleicht doch eher von ihm stammen. Insbesondere konnte ich häufig auf seine Expertise als Historiker zurückgreifen, von der meine Dissertation vor allem im Hinblick auf die zahlreichen sozialhistorischen Bezüge enorm profitiert hat.

Ebenfalls danke ich Prof. Dr. Klaus Kempter, Ernst Schmitter, Roswitha Scholz und Thomas Meyer für die vielen wertvollen Anregungen und kritischen Kommentare, mit denen sie mein Dissertationsprojekt in den verschiedensten Entwicklungsstadien bereicherten und mich in vielen meiner theoretischen Einsichten bestätigt, zu weiteren Präzisierungen ermuntert, gelegentlich aber auch dazu angeregt haben, das eine oder andere nochmals kritisch zu überdenken.

Abschließend danken möchte ich meinem Kollegen und Geschäftsführer der ÖPIA, Dr. Georg Ruppe, der mich von Anfang an zu meiner Dissertation ermuntert und sich stets geduldig und verständnisvoll gezeigt hat ob der vielen Zeit, die für die Dissertation reserviert bleiben musste. Zu Dank verpflichtet bin ich ihm und der ÖPIA nicht zuletzt für den großzügigen Druckkostenbeitrag, der diese Buchpublikation ermöglicht hat.

1. Für eine kritische Theorie des Alter(n)s im Kapitalismus

>*»... an Zügen sozialer Gegebenheit der Totalität gewahr werden«*
>Theodor W. Adorno

Zu den zentralen Themen und Gegenständen der sozialwissenschaftlichen Alter(n)sforschung gehört insbesondere die Kritik an negativen Altersdiskursen, defizitorientierten gesellschaftlichen Altersbildern, Altersfeindlichkeit und allen Formen der Diskriminierung alter Menschen. Spätestens seit der Einführung des Begriffs »ageism« in den gerontologischen Diskurs durch Robert Butler Ende der 1960er Jahre, der damit – in Anlehnung an Begriffe wie *racism* und *sexism* – Vorurteile gegenüber Menschen aufgrund ihres Alters bezeichnete (vgl. Butler 1969), sind Altersdiskriminierung und Altersfeindlichkeit zunehmend in den gerontologischen Fokus gerückt und hat sich seither eine Vielzahl von Alter(n)sforschern und Alter(n)sforscherinnen der wissenschaftlichen Analyse und Kritik entsprechender Phänomene gewidmet. Dies gilt insbesondere für eine sich als kritisch verstehende Alter(n)sforschung, eine sogenannte »Kritische Gerontologie«, für die die Kritik an Altersdiskriminierung bereits von vornherein und unmittelbar zum wissenschaftlichen Selbstverständnis und zur grundlegenden Forschungshaltung gehört.

Die Forschungsschwerpunkte in diesem Kontext sind so vielfältig wie die gesellschaftlichen Erscheinungsformen des Phänomens *ageism*. Sie reichen von der Kritik an gesellschaftlichen Prozessen und Diskursen, durch die alte Menschen systematisch »alt« gemacht und als Alte stigmatisiert werden, der Analyse von zumeist negativen und defizitorientierten Altersbildern, der Untersuchung von Diskriminierungserfahrungen Älterer in den verschiedensten gesellschaftlichen Bereichen (am Arbeitsmarkt, im öffentlichen Raum etc.), der Problematisierung von Gewalt gegen alte Menschen, bis hin zur Kritik an altersfeindlichen Diskursen vor dem Hintergrund des demografischen Wandels, die alte Menschen zu einer gesellschaftlichen Last erklären, sowie an einem zunehmenden Jugendwahn und damit verbundenen Anti-Ageing-Diskursen und -Strategien. Was sich an dieser vielfältigen und im Prinzip richtigen und wichtigen Kritik an *ageism* oftmals als problematisch, zumindest aber aus einer gesellschaftskritischen Perspektive als unbefriedigend erweist, ist, dass die Kritik für gewöhnlich auf einer phänomenologischen Ebene verbleibt, auf der diese Phänomene zwar problematisiert und skandalisiert, nicht jedoch sozialwissenschaftlich erklärt und in ihren tieferen gesellschaftlich-strukturellen Ursachen analysiert werden. Stattdessen wird negativen Altersdiskursen und einer geradezu strukturell zu nennenden Altersfeindlichkeit moderner Gesellschaften oftmals nur die Beschwörung eines positiven Altersbildes entgegengesetzt, die häufig auch unmittelbar im Entwurf und der Propagierung konkreter praktischer (politischer) Maßnahmen zur Bekämpfung von Altersdiskriminierung und zur Förderung einer stärkeren »Inklusion« und »sozialen Partizipation« älterer Menschen kulminiert. Der Großteil der gerontologischen und alterssoziologischen Kritik zielt also in erster Linie darauf, Altersfeindlichkeit und negativen Altersbildern eine andere, positivere, »anerkennende« Sicht auf das Alter und auf alte Menschen entgegenzustellen, um so einer Überwindung von Altersdiskriminierung den Weg zu bereiten.

Die mit Abstand am weitesten verbreitete Strategie in der kritischen Auseinandersetzung mit *ageism* innerhalb der Gerontologie besteht darin, Altersfeindlichkeit und Altersdiskriminierung ursächlich durch einseitig negative, defizitorientierte Altersbilder und Altersstereotype zu erklären. Dies geht mitunter so weit, dass bestimmte negative Altersdiskurse oder defizitorientierte Zuschreibungen an alte Menschen schlicht als »Lügen« qualifiziert werden (vgl. Amann 2004). Aus dieser Perspektive besteht das Problem darin, dass Alter(n) hauptsächlich negativ konnotiert ist und älteren Menschen negative Eigenschaften wie mangelnde Leistungsfähigkeit, Unproduktivität, Inaktivität, Krankheit oder Pflegebedürftigkeit zugeschrieben werden. Bei diesen Zuschreibungen handle es sich in der Regel jedoch bloß um Vorurteile, die in dieser Pauschalität den wahren Eigenschaften, Potenzialen und Kompetenzen vieler Älterer nicht gerecht würden und so einer Diskriminierung alter Menschen Vorschub leisteten. Oftmals würden alte Menschen diese ihnen negativ zugeschriebenen Eigenschaften auch selbst übernehmen und auf sich beziehen, wodurch sich negative Altersstereotype zusätzlich verfestigten und reproduzierten (vgl. Levy/Banaji 2002; Rothermund/Brandstädter 2003; Filipp/Mayer 2005). Die Lösung des Problems wird daher in einer nachhaltigen Veränderung altersbezogener stereotyper Denkmuster und der Etablierung einer positiveren, stärker der Realität entsprechenden Sicht auf das Alter beziehungsweise auf alte Menschen verortet. Dabei gelte es vor allem,

> »der beobachtbaren Vielfalt von Alternsverläufen und den großen Unterschieden zwischen den Menschen im Alter Rechnung zu tra-

gen (…) Dazu gehört auch, dass Menschen lernen, in der Begegnung mit dem Alter (und im Umgang mit dem eigenen Älterwerden) sich der eigenen Stereotype stets aufs Neue bewusst zu werden, sie zu hinterfragen und an der Wirklichkeit zu überprüfen.« (Filipp/Mayer 2005: 30f.)

Auf der Grundlage dieser gerontologischen Problembestimmung ist in den vergangenen Jahren eine äußerst umfangreiche Altersbilderforschung entstanden, die sich der Analyse von (zumeist negativen) Altersbildern in verschiedenen gesellschaftlichen Feldern widmet, so zum Beispiel in der Pflege, in der Schule, in den Medien, in der Werbung, in der Wirtschaft, im Personalwesen (vgl. Erlemeier et al. 1997; Röhr-Sendlmeier/Ueing 2004; Femers 2007; Kessler 2009; Lumme-Sandt 2011; Schmidt-Hertha et al. 2012; Hasenau 2013; Amrhein et al. 2014). Auch diese Studien und Analysen zielen für gewöhnlich auf die Problematisierung von in verschiedenen gesellschaftlichen Bereichen vorherrschenden negativen Altersbildern, die explizit oder implizit als »falsch«, das heißt der vielfältigen Realität des Alter(n)s widersprechend, betrachtet werden. Die Erhebung und Analyse negativer Altersbilder dient dabei als Grundlage für die Entwicklung von Ansätzen und Strategien zur Überwindung von negativen Altersstereotypen und zur Verbesserung des gesellschaftlichen Altersbildes.

Nun hat ein solcher Problemzugang durchaus eine gewisse Berechtigung und ist nicht bereits per se als problematisch zu betrachten – kann doch auf diese Weise überaus schlüssig und anschaulich herausgearbeitet werden, wie Altersbilder in verschiedenen gesellschaftlichen Bereichen beschaffen sind, wie sie konkret wirken, auf welche Weise sie sich reproduzieren und zum Teil auch, wie sie individuell entstehen. Allerdings leidet die zugrunde gelegte Problembestimmung darunter, dass sie *ageism* im Prinzip auf Vorurteile und einseitig negative oder empirisch unzutreffende Altersbilder reduziert, die bloß ihres falschen Wahrheitsanspruches entkleidet werden müssten, um das Problem nachhaltig zu lösen. Zu einem großen Teil ist dies sicherlich bereits der Begriffsgeschichte des Ageism-Konzept selbst geschuldet, das ursprünglich, wie bereits erwähnt, für die Bezeichnung von Vorurteilen gegenüber alten Menschen verwendet wurde. Nicht in den Fokus rückt aus einer solchen Perspektive die Frage, ob es nicht auch tiefer liegende gesellschaftlich-strukturelle Ursachen für Altersfeindlichkeit und Altersdiskriminierung geben könnte, die einer wissenschaftlichen Aufklärung bedürfen. Gerade die von Gerontolog/innen zu Recht problematisierte Tatsache, dass gesellschaftliche

Altersbilder und Zuschreibungen an alte Menschen oftmals nicht der Realität entsprechen oder zumindest höchst einseitig und stereotyp sind, könnte dafür sensibilisieren, dass hier auch allgemeinere gesellschaftliche Mechanismen wirksam sind, denen negative und defizitorientierte Altersbilder ihre Dominanz und soziale Wirkmacht verdanken. Wenn gängige Bilder und Vorstellungen vom Alter und von alten Menschen tatsächlich so wenig empirische Evidenz für sich beanspruchen können, wie Gerontolog/innen behaupten, ist es ja nur umso mehr erklärungsbedürftig, woher diese ihre Macht beziehen, die sie in den Köpfen der Menschen ausüben. Generell bleibt bei einem solchen Problemzugang seltsam unterbelichtet, weshalb das gesellschaftliche Altersbild überhaupt dermaßen negativ ist und sich primär in negativen, defizitorientierten Altersstereotypen ausdrückt – auch dies ist zunächst einmal ein Sachverhalt, der alles andere als selbstverständlich ist und nach einer sozialwissenschaftlichen Erklärung verlangen würde. Solche nur gesellschaftstheoretisch zu klärende Fragen treten jedoch in der Gerontologie zugunsten der Intention einer praktischen Verbesserung des gesellschaftlichen Altersbildes tendenziell in den Hintergrund.[1]

Diese auf eine diskursive Positivierung des Altersbildes reduzierte kritische Perspektive hat dabei auch einige unmittelbar problematische Implikationen. Gerontologische Versuche einer Aufwertung des Alters und älterer Menschen operieren zumeist über eine Betonung von Gestaltungsmöglichkeiten und von gemeinhin mit Jugend konnotierten Eigenschaften wie »Aktivität«, »Produktivität«, »Kompetenzen«, »Entwicklungsfähigkeit« und dergleichen. Beabsichtigt wird damit, zu verdeutlichen, dass alte Menschen sich nicht notwendigerweise von jüngeren unterscheiden, dass sie also häufig nicht minder »aktiv« und »produktiv« sind, dass sie auch als Alte über vielfältige »Kompetenzen« verfügen und dass Alter nicht, wie gesellschaftlich weithin unterstellt, automatisch gleichbedeutend ist mit Krankheit und Pflegebedürftigkeit. Auch diese Strategie hat zunächst durchaus eine gewisse Berechtigung, insofern damit stereotype und empirisch unzutreffende Defizitzuschreibungen an alte Menschen problematisiert und richtiggestellt werden können. Problematisch daran ist jedoch, dass damit in gewisser Weise die kritisierte Defizitperspektive auf das Alter selbst fortgeschrieben und reproduziert wird, da die eingesetzte Aufwertungsstrategie darauf abzielt, alte Menschen quasi als »nicht alt« zu konstruieren, was die beanspruchte Aufwertung des Alters eigentlich im selben Atemzug wieder dementiert. Silke van Dyk fasst diesen Widerspruch gerontologischer Altersaufwertungsdiskurse sehr treffend wie folgt zusammen: »Der Umstand, dass ›das Alter‹ stets eines Prädikats bedarf

(›jung‹, ›aktiv‹, ›kompetent‹, ›weise‹ etc.), um positiv gelesen zu werden, zeigt deutlich, dass der Signifikant ›Alter‹ selbst weiterhin der Benennung einer defizitären Seinsweise gilt (…).« (Dyk 2016b: 78) Noch durch alle beabsichtige Aufwertung hindurch bleibt das Alter auf diese Weise als ein defizitäres Anderes markiert und wird die eigentlich problematisierte Minderbewertung des Alters durch deren Kritiker/innen häufig selbst reproduziert und perpetuiert.

Die Problematik gerontologischer Kritik an *ageism* – so ließe sich das bisher Gesagte zusammenfassen – besteht mithin darin, dass diese aufgrund einer unmittelbar praxisorientierten, auf praktische Interventionen ausgerichteten Konzeption von Kritik kaum jemals bis zu den gesellschaftlichen Voraussetzungen und Wurzeln dessen vordringt, was dem eigenen Anspruch nach kritisiert und verändert werden möchte. Dies ist deshalb problematisch, da ja erst auf der Grundlage eines hinreichenden Verständnisses altersfeindlicher Phänomene und ihrer gesellschaftlichen Bedingungszusammenhänge eine praktische Perspektive zu deren Überwindung überhaupt zu erarbeiten wäre. Vor der Frage nach einer möglichen Veränderung des kritisierten Zustands sollte zunächst die kritische, gesellschaftstheoretisch fundierte Analyse seiner gesellschaftlichen Ursachen und Voraussetzungen stehen. Man könnte dieses Problem vielleicht noch etwas anschaulicher mithilfe einer medizinischen Analogie illustrieren: Gerontologische Kritik an Altersdiskriminierung und negativen Altersbildern gleicht in ihrer Struktur oftmals der Behandlung bestimmter Krankheitssymptome und damit zusammenhängender Leidenszustände, die durch entsprechende Interventionen bekämpft oder zumindest gemildert werden sollen, anstatt sich einer Behandlung der den Symptomen ursächlich zugrunde liegenden Krankheit selbst zu widmen – was freilich voraussetzen würde, dass diese Krankheit zunächst einmal korrekt diagnostiziert wird. Erforderlich wäre mithin eine vorgängige Diagnose der Grunderkrankung, also die Klärung der Frage, von welcher »Krankheit« beziehungsweise – um die Analogie nun wieder soziologisch aufzulösen – von welchen konkreten historischen und gesellschaftlichen Verhältnissen Altersfeindlichkeit und Altersdiskriminierung ein Symptom sind, um sodann zu einer adäquaten »Behandlung« des Problems vorzudringen. Worum es also gehen müsste, wäre eine Kritik an solchen gesellschaftlichen Phänomenen im Medium einer hinreichenden gesellschaftstheoretischen Diagnose. Eben diese Diagnose bleibt in der Gerontologie aber häufig aus oder findet nur sehr unzureichend statt. Stattdessen springt die Gerontologie unvermittelt auf die Ebene der praktischen Intervention, um gesellschaftliche Missstände zu bekämpfen, deren gesellschaftliche Ursachen sie in den seltensten Fällen hinreichend ergründet hat.

Es würde an dieser Stelle zu weit führen, potenzielle Ursachen für diese aus gesellschaftskritischer Sicht recht problematische Tendenz gerontologischer Kritik ausführlicher zu erörtern (siehe dazu mit Blick auf sozialwissenschaftliche Kritik im Allgemeinen Stückler 2014, 2015). Eine wesentliche Rolle dürfte hier wohl nicht zuletzt – neben oder im Verbund mit einer traditionellen, erst in den letzten Jahren langsam überwundenen »Theorieferne« (vgl. Birren/Bengtson 1988: ix) – die überdurchschnittlich stark ausgeprägte Anwendungs- und Praxisorientierung der Gerontologie spielen, wie sie konstitutiv im gerontologischen Selbstverständnis einer »union of science and advocacy« (Moody 1993: xvi; vgl. auch Amann 2008: 46), also gewissermaßen einer Lobbywissenschaft für die Belange älterer Menschen, angelegt ist. Diese Anwendungsorientierung bestimmt daher häufig bereits von vornherein die Heuristik auch von kritischen Gerontolog/innen und Alterssoziolog/innen, mit dem Effekt, dass jede kritische Perspektive ausschließlich auf Veränderungen und Problemlösungsansätze innerhalb der bestehenden gesellschaftlichen Strukturen gerichtet sein kann, anstatt die zu lösenden Probleme analytisch mit jenen Strukturen selbst zu vermitteln. Anders formuliert: Der Zusammenhang von *ageism* und gesellschaftlichen Strukturen rückt in der Gerontologie vermutlich deshalb so wenig in den Blick, weil diese Strukturen der Boden sind, auf dem die gerontologische Kritik sich selbst bewegt und auf dem praktische Interventionen und Maßnahmen gesetzt werden sollen.

Mit dem in dieser Arbeit vertretenen Kritikverständnis wird im Wesentlichen einer Definition von Kritik gefolgt, wie sie für die klassische *Kritische Theorie* charakteristisch war und deren gesellschaftskritische Analysen ganz maßgeblich bestimmte und leitete. Bereits in den 1930er Jahren hat Max Horkheimer in seiner Grundlegung einer »kritischen Theorie der Gesellschaft« Kritik als eine Praxis – in seiner Diktion: als ein »menschliches Verhalten« – definiert, die »die Gesellschaft selbst zu [ihrem] Gegenstand hat« (Horkheimer 1937: 261). Dieses kritische »Verhalten« richte sich dabei

> »nicht bloss auf die Abstellung irgendwelcher Missstände, diese erscheinen ihm vielmehr als notwendig mit der ganzen Einrichtung des Gesellschaftsbaus verknüpft. Wenn es auch aus der gesellschaftlichen Struktur hervorgeht, so ist es doch weder seiner bewussten Absicht noch seiner objektiven Bedeutung nach darauf bezogen, dass irgend etwas in dieser Struktur besser funktioniere. Die Kate-

gorien des Besseren, des Nützlichen, Zweckmässigen, Produktiven, Wertvollen, wie sie in dieser Ordnung gelten, sind ihm vielmehr selbst verdächtig und keineswegs ausserwissenschaftliche Voraussetzungen, mit denen es nichts zu schaffen hat. (…) Der zwiespältige Charakter des gesellschaftlichen Ganzen in seiner aktuellen Gestalt entwickelt sich bei den Subjekten des kritischen Verhaltens zum bewussten Widerspruch.« (Ebd.: 261f.)

Kritik, so ließe sich diese Position zusammenfassen, ist demnach als eine Praxis zu denken, die stets »die Veränderung des Ganzen zum Ziele hat« (ebd.: 263). Kritik wird streng genommen sogar überhaupt erst dadurch zur Kritik, dass sie über die tieferen gesellschaftlichen Ursachen bestimmter zu kritisierender Phänomene aufklärt, diese in ihren gesamtgesellschaftlichen Bedingungszusammenhängen analysiert und so überhaupt erst einer praktischen Veränderung zugänglich macht. In dieselbe Richtung weist das dieser Einleitung vorangestellte Zitat von Theodor W. Adorno, wonach es gelte, »an Zügen sozialer Gegebenheit der Totalität gewahr [zu] werden« (Adorno 2003a [1969]: 315). »Totalität« ist dabei nur ein anderes Wort für jenen gesamtgesellschaftlichen Zusammenhang, der allen gesellschaftlichen Erscheinungen und Phänomenen konstitutiv zugrunde liegt und daher von Horkheimer und Adorno in den Mittelpunkt ihrer kritischen Gesellschaftstheorie gestellt wurde.

Auf den Gegenstand der Alter(n)sforschung übertragen, bedeutet das, dass sich Kritik nicht darauf beschränken kann, Phänomene wie negative Altersbilder, Altersfeindlichkeit und Altersdiskriminierung und ganz allgemein die vorherrschenden gesellschaftlichen Rahmenbedingungen des Alter(n)s bloß zu problematisieren und als veränderungsbedürftig kenntlich zu machen (wenngleich es sich dabei um einen wichtigen ersten Schritt handelt), sondern diese darüber hinaus aus den Strukturen der Gesellschaft heraus erklären und in ihrem gesamtgesellschaftlichen Kontext der Kritik aussetzen muss. Eine gerontologische Kritik, die dem vorherrschenden negativen Altersbild primär durch die Propagierung eines positiveren Altersbildes zu begegnen trachtet und gegen Altersdiskriminierung bevorzugt praktische Konzepte zur »sozialen Inklusion« und »Partizipation« älterer Menschen entwirft, mag zwar dem Anspruch nach kritisch sein und einen solchen Anspruch zum Teil durchaus zu Recht erheben, insofern sie sich als sensibel für bestehende gesellschaftliche Ungleichheits-, Unterdrückungs- und damit immer auch Herrschaftsverhältnisse erweist. Letztlich folgt sie aber in ihrer forschungs- und handlungsleitenden Problembestimmung gerade jener von Horkheimer problematisierten – und im Prinzip als unkritisch definierten – Logik des »Missstands«, den es möglichst aus der Welt zu schaffen gelte. Altersfeindlichkeit und Altersdiskriminierung sind aus dieser Perspektive etwas, das es in unserer modernen, demokratischen Gesellschaft eigentlich nicht geben dürfte, ein gesellschaftliches Problem, das es zu lösen gilt, wofür wiederum entsprechende Strategien und politische Maßnahmen zu entwickeln sind. Was in diesem traditionellen Verständnis von Kritik schon apriorisch ausgeschlossen ist, ist die Denkmöglichkeit, dass das Problem in »unserer Gesellschaft« selbst begründet liegen könnte, dass also der beklagte Missstand nicht einfach ein Missstand ist, sondern einen unmittelbaren und notwendigen Effekt der vorherrschenden gesellschaftlichen Strukturen darstellt.

Was aus einer solchen kritisch-theoretischen Perspektive mithin für eine hinreichende sozialwissenschaftliche Kritik an und Erklärung von negativen Altersbildern, Altersfeindlichkeit und Altersdiskriminierung erforderlich wäre, ist in diesem Lichte ein kritischer, gesellschaftstheoretisch fundierter Zugang, der jenes von Horkheimer so bezeichnete »Ganze«, das heißt den gesamtgesellschaftlichen Zusammenhang, berücksichtigt und die zu kritisierenden Phänomene ausreichend in diesem übergreifenden gesellschaftlich-strukturellen Zusammenhang kontextualisiert. Anstatt also Altersfeindlichkeit und Altersdiskriminierung bloß zu problematisieren und aus der jeweiligen Problematisierung konkrete, unmittelbar praktische Strategien und Maßnahmen für die Verbesserung gesellschaftlicher Altersbilder oder für die Bekämpfung von Altersdiskriminierung abzuleiten, wäre zunächst einmal, im Sinne einer gesellschaftstheoretischen Diagnose, konsequent nach den gesellschaftlich-strukturellen Voraussetzungen von Altersfeindlichkeit und Altersdiskriminierung selbst zu fragen, und das müsste unter den bestehenden gesellschaftlichen Bedingungen vor allem heißen: nach dem *Zusammenhang von Altersfeindlichkeit, Altersdiskriminierung und Kapitalismus*. Die analytische Berücksichtigung kapitalistischer Gesellschaftsstrukturen hätte dabei schon prinzipiell sehr weitreichende Implikationen und Konsequenzen mit Blick auf praktische Schlussfolgerungen und Anschlussmöglichkeiten, die aus der kritischen Analyse gezogen und abgeleitet werden können. Denn bei einer konsequenten gesellschaftstheoretischen Konfrontation altersfeindlicher Phänomene mit den ihnen zugrunde liegenden kapitalistischen Strukturen würde sich ja bereits ganz grundsätzlich auch die Frage stellen (müssen), ob in einer Gesellschaft wie der kapitalistischen, in der Arbeit, Produktivität, Leistungsfähigkeit, Aktivität und dergleichen die Zentralwerte sind und in der sowohl wissenschaftlicher als auch gesellschaftlicher Fortschritt mit Naturbeherrschung (inklusive der des Menschen) gleichgesetzt wird, ein anderes als ein negatives Altersbild überhaupt möglich ist. Oder muss unter solchen gesellschaftlichen Prämissen das Alter(n) nicht eigentlich schon mit Notwendigkeit als etwas Defizitäres und Störendes empfunden werden, das es möglichst zu vermeiden und zu bekämpfen gilt? Genau diese Logik bildet ja – wohl nicht ganz zufällig – die Geschäftsgrundlage einer gegenwärtig prosperierenden Anti-Ageing-Medizin, die das Alter(n) zusehends und kommerziell sehr erfolgreich in den Status einer »behandelbaren, molekularbiologischen Metakrankheit« (Spindler 2009: 382) erhebt. Selbst die in der Gerontologie üblichen Versuche der Aufwertung des Alters zeugen ein Stück weit davon, insofern sie alte Menschen nicht anders als durch gesellschaftliche Normen und Ideale wie »Produktivität« oder »Aktivität« aufzuwerten wissen, die Aufwertung des Alters also im Grunde durch eine Konstruktion alter Menschen als »Nicht-Alte« betrieben und somit gewissermaßen ein Zustand der »Alterslosigkeit« propagiert wird, wodurch letztlich der vorherrschende, inhärent altersfeindliche gesellschaftliche Rahmen de facto unangetastet bleibt.

Vor dem Hintergrund einer derart konkretisierten und präzisierten Problemstellung – wenn also Phänomene wie Altersfeindlichkeit und Altersdiskriminierung in den Strukturen kapitalistischer Gesellschaften selbst verortet werden –, erweist sich die in der Gerontologie vorherrschende Intention einer Positivierung des gesellschaftlichen Altersbildes (auf der Grundlage jener bestehenden kapitalistischen Prämissen) nur umso mehr als eine von vornherein eigentlich unzulängliche Strategie. Denn dies würde implizieren, dass das Problem sehr viel tiefer liegt, als dass die bloße Propagierung eines positiveren Altersbildes und vergleichbare Strategien dagegen etwas ausrichten könnten, und dass daher auch die Kritik entsprechend tiefer gehen müsste. Die einzige Möglichkeit, Altersfeindlichkeit und Altersdiskriminierung mit Aussicht auf Erfolg zu kritisieren, bestünde dann zwangsläufig darin, die altersfeindliche gesellschaftliche Struktur als Ganze infrage zu stellen. Das heißt, Altersdiskriminierung, negative Altersdiskurse und defizitorientierte Altersbilder müssten im Kontext kapitalistischer Vergesellschaftung selbst zum Gegenstand der Analyse gemacht und in eben diesem (und mitsamt diesem) Kontext radikal kritisiert werden.

Eine solche radikale Kritik an – und damit auch hinreichende sozialwissenschaftliche Erklärung von – Altersfeindlichkeit, Altersdiskriminierung und Anti-Ageing steht bislang aufgrund besagter gerontologischer Neigung zu phänomenologisch verkürzten und auf die unmittelbare Positivierung des gesellschaftlichen Altersdiskurses gerichteten Formen der Kritik noch aus und bildet meines Erachtens ein wesentliches (wenn nicht sogar *das*) Desiderat einer kritischen Alter(n)sforschung. Kapitalismuskritische Ansätze sind generell in den vergangenen Jahrzehnten aus den Sozialwissenschaften weitgehend verschwunden[2] und vor allem im Zuge des sogenannten »cultural turn« seit den 1980er Jahren zunehmend durch postmoderne, (de-)konstruktivistische und poststrukturalistische Theorieansätze in den Hintergrund gedrängt worden. Damit verbunden war eine tendenzielle Abkehr von gesellschaftlich-strukturellen und insbesondere politisch-ökonomischen Fragestellungen hin zu Fragen der Alltags- und Populärkultur sowie der Sprache und ihren wirklichkeitskonstituierenden Funktionen (siehe etwa die seitherige Konjunktur der sogenannten »Cultural Studies« oder von diskurstheoretischen und diskursanalytischen Forschungsprogrammen). Dies sind theoretische Ansätze, die gerade auch das Bild der (kritischen) Alter(n)sforschung heute sehr stark prägen. Mit van Dyk und Lessenich (2009b: 20f.) lässt sich der kritisch-gerontologische Diskurs vor allem in vier theoretisch-methodologische Strömungen gliedern:

1) in eine primär poststrukturalistisch, kulturtheoretisch, teilweise auch feministisch ausgerichtete *Critical Gerontology*,
2) in *postmodern konturierte Arbeiten* mit besonderem Fokus auf *konsum- und körpertheoretische Analysen*,
3) in eine mit Methoden der qualitativen Sozialforschung und der Biografieforschung operierende *Narrative Gerontology* sowie
4) eine bevorzugt mit diskurs- und gouvernementalitätstheoretischen Konzepten Foucault'scher Provenienz arbeitende *Foucauldian Gerontology*.

Diese (im weiteren Sinne) kulturtheoretische Dominanz in der kritischen Alter(n)sforschung dürfte freilich in diesen Dimensionen nicht zuletzt daher rühren, dass sich kritische Ansätze in der Gerontologie (die selbst wiederum eine noch sehr junge Wissenschaft ist und sich erst in der Nachkriegszeit akademisch institutionalisiert hat, vgl. Achenbaum 1995; Katz 1996) im größeren Stil überhaupt erst im Laufe der 1980er Jahre herausgebildet haben, also genau in der Zeit der besagten kulturellen Wende in den Sozialwissenschaften und des Übergangs in die sogenannte »Postmoderne«. Aus dieser überwiegend kulturtheoretischen Orientierung der kritischen Gerontologie mag daher vielleicht auch erklärlich werden, weshalb Altersdiskriminierung und altersfeindliche Strukturen in der Alter(n)sforschung bevorzugt als eine Frage des gesellschaftlichen Altersbildes verhandelt werden, das Problem also nicht auf einer gesellschaftlich-strukturellen, sondern primär auf einer kulturell-symbolischen Ebene lokalisiert wird, auf der dieses auch in erster Linie zu lösen sein soll – bevorzugt durch eine Verbesserung gesellschaftlicher Altersbilder im Medium strategischer Interventionen in den weitgehend negativen Altersdiskurs.

Von solchen theoretischen Tendenzen wurden schließlich auch die wenigen Ansätze aufgesogen, die sich explizit aus einer »kapitalismuskritischen« Perspektive mit dem Alter(n) und insbesondere der gesellschaftlichen Abwertung, Diskriminierung und Marginalisierung alter Menschen beschäftigten. Gewissermaßen als Pionierin einer »kritischen Gerontologie« setzte sich seit den späten 1970er Jahren, hauptsächlich in den USA und Großbritannien, eine neomarxistisch orientierte *Political Economy of Ageing* mit den gesellschaftlichen Voraussetzungen und Rahmenbedingungen des Alter(n)s im Kapitalismus auseinander. Diese lieferte einige sehr instruktive Einsichten in das Problem der Altersdiskriminierung, insofern sie die soziale Ausgrenzung alter Menschen in erster Linie auf die Strukturprinzipien moderner kapitalistischer Arbeitsgesellschaften zurückführte (vgl. Estes 1979; Estes et al. 1982; Phillipson 1982; Townsend 1981; Walker 1981). Sie kritisierte dabei insbesondere die Institution des Ruhestands als eine systematische Zwangspassivierung älterer Menschen, die diese völlig abhängig mache von wohlfahrtsstaatlichen Leistungen und öffentlichen Institutionen der Altenhilfe – eine Abhängigkeit, die ihnen, wiewohl ein Produkt des kapitalistischen Systems selbst, je nach volkswirtschaftlicher Lage mehr oder weniger explizit zum Vorwurf gemacht wird und die strukturelle Grundlage dafür schafft, alte Menschen als gesellschaftliche Last und bloß unnütze Kostenfaktoren zu denunzieren. Altersfeindlichkeit und Altersdiskriminierung konnten auf diese Weise als notwendiges Resultat kapitalistischer Vergesellschaftung kenntlich gemacht und kritisch analysiert werden. Diese phänomenologisch so weit völlig korrekte, politisch-ökonomisch fundierte Kritik blieb am Ende aber selbst in den kapitalistischen Strukturen befangen, verdichtete sich also zu keiner Zeit zu einer radikal kritischen Theorie des Alter(n)s und der Altersdiskriminierung im Kapitalismus. Denn die Kritik an der gesellschaftlich erzeugten Abhängigkeit Älterer und an der strukturellen Altenfeindlichkeit kapitalistischer Gesellschaften wurde nicht etwa in eine Perspektive der Überwindung des notwendig Ausgrenzung und Altersfeindlichkeit produzierenden gesellschaftlichen Rahmens überführt, stattdessen wurde immanent die stärkere gesellschaftliche »Integration« und »Partizipation« älterer Menschen anvisiert, insbesondere durch die Möglichkeit der Erwerbstätigkeit über die Pensionsgrenze hinaus. Nicht von ungefähr gehören Vertreter der *Political Economy of Ageing* – die sich seit den 1980er Jahren, ergänzt um kulturtheoretische, feministische und postmoderne Ansätze, zu besagter *Critical Gerontology* weiterentwickelt hat – heute zu den wissenschaftlichen Hauptstichwortgebern des in den vergangenen zwanzig Jahren im Kontext von Globalisierung, Neoliberalismus, demografischem Wandel und »aktivierendem Sozialstaat« zur Grundlage europäischer Alterspolitik avancierten Active-Ageing-Paradigmas, das unter anderem auf einen späteren Pensionsantritt und eine Verlängerung des Erwerbslebens abzielt (vgl. prominent Walker 1999, 2002).[3] Auch hier blieb letztlich ein unmittelbar praktisches und anwendungsorientiertes Verständnis von Kritik bestimmend, das die vorherrschenden kapitalistischen Strukturen im Wesentlichen unberührt ließ. Die *Political Economy of Ageing* war so gesehen also keineswegs so radikal, wie es ihr innerhalb der Gerontologie häufig zugeschrieben wurde und wie sie sich gerne auch selbst apostrophierte, im Sinne einer »radical gerontology« (vgl. Marshall/Tindale 1979; Moody 2001: 183ff.).

So stellt jedenfalls eine konsequent kritische Theorie des Alter(n)s in der kapitalistischen Gesellschaft, die den negativen gesellschaftlichen Status des Alter(n)s sowie damit assoziierte Phänomene – von negativen Altersdiskursen, Altersdiskriminierung, sozialer Ausgrenzung und Marginalisierung bis hin zu Altersarmut und der Gewalt gegen alte Menschen (in Institutionen, im öffentlichen Raum, durch Angehörige etc.) – nicht bloß skandalisiert, sondern diese in ihrer gesellschaftlichen Bedingtheit, also in ihrer Vermitteltheit mit den Form- und Strukturprinzipien kapitalistischer Gesellschaften, zum Gegenstand der Kritik macht, bis heute eine der vielleicht eklatantesten Leerstellen einer kritischen Alter(n)sforschung dar. In diese Leerstelle möchte daher die vorliegende Arbeit vorstoßen und erste Grundrisse einer bisher noch ungeschriebenen kritischen Theorie des Alter(n)s – und insbesondere der Altersfeindlichkeit und der Altersdiskriminierung – im Kapitalismus entwickeln. Dabei soll eine Perspektive gewählt und systematisch entfaltet werden, die sich bereits grundsätzlich von der üblicherweise von Gerontologinnen und Gerontologen zugrunde gelegten Problembestimmung unterscheidet: nämlich, dass es sich bei *ageism* nicht einfach um einen möglichst zu behebenden gesellschaftlichen Missstand handelt, der zum Beispiel durch die Propagierung eines positiven Altersbildes oder durch die stärkere »soziale Integration« und »Partizipation« älterer Menschen gelöst werden könnte, sondern dass *kapitalistische Gesellschaften bereits ihrem Wesen nach strukturell altersfeindliche Gesellschaften* sind und dass Altersfeindlichkeit und Altersdiskriminierung daher als *unmittelbare und not-*

wendige Effekte kapitalistischer Vergesellschaftung betrachtet und kritisiert werden müssen.

Mit dem Vorhaben eines theoretischen Nachweises eines Zusammenhangs von Altersfeindlichkeit und Kapitalismus ist freilich – entgegen einem weit verbreiteten und mit dem Abschied der Sozialwissenschaft von kapitalismuskritischen und insbesondere marxistischen Ansätzen seit den 1980er Jahren noch zusätzlich verstärkten Vorurteil – mitnichten die Absicht verbunden, Altersfeindlichkeit und Altersdiskriminierung unmittelbar ökonomisch zu erklären oder im Sinne eines orthodoxmarxistischen Basis-Überbau-Modells direkt aus einer im Kapitalismus alles determinierenden Sphäre der »Ökonomie« abzuleiten. Das wäre zweifellos ein theoretisch und analytisch unzulässiger und im Übrigen auch langweiliger Ökonomismus. Die Frage nach dem Zusammenhang von moderner Altersfeindlichkeit und Kapitalismus ist nicht gleichbedeutend damit, diese durch primär ökonomische Faktoren erklären zu wollen, sondern zielt vielmehr darauf ab, in der gesellschaftstheoretischen Erklärung von *ageism* die historische Spezifik der kapitalistischen Gesellschafts- und Lebensweise zur Kenntnis zu nehmen und hinreichend zu berücksichtigen. Die kapitalistische Gesellschaft stellt nun einmal eine sehr spezifische Gesellschaftsform mit ebenso spezifischen und historisch einzigartigen Form- und Strukturprinzipien dar, durch die sie sich von allen früheren Gesellschaftsformationen, zum Beispiel feudalen Gesellschaften, grundlegend unterscheidet. Diese Strukturprinzipien beschränken sich dabei auch nicht auf einen separat gedachten Bereich der »Ökonomie«, sondern gehen durch alle Ebenen und Bereiche der Gesellschaft hindurch und konstituieren auf diese Weise einen umfassenden gesellschaftlichen Strukturzusammenhang, der das Leben der Menschen maßgeblich prägt und bestimmt. Eine Gesellschaft, in deren Zentrum die geldförmige Verwertung von Arbeit steht, mit ihren aus der Logik der Kapitalverwertung erwachsenden Wachstums- und Produktivitätszwängen, mit ihren anonymen, mittlerweile globalen Waren- und Arbeitsmärkten, ihren Freizeit- und Kulturindustrien und ihren (zumindest in westlichen Industrieländern vorherrschenden, heute jedoch zunehmend in der Krise befindlichen) demokratischen Wohlfahrtsstaaten, eine so verfasste Gesellschaft ist etwas qualitativ anderes und bedeutet auch für das Leben, den Alltag und insbesondere das Denken, Handeln und (wie sich im Laufe dieser Arbeit noch zeigen wird) sogar Fühlen der Menschen etwas anderes als etwa eine auf Naturalwirtschaft basierende, feudale Agrargesellschaft mit ihren persönlichen und religiös legitimierten Abhängigkeits- und Herrschaftsverhältnissen. Diese spezifische Form und Struktur der kapitalistischen Gesellschaft gilt es daher stets in der kritischen Analyse zu berücksichtigen.

Es wird im Laufe der vorliegenden Arbeit unter anderem zu zeigen sein, dass im Grunde bereits die uns bekannte Vorstellung einer eigenständigen, chronologisch distinkten Lebensphase des »Alters« untrennbar verbunden ist mit den Strukturen einer kapitalistischen Arbeitsgesellschaft (siehe Kapitel 3). Erst unter den Prämissen der kapitalistischen Lohnarbeit und eines rund um die Lohnarbeit konstruierten und institutionalisierten modernen Lebenslaufs konnte sich das »Alter« als eine von anderen Lebensaltern klar differenzierte Lebensphase mit eigenen, ebenso sozial konstruierten wie sozial verbindlichen Altersnormen und Rollenerwartungen herausbilden, wobei sich das Alter vor allem durch die Trennung von der im Kapitalismus so zentralen Erwerbssphäre konstituierte. Diese Trennung hat wiederum historisch im Altersruhestand – der Rente oder Pension – Gestalt angenommen; eine soziale Institution, die unsere Vorstellung und unser Bild vom Alter bis heute, wo sie vor dem Hintergrund des demografischen Wandels und eines gesellschaftspolitisch propagierten »aktiven Alterns« zunehmend in ihrer gesellschaftlichen Delegitimierung begriffen ist, recht entscheidend bestimmt. Schon mit Blick auf die Kategorie »Alter« als solche erweist sich also die Notwendigkeit einer hinreichenden theoretischen und analytischen Berücksichtigung kapitalistischer Strukturzusammenhänge. Die spezifisch kapitalistische Trennung von Alter und (Lohn-)Arbeit ist es schließlich auch – das wird ebenfalls eine zentrale These der vorliegenden Arbeit sein (siehe dazu vor allem die Kapitel 4 und 5) –, die eine wesentliche Grundlage der modernen Altersfeindlichkeit bildet, sei es in Gestalt gesellschaftlicher Unproduktivitäts- und Nutzlosigkeitszuschreibungen an die Adresse alter Menschen, sei es in der weit verbreiteten (und vor dem Hintergrund des demografischen Wandels umso lauteren) Klage über die steigenden Kosten von Pensions- und Pflegesystemen. All das sind Zuschreibungen und Diskurse, die (jedenfalls in dieser Form) notwendig eine kapitalistische Gesellschaftsstruktur voraussetzen. Nur in einer Gesellschaft, in der das Leben der Menschen derart um die Arbeit zentriert ist und normativ vor allem durch Produktivität, Leistungsfähigkeit und Aktivität bestimmt wird, während Alte aus diesem normativ und moralisch enorm aufgeladenen gesellschaftlichen Bereich der Arbeit systematisch ausgegliedert werden (und gerade deshalb durch Pensionssysteme und andere gesellschaftliche Institutionen erhalten werden müssen), haben solche Diskurse eine tragfähige materiell-strukturelle Grundlage.

Dies führt unmittelbar zu einer zweiten Klarstellung, die es der anstehenden Untersuchung vorauszuschicken gilt: Wenn in dieser Arbeit ein konstitutiver Zusammenhang von Altersfeindlichkeit und Kapitalismus theoretisch begründet werden soll, so wird damit keineswegs behauptet, dass negative Altersbilder exklusiv kapitalistische Phänomene sind, die in vormodernen, das heißt vorkapitalistischen Gesellschaften überhaupt noch nicht existiert hätten. Eine solche Behauptung wäre leicht durch Befunde zahlreicher Studien zu Altersbildern und dem sozialen Status alter Menschen in vormodernen Gesellschaften zu widerlegen, die materialreich nachweisen, dass negative Deutungen des Alters, etwa im Sinne eines körperlichen und geistigen Verfalls, sich bis in die Antike zurückverfolgen lassen (vgl. exemplarisch Rosenmayr 1978; Hermann-Otto 2004; Göckenjan 2010). Allerdings bleibt dabei zu berücksichtigen, dass jene zwar durchaus in der abendländischen Geistes- und Kulturgeschichte verwurzelten negativen Altersbilder in der kapitalistischen Moderne eine andere und gänzlich neue Qualität annehmen, die theoretisch in Rechnung zu stellen ist. So falsch es wäre, negative Altersbilder ausschließlich als ein kapitalistisches Phänomen zu betrachten, so falsch wäre auch die Annahme einer gleichsam transhistorischen Kontinuität, durch die vormoderne und moderne negative Altersbilder, quasi identitätslogisch, auf ein und dieselbe Stufe gestellt oder aus einander abgeleitet werden, und wodurch am Ende gerade die Spezifik der modernen Altersfeindlichkeit systematisch verfehlt würde. Besonders der soziale Status alter Menschen im Kapitalismus – maßgeblich bestimmt durch die im Ruhestand institutionalisierte Trennung von Alter und (Lohn-)Arbeit – kann mit dem Status älterer Menschen in vormodernen Gesellschaften kaum verglichen werden, wo das Alter, trotz vorhandener negativer Altersbilder, eine durchaus auch positiv bewertete und konnotierte Strukturkategorie darstellte, die häufig mit gesellschaftlicher Macht und Einfluss verbunden war[4], während in der kapitalistischen Gesellschaft das Ausscheiden alter Menschen aus der Erwerbsarbeit in der Regel gerade den Verlust derselben bedeutet, und Alte, als Nutznießer gesellschaftlicher Pensions- und Pflegesysteme, in gesellschaftlichen Diskursen häufig nur als unnütze und unproduktive Kostenfaktoren erscheinen, die nichts als eine Last für die Gesellschaft darstellen.

Gerade die in solchen Aussagen auf den ersten Blick recht apodiktisch erscheinende Behauptung einer im Kern altersfeindlichen Grundstruktur kapitalistischer Gesellschaften könnte nun wiederum so missverstanden werden – dies sei hier als eine weitere Präzisierung der im Folgenden im Zentrum stehenden forschungsleitenden These angeführt –, dass in dieser umfassenden, quasi »totalen« altersfeindlichen Gesellschaftsstruktur alles und jedes unmittelbar und restlos aufginge, dass somit also in der modernen Gesellschaft jeder Aspekt des Alter(n)s gleichermaßen negativ betrachtet und alten Menschen zu jeder Zeit und ausschließlich mit offener Feindseligkeit begegnet würde. Damit würde sich die vorliegende Arbeit zu Recht dem Vorwurf aussetzen, die in der gesellschaftlichen Realität bestehende und kaum zu übersehende Vielfalt alter(n)sbezogener Erscheinungen wie auch diverse Ambivalenzen, Differenzen und Widersprüche im komplexen Verhältnis von Alter(n) und Gesellschaft zu negieren. Zutreffend wäre der Einwand, dass genauso wenig alle Menschen gleichermaßen von Altersdiskriminierung betroffen sind, wie das Alter(n) von allen Menschen ausschließlich negativ erfahren werden muss. Es lässt sich noch nicht einmal so ohne Weiteres behaupten, dass das gesellschaftliche Altersbild als solches ausschließlich und in jeder Hinsicht ein negatives ist. So existieren ja etwa auch zahlreiche (zumindest auf den ersten Blick) positive Alterszuschreibungen, wie zum Beispiel solche einer altersspezifischen »Erfahrung« oder »Weisheit«. Auch wird das Alter(n) selbst durchaus nicht nur negativ bewertet, wie etwa an der im Allgemeinen sehr positiven Konnotierung von Langlebigkeit als einer bedeutenden zivilisatorischen Errungenschaft deutlich wird oder an der ebenso weit verbreiteten, alles andere als negativen Sicht auf den Ruhestand, der von den Menschen häufig mit einer »späten Freiheit« (Rosenmayr 1983) oder einem »Lebensfeierabend« (Göckenjan 2000: 331) assoziiert und dabei oftmals sogar, noch mitten im Erwerbsleben stehend, ausdrücklich herbeigesehnt wird. Darüber hinaus ist auch heute noch das Alter nicht für alle Menschen automatisch gleichbedeutend mit sozialer Marginalisierung und dem Verlust von gesellschaftlicher Macht und Einfluss – so bekleiden gewisse Persönlichkeiten (zumeist Männer) in Politik und Wirtschaft oftmals bis ins Alter relativ hohe Machtpositionen. Und genauso wenig können aktuelle Anti-Ageing-Tendenzen pauschal verallgemeinert werden. Nicht alle Menschen erliegen den Lockungen und Versprechungen einer immer größere Dimensionen annehmenden Anti-Ageing-Industrie von ewiger Jugend oder folgen unreflektiert den zunehmend aus Politik und Wissenschaft kommenden Anrufungen eines »jungen und aktiven Alters«, sondern ziehen es vor, physische Alterserscheinungen wie graue Haare und Falten zuzulassen, oder setzen dem grassierenden Aktivitäts- und Jugendlichkeitsfetisch demonstrativ »Anti-Aktivitäts-Aktivitäten« (Katz 2000: 143) entgegen, beharren also auf ihrem Recht auf eine freie, selbstbestimmte, nicht abermals gesellschaftlich durchstrukturierte und normierte Gestaltung ihres Lebensabends. Kurzum, das Alter(n) erscheint auch in kapitalistischen Gesellschaften nicht in jeder Hinsicht nur negativ, sondern erweist sich in seinem gesellschaftlichen Status und seiner Bewertung als überaus ambivalent und vielfältig.

Allen diesen hier antizipierten Einsprüchen wäre in der Tat nahezu uneingeschränkt stattzugeben – und doch wäre die These einer strukturellen Altersfeindlichkeit kapitalistischer Gesellschaften damit noch nicht dementiert. Die nach wie vor mächtigen und einflussreichen Alten in Politik und Wirtschaft sind eher privilegierte Ausnahmen, die die Regel einer systematischen Marginalisierung älterer Menschen im und durch den Ruhestand bestätigen. Dass der Ruhestand und die damit verbundene Arbeitsentpflichtung von den meisten Menschen positiv konnotiert werden, ändert hingegen nichts am marginalen Status, in den sie der Ruhestand gesellschaftlich versetzt (siehe dazu ausführlich Kapitel 4). Genauso wenig taugt die positive Sicht auf die heute zunehmend zum gesellschaftlichen Regelfall werdende Langlebigkeit zur Widerlegung der These einer strukturellen Altersfeindlichkeit moderner Gesellschaften: Dem Wunsch, lange zu leben beziehungsweise »alt zu werden« steht – wie auch seitens der Gerontologie immer wieder konstatiert wird – ein noch größerer Wunsch, »nicht alt zu sein«, gegenüber. Der Wunsch, nicht alt zu sein, prägt, wie noch zu zeigen sein wird (vgl. Kapitel 6), recht maßgeblich den individuellen Umgang mit dem Alter(n) und äußert sich heute in vielfältigen Praktiken der »Altersverdrängung« (Degele 2008). Übersetzt man »alt werden wollen« mit »nicht sterben wollen« und »nicht alt sein wollen« mit »jung bleiben wollen«, so verweist dies auf einen alles andere als positiven Status des Alters, der nicht zufällig in genau dieser doppelten Form das Geschäftsmodell der heutigen Anti-Ageing-Medizin bildet – diese zielt sowohl auf die Bekämpfung des physischen Alterungsprozesses als auch, in ihrer grotesken Extremform, auf die biomedizinische Überwindung des Todes (siehe dazu unten, die Kapitel 5.3 und 5.4).

Auch positive Alterszuschreibungen wie »Erfahrung« und »Weisheit« haben mehr mit negativen Altersbildern zu tun, als es auf den ersten Blick scheinen mag. Nicht nur sind sie für gewöhnlich genauso stereotyp wie die negativen Zuschreibungen, gegen die sie opponieren, sondern darüber hinaus auch untrennbar mit diesen vermittelt. »Erfahrung« wird alten Menschen in aufwertender Absicht häufig gerade als Reaktion auf die gegenläufige Praxis von Wirtschaftsunternehmen zugeschrieben, ältere Arbeitnehmer/innen aufgrund ihres Alters zu entlassen oder nicht mehr einzustellen. Ebenso erfolgt die Konnotation von Alter und »Weisheit« heute primär vor dem Hintergrund einer massiven Entwertung des Wissens und Erfahrungsschatzes älterer Menschen infolge eines immer schnelleren sozialen und vor allem technologischen Wandels. Diese Positivierungen stehen also nicht im Widerspruch zum heute weithin vorherrschenden negativen und defizitorientierten Altersbild, sondern bestätigen es vielmehr, weil sie gewissermaßen Teil derselben negativen Wahrnehmungs- und Erfahrungsstruktur des Alter(n)s sind und jenes negative Altersbild, gegen das sie die »Erfahrung« und »Weisheit« der Alten in Stellung bringen, immer schon selbst voraussetzen. Oftmals haben solche auf den ersten Blick positivierende Zuschreibungen sogar unmittelbar marginalisierende und ausgrenzende Funktionen. Kathleen Woodward (2003) weist in dem Zusammenhang etwa darauf hin, dass Zuschreibungen wie »Weisheit« häufig auf eine spezifische »Gelassenheit« alter Menschen abheben. Die Weisheit der Alten bestehe demnach darin, dass sich diese nicht mehr über alles aufregen oder politisch echauffieren würden. Entgegen der oberflächlichen Aufwertung alter Menschen als »Weise« werden diese also durch solche Zuschreibungen mitunter noch zusätzlich marginalisiert, insofern sich das Lob der »Weisheit« primär auf ein unkritisches, apolitisches und gleichsam fügsames Verhalten älterer Menschen bezieht.

Nicht viel anderes gilt schließlich für den allenthalben erkennbaren Widerstand gegen den auf dem Vormarsch befindlichen Jugendwahn und den Trend zu Anti-Ageing-Praktiken und -Strategien. Denn auch bei diesem Widerstand handelt es sich eher um Ausnahmeerscheinungen, die darüber hinaus schon immer zwingend voraussetzen, wogegen Widerstand geleistet wird – eine gesellschaftliche Tendenz zur Pathologisierung des Alter(n)s und zur Verkultung von Jugendlichkeit, die heute zunehmend in die negative Utopie einer »alterslosen« Gesellschaft mündet.

Mit anderen Worten: Die theoretische Annahme einer altersfeindlichen Grundstruktur kapitalistischer Gesellschaften muss und soll auch nicht bedeuten, bestehende Ambivalenzen und Differenzen einfach zu leugnen oder zu negieren. Vielmehr zielt sie darauf ab, zu klären, was trotz (und teilweise sogar wegen) aller Vielfältigkeit alter(n)sbezogener Erscheinungen, aller Ambivalenzen, Differenzen und Widersprüche die kapitalistische Gesellschaft zu einer strukturell altersfeindlichen Gesellschaft macht.

Die für viele Gerontologinnen und Gerontologen sicherlich anstößige Negativität, die einer solchen kritisch-theoretischen Perspektive inhärent ist (anstößig deshalb, weil die Gerontologie eben zumeist positiv auf das Altern und seine individuelle und gesellschaftliche »Gestaltung« bezogen ist), macht schließlich eine vierte und vielleicht wichtigste Klarstellung erforderlich. Die These eines konstitutiven Zusammenhangs von Altersfeindlichkeit und Kapitalismus könnte unter Umständen im Sinne eines resignativen Fatalismus missverstanden werden, der gleichsam auf die

Botschaft hinausläuft, eine Überwindung altersfeindlicher Strukturen sei bereits von vornherein kategorisch ausgeschlossen und praktisch unmöglich, sodass sich die Gerontologie mangels praktischer Erfolgsaussichten auf eine rein theoretische Position im wissenschaftlichen Elfenbeinturm zurückzuziehen habe. Ein solches Missverständnis wäre geradezu fatal und gilt es daher unbedingt von vornherein zu vermeiden. Denn auf das exakte Gegenteil davon zielt die vorliegende Arbeit mit ihrer forschungsleitenden These ab: Was damit plausibel gemacht und gesellschaftstheoretisch begründet werden soll, ist nicht die Unausweichlichkeit und Unabänderlichkeit negativer Altersbilder und der für die moderne Gesellschaft charakteristischen Altersfeindlichkeit, sondern vielmehr die kritische Einsicht, dass es für die Überwindung von Altersfeindlichkeit und Altersdiskriminierung und für die Etablierung einer »altersfreundlichen Kultur«, von der in der Gerontologie heute, gleichsam als Zukunftsvision, so gern die Rede ist (vgl. Kruse 2016), sehr viel mehr brauchen wird als die Beschwörung eines positiven Altersbildes, Maßnahmen zur besseren »Integration« und »Partizipation« alter Menschen oder die Installierung von Diversity-Programmen – nämlich einen tiefgreifenden, fundamentalen gesellschaftlichen Wandel und eine radikale Infragestellung der kapitalistischen Gesellschafts- und Lebensform mitsamt ihrer inhärent altersfeindlichen Grundstruktur. Dies ist also alles andere als eine resignative Perspektive: Es ist vielmehr der Versuch einer näheren Bestimmung der Voraussetzungen, unter denen eine Veränderung zum Besseren überhaupt praktisch möglich werden könnte.

Auch hierfür sensibilisiert die Kritische Theorie, die sich laut Horkheimer stets von dem (in seiner dialektischen Gestalt gleichermaßen schönen wie praktisch anspruchsvollen) Grundsatz leiten ließ, »theoretischer Pessimist zu sein und praktischer Optimist« (Horkheimer 1985 [1969]: 353). Praktischer Optimismus ist geboten, weil Gesellschaft von Menschen gemacht wird, somit ist sie auch prinzipiell veränderbar. Unsere Gesellschaft muss keine altersfeindliche sein, eine andere, »altersfreundliche« Gesellschaft ist möglich. Dies setzt aber eine kritische Einsicht in jene gesellschaftlichen Zusammenhänge und Mechanismen voraus, die die Gesellschaft heute zu einer strukturell altersfeindlichen machen. Nur wer die gesellschaftlichen Ursachen von Altersfeindlichkeit und Altersdiskriminierung kennt, vermag zu adäquaten und realistischen Einschätzungen darüber zu kommen, wie sie praktisch überwunden werden könnten. Dies erfordert wiederum eine theoretische Unnachgiebigkeit und Kompromisslosigkeit in der kritischen Analyse der gesellschaftlichen Verhältnisse, die sich nicht durch den praktischen Optimismus den kritischen Blick darauf trüben lässt, wodurch eine andere, bessere Gesellschaft bislang systematisch verhindert wird. Hierfür braucht es mithin den theoretischen Pessimismus einer kompromiss- und rückhaltlosen kritischen Analyse des Verhältnisses von Alter(n) und (kapitalistischer) Gesellschaft. »Umwälzende wahre Praxis«, so spitzten Horkheimer und Adorno diesen Grundsatz in ihrer berühmten *Dialektik der Aufklärung* zu, »(…) hängt ab von der Unnachgiebigkeit der Theorie gegen die Bewußtlosigkeit, mit der die Gesellschaft das Denken sich verhärten läßt« (Horkheimer/Adorno 2010 [1944]: 48). Ähnliches hat auch Karl Marx gemeint mit seinem oft falsch (weil unmittelbar und einseitig als praktische Handlungsaufforderung) verstandenen Satz, Gesellschaftskritik bedeute, den Verhältnissen »ihre eigene Melodie vorzusingen, um sie zum Tanzen zu bringen« (vgl. Marx 1976 [1844]: 381). Wie es ohne Musik keinen Tanz gibt, so bleibt auch jede Gesellschaftskritik zahnlos, die gesellschaftliche »Missstände« nicht radikal in ihren tieferen, zunächst einmal theoretisch zu erschließenden gesellschaftlich-strukturellen Ursachen angreift.

Die praktische Überwindung von Altersfeindlichkeit und Altersdiskriminierung, so die im Folgenden vertretene und ausführlich zu begründende These, kann nur beginnen mit einer grundlegenden und eigentlich sogar sehr simplen, aber dennoch in ihren Implikationen äußerst weitreichenden und voraussetzungsreichen Frage, die in der Gerontologie für gewöhnlich aufgrund der dort vorherrschenden, unmittelbar anwendungsorientierten Konzeption von Kritik schon von vornherein und systematisch zu kurz kommt: nämlich die kritische Frage, worin das negative Altersbild der modernen, kapitalistischen Gesellschaft eigentlich begründet liegt und weshalb alte Menschen in dieser Gesellschaft systematisch und auf vielfältige Weise marginalisiert und diskriminiert werden. Nicht mehr, aber auch nicht weniger als diese Frage bildet den Ausgangs- und Mittelpunkt der vorliegenden Arbeit und der darin angestrebten kritischen Theorie des Alter(n)s.

Der Leser beziehungsweise die Leserin ist eingeladen, eine in vielerlei Hinsicht sicherlich ungewohnte Perspektive auf das Alter und das Altern einzunehmen, die insbesondere nach den gesellschaftlichen Voraussetzungen und Rahmenbedingungen einer uns im Allgemeinen selbstverständlich oder sogar »natürlich« erscheinenden Lebensphase Alter fragt und auf dieser Basis zu ergründen versucht, wie diese gesellschaftlichen Rahmenbedingungen einen weitestgehend negativen sozialen Status des Alters hervorbringen, der sich unter anderem in negativen Altersbildern und diskriminierenden Praktiken gegen alte Menschen manifestiert – ein Status, der deshalb nur durch eine grundlegende Veränderung dieser gesellschaftlichen Rahmenbedingungen insgesamt zu überwinden sein wird.⁵

Eine inhaltliche Einschränkung sowie ein formaler Hinweis seien abschließend noch festgehalten: Die im Folgenden ausgebreiteten Thesen und Überlegungen zum Alter(n) im Kapitalismus beschränken sich im Wesentlichen auf die Verhältnisse in den westlichen Industrieländern, und hier wiederum vor allem Deutschland und Österreich. Für nichtwestliche Länder und Kulturkreise (vor allem Asien, Afrika, Südamerika) können diese keine oder nur sehr bedingt Geltung beanspruchen, wenngleich durchaus angenommen werden kann, dass vieles davon in der einen oder anderen Weise, mehr oder weniger, alle Gesellschaften, Länder und Kulturen betrifft, in denen, mit Marx gesprochen, »kapitalistische Produktionsweise herrscht« (Marx 1973 [1867]: 49) – und dies trifft heute praktisch für den gesamten Globus zu. Die von Marx und Engels bereits vor über 170 Jahren im *Kommunistischen Manifest* gleichermaßen bestaunte wie mit Befremden wahrgenommene »Jagd der Bourgeoisie über die ganze Erdkugel« (vgl. Marx/Engels 1972 [1848]: 465) ist heute im Prinzip abgeschlossen, und es gibt inzwischen kaum noch Regionen, die noch nicht kapitalistisch erfasst und in den Weltmarkt eingegliedert sind, daher auch nur noch sehr wenige Menschen, deren Existenz nicht von Lohnarbeit und damit – charakteristisch für kapitalistische Gesellschaften – vom Verkauf ihrer Arbeitskraft abhängig ist. Gleichwohl gibt es teilweise ganz erhebliche Differenzen zwischen westlichen Industrieländern und peripheren Regionen des kapitalistischen Weltsystems (sogenannten Schwellen- und Entwicklungsländern), die nicht zuletzt historischen Ungleichzeitigkeiten in der globalen kapitalistischen Entwicklung und »Modernisierung« selbst geschuldet sind. Diese Differenzen betreffen gerade auch den Problemkomplex des Alter(n)s: Staatliche Pensionssysteme etwa, wie sie in unseren Breiten nicht nur hinsichtlich der Alterssicherung der Menschen von großer Bedeutung, sondern auch für die gesellschaftliche Definition einer Lebensphase Alter als solcher geradezu konstitutiv sind, sind überwiegend ein Phänomen entwickelter kapitalistischer Länder und betreffen daher, zumindest in der uns bekannten sozialen Reichweite und Qualität, wahrscheinlich nur eine globale Minderheit. Wenn also in der vorliegenden Arbeit im Zuge der theoretischen Auseinandersetzung mit dem Alter(n) von Altersruhestand und von sozialen Sicherungs- und Pensionssystemen die Rede ist, so muss man sich stets vor Augen halten, dass man es hier mit einer eher privilegierten Situation im Alter zu tun hat, die in dieser Form primär für westliche Industrieländer gültig ist.

Ähnliches gilt mit Blick auf die Lebenserwartung: Die seit dem

19. Jahrhundert im Globalen Norden stark gestiegene Lebenserwartung war ein sehr wesentlicher Faktor für die Herausbildung einer Lebensphase Alter (siehe dazu Kapitel 3.2 der vorliegenden Arbeit) und prägt heute besonders dort, angesichts der damit verbundenen und unter dem Stichwort »demografischer Wandel« zusammengefassten Veränderungen in der gesellschaftlichen Altersstruktur, recht maßgeblich den gesellschaftlichen Diskurs über das Alter(n). Auch hier ist zu berücksichtigen, dass dies Entwicklungen sind, die in verschiedenen Regionen der Welt recht unterschiedliche Gestalt annehmen und unterschiedlich stark ausgeprägt sind. So bestehen mitunter sehr große Unterschiede hinsichtlich der Lebenserwartung zwischen kapitalistischen Kernländern und Entwicklungsländern, die sich aktuell zwischen 50 Jahren in der Zentralafrikanischen Republik und rund 84 Jahren in Japan bewegen (vgl. GBD 2016 Mortality Collaborators 2017: 1100). Das heißt, sowohl das Problem des demografischen Altersstrukturwandels als auch die Wahrscheinlichkeit der Menschen, überhaupt ein hohes Alter zu erreichen, stellt sich in einigen Weltregionen bis heute anders dar als in westlichen Industrieländern, deren hohe Lebenserwartungen (trotz aller auch dort vorherrschenden sozialen und ökonomischen Disparitäten) das Phänomen »Alter(n)« stark bestimmen.

Auch hinsichtlich der sozialen Stellung alter Menschen und des gesellschaftlichen Altersbildes können erhebliche kulturelle Differenzen konstatiert werden. Besonders asiatische Länder wie zum Beispiel China sind für ihr vergleichsweise positives Altersbild bekannt (vgl. Kollewe 2011; Kollewe/Schenkel 2011). Diverse Aspekte der chinesischen Kultur werden daher auch innerhalb der Gerontologie recht gerne den westlichen Gesellschaften, angesichts des hiesigen sehr negativen Altersbildes, gleichsam als »Vorbild« mit Blick auf eine Verbesserung gesellschaftlicher Altersbilder anempfohlen (vgl. Liang/Luo 2012; Katz/Calasanti 2015). Allerdings lässt sich auch beobachten, dass fortschreitende Globalisierung und die besonders in solchen Ländern sehr rasch ablaufende, quasi nachholende kapitalistische Modernisierung auch an deren »Alterskultur« nicht spurlos vorübergeht und historisch gewachsene Altersbilder und Traditionen der Altersversorgung mittlerweile zunehmend erodieren (dazu z. B. Messner 2016; Kampf 2016). Gerade derartige Entwicklungen wären wahrscheinlich unter dem vorhin angesprochenen Gesichtspunkt eines allgemeingültigen Zusammenhangs von Alter(n) und Kapitalismus zu betrachten, der sich nunmehr im globalen Maßstab ausbreitet und dabei traditionelle »Alterskulturen« und historisch gewachsene, oftmals auch noch stark religiös geprägte Formen des gesellschaftlichen Umgangs mit alten Menschen nachhaltig umwälzt. All das, sowohl regionale und kulturelle Differenzen hinsichtlich des Altersbildes und der jeweiligen alter(n)sbezogenen gesellschaftlichen Realitäten als auch (potenziell) zunehmende Ähnlichkeiten durch die globale Ausbreitung kapitalistischer Strukturen, kann in dieser Arbeit nicht angemessen behandelt werden und würde deren Rahmen bei Weitem sprengen. Sie muss sich daher damit bescheiden, als Einschränkung des eigenen Forschungsvorhabens im Vorfeld auf diese Aspekte zumindest hinzuweisen, und eine nähere Auseinandersetzung damit einer eigenständigen Untersuchung vorbehalten. Vor allem die Untersuchung zunehmender Angleichungen an die westliche »Alterskultur« durch fortschreitende kapitalistische Modernisierung in nicht westlichen Weltregionen (die freilich auch nicht überall in derselben Form und in derselben Geschwindigkeit vor sich geht[6] und eine entsprechend differenzierte Untersuchung erfordert) wäre angesichts der in den letzten Jahren in der Gerontologie wie in den Sozial- und Kulturwissenschaften insgesamt vorherrschenden Differenzhypostase, das heißt der analytischen (Über-)Betonung von kulturellen, regionalen und anderen Unterschieden, ein gleichermaßen lohnenswertes wie notwendiges Unternehmen.

In formaler Hinsicht sei noch auf den für viele Gerontolog/innen (vor allem für solche einer in der Gerontologie besonders dominanten positivistisch-empiristischen Tradition) eher ungewohnten essayistischen Charakter der vorliegenden Arbeit hingewiesen. Ihre essayistische Form verdankt sich bereits grundsätzlich der gesellschaftskritischen Ausrichtung der Untersuchung, ganz besonders aber – und abermals – ihrer Berufung auf die Kritische Theorie. Bereits Adorno hat stets den Essay als die dem kritischen Denken adäquateste literarische Form betrachtet und gegenüber traditionellen Formen des wissenschaftlichen Texts mit ihrer nur vermeintlich wertfreien (weil kritische gesellschaftliche Sachverhalte in Wahrheit eher neutralisierenden) Wissenschaftssprache abgegrenzt (vgl. Adorno 1981). Generell ist Kritische Theorie zuvorderst – wie auch an der eingangs dargelegten Begriffsbestimmung von »Kritik« deutlich geworden sein sollte – Wissenschaftskritik, und so stellte auch Horkheimers und Adornos Begründung einer »kritischen Theorie der Gesellschaft« zunächst einmal die Formulierung eines Alternativprogramms zur »traditionellen Theorie« eines akademischen Wissenschaftsbetriebs dar, hinter dessen Anspruch von Wertfreiheit und Objektivität sich aus der Sicht der Kritischen Theorie in erster Linie die (bewusste oder unbewusste) Parteinahme für den jeweiligen gesellschaftlichen Status quo verbarg: »In der Unparteilichkeit der wissenschaftlichen Sprache hat das Ohnmächtige vollends die Kraft verloren, sich Ausdruck zu verschaffen, und bloß das Bestehende findet ihr neutrales Zeichen« (Horkheimer/Adorno 2010 [1944]: 29). Vor diesem Hintergrund ist es nur folgerichtig, dass sich ihre Bemühungen um eine andere, kritische Form von Wissenschaft nicht zuletzt auch in Bemühungen um eine andere wissenschaftliche Sprache konkretisierten: Inhalt und Gegenstand einer Kritischen Theorie verlangen auch nach einer geeigneten, ihrem Inhalt entsprechenden (literarischen) Form. Auch ich sehe mich daher als Autor der vorliegenden Arbeit außerstande, eine kritische Theorie des Alter(n)s in jener »neutralen« Sprache vorzulegen, die dem heute gemeinhin als »wissenschaftlicher Mainstream« bezeichneten, dominanten akademischen Forschungsbetrieb allein als »wissenschaftlich« gilt. Eben das schlägt sich formal in einem eher essayistischen Stil nieder.

Dieser der Form des Essays nahestehende Stil hat auch Auswirkungen auf die Gesamtkomposition des Texts. So stellen die einzelnen Kapitel der vorliegenden Arbeit oftmals zwar unmittelbar aneinander anschließende, in ihrer Gesamtheit ein großes, zusammenhängendes Ganzes bildende, aber bis zu einem gewissen Grad auch eigenständige und quasi für sich stehende thematische Abhandlungen dar, mit einem ihrem jeweiligen Gegenstand folgenden Aufbau, einer eigenen inhaltlichen Struktur, teilweise sogar einem eigenen Duktus. Das, aber auch ganz allgemein der große Bogen, den eine kritische Theorie des Alter(n)s thematisch aufspannt, bringt es mit sich, dass sich gewisse Redundanzen leider nicht immer ganz vermeiden lassen werden. Die einzelnen Abschnitte und Kapitel sind so konzipiert, ein Phänomen – das Alter(n) in der modernen, kapitalistischen Gesellschaft – in seinen verschiedenen gesellschaftlichen Dimensionen zu beleuchten und zu analysieren, die wiederum auf vielfältige und komplexe Weise miteinander vermittelt sind. Bestimmte Aspekte sind somit immer auch Bestandteile eines anderen, und so wird manches, das etwa in einem eigenständigen Kapitel ausführlicher erörtert wurde (beispielsweise der Ruhestand und seine Geschichte), an verschiedenen Stellen der Untersuchung als wichtiger Teilaspekt wiederkehren (etwa bei einer Erörterung des sozialen Status alter Menschen, einer Analyse negativer Altersbilder etc.) und umgekehrt.

2. Dissoziation des Alters

Im Mittelpunkt dieses Buches steht die These, dass kapitalistische Gesellschaften ihrem Wesen nach strukturell altersfeindliche Gesellschaften sind, und dass daher auch Phänomene der Altersfeindlichkeit und der Altersdiskriminierung aus den grundlegenden Strukturen kapitalistischer Gesellschaften erklärt werden müssen. Ich möchte dies im Folgenden so begründen, dass das Alter(n) einen Aspekt des Lebens und der menschlichen Existenz darstellt, der gewissermaßen quer zur Logik der Kapitalverwertung und damit assoziierten Arbeits-, Leistungs-, Produktivitäts- und Aktivitätsnormen steht, die das Leben in der kapitalistischen Gesellschaft bestimmen. Das Alter(n) fällt also aus diesem übergreifenden kapitalistischen, insbesondere durch Lohnarbeit gestifteten Bezugsrahmen gleichsam heraus, woraus letztlich ein altersfeindlicher und alte Menschen ausgrenzender Strukturzusammenhang resultiert.

Diese Überlegungen sind maßgeblich inspiriert durch die *Wert-Abspaltungstheorie* von Roswitha Scholz (Scholz 2011). Dabei handelt es sich um einen um feministische Perspektiven erweiterten theoretischen Ansatz in der Tradition der *fundamentalen Wertkritik*.[7] Gemeinsam und in Übereinstimmung mit der fundamentalen Wertkritik rekurriert die Wert-Abspaltungstheorie auf verschiedene zentrale, in (neo)marxistischen Theorieansätzen, insbesondere im Kontext des traditionellen Arbeiterbewegungs-Marxismus jedoch weitgehend marginalisierte Konzepte und Einsichten aus dem Werk von Karl Marx. Dazu zählen vor allem seine Theorie des Werts, des Warenfetischismus sowie seine These einer kapitalistischen Krisendynamik. Im Mittelpunkt steht die Annahme, dass das gesamte gesellschaftliche und individuelle Leben im Kapitalismus bestimmt wird durch die selbstzweckhafte Logik der Kapitalverwertung. Kapitalismus wird begriffen als eine »fetischistische« Vergesellschaftungsform, die sich zwar durch das konkrete und intentionale Handeln der Menschen hindurch, aber dabei dennoch in einem dialektischen Vermittlungsprozess gleichsam hinter deren Rücken konstituiert – als eine Art verselbständigter gesellschaftlicher Zusammenhang gewissermaßen, in dem das Handeln der Menschen überwiegend einer sich quasi-naturgesetzlich entfaltenden Sachzwanglogik folgt. Das konstitutive, alle Lebens- und Handlungsvollzüge überformende und letztlich alle Gesellschaftlichkeit stiftende Prinzip besteht dabei in besagter Verwertungsbewegung des Kapitals, von dessen Gang Wohl und Wehe der kapitalistisch vergesellschafteten Menschen, mittlerweile im globalen Maßstab, abhängt (Wohl in Hochkonjunkturen, Wehe – wie aktuell und in zunehmendem Ausmaß – in Finanz- und Wirtschaftskrisen). Bei Marx ist daher in diesem Zusammenhang mit Blick auf die fetischistische, spezifisch kapitalistische Vergesellschaftungsform auch die Rede vom Kapital als einem »automatischen Subjekt« (Marx 1973 [1867]: 168).

Grundlage jeder gesellschaftskonstitutiven Kapitalverwertungsdynamik ist die Ausbeutung von Arbeit. Das Wesen kapitalistischer Gesellschaften als »Arbeitsgesellschaften« und damit die Bedeutung der Kategorie Arbeit im modernen Lebenslauf, die im Bewusstsein der kapitalistisch vergesellschafteten Subjekte geradezu die Dignität einer quasi-natürlichen und ontologischen Wesenheit annimmt, ist einzig und allein dieser abstrakten gesellschaftlichen (Selbst-)Zwecksetzung geschuldet (Marx spricht daher von »abstrakter Arbeit«). Verausgabt wird die Arbeit in der Produktion von Waren, die anschließend profitabel auf dem Markt verkauft werden, das heißt durch ihren Verkauf einen sich in Geldvermehrung ausdrückenden Mehrwert realisieren. Dies impliziert nicht nur, wie die historische Arbeiterbewegung im Anschluss an Marx kritisiert hatte, eine systematische Übervorteilung der Arbeiter als den eigentlichen Produzenten, sondern entscheidend ist aus Sicht der Wertkritik vielmehr der irrationale Selbstzweckcharakter der ganzen Veranstaltung überhaupt. Da nämlich die kapitalistische Warenproduktion gerade nicht dem Zweck der Befriedigung sinnlicher, menschlicher Bedürfnisse folgt, sondern schlicht dem Selbstzweck, aus einem Euro, Dollar, Yen etc. zwei zu machen, jede Bedürfnisbefriedigung also vielmehr nur einen zufälligen, sekundären Nebeneffekt der Kapitalverwertung darstellt, zeitigt die kapitalistische Vergesellschaftungsform eine ganze Reihe von Widersprüchen und (auto)destruktiven Effekten. Hierzu rechnen beispielsweise die heute kaum noch zu übersehenden ökologischen Folgen der kapitalistischen Produktionsweise (dazu Urban 2020; Konicz 2020; Aumercier 2023), aber auch die zunehmende Instabilität der Weltwirtschaft und die sich zusehends verschärfenden Finanz- und Wirtschaftskrisen (Kurz 2009; Konicz 2016).

Laut der Wert-Abspaltungstheorie sind der Wert und die von ihm ausgehende Kapitalverwertungslogik mit ihren Widersprüchen und destruktiven Potenzialen jedoch nicht das einzige kapitalistische Grundprinzip. Denn die kapitalistische Gesellschaft ist auch auf eine ganze Reihe von Tätigkeiten und Leistungen angewiesen, die sich von der Kapitalverwertungslogik nicht oder nur sehr unzureichend erfassen lassen. Diese fallen also aus dem kapitalistischen Verwertungszusammenhang heraus, sind aber nichtsdestoweniger für das Funktionieren des Verwertungsprozesses und den darüber gestifteten gesellschaftlichen Zusammenhang von eminenter Bedeutung. In diesen Bereich fallen insbesondere solche Tätigkeiten, die im Kapitalismus, quasi komplementär zum Bereich der Produktion beziehungsweise der Arbeit, der Sphäre der häuslich-privaten Reproduktion zugeordnet werden, wie Kindererziehung, Haushalt, Pflege. Und dies ist ein Bereich, der geschlechtsspezifisch besetzt ist, und zwar insofern, als die ihm zugeordneten Tätigkeiten im Kapitalismus traditionell an Frauen delegiert werden. Während also Erwerbsarbeit wie auch generell die gesamte öffentliche Sphäre (Wirtschaft, Politik, Wissenschaft usw.) strukturell Männern vorbehalten ist (oder dies jedenfalls lange Zeit war), gibt es einen davon quasi abgespaltenen Bereich der Reproduktion und des privaten Haushalts, in den letztendlich alle Tätigkeiten und Äußerungen der menschlichen Zuwendung, der Hege und Pflege, bis hin zur Liebe und Erotik ausgelagert sind (und entsprechend unbezahlt verrichtet werden). Und dieser Bereich ist bis heute ein fast ausschließlich weiblicher Handlungs- und Lebensbereich. Das ist, was Roswitha Scholz »Wert-Abspaltung« nennt, also die Abspaltung eines Bereichs, der all das umfasst, was nicht im Wert und der damit assoziierten Kapitalverwertungslogik aufgeht, und dieser Bereich ist weiblich codiert.

Diese geschlechtsspezifische Abspaltung hat dabei nicht nur eine materielle Dimension, wie sie sich in der spezifisch kapitalistischen Trennung von Produktion und Reproduktion darstellt, sondern sie hat auch eine kulturell-symbolische und sozialpsychologische Dimension. Im Zuge der Abspaltung werden nämlich nicht nur bestimmte Tätigkeiten, sondern auch Gefühle und Eigenschaften (wie Sinnlichkeit, Emotionalität, Verstandes- und Charakterschwäche) an »die Frau« delegiert beziehungsweise ihr zugeschrieben und in sie hineinprojiziert. Hingegen steht der »Mann« in der kapitalistischen Moderne für Durchsetzungskraft, Intellekt, Charakterstärke usw. All die traditionellen geschlechtsspezifischen Stereotypen und Zuschreibungen resultieren somit laut Scholz ebenfalls aus dieser kapitalistischen Wert-Abspaltungsstruktur. Aus ihr geht sozusagen ein Frauen und alles Weibliche unterordnender und minderbewertender Strukturzusammenhang hervor, und darin liegt schließlich laut Scholz wiederum das moderne asymmetrische Geschlechterverhältnis maßgeblich begründet. Die Wert-Abspaltungstheorie stellt vor diesem Hintergrund im Prinzip eine radikal kapitalismuskritische Theorie des modernen Geschlechterverhältnisses dar, die das Geschlechterverhältnis aus den grundlegenden kapitalistischen Form- und Strukturprinzipien heraus zu erklären versucht.

Meine Überlegung im Anschluss an die Wert-Abspaltungstheorie ist nun, dass für das Alter(n) im Grunde etwas sehr Ähnliches gilt wie für Frauen und »Weiblichkeit«. Auch das Alter(n) lässt sich in gewisser Weise als ein abgespaltenes Moment der kapitalistischen Wertvergesellschaftung begreifen, aus dessen »Abspaltung« ein altersfeindlicher und alte Menschen ausgrenzender Strukturzusammenhang resultiert. Das heißt, ähnlich wie es Roswitha Scholz mit Blick auf das asymmetrische moderne Geschlechterverhältnis, im Sinne einer Abspaltung des »Weiblichen« von der kapitalistischen Wertform, konstatiert, kann auch das Alter(n) als eines jener gesellschaftlichen Momente betrachtet werden, die aus dem kapitalistischen Wertverhältnis gleichsam »herausfallen«, was eine entsprechende Minderbewertung und Marginalisierung alter Menschen und des Alter(n)s überhaupt zur Folge hat.

In welcher Weise das Alter(n) aus dem kapitalistischen Wertverhältnis herausfällt, dürfte unmittelbar und auf den ersten Blick ersichtlich sein: Bekanntlich konstituiert sich das Alter in modernen Gesellschaften durch eine Ausgliederung alter Menschen aus der im Kapitalismus so zentralen Sphäre der Erwerbsarbeit, die institutionell wiederum im Altersruhestand beziehungsweise der Pension Gestalt angenommen hat. Wie noch zu zeigen sein wird (siehe unten, Kapitel 3), kann man sozialhistorisch sogar so weit gehen, zu behaupten, dass das Alter als solches, nämlich als eine chronologisch distinkte, einheitliche Lebensphase, überhaupt erst durch die grundlegende Trennung von Alter und Arbeit im Kapitalismus entstanden ist, also selbst ein genuines Produkt der kapitalistischen Moderne darstellt – auch hier mit gewissen Parallelen zum modernen Geschlechterverhältnis, das sich in dieser Form, wie im Kontext der Wert-Abspaltungstheorie angenommen wird, erst unter den Prämissen der kapitalistischen Wertvergesellschaftung als ein ontologisiertes, quasi-natürliches System der Zweigeschlechtlichkeit herausbilden konnte. Was hinsichtlich der historischen Genese des Alters freilich noch hinzu kommt, ist, dass im Grunde erst unter industriekapitalistischen Prämissen, also erst gegen Ende des 19. Jahrhunderts, eine größere Masse von Menschen überhaupt ein höheres Lebensalter erreichte und sich somit eine statistisch relevante Bevölkerungsgruppe alter Menschen überhaupt erst herausbildete. Schon mit Blick auf das Alter selbst, als Kategorie oder Konzept einer eigenständigen Lebensphase, ist es also unabdingbar erforderlich, dieses vor dem Hintergrund kapitalistischer Verhältnisse und Strukturen zu betrachten und zu theoretisieren.

Aus der Perspektive einer »Abspaltung« des Alters kann sodann auch besagter Grundtatbestand der Ausgliederung alter Menschen aus der Arbeit und der Institutionalisierung des Ruhestands als wesentliche Grundlage der modernen Altersfeindlichkeit und Altersdiskriminierung angenommen werden. Nicht von ungefähr steht ein erheblicher Teil der gesellschaftlich in Umlauf befindlichen negativen Altersbilder und Altersstereotype (die oftmals auch die Form von Selbststereotypen annehmen, also auch das Selbstbild alter Menschen stark prägen) in der einen oder anderen Weise mit diesem für kapitalistische Gesellschaften charakteristischen strukturellen Sachverhalt (nämlich einerseits der gesellschaftlich zentralen Rolle von Arbeit und andererseits der konstitutiven Trennung von Alter und Arbeit) in Zusammenhang – seien es die weit verbreiteten Zuschreibungen der Unproduktivität, der Leistungsschwäche, der gesellschaftlichen Nutzlosigkeit an alte Menschen, seien es die angesichts des demografischen Wandels umso lauteren Diskurse über die hohen Kosten, die alte Menschen der Gesellschaft, unter anderem aufgrund ihres erwerbslosen Einkommens, verursachen. Das »Herausfallen« der Alten aus der Arbeit markiert so gesehen also einen (wenn nicht *den*) zentralen Dreh- und Angelpunkt, durch den sich die in der modernen Gesellschaft so weit verbreitete Abwertung des Alters und der vorherrschende inferiore Status alter Menschen herstellt.

Der von der Wert-Abspaltungstheorie betonte Aspekt der »Abspaltung« solcher Momente und Bereiche des menschlichen Lebens, die nicht in der Logik der Kapitalverwertung aufgehen, lässt sich also, so meine These, auch auf das Alter(n) übertragen und liefert dabei zugleich eine plausible wie auch theoretisch anspruchsvolle Grundlage zur wissenschaftlichen Erklärung des negativen Status des Alter(n)s in modernen Gesellschaften. Ähnlich wie die geschlechtsspezifische Trennung von Produktion und Reproduktion stellt auch die Ausgliederung der Alten aus der Arbeit in gewisser Weise eine Form der »Abspaltung« aus dem wertförmigen Strukturzusammenhang kapitalistischer Gesellschaften dar, die, ähnlich der gesellschaftlichen Minderbewertung von »Weiblichkeit« und damit assoziierten, an Frauen delegierten und unbezahlt verrichteten Reproduktionstätigkeiten, eine Abwertung und Marginalisierung alter Menschen und generell eine strukturelle, durch praktisch alle Ebenen der Gesellschaft hindurchgehende Altersfeindlichkeit erzeugt.

Ich möchte hierfür den Begriff einer *Dissoziation des Alters* entwickeln, im Sinne eines gesellschaftlichen Form- und Strukturprinzips, das sich in sämtlichen gesellschaftlichen Bereichen und Ebenen manifestiert und den gesellschaftlichen wie auch individuellen Umgang mit dem

Alter(n) maßgeblich prägt. »Dissoziation« ist dabei zunächst nur ein anderes Wort für »Abspaltung« (vom lateinischen *dissociare*: »abspalten«, »trennen«). Es bleibt damit also sowohl der Bedeutungsgehalt einer »Abspaltung« des Alters als auch eine gewisse begriffliche Nähe zur Wert-Abspaltung erhalten. Zugleich wird damit aber auch klargestellt, dass es sich bei der Dissoziation des Alters um ein Prinzip handelt, das nicht identisch ist mit der von Roswitha Scholz theoretisierten Wert-Abspaltung. Die Dissoziation des Alters kann und muss zwar als Bestandteil ein- und derselben kapitalistischen Wert-Abspaltungsstruktur betrachtet werden, stellt dabei jedoch einen von der geschlechtlichen Abspaltung grundsätzlich verschiedenen Prozess mit anderem Inhalt und einer eigenen, spezifischen Prozesslogik dar.

Darüber hinaus hat der Begriff der »Dissoziation« noch weitere Bedeutungsgehalte, die für die Bezeichnung und kritische Theoretisierung des »Herausfallens« des Alters aus dem kapitalistischen Wertverhältnis fruchtbar gemacht werden können. Zum einen besitzt der Begriff bereits etymologisch einen unmittelbaren Bezug zum Sozialen beziehungsweise zur Gesellschaft: *Sociare* bedeutet »vereinigen«, »sich beteiligen«. Das negative Präfix *dis-* in *dissociare* verweist somit auf die Aufhebung dieser gesellschaftlichen Einbindung und Beteiligung, womit das moderne Verhältnis von Alter(n) und Gesellschaft recht gut erfasst und der Sachverhalt des »Herausfallens« des Alters aus dem (im Kapitalismus primär durch Arbeit gestifteten) gesamtgesellschaftlichen Zusammenhang adäquat auf den Begriff gebracht wird. Alt sein bedeutet, aus dem normativen Zentrum der Gesellschaft ausgeschlossen und somit kein vollwertiges Gesellschaftsmitglied mehr zu sein. Zum anderen findet der Begriff der »Dissoziation« auch in zahlreichen anderen gesellschaftlichen Bereichen Verwendung, in denen ihm zuweilen Bedeutungen zukommen, die ebenfalls sinnvoll auf das »Herausfallen« des Alters bezogen werden können. So bezeichnet »Dissoziation« etwa in der Chemie den Zerfall eines Moleküls in seine Bestandteile oder in der Psychologie das Auseinanderfallen von normalerweise zusammenhängenden Funktionen, etwa der Wahrnehmung oder der Identität. Bei Letzterem hat »Dissoziation« vor allem die Bedeutung einer (nicht notwendigerweise pathologischen) Spaltung des Bewusstseins. Eine mit Blick auf die Dissoziation des Alters besonders interessante Begrifflichkeit von »Dissoziation« kommt aus der Psychoanalyse: Dort bezieht sich »Dissoziation« vor allem auf Prozesse der Abwehr, zum Beispiel in der Bewältigung von Traumata. Dabei findet im Individuum eine Art Selbstverdopplung statt, die es erlaubt, einen unversehrten Selbstanteil neben einem traumatisch geschädigten aufrechtzuerhalten. Wie im

Laufe der vorliegenden Arbeit noch zu zeigen sein wird, stellt sich sowohl der gesellschaftliche als auch der individuelle Umgang mit dem Alter(n) in der modernen, kapitalistischen Gesellschaft in einer Form dar, für die speziell dieser psychoanalytische Dissoziationsbegriff außerordentlich gut geeignet erscheint. In zunehmendem Maße nimmt das alter(n)sbezogene Handeln der Menschen heute die Gestalt einer »Abspaltung« des Alters und dabei vor allem des alternden Körpers von einem als alterslos imaginierten Selbst an – eine Neigung, die in der Gegenwart in einem zuweilen groteske Formen annehmenden Jugendwahn und einer immer größere Dimensionen gewinnenden Anti-Ageing-Industrie kulminiert. Mit anderen Worten: Die Haltung moderner Menschen gegenüber dem Alter(n) ist wesentlich geprägt durch eine »Dissoziation« vom Alter(n) und hier vor allem von physiologischen Alterungsprozessen, damit aber auch von einem Teil ihrer selbst, da der physiologische Prozess des Alterns nun einmal einen unhintergehbaren Bestandteil ihrer leiblichen Existenz darstellt. Gerade dieser Aspekt der »Abspaltung« des Alter(n)s vom eigenen Selbst kann durch den Begriff der »Dissoziation« erfasst und einer kritisch-theoretischen Betrachtung zugeführt werden.

Mit *Dissoziation des Alters* soll somit im Folgenden das *Herausfallen des Alters aus dem kapitalistischen Wertverhältnis* bezeichnet werden, als Grundlage einer strukturellen Altersfeindlichkeit moderner, kapitalistischer Gesellschaften.

Dieser durch das »Herausfallen« des Alters aus dem kapitalistischen Wertverhältnis theoretisch begründete Zusammenhang von Altersfeindlichkeit und Kapitalismus ist nun allerdings nicht so (miss-) zu verstehen, dass damit Phänomene der Altersfeindlichkeit und der Altersdiskriminierung quasi monokausal, etwa im Sinne eines traditionsmarxistischen Basis-Überbau-Modells, in einen primär ökonomisch bestimmten Ableitungszusammenhang gestellt werden sollen, für diese also in erster Linie ökonomische Ursachen geltend zu machen seien, während andere, etwa kulturelle Faktoren ausgeblendet oder gar negiert würden. Vielmehr ist die *Dissoziation des Alters* als ein umfassendes, aus der kapitalistischen Struktur der Gesellschaft resultierendes Prinzip zu denken, das durch die Gesellschaft insgesamt und somit durch alle gesellschaftlichen Ebenen und Bereiche hindurchgeht. Auch hier kann wesentlich auf die Wert-Abspaltungstheorie zurückgegriffen und davon ausgegangen werden, dass die moderne Dissoziation des Alters – ähnlich wie die geschlechtliche Abspaltung – unterschiedliche Dimensionen hat beziehungsweise sich auf unterschiedlichen gesellschaftlichen Ebenen konstituiert, die in der theoretischen Analyse zu berücksichtigen sind: nämlich eine *materiell-struktu-*

relle, eine *kulturell-symbolische* und eine *sozialpsychologische* Ebene. Diese Dimensionen oder Ebenen sind wiederum dialektisch miteinander vermittelt, es handelt sich also um eigenständige, analytisch zu differenzierende Dimensionen, die jedoch zugleich stets aufeinander bezogen sind und in einem wechselseitigen Vermittlungs- und Bedingungszusammenhang stehen, daher auch nicht völlig isoliert voneinander betrachtet werden können.

Auf einer *materiell-strukturellen* Ebene ist vor allem besagtes »Herausfallen« alter Menschen aus der Arbeit zu verorten, wie es sich im Kapitalismus letztlich im Altersruhestand institutionalisiert hat. Dieses Herausfallen alter Menschen aus der Arbeit ist faktisch gleichbedeutend damit, für den gesellschaftlichen Verwertungsprozess im wahrsten Sinne des Wortes »überflüssig« zu werden, was gravierende Auswirkungen auf den sozialen Status alter Menschen hat (siehe ausführlich Kapitel 4 der vorliegenden Arbeit). Auch dieser materiell-strukturelle Zusammenhang ist nicht unmittelbar oder nicht ausschließlich auf einen ökonomischen Sachverhalt zu reduzieren. Denn die Ausgliederung der Alten aus der Arbeit und der daraus resultierende inferiore Status alter Menschen ergibt sich wesentlich aus der kapitalistischen Organisation von Arbeit als einem konstitutiven Form- und Strukturprinzip moderner Gesellschaften – einem Strukturprinzip, das als solches nicht nur ökonomische, sondern gesamtgesellschaftliche Implikationen hat, so etwa bereits ganz grundlegend in gesellschaftlichen Vorstellungen vom Lebenslauf und von individueller Biografie. Einen Großteil ihres Lebens in Lohnarbeit zu verbringen und Geld verdienen zu müssen, erscheint den meisten Menschen geradezu selbstverständlich und bildet oftmals sogar einen wesentlichen Bestandteil ihrer Identität. Gleichwohl beruht diese Identitätskonstruktion auf den Strukturen und Normen einer kapitalistischen »Arbeitsgesellschaft«. Auch unsere Vorstellung unterschiedlicher, chronologisch distinkter Lebensphasen beruht wesentlich auf der Arbeit als gesellschaftlichem Organisations- und Strukturprinzip. So ist es etwa, wie bereits erwähnt, die kapitalistische Ausgliederung der Alten aus der Arbeit, die überhaupt erst die strukturelle Grundlage dafür bildet, dass wir heute von einer eigenständigen Lebensphase Alter sprechen können. Das »Alter« kann demnach bereits als solches als ein Produkt kapitalistischer Vergesellschaftung betrachtet werden, durch die das Leben der Menschen primär entlang der (Lohn-)Arbeit geordnet und strukturiert wird und etwa durch Formen des Ruhestands und die Institutionalisierung von Pensionssystemen eine soziale Gruppe »alter« Menschen hervorgebracht wird, die sich von der übrigen Gesellschaft durch ihre Nicht-Erwerbstätigkeit unterscheidet und von dieser erhalten und versorgt werden muss; eine soziale Positionierung, die in einer sich durch Arbeit definierenden Gesellschaft wiederum einen entsprechend inferioren Status begründet.

Dieser inferiore Status des Alters und alter Menschen in kapitalistischen Gesellschaften nimmt sodann symbolisch in einer diskursiven Minderbewertung des Alters, in Form von negativen Altersbildern, Stereotypen oder diskriminierenden Zuschreibungen Gestalt an. Dies kann als *kulturell-symbolische Dimension* der Dissoziation des Alters betrachtet werden. Die kulturell-symbolische Dimension beschreibt gewissermaßen die Ebene des gesellschaftlichen Altersbildes und Altersdiskurses – eine Ebene, die zwar mit der materiell-strukturellen Dimension vermittelt und daher untrennbar verbunden, aber damit nicht unmittelbar identisch ist, sondern eine eigenständige gesellschaftliche Ebene darstellt, der in der kritischen Analyse Rechnung zu tragen ist. Auf dieser Ebene wären insbesondere die oben erwähnten, seit Jahren die öffentliche Diskussion prägenden Diskurse von den unproduktiven, leistungsschwachen, aufgrund ihrer stetig wachsenden Zahl den Fortbestand des Pensions- und Pflegesystems bedrohenden Alten zu verorten. Generell bilden die »Unproduktivität« und die »gesellschaftliche Kostenlast« des Alters wesentliche Hauptstränge des modernen Altersdiskurses, der heute angesichts des demografischen Altersstrukturwandels im Schreckensbild einer »gesellschaftlichen Überalterung« kulminiert (ausführlich dazu Kapitel 5).

Neben einer materiell-strukturellen und einer kulturell-symbolischen Dimension hat die Dissoziation des Alters schließlich noch eine dritte, *sozialpsychologische Dimension*, die in die Analyse einbezogen werden muss. In der Wert-Abspaltungstheorie von Roswitha Scholz bezieht sich die sozialpsychologische Dimension vor allem auf geschlechtsspezifische Eigenschaften, die Männern und Frauen in der bürgerlich-kapitalistischen Gesellschaft traditionell zugeschrieben wurden und werden (Männer etwa als charakterstark, rational und aktiv, Frauen als charakterschwach, emotional, passiv etc.) und entsprechend in spezifisch »männlichen« und spezifisch »weiblichen« Geschlechtercharakteren sowie -identitäten Gestalt annehmen. Auf ähnliche Weise lässt sich mit Blick auf das Alter(n) die sozialpsychologische Dimension auf jene gesellschaftliche Ebene beziehen, auf der sich – auf der materiell-strukturellen Grundlage des Alter(n)s in der kapitalistischen Gesellschaft und vor dem Hintergrund kultureller Altersbilder und -diskurse – die gesellschaftliche Produktion alter beziehungsweise alternder Subjekte vollzieht, auf der sich also das, was in dieser Arbeit eine *Dissoziation des Alters* genannt wird, auf einer subjektiven Ebene in individuellen altersbezogenen Einstellungen, Praktiken und Identitäten manifestiert. Hier geht es also vereinfacht gesprochen darum, wie wir als Menschen alt werden, wie wir subjektiv zum Alter(n) stehen und welche altersbezogenen Identitäten wir ausbilden oder uns gesellschaftlich überhaupt zur Verfügung stehen. Auf dieser Ebene wäre etwa zu verorten, was in der sozialwissenschaftlichen Alter(n)sforschung »Altershandeln« (Degele 2008) genannt wird oder in jüngster Zeit vermehrt Zulauf erfahrende sozialkonstruktivistische beziehungsweise poststrukturalistische Ansätze als »doing age« bezeichnen. Dabei wird Alter(n) »als fortlaufender Prozess interaktiver und performativer Präsentationen« (Schroeter 2009: 360), also als »eine Art von Tun« (Haller 2010: 216) verstanden, das spezifische Formen altersbezogener Identität zugleich repräsentiert als auch überhaupt erst erzeugt.

Diese altersbezogenen Identitäten und die dazugehörigen Alter(n)spraktiken können jedoch – so jedenfalls meine These – im Kapitalismus nur genauso negativ sein, wie es schon die gesamte »Alterskultur« des Kapitalismus selbst ist. Die Negativität modernen »Altershandelns« ist geradezu evident und kann im gesellschaftlichen Alltag in vielfältigen Formen beobachtet werden. Sie lässt sich vielleicht besonders eindrucksvoll daran ablesen – wie in der Gerontologie immer wieder festgestellt wird –, dass die meisten Menschen zwar gerne *alt werden* wollen, aber praktisch niemand *alt sein* will. Das Alter erscheint hier als etwas, das mit der eigenen Identität, dem eigenen Selbst quasi unvereinbar ist und von den Menschen daher in ihrem oder durch ihr »Altershandeln« möglichst verdrängt wird. In diesem Zusammenhang gibt es auch einige sehr aufschlussreiche gerontologische Studien, die einen instruktiven Einblick in solche sozialpsychologischen Phänomene der Verdrängung des Alter(n)s gewähren und für die Analyse der sozialpsychologischen Dissoziation des Alters herangezogen werden können, so etwa prominent Sharon Kaufmans Konzept des »alterslosen Selbst« (Kaufman 1986), das praktisch exakt (wenngleich sehr unkritisch) jenen sozialpsychologischen Sachverhalt des Nicht-Alt-Sein-Wollens und einer Verdrängung des Alter(n)s anspricht. Auch von einer »Altersmaske« (Featherstone/Hepworth 1991), von »Maskerade« (Woodward 1988; Biggs 1997, 2004b) oder von »Altersverdrängung«/»age denial« (Woodward 1991; Andrews 1999; Degele 2008; Hurde Clarke 2010; Holstein 2015) ist in diesem Zusammenhang häufig die Rede.

Auf dieser sozialpsychologischen Ebene kommt besonders auch die oben erwähnte psychoanalytische Dimension des Dissoziationsbegriffs zum Tragen und entfaltet das von mir eingeführte Konzept der *Dissoziation des Alters* erst seinen vollen Bedeutungsgehalt. Denn Befunde wie die eines »alterslosen Selbst« verweisen ja aus einer gesellschaftskritischen Perspektive darauf, dass wir als moderne, kapitalistisch sozialisierte Menschen im Interesse der Erhaltung einer sowohl individuell als auch gesellschaftlich tragfähigen und anerkannten Identität dazu neigen, uns im wahrsten Sinne des Wortes vom Alter(n) zu *dissoziieren*, das Alter(n) also gleichsam von uns und unserer Person »abzuspalten« und zu verdrängen. Diese sozialpsychologische Dissoziation des Alters ist es letztendlich auch, die die soziopsychische Grundlage des heute kaum zu übersehenden, in den letzten Jahren bis ins Groteske gesteigerten Jugendlichkeitswahns bildet, der wiederum begleitet wird von der Herausbildung einer immer gigantischere Dimensionen annehmenden Anti-Ageing-Industrie (siehe Kapitel 6).

Auf diesen drei gesellschaftlichen Ebenen (die an dieser Stelle freilich nur in sehr groben Pinselstrichen skizziert wurden) – *materiell-strukturell*, *kulturell-symbolisch* und *sozialpsychologisch* – nimmt also die *Dissoziation des Alters*, als ein in dieser Arbeit angenommenes und behauptetes Grundprinzip einer im Kern altersfeindlichen Struktur kapitalistischer Gesellschaften, Gestalt an. Auf allen diesen Ebenen wird sie daher auch in den folgenden Kapiteln zu beschreiben und begrifflich zu entfalten sein. In diesem multidimensionalen Zugang kann gerade ein wesentliches Charakteristikum sowie das größte innovative Potenzial meiner kritischen Theorie des Alter(n)s gegenüber anderen Ansätzen innerhalb der sozialwissenschaftlichen Alter(n)sforschung gesehen werden. Wie bereits in der Einleitung (Kapitel 1) erwähnt, herrscht in der Gerontologie und der Alterssoziologie eine Tendenz vor, das Alter(n) und insbesondere Phänomene der Altersfeindlichkeit und der Altersdiskriminierung bevorzugt auf der Ebene des Altersbildes und des gesellschaftlichen Altersdiskurses zu verhandeln, den Forschungsgegenstand also gleichsam auf seine kulturell-symbolische Dimension zu reduzieren. Diese Beschränkung auf kulturell-symbolische Aspekte wird dabei oftmals sogar ganz bewusst vorgenommen, etwa im Sinne eines explizit »kulturtheoretischen« beziehungsweise »kulturalistischen« Zugangs oder auch im Sinne eines eigenständigen, distinkten Forschungsprogramms einer »cultural gerontology« (vgl. exemplarisch Edmondson 2013; Twigg/Martin 2015; Maierhofer 2015a; Gallistl et al. 2021). Materiell-strukturelle und insbesondere kapitalismustheoretische Dimensionen werden dabei in der Analyse weitestgehend (und im Prinzip schon systematisch) vernachlässigt. Die vorherrschende gesellschaftliche Negativität gegenüber dem Alter(n) wird ursächlich in erster Linie auf negative, defizitorientierte, alte Menschen abwertende Diskurse zurückgeführt, die das gesellschaftliche Bild vom Alter(n) und in weiterer Folge auch das alter(n)sbezogene Handeln von Menschen entsprechend prägen.

Eine wesentliche Konsequenz dieser analytischen Beschränkung auf die kulturell-symbolische Ebene des Altersbildes und des Altersdiskurses ist, dass aus einer solchen »kulturalistischen« Perspektive letztlich auch die Lösung des Problems primär, wenn nicht ausschließlich, auf jener kulturell-symbolischen Ebene verortet wird, ohne die konstitutive Vermittlung negativer Altersdiskurse mit den materiell-strukturellen und politisch-ökonomischen Rahmenbedingungen des Alter(n)s in kapitalistischen Gesellschaften zu berücksichtigen und theoretisch wie analytisch in Rechnung zu stellen. Gelöst werden soll das Problem dann etwa durch eine Positivierung des Altersdiskurses, etwa durch eine Verbesserung des gesellschaftlichen Altersbildes oder neue, positivere Narrative des Alter(n)s, durch eine Anerkennung der (angeblichen) Produktivität und gesellschaftlichen Nützlichkeit alter Menschen oder auch durch die »Dekonstruktion« einer für moderne Gesellschaften charakteristischen, hierarchischen Binarität »jung« versus »alt«. Mit anderen Worten: Es wird im Prinzip ausgeblendet, dass die vorherrschende negative »Alterskultur« und all die damit zusammenhängenden negativen Altersbilder und Diskurse eine durchaus handfeste materielle Grundlage in den bestehenden kapitalistischen Gesellschaftsstrukturen haben, daher auch nicht allein durch diskursive Interventionen und andere, auf der kulturell-symbolischen Ebene angesiedelte Praktiken und Strategien, sondern nur durch Eingriffe auf gesamtgesellschaftlicher Ebene, die auch die materiellen Strukturen der Gesellschaft umfassen, verändert werden können.

Ähnlich wird mit konkreten, eher auf einer sozialpsychologischen Ebene angesiedelten Formen und Aspekten des »Altershandelns« verfahren, etwa besagten Praktiken der »Altersverdrängung« sowie daran anknüpfenden Anti-Ageing-Strategien. Auch hier besteht ein wesentliches Defizit kritisch-gerontologischer Untersuchungen bislang darin, dass kaum jemals oder höchstens sehr oberflächlich nach den materiell-strukturellen (kapitalistischen) Grundlagen solcher Phänomene gefragt wird. Zumeist erschöpft sich die Kritik auf einer rein deskriptiven Ebene (und häufig auch mit einem moralischen Beiklang) in der Problematisierung jener »Altersverdrängung« und entsprechender Verjüngungspraktiken, ohne sie auf diese Weise in ihren tieferen gesellschaftlichen Ursachen erklären zu können. Oder sie belässt es bei einer Kritik an biomedizinischen, medialen usw. Anti-Ageing-Diskursen und entsprechenden Praktiken, ohne diese ihrerseits analytisch mit den ihnen zugrunde liegenden materiellen Strukturen zu vermitteln. Praktiken der Altersverdrängung und des Anti-Ageing erscheinen so primär als Produkte gesellschaftlicher Altersdiskurse und einer bestimmten, kulturell geprägten »Konstruktion« des Alter(n)s sowie darauf beruhender Formen des »doing age«. Kaum gefragt wird dabei nach dem Zusammenhang entsprechender Alterskonstruktionen, Diskurse und Handlungsorientierungen mit der bestehenden kapitalistischen Form der Gesellschaft sowie davon ausgehenden Identitätszwängen, was es sodann erlauben würde, das im Anti-Ageing der Gegenwart zum Ausdruck kommende, extrem negative Verhältnis der Menschen zum Alter(n) ursächlich zu erklären. Hier könnte beispielsweise danach gefragt werden, welche soziopsychische Disposition die Menschen eigentlich dazu treibt, das Alter(n), das als immer auch physiologischer Prozess ja einen unhintergehbaren Aspekt ihrer leiblichen Existenz darstellt, mit aller Kraft zu verdrängen und um keinen Preis zu einem Bestandteil ihrer Identität und ihres nun einmal endlichen menschlichen Lebens werden zu lassen – eine Disposition, die sie letztlich überhaupt erst derart empfänglich macht für Angebote der Anti-Ageing-Industrie. Für eine sozialwissenschaftliche Untersuchung und Kritik der sozialpsychologischen Verdrängung des Alter(n)s und insbesondere aktueller Anti-Ageing-Praktiken wäre also ein hinreichendes Verständnis der spezifischen (altersbezogenen) Subjektivierungsprozesse erforderlich, und dies verlangt wiederum eine Berücksichtigung der materiellen gesellschaftlichen Verhältnisse und Strukturen, in denen sich diese Subjektivierungsprozesse vollziehen (einen entsprechenden Erklärungsversuch unternimmt die vorliegende Arbeit in Kapitel 6).

Im Gegensatz zu der in der Gerontologie und der Alterssoziologie dominanten, auf einzelne Dimensionen des Verhältnisses von Alter(n) und Gesellschaft fokussierten oder diese Dimensionen voneinander isolierenden Vorgehensweise (unter weitgehender Vernachlässigung materiell-struktureller beziehungsweise kapitalismustheoretischer Aspekte) wird der in dieser Arbeit zu entwickelnde Ansatz einer *Dissoziation des Alters* gerade darauf gerichtet sein, materiell-strukturelle, kulturell-symbolische und sozialpsychologische beziehungsweise handlungstheoretische Dimension gleichermaßen zu berücksichtigen und analytisch aufeinander zu beziehen. Dabei wird es freilich durchaus erforderlich sein, die verschiedenen Dimensionen der Dissoziation des Alters jeweils »für sich« zu untersuchen – daraus ergibt sich nicht zuletzt der inhaltliche Aufbau der vorliegenden Arbeit. Dies jedoch, ohne dabei einer Dimension theoretisch den Vorzug vor anderen Dimensionen zu geben oder gar eine Dimension aus der anderen abzuleiten, sondern diese stets in ihren wechselseitigen dialektischen Vermittlungen darzustellen. Auch hier folge ich im Wesentlichen einer Grundprämisse der Wert-Abspaltungstheorie, wonach »die kulturell-symbolische, die (sozial-)psychologische und die materielle Ebene in ihren wechselseitigen Bezügen auf derselben Relevanzebene anzusiedeln

[sind], ohne daß eine davon den Primat hat« (Scholz 2011: 121). Die altersfeindliche Struktur der modernen Gesellschaft kann nicht, wie es in der Gerontologie überwiegend praktiziert wird, primär durch negative Altersbilder, Diskurse und entsprechende »kulturelle Konstruktionen« erklärt werden. Umgekehrt kann der negative Altersdiskurs aber auch nicht direkt aus der materiellen Struktur der Gesellschaft abgeleitet werden, gleichsam als bloß ideologischer Reflex der kapitalistischen Verhältnisse oder gar »der Ökonomie«. Dasselbe gilt für die sozialpsychologische Dimension: Weder sind die Menschen in ihrem altersbezogenen Denken, Handeln und Fühlen bloße Objekte einer sie durch und durch determinierenden gesellschaftlichen Struktur, noch sind sie bloße Produkte gesellschaftlicher (Alters-)Diskurse, sondern ihr Denken und Handeln besitzt immer auch eine gewisse Eigenlogik und -dynamik, sozusagen ein überschießendes Moment, das weder restlos in gesellschaftlichen Strukturen noch in kulturellen Konstruktionsprozessen und Diskursen aufgeht. Jedoch sind die Menschen als handelnde Subjekte von diesen auch nicht unabhängig. Es kann daher auch die sozialpsychologische Dimension nicht isoliert betrachtet werden, sondern ist stets in ihrer Vermitteltheit mit der materiell-strukturellen und der kulturell-symbolischen Ebene zu untersuchen.

So soll am Ende der theoretischen Arbeit zumindest in groben Umrissen eine Theorie des Alters und Alterns stehen, die es erlaubt, den vorherrschenden negativen Status des Alters und damit assoziierte Phänomene der Altersfeindlichkeit und Altersdiskriminierung auf allen gesellschaftlichen Ebenen – materiell-strukturell, kulturell-symbolisch wie auch sozialpsychologisch – aus den bestehenden kapitalistischen Verhältnissen heraus zu erklären.

Im Zuge der Analyse und theoretischen Begründung einer für kapitalistische Gesellschaften charakteristischen *Dissoziation des Alters* werden schließlich auch die sich historisch wandelnden Gestalten der Dissoziation zu berücksichtigen und zu analysieren sein. Die Dissoziation des Alters ist nicht als ein statisches Strukturprinzip zu denken, das mit der kapitalistischen Struktur der Gesellschaft in einer bestimmten, unveränderlichen Form gesetzt ist. Sondern diese folgt einer Prozesslogik, die ebenso dynamisch zu denken ist, wie die sich aufgrund ihrer immanenten Wachstums- und Produktivitätszwänge permanent ökonomisch, technologisch und sozial umwälzende kapitalistische Gesellschaft selbst. Das heißt, die gesellschaftlichen Rahmenbedingungen des Alter(n)s und damit auch das Alter(n) als solches sind ständigen Wandlungsprozessen ausgesetzt. Nicht von ungefähr werden in der Alterssoziologie immer wieder diverse »Strukturwandel« des Alters konstatiert (z. B. Naegele/Tews 1993; Conrad 1994;

Backes 1997; Karl 2012). Gegenwärtig kulminieren besagte Wandlungsprozesse des Alter(n)s vor dem Hintergrund des demografischen Wandels in einer gesellschaftspolitischen »Aktivierung des Alters« (vgl. Lessenich 2009; Denninger et al. 2014; Stückler 2016) und gehen mit erheblichen Veränderungen darin einher, wie Alter und Altern gesellschaftlich gesehen werden, was Alter und Altern für das Leben und den Alltag der Menschen konkret bedeuten und wie die Gesellschaft das Alter(n) »gestaltet« und reguliert. Generell haben sich in den letzten Jahren erhebliche Veränderungen hinsichtlich des gesellschaftlichen Altersdiskurses ergeben, die auf einen deutlichen Wandel des gesellschaftlichen Status des Alter(n)s hindeuten – siehe etwa die politischen Bemühungen um eine stärkere »Partizipation« und »soziale Inklusion« alter Menschen, die Diskurse über die sogenannten »jungen Alten« (Dyk/Lessenich 2009a), über spezifische, gesellschaftlich relevante »Potenziale« und »Kompetenzen« alter Menschen (vgl. Staudinger/Schindler 2002; BMFSFJ 2006; Amann 2006; Fangerau et al. 2007; Kruse 2010; Heinze et al. 2011) bis hin zu postmodernen Tendenzen einer Aufweichung und Verflüssigung von Altersgrenzen und Altersnormen (vgl. Featherstone/Hepworth 1991; Featherstone/Wernick 1995; Blaikie 1999; Katz 2005). Die Qualität und der Erklärungswert der im Folgenden auszuarbeitenden kritischen Theorie des Alter(n)s wird nicht zuletzt daran zu messen sein, was sie über diese kaum zu leugnenden Wandlungsprozesse aussagen kann und ob sie diese hinreichend zu erklären und kritisch zu reflektieren vermag. Wie bereits Theodor W. Adorno in seiner berühmten *Einleitung in die Soziologie* festgehalten hat, gehört zu den wesentlichsten Aufgaben soziologischer Theoriebildung die Analyse und Erklärung von

> »Bewegungsgesetzen der Gesellschaft (...), vor allem [solchen] Gesetzen, die ausdrücken, wieso es dahin gekommen ist und wohin es will; daß dann aber diese Gesetze sich modifizieren und daß sie nur so weit gelten, wie sie wirklich erscheinen; und dann als eine dritte Stufe, daß es die Aufgabe der Soziologie ist, entweder auch diese Abweichungen zwischen Wesen und Erscheinung ihrerseits aus dem Wesen zu begreifen, will sagen: theoretisch zu begreifen, oder aber dann tatsächlich die Courage zu haben, Wesensbegriffe oder Allgemeingesetzlichkeiten, die schlechterdings den Phänomenen inkompatibel, auch nicht dialektisch zu vermitteln sind, preiszugeben.« (Adorno 2012 [1968]: 46f.)

Vereinfacht ausgedrückt: Besagte alter(n)sbezogene Wandlungsprozesse müssen ihrerseits aus dem »gesellschaftlichen Wesen«, das heißt aus der

Entwicklungsdynamik der kapitalistischen Gesellschaft selbst erklärt werden. Meine These, die an dieser Stelle lediglich grob formuliert werden soll, ohne sie bereits ausführlicher zu verfolgen und theoretisch zu begründen (das wird einem eigenen Kapitel dieser Arbeit vorbehalten bleiben, siehe Kapitel 7), ist, dass es sich bei diesen durchaus weitreichenden Veränderungen vor allem um einen immanenten Formwandel innerhalb der Prozesslogik der modernen Dissoziation des Alters handelt, in dessen Zuge Altersfeindlichkeit und Altersdiskriminierung durchaus nicht – wie es auf den ersten Blick scheinen könnte – überwunden werden, sondern vielmehr eine andere Form annehmen und sich dabei zum Teil sogar erheblich verschärfen. Dies zeigt sich in der Gegenwart insbesondere an einer fortschreitenden, gesamtgesellschaftlichen Tendenz zur »Alterslosigkeit« wie auch an einem rasanten Vordringen von Anti-Ageing-Diskursen, -Strategien und -Praktiken.

Zunächst gilt es allerdings, die (an dieser Stelle sicherlich noch sehr abstrakt gebliebene) These einer spezifisch kapitalistischen *Dissoziation des Alters* theoretisch zu entfalten und diese in ihren vielfältigen gesellschaftlichen Erscheinungsformen und Dimensionen zu beschreiben. Dies macht es auch erforderlich, sich mit der Geschichte des Alters im modernen Kapitalismus zu befassen.

3. Zur historischen Konstitution des Alters im Kapitalismus

Die Hauptthese dieser Arbeit, wie sie im vorigen Kapitel bereits grob umrissen wurde, lautet, dass die kapitalistische Gesellschaft durch eine *Dissoziation des Alters* und eine daraus resultierende strukturelle Altersfeindlichkeit charakterisiert ist. Im Folgenden ist mithin die Frage zu klären, worin diese Dissoziation genau besteht, worin sie begründet ist, wie sie sich gesellschaftlich darstellt und wie sie konkret wirkt. Die Dissoziation des Alters hat dabei auch – wie ebenfalls bereits dargelegt wurde – mehrere Dimensionen, die analytisch unterschieden werden müssen, nämlich eine materiell-strukturelle, eine kulturell-symbolische und eine sozialpsychologische Dimension. Darüber hinaus hat sie auch eine historische Dimension: Die Dissoziation des Alters ist nicht einfach ein statisches Verhältnis, sondern ein historisch-dynamischer Prozess, der untrennbar mit der historischen Entwicklung der heute global vorherrschenden kapitalistischen Gesellschaftsformation und der ihr eigenen, aus der permanenten Verwertungsbewegung des Kapitals resultierenden Dynamik verbunden ist. Das Alter(n) ist daher denselben Wandlungsprozessen unterworfen wie jene Verhältnisse und Rahmenbedingungen selbst.

Um zu verstehen, was *Dissoziation des Alters* bedeutet und inwiefern es sich dabei um ein spezifisch kapitalistisches Phänomen handelt, ist es daher zunächst einmal erforderlich, zu klären, wie sich das Alter auf einer materiell-strukturellen Ebene im Kapitalismus historisch konstituiert. Dabei wird sich insbesondere zeigen, dass das, was wir heute unter »Alter« verstehen, historisch noch sehr jungen Datums ist und streng genommen in dieser Form erst existiert, seit es Kapitalismus gibt. Zur Dissoziation des Alters und ihrer kapitalistischen Spezifik gehört also bereits ganz grundlegend ein ebenso historischer Begriff und eine historisch-spezifische Vorstellung von »Alter«, die erst mit der Herausbildung der kapitalistischen Gesellschaftsformation in die Welt kamen und seither das alter(n)sbezogene Denken und Handeln der Menschen maßgeblich bestimmen.

3.1 Das Alter und der »institutionalisierte Lebenslauf« der kapitalistischen Moderne

Als historische Grundlage, gewissermaßen als historisches Schlüsselereignis, für die Konstitution des Alters im Allgemeinen und die spezifisch moderne Dissoziation des Alters im Besonderen kann die Ausgliederung alter Menschen aus der im Kapitalismus zentralen Sphäre der Erwerbsarbeit betrachtet werden. Ich habe in diesem Zusammenhang bereits an früherer Stelle von einem »Herausfallen« der Alten aus der Arbeit gesprochen. Der konstitutive Zusammenhang von Alter und Arbeit und damit die historische Form der modernen Dissoziation des Alters ist dergestalt, dass das Alter in der kapitalistischen Gesellschaft verbunden ist mit dem Eintritt in den Ruhestand, der wiederum eine genuin kapitalistische Kategorie sowie Institution darstellt.

Innerhalb der Gerontologie und der Alterssoziologie ist die Bedeutung des Ruhestands für die moderne Gestalt wie auch für das gesellschaftliche Bild des Alters weitgehend unstrittig (vgl. Phillipson 1982; Kohli 1985; Conrad 1994; Laws 1995; Backes 1997; Göckenjan 2000; Scherger 2015). Generell ist die Assoziation von Alter und Ruhestand für moderne Menschen – auch wenn diese heute in Zeiten des »aktiven Alterns«, vor dem Hintergrund des demografischen Wandels, zunehmend infrage gestellt und alte Menschen tendenziell wieder »in die gesellschaftliche Verwertung zurückgeholt« werden (vgl. Amann et al. 2010: 47) – geradezu eine Selbstverständlichkeit und prägt maßgeblich die Vorstellung vom Alter als einer eigenständigen Lebensphase. Streng genommen handelt es sich dabei allerdings um einen gesellschaftlich enorm voraussetzungsreichen Sachverhalt, der in vorkapitalistischen Gesellschaften in dieser Form noch nicht existierte und sich erst mit der Durchsetzung der kapitalistischen Produktionsweise entwickelte. Bevor ab dem späten 17., frühen 18. Jahrhundert, zunächst beschränkt auf das Militärwesen und die zivilen Staatsverwaltungen, und erst um die Wende zum 20. Jahrhundert allmählich auch für Arbeiter soziale Sicherungs- und Pensionssysteme etabliert wurden, war die Vorstellung eines arbeitsfreien Lebensabends praktisch unbekannt. Geläufig war zwar durchaus die Reduzierung der Arbeitstätigkeit entsprechend dem altersbedingten Nachlassen der Körperkräfte, aber dies implizierte in der Regel nicht den vollständigen Rückzug aus dem tätigen Leben, wie dies erst später mit der Institutionalisierung und Verallgemeinerung des Altersruhestands zur Regel wurde.

Aus einer sozialhistorischen Perspektive kann sogar so weit gegangen werden, dass das Alter als solches, das heißt als eine chronologisch distinkte, eigenständige Lebensphase, überhaupt erst im Kapitalismus durch die grundlegende Trennung von Alter und Arbeit entstand, also selbst ein genuines Produkt der kapitalistischen Moderne und der kapitalistischen Produktionsweise darstellt. Hinweise in diese Richtung liefert etwa der Sozialhistoriker Josef Ehmer in seiner *Sozialgeschichte des Alters*, wo er mit Blick auf die Verhältnisse in vorindustriellen Agrargesellschaften (im Vergleich zum entwickelten Kapitalismus) Folgendes feststellt: »Eine Zäsur, die man als den Beginn einer Altersphase bezeichnen könnte, läßt sich in diesen sozialen Verhältnissen [das heißt in vorindustriellen Agrargesellschaften, A. S.] kaum identifizieren« (Ehmer 1990: 26). Er hebt dabei als besonders wesentlich hervor, dass unter agrargesellschaftlichen Bedingungen

> »keine Norm bestanden zu haben [scheint], die im hohen Alter zum Rückzug aus den wirtschaftlichen Aktivitäten drängte. Für die älteren Menschen scheinen hier günstige Möglichkeiten existiert zu haben, ihre Familienverhältnisse und ihre Arbeitstätigkeit flexibel nach ihren jeweiligen Bedürfnissen zu gestalten (wenn man von den Auswirkungen der individuell und lokal nicht beeinflußbaren Bedrohungen durch Kriege, Hunger und Seuchen absieht).« (ebd.: 27)

Hier gab es also laut Ehmer noch keine wie auch immer geartete Trennung von Alter und Arbeit, dadurch aber streng genommen auch keine wirklich identifizierbare Lebensphase des Alters. Kurz gesagt: Das Alter, wie wir es kennen und was wir uns im Allgemeinen darunter vorstellen – nämlich vor allem den Eintritt in den Ruhestand und die Entbindung vom Erwerbsarbeitszwang – existierte damals noch nicht. Dies sollte sich erst unter den historisch sehr spezifischen Prämissen der kapitalistischen Lohnarbeit, also den Bedingungen der modernen Lohnarbeiterexistenz, ändern. Und erst hier nimmt das Alter als eine chronologisch abgrenzbare Lebensphase Gestalt an – und zwar indem es aus der Sphäre der Arbeit herausgelöst wird.

Damit soll nun freilich nicht behauptet werden, dass das Alter eine rein kapitalistische »Erfindung« ist. Bereits in vormodernen Gesellschaften war das Alter bekanntlich eine sehr wesentliche soziale Strukturkategorie, die Sozialbeziehungen maßgeblich ordnete und an die insbesondere auch die Zuweisung gesellschaftlicher Status- und Machtpositionen gekoppelt war. Dementsprechend finden sich bis zurück in die Antike philosophische und literarische Auseinandersetzungen mit dem Alter(n), so etwa bei Platon, Aristoteles oder Cicero, wobei auch negative Deutungen des Alters im Sinne eines körperlichen und geistigen Verfalls, wie sie auch und gerade heute noch verbreitet sind, auf eine lange Tradition in der europäischen Geistes- und Kulturgeschichte zurückblicken können (vgl. exemplarisch Rosenmayr 1978, 1999; Brandt 2002; Hermann-Otto 2004, 2008; Göckenjan 2000, 2010). Auch der Ruhestand hat vormoderne Wurzeln, beispielsweise im sogenannten bäuerlichen Ausgedinge, wie es sich im Spätmittelalter, etwa ab dem 13. Jahrhundert, in Mitteleuropa entwickelte (vgl. Gestrich 2004: 65). Bereits die alten Römer kannten Formen des Altersruhestands, in den sich zum Beispiel Angehörige des Senats oder der städtischen Aristokratie im Alter zurückziehen konnten, wobei dieser allerdings nicht, so wie heute, mit einem Anspruch auf eine Rente verbunden war (vgl. Hermann-Otto 2004: 11f.). Gleichwohl ist die neue Qualität zu sehen und theoretisch in Rechnung zu stellen, die die Herausbildung der modernen, kapitalistischen Gesellschaftsformation und insbesondere die Entwicklung eines verallgemeinerten Altersruhestands für das Alter(n) hat, und die meines Erachtens vor allem in der systematischen Ausgliederung der Alten aus der Arbeit besteht.

Wahrscheinlich ist dabei die oben so genannte und auch von Josef Ehmer als konstitutiv für die Entstehung der Lebensphase Alter betonte »Trennung von Alter und Arbeit« sogar noch eine etwas zu unpräzise Begrifflichkeit für die Bezeichnung dieses Sachverhalts. Denn streng genommen kann mit Blick auf vormoderne Gesellschaften schon von »Arbeit«, jedenfalls in einem kapitalistisch-modernen Sinne, nur in einer sehr groben Überdehnung und gegenüber historischen Unterschieden indifferenten Verwendung des Begriffes die Rede sein. Auch Arbeit – oder was wir »Arbeit« nennen, nämlich eine zur Bestreitung des Lebensunterhalts gegen Bezahlung verrichtete Tätigkeit – ist etwas, das erst mit der Ausbreitung der kapitalistischen Produktionsweise zunehmend das Leben und den Alltag der Menschen bestimmte. Wie auch immer man es also nennen mag, was vormoderne Menschen zum Zweck ihrer materiellen Reproduktion getan haben: Arbeit war es, nach kapitalistischen Maßstäben, eigentlich (noch) keine. Genauso unpräzise ist es daher, wenn Peter Borscheid – ein anderer renommierter Sozialhistoriker des Alters – in seinen historischen Ausführungen zur Entstehung des modernen Ruhestands schreibt:

> »Das Modell der lebenslangen, extensiven Arbeit ist [mit der Verallgemeinerung des Ruhestands, A. S.] einem Modell gewichen, bei dem die Erwerbsphase von der Ausbildungs- und der Altersphase in die Zange genommen, zusammengepreßt und intensiviert wird.« (Borscheid 1996)

Wenngleich die wesentliche Differenz zwischen modernem und vormodernem Alter – nämlich die im Prinzip lebenslange Tätigkeit vormoderner Menschen, die auch der Herausbildung einer eigenständigen Lebensphase Alter im Wege stand – präzise benannt wird, so bleibt der Vergleich dennoch ungenau und kann allenfalls für frühkapitalistische Verhältnisse vor Einführung und Verallgemeinerung des Ruhestands Geltung beanspruchen. Denn sowohl von »Arbeit« als auch von einer »Erwerbsphase« – die schon dem Wortsinn nach notwendig Lohn- beziehungsweise Gelderwerb impliziert – kann erst unter kapitalistischen Bedingungen sinnvoll gesprochen werden. Dies sind keine Begriffe, die sich so ohne Weiteres für vorkapitalistische Verhältnisse verwenden lassen. Präziser – wenn auch meines Erachtens immer noch nicht zulänglich – wäre daher vielleicht, mit Blick auf die historische Differenz zwischen modernem und vormodernem Alter von einer Trennung von Alter und produktiver Tätigkeit zu sprechen. Wir verfügen offenbar (wie gerade auch die beiden herangezogenen sozialhistorischen Referenzen belegen mögen) über kein hinreichendes begriffliches Instrumentarium, um die Tätigkeiten vormoderner Menschen adäquat und in ihrer Differenz zum Leben moderner Menschen zu bezeichnen. Wir haben gelernt, jegliche Tätigkeit, die Menschen zu unterschiedlichen historischen Zeiten zur Sicherung ihrer Existenz ausgeübt haben, »Arbeit« zu nennen, ungeachtet der qualitativen Verschiedenheit der darunter subsumierten Tätigkeiten und vor allem auch ungeachtet der Tatsache, dass der Begriff »Arbeit« – als Lohnarbeit oder »abstrakte Arbeit« im Marx'schen Sinne – untrennbar an die bürgerlich-kapitalistische Gesellschaftsform gebunden ist. Wenngleich der Begriff »Arbeit«, worauf auch Karl Marx hinweist, als solcher schon »uralt« ist, so handelt es sich dabei dennoch um »eine ebenso moderne Kategorie wie die Verhältnisse, die diese einfache Abstraktion erzeugen« (Marx 1971 [1857]: 634). Und eine ganz wesentliche Differenz besteht insbesondere in der Universalität, die dem Begriff in seiner modernen Verwendung eigen ist. Auch früher gab es zwar, was wir heute gewohnt sind, »Berufe«, im Sinne von unterschiedlichen Formen und Gegenstandsbereichen von »Arbeit«, zu nennen: Bäcker, Schuster, Schmiede usw. Aber dies waren Bezeichnungen, die sich stets auf die je konkrete Tätigkeit bezogen, die diese Menschen ausübten. Es wäre vormodernen Menschen wahrscheinlich geradezu absurd erschienen, diese höchst verschiedenen Tätigkeiten unter einen Universalbegriff der »Arbeit« zu subsumieren – schlicht deshalb, weil dazu überhaupt kein Grund bestand. Denn hierbei handelt es sich um eine höchst voraussetzungsreiche Abstraktionsleistung, die sich laut Marx nur unter gesellschaftlichen Bedingungen entwickeln kann,

»worin die Individuen mit Leichtigkeit aus einer Arbeit in die andere übergehen und die bestimmte Art der Arbeit ihnen zufällig, daher gleichgültig ist. Die Arbeit ist hier nicht nur in der Kategorie, sondern in der Wirklichkeit als Mittel zum Schaffen des Reichtums überhaupt geworden, und hat aufgehört als Bestimmung mit den Individuen in einer Besonderheit verwachsen zu sein.« (ebd.)

Mit anderen Worten: Sie setzt zwingend eine kapitalistische Gesellschaftsform voraus, in der jegliche menschliche Tätigkeit »aller traditionellen Bewertungen entkleidet und auf ihren ökonomischen Kern reduziert [wird], wertbildend zu sein und als Wertmaßstab zu dienen« (Walther 1990: 24). Erst unter diesen gesellschaftlichen Bedingungen wird »Arbeit« zu »Arbeit überhaupt« oder, wie es Marx nannte: zu »Arbeit sans phrase« (Marx 1971 [1857]: 636).[8] Nicht zuletzt dieses sonderbare Verhältnis des modernen Menschen zur Arbeit war es, das Marx zu seiner kritischen Einschätzung veranlasste, die kapitalistische Gesellschaft sei ihrem Wesen nach »fetischistisch«: Obwohl selbst ein unmittelbares Produkt bestimmter gesellschaftlicher Verhältnisse, ist »Arbeit« für uns zu einem ewiggültigen, ontologischen Begriff geworden, der für praktisch jede menschliche Tätigkeit, sofern diese irgend von sozialer Bedeutung sein soll, verwendet wird. Dies geht heute sogar so weit, dass selbst (mit Arbeit im engeren Sinne so gar nicht verwandte) menschliche Lebenstätigkeiten wie die Pflege zwischenmenschlicher Beziehungen als »Beziehungsarbeit« oder die Bewältigung eines persönlichen Verlustes als »Trauerarbeit« bezeichnet werden. Wenn etwas den Fetischismus der kapitalistischen Gesellschaft in besonders anschaulicher Form zu repräsentieren vermag, dann ist das vielleicht dieser merkwürdig inflationäre Gebrauch des Begriffs »Arbeit«.

Aber welchen Begriff auch immer man nun für vormoderne Verhältnisse (in Abgrenzung zu den Verhältnissen im Kapitalismus) als angemessen betrachten möchte – ob nun Arbeit oder produktive Tätigkeit –, entscheidend für den hier in Rede stehenden Zusammenhang ist, dass die (oder jedenfalls eine wesentliche) Grundlage des »Alters« als eigenständiger Lebensphase die Entstehung der kapitalistischen Lohnarbeit war, aus der die Alten ausgegliedert wurden, während in vorkapitalistischen Gesellschaften Menschen oft bis ans Lebensende einer produktiven Tätigkeit nachgingen.

Dies ist ein Sachverhalt, der bislang in der Gerontologie nahezu vollständig ausgeblendet oder allenfalls nur sehr oberflächlich berücksichtigt wird, ohne dessen volle Tragweite und weitreichenden Implikationen adäquat zu erfassen. Zwar ist es, wie bereits erwähnt, innerhalb der Gerontologie und der Alterssoziologie weitestgehend Konsens und allgemein anschlussfähig, dass für das moderne Konzept des Alters als einer eigenständigen Lebensphase die Entstehung und Verallgemeinerung des Ruhestands von konstitutiver Bedeutung war und eng damit verbunden ist. Zu den Klassikern der (vor allem deutschsprachigen) Alterssoziologie gehört hier allen voran das Konzept des »institutionalisierten Lebenslaufs« von Martin Kohli (1985). Dieses beschreibt eine für moderne Gesellschaften charakteristische, um die Erwerbsarbeit zentrierte Dreiteilung des Lebenslaufs in eine Ausbildungsphase, eine der Arbeit und dem Geldverdienen gewidmete mittlere Lebensphase sowie eine durch den Ruhestand und den Austritt aus der Erwerbssphäre geprägte Altersphase. Noch etwas expliziter kommt die historische Spezifik dieses modernen Lebenslaufkonzepts bei Harry R. Moody zum Ausdruck, wenn er von einem »modernisierten Lebenslauf« spricht (vgl. Moody 1993: xix). Hier wird also das Alter, im Sinne einer eigenständigen, chronologisch distinkten Lebensphase, als ein unmittelbares Produkt kapitalistischer Vergesellschaftung greifbar, das sich erst durch seine besondere Stellung zur Erwerbsarbeit – namentlich durch die Trennung von derselben – konstituiert, wie im Prinzip auch alle anderen Lebensphasen, Kindheit/Jugend und »mittleres Alter«, eigentlich erst mit der Durchsetzung und Ausbreitung der kapitalistischen Lohnarbeit ihre historische Grundlage finden, also selbst Produkte eines um die Lohnarbeit zentrierten, gesellschaftlich »institutionalisierten« Lebenslaufs darstellen:

> »Die moderne Altersordnung hängt eng mit der modernen (kapitalistischen beziehungsweise industriellen) gesellschaftlichen Organisation der Arbeit und ihrem Verhältnis zu den übrigen Bereichen der Gesellschaft zusammen. Dies ist der strukturelle Grundtatbestand, von dem aus heute auch das höhere Alter (als ›Ruhestand‹) zu begreifen ist.« (Kohli 1992: 238)

Ähnlich formuliert es Josef Ehmer:

> »Erst die Stabilisierung der Arbeitsverhältnisse im entwickelten Kapitalismus und die Institutionalisierung des Lebenslaufs haben es möglich gemacht, Ausbildung, Erwerbsarbeit und Ruhestand als Phasen im Lebenslauf eindeutig zu unterscheiden und chronologisch zu fixieren.« (Ehmer 1990: 210)

All das gilt, auch wenn heute der »institutionalisierte Lebenslauf« einer Reihe von Wandlungsprozessen unterliegt und vor allem die traditionelle Dreiteilung des Lebens tendenziell aufgeweicht wird – etwa wenn sich heute Lernen und (Aus-)Bildung nicht mehr, wie ursprünglich, auf die Kindheit und Jugend beschränken, sondern im Sinne des »lebenslangen Lernens« als eine über den gesamten Lebenslauf hinweg bestehende Anforderung propagiert werden. Oder wenn sich das Alter mittlerweile in ein als nach wie vor »aktiv« konzipiertes »drittes Alter« und in ein abhängiges »viertes Alter« ausdifferenziert (vgl. Laslett 1995a), wodurch die aktive Phase praktisch ins Alter hinein ausgedehnt beziehungsweise das Alter im Lebenslauf nach hinten verschoben wird. Das heißt, auch der »postmoderne Lebenslauf«, wie er speziell in kritisch-gerontologischen Kontexten gerne genannt und aufgrund der tendenziellen Verflüssigung und des zunehmenden Durchlässigwerdens ursprünglich klar voneinander differenzierter Lebensphasen mit einem gewissen emanzipatorischen Potenzial assoziiert wird, ist und bleibt letztendlich ein »institutionalisierter« und damit auch von gesellschaftlichen Normierungen nicht freier Lebenslauf.

Hinter diese in der Gerontologie an sich weit verbreitete Einsicht in die gesellschaftliche Bedingtheit – oder sozialkonstruktivistisch formuliert: soziale Konstruiertheit – des Alters durch einen spezifisch modernen, »institutionalisierten« Lebenslauf im Allgemeinen und die Institutionalisierung des Altersruhestands im Besonderen fallen jedoch gerontologische Ansätze seltsamerweise fast durchgängig zurück, sobald es um die Kritik an Altersfeindlichkeit und Altersdiskriminierung geht. Kritische Perspektiven auf das Alter(n) beschränken sich in Gerontologie und Alterssoziologie überwiegend auf eine Kritik am defizitorientierten Altersbild moderner Gesellschaften und einer daraus resultierenden, weitreichenden Tendenz zur Marginalisierung und Diskriminierung alter Menschen. Die Kritik mündet dabei für gewöhnlich in diskursiven Interventionen zur symbolischen Aufwertung des Alters, wobei entweder im Sinne einer Gleichheitsperspektive die Aufhebung der Differenz zwischen (negativ konnotiertem) Alter und (gesellschaftlich höher bewertetem und idealisiertem) jüngeren und mittleren Alter oder, umgekehrt, für die Anerkennung der eigenen Dignität des Alters als eigenständiger Lebensphase plädiert wird. Die Alten sollen also entweder hinsichtlich ihrer Eigenschaften und Fähigkeiten als nicht grundsätzlich verschieden von jüngeren Menschen betrachtet oder aber gerade in ihrer Differenz als Alte mit ihren ganz eigenen Qualitäten aufgewertet werden.

Die erstgenannte Strategie der »Gleichheit« ist bis weit in den gerontologischen Mainstream hinein verbreitet und stellt, wie bereits eingangs erwähnt (siehe oben, Kapitel 1), den mit Abstand dominantesten Problemzugang zu *ageism* in der Gerontologie dar. Diese Strategie reflektiert sich vor allem in der seit Jahren geführten Diskussion über »Alterspotenziale«, über die »Aktivität«, »Produktivität« und die vielfältigen »Kompetenzen« alter Menschen. Die Alten, so die Grundargumentation dieses Diskursstranges, erweisen sich bei genauerer Betrachtung als nicht weniger »aktiv«, »produktiv«, »kompetent« und »leistungsfähig« als jüngere Menschen, und wer Gegenteiliges behaupte, reproduziere ein einseitig negatives und somit stereotypes Altersbild, das sich wissenschaftlich durch nichts belegen lasse (vgl. Amann 2016: 23). Betont wird mithin die Gleichwertigkeit alter Menschen im Verhältnis zu Angehörigen anderer, jüngerer Lebensalter.

In theoretisch anspruchsvollerer und elaborierterer Form finden sich vergleichbare Argumentationen auch in sozialkonstruktivistisch konturierten Arbeiten zur »gesellschaftlichen Konstruktion« des Alter(n)s. Demnach sei das Alter(n) in der modernen Gesellschaft geprägt durch ein sehr negatives, defizitorientiertes Altersbild, das Alter(n) vor allem mit Krankheit, Pflegebedürftigkeit, Abbau und Verlust konnotiere (vgl. Haber 2000). Margaret M. Gullette spricht in diesem Zusammenhang etwa von einer gesellschaftlich dominanten »Ideologie des Abbaus« (Gullette 2004: 37f.), die das Alter(n) als Phänomen ausschließlich in negativen Begriffen fasse und primär mit Verfall und Verlust assoziiere, während über den gesamten Lebenslauf hinweg bestehende Entwicklungsmöglichkeiten und Potenziale völlig ignoriert und ausgeblendet würden. Zwar gilt es auch aus sozialkonstruktivistischer Sicht überwiegend als eine unleugbare Tatsache, dass sich der Körper mit der Zeit biologisch verändert – »altert« –, dies sei aber keine hinreichende Erklärung dafür, dass dieser Prozess gesellschaftlich wie individuell mit körperlichem, psychologischem und sozialem Abbau und Verfall gleichgesetzt wird. Hierbei handle es sich vielmehr um ein soziales Konstrukt, das in der modernen, westlichen Kultur begründet liege und durch alle gesellschaftlichen Ebenen und Bereiche hindurch, insbesondere durch die Medien, reproduziert werde:

> »Whilst the biological processes of aging, old age, and death cannot in the last resort be avoided, the meaning which we give to these processes and the evaluations we make of people as they grow physically older are social constructions which reflect the beliefs and values found in a specific culture at a particular period in history.« (Featherstone/Hepworth 1995: 30f.)[9]

Durch die aus solchen sozialen Konstruktionsprozessen resultierenden negativen, defizitorientierten Altersbilder, die insbesondere auch negative Bilder vom alten Körper seien, würden Menschen durch die Gesellschaft und die Kultur, in der sie leben, systematisch und im wahrsten Sinne des Wortes »alt gemacht« (Gullette 2004; Cruikshank 2009), was sich in vielfältigen Formen der Diskriminierung von Menschen aufgrund ihres Alters niederschlage, so etwa auf dem Arbeitsmarkt. Erforderlich sei vor diesem Hintergrund eine völlig neue »Alterskultur«, die eine andere Perspektive auf das Alter(n) jenseits vorherrschender negativer Zuschreibungen von Verfall und Abbau zu eröffnen vermag. Gullette plädiert etwa für die Entwicklung von »progress narratives« (Gullette 2004: 39), das heißt alternativen Narrativen des Alter(n)s, die das Alter(n) unter dem Gesichtspunkt lebenslanger Entwicklungspotenziale betrachten, anstatt den Lebenslauf als Prozess eines schleichenden, mit der Zeit zunehmenden Verfalls zu begreifen. Erst auf dieser Grundlage sei ein positiverer Umgang mit dem Alter(n) und eine Überwindung der tief in der modernen Kultur verwurzelten Altersfeindlichkeit möglich. Margaret Cruikshank fasst diese Zielsetzung recht prägnant so zusammen, dass es notwendig sei, »unlearning much of what we think is true. The misconceptions about aging – that decline and loss are its central features, for example – will have less power to limit our experience if we can examine them critically« (Cruikshank 2009: ix). Aus dieser sozialkonstruktivistischen Perspektive geht es mithin darum, das Alter(n) als eine gesellschaftliche Kategorie zu »dekonstruieren«, kulturell gewachsene altersbezogene »Wahrheiten« und Überzeugungen kritisch zu hinterfragen und auf diese Weise überkommene negative Altersbilder zu überwinden.

Geradezu diametral zu dieser Strategie stehen gerontologische Ansätze, die nicht auf die Gleichheit oder Gleichwertigkeit, sondern, im Gegenteil, auf die Differenz des Alters als eigenständiger Lebensphase abheben. Diese Strategie zielt also gerade nicht darauf, das Alter und alte Menschen durch ihre Gleichwertigkeit aufzuwerten, stattdessen wird auf die Eigenheit und die besondere Dignität des Alters als einer eigenständigen, von anderen Lebensaltern differenten Lebensphase hingewiesen. Besonders prominent und stellvertretend für andere kann in diesem Kontext ein Ansatz genannt werden, der in den letzten Jahren unter dem Begriff »age imperialism« von sich reden gemacht hat (Biggs 2004a). Dieser Ansatz richtet sich kritisch vor allem gegen einen heute zunehmend in Deutungsmustern und Handlungspraxen des Anti-Ageing kulminierenden gesellschaftlichen Jugendkult, dem das Alter(n) als etwas ausschließlich Defizitäres erscheine, das es möglichst lange zurückzudrängen oder überhaupt zu bekämpfen gelte.

Diese gesellschaftliche Tendenz wird auf eine kulturelle Überbetonung des »mittleren Alters« und damit zusammenhängenden Leistungs-, Aktivitäts- und Fitnessnormen zurückgeführt, die sich zunehmend auch auf das Alter erstrecken und dieses gewissermaßen »kolonisieren« würden. »Age imperialism« meint in diesem Sinne »the imposition of goals, aims, priorities and agendas of one age group onto and into the lives of other age groups« (ebd.: 113). Glenda Laws spricht in diesem Zusammenhang auch recht plastisch von einem »cultural imperialism of youthfulness« (Laws 1995: 118). Gerade auch die in der Gerontologie heute dominante Strategie, alte Menschen durch ihre »Aktivität«, ihre »Produktivität« und ihre »Kompetenzen« aufzuwerten, bildet vor diesem Hintergrund einen Gegenstand der Kritik, da sich derartige Positivierungen des Alters an Normen und Idealen des »mittleren Alters« orientierten, die nun gleichsam auf das Alter ausgedehnt würden. Diese Ausdehnung von Aktivitäts- und Jugendlichkeitsidealen ins Alter hinein sei nicht nur deshalb problematisch, weil sich entsprechende Versuche der Aufwertung des Alters de facto selbst ad absurdum führten, sondern weil sich auf diese Weise letztlich sogar eine völlig neue Form der Altersdiskriminierung konstituiere (»new ageism«, Biggs 2004a). Mittlerweile artikuliere sich *ageism* nicht mehr nur in der Ausgrenzung und Minderbewertung alter Menschen, sondern nehme vielmehr in einer allgemeinen gesellschaftlichen Tendenz zur »Alterslosigkeit« Gestalt an, durch die das Alter praktisch im mittleren Lebensalter aufgelöst und zum Verschwinden gebracht werde (vgl. Andrews 1999).

Gegen solche Tendenzen wird für die Anerkennung des Alters als einer eigenständigen, distinkten Lebensphase plädiert. Die Eigenständigkeit und spezifische Dignität des Alters wird dabei gelegentlich auch in einer gewissen Opposition oder zumindest in einer Art von »spätem Ausgleich« gegenüber den Anforderungen des arbeits- und leistungsgeprägten jungen und mittleren Erwachsenenalters gesehen (gewissermaßen einer »späten Freiheit«, wie es der österreichische Alterssoziologe Leopold Rosenmayr nannte, vgl. Rosenmayr 1983). Das Alter könnte sozusagen, nach einem Leben der Hektik und Aktivität, eine Phase der Muße und der Reflexion sein, in der die Menschen endlich genug Zeit hätten, sich intensiver mit sich selbst und ihrer eigenen Endlichkeit, quasi mit den »letzten Dingen«, zu befassen (vgl. Tornstam 2005). Auch gehöre es zu dieser spezifischen Dignität des Alters, die mit dem hohen Alter oftmals verbundenen gesundheitlichen und funktionalen Einschränkungen als einen natürlichen Bestandteil des Alterns und des menschlichen Lebens überhaupt akzeptieren zu können. Das Alter wird mithin in seiner Besonderheit und Differenz stark gemacht, die es gerade im Interesse einer Überwindung von

Altersdiskriminierung anzuerkennen gelte. Toni Calasanti bringt diese Perspektive, in ausdrücklicher Abgrenzung von gerontologischen Gleichheitsargumentationen, recht anschaulich wie folgt auf den Punkt:

> »Old people will achieve equality with the middle-aged when ›old‹ carries positive content rather than stigma as disease, mortality, or the absence of value. Only then will old people no longer need to be ›exceptional‹ or spend their time ›staying young‹ to be acceptable; only then they will be free to be frail, or flabby, or have wrinkles – to be old, in all its diversity.« (Calasanti 2003: 215)

Gleichheit oder Differenz – dies sind mithin die Pole, zwischen welchen sich gerontologische Ansätze der Kritik an *ageism* sowie daran anschließende Versuche der Aufwertung des Alters im Wesentlichen bewegen.[10] Was beide Strategien, bei allen Differenzen, gemeinsam haben, ist, dass sich ihre Kritik primär auf die gesellschaftlich vorherrschende *negative Form der sozialen Konstruktion des Alters* bezieht, die bevorzugt durch ein positiveres Altersbild überwunden werden soll – sei es durch eine Anerkennung der Alten in ihrer Differenz, sei es durch eine Betonung der nicht grundsätzlichen Verschiedenheit alter Menschen von Angehörigen anderer Lebensalter. Nicht in den Fokus hingegen rückt die historisch sehr voraussetzungsreiche Konstruktion der Lebensphase Alter als solcher. Was dabei also gerade nicht oder nicht zureichend kritisch reflektiert und in die Kritik miteinbezogen wird, ist die *soziale Bedingtheit des Alters als Lebensphase innerhalb eines modernen, »institutionalisierten« Lebenslaufs sowie dessen historische Spezifik*. Hier kann prinzipiell Silke van Dyk zugestimmt werden, wenn sie kritisch gegen diesen dominanten Problemzugang kritisch-gerontologischer Ansätze einwendet:

> »Dass das Alter keine biologische Tatsache, sondern eine ›soziale Hervorbringung‹ (…) und damit eine soziale Konstruktion ist, wird heute zwar kaum noch bestritten; zugleich zeichnet sich aber die Tendenz ab, die Ausgestaltung und -prägung der konkreten Lebensphase Alter als Resultat sozialer Konstruktionsprozesse zu begreifen, nicht jedoch das Lebensalter selbst beziehungsweise die chronologische Ordnung des Lebens. (…) Indem das chronologische Alter von der konstruktivistischen Agenda der Altersforschung weitgehend unberührt bleibt, wird das Ablaufschema des Lebens – wenn auch nicht der konkrete Lebenslauf (…) – als natürlich vorausgesetzt. Solange aber die Idee der Chronologie – also die Idee von Aufbau

(Kindheit/Jugend), ›Hochphase‹ (mittlere Lebensjahre) und Abbau (Alter) – nicht angetastet wird, solange bleibt auch die Idee des Alters als (negativ kodierter) Phase des Niedergangs bestehen – auch wenn diese in Zeiten, da junge Alte als vollwertige Bürger/innen der ›Hochphase‹ entdeckt werden, im Lebenslauf nach hinten verschoben wird.« (Dyk 2009: 325f.)

Die Grundlage dafür, das Alter gegenüber anderen Lebensphasen abzuwerten und als defizitär zu betrachten, besteht demnach bereits ganz grundsätzlich darin, dass das menschliche Leben *überhaupt* in unterschiedliche, chronologisch distinkte Lebensphasen differenziert wird. Und hierbei handelt es sich um keinen natürlichen Sachverhalt – wenngleich der physiologische Alterungsprozess, der mit der Geburt beginnt und mit dem Tod endet, nicht zu leugnen ist –, sondern zunächst einmal um eine Kulturleistung, die sich darüber hinaus, so meine These, historisch auf die kapitalistische Moderne und ihren »institutionalisierten Lebenslauf« eingrenzen lässt.

Es spricht vieles dafür, dass eine nennenswerte Differenzierung in unterschiedliche Lebensphasen (wenn auch damit nicht zwangsläufig jegliche Vorstellung von »Chronologie«[11]) nicht das Leben und somit auch nicht das Denken und Handeln der Menschen bestimmte, bevor nicht die kapitalistische Lohnarbeit als strukturierendes Prinzip die Weltbühne betrat und sich sukzessive die gesamte Gesellschaft, vor allem aber das Leben der Menschen unterwarf. Dies kann nicht nur am Alter – als Produkt der spezifisch kapitalistischen Trennung von Alter und Arbeit beziehungsweise produktiver Tätigkeit – veranschaulicht werden, sondern auch am anderen Pol der modernen Lebensordnung: der Kindheit. Auch für die Kindheit lässt sich historisch nachvollziehen, dass diese als eigenständige Lebensphase in vormodernen Gesellschaften praktisch noch nicht existierte und erst im Zuge der Entstehung und Durchsetzung der kapitalistischen Gesellschaftsform gleichsam »entdeckt« wurde (vgl. Ariès 1984). Bis zum Ende des Mittelalters waren Kinder nachweislich als soziale Gruppe im gesellschaftlichen Bewusstsein nicht manifestiert. Als »Entdecker« der Kindheit gilt der berühmte Aufklärungsphilosoph Jean-Jacques Rousseau mit seinem Werk *Émile oder Über die Erziehung* (erstmals veröffentlicht im Jahre 1762), mit dem er »die Eigenheit des Kindes und die besondere Dignität der Kindheit (…) entdeckt und damit eins das Konzept von Kind und Kindheit (mit) erfunden [hat], das seither zu einer Wirklichkeit sui generis geworden ist« (Schneider-Taylor 2006: 16). Wie also das Alter historisch erst durch das »Herausfallen« alter Menschen aus der Sphäre der Arbeit Gestalt annahm, so entstand auch die Kindheit erst zu einem historischen Zeitpunkt, als das Problem der Erziehung des Nachwuchses zu verlässlichen, arbeitsamen Bürgern der sich etablierenden bürgerlich-kapitalistischen Gesellschaft und der Ausbildung für die sich ausbreitende Erwerbsarbeit auf die gesellschaftliche Agenda rückte.

Auch hier gilt freilich, wie schon hinsichtlich der historischen Genese der »Alters«, dass damit durchaus nicht die Behauptung verbunden ist, die »Kindheit« sei in jeder Hinsicht ein rein kapitalistisches Konstrukt. Speziell die Frage der Eingliederung des Nachwuchses in die Gemeinschaft stellt sich wahrscheinlich, seit es Menschen gibt und diese begonnen haben, für die Regelung ihrer Generationenbeziehungen spezifische Normen und Konventionen zu finden. Dennoch bedingte dieses Erfordernis der Gestaltung von Generationenbeziehungen sehr lange Zeit – und das kann als historisch gesichert gelten – nicht die Idee einer eigenständigen Lebensphase der »Kindheit«. Eher galten Kinder in vormodernen Gesellschaften als »kleine Erwachsene«, und so wurden sie im Allgemeinen (im Guten wie im Schlechten) auch behandelt. Lebten Kinder früher

> »an der Seite der Erwachsenen, ohne daß es für sie besondere Orte, Zeiten und Gegenstände gegeben hat, und lernten sie durch Teilnahme und Beobachtung des Alltagslebens der Erwachsenen, was sie für den Alltag lernen mußten, so ändert sich das mit der Erfindung dessen, was wir heute gewohnt sind unter dem Begriff der Erziehung zu fassen.« (Gruschka 2004: 260)

Und dies geschieht historisch erst mit der Entwicklung der kapitalistischen Gesellschaftsformation, die die (Lohn-)Arbeit zu ihrem normativen Zentrum und damit auch zu jenem Prinzip erklärt, entlang dessen die Menschen ihr Leben von der Wiege bis zur Bahre auszurichten und zu orientieren haben – ein Prozess, der sich im Übrigen alles andere als von selbst vollzogen hat, sondern gewaltsam und mit historisch neuartigen Formen der Disziplinierung durchgesetzt werden musste (vgl. Foucault 1994; Kurz 2009) –, und wodurch rückblickend betrachtet offenbar überhaupt erst die gesellschaftliche Notwendigkeit entsteht, einen für alle Menschen verbindlichen, sozial reglementierten und durch vielfältige gesellschaftliche Instanzen (Schule, Arbeitsmarkt, Pensionssysteme etc.) kontrollierten Lebenslauf zu institutionalisieren.[12]

Als ein weiteres Indiz für die historische Spezifik des modernen Lebensphasen-Denkens sowie der darin eingeschriebenen chronologischen Vorstellungen von Aufbau (Kindheit/Jugend), Hochphase (mittleres Alter) und Abbau (Alter) können auch die in der Gerontologie zur Illustration historischer Altersbilder recht beliebten »Lebenstreppen« herangezogen werden. Dabei handelt es sich um ikonografische Darstellungen des Alters und des Lebenslaufs, die das menschliche Leben bevorzugt als auf- und absteigende Lebenstreppe abbildeten (vgl. Ehmer 2002; Lucke et al. 2009). Interessant ist in unserem Zusammenhang, dass diese »Lebenstreppen« erst ab dem 16. Jahrhundert Verbreitung fanden und ihre höchste Popularität im 19. Jahrhundert erreichten, sich also historisch unmittelbar in der Konstitutions- und Durchsetzungsphase der kapitalistischen Gesellschaftsformation verorten lassen. Die »Lebenstreppen« unterschieden sich dabei im Übrigen auch sehr stark nach Geschlecht: So zentrierte sich der in diesen Abbildungen dargestellte idealtypische Lebenslauf des Mannes um die öffentliche Sphäre und die darin zu erwerbende soziale Position, sein öffentliches Ansehen und seine Karriere, während sich der Lebenslauf der Frau primär um ihre (von der öffentlichen Sphäre und der Erwerbsarbeit abgespaltene) Rolle als Mutter und Hausfrau drehte.

Diese kapitalistische Spezifik des modernen Lebenslaufs mit seiner chronologischen Differenzierung in Kindheit und Jugend (als Phase der Erziehung und Ausbildung für den Beruf), mittleres Alter (als der Arbeit und der Karriere gewidmete »Hochphase«) und Alter (als arbeitsfreie letzte, meist mit Abbau konnotierte Lebensphase) wird von praktisch allen gerontologischen Ansätzen – seien es auf die Gleichwertigkeit alter Menschen gegenüber Angehörigen jüngerer Lebensalter, seien es auf die Aufwertung des Alters in seiner Differenz abzielende Ansätze – systematisch ausgeblendet. Primär zielt die Kritik auf die überwiegend negative Konstruktion des Alters, die bevorzugt durch ein positiveres Altersbild überwunden werden soll, nicht jedoch auf die gesellschaftliche und historische Bedingtheit der Lebensphase Alter als solcher, als Bestandteil eines modernen, »institutionalisierten Lebenslaufs«.

Diese historische Spezifik wird letztlich auch von solchen Ansätzen nicht zureichend erfasst, die im gerontologischen Kontext dem Problem der modernen Altersfeindlichkeit meines Erachtens am nächsten kommen. Hier sind vor allem neuere postmoderne und poststrukturalistische Ansätze zu nennen, die im Gegensatz zu gängigen gerontologischen Problemzugängen nicht nur auf die (negative) soziale Konstruktion des Alters zielen, sondern ausdrücklich das gesellschaftliche Konzept distinkter Lebensphasen insgesamt in den kritischen Blick nehmen. Besonders hervorzuheben ist in dem Zusammenhang ein theoretischer Ansatz der (bereits an früherer Stelle zitierten) deutschen Soziologin Silke van Dyk. Van Dyk geht davon aus, dass die Vorstellung einer (negativ konnotierten) Lebensphase Alter immer schon die Existenz eines (höher bewerteten) jüngeren und mittleren Alters voraussetzt (und umgekehrt), weshalb die soziale Konstruktion des Lebenslaufs selbst sowie die darin eingeschriebenen normativen Vorstellungen einer chronologischen Ordnung des Lebens in den kritischen Fokus rücken müssten. Sie grenzt sich dabei explizit von anderen gerontologischen Ansätzen wie den oben genannten ab, die es primär auf eine Dekonstruktion des gesellschaftlich negativ bewerteten Alters oder überhaupt nur auf die diskursive Positivierung des Alters und eine unmittelbare Verbesserung des gesellschaftlichen Altersbildes abgesehen haben. Konkret problematisiert sie, dass es in der Gerontologie zwar mittlerweile Common Sense sei, dass das Alter keine bloße biologische Tatsache, sondern eine soziale Konstruktion darstelle, gleichzeitig jedoch das ebenfalls sozial konstruierte chronologische Ablaufschema des Lebens unberührt und gewissermaßen als »natürlich« vorausgesetzt bleibe. Van Dyk spricht in diesem Zusammenhang recht treffend von einer »halben Konstruktion« (Dyk 2009: 325 ff., 2016b: 76), im Sinne einer unzureichend entwickelten sozialkonstruktivistischen Perspektive auf das Alter(n). Sie arbeitet dabei auch sehr anschaulich die Probleme, Widersprüche und Aporien heraus, die mit der gängigen gerontologischen Fokussierung auf das Alter und dessen Aufwertung verbunden sind: Die in der Gerontologie zumeist in den Mittelpunkt gestellte Kritik am negativen Altersbild verführt tendenziell dazu, die Lösung des Problems entweder darin zu suchen, die gesellschaftlich gesetzte Differenz von höher bewerteter Jugend sowie mittlerem Alter und minderbewertetem höheren Alter durch eine Betonung der nach wie vor bestehenden Leistungs- und Entwicklungsfähigkeit älterer Menschen kulturell-symbolisch aufzubrechen (dies entspricht vor allem der oben dargestellten Gleichheitsperspektive in der Gerontologie), oder aber umgekehrt darin, die Aufwertung der Alten über die Betonung der eigenen Dignität des Alters in seiner Differenz zu anderen Lebensphasen zu betreiben (wie es vor allem für Differenzansätze charakteristisch ist). Die erste Strategie komme dabei praktisch einer Eingemeindung des negativ bewerteten Alters in das mittlere Lebensalter mit seinen Aktivitäts-, Leistungs- und Fitnessnormen gleich, während im zweiten Fall die Aufwertungsbestrebungen de facto zu einer nicht minder problematischen (Re-)Naturalisierung des Alters als einer gleichsam »natürlichen« Lebensphase eigenen Rechts führten. Diese Probleme und Aporien gerontologischer Kritik resultieren laut van Dyk daraus, dass bei beiden Strategien das chronologische Ablaufschema des Lebens, vor allem aber das »mittlere Alter«, das selbst als eine soziale Konstruktion zu betrachten sei, völlig unangetastet bleibe. Dadurch würden schließlich auch alle Voraussetzungen für die gesellschaftlich vorherrschende Minderbewertung des Alters selbst reproduziert und sogar noch verstärkt:

> »Die (partielle) Dekonstruktion des lange Zeit biologisch bestimmten Alters, die in der Betonung von Gestaltungsmöglichkeiten neue (Handlungs-)Spielräume für ältere Menschen aufscheinen lässt, führt damit zugleich und unweigerlich zur Stärkung und Reifizierung des von der Dekonstruktion nicht berührten ›Nicht-Alten‹ und damit auch der vermeintlich altersneutralen Normen der mittleren Lebensphase.« (Dyk 2009: 326)

Erforderlich sei also vor diesem Hintergrund, die Dekonstruktion nicht allein auf die Lebensphase Alter zu beschränken, sondern auch und darüber hinaus auf das mittlere Alter beziehungsweise auf die chronologische Lebensordnung insgesamt auszudehnen.

Eine besondere Bedeutung kommt dabei laut van Dyk der Dekonstruktion der grundlegenden Binarität von »jung« und »alt« zu. Dies sei, wie van Dyk betont, schon deshalb erforderlich, da gerade aktuelle gesellschaftliche und wissenschaftliche Bestrebungen, das Alter diskursiv aufzuwerten – etwa im Sinne eines »jungen«, »aktiven«, »produktiven« oder »kompetenten« Alters – nach wie vor innerhalb dieser Binarität operierten, wodurch das Alter letztlich, noch durch alle beabsichtigte Aufwertung hindurch, als ein defizitäres Anderes markiert bleibe. Solange also die Binarität von »jung« und »alt« unangetastet bleibe, solange könne das »Alter« nur das defizitäre Andere der »Jugend« und des »mittleren Alters« sein, würde also die Grundlage der gesellschaftlichen Minderbewertung des Alters aufrecht bleiben. Die Dekonstruktion der Binarität hätte dabei laut van Dyk in zwei Schritten zu erfolgen: In einem ersten Schritt müsste die Dekonstruktion »die abgewertete Seite der Binarität ins Spiel [bringen], mit dem Ziel, sie sichtbar zu machen und im ›gegebenen Augenblick die Hierarchie umzustürzen‹« (Dyk 2016b: 78). In einem zweiten Schritt müsste sodann die Dekonstruktion darauf zielen,

> »die Binarität selbst – das Oppositionspaar in seiner Reinheit – zu zerstören und zu überschreiten. Das dekonstruktive Denken öffnet dabei den Blick dafür, dass auch der unmarkierte Pol der hierarchischen Opposition die Spur des Anderen trägt und von diesem affiziert wird. Tatsächlich ist die Idee eines unabhängigen und autonomen Erwachsenenlebens ganz wesentlich auf das Gegenbild eines abweichenden, abhängigen Alters angewiesen.« (ebd.: 78f.)

So zutreffend viele dieser Befunde sind und so deutlich die von van Dyk entwickelte dekonstruktivistische Perspektive über gängige gerontologische Ansätze der Kritik an negativen Altersbildern und der negativen »Konstruktion« des Alters hinausgeht, so unbefriedigend bleibt diese jedoch, sobald es darum geht, die gesellschaftlichen und historischen Voraussetzungen der von ihr in den Mittelpunkt gerückten chronologischen Lebensordnung und entsprechender Polarisierungen zwischen »unabhängigem Erwachsenenalter« und »abhängigem Alter« zu ergründen. Was auch dieser Ansatz leider verabsäumt, ist, die problematisierte chronologische Ordnung des Lebens, die zu Recht als wesentliche Bedingung der Möglichkeit negativer Altersbilder identifiziert wird, kritisch in ihren spezifisch kapitalistischen Grundlagen zu reflektieren. Dabei ist es freilich durchaus nicht so, dass diese schlicht ausgeblendet würden – auch van Dyk nimmt etwa oftmals ausdrücklich Bezug auf den »institutionalisierten Lebenslauf« sowie auf den spezifisch modernen Tatbestand des »Altersruhestands« als historische und strukturelle Voraussetzungen einer Lebensphase Alter. Jedoch bleibt dieser Bezug der zugrunde gelegten Problembestimmung eher äußerlich und rückt tendenziell in den Hintergrund zugunsten der Entfaltung einer praktischen Perspektive der »Dekonstruktion« jenes gesellschaftlich konstruierten Lebenslaufs und des damit gesetzten chronologischen Ablaufschemas des Lebens. Diese erscheinen dabei nicht primär als soziale Tatsachen in ihrer gesellschaftlichen und historischen (konkret: kapitalistischen) Spezifik, sondern in erster Linie als zwar historisch lokalisierte, jedoch in ihrer Historizität nicht näher bestimmte kulturelle Konstrukte, die wiederum auf eine abstrakte Binarität von »jung« und »alt« reduziert werden, die es zu überwinden gelte, da damit stets ein hierarchisches Verhältnis zwischen einem höher bewerteten jungen und mittleren Alter und einem minderbewerteten höheren Alter gesetzt sei.[13] Für diese Problembestimmung wird es gewissermaßen zu einem sekundären Nebenaspekt, dass die problematisierte chronologische Lebensordnung mit ihren chronologisch distinkten Lebensphasen (Kindheit, mittleres Alter, Alter) – jedenfalls in ihrer heute gültigen, modernen Form – historisch und normativ verknüpft ist mit dem »institutionalisierten Lebenslauf« einer auf Lohnarbeit basierenden kapitalistischen Gesellschaft, die das Leben der Menschen primär entlang der Arbeit ordnet und strukturiert.

Die unzureichende Berücksichtigung kapitalistischer Strukturzusammenhänge erweist sich bereits an der von van Dyk ins Auge gefassten Strategie einer Dekonstruktion der Jung-Alt-Binarität selbst. Dass die Minderbewertung des Alters primär aus der binären Logik »jung« versus »alt« resultieren soll, weil damit stets ein hierarchisches Oppositionsverhältnis gesetzt sei, ist nämlich bei genauerer Betrachtung mitnichten oder nur solange unmittelbar einsichtig, wie die historische beziehungsweise kapitalistische Spezifik der modernen chronologischen Lebensordnung nicht systematisch Eingang in die Analyse findet. Rein theoretisch wäre es durchaus möglich und denkbar, dass sich die Differenzierung zwischen »jung« und »alt« auf nichts weiter bezieht als auf die bloße Bezeichnung des Sachverhalts, dass manche Menschen schon länger auf der Welt sind als andere (und umgekehrt), ohne dass damit irgendeine Wertung, geschweige denn ein hierarchisches Verhältnis verbunden sein müsste. So gesehen lässt sich die von van Dyk betonte hierarchische Opposition zwischen »jung« und »alt« nicht so ohne Weiteres auf deren bloße Binarität zurückführen. Damit bleibt jedoch die Frage offen, wodurch sonst die Hierarchie ursächlich zustandekommt. Meine These ist, dass sie eben in erster Linie aus der »Wertehierarchie« kapitalistischer Gesellschaften mit ihrem spezifisch modernen Lebenslauf und der damit gesetzten, entlang der Arbeit strukturierten chronologischen Ordnung des Lebens resultiert. Die hierarchische Struktur zugunsten des jugendlichen Pols der Binarität ergibt sich hauptsächlich dadurch, dass dieser sämtliche in einer kapitalistischen Arbeitsgesellschaft positiv konnotierten Zuschreibungen, Normen und Ideale von Aktivität, Leistung, Produktivität, Fitness etc. auf sich zieht, während das Alter als ein davon abweichendes, defizitäres, minderwertiges Anderes erscheint. Etwas komplizierter, aber dennoch ähnlich, mag es sich bei Frauen verhalten. Deren Status als »Alte« macht sich in modernen Gesellschaften traditionell am Verlust ihrer Funktion für die – im Kapitalismus von der Produktion abgespaltene – gesellschaftliche Reproduktion (Ehe, Familie, Haushalt usw.) fest. Dazu gehört normativ nicht zuletzt auch ihre Schönheit und ihr sexuell attraktives Erscheinungsbild, an dem Frauen in der modernen Gesellschaft primär gemessen werden und woraus sie daher, anders als Männer, einen Großteil ihrer sozialen Anerkennung beziehen. Das schlägt sich wiederum in geschlechtsspezifischen Unterschieden hinsichtlich des individuellen »Altershandelns« sowie der Probleme nieder, die Alter(n) für Frauen und Männer jeweils mit sich bringt (siehe dazu die Ausführungen über geschlechtsspezifische Differenzen des Anti-Ageing in Kapitel 6.2). Nicht die Binarität als solche ist also das Problem, sondern die moderne, kapitalistische Gesellschaftsformation mit ihrer normativen Vorstellung eines typischen »Normallebenslaufs« und ihrer in sozialen Institutionen geronnenen chronologischen Ordnung des Lebens. Und diese ist es letztlich auch, die die Binarität zwischen »jung« und »alt« zu einer hierarchischen macht.

Gerade die Vorstellung eines »unabhängigen und autonomen Erwachsenenlebens«, wie sie van Dyk als notwendige Kehrseite eines als »abhängig« gedachten Alters betont, ist wohl außerhalb kapitalistischer Kontexte in dieser Form kaum denkbar, zumal sich diese ja vor allem auf die Geschäfts- und Rechtsfähigkeit eines sich primär über Arbeit und Karriere definierenden modernen Subjekts bezieht.[14] Ein »unabhängiges und autonomes Erwachsenenleben« bedeutet in unserer Gesellschaft vor allen Dingen, zu arbeiten, Geld zu verdienen und sich auf diese Weise selbst erhalten zu können – eben das macht das mittlere (Erwachsenen-)Alter als eigenständige Lebensphase aus und unterscheidet es darüber hinaus sowohl von der Kindheit und Jugend, in der diese Unabhängigkeit noch nicht besteht oder den Menschen noch nicht zugeschrieben wird, als auch vom Alter, in dem die Unabhängigkeit durch das Ausscheiden aus der Arbeit und durch eine steigende Wahrscheinlichkeit für altersbedingte gesundheitliche und funktionale Einschränkungen zunehmend bedroht ist. Hierbei handelt es sich also nicht um eine quasi zeitlose Vorstellung, die das Leben der Menschen seit jeher prägt, sondern sie ist auf kapitalistische Verhältnisse eingrenzbar, in denen die (Lohn-)Arbeit den Mittelpunkt des menschlichen Lebens darstellt und »Autonomie« und »Unabhängigkeit« in der durchaus zweifelhaften und auch nicht für alle Menschen gleichermaßen zu realisierenden Freiheit besteht, seine Arbeitskraft zu verkaufen und sich so sein Leben zu erwerben – und dies darüber hinaus auch zu *müssen*, sofern man unter den bestehenden Bedingungen, wie es Adorno einmal formulierte, »nicht zugrunde gehen« möchte.[15]

Dass nicht die Binarität von Kategorien wie »jung« und »alt« selbst das Problem sein kann, ist bereits auch daran ersichtlich, dass das hierarchische Verhältnis zwischen Jung und Alt, wie es für die Moderne charakteristisch ist, keineswegs seit jeher so existiert und in vormodernen Gesellschaften wie der Antike oftmals sogar umgekehrt war. Hier war das Alter häufig (trotz bereits vorhandener negativer Altersbilder) mit Macht und Einfluss verbunden und genossen Alte daher ein entsprechend hohes gesellschaftliches Ansehen. Überhaupt waren vormoderne Altersbilder nicht in dem Maße einseitig negativ, wie sie es erst viel später in der Moderne sein sollten, sondern zeichneten sich eher durch eine gewisse Ambivalenz aus (vgl. Hermann-Otto 2004). Schon vor diesem Hintergrund vermag van Dyks These von der per se hierarchischen und entsprechend zu dekonstruierenden Binarität »jung« versus »alt« nicht zu überzeugen, denn dann wäre erklärungsbedürftig, weshalb die Hierarchie unter bestimmten historischen und soziokulturellen Bedingungen eher zum einen und unter anderen Bedingungen eher zum anderen Pol hin tendieren kann.

So bleibt auch bei diesem Ansatz die kritische Analyse letztlich tendenziell hinter der alterswissenschaftlichen Einsicht in die historische Spezifik des »Alters« und des »institutionalisierten Lebenslaufs« zurück. Was van Dyk zu Recht und treffend am Großteil kritisch-gerontologischer Ansätze als »halbe Konstruktion« kritisiert – nämlich die Annahme der sozialen Konstruiertheit des Alters bei gleichzeitiger Ausblendung der sozialen Konstruktion des modernen, chronologisch geordneten Lebenslaufs – gilt auf andere Weise auch für van Dyk (und vergleichbare Ansätze): Sie erkennt zwar die Beschränktheit einer sozialkonstruktivistischen Perspektive, die das Alter, nicht aber das chronologische Ablaufschema des Lebens an sich als soziale Konstruktion problematisiert, weshalb die konstruktivistische Agenda entsprechend erweitert werden müsse. Sie versäumt es aber, das moderne Denken in Lebensphasen und die selbst sozial konstruierten Vorstellungen einer chronologischen Ordnung des Lebens hinreichend in ihren spezifischen historischen Kontext einzuordnen und so die gesellschaftlich-strukturellen Voraussetzungen und Rahmenbedingungen dieser sozialen Konstruktionen zu erhellen.

Wir haben es somit in der Gerontologie gewissermaßen mit der paradoxen Gleichzeitigkeit zweier (zumindest auf den ersten Blick) sehr widersprüchlicher Tendenzen zu tun, die sich mit dem von van Dyk verwendeten Begriff einer »halben Konstruktion« in der Tat recht gut auf den Begriff bringen lassen: Einerseits besteht in der Gerontologie weitgehend Konsens über die soziale und historische Bedingtheit des modernen Lebenslaufs und ist eine sozialkonstruktivistische Perspektive, bei der insbesondere das Alter als soziale Konstruktion aufgefasst und theoretisiert wird, mittlerweile bis in den gerontologischen Mainstream eingesickert und, wissenschaftssoziologisch gesprochen, in den Status der »Normalwissenschaft« aufgestiegen. Andererseits erstreckt sich diese Perspektive nicht oder nur sehr eingeschränkt auf die selbst gesellschaftlich und historisch bedingte Idee einer chronologischen Lebensordnung und findet die gerontologische »Dekonstruktion« des Alters auf der Grundlage eines selbst nicht kritisch hinterfragten, gleichsam als natürlich unterstellten Ablaufschemas des Lebens statt, so als handle es sich bei Lebensphasen wie Kindheit, Jugend oder »mittlerem Alter« nicht ihrerseits um soziale Konstruktionen, sondern um ontologische Wesenheiten und gleichsam natürliche Bestandteile des menschlichen Lebens.

Diese widersprüchliche Beschaffenheit des gerontologischen Diskurses verweist uns möglicherweise auf eine ähnliche Form der Fetischisierung, wie sie eingangs in Bezug auf die Kategorie »Arbeit« konstatiert wurde: Wir sprechen wie selbstverständlich von Lebensphasen wie Kindheit, Jugend und Alter oder auch von einem »unabhängigen und autonomen Erwachsenenleben« (im Kontrast zu einem »abhängigen Alter«), obwohl vieles dafür spricht, dass solche Lebensphasen und Vorstellungen vom menschlichen Lebenslauf bis zur historischen Durchsetzung des Kapitalismus noch gar nicht existierten. So wenig wir uns ein Leben ohne (Erwerbs-)Arbeit vorstellen können, so wenig können wir uns einen Lebenslauf vorstellen, der nicht in unterschiedliche, auf je spezifische Weise zur Arbeit positionierte Lebensphasen zerfallen könnte: Wer irgendwann einmal arbeiten soll – und Arbeiten gehört in unserer Gesellschaft nun einmal zum Leben –, der muss zuerst lernen und eine Berufsausbildung erlangen. Schon allein durch diese Tatsache erhalten Kindheit und Jugend ihre Berechtigung und ihre ganz eigene Dignität als eine vom Erwachsenenleben differente Lebensphase, die uns nicht nur selbstevident, sondern vielmehr »natürlich« erscheint. Ebenso erscheint es nur selbstverständlich, von einem arbeitsfreien Alter als einer eigenständigen Lebensphase zu sprechen, wenn sie sich doch vom langen Arbeitsleben der mittleren Lebensjahrzehnte so gravierend unterscheidet – sei es im positiven Sinne als »späte Freiheit« (Rosenmayr 1983) oder »Lebensfeierabend« (Göckenjan 2000: 331), sei es negativ als »rollenlose Rolle« (Burgess 1960) und als gesellschaftlich erzwungene oder so empfundene soziale Passivierung und Obsoleszenz.

Gerade in diesem Zusammenhang wäre es übrigens angebracht und lohnenswert, einmal darüber nachzudenken, wie es eigentlich kommt, dass wir zwar über derart differenzierte und elaborierte Begrifflichkeiten für Lebensphasen wie »Kindheit«, »Jugend« und »Alter« verfügen, um die herum sich sogar ganze Wissenschaften und Bindestrichsoziologien entwickelt haben (Soziologie der Kindheit, Jugendsoziologie, Alterssoziologie, Gerontologie), jedoch für die lange, im Zentrum des modernen Lebenslaufs stehende und der Arbeit und Karriere gewidmete Lebensphase nur so diffuse und unspezifische Begriffe wie »Erwachsenenalter« oder »mittleres Alter« besitzen. Der Grund dafür dürfte eben genau darin zu suchen sein, dass das »mittlere Alter« in der modernen, kapitalistischen Arbeitsgesellschaft nun einmal die Norm darstellt – und für die Norm, für das ohnehin Selbstverständliche und »Natürliche«, bedarf es keines eigenen Begriffs. Margaret M. Gullette spricht in diesem Zusammenhang sehr treffend von »middle-ageism«: Das »mittlere Alter« ist die Norm, an der alle anderen Lebensphasen gemessen und bewertet (im Falle des Alters: abgewertet) werden. Und diese Norm bleibt, eben weil sie die Norm ist, unsichtbar und namenlos: »Once those in the years between young and old had no name because they were the most powerful and unclassifiable; the norm, unseen. Unnamable« (Gullette 2004: 95f.). Nicht zuletzt auch van Dyks Feststellung, dass das »mittlere Alter«, im Gegensatz zum abgewerteten Alter, »unmarkiert« bleibt (vgl. Dyk 2016b: 78f.), wäre in diesem Kontext zu betrachten. Markiert wird immer nur das »Andere«, von der Norm Abweichende. Die Norm selbst braucht hingegen nicht gekennzeichnet zu werden, weil sie ohnehin gilt und als selbstverständlich vorausgesetzt werden kann; sie bezieht ihren Status als Norm nachgerade durch die Markierung des Anderen als »abweichend«. Aus diesem modernen »middle-ageism«, das heißt der gesellschaftlichen Norm des mittleren Erwachsenenalters, resultiert daher letztlich dessen merkwürdige Begriffslosigkeit und insbesondere sein wissenschaftlich weitgehend »untheoretisierter Status« (Hockey/James 2003: 81).

An diesem Punkt lassen sich wieder gewisse Parallelen zum modernen Geschlechterverhältnis konstatieren: So wie die moderne Gesellschaft den Mann traditionell als Menschen schlechthin betrachtet – eine Neigung, die Georg Simmel als »Hypostasierung des Männlichen zum Allgemein-Menschlichen« bezeichnete –, beschreibt das »mittlere Alter« das Lebensalter schlechthin. Nur im »mittleren Alter« ist der Mensch, in seiner Funktion als Arbeitskraftbehälter für den gesellschaftlichen Selbstzweck der Kapitalverwertung, wirklich Mensch und ein vollwertiges Mitglied der Gesellschaft. Kindheit/Jugend sowie Alter sind ein davon abweichendes Anderes – Kinder sind *noch keine* vollwertigen Gesellschaftsmitglieder, Alte sind es *nicht mehr* –, und eben diese Differenz verlangt nach Begriffen, die die Differenz als solche kenntlich machen, während das »mittlere Alter« als Norm unmarkiert bleibt.

Auch das gehört somit in den gesamtgesellschaftlichen, fetischistischen Zusammenhang der kapitalistischen Gesellschaftsformation, die nur ihre eigenen, historisch spezifischen Kategorien (aner-)kennt und diese darüber hinaus für natürliche, ewig gültige Eigenschaften von Gesellschaftlichkeit und des menschlichen Daseins schlechthin hält.

3.2 Die Steigerung der Lebenserwartung als soziale und historische Voraussetzung einer Lebensphase Alter

Es gibt indes neben dem Ruhestand und der Trennung von Alter und Arbeit oder produktiver Tätigkeit noch weitere Faktoren und gesellschaftliche Voraussetzungen, die für die historische Herausbildung einer eigenständigen Lebensphase Alter von zentraler Bedeutung waren und bei einer historisch aufgeklärten Theoretisierung des Alters zu berücksichtigen sind. Die besagte Ausgliederung der Alten aus der (Lohn-)Arbeit ist also durchaus nicht die einzige gesellschaftliche Grundlage für die Entstehung des Alters als Lebensphase, sondern diese fällt zusammen mit weiteren historischen Entwicklungen, aus denen die für uns heute so selbstverständliche und gleichsam »natürliche« Lebensphase Alter überhaupt erst hervorgehen konnte.

So spielt für die moderne Konstitution des Alters als Lebensphase ohne Zweifel auch eine sehr große Rolle, dass im Prinzip erst unter industriekapitalistischen Prämissen, aufgrund einer sukzessiven Erhöhung der »Lebensstandards« und Fortschritten bei der Bekämpfung von Krankheiten, eine wesentlich größere Anzahl von Menschen überhaupt ein höheres Lebensalter erreichte und damit in weiterer Folge der Anteil älterer Menschen in der Bevölkerung stark und bis heute fortdauernd anstieg. Ganz banal ausgedrückt: Eine notwendige Voraussetzung für die historische Herausbildung einer chronologisch distinkten Lebensphase Alter ist schlicht die Existenz alter Menschen, also einer hinreichend großen Masse an Personen, die ein entsprechend hohes Lebensalter erreichen und so ein statistisch wahrnehmbares Segment innerhalb der gesellschaftlichen Bevölkerungsstruktur bilden – eine Grundbedingung, die erst im Zuge der kapitalistischen Industrialisierung allmählich erfüllt wurde. Noch Ende des 19. Jahrhunderts lag etwa im Deutschen Reich die durchschnittliche Lebenserwartung nicht höher als 35 Jahre für Männer und 38 Jahre für Frauen (Hradil 2012: 43). In Österreich konnten Männer bei einer Geburt um 1910 – also vor kaum mehr als hundert Jahren – mit einer Lebenserwartung von gerade einmal 44 Jahren rechnen, Frauen mit einer Lebenserwartung von rund 47 Jahren (Weigl 2011: 117).[16] Dementsprechend kann auch von einer nennenswerten Herausbildung einer Bevölkerungsgruppe »alter« Menschen im Grunde erst ab dem 20. Jahrhundert gesprochen werden. Um die Wende vom 19. auf das 20. Jahrhundert waren kaum mehr als fünf Prozent der deutschen Bevölkerung älter als 65 Jahre (Borscheid 1989: 7) – heute liegt ihr Anteil an der Bevölkerung mehr als vier Mal so hoch (laut *Eurostat* rund 22 Prozent im Jahr 2022). In Österreich betrug noch 1923 die Zahl der über Sechzigjährigen lediglich 650 000 und stieg bis 1970 auf 1,5 Millionen, hat sich also in weniger als fünfzig Jahren mehr als verdoppelt (vgl. Kytir 2006: 132).

In der Gerontologie wird vor diesem Hintergrund mit Vorliebe davon gesprochen, dass »das Alter noch jung ist« (vgl. prominent Baltes/Mittelstraß 1992) – ein Wortspiel, das angesichts der für die Entwicklung einer Lebensphase »Alter« konstitutiven historischen und demografischen Fakten durchaus treffend erscheint. Das Alter als Lebensphase ist in der Tat noch ein historisch sehr junges Phänomen, das an gesellschaftliche Entwicklungen und Rahmenbedingungen gebunden ist, die erst im Kapitalismus und hier vor allem seit Beginn des 20. Jahrhunderts geschaffen wurden.

Zum steigenden Lebensstandard im Kapitalismus, als Grundvoraussetzung für den rapiden Anstieg der Lebenserwartung seit dem 19. Jahrhundert, sind einige Anmerkungen erforderlich, da der gesellschaftliche Diskurs darüber im Wesentlichen aus Annahmen und Behauptungen besteht, die im Grunde kaum anders als einseitig, wenn nicht sogar als Mythen zu bezeichnen sind. Es gehört geradezu zum wissenschaftlichen wie öffentlichen Common Sense, dass die steigende Lebenserwartung als eine der größten Errungenschaften der modernen Zivilisation zu betrachten und vor allem auf die bessere Ernährungssituation, medizinische Versorgung, bessere Hygiene, Bildung sowie öffentliche Gesundheitssysteme zurückzuführen ist, wie sie die kapitalistische Gesellschaft seit dem 19. Jahrhundert in den westlichen Industrieländern hervorgebracht hat (vgl. exemplarisch Riley 2001). Der Einfluss dieser Faktoren auf die Entwicklung der Lebenserwartung soll hier freilich nicht bestritten werden – dieser ist in der Tat kaum zu leugnen. Allerdings sollten zumindest zwei Dinge berücksichtigt werden, die in der gesellschaftlichen Betrachtung des Zusammenhangs von kapitalistischer Modernisierung und steigenden Lebensstandards und Lebenserwartungen in der Regel ausgeblendet werden.

Hier ist zum einen festzuhalten, dass die Verbesserung der Lebensstandards und die daraus folgende Steigerung der Lebenserwartung im und durch den Kapitalismus durchaus nicht, wie es allgemein im gesellschaftlichen Diskurs erscheint, einen linearen Prozess darstellt, in dem Lebensstandards und Lebenserwartung gleichsam parallel zur kapitalistischen Entwicklung kontinuierlich gestiegen wären. Bei genauerer Betrachtung zeigt sich, dass eher sogar das Gegenteil zutreffend ist: Die historische Durchsetzung der kapitalistischen Produktionsweise ab dem 15./16. Jahrhundert hat für weite Teile der Bevölkerung zunächst einmal den Lebensstandard, etwa im Vergleich zum Spätmittelalter, über einen Zeitraum von mehreren hundert Jahren hinweg drastisch abgesenkt. Es lässt sich historisch nachweisen, dass der Lebensstandard, insbesondere die Ernährungslage der Menschen, nach einer dramatischen Verschlechterung in der Konstitutionsphase des Kapitalismus erst im 19. Jahrhundert wieder in etwa das Niveau des Spätmittelalters erreicht hat (vgl. Wallerstein 1986; Zinn 1989; Kurz 2009). Karl Marx hat den kaum anders als sozial verheerend zu nennenden Übergang von der mittelalterlich-feudalen zur kapitalistischen Gesellschaft (wenngleich primär für englische Verhältnisse) im legendären Kapitel über die von ihm so genannte »ursprüngliche Akkumulation« im *Kapital* beschrieben (vgl. Marx 1973 [1867]: 741–791). Er schildert darin, wie mit der Durchsetzung der kapitalistischen Produktionsweise Ende des 15., Anfang des 16. Jahrhunderts Bauern massenhaft enteignet und von Grund und Boden vertrieben wurden, wodurch eine »Masse vogelfreier Proletarier« entstanden sei, die buchstäblich »auf den Arbeitsmarkt geschleudert« wurden (ebd.: 746). »Die durch Auflösung der feudalen Gefolgschaften und durch stoßweise, gewaltsame Expropriation von Grund und Boden Verjagten, dies vogelfreie Proletariat«, so heißt es bei Marx weiter, »konnte unmöglich ebenso rasch von der aufkommenden Manufaktur absorbiert werden, als es auf die Welt gesetzt ward« (ebd.: 761). Aller feudalen Bindungen ledig, die sicherlich, wie alle sozialen Herrschaftsverhältnisse, mit spezifischen Bornierungen und Repressionen verbunden waren, den Menschen aber immerhin auch ein Mindestmaß an Sicherheit und Orientierung boten, waren die Menschen nun gezwungen, sich durch den Verkauf ihrer Arbeitskraft materiell zu reproduzieren, ohne vielfach auf dem erst langsam und allmählich entstehenden Arbeitsmarkt entsprechende Erwerbsmöglichkeiten vorzufinden. Für viele bedeutete dies ein Leben in tiefster Armut, oftmals auch als Tagelöhner, Bettler oder Vagabunden (vgl. Sachße/Tennstedt 1980; Geremek 1991; Rheinheimer 2000). Dies sollte sich erst im Laufe des 19. Jahrhunderts mit der Industrialisierung und der Entwicklung des Fabriksystems ändern, das in deutlich größerer Zahl Arbeitsplätze schuf. Die frühkapitalistischen Verhältnisse waren also für die Mehrheit der Bevölkerung in ganz Europa Jahrhunderte tiefster Not, in denen sie darüber hinaus auch erheblichen gesellschaftlichen Repressionen ausgesetzt waren. Das Kapital, so das beredte Resümee von Marx angesichts dieser katastrophalen Zustände im Frühkapitalismus, kommt »von Kopf bis Zeh, aus allen Poren, blut- und schmutztriefend [zur Welt]« (Marx 1973 [1867]: 788).

Ähnliches wiederholte sich zeitversetzt überall in der Welt, wo immer der Kapitalismus sich im Laufe der Jahrzehnte und Jahrhunderte ausbreitete. So gab es etwa in Indien unter britischer Kolonialherrschaft nachweislich »[z]wischen 1757 und 1947 (…) keinen Anstieg des indischen Pro-Kopf-Einkommens, eher eine deutliche Verschlechterung, verbunden mit einem Rückgang der durchschnittlichen Lebenserwartung« (Bedszent 2017: 19). Daran hat sich bis in die Gegenwart, da Indien den Status eines »Schwellenlandes« genießt, für weite Bevölkerungsteile nur wenig geändert:

»Rund 900 Millionen Inder leiden auf dem seit Jahren wirtschaftlich ›boomenden‹ Subkontinent immer noch unter Mangelernährung.

Jeder fünfte Erwachsene und jedes zweite Kind haben nicht genug zu essen, um ihren Bedarf an Kalorien und Nährstoffen zu decken. 2011, auf dem Höhepunkt der indischen Defizitkonjunktur [d. h. einer lediglich auf Schulden basierten und daher wirtschaftlich nicht selbsttragenden Konjunktur, A. S.], verhungerten dort 1,7 Millionen Kinder.« (Konicz 2016: 89)

Bis heute findet die frühkapitalistische Enteignung und Verelendung großer Teile der europäischen Bevölkerung ihre Fortsetzung in den Ländern der sogenannten Dritten Welt, wo im Zuge der Errichtung von Industrieanlagen und Staudämmen und der Erschließung von Rohstofflagerstätten massenhaft Bauern von ihrem Land vertrieben werden, die dann, ihres Lebensunterhalts beraubt, zumeist in den Elendsvierteln der Großstädte enden (vgl. Davis 2005, 2007).

Wenn also die Steigerung der Lebenserwartung von durchschnittlich dreißig Jahren um das Jahr 1800 auf rund achtzig Jahre in der Gegenwart im gesellschaftlichen Bewusstsein als große »Erfolgsgeschichte« kapitalistischer Modernisierung erscheint, so wird dabei ignoriert, dass das extrem niedrige Niveau, von dem aus diese Erfolgsgeschichte ihren Anfang genommen hat, bereits selbst (zumindest zum Teil) den sozial verheerenden Zuständen der frühkapitalistischen Verhältnisse zu verdanken ist. Zumindest so viel lässt sich sagen – wenngleich die Datenlage über vorkapitalistische Sozietäten äußerst dürftig ist –, dass die Lebenserwartung in Jahrhunderten kapitalistischer Entwicklung lange Zeit aufgrund weit verbreiteter Armut und Verelendung nicht signifikant über die Lebenserwartung im Mittelalter hinausgekommen ist. Auch diese lag wissenschaftlichen Schätzungen zufolge (vorbehaltlich erheblicher regionaler, aber auch zeitlicher Schwankungen, etwa aufgrund der verheerenden mittelalterlichen Pestepidemien) bei etwa dreißig Jahren, vielleicht sogar ein wenig höher (vgl. Russell 1983; Schuler 1992; Laslett 1995b: 15f.; Ennen 1999: 146). Bis zur Mitte des 17. Jahrhunderts scheint die Lebenserwartung im Zuge der Durchsetzung des Kapitalismus im Vergleich zum Spätmittelalter eher kontinuierlich gesunken zu sein, um erst danach wieder langsam anzusteigen (vgl. Borscheid 1989: 22). Wenn man überdies aktuelle gesellschaftliche Tendenzen vor dem Hintergrund von Globalisierung und Neoliberalismus berücksichtigt mit ihren gravierenden Auswirkungen auf die soziale Lage und die allgemeinen Lebensverhältnisse großer Bevölkerungsteile, wie etwa strukturelle Massenarbeitslosigkeit, die Ausbreitung prekärer, immer weniger existenzsichernder Beschäftigungsverhältnisse, die weltweit massiv aufgehende Schere zwischen Arm und

Reich, die zunehmende Verslumung von Großstädten oder den rapiden Anstieg von Armut (nicht zuletzt Altersarmut) auch in den westlichen »Wohlstandsgesellschaften«, dann lässt sich die historische Phase signifikant steigender beziehungsweise hoher Lebensstandards im Prinzip (und auch das nur für die westliche Welt) auf den relativ knappen Zeitraum der zweiten Hälfte des 20. Jahrhunderts eingrenzen, wodurch die gängige Gleichsetzung von Kapitalismus und hohem Lebensstandard nur umso fragwürdiger erscheint. Wie sich die aktuellen gesellschaftlichen Entwicklungen langfristig auf die allgemeine Lebenserwartung auswirken werden, ist gegenwärtig freilich noch nicht abzusehen und bleibt abzuwarten. Unvoreingenommen betrachtet scheint aber einiges dafür zu sprechen, dass hohe Lebensstandards und, damit verbunden, eine hohe Lebenserwartung im und durch den Kapitalismus durchaus nicht den Regelfall, sondern historisch gesehen eher die Ausnahme darstellen.

Damit ist bereits ein weiterer Sachverhalt angesprochen, der in der gesellschaftlichen Diskussion um steigende Lebenserwartungen häufig unterschlagen wird. Die allgemein als Errungenschaft der modernen Zivilisation gepriesene steigende Lebenserwartung ist nämlich innerhalb der Bevölkerung – wie fast alles in der kapitalistischen Gesellschaft – extrem ungleich verteilt. Entgegen den in Wissenschaft und Medien zirkulierenden Behauptungen einer kontinuierlich steigenden und stetig weiter zunehmenden Lebenserwartung – für zahlreiche Länder wird gar ein Anstieg der durchschnittlichen Lebenserwartung um weitere drei Jahre bis 2030 prognostiziert[17] –, gibt es zahlreiche Bevölkerungsgruppen, deren Lebenserwartung stagniert oder sogar rückläufig ist. Es ist mittlerweile hinreichend wissenschaftlich belegt, dass es beträchtliche Differenzen hinsichtlich der Lebenserwartung zwischen sozioökonomisch besser gestellten und sozial benachteiligten Bevölkerungssegmenten gibt. Speziell in den vergangenen vierzig Jahren Neoliberalismus und Globalisierung scheint die Schere zwischen Arm und Reich nicht nur bei Einkommen und Vermögen, sondern auch bei der Lebenserwartung enorm aufgegangen zu sein (vgl. Olshansky et al. 2012). In Deutschland bestehen etwa, laut offizieller Gesundheitsberichterstattung des Bundes aus dem Jahr 2015, sozioökonomische Differenzen hinsichtlich der Lebenserwartung von bis zu zehn Jahren (vgl. Robert Koch Institut 2015: 150). Das heißt, Bürger/innen aus höheren sozialen Schichten haben im Durchschnitt eine um bis zu zehn Jahre höhere Lebenserwartung als sozial benachteiligte Bürger/innen. Noch deutlich eklatanter stellt sich die soziale Ungleichheit der Lebenserwartung in Ländern wie den USA dar. Wenn man einem UN-Bericht Glauben schenkt, den der Historiker Howard Zinn in seiner *Geschichte des amerikanischen Volkes* zitiert, lag die durchschnittliche Lebenserwartung eines männlichen Afroamerikaners aus dem New Yorker Stadtviertel Harlem um die Jahrtausendwende bei gerade einmal 46 Jahren – eine niedrigere Lebenserwartung, als sie zum Berichtszeitpunkt für Männer in Ländern wie Kambodscha oder dem Sudan vorherrschend war (vgl. Zinn 2007: 651).[18]

Dabei besteht ganz allgemein nochmals eine erhebliche Ungleichheit hinsichtlich der Lebenserwartung zwischen den westlichen Kernländern des kapitalistischen Weltsystems und sogenannten Entwicklungsländern, wobei Unterschiede bis zu dreißig Jahre und mehr betragen können. So besteht laut der weltweit durchgeführten *Global Burden of Disease Study* aus dem Jahr 2016 die weltweit höchste durchschnittliche Lebenserwartung in Japan mit rund 84 Jahren, die niedrigste in der Zentralafrikanischen Republik mit zirka 50 Jahren (vgl. GBD 2016 Mortality Collaborators 2017: 1100).

Nicht nur die Lebenserwartung als solche, sondern auch die »gesunde Lebenserwartung«, sprich jene Lebensspanne, die Menschen in guter Gesundheit verbringen, unterliegt einer massiven und tendenziell weiter zunehmenden, sozioökonomisch vermittelten Ungleichverteilung. In England beträgt etwa der Unterschied hinsichtlich der gesunden Lebenserwartung zwischen den reichsten und den ärmsten Engländer/innen laut den Daten des britischen Statistikamtes rund 19 Jahre. Mit anderen Worten: Reiche bleiben in England im Durchschnitt um 19 Jahre länger gesund als Arme.[19]

Die wissenschaftlich und medial kolportierten Zahlen und Prognosen über die allgemein hohe und weiter steigende Lebenserwartung in der Bevölkerung sind damit freilich nicht zwangsläufig falsch – mathematisch dürften diese durchaus korrekt sein (wenngleich auch in diesem Punkt gewisse Zweifel angebracht sind, etwa was die statistischen Methoden zur Ermittlung der Lebenserwartung betrifft). Allerdings ist die Art und Weise ihrer Verwendung für Aussagen über die Lebenserwartung der Gesamtbevölkerung problematisch, wenn nicht wissenschaftlich unredlich. Denn ihre Berechnung basiert in der Regel auf einem arithmetischen Mittelwert – ein Vorgehen, das bei sehr ungleich verteilten Variablen, wie es eben die Lebenserwartung (aber zum Beispiel auch das Einkommen) ist, eine Nivellierung besonders hoher beziehungsweise besonders niedriger Werte zur Folge hat. So mag am Ende der errechnete Mittelwert zwar einen arithmetisch korrekten Durchschnittswert wiedergeben, über die Lebenserwartung, wie sie für große Teile der Bevölkerung tatsächlich besteht, gibt er gleichwohl keine aussagekräftige Auskunft.[20] Nichtsdestotrotz wird die auf diese Weise berechnete durchschnittliche Lebenserwartung so gelesen und vor allem auch so kommuniziert, als könnte jeder Mensch mit einer derart hohen und tendenziell noch weiter steigenden Lebenserwartung rechnen. Dementsprechend dienen diese Zahlen heute auch bevorzugt als Legitimationsgrundlage für gesellschaftspolitische Maßnahmen vor dem Hintergrund des (mit demselben Zahlenmaterial belegten) demografischen Altersstrukturwandels, so zum Beispiel für die angestrebte Erhöhung des Pensionsantrittsalters – ungeachtet der Tatsache, dass ein durchaus beträchtlicher Teil der Bevölkerung kein derart hohes Alter erreicht, und zwar aus Gründen, die bereits mit der Struktur der Gesellschaft gegeben sind.

Gerade mit Blick auf das Pensionssystem ergibt sich durch die massive und tendenziell weiter zunehmende soziale Ungleichheit der Lebenserwartung im Übrigen auch eine geradezu unerhörte, nur selten beachtete Umverteilung von unten nach oben. Da ja sozial Bessergestellte nicht nur ohnehin sozioökonomisch im Vorteil sind, sondern darüber hinaus auch länger leben, beziehen sie auch entsprechend länger eine (noch dazu höhere) Pension, die nicht zuletzt durch die Beiträge der bereits früher Verstorbenen finanziert wird (vgl. Knell 2016; Fleurbaey et al. 2016). Dieser Umverteilungseffekt wird künftig noch in dem Maße zunehmen, wie zum einen die Ungleichheit der Lebenserwartung steigt und zum anderen im Zuge der politischen Bearbeitung des »demografischen Wandels« das gesetzliche Pensionsantrittsalter erhöht und für sozial Benachteiligte dadurch noch schwerer zu erreichen sein wird.[21]

Durch diese Einwände gegen den gesellschaftlichen Diskurs über die (angeblich) allgemein steigende Lebenserwartung wird aber, wie gesagt, eine wesentliche Tatsache durchaus nicht dementiert: In der Geschichte der Menschheit haben zweifellos noch nie so viele Menschen ein so hohes Alter erreicht, wie dies heute der Fall ist. Und gerade die rapide Zunahme der allgemeinen Lebenserwartung hat historisch überhaupt erst die Grundlage dafür geschaffen, dass heute von einer eigenständigen Lebensphase des Alters und einer distinkten Bevölkerungsgruppe »alter« Menschen gesprochen werden kann. Wogegen sich die erhobenen Einwände richten, ist vielmehr die Einseitigkeit in der gesellschaftlichen und nicht zuletzt wissenschaftlichen Betrachtung dieser Entwicklungen. Gerade mit Blick auf die kapitalismuskritische Perspektive, die in dieser Arbeit auf das Alter(n) eingenommen wird, scheint es geboten, an dieser Stelle ausdrücklich zu betonen: Es kann und soll aus kapitalismuskritischer Sicht durchaus nicht darum gehen, gewisse als positiv zu bewertende Entwicklungen und soziale »Errungenschaften«, die die moderne, kapitalistische Gesellschaft hervorgebracht hat, schlechtzureden oder womöglich sogar zu leugnen.

Vielmehr geht es darum, diese Entwicklungen angemessen in ihren historischen Kontext einzuordnen und hinreichend in ihren gesamtgesellschaftlichen Voraussetzungen wie auch Widersprüchen und Einschränkungen zu reflektieren. Eine einseitig positive Bezugnahme auf die »Errungenschaften« des modernen Kapitalismus ist angesichts der historischen Fakten sowie aktueller gesellschaftlicher Tendenzen einer fortschreitenden Prekarisierung von Lebensverhältnissen im Grunde (selbst nach den alles andere als unproblematischen Maßstäben und Standards des wissenschaftlichen Betriebs) grob unwissenschaftlich und daher entsprechend zu kritisieren.

3.3 Entstehung einer Pflegephase

Es ist schließlich noch ein dritter Faktor hervorzuheben, der neben der Trennung von Alter und (Lohn-)Arbeit und der enormen Steigerung der allgemeinen Lebenserwartung für die Herausbildung des Alters als Lebensphase von erheblicher Relevanz war, nämlich die Entstehung einer Pflegephase. Gemeint ist damit ein Abschnitt am Ende des Lebens, den Menschen in Krankheit und Pflegebedürftigkeit verbringen. Dass alte Menschen auf Pflege angewiesen sind und von jüngeren Gesellschaftsmitgliedern – seien es Familienangehörige, seien es professionelle Pflegedienstleister – gepflegt und betreut werden müssen, ist also ebenfalls kein so selbstverständlicher Sachverhalt, wie er uns heute vielfach erscheinen mag. In früheren Jahrhunderten sind Menschen – sofern sie überhaupt so alt geworden sind – nur selten pflegebedürftig geworden, da der Tod bei Krankheiten und bei einem altersbedingten Nachlassen der Körperkräfte für gewöhnlich sehr rasch zugeschlagen hat (vgl. Borscheid 1996). Die historische Entwicklung einer Pflegephase hat ebenfalls mit den erst seit relativ kurzer Zeit stark gestiegenen Lebenserwartungen zu tun, unter anderem erzielt durch medizinische Fortschritte bei der Behandlung von Krankheiten,[22] wodurch die Sterblichkeit in der Bevölkerung seit dem 19. und frühen 20. Jahrhundert deutlich zurückgegangen ist. Nicht zuletzt darin liegt bekanntlich auch der recht zwiespältige Charakter in der gesellschaftlichen Beurteilung der heute (statistisch gesehen) zunehmend zum Regelfall werdenden Langlebigkeit begründet: Heute überleben Menschen Krankheiten, die vor hundert Jahren noch ihren sicheren Tod bedeutet hätten, wodurch sie häufig alt genug werden, um am Ende eines langen Lebens zumindest zeitweilig pflegebedürftig zu werden, oder wodurch sie allenfalls bereits in einem jüngeren Alter zu Pflegefällen werden können (etwa nach Schlaganfällen oder Herzinfarkten), die noch viele Jahre lang auf regelmäßige Pflege und Betreuung angewiesen sind, was entsprechend hohe Kosten für das Gesundheitssystem verursacht. Der medizinische Fortschritt und die von ihm mitbedingten steigenden Lebenserwartungen stehen daher nicht zufällig sowohl auf der Seite der »Herausforderungen«, als auch auf der Seite der »Chancen«, die heute im gesellschaftlichen Diskurs mit der zunehmenden Langlebigkeit assoziiert werden: Langlebigkeit einerseits als Segen und als gesellschaftliche Errungenschaft, andererseits als Fluch und potenzieller Sargnagel des modernen Wohlfahrtsstaats – so präsentiert sich der zutiefst widersprüchliche und zuweilen auch ein wenig schizophren anmutende Altersdiskurs in der gegenwärtigen Epoche des demografischen Wandels.

Generell kann angesichts der historischen Bedingtheit der Pflegephase gesagt werden, dass die in der Gesellschaft heute weit verbreitete Konnotation des Alters mit Pflegebedürftigkeit vor diesem Hintergrund ebenfalls als ein spezifisch modernes Phänomen zu sehen ist. Erst die historisch noch junge Entstehung einer Pflegephase bildet die Grundlage für die diskursive Verknüpfung von Alter und Pflegebedürftigkeit, wie sie für heutige Altersdiskurse charakteristisch ist, und die zumeist ihrerseits wiederum mit der Problematisierung der dadurch für die Gesellschaft entstehenden Aufwendungen und Kosten verbunden ist.

3.4 Alter(n) als gesellschaftliches »Problem«

Es sind somit drei Entwicklungen, die die historische Genese des »Alters« als einer eigenständigen Lebensphase wesentlich bedingten: erstens, die *Trennung von Alter und (Lohn-)Arbeit* und hier insbesondere die *Entstehung der Institution des Ruhestands*; zweitens, die sprunghafte *Steigerung der Lebenserwartung* in den letzten rund 150 Jahren und die damit verbundene Zunahme des Anteils alter Menschen in der Bevölkerung; und schließlich drittens, die Herausbildung einer durch altersbedingte Krankheiten und Pflegebedürftigkeit geprägten *Pflegephase*. Alle diese Entwicklungen stellen insofern unmittelbare Produkte kapitalistischer Vergesellschaftung dar, als sie allesamt an gesellschaftliche Voraussetzungen gebunden sind, die erst im Zuge kapitalistischer Modernisierung entstanden sind. Schon vor diesem Hintergrund scheint es also durchaus angemessen zu behaupten, dass sich das »Problem« des Alters überhaupt erst unter kapitalistischen Bedingungen stellt.

Dies kann durchaus wörtlich genommen werden: Erst unter den Bedingungen kapitalistischer Lohnarbeitsverhältnisse und einer hinreichend großen Masse von Menschen, die aufgrund ihres Alters von der Lohnarbeit freigestellt und damit faktisch von ihrer Existenzgrundlage abgeschnitten werden, erscheint das Problem ihrer materiellen Sicherung und Versorgung auf der gesellschaftlichen Agenda – ein Problem, zu dessen Lösung die kapitalistische Gesellschaft die Institution des Altersruhestands und entsprechende Pensionssysteme entwickelt hat.[23] Ebenso bringt die Entstehung einer Pflegephase die Notwendigkeit mit sich, gesellschaftlich für die Pflege und Betreuung einer stetig wachsenden Zahl alter Menschen Sorge zu tragen, wofür die kapitalistische Gesellschaft staatlich alimentierte Pflegesysteme (Altenpflegeheime, Pflegeversicherungen, »Pflegegeld« etc.) hervorgebracht hat – Systeme, die wie das Pensionssystem stets (so wie alles unter den Bedingungen einer kapitalistischen Geldwirtschaft) unter Finanzierungsvorbehalt stehen und damit ihrerseits problematisch sind, weshalb in der Gegenwart auch nichts so sehr den Diskurs um das Alter prägt wie die Kosten, die es der Gesellschaft verursacht, zumal bei den prognostizierten demografischen Veränderungen.

Mit Christoph Conrad könnte die »Problematisierung« des Alters möglicherweise sogar als ein vierter, eigenständiger Faktor der historischen Genese des »Alters« aufgefasst werden (vgl. Conrad 1994: 129ff.). Die historische Entstehung der Lebensphase Alter ist gewissermaßen gleichursprünglich mit ihrer gesellschaftlichen Problematisierung. Seit es das Alter als eigenständige, chronologisch distinkte Lebensphase gibt, stellt es für die Gesellschaft ein Problem dar, das es zu lösen oder zumindest zu verwalten gilt. Und umgekehrt prägt seine gesellschaftliche, sich in negativen Altersdiskursen manifestierende Problematisierung nicht nur unsere Vorstellung vom Alter(n), sondern maßgeblich auch die Form und die konkrete Gestalt des Alters selbst, die es als eigenständige Lebensphase annimmt und überhaupt erst zu einer Lebensphase sui generis macht.

Vor diesem Hintergrund ist es wahrscheinlich kein Zufall, dass auch die »Geburt« der Gerontologie als Wissenschaft vom Alter(n) zeitlich in die erste Hälfte des 20. Jahrhunderts fällt, als sich im Zuge der Herausbildung einer stetig wachsenden Bevölkerungsschicht alter Menschen und der Institutionalisierung des Ruhestands das Alter nicht nur als gesellschaftliche Kategorie, sondern auch als gesellschaftlich relevantes »Problem« überhaupt erst konstituierte. Wie Stephen Katz (1996) in seiner instruktiven Abhandlung über die historische Formierung der Gerontologie herausarbeitet, bilden das Leben im Ruhestand und die »demografische Alterung« die beiden wesentlichen Hauptstränge des gerontologischen Altersdiskurses, um die herum sich die Gerontologie maßgeblich als wissenschaftliche Disziplin konstituiert. Mit anderen Worten: Die Problematisierung des Alters stellt sowohl Grundlage als auch Kerngeschäft der Gerontologie dar. Bei Katz bleibt dieser an sich aufschlussreiche Befund freilich traditionell diskursanalytisch verkürzt, ohne hinreichende sozialhistorische Kontextualisierung der Entstehung dieses »gerontologischen Wissenskomplexes« in den ihm konstitutiv zugrunde liegenden kapitalistischen Gesellschaftsverhältnissen, wodurch letztlich auch seine berechtigte Kritik an der gerontologischen Problematisierung des Alters tendenziell ins Leere geht: Durch und durch Poststrukturalist, plädiert Katz für ein diskursives »undisciplining« des durch die Gerontologie im wahrsten Sinne des Wortes »disziplinierten« Alters.[24] Für ihn besteht das Problem primär im Altersdiskurs der modernen Gerontologie, der entsprechend durch alternative Altersdiskurse abzulösen sei, um auf diese Weise gleichsam eine andere, das Alter(n) nicht länger zum »Problem« machende Alterswissenschaft hervorzubringen.[25] Dabei wird allerdings ausgeblendet, dass die Problematisierung des Alters mehr ist als ein bloßes Produkt gerontologischer Diskurse und immer schon eine entsprechende gesellschaftliche Struktur voraussetzt, in der das Alter überhaupt als ein »Problem« erscheinen kann. Zugespitzt formuliert: Die gesellschaftliche und insbesondere gerontologische Problematisierung des Alters gehört ebenso zum Alter, wie das Alter als Lebensphase überhaupt erst aus den Strukturen einer kapitalistischen Arbeitsgesellschaft hervorgeht – daran vermag auch das gut gemeinte Plädoyer für einen »unproblematischen« Altersdiskurs nichts zu ändern. Das Alter wird problematisiert, weil es für die kapitalistische Gesellschaft in der Tat ein sehr reales Problem darstellt, auch wenn es die kapitalistische Form der Gesellschaft selbst ist, die dieses Problem hervorgebracht hat und stets aufs Neue hervorbringt.

Dies gilt auch und erst recht für den heute allseits beklagten demografischen Altersstrukturwandel, den gerade konstruktivistisch und poststrukturalistisch argumentierende kritische Altersforscher wie Katz, wenn nicht auf eine Erfindung, so doch auf ein bloßes diskursives Konstrukt von Politiker/innen, Gerontolog/innen, Demograf/innen und Volkswirtschaftler/innen zu reduzieren neigen, die damit den demografischen Wandel einseitig und ungerechtfertigt als »Problem«, wenn nicht gar als »Krise« rahmen würden (vgl. exemplarisch Katz 1992; Schröer/Straubhaar 2007; Lessenich 2014; Messerschmidt 2015). Eine Gesellschaft, die eine ganze Bevölkerungsgruppe aus ihrem sowohl ökonomischen als auch normativen Zentrum, der Arbeit, ausschließt – sei es aufgrund mangelnder Produktivität und Leistungsfähigkeit, sei es aufgrund höherer Lohnkosten für ältere Arbeitnehmer/innen, sei es, weil für nachrückende Kohorten Arbeitsplätze geschaffen werden und die Alten daher Platz machen müssen – und diese in weiterer Folge aus der gesamtgesellschaftlich erwirtschafteten Mehrwertmasse erhalten muss, eine solche Gesellschaft hat unweigerlich ein Problem, sobald diese Bevölkerungsgruppe eine kritische Masse erreicht. Nicht von ungefähr besteht eine wesentliche politische, gerade auch durch die Alterswissenschaft gestützte und propagierte Strategie darin, Menschen angesichts der stetig steigenden Lebenserwartung und der rapiden Zunahme alter Menschen in der Bevölkerung entsprechend länger in Beschäftigung zu halten (Stichwort »active ageing«). Ob und wie das beim aktuellen Trend zur Automatisierung und Digitalisierung und der damit einhergehenden Tendenz zunehmender Massenarbeitslosigkeit durch fortschreitenden Arbeitsplatzabbau gelingen kann, ist durchaus fraglich, was aber nur umso mehr für den sich heute offenkundig verschärfenden Problemcharakter spricht, der dem Alter und seiner gesellschaftlichen Verwaltung und Regulierung inhärent ist (vgl. Stückler 2017; ebenso Kapitel 7.2 der vorliegenden Arbeit). Der demografische Wandel ist also, anders als es die Interventionen mancher kritischer Gerontolog/innen (vor allem solche konstruktivistischer und poststrukturalistischer Provenienz) suggerieren, durchaus kein Hirngespinst oder ein von mächtigen politischen, ökonomischen und wissenschaftlichen Akteuren in die Welt gesetztes diskursives Konstrukt, das lediglich dazu dient, den »wohlverdienten Ruhestand« abzuschaffen (vgl. in diesem Sinne z. B. Lessenich 2013; Macnicol 2015) und die Alten »in die gesellschaftliche Verwertung zurückzuholen« (Amann et al. 2010: 47) – wenngleich es zutrifft, dass die politische Aktivierung der Alten praktisch genau darauf hinausläuft. Sondern die gesellschaftliche Problematisierung des Alters, wie sie heute mit dem demografischen Wandel ihren neuen Höhepunkt erreicht, hat ihr objektives Fundament in der grundlegenden kapitalistischen Struktur der Gesellschaft und der mit ihr historisch gewachsenen und politisch zu verwaltenden Organisation von Arbeit, die (jedenfalls bislang) die systematische Ausgliederung der Alten aus dem Erwerbsleben vorsieht und dadurch eine stetig wachsende soziale Gruppe hervorbringt, die gesellschaftlich erhalten werden muss.[26]

3.5 Historische Etappen der Ausgliederung der Alten aus der Arbeit

Wenn man nun die drei für die historische Genese der Lebensphase Alter als konstitutiv identifizierten Faktoren nochmals etwas näher betrachtet (vier, wenn auch die »Problematisierung« des Alters als eigenständiger

Faktor hinzugenommen wird), dann erscheint es sinnvoll oder sogar erforderlich, unter diesen Faktoren eine Gewichtung vorzunehmen. Alle diese Faktoren waren historisch von erheblicher Relevanz für die Konstitution des Alters im Kapitalismus, dennoch haben bei genauerer Betrachtung nicht alle Faktoren gleichermaßen Anteil daran und lassen sich manche von ihnen für die Entstehung der Lebensphase Alter als bedeutsamer und wichtiger qualifizieren als andere.

So war beispielsweise die Steigerung der Lebenserwartung und die Zunahme des Anteils alter Menschen an der Bevölkerung zweifellos eine notwendige, jedoch keine hinreichende Bedingung dafür, dass sich eine chronologisch distinkte, vom übrigen Leben klar unterschiedene Lebensphase Alter ausbilden konnte. Die Tatsache, dass Menschen lange leben und heute ein, speziell im historischen Vergleich, relativ hohes chronologisches Alter erreichen, bedingt noch nicht zwangsläufig die Ausbildung einer Lebensphase Alter mit spezifischen Alters- und Rollennormen sowie mit (wie es weiter oben mit Andreas Gruschka in Bezug auf die Kindheit formuliert wurde) »besonderen Orten, Zeiten und Gegenständen«, die ausschließlich für jene Gesellschaftsmitglieder Geltung haben sollen, die bereits besonders lange am Leben und daher nach Lebensjahren gemessen »alt« sind. Hierfür ist mehr erforderlich als ein langes Leben, es müssen gesellschaftliche Gründe gegeben sein, wonach »alt sein« eine gesellschaftlich relevante und insbesondere den Alltag und das Leben der Betroffenen strukturierende Differenz markieren soll.[27] Auch die Entstehung einer Pflegephase stellt für sich allein genommen keine ausreichende Voraussetzung für eine eigenständige Lebensphase des Alters dar, denn auch hier wäre ja zumindest theoretisch durchaus vorstellbar, dass eine Gesellschaft, in welcher Form auch immer, die Betreuung pflegebedürftiger Personen organisiert, ohne dass dies automatisch mit der normativen Idee einer eigenständigen, vom übrigen Leben klar zu trennenden Lebensphase einhergehen müsste – ganz davon abgesehen, dass es auch noch andere Gründe für Pflegebedürftigkeit gibt als hohes Alter (wenngleich alte Menschen den Großteil der pflegebedürftigen Bevölkerung ausmachen mögen). Und die »Problematisierung« des Alters, wenn man diese als eigenen Faktor betrachten möchte, setzt ohnehin logisch eine gesellschaftliche Struktur voraus, in der das Alter ein »Problem« darstellen kann, wobei gerade die demografische Alterung und die Altenpflege bevorzugte Gegenstände altersbezogener Problemdiskurse bilden, da diese unter kapitalistischen Bedingungen (noch dazu ständig steigende) Kosten verursachen, die aus der gesamtgesellschaftlich erarbeiteten Mehrwertmasse gedeckt werden müssen.

Als wesentlichster und allen anderen übergeordneter Faktor ist daher die spezifisch kapitalistische Trennung von Alter und Arbeit beziehungsweise produktiver Tätigkeit zu sehen, wie sie letztendlich in der Institution des Altersruhestands – der Rente oder Pension – Gestalt angenommen hat. Erst die Ausgliederung der Alten aus der Erwerbsarbeit schafft die Voraussetzungen für die Existenz einer distinkten Bevölkerungsgruppe, deren Leben sich gerade aufgrund ihres Ausscheidens aus der im Kapitalismus zentralen Sphäre der Arbeit nicht nur grundlegend vom Leben und Alltag der übrigen Bevölkerung unterscheidet, sondern nicht zuletzt auch vom Leben und Alltag, die ihr eigenes Dasein lange Zeit stark geprägt und über die sich die dieser Gruppe zugerechneten Menschen oftmals auch selbst als Personen identifiziert haben. Mit anderen Worten: Erst mit dem »Herausfallen« alter Menschen aus der Arbeit ist die materiell-strukturelle Basis für die Vorstellung einer eigenständigen Lebensphase Alter gelegt. Alle anderen Faktoren sind, wenngleich zum Teil notwendige (wie die steigende Lebenserwartung), Randbedingungen der historischen Konstitution des Alters, die für die konkrete gesellschaftliche Erscheinungsform des »Alters« von durchaus erheblicher Bedeutung sind. Das entscheidende Moment ist allerdings die spezifisch kapitalistische Trennung von Alter und Arbeit, ohne diese wäre das Alter nicht die Lebensphase, wie wir sie heute kennen und als selbstverständlichen, wenngleich negativ bewerteten und gerne verdrängten Bestandteil unseres Lebens betrachten.

Die Trennung von Alter und Arbeit ist durchaus nicht unmittelbar identisch mit der Institution des Altersruhestands. Anders als dies vielleicht teilweise aus den bisherigen Ausführungen hervorgegangen sein mag, ganz besonders aber auch im Gegensatz zur herrschenden gerontologischen Position hinsichtlich des konstitutiven Zusammenhangs von Alter und Ruhestand, besteht der historische Gründungsakt der Lebensphase Alter nicht primär in der Einführung des Ruhestands und der Etablierung von Pensionssystemen, sondern wesentlich allgemeiner in der Ausgliederung alter Menschen aus der Arbeit. Und diese Ausgliederung hatte bei genauerer Betrachtung durchaus nicht bereits von Anfang an die Form eines Altersruhestands, sondern war auf verschiedenen Stufen der kapitalistischen Entwicklung in sehr unterschiedlichen Graden ausgebildet und nahm daher historisch auch sehr unterschiedlich Gestalt an. Das heißt, der Altersruhestand entspricht streng genommen bereits einer historisch weiterentwickelten Stufe in einem umfassenderen und längeren, kapitalismusimmanenten Prozess des »Herausfallens« der Alten aus der (ihrerseits spezifisch kapitalistischen) Lohnarbeit.

Zumindest drei historische Phasen lassen sich dabei grob unterscheiden: In vorindustriellen Entwicklungsphasen der kapitalistischen Gesellschaft erreichten die Menschen (vor allem Arbeiter) überwiegend noch gar kein hohes Alter oder – was häufig auf dasselbe hinauslief – waren praktisch bis an ihr Lebensende in den Arbeitsprozess integriert. Ein altersbedingtes Herausfallen aus der Arbeit war daher unter diesen Voraussetzungen kaum möglich, dadurch aber auch das Alter strukturell noch nicht strikt geschieden von anderen Lebensphasen. Wie der Sozialhistoriker Peter Borscheid konstatiert, konnte speziell die Arbeiterschaft »die Möglichkeit, alt zu werden, ignorieren. Es bestand (...) eine größere Wahrscheinlichkeit, bereits in jungen Jahren zu sterben« (Borscheid 1996). Was hier außerdem bedacht werden muss, ist, dass es vor allem in Ländern wie Deutschland und Österreich bis weit ins 19. Jahrhundert hinein dauerte, bis der größere Teil der Bevölkerung überhaupt umfassend in Lohnarbeitszusammenhänge integriert war. Dementsprechend lange hatten hier noch regionale und lokale Subsistenzstrukturen Bestand[28] und galt daher wahrscheinlich für viele Menschen im Alter noch mehr oder weniger, was eingangs über die Verhältnisse in Agrargesellschaften gesagt wurde: Alter und Arbeit beziehungsweise produktive Tätigkeit waren hier in aller Regel noch nicht getrennt.

Das änderte sich im Laufe des 19. Jahrhunderts mit der endgültigen Durchsetzung des Fabriksystems im industrialisierten Hochkapitalismus, der damit in gewisser Weise erst die historische Schwelle zur Trennung von Alter und Arbeit und damit letztendlich auch zur Herausbildung der Lebensphase Alter überhaupt markiert. Die Industrialisierung stellte vor allem insofern eine wesentliche Zäsur dar, als durch fortschreitende Mechanisierung der Produktion besonders die Arbeitskraft älterer Menschen zunehmend überflüssig gemacht wurde. Josef Ehmer zitiert in dem Zusammenhang in seiner *Sozialgeschichte des Alters* diverse Untersuchungen aus der zweiten Hälfte des 19. Jahrhunderts über die Lebensbedingungen der Arbeiterklasse dieser Zeit. Diese Untersuchungen, die sich teilweise bereits wie aktuelle Berichte von Arbeitnehmerverbänden über die Arbeitsmarktsituation älterer Arbeitnehmer/innen lesen, dokumentierten eine zunehmende

> »Abneigung vieler Unternehmer, ältere Arbeiter weiterzubeschäftigen oder neu einzustellen. (...) Das 40. oder 50. Lebensjahr wird dabei immer wieder als jener kritische Wendepunkt genannt, von dem an es sehr schwierig wurde, den alten Job zu behalten, und wo es kaum mehr möglich war, einen gleichwertigen zu finden. (...) Nachlassende Körperkraft, Schnelligkeit und Reaktionsfähigkeit wur-

den als Gründe genannt, daß ein älterer Arbeiter ›doppelt rackern muß, um mit jüngeren und kräftigeren Arbeitskollegen Schritt halten zu können‹ (…). Konkurrenzdruck und Profithunger trieben die Unternehmer zur Erhöhung der Intensität der Arbeit und ließen ältere Arbeitnehmer auf der Strecke zurück. Der Einsatz von Maschinen und die steigende Bedeutung der Massenproduktion machten es leichter, auf ihre Erfahrungen und ihre Geschicklichkeit zu verzichten.« (Ehmer 1990: 65)

Dieser »Verzicht« auf die Arbeitskraft älterer Lohnabhängiger und das damit verbundene Herausfallen aus der Sphäre der Erwerbsarbeit hatte, solange soziale Sicherungs- und Pensionssysteme noch nicht sozial flächendeckend institutionalisiert waren (was in Österreich praktisch erst mit dem »Anschluss« an Hitlerdeutschland 1938 der Fall sein sollte), die Form eines Verworfenwerdens in das Elend der Arbeitslosigkeit und damit in die blanke Altersarmut, die bald zum ganz normalen kapitalistischen Alltag gehörte. Freilich gab es Altersarmut auch schon davor und bildet so gesehen durchaus kein exklusives Charakteristikum des Industriekapitalismus des 19. Jahrhunderts. Auch unter vorindustriellen Bedingungen war Armut ein Schicksal, das alte Menschen recht häufig ereilte (vgl. Borscheid 1989; Gestrich 2004). Es scheint jedoch durchaus angemessen, zu behaupten, dass das Problem der Altersarmut unter den Bedingungen von Industrialisierung und Urbanisierung[29] sowohl eine neue Form, als auch ein neues Niveau erreichte. Nun waren die Menschen mehr als je zuvor vom Verkauf ihrer Arbeitskraft, insbesondere in den Fabriken, abhängig, während sich gleichzeitig ihre Arbeitskraft mit steigendem Alter auf der Basis zunehmender Massenproduktion, fortschreitender Mechanisierung der Produktionsabläufe und einer damit verbundenen Intensivierung der Arbeit als immer weniger verkäuflich darstellte. Die Konsequenz daraus war eine stetig wachsende Masse alter Menschen ohne Arbeit, aber auch – in Ermangelung allgemeiner sozialer Sicherungssysteme – ohne tragfähige Alterssicherung, was letztlich wiederum keinen anderen Effekt haben konnte als ihre massenhafte Pauperisierung. Dies sollte sich erst mit der Einführung allgemeiner Pensions- beziehungsweise Rentenversicherungen und der Verallgemeinerung des Altersruhestands ändern.

Was die Einführung allgemeiner Pensionssysteme betrifft, so sind hier wahrscheinlich wiederum eine ganze Reihe verschiedener Faktoren zu berücksichtigen, die dabei eine Rolle gespielt haben dürften. Ein Faktor, der sicherlich nicht geringzuschätzen ist, waren die sozialen Kämpfe der Arbeiterbewegung um Anerkennung und bessere Arbeits- und Lebensbedingungen, durch die ja bereits in zahlreichen anderen Bereichen – Löhne, Arbeitszeiten, Verbot der Kinderarbeit etc. – bedeutende Verbesserungen erwirkt worden waren (vgl. Macnicol 1998: 137ff.; Klenk 2008: 25ff.). Auf der anderen Seite hieße es aber auch, den Einfluss und die Bedeutung dieser sozialen Kämpfe maßlos zu überschätzen, wenn nicht auch die systemstabilisierenden und disziplinierenden Funktionen solcher sozialen Zugeständnisse berücksichtigt würden, die nicht zuletzt darin bestanden, die Loyalität des Proletariats gegenüber der bürgerlich-kapitalistischen Gesellschaft zu sichern – eine Loyalität, die lange Zeit alles andere als selbstverständlich war, wovon erbitterte Aufstände bis weit ins 19. Jahrhundert hinein zeugen, in denen sich die Menschen gegen die Zumutungen der entfremdeten Lohnarbeiterexistenz auflehnten (vgl. Hobsbawm 1962; Thompson 1987; Kurz 2009: 121ff.). Man muss sich dabei nicht einmal der kritischen Einsicht von Karl Kraus anschließen, welche dieser bereits vor über hundert Jahren mit beißendem Spott der sich damals etablierenden Sozialdemokratie entgegenhielt, dass »Sozialpolitik der verzweifelte Entschluß« sei, »an einem Krebskranken eine Hühneraugenoperation vorzunehmen«, sondern hier genügt ein einigermaßen unvoreingenommener und differenzierter Blick auf die Geschichte der allgemeinen Rentenversicherung, um diese ins rechte Licht zu rücken und vor einer einseitig positiven Einschätzung von Pensionssystemen als einer hart erkämpften sozialen Errungenschaft bewahrt zu werden.

So zitiert etwa Peter Borscheid in dem Zusammenhang den berühmten ersten deutschen Reichskanzler und »Vater« des deutschen Rentensystems, Otto von Bismarck, der sich offenkundig sehr genau des gesellschaftlichen und insbesondere politischen »Mehrwerts« einer allgemeinen Rentenversicherung bewusst war:

> »[E]s habe ihn schon immer fasziniert, ›was ein schlecht bezahlter Beamter nur wegen einigen hundert Mark Pension sich von seinen Vorgesetzten gefallen ließe‹. Mit Hilfe einer Altersversorgung könne man ›den Arbeiter in eine ähnliche Lage wie den Beamten versetzen‹.« (Borscheid 1996)

Gleichen Inhalts ist ein Bismarck-Zitat in der *Sozialgeschichte des Alters* von Josef Ehmer:

> »Wer eine Pension hat für sein Alter, der ist viel zufriedener und viel leichter zu behandeln«, stellte er [Bismarck, A.S.] fest, und insbesondere werde eine staatliche Rente ›auch den gemeinen Mann‹

lehren, ›das Reich als wohltätige Institution anzusehen‹.« (Ehmer 1990: 93)

Mit anderen Worten: Die Einführung eines allgemeinen Pensionssystems war bis zu einem gewissen Grad auch politisch opportun und diente nicht zuletzt der Stabilisierung der bestehenden Herrschaftsverhältnisse – dies umso mehr, als das von staatlicher Seite dabei eingegangene finanzielle Risiko überaus gering war, da die Rentenversicherung im Deutschen Reich zunächst auf einem Kapitaldeckungsverfahren beruhte und darüber hinaus ein Anspruch auf eine Alterspension (außer im Fall von Invalidität) erst nach dem 70. Lebensjahr bestand, sodass die Pension ohnehin erst fällig wurde, »wenn der durchschnittliche Arbeiter – statistisch gesehen – bereits 10 Jahre tot war« (Borscheid 1996). Hinzu kommt, dass die Einführung der gesetzlichen Rentenversicherung durch Bismarck, nach dem Motto »Zuckerbrot und Peitsche«, Hand in Hand ging mit Gesetzgebungen, die bewusst auf die Zerschlagung der Arbeiterbewegung abzielten (etwa das sogenannte »Sozialistengesetz« von 1878 »wider die gemeingefährlichen Bestrebungen der Sozialdemokratie«), während mit sozialen Zugeständnissen wie der Rentenversicherung »die Arbeiterschaft gleichzeitig für den monarchistischen Staat gewonnen werden sollte« (Kohlmeier 2009: 5). Wie bei allen in der bisherigen kapitalistischen Geschichte bis heute von den Menschen erkämpften sozialen Zugeständnissen, so ist also auch hinsichtlich staatlicher Pensionssysteme nicht nur die Seite der für die konkret Betroffenen oftmals ohne Zweifel damit verbundenen Verbesserungen, sondern auch die Seite der erhöhten gesellschaftlichen Abhängigkeit zu sehen, die diese Verbesserungen mit sich bringen und in die sich die Menschen damit immer auch begeben. Wie Theodor W. Adorno einmal, in Abwandlung einer Formulierung von Marx und Engels, recht treffend bemerkte, ist es dem sozialen Frieden ausgesprochen zuträglich, wenn selbst noch die niedrigsten Gesellschaftsschichten »mehr zu verlieren [haben] als ihre Ketten« (Adorno 2003c [1942]: 384). Es hat daher auch nichts mit einem »Mißbrauch der staatlichen Rentenversicherung« für »parteipolitische Zwecke« zu tun, wie Borscheid (1996), quasi in einer Personalisierung der Problematik, mit Blick auf die oben zitierten, zugegebenermaßen recht unverblümten Aussagen von Bismarck insinuiert, sondern spricht eher für politischen Weitblick und ein gewisses Gespür des deutschen Reichskanzlers, dass und wie soziale Fragen sich politisch zur Herrschaftsstabilisierung einsetzen lassen. Dass gerade bei der Pensionspolitik bis in die Gegenwart hinein immer wieder auch parteipolitische Kalküle und Partikularinteressen eine Rolle spielen, steht dabei nicht infrage.

Abgesehen von diesen beiden eher politischen Faktoren für die Einrichtung allgemeiner staatlicher Pensionssysteme dürfte aber schließlich noch ein ganz handfestes, gegenüber einer – je nach Sichtweise – eher das politische Kalkül der Herrschenden oder den Kampfgeist und das Durchsetzungsvermögen der arbeitenden Klasse (über-)betonenden Klassenkampfperspektive beinahe schon triviales »Problem« (um hier abermals auf den kapitalistischen Problemcharakter des Alters zurückzukommen) ausschlaggebend gewesen sein: Mit der ab dem späten 19. Jahrhundert rasch steigenden Lebenserwartung nahm binnen kürzester Zeit auch der Anteil der Alten in der Bevölkerung deutlich zu, wurden die Alten mithin »zur immer rascher wachsenden Minderheit« (Conrad 1994: 92). Peter Borscheid fasst diese Entwicklung recht lapidar so zusammen:

> »Letztendlich machte die Einführung einer gesetzlichen Rentenversicherung für Arbeiter kurz vor der Jahrhundertwende erstmals Sinn, weil die durchschnittliche Lebenserwartung nun erkennbar anstieg und sich gleichzeitig der Anteil der über 60jährigen erhöhte« (Borscheid 1996).

Bei dieser »wachsenden Minderheit« handelte es sich darüber hinaus um eine Personengruppe, die auf dem Arbeitsmarkt kaum noch vermittelbar und infolgedessen zunehmend von Arbeitslosigkeit und Altersarmut betroffen war. Eine stetig größer werdende Gruppe von Menschen, die aufgrund ihres Alters nicht mehr kapitalistisch »verwertbar«, aber trotz ihres Alters noch am Leben waren – das war in der Tat eine historisch neue Situation, die es politisch irgendwie zu verwalten und zu bearbeiten galt. Mag also die Einführung einer sozial flächendeckenden Pensionsversicherung, durch die es erst zur Verallgemeinerung eines arbeitsfreien Altersruhestandes kam, zu einem gewissen Teil erkämpft, zu einem anderen Teil als probates Mittel zur Herrschaftssicherung erkannt worden sein – eine wesentliche Triebfeder dürfte wohl auch darin bestanden haben, mit der Tatsache einer rasch wachsenden Zahl alter Menschen ohne jede Perspektive auf dem Arbeitsmarkt, dafür aber mit der umso greifbareren Aussicht auf Altersarmut und massive (über die damals ohnehin prekäre soziale Lage der arbeitenden Klasse hinausgehende) Verelendung umgehen zu müssen; eine Entwicklung, die wiederum sowohl dem sozialen Frieden als auch der politischen Stabilität auf Dauer abträglich gewesen wäre.[30]

Wie bereits erwähnt, war selbst mit der Einführung allgemeiner Pensionsversicherungen noch lange kein materiell gesicherter Lebensabend gewährleistet, da ein Anspruch auf eine Alterspension erst ab einem Alter bestand, das nur von den wenigsten Menschen tatsächlich erreicht wurde. In den Genuss einer Rente kamen lange Zeit vorwiegend infolge der harten Arbeitsbedingungen und einer zunehmenden Intensivierung der Arbeit in den Fabriken invalide und damit arbeitsunfähig gewordene Arbeiter/innen.[31] Vor allem Frauen bekamen nur selten eine Alterspension, da die Sozialversicherung (wie im Prinzip auch heute noch) Personen mit langen Erwerbsbiografien begünstigte, was hauptsächlich auf Männer zutraf. Erst mit der Einführung einer Witwenpension kurz vor dem Ersten Weltkrieg wurde die finanzielle Situation von Frauen in Deutschland einigermaßen gemildert (vgl. Borscheid 1996). Bis Alterspensionen schließlich über die bloße Existenzsicherung hinausgingen, sollte es sogar noch wesentlich länger dauern, so etwa in Deutschland bis zur Rentenreform von 1957, mit der das deutsche Pensionssystem auf ein Umlageverfahren umgestellt wurde (vgl. Roth 1989). Eigentlich erst ab diesem Zeitpunkt kann man von einem Abdeckungsgrad und einer Rentenhöhe sprechen, die es der Mehrheit der Menschen tatsächlich ermöglichen, die Erwerbsarbeit im Alter aufzugeben, und kann also auch von einer Verallgemeinerung des Ruhestandes überhaupt erst die Rede sein (vgl. Scherger 2015). Und erst ab diesem Zeitpunkt »wurde der Staat für immer mehr Menschen zum eigentlichen Garanten von Einkommen und Gesundheitsversorgung im letzten Lebensabschnitt« (Borscheid 1996), wodurch letztendlich die Ausgliederung der Alten aus der Arbeit und damit auch das Alter selbst eine andere und völlig neue Form annahm. Erst mit dem auf diese Weise institutionalisierten, rechtlich garantierten und in der zweiten Hälfte des 20. Jahrhunderts auch zunehmend über die bloße Existenzsicherung hinausgehenden Altersruhestand erhielt das Alter die Bedeutung und das Gesicht, das es heute noch im Wesentlichen hat, nämlich das eines entpflichteten Nacherwerbslebens. Und erst auf dieser Stufe ist die Ausgliederung der Alten aus der Arbeit und somit das Alter als Lebensphase vollends institutionalisiert.

*»Anmaßlich find ich dass zur schlechtsten Frist
Man etwas sein will, wo man nichts mehr ist.
Des Menschen Leben lebt im Blut, und wo
Bewegt das Blut sich wie im Jüngling so?
Das ist lebendig Blut in frischer Kraft,
Das neues Leben sich aus Leben schafft.
Da regt sich alles, da wird was getan,
Das Schwache fällt, das Tüchtige tritt heran.
Indessen wir die halbe Welt gewonnen,
Was habt Ihr denn getan? genickt, gesonnen,
Geträumt, erwogen, Plan und immer Plan.
Gewiß das Alter ist ein kaltes Fieber
Im Frost von grillenhafter Not.
Hat einer dreißig Jahr vorüber,
So ist er schon so gut wie tot.
Am besten wär's euch zeitig totzuschlagen.«*

Johann Wolfgang von Goethe, Faust II

4. Die überflüssigen Alten

Wir haben bis hierher, wenngleich nur in sehr groben Zügen, die historische Konstitution des Alters in der kapitalistischen Gesellschaft rekonstruiert. Dabei konnte vor allem gezeigt werden, dass eine eigenständige, chronologisch distinkte Lebensphase des Alters – jedenfalls in der uns heute bekannten Form – überhaupt erst unter den Bedingungen kapitalistischer Vergesellschaftung entstand und so gesehen als ein genuin kapitalistisches Produkt zu betrachten ist. Das Alter konstituiert sich dabei wesentlich durch ein »Herausfallen« alter Menschen aus der im Kapitalismus sowohl strukturell als auch normativ so zentralen Sphäre der Erwerbsarbeit, das letzlich in der Entstehung und Verallgemeinerung des Altersruhestands und der Einführung von Pensionssystemen Gestalt annahm. Eben das ist das Alter, wie wir es kennen und uns bis heute im Wesentlichen vorstellen, auch wenn diese Vorstellung zunehmend durchdrungen wird von Ideen und Konzepten eines »aktiven Alterns« oder eines »Unruhestands« (Walker 2002; WHO 2002; Schultz 1985; Schneider 2019), nämlich als ein entpflichtetes, von der Arbeit befreites und durch die Pension finanziell gesichertes Nacherwerbsleben.

Auf dieser Grundlage ist nun im Folgenden der Frage nachzugehen, worin der in dieser Arbeit behauptete Zusammenhang zwischen jener historisch spezifischen Konstitution des Alters im Kapitalismus und einer strukturellen Altersfeindlichkeit kapitalistischer Gesellschaften besteht. Oder anders und mit Rückgriff auf den von mir eingeführten Begriff einer spezifisch kapitalistischen *Dissoziation des Alters* formuliert: Worin genau besteht der Zusammenhang zwischen der sich materiell-strukturell in einer Ausgliederung alter Menschen aus der Arbeit darstellenden Dissoziation des Alters und dem durchweg negativen gesellschaftlichen Status des Alters im Kapitalismus?

4.1 Entbehrliche Arbeitskräfte, überflüssige Ruheständler

In der Logik der kapitalistischen Wertform bedeutet das Herausfallen der Alten aus der Arbeit im Grunde nichts Geringeres als ein Überflüssigwerden für den Verwertungsprozess. Alte Lohnarbeiter/innen werden aufgrund von tatsächlich oder vermeintlich geringerer Produktivität und Leistungsfähigkeit durch eine nachrückende Generation jüngerer Arbeitnehmer/innen ersetzt und somit für die abstrakte Arbeit, als Medium der Kapitalverwertung, entbehrlich. Dies ist gewissermaßen die innere Logik der modernen Dissoziation des Alters, auch wenn diese Logik heute im Kontext staatlicher Pensionssysteme für gewöhnlich nicht unmittelbar als solche kenntlich wird, zumal die Pensionierung in der Regel (außer bei krankheits- oder invaliditätsbedingten Frühpensionierungen) nicht an der Produktivität und Leistungsfähigkeit der Betroffenen, sondern an einem gesetzlich festgelegten Regelpensionsalter festgemacht wird. Über das ruhestandsbedingte Ausscheiden aus der Arbeit entscheidet ja nicht, außer in den genannten Ausnahmefällen, die Arbeitsfähigkeit der Alten, sondern deren chronologisches, in Lebensjahren gemessenes Alter, wobei das als Pensionsgrenze definierte Alter von Land zu Land, je nach wohlfahrtsstaatlichem oder pensionspolitischem Modell, teils erheblich variieren kann. In Österreich etwa liegt das gesetzliche Pensionsantrittsalter bei 65 Jahren für Männer und 60 Jahren für Frauen. In Deutschland sind es sowohl für Männer als auch für Frauen 65 Jahre, in Frankreich hingegen 60 Jahre.[32] In den USA wiederum wurde mit der Abschaffung des sogenannten *mandatory retirement* im Jahr 1986 eine allgemeine, verpflichtende Pensionsaltersgrenze, von wenigen Ausnahmen abgesehen, überhaupt als »altersdiskriminierend« abgeschafft (vgl. Macnicol 2006: 237). Wo es, wie bislang noch in den meisten Ländern, ein gesetzlich definiertes Pensionsantrittsalter gibt, ist es aber jedenfalls dieses in Lebensjahren gemessene, chronologische Alter, das den Übertritt in den Altersruhestand vorschreibt – auf die tatsächliche Leistungsfähigkeit oder Arbeitsproduktivität der Betroffenen kommt es dabei nicht an.

Hinzu kommt, dass der Ruhestand häufig auch mit einer »späten Freiheit« (Rosenmayr 1983), einem »Lebensfeierabend« (Göckenjan 2000: 383) oder einem »Neubeginn« (Friedan 1996) assoziiert und von den Menschen oftmals sogar ausdrücklich herbeigesehnt wird. Die negative Konnotation des Altersruhestands als »Zwangspassivierung« und eine dementsprechend positive Besetzung von Arbeit bis ins hohe Alter, wie sie speziell in jüngster Zeit innerhalb der Gerontologie, als zentraler Bestandteil eines »aktiven Alterns«, als erstrebenswertes gesellschaftspolitisches Ziel gehandelt wird, ist ja zunächst einmal vor allem ein Konstrukt von Gerontolog/innen und beschreibt durchaus – wie sich auch leicht empirisch nachweisen lässt (z. B. Jansen 2013: 242; Denninger et al. 2014: 341) – kein besonders weit verbreitetes Bedürfnis alternder Menschen. Dies wird auch nicht dementiert durch den Umstand, dass es durchaus Bevölkerungsgruppen gibt, die gern länger im Erwerbsleben verbleiben möchten, wie Akademiker/innen oder Selbstständige. Eine im Jahr 2017 durchgeführte Umfrage in Österreich hat etwa ergeben, dass die Österreicher/innen im Durchschnitt bis zu einem Alter von 58 Jahren arbeiten wollen, was gemessen am Status quo faktisch einer Verkürzung der Lebensarbeitszeit gleichkäme (vgl. TeamBank 2017: 53).[33] Trotz der in den letzten Jahren vor dem Hintergrund des demografischen Wandels stark an Intensität gewinnenden Active-Ageing-Propaganda kann sich also die Mehrheit der Bevölkerung bis in die Gegenwart hinein durchaus etwas Besseres vorstellen, als bis ins hohe Alter einer Lohnarbeit nachzugehen, und ist die Pension nach wie vor ein fester Bestandteil der Lebensplanung alternder Menschen.

Ein weiterer Aspekt, der die Pensionierung nicht unmittelbar als eine durch niedrigere Produktivität und Leistungsfähigkeit begründete »Überflüssigkeit« der Alten für den Verwertungsprozess erscheinen lässt, besteht darin, dass dem Ruhestand, im Sinne eines Generationenvertrags, gesellschaftlich auch die Funktion beigemessen wird, die Bereitstellung ausreichender Arbeitsplätze für nachrückende Kohorten zu gewährleisten. Durch den Übertritt älterer Arbeitnehmer/innen in den Altersruhestand sollen also Stellen für junge Menschen frei werden, während im Gegenzug der Ruhestand – jedenfalls bei umlagebasierten Pensionssystemen, wie sie heute (vor allem in Europa) vorherrschend sind – durch die Beitragszahlungen der jüngeren, erwerbstätigen Bevölkerung finanziert wird. Dem so gestalteten Generationenvertrag inhäriert also ein spezifisches Tauschverhältnis: Die Alten machen Platz für die Jungen, dafür finanzieren die Jungen den Alten den Lebensabend. Eben dieses intergenerationale Arrangement wird in der Gegenwart zunehmend problematisch, da infolge des demografischen Altersstrukturwandels die zu erhaltende Altenpopulation sukzessive wächst, während die ins System einzahlende Erwerbsbevölkerung (in Relation dazu) tendenziell schrumpft, was die Staaten zunehmend dazu zwingt, dem Pensionssystem immer höhere Milliardenbeträge zuzuschießen[34], und Wissenschaft und Politik verstärkt zu Diskussionen über »Generationengerechtigkeit« veranlasst (vgl. Kohli 2006, 2008; Tremmel 2009; Torp 2015). Die Politik reagiert darauf einerseits mit mehr oder weniger intensiven Bemühungen zur Erhöhung des Pensionsantrittsalters – nicht zuletzt in diesem Kontext sind die aktuellen Diskurse rund um »aktives Altern« zu sehen (dazu ausführlicher Kapitel 7) – und andererseits mit der sukzessiven Senkung der Pensionsniveaus. In Deutschland etwa ist das Rentenniveau seit 1990 von 55 Prozent des durchschnittlichen Jahresgehalts auf 47,7 Prozent im Jahr 2015 gesunken. Nach den Plänen der deutschen Bundesregierung soll das Rentenniveau bis 2030 weiter auf 43 Prozent abgesenkt werden (vgl. Stückler 2017: 92). In diesen Zusammenhang von zunehmend schwieriger Finanzierbarkeit staatlicher Pensionssysteme sowie sinkenden Pensionsniveaus fällt auch der Trend zu diversen Formen der privaten Altersvorsorge, die gerade auch von staatlicher Seite forciert werden – siehe etwa die berühmt-berüchtigte »Riester-Rente« in Deutschland. Eine grundsätzliche Herausforderung der staatlichen Pensionspolitik besteht dabei auch darin, dass in vielen Ländern schon die bislang gültigen gesetzlichen Pensionsaltersgrenzen häufig nicht erreicht werden und ein beträchtlicher Teil der Bevölkerung bereits vorzeitig in Pension geht. Die Politik hat es daher noch vor jeder Erhöhung des gesetzlichen Pensionsantrittsalters mit dem Problem zu tun, das tatsächliche Pensionsantrittsalter zunächst einmal überhaupt an das bislang gültige gesetzliche Pensionsantrittsalter anzugleichen – was den einzelnen Staaten mit unterschiedlich großem Erfolg gelingt.[35]

Unter diesen Bedingungen der zunehmend problematischen Finanzierbarkeit von Pensionssystemen tritt auch sehr viel deutlicher der Status der »Unproduktivität« und »Überflüssigkeit« zutage, in den alte Menschen durch die Institution des Ruhestands versetzt werden, wenn derartige Entwicklungen in Medien und Öffentlichkeit unter Schlagworten wie »gesellschaftliche Überalterung« verhandelt und Diskurse über die steigende »Kostenlast des Alters« zunehmend hegemonial werden (ausführlich dazu unten, Kapitel 5.2). Prinzipiell stellt sich jedoch mit Blick auf den Ruhestand die Logik der modernen Dissoziation des Alters – zumindest auf der phänomenologischen Ebene – nicht primär als Unproduktivität älterer Menschen dar, vor allem nicht im Sinne einer geringeren Leistungsfähigkeit, die ihre Ausgliederung aus der Arbeit begründet. Sondern die Pension erscheint – jedenfalls einstweilen noch – als ein wohlerworbener Anspruch sowie konstitutiver Bestandteil eines reziproken Generationenvertrags, wodurch sich die mit dem Ruhestand strukturell gesetzte »Überflüssigkeit« der Alten gewissermaßen in einem Zustand der Latenz befindet. »Latent« bedeutet aber eben auch, unterschwellig stets vorhanden zu sein und daher auch jederzeit abgerufen werden und eine manifeste Form annehmen zu können. Gerade die »demografische Aufrüstung« des Altersdiskurses (Kondratowitz 2009: 257), das heißt die in ihrer Intensität zunehmende Verhandlung des Alter(n)s als ein durch Veränderungen in der demografischen Altersstruktur bedingtes gesellschaftliches Problem, macht sehr deutlich, dass der Status der »Überflüssigkeit«, der Alten als Bezieher/innen eines erwerbslosen Einkommens zukommt, konstitutiv in der Institution des Ruhestands angelegt ist und sich daher unter bestimmten politisch-ökonomischen Bedingungen, wenn zum Beispiel die Finanzierung von Pensionssystemen tangiert wird, in entsprechend diskriminierenden Zuschreibungen und offen altersfeindlichen Diskursen Ausdruck verschaffen kann. Dies geht – wie wir bald noch sehen werden – bis hin zu diskursiven Problematisierungen des demografischen Wandels, in denen alten Menschen explizit oder implizit das Lebensrecht abgesprochen wird und zum Teil sogar, in wie auch immer humanistisch oder ethisch rationalisierter Form (zum Beispiel im Sinne von »Sterbehilfe« oder »assistiertem Suizid«), Tötungsfantasien aufkommen oder über andere Formen der »Beseitigung« und »Entsorgung« alter, ihren Familien und der Gesellschaft zur Last fallender Menschen nachgedacht wird.

Eine spezifische Konstellation, bei der die Logik der Unproduktivität und der Entbehrlichkeit der Alten für die Arbeit hingegen immer schon unmittelbar und für die Betroffenen umso spürbarer kenntlich wird, stellt die Situation älterer Arbeitsloser dar, die aufgrund ihres Alters am Arbeitsmarkt praktisch unvermittelbar geworden, aber gleichzeitig noch zu jung sind, um pensionsberechtigt zu sein. Hier ist die Überflüssigkeit des Alters eine für die Betroffenen ständig präsente und auch existenziell unmittelbar bedrohliche Realität.

An dieser Stelle ist generell auf eine bedeutsame kategoriale Differenz zwischen Ruhestand und Arbeitslosigkeit hinzuweisen. Das gesellschaftliche Überflüssigwerden der Alten qua Pensionierung ist nämlich durchaus nicht, wie es auf den ersten Blick scheinen könnte, identisch mit der Situation und dem sozialen Status von Arbeitslosen. Ganz konkret liegt der Unterschied in der, bei genauerer Betrachtung, recht verschiedenen Stellung von Alten und Arbeitslosen im beziehungsweise zum Erwerbsprozess. Zwar fallen beide, Arbeitslose und Alte, aus der Arbeit heraus, allerdings verbleiben Arbeitslose dabei nach wie vor innerhalb der Sphäre der abstrakten Arbeit. Arbeitslosigkeit bedeutet das Herausfallen aus der abstrakten Arbeit im Binnenraum der Arbeit selbst. Hingegen ist bei den Alten das Herausfallen aus der abstrakten Arbeit gleichbedeutend mit dem Herausfallen aus der Arbeitssphäre überhaupt. Deshalb bleiben selbst noch Langzeitarbeitslose auch bei immer düstereren Jobaussichten der Gesellschaft Rechenschaft schuldig und werden einem erniedrigenden bürokratischen Apparat ausgeliefert, der sie entweder von einer Schulungs- und Qualifizierungsmaßnahme ins nächste »Jobtraining« setzt oder sie gegebenenfalls auch zur staatlichen Zwangs- und Billiglohnarbeit nötigen kann (siehe zum Beispiel in Deutschland Hartz IV mit seinem System der »Ein-Euro-Jobs«). Hingegen dürfen die Alten in den »wohlverdienten Ruhestand« gehen und werden von jeder Arbeitspflicht entbunden. Dass die Legitimationsgrundlage des »entpflichteten Alters« (Tews 1994) seit der neoliberalen Wende und vor dem Hintergrund des demografischen Wandels zusehends abbröckelt, steht dabei auf einem anderen Blatt – es wird zu einem späteren Zeitpunkt noch darauf zurückzukommen sein (Kapitel 7).

Insofern hat Pete Townsend, ein Vertreter der im kritisch-gerontologischen Kontext wegweisenden, neomarxistischen *Political Economy of Ageing*, jedenfalls Unrecht, wenn er behauptet: »Retirement is in a real sense a euphemism for unemployment (…) paradoxically being represented as a social achievement in capitalist and state socialist societies alike« (Townsend 1981: 10). Der Altersruhestand ist etwas qualitativ ganz Anderes als Arbeitslosigkeit, auch wenn der Ruhestand die Alten, ähnlich wie Arbeitslose, in eine strukturelle Abhängigkeit versetzt, die die Grundlage dafür darstellt, Alte und Arbeitslose gleichermaßen als unproduktive und unnütze Kostenfaktoren abzuwerten. Eine eher historische Strukturähnlichkeit zur Arbeitslosigkeit, die auch heute noch bei älteren, aber noch nicht pensionsberechtigten Arbeitslosen zu erkennen ist, gibt es allenfalls unter den Bedingungen des »vorsozialstaatlichen« Alters des 19. und frühen 20. Jahrhunderts vor Einführung allgemeiner Pensionssysteme, als das Herausfallen der Alten aus der Arbeit schlicht mit Arbeitslosigkeit einherging. Allerdings waren alte Arbeitslose in der »industriellen Reservearmee« (Marx) schon damals, genauso wie heute, bestenfalls zweite Wahl. Das heißt, hier war ebenfalls bereits die kapitalistisch-moderne Dissoziation des Alters wirksam, auch wenn diese unter jenen historischen Bedingungen eine andere Form hatte als heute unter den Prämissen des Altersruhestands.

Dieser letztgenannte Sachverhalt einer Strukturähnlichkeit hinsichtlich des sozialen Status von Alten und Arbeitslosen in früheren Phasen kapitalistischer Vergesellschaftung vor Einführung des Ruhestandes verdient eine etwas genauere Betrachtung, da damit auf eine historische Entwicklung verwiesen ist, in deren Zuge sich die hier als Grundlage der modernen Altersfeindlichkeit behauptete kapitalistische »Überflüssigkeit« der Alten erst sukzessive herausgebildet und zu unterschiedlichen Zeiten beziehungsweise auf unterschiedlichen Entwicklungsständen der kapitalistischen Arbeitsgesellschaft entsprechend unterschiedliche Gestalten und Formen angenommen hat. Auch wird auf diese Weise die grundlegende Differenz zwischen Ruhestand und Arbeitslosigkeit noch etwas deutlicher. Im Prinzip lässt sich das Überflüssigwerden der Alten im Kapitalismus als Resultat eines mehrstufigen historischen Prozesses beschreiben, der gewissermaßen den verschiedenen Stadien und Etappen der Ausgliederung alter Menschen aus der Lohnarbeit folgt, wie sie bereits grob in Kapitel 3.5 herausgearbeitet wurden.

Wie in diesem Zusammenhang bereits dargestellt wurde, bedeutete speziell die im 19. Jahrhundert rasch voranschreitende Industrialisierung eine einschneidende Zäsur für das Verhältnis von Alter und Gesellschaft, insofern diese einen Prozess der systematischen Ausgliederung alter Menschen aus der (Lohn-)Arbeit in Gang setzte, der letztendlich in der Einführung und Verallgemeinerung des Altersruhestands kulminierte. Betrachtet man diese historische Phase zwischen Einsetzen der Industrialisierung und Verallgemeinerung des Ruhestands etwas genauer, so lässt sich feststellen, dass die sich zu dieser Zeit herausbildende Entbehrlichkeit der Alten für den kapitalistischen Verwertungsprozess nicht von Anfang an – wie dies erst später unter den Bedingungen des Ruhestands der Fall sein sollte – die Form einer strukturellen und darüber hinaus gesellschaftlich institutionalisierten und staatlich verwalteten (dadurch aber auch mehr oder weniger sozial abgesicherten) »Überflüssigkeit« hatte, sondern zunächst einmal eine Form annahm, die vielleicht am treffendsten als eine Art »Wettbewerbsnachteil« älterer gegenüber jüngeren Arbeitskräften auf dem Arbeitsmarkt zu bezeichnen wäre. Mit dem Fortschreiten der Industrialisierung und dem gesteigerten Einsatz neuer Produktionstechnologien (zunächst Dampfmaschine, später, ab dem frühen 20. Jahrhundert, das Fließband)[36] wurde speziell die Arbeitskraft älterer Arbeitnehmer/innen massiv entwertet. Die Erhöhung produktiver Kapazitäten durch den Einsatz von Maschinen ist generell – wie ja gerade auch heute wieder und sogar verstärkt vor dem Hintergrund zunehmender Rationalisierungs- und Automatisierungsprozesse ersichtlich – verbunden mit der Tendenz, menschliche Arbeitskraft überflüssig zu machen und somit faktisch aus dem Produktionsprozess zu eliminieren; in der Regel mit dem Effekt steigender Arbeitslosigkeit, jedenfalls sofern die durch Mechanisierung und Automatisierung der Produktionsabläufe überflüssig gemachte Arbeitskraft nicht durch Produktinnovationen und damit neu entstehende Märkte und Geschäftsfelder, die durch technologische Innovationen ebenfalls geschaffen werden können, in den Produktionsprozess reabsorbiert wird. Im späten 19. Jahrhundert war die Fähigkeit des Kapitals zur Reabsorption von Arbeitskraft freilich noch relativ gering und sollte erst mit der Durchsetzung des fordistischen Produktionssystems (Fließbandproduktion und »Taylorismus«) und dem Entstehen des Massenkonsums sowie der dafür maßgeblichen Industrien – Autoindustrie, Haushalts- sowie Elektro- und Unterhaltungsindustrie – nach dem Zweiten Weltkrieg größere Dimensionen annehmen. Davor war die Einführung von Maschinen in den Produktionsprozess und die damit verbundene Ersetzung menschlicher Arbeitskraft oftmals gleichbedeutend mit Massenarbeitslosigkeit und einer entsprechenden Pauperisierung der lohnabhängigen Bevölkerung. Bereits Karl Marx hat im *Kapital* die damals in der Arbeiterschaft verbreitete Unterbeschäftigung und Arbeitslosigkeit als Folge der »Konkurrenz der Maschinerie« (Marx 1973 [1867]: 568) problematisiert.[37] Neben Tendenzen der Verdrängung menschlicher Arbeitskräfte aus dem Produktionsprozess bedeutete der gesteigerte Einsatz von Maschinen darüber hinaus eine enorme Verdichtung und Intensivierung der Arbeit, durch die der Ausbeutungsgrad immens erhöht und die Arbeiterschaft in einem bis dahin unbekannten Maße im wahrsten Sinne des Wortes »vernutzt« wurde, was physisch und mental entsprechend an die Substanz ging und nicht zuletzt das Risiko der Arbeiter/innen erhöhte, im Laufe der Zeit invalide und damit arbeitsunfähig zu werden.[38]

Unter diesen Bedingungen von Mechanisierung der Produktion auf der einen Seite und Intensivierung der Arbeit auf der anderen Seite war es besonders für ältere Lohnabhängige äußerst schwierig, ihre Arbeit zu behalten oder bei Verlust der Arbeit einen gleichwertigen neuen Arbeitsplatz zu finden. Sie befanden sich gewissermaßen in der Situation einer durch »Verwissenschaftlichung« (Marx) und Technisierung der Produktionsabläufe extrem verschärften Konkurrenz mit jüngeren Arbeitnehmer/innen. Es wurde ebenfalls bereits an früherer Stelle darauf hingewiesen, dass speziell zu dieser Zeit Diskurse von der relativen »Unproduktivität« und »Leistungsschwäche« älterer im Vergleich zu jüngeren Arbeitnehmer/innen zu zirkulieren begannen und vermehrt als Begründung für die Bevorzugung jüngerer gegenüber älteren Arbeitskräften herangezogen wurden. Auch wenn solche Zuschreibungen vermutlich schon damals häufig einen offen altersdiskriminierenden Charakter hatten, insofern dabei von der realen Leistungsfähigkeit der Alten zumeist abgesehen wurde und sich die »Wahrnehmung eines Zusammenhangs zwischen Alter und sinkendem Arbeitsvermögen (...) zu einer abstrakten Denkfigur [verselbständigte], die nun ihrerseits auf den Arbeitsmarkt zurückwirkte« (Ehmer 1990: 66), so konnte jedoch zugleich die Abwertung der Arbeitskraft älterer Menschen damals in der Tat auch eine gewisse empirische Evidenz für sich beanspruchen. Wie selbst Peter Laslett, der soziologische »Entdecker« des »dritten Alters« und seines Zeichens vehementer Kritiker des »Zwangsruhestands«, einräumen muss, ist davon auszugehen,

> »daß die arbeitenden Menschen im späten 19. oder frühen 20. Jahrhundert an dem Punkt, an dem sie ihre Anstellung verloren oder

aufgaben, häufig in schlechtem Gesundheitszustand beziehungsweise in unterschiedlichen Graden behindert waren. Denn ohne Zweifel waren sie oft lange Jahre und unter schlechten Bedingungen mit krankmachenden Arbeiten befaßt.« (Laslett 1995a: 54)

Unter den extremen Arbeitsbedingungen dieser Zeit, die die Menschen entsprechend rascher altern ließen, sodass sie gute Chancen hatten, bereits mit vierzig oder fünfzig von mehr oder weniger ausgeprägten körperlichen Einschränkungen betroffen zu sein – sofern sie in diesem Alter überhaupt noch am Leben waren, was für Arbeiter/innen damals durchaus keine Selbstverständlichkeit darstellte –, war die Annahme einer geringeren Produktivität, Körperkraft und Leistungsfähigkeit wohl oftmals alles andere als eine unzutreffende oder gar diskriminierende Zuschreibung an ältere Arbeitnehmer/innen, sondern dürfte häufig schlicht den traurigen Tatsachen entsprochen haben. Dementsprechend waren ältere Menschen, als weniger leistungsfähige und belastbare Arbeitskräfte, auch als Erste vom Verlust der Arbeit betroffen, wenn infolge des forcierten Einsatzes von Maschinen Arbeitsplätze abgebaut wurden, zumal auch ihr »Know-how« und ihre größere Arbeitserfahrung, die sie als Ältere im Betrieb mitbrachten, unter den Bedingungen von zunehmender Massenproduktion und technologischem Wandel für die Unternehmen einen sukzessive schwindenden bis gar keinen Wert mehr hatten.[39]

Unter diesen gesellschaftlichen Voraussetzungen hatten also ältere Arbeitskräfte gegenüber jüngeren aufgrund ihres höheren Verschleißes durch die körperlich extrem fordernden Arbeitsbedingungen tendenziell das Nachsehen und war höheres Alter somit ein ganz handfester Wettbewerbsnachteil. Ihre Arbeitskraft wurde in dem Maße für die Unternehmen verzichtbar, wie Maschinen und innovative Fertigungstechnologien den Produktionsprozess revolutionierten und die damit verbundene Intensivierung der Arbeit die Arbeiterschaft in einem Maße auszehrte, dass ältere Arbeitnehmer/innen oftmals in der Tat nicht mehr mit jüngeren mithalten konnten. Zusammen mit der Entwertung ihrer Arbeitserfahrung und ihrer Routine, die diese Prozesse ebenfalls mit sich brachten, führte dies dazu, dass es stets ältere Arbeitnehmer/innen waren, die als Erste betrieblichen Maßnahmen der Rationalisierung und des Arbeitsplatzabbaus zum Opfer fielen. Solange es für Arbeiter/innen noch keine Pensions- und Rentenversicherungen gab (und sofern sie nicht betriebsintern Möglichkeiten vorfanden, von der Maschinen-, Akkord- oder Schwerarbeit auf »leichtere Arbeitsplätze« zu wechseln), bedeutete dies für viele von ihnen ein Abrutschen in das Elend der Arbeitslosigkeit und in weiterer Folge bittere Altersarmut. Erst mit der Einführung und Verallgemeinerung des Altersruhestands zu Beginn des 20. Jahrhunderts sollte sich die soziale Lage der am Arbeitsmarkt schwer vermittelbaren älteren Menschen nach und nach verbessern, dies allerdings um den Preis ihrer endgültigen sozialen Marginalisierung. Als Rentner oder Ruheständler war ihre Entbehrlichkeit für den kapitalistischen Produktions- und Arbeitsprozess nunmehr amtlich und gesellschaftlich institutionalisiert. Von nun an gehörten sie ganz offiziell zum »alten Eisen«. Und erst unter diesen historischen und gesellschaftlichen Bedingungen wurde aus einem arbeitsmarktbezogenen Wettbewerbsnachteil alter Menschen ein Status der – von einem immanent kapitalistischen Standpunkt aus gesehen – völligen gesellschaftlichen Entbehrlichkeit und ein Leben an der gesellschaftlichen Peripherie ohne sozial relevante Rolle oder Funktion.

Der Status des Alters als Wettbewerbsnachteil auf dem Arbeitsmarkt lebt, wie bereits erwähnt, auch heute noch, in Zeiten eines rechtlich garantierten und institutionalisierten Altersruhestands, in Gestalt eines stark erhöhten Arbeitslosigkeitsrisikos älterer Arbeitnehmer/innen fort, die der Arbeitsmarkt, wie einst, bereits ab einem Alter von vierzig oder fünfzig zum »alten Eisen« rechnet. Dies erschwert es ihnen dementsprechend, bei Verlust der Arbeit einen gleichwertigen neuen Arbeitsplatz zu finden, während sie zugleich noch zu jung sind, um bereits ins »erzwungene Paradies« (Amann/Kolland 2008) des Ruhestands einzutreten, wo sie zwar endgültig der »rollenlosen Rolle« (Burgess 1960) und der gesellschaftlichen »Überflüssigkeit« des Alters preisgegeben wären, dafür aber in den Genuss eines mehr oder weniger existenzsichernden erwerbslosen Einkommens gelangen würden.[40]

Ein recht wesentlicher Unterschied zu der oben beschriebenen historischen Phase der Industrialisierung und dem damit historisch in Gang gesetzten Herausfallen alter Menschen aus der Arbeit besteht in der Gegenwart freilich darin, dass heute, anders noch als Ende des 19. und Anfang des 20. Jahrhunderts, Zuschreibungen der Unproduktivität und der Leistungsschwäche keine allzu tragfähige Grundlage im Gesundheitszustand älterer Arbeitnehmer/innen mehr haben und entsprechend leichter als altersdiskriminierend erkennbar sind, da sich Menschen im höheren Alter heute in den meisten Fällen in einem deutlich besseren körperlichen Allgemeinzustand befinden als noch ihre Altersgenoss/innen vor hundert Jahren. Gerade diese Tatsache hat in den letzten Jahrzehnten Alterssoziologinnen und -soziologen dazu veranlasst, von der Herausbildung eines »dritten Alters«, im Sinne eines zwar kalendarisch höheren, aber nach wie vor weitgehend gesunden und aktiven Lebensalters zu sprechen (vgl. Laslett 1995a). Hinzu kommt, dass die Arbeit unter den Bedingungen der heutigen »postfordistischen« und dienstleistungsgeprägten Arbeitsverhältnisse kaum noch (außer in bestimmten Branchen) übermäßige Körperkraft und physische Leistungsfähigkeit verlangt, sodass auch dies im Prinzip kein ernsthaftes Kriterium mehr darstellen kann, jüngere gegenüber älteren Arbeitskräften zu bevorzugen. Dies ist der durchaus wahre Kern zahlreicher Studien, die sich kritisch mit Altersdiskriminierung auf dem Arbeitsmarkt auseinandersetzen und Praktiken der Entlassung von Arbeitnehmer/innen aufgrund ihres Alters sowie die geringe Neigung von Unternehmen, ältere Menschen einzustellen, als *ageism* problematisieren.

Auf der anderen Seite ist gerade die postfordistische Arbeitswelt hochtechnisiert (Computer, IT-Technologien, Robotik etc.) und hat sich der technologische Wandel in den vergangenen Jahrzehnten in einem Maße beschleunigt, dass mittlerweile sogar bestimmte Berufsqualifikationen oftmals in dem Moment bereits veraltet sind, in dem sie gerade erst erworben wurden, und zur Erhaltung der eigenen »Arbeitsmarktfähigkeit« (neudeutsch: *employability*) bereits der Erwerb zusätzlicher Qualifikationen und »Skills« angezeigt ist. Dies ist im Übrigen auch die gesellschaftliche Grundlage des in den letzten Jahren stark zunehmenden Trends zum »lebenslangen« oder »lebensbegleitenden Lernen«. Wenn aufgrund des immer rascheren technologischen Wandels auch die für die Arbeit erforderlichen Qualifikationen immer schneller veralten, können sich Lernen und Bildung nicht mehr, wie noch bis vor wenigen Jahrzehnten, primär auf die Lebensphasen Kindheit und Jugend beschränken, sondern werden zu lebenslang bestehenden Anforderungen, bleibt also der Mensch zeitlebens erziehungs- und bildungsbedürftig.[41] Und unter diesen Voraussetzungen ist es vor allem wieder die Arbeitskraft älterer Menschen, die besonders stark von der Entwertung betroffen ist. Ihre Abwertung gegenüber jüngeren Arbeitnehmer/innen wird entsprechend dem postfordistischen Strukturwandel von Arbeit auch nicht mehr wie früher mit einer geringeren körperlichen Belastbarkeit oder Leistungsfähigkeit begründet, sondern etwa mit einer geringeren Offenheit für oder einer geringeren Kompetenz in der Arbeit mit neuen digitalen Technologien, einer geringeren Innovativität und Kreativität, geringeren Flexibilität sowie einer geringeren Bereitschaft zur permanenten Weiterbildung. Ob und inwieweit solche Zuschreibungen auch eine empirische Evidenz haben oder primär als altersdiskriminierende Stereotype zu qualifizieren sind, sei dahingestellt. Die Ergebnisse einschlägiger Studien zu diesem Thema sind meines Erachtens nicht sehr eindeutig und oftmals schon deshalb in ihrer Gültigkeit schwierig einzuschätzen, da der Subtext vieler Studien darauf schließen lässt, dass sie bereits mit der Intention durchgeführt wurden, im Interesse einer Aufwertung älterer Arbeitnehmer/innen deren angeblich schlechtere Performance empirisch zu widerlegen. Die Befunde reichen dementsprechend von der völligen Desavouierung solcher Defizitzuschreibungen als Mythen oder zumindest als wissenschaftlich nicht bestätigt (Funk et al. 2003: 73; Deller et al. 2008: 80), über die Einschätzung, eine zuverlässige Messung des Verhältnisses von Alter und Produktivität, Innovationsfähigkeit etc. sei per se schwierig (Tikkanen 2011: 266), bis hin zum vorsichtigen Eingeständnis gewisser altersbedingter Einschränkungen, etwa aufgrund von langjähriger Arbeitsbelastung, die jedoch nicht pauschal als geringere Leistungsfähigkeit, Innovativität oder Kreativität älterer Arbeitnehmer/innen betrachtet werden dürften (Clemens 2001: 24; Haberkorn 2013: 44).

Auch ohne eine unzweifelhafte empirische Datengrundlage dürfte zumindest so viel klar sein, dass derartige defizitorientierte Zuschreibungen an die Adresse älterer Arbeitskräfte in der Gegenwart wohl nicht annähernd eine so reale Grundlage haben, wie dies noch Zuschreibungen der Unproduktivität und der Leistungsschwäche unter den Bedingungen körperlicher Schwerstarbeit und eines entsprechenden körperlichen Verschleißes in den »Fabrikhöllen« (Kurz 2009: 133) des 19. und frühen 20. Jahrhunderts für sich beanspruchen konnten. Physischer Abbau war unter den damaligen Arbeitsbedingungen eine unweigerliche Begleiterscheinung der Arbeit selbst und daher in den meisten Fällen eine schwerlich zu leugnende Tatsache. Mit den heute gefragten Arbeitstugenden und Eigenschaften des zu verwertenden »Humankapitals« verhält sich dies ohne Frage anders und lässt sich nicht mehr so ohne Weiteres ein direkter Zusammenhang zwischen Alter und niedrigerer Flexibilität, Kreativität, Innovativität und dergleichen herstellen. Umgekehrt wird sich aber auch schwer von der Hand weisen lassen, dass höheres Alter in der Erwerbssphäre in dem Maße fast zwangsläufig einen realen Wettbewerbsnachteil darstellt, in dem die Halbwertszeit technologischer Innovationen auf einen immer kleineren Zeitraum von mittlerweile nur noch wenigen Jahren zusammenschrumpft, sodass jeweils jüngere Jahrgänge immer schon tendenziell den Vorteil haben, mit neuen Technologien aufgewachsen zu sein, während Ältere das entsprechende Wissen erst erwerben müssen – ein Problem, das mit Blick auf die heute immer mehr gesellschaftliche Bereiche erfassenden und entsprechend umgestaltenden digitalen Technologien unter den Stichworten »digital natives« und »digital divide« diskutiert wird. Genauso wenig erscheint die Annahme besonders gewagt, dass Arbeitnehmer/innen, die noch unter den Bedingungen des fordistischen »Normalarbeitsverhältnisses« (also mit fester Anstellung, zeitlich unbefristeten Vollzeitstellen, geregeltem Entgelt usw.) sozialisiert wurden und ins Arbeitsleben eingetreten sind, sich im Allgemeinen schwerer tun dürften, sich an voll flexibilisierte, deregulierte Arbeitsverhältnisse anzupassen, als Angehörige jüngerer Kohorten mit der Flexibilitäts- und Unsicherheitskompetenz eines »Prekariats«, das gar keinen anderen Zustand mehr kennt als den, selbst mit den besten akademischen Qualifikationen nicht mit einem sicheren Arbeitsplatz rechnen zu dürfen und eine fixe Anstellung, wenn überhaupt, allenfalls nach Absolvierung mehrerer, zumeist unbezahlter Praktika zu erhalten (»Generation Praktikum«). Kurz gesagt: Auch hier ist wohl eine gewisse statistische Korrelation zwischen höherem Alter und geringerer Flexibilität, Technikaffinität etc. anzunehmen, auch wenn dies sicherlich nicht pauschal für alle und vielleicht nicht einmal für die Mehrheit älterer Arbeitnehmer/innen behauptet werden kann.

Bezeichnenderweise werden solche postfordistisch aktualisierten Zuschreibungen der »Unproduktivität« und »Leistungsschwäche« an ältere Menschen oftmals gerade auch von gesellschaftlichen (und wissenschaftlichen) Akteuren reproduziert und damit im Grunde nur vollauf bestätigt, denen es dem eigenen Anspruch nach um eine Aufwertung älterer Arbeitnehmer/innen zu tun ist. So haben etwa Silke van Dyk und Kolleg/innen (2010) in einer Diskursanalyse solcher in Wissenschaft und Medien zirkulierenden Aufwertungsversuche festgestellt, dass die auf eine Aufwertung älterer Arbeitskräfte abzielenden Diskurse oftmals über eine explizite Betonung von spezifischen Eigenschaften operieren, die ältere im Vergleich zu jüngeren Arbeitnehmer/innen angeblich haben. Betont werden dabei etwa Eigenschaften wie Erfahrung, Loyalität, Arbeitsmoral usw., wodurch älteren Arbeitnehmer/innen jedoch im selben Atemzug gerade all jene dynamischen Attribute ausdrücklich abgesprochen werden, die der Arbeitsmarkt heute so vehement einfordert (Flexibilität, Kreativität etc.). Einmal ganz davon abgesehen, dass solche Positivzuschreibungen nicht minder stereotyp sind als die Negativzuschreibungen, gegen die sie opponieren, könnte wohl nichts so sehr die wirtschaftliche Entbehrlichkeit der Alten demonstrieren, wie das Beharren auf einer altersspezifischen Erfahrung, Loyalität oder Arbeitsmoral, die allesamt Eigenschaften repräsentieren, die unter den hochtechnisierten und flexibilisierten Verhältnissen der postfordistischen Arbeitswelt schlicht nicht mehr (oder jedenfalls immer weniger) gefragt sind. »Erfahrung« wird in dem Maße irrelevant, wie die technologische Entwicklung in immer kürzeren Intervallen immer neue Arbeitsanforderungen und Qualifikationsprofile hervorbringt und einmal erworbenes Wissen und Erfahrungen immer rascher veralten und entwertet werden (der sich auf seine »Erfahrung« berufende Arbeitnehmer erscheint hier wahrscheinlich sogar eher als lernabstinent und innovationshemmend). Ebenso verliert »Loyalität« fast schon mit Notwendigkeit an Bedeutung, wenn seitens der Wirtschaft primär Flexibilität und Mobilität gefragt sind und darüber hinaus aufgrund des permanent steigenden, technologieinduzierten Arbeitskräfteüberschusses auf dem Arbeitsmarkt ohnehin jeder Arbeitnehmer und jede Arbeitnehmerin mit Leichtigkeit durch andere ersetzt werden können.[42] Und eine höhere »Arbeitsmoral« (von der auch erst noch zu beweisen wäre, dass jüngere Arbeitskräfte eine solche tatsächlich in geringerem Ausmaß besitzen als ältere) hat auf dem Arbeitsmarkt ebenfalls einen entsprechend niedrigen Tauschwert, wenn dem die (tatsächlich oder vermeintlich) höhere Flexibilität, Mobilitätsbereitschaft, Kreativität und digitale Kompetenz jüngerer Arbeitskräfte gegenübersteht.

Was für ältere Arbeitnehmer/innen noch erschwerend hinzukommt und ihre Chancen am Arbeitsmarkt zusätzlich mindert, ist, dass sie als Arbeitskräfte aufgrund höherer Lohnkosten in der Regel auch teurer sind als jüngere Arbeitnehmer/innen. In jüngster Zeit wird zunehmend versucht, dem durch Lohnmodelle mit höheren Einstiegsgehältern und dafür mit einer flacheren Lohnkurve und geringeren Lohnvorrückungen entgegenzuwirken (was in langer Frist wahrscheinlich nur insofern einen nennenswerten Effekt haben dürfte, als dies in den meisten Fällen – und über das gesamte Arbeitsleben gerechnet – wohl einer Senkung des Lohnniveaus gleichkommt, also letzten Endes erst recht wieder auf Kosten der Arbeitnehmerseite gehen dürfte). Auch die angesichts der immer schnelleren technologischen und sozialen Wandlungsprozesse erforderliche Weiterbildung dürfte in der Realität nicht nur an einer vermeintlich geringeren Lernbereitschaft älterer Arbeitnehmer/innen scheitern, sondern ebenfalls an den damit verbundenen Kosten, die es für Unternehmen attraktiver machen, auf jüngere Arbeitskräfte zurückzugreifen, die über die gefragten Qualifikationen und Kompetenzen entweder bereits verfügen oder zumindest ihre im Rahmen der Weiterbildung erworbenen Kenntnisse aufgrund ihres niedrigeren Alters entsprechend länger und somit für das Unternehmen »rentabel« zum Einsatz bringen können. Auch in dieser Hinsicht bedeutet also höheres Alter einen handfesten Wettbewerbsnachteil am Arbeitsmarkt. Wenn darüber hinaus in den kommenden Jahren die mit der aktuellen Digitalisierung assoziierten und prognostizierten Arbeitseinsparungen schlagend werden, ist anzunehmen, dass davon am stärksten wieder ältere Arbeitnehmer/innen betroffen sein werden, was ihre Situation am Arbeitsmarkt noch deutlich schwieriger machen dürfte als sie heute ohnehin schon ist.[43]

4.2 Kritik des Ruhestands oder Kritik der Arbeit?

Der im vorigen Abschnitt aus der kapitalistischen Wertlogik hergeleitete und dabei auch grob historisch rekonstruierte Status der »Überflüssigkeit«, den der Altersruhestand strukturell wie symbolisch bedeutet und in den alte Menschen durch ihre Ausgliederung aus der Arbeit versetzt werden, verbietet es in der Tat, Ruhestand und Pensionssysteme einseitig positiv als »soziale Errungenschaften« zu betrachten. Zumindest in diesem Punkt kann dem oben zitierten Pete Townsend zugestimmt werden, auch wenn der Altersruhestand nicht, wie es Townsend praktiziert, unmittelbar mit Arbeitslosigkeit gleichgesetzt werden kann, sondern eine ganz eigene Qualität hat, der theoretisch Rechnung zu tragen ist. Die Verallgemeinerung des Ruhestands hat ohne Frage im Laufe des 20. Jahrhunderts die sozioökonomische Lage alter Menschen erheblich verbessert und speziell in Ländern wie Deutschland und Österreich zu einer bedeutenden Verringerung, wenn auch nicht vollständigen Beseitigung von Altersarmut geführt.[44] Vor allem für Frauen bestand selbst in den besten Zeiten wohlfahrtsstaatlicher Alterssicherung ein deutlich erhöhtes Altersarmutsrisiko, und ebenso sind sie heute, in Zeiten neoliberaler Prekarisierung, wieder besonders stark von Altersarmut betroffen (vgl. Butterwegge/Hansen 2012). Mit der besseren sozialen Sicherung alter Menschen war aber auf der anderen Seite und gleichzeitig eben auch die endgültige soziale Institutionalisierung ihrer »Überflüssigkeit« für den kapitalistischen Verwertungsprozess verbunden – mag die Alterspension gesellschaftlich noch so sehr als »wohlerworbener Anspruch« gelten, den sich alte Menschen »redlich erarbeitet« haben. Faktisch bedeutet der Eintritt in den Ruhestand, für die Arbeit als Medium der Kapitalverwertung nicht mehr gebraucht zu werden. Und in einer Gesellschaft, in der gerade aufgrund ihrer gesellschaftskonstitutiven Funktion nichts so sehr verherrlicht wird wie die Arbeit, ist nicht gebraucht zu werden ein sozial und moralisch geradezu unhaltbarer Zustand. Das weiß niemand besser als alte Menschen selbst, die nichts so sehr beklagen wie das Gefühl, nicht mehr gebraucht zu werden, und angesichts ihrer »Nutzlosigkeit« auch aus guten Gründen nichts so sehr fürchten, wie ihrer Familie und der Gesellschaft zur Last zu fallen.[45] So wie also (um eine vielleicht etwas krasse Analogie zu verwenden) ein Luxusgefängnis immer noch ein Gefängnis ist, so ist und bleibt eine wie hoch auch immer staatlich alimentierte und als wohlerworbener Anspruch auf einen Altersruhestand deklarierte »Überflüssigkeit« für den Verwertungsprozess strukturell wie symbolisch ein Status der »Überflüssigkeit«, der alten Menschen entsprechend nachhaltig anhaftet und in Zeiten wie heute, in denen die Finanzierung von Pensionssystemen durch den demografischen Wandel zunehmend infrage steht, nicht zufällig in Überalterungs- und anderen negativ gefärbten Altersdiskursen immer wieder aufs Neue aktualisiert wird.

Nicht weniger als die pauschale Verklärung des Ruhestands als sozialer Fortschritt verbietet sich aber auch der gleichsam umgekehrte Schluss, den die kritische Gerontologie seit ihren Anfängen in der *Political Economy of Ageing* aus dieser durch den Ruhestand begründeten gesellschaftlichen »Überflüssigkeit« alter Menschen mit Vorliebe zieht. Dabei wird der Ruhestand und die in ihm institutionalisierte, sozial marginalisierende Ausgliederung alter Menschen aus der Arbeit als die eigentliche Wurzel des Problems bestimmt, um sodann dessen Lösung darin zu verorten, den Ruhestand und damit auch die durch den Ruhestand gesellschaftlich produzierte »Zwangspassivierung« und »Überflüssigkeit« der Alten strukturell durch deren Reintegration in die Erwerbssphäre aufzuheben. Wenn mit dem Ruhestand die Alten gesellschaftlich überflüssig gemacht werden, so die immanente Logik dieser Kritik, dann weg mit dem Ruhestand und der mit ihm verbundenen Zwangspassivierung. Die Perspektive einer Aufhebung der Zwangspassivierung alter Menschen im und durch den Ruhestand wird dabei freilich mal mehr, mal weniger explizit formuliert. Die Positionen reichen von relativ offenen und ausdrücklichen Attacken auf die institutionalisierte Form des Zwangsruhestands (z. B. Graebner 1980; Townsend 1981; Phillipson 1982; Laslett 1995a) bis hin zu eher impliziten und vorsichtigen Überlegungen hinsichtlich einer stärkeren Integration älterer Menschen in die Erwerbssphäre (vgl. Laws 1995; Dyk 2009). Dass derartige Positionen und Problemlösungsstrategien auf den ersten Blick einigermaßen plausibel erscheinen mögen, verdankt sich jedoch einer unzulässigen Simplifizierung des damit angesprochenen und zu lösen getrachteten Problems.

Zunächst einmal wird hierbei bereits ganz grundsätzlich die oben dargelegte, letztlich im Ruhestand kulminierende historische Tendenz des »Überflüssigwerdens« alter Menschen für den Verwertungsprozess systematisch ausgeblendet – eine Entwicklung, die ja durchaus keinen (oder jedenfalls nicht primär einen) Akt politischer Willkür oder dergleichen darstellt, sondern historisch vielmehr, wie gezeigt, einer objektiven Tendenz folgte, die mit der prozessierenden Kapitalverwertungsdynamik und damit verbundenen ökonomischen Wachstums- und Produktivitätszwängen selbst gesetzt war (Mechanisierung der Produktion ab dem 19. Jahrhundert, Intensivierung der Arbeit, damit verbunden eine Tendenz zur Freisetzung vor allem von älteren Lohnarbeiter/innen). Statt diesen objektiven, historisch nachvollziehbaren, in der kapitalistischen Entwicklung selbst begründeten Sachverhalt des »Überflüssigwerdens« alter Menschen für die Lohnarbeit theoretisch und analytisch zur Kenntnis zu nehmen, werden in der gerontologischen Kritik des Ruhestands die Zusammenhänge gewissermaßen auf den Kopf gestellt und erscheint die Ausgliederung der Alten aus der Arbeit, quasi in einer Personalisierung der ganzen Problematik, primär als Resultat eines im Kern altersdiskriminierenden Verhaltens von Unternehmen gegenüber älteren Arbeitskräften und als ebenso diskriminierende, wohlfahrtsstaatlich ins Werk gesetzte Zwangspassivierung, die alte Menschen in einen Status der Machtlosigkeit und sozialen Marginalisierung versetze.

Welche mitunter haarsträubenden Resultate eine solche grob verkürzte »kritische« Perspektive zeitigen kann, sei exemplarisch an einer vielbeachteten Studie von William Graebner zur Geschichte des Ruhestands (*A History of Retirement*, Graebner 1980) verdeutlicht: Graebner versteigt sich darin zu der geradezu absurden Behauptung, dass die fortschreitende Mechanisierung der Produktion, wie sie seit dem Ende des 19. Jahrhunderts stattgefunden hat, ursächlich nicht zuletzt auf das Kalkül und das Bestreben von Unternehmern zurückzuführen sei, die Alten bewusst aus der Arbeit zu drängen. Wortwörtlich schreibt er: »It is also possible that employers introduced new technology and insisted on high-speed operation in order to force older workers out of the labor force« (ebd: 19). Nicht der im Kapitalismus jedes ökonomische Handeln bestimmende Wettbewerb um Marktanteile und der damit verbundene Druck auf die Unternehmen, ihre Produktivität stetig zu erhöhen, um noch mehr Waren bei niedrigerem Arbeitsaufwand im Vergleich zur Konkurrenz produzieren zu können, soll demnach also zum steigenden Einsatz von Maschinen im Produktionsprozess geführt haben – ein Prozess, der sich ja bis heute mit immer schnellerer Geschwindigkeit fortsetzt –, sondern schlicht eine altersfeindliche Einstellung der Unternehmen und ein entsprechendes Bedürfnis, die Alten aus der Produktion »wegzurationalisieren«. Es kann gar nicht genug auf die historische Unwahrheit und Absurdität solcher Behauptungen hingewiesen werden, da hier praktisch jegliches Grundmotiv kapitalistischer Investitionsentscheidungen (Profitmaximierung, Produktivität, Konkurrenzfähigkeit etc.) schlichtweg ignoriert wird.

Nicht weniger problematisch fällt vor diesem Hintergrund Graebners Einschätzung der Ursachen für die Einführung eines allgemeinen Ruhestands aus. Dieser sei ihm zufolge das Ergebnis eines massiven gesellschaftlichen beziehungsweise politischen Unwillens gewesen, Lösungen zu finden, die den Alten ein Verbleiben im Erwerbsprozess ermöglicht hätten, so zum Beispiel »massive job creation« oder »willingness to continue production with older forms of technology« (ebd.: 53). Auch diese Behauptungen zeugen eher von einer stupenden Unkenntnis oder aber einer nicht minder stupenden Ignoranz gegenüber den elementarsten Zusammenhängen und Logiken kapitalistischen Wirtschaftens: Unternehmen haben naturgemäß kein unmittelbares Interesse an der Schaffung von Arbeitsplätzen, sondern neigen eher umgekehrt dazu – was ja speziell ältere Arbeitskräfte im Zuge der Industrialisierung am eigenen Leib erfahren haben (und Millionen von Lohnabhängigen auch heute wieder zunehmend erfahren) –, den Arbeitsaufwand mittels produktivitätssteigernder Technologien zu senken.[46] Die Politik hingegen hat zwar durchaus ein sehr lebhaftes Interesse, jedoch nicht (oder nur sehr begrenzt) das Pouvoir, selbst Arbeitsplätze zu schaffen, sondern kann lediglich Rahmenbedingungen dafür setzen, dass Unternehmen im jeweiligen Land produzieren und investieren – was die Politik sodann auch stets im Rahmen ihrer Möglichkeiten mehr oder weniger erfolgreich tut.[47] Schon allein aus diesem Grund kann die »massive Schaffung von Arbeitsplätzen« schwerlich, wie von Graebner, als eine damals tatsächlich greifbare Problemlösung und als verpasste Alternative zur Abschiebung der Alten in den Altersruhestand behauptet werden. Die Zahl verfügbarer Arbeitsplätze hängt nun einmal vom objektiv bestehenden Arbeitskräftebedarf ab – und ein höherer Arbeitskräftebedarf bestand damals offenbar nicht, unter anderem (und vor allem) aufgrund der Tendenz zur Mechanisierung der Produktionsabläufe. Die fortschreitende Mechanisierung der Produktion war wiederum auch nicht, wie Graebner unterstellt, einem mangelnden »Willen« zur Beibehaltung älterer Produktionsformen (und damit zwangsläufig auch eines niedrigeren Produktivitätsniveaus) geschuldet, sondern resultierte aus den Wachstums- und Produktivitätszwängen, die der kapitalistischen Produktionsweise inhärent sind. Nicht von ungefähr vollziehen sich technologischer Fortschritt und stetige Steigerung der Produktivität bis heute gleichsam naturwüchsig – mit allen Problemen, die das etwa ökologisch mit sich bringt (Umweltverschmutzung, Ressourcenverknappung, Treibhausgase, Klimawandel etc.). Eine Beibehaltung älterer und somit weniger produktiver Produktionsformen bildete daher damals (systemimmanent) genauso wenig eine realistische Option wie die politisch zu bewerkstelligende »massive Schaffung von Arbeitsplätzen«.

Die fast schon verschwörungstheoretisch anmutende Behauptung Graebners einer altersfeindlich motivierten, absichtlichen Verdrängung alter Menschen aus dem Erwerbsprozess stellt in dieser Form sicherlich ein Extrembeispiel dar und findet sich in dieser Ausdrücklichkeit eher selten in gerontologischen Arbeiten, die sich kritisch mit dem Ruhestand und der gesellschaftlich institutionalisierten »Überflüssigkeit« der Alten befassen. Gleichwohl repräsentiert sie, wenn auch in extremer Form, einen durchaus verbreiteten Zug in der gerontologischen Diskussion, der sich bis heute in der einen oder anderen Weise durch viele einschlägige Arbeiten zieht. So stellt etwa auch der renommierte und bereits mehrfach erwähnte (in der Soziologie vor allem durch seine Arbeiten zum »dritten Alter« bekannte) Historiker Peter Laslett, auf strukturell ganz ähnliche Weise wie Graebner, einen direkt gerichteten, kausalen Zusammenhang her zwischen negativen Altersbildern und einer mangelnden Bereitschaft seitens Wirtschaft und Politik, ältere Menschen länger in Beschäftigung zu halten. Konkret moniert er beispielsweise, dass es während der fordistischen Nachkriegsprosperität der 1950er und 1960er Jahre in Großbritannien Anstrengungen gegeben habe,

»die vorherrschenden Annahmen über die Fähigkeiten alter Arbeiter zu korrigieren, ihre Beschäftigung nicht bloß bis zum Rentenalter, sondern darüber hinaus fortzusetzen. Die Arbeitslosigkeit war niedrig, und es gab einen Bedarf, ausgebildete und erfahrene Arbeiter zu behalten, um die Produktion aufrechtzuerhalten, oder sie sogar, falls möglich, aus dem Ruhestand zurückzuholen.« (Laslett 1995a: 56)

Jedoch:

»Was immer an Kenntnissen gewonnen wurde, als ältere Arbeiter gefragt waren und die Erforschung des Alterns in gewissem Umfang gefördert wurde, machte keinen Eindruck auf die Verantwortlichen in Politik, Verwaltung oder Wirtschaft. Als in den 1970er Jahren die Rezession einsetzte, waren die traditionellen Einstellungen entsprechend stark genug um sicherzustellen, daß der ›natürliche Ausschuß‹ – d. h. die Verminderung und Umbildung der Belegschaften – so weit wie möglich über eine Abschiebung älterer Arbeiter erreicht wurde. Das wurde anscheinend von Regierungen, Arbeitgebern und Gewerkschaftern gleichermaßen und nahezu fraglos hingenommen.« (ebd.: 57)

So sei also der Versuch, ältere Arbeitnehmer/innen zu halten oder aus dem Ruhestand zurückzuholen, letztlich erfolglos gewesen. Weshalb aber waren diese Anstrengungen erfolglos? Die Antwort auf diese Frage gibt Laslett ja im Grunde selbst: Die Wirtschaft hatte für die Alten als Arbeitskräfte schlicht und einfach keinen Bedarf mehr. Zur Zeit von Hochkonjunktur, »Vollbeschäftigung« und Arbeitskräftemangel in den 1950er und 1960er Jahren bestand für kurze Zeit eine günstige Gelegenheitsstruktur, ältere Menschen länger zu beschäftigen oder sogar aus dem Ruhestand zu »reaktivieren« – eine Gelegenheitsstruktur, die mit dem Einbruch der Konjunktur und dem Rückgang der wirtschaftlichen Wachstumsraten in den 1970er Jahren genauso schnell wieder verschwand, wie sie gekommen war. Hier wäre außerdem zu berücksichtigen, dass in den 1970er Jahren auch die »dritte industrielle Revolution« der Mikroelektronik (Computer, IT-Technologien etc.) einsetzte, die infolge der damit erzielten Produktivitätssteigerungen wieder von einem Arbeitskräftemangel zu einem Arbeitskräfteüberschuss führte, der sich bis in die Gegenwart hinein (mit gewissen konjunkturellen Schwankungen und mit teils erheblichen Unterschieden zwischen verschiedenen Volkswirtschaften) in einer Tendenz zur strukturellen Massenarbeitslosigkeit zeigt (vgl. Kurz 2009: 622ff.; Stückler 2019a: 7f.; siehe auch unten, Kapitel 7.2). Nicht zuletzt drängte zu dieser Zeit auch die besonders zahlreiche Babyboomer-Generation zunehmend auf den Arbeitsmarkt – alles arbeitsmarktrelevante Entwicklungen und Faktoren, die Laslett in seiner Kritik praktisch völlig außer Acht lässt. Dass aber bei einer insgesamt tendenziell sinkenden Nachfrage nach menschlicher Arbeitskraft und einem zugleich steigenden Arbeitskräfteangebot ein bescheidenes wirtschaftliches und politisches Interesse besteht, alte Menschen in die Erwerbssphäre zu (re)integrieren, dürfte auf der Hand liegen und ist vom immanenten Standpunkt einer kapitalistisch organisierten Wirtschafts- und Gesellschaftsform im Grunde sogar vernünftig,[48] sofern eine Reintegration älterer Menschen nicht um den Preis einer Verdrängung anderer Segmente der Erwerbsbevölkerung (vor allem von Jugendlichen und jungen Erwachsenen) aus dem Arbeitsprozess realisiert werden soll. Dies ist eine analytische Konsequenz, die Laslett jedoch nicht in Betracht zieht. Weil quasi nicht sein kann, was aus seiner Sicht nicht sein darf – nämlich eine sozial marginalisierende Ausgliederung alter Menschen aus der Arbeit – muss diese von Laslett, gegen alle durchaus mögliche historisch und empirisch fundierte Einsicht, auf einen bloßen Effekt altersfeindlicher Einstellungen von politischen und wirtschaftlichen Entscheidungsträgern reduziert werden. Die Alten, so die Quintessenz seiner Kritik, werden mutwillig aus der Arbeit gedrängt und systematisch marginalisiert und diskriminiert. Allgemeinere gesellschaftlich-strukturelle Zusammenhänge und Mechanismen, die die systematisch produzierte »Überflüssigkeit« der Alten erklären könnten (und deren kritische Analyse überhaupt erst die Grundlage ihrer praktischen Überwindung schaffen würde) kommen dabei nicht in Betracht. Dass bei der Ausgliederung alter Menschen aus der Arbeit wie auch für die mangelnde wirtschaftliche und politische Bereitschaft zu ihrer stärkeren Arbeitsmarktintegration durchaus auch negative Altersbilder und altersfeindliche Einstellungen eine Rolle spielen, wird damit freilich nicht infrage gestellt. Allerdings lässt sich das Problem nicht darauf reduzieren, sondern gibt es eben auch strukturelle und politisch-ökonomische Faktoren wie die genannten, die hier zu berücksichtigen sind.

Bis heute ist diese Form einer de facto personalisierenden Kritik an der Ausgliederung alter Menschen aus der Arbeit, im Sinne eines in letzter Instanz altersfeindlich motivierten, alte Menschen diskriminierenden Akts, ein wesentliches Charakteristikum gerontologischer Kritik. Besonders Arbeiten zum weiter oben besprochenen Problembereich der »Altersdiskriminierung am Arbeitsmarkt« sind für solche Argumentationsmuster nicht nur anfällig, sondern beruhen sogar konstitutiv darauf. Denn hier ist das Problem bereits axiomatisch dadurch definiert, dass sich Unternehmen gegenüber älteren Arbeitnehmer/innen altersdiskriminierend verhalten, wenn sie diese ab einem bestimmten Alter entlassen oder nicht mehr einstellen. Welche strukturellen, aus der kapitalistischen Produktionsweise und deren Dynamik selbst resultierenden Faktoren einen Wettbewerbsnachteil älterer gegenüber jüngeren Arbeitskräften schon systematisch hervorbringen oder zumindest begünstigen könnten, bildet dabei in der Regel gar nicht erst einen Gegenstand der kritischen Analyse, weil diese Möglichkeit in der zugrunde gelegten Problembestimmung schlicht nicht vorgesehen ist. Die Entlassung oder Nicht-Einstellung von Personen aufgrund ihres Alters ist per definitionem diskriminierend, somit kann die Ursache dafür nur in altersfeindlichen Einstellungen seitens der Unternehmen begründet liegen.[49]

Ein Unterschied zwischen neueren Kritiken an Altersdiskriminierung am Arbeitsmarkt und den oben dargestellten, bereits etwas bejahrten und sich auf frühere historische Phasen beziehenden Einschätzungen eines Graebner oder Laslett besteht heute allenfalls darin, dass die Kritik mittlerweile um eine Argumentationsfigur reicher ist, die im Einsatz für eine stärkere Integration älterer Menschen in den Arbeitsmarkt zunehmend zum Einsatz kommt: Vor dem Hintergrund des demografischen Wandels und eines damit assoziierten Arbeitskräftemangels, so wird nunmehr bevorzugt argumentiert, könne es sich die Gesellschaft und insbesondere die Wirtschaft in naher Zukunft gar nicht mehr leisten, auf die Arbeitskraft älterer Menschen zu verzichten. Das Unterlassen der bisherigen altersdiskriminierenden Praxis, ältere Menschen nicht mehr weiter zu beschäftigen oder in den Ruhestand abzuschieben, ist aus dieser Sicht also nicht mehr bloß eine moralische Frage, sondern nachgerade eine der gesellschaftlichen Notwendigkeit. Die Diskrepanz zwischen der in den letzten Jahren tendenziell immer lauteren wissenschaftlichen Insistenz auf der Notwendigkeit einer forcierten Integration älterer Menschen in den Arbeitsmarkt auf der einen und den im Vergleich dazu eher mäßigen Anstrengungen seitens Wirtschaft und Politik, ältere Menschen länger in Beschäftigung zu halten auf der anderen Seite (die Arbeitslosigkeit in der Altersgruppe 50 plus ist mit gewissen Schwankungen bis heute hoch[50], in vielen Ländern besteht nach wie vor eine beträchtliche Kluft zwischen tatsächlichem und gesetzlichem Pensionsantrittsalter) deutet hingegen auch hier darauf hin, dass das Problem der Aus- beziehungsweise Eingliederung älterer Menschen in die Erwerbssphäre in der gesellschaftlichen Realität deutlich komplexer ist, als es die Gerontologie »konstruiert«. Bei dem mittlerweile, auf dem Stand der Mikroelektronik erreichten Produktivitätsniveau scheint das kapitalistische System auch trotz demografischen Altersstrukturwandels – entgegen allen Behauptungen seitens der Gerontologie und anderer damit befasster wissenschaftlicher Disziplinen (vor allem Demografie und Volkswirtschaft) – auf die Alten als Arbeitskräfte, jedenfalls bislang, ganz gut verzichten zu können. Dass dies gesamtgesellschaftlich gesehen durchaus ein Problem ist, weil damit auch die nachhaltige Finanzierung des Pensionssystems und damit der (ohnehin nur imaginäre) Generationenvertrag insgesamt infrage steht, ist eine andere Sache, über die zu einem späteren Zeitpunkt noch ausführlicher zu sprechen sein wird (siehe unten, Kapitel 7.2).

Die analytische Reduktion des Problems der Ausgliederung der Alten aus der Arbeit auf einen bloßen Effekt negativer Altersbilder und altersfeindlicher Einstellungen in Wirtschaft und Politik stellt jedenfalls – wie demonstriert werden sollte – ein erhebliches Defizit in der gerontologischen Kritik am Ruhestand dar. Diese beruht damit auf einer sachlich unzureichenden Problembestimmung, die wiederum zu entsprechend kurzschlüssigen und inadäquaten Schlussfolgerungen verleitet. Die Ausgliederung der Alten aus der Arbeit beruht eben nicht nur (und noch nicht einmal ursächlich) auf einem negativen, defizitorientierten Altersbild, sondern primär auf der spezifisch kapitalistischen Organisation von Arbeit, für die alte Menschen – erst recht beim mittlerweile erreichten Stand der Produktivkräfte – ganz einfach nicht gebraucht werden. Eine zureichende Kritik am Ruhestand und an der damit gesetzten »Überflüssigkeit« der Alten erfordert daher eine Berücksichtigung grundlegender kapitalistischer Strukturzusammenhänge in ihrer historischen Entwicklungsdynamik.

Ein anderes, fast noch schwerwiegenderes Defizit (weil sich daraus nämlich auch besagte reduktionistische Kritik am Ruhestand erklären lässt) ist darüber hinaus, dass die gerontologische Kritik des Ruhestands bei genauerer Betrachtung bereits per se den falschen Gegenstand hat und gewissermaßen in eine falsche Richtung zielt. Was in der gängigen Problematisierung der »Zwangspassivierung« der Alten im und durch den Ruhestand übersehen wird, ist, dass es gar nicht primär der Ruhestand als solcher ist, der die gesellschaftliche »Überflüssigkeit« der Alten und den damit verbundenen sozial marginalisierten Status erzeugt, sondern vielmehr das, was der Ruhestand strukturell wie symbolisch impliziert – *die Entbehrlichkeit der Alten für die Arbeit*. Das Problem alter Menschen im Ruhestand besteht im Prinzip darin, dass sie in einer Gesellschaft leben, in der nur als vollwertiges Gesellschaftsmitglied gilt, wer als Arbeitender seinen Beitrag zum gesellschaftlichen Selbstzweck der Kapitalverwertung leistet. Wer aus diesem symbolisch und normativ überaus stark aufgeladenen Bezugsraum der Arbeit herausfällt – Alte, Arbeitslose, aber zum Beispiel auch Menschen mit Behinderung – erscheint als unproduktiv und genießt einen entsprechend minderwertigen Subjektstatus. Mit anderen Worten: Das Problem der Alten liegt nicht unmittelbar im Ruhestand, sondern bereits sehr viel allgemeiner und grundsätzlicher in der Arbeit selbst und dem Stellenwert, den die Arbeit sowie all die daran gekoppelten Normen und Ideale von Leistungsfähigkeit, Produktivität, Aktivität in der kapitalistischen Gesellschaft einnehmen und an denen die Menschen und ihr gesellschaftlicher »Wert« daher auch primär gemessen werden. Angezeigt wäre vor diesem Hintergrund daher nicht so sehr eine Kritik des Ruhestands und der Ausgliederung der Alten aus der Arbeit, sondern vielmehr eine Kritik der (Lohn-)Arbeit selbst und der mit ihr gesetzten Reduktion von Menschen auf ihre kapitalistische Verwertbarkeit.

Dass es sich hierbei durchaus um keine Nebensächlichkeit oder gar einen pedantischen Einwand handelt, sondern dass damit hinsichtlich einer kritischen Theoretisierung des Alters und seines sozialen Status im Kapitalismus vielmehr ein Unterschied ums Ganze markiert ist, wird insbesondere daran ersichtlich, dass die gerontologische Kritik am Ruhestand ins exakte Gegenteil einer Kritik der Arbeit mündet und stattdessen mit expliziten oder impliziten Forderungen nach einer Wiedereingliederung alter Menschen in Lohnarbeitszusammenhänge einhergeht. Hier wird also das Prinzip der Erwerbsarbeit und die mit ihr gesetzte Reduktion von Menschen auf bloße Träger von Arbeitskraft nicht nur nicht kritisiert, sondern geradezu affirmiert und darüber hinaus auch noch, ohne jeden kritischen Bezug zur historischen Bedingtheit der Lohnarbeit im Kapitalismus, ontologisiert. Aus einer so beschaffenen kritisch-gerontologischen Perspektive kann es lediglich darum gehen, die Alten möglichst wieder in die Arbeit zu integrieren, um ihrer sozialen Abwertung und Diskriminierung die Grundlage zu entziehen, während die Arbeit, vor deren Hintergrund die Alten infolge ihrer Ausgliederung (aber auch aufgrund von altersbedingten funktionalen Einschränkungen, Pflegebedürftigkeit etc.) überhaupt erst als »Unproduktive« und »gesellschaftlich Nutzlose« erscheinen können, nicht einmal mehr thematisiert, geschweige denn zu einem Gegenstand der Kritik gemacht wird. Anstatt das kapitalistische Prinzip der Lohnarbeit ins kritische Visier zu nehmen mitsamt den auf die Menschen einwirkenden arbeits- und leistungsbezogenen Identitätszwängen, die überhaupt erst die Basis für die Unterscheidung in »Produktive« und »Unproduktive«, in »gesellschaftlich Nützliche« und »gesellschaftlich Überflüssige« hervorbringen, beschränkt sich die gerontologische Kritik am Ruhestand lediglich auf die Problematisierung des Sachverhalts, dass die Alten systematisch daran gehindert werden, zu arbeiten und auf diese Weise vollwertige Mitglieder der Gesellschaft zu sein. Die Gerontologie sitzt also im Grunde bis in ihre kritischen Ansätze hinein selbst dem kapitalistischen Arbeitsfetisch auf.

Dies wird vielleicht besonders tragisch an solchen Ansätzen kenntlich, die aus der eindimensionalen Logik der Zwangsruhestands-Kritik ausbrechen und auch alternative Problemlösungen jenseits einer bloßen Ausdehnung des Erwerbslebens bis ins höhere Alter in Betracht ziehen. So schlägt etwa Silke van Dyk, im Einklang mit ihrer grundlegenden Kritik an der normativen, chronologischen Lebensordnung moderner Gesellschaften (siehe oben, Kapitel 3.1), verschiedene Lösungen vor, die ihrer Einschätzung nach das Problem der Altersdiskriminierung auf dem Wege einer Umverteilung von Arbeit im Lebenslauf politisch zu bearbeiten erlaubten. Ein Beispiel, das sie in diesem Kontext anführt, sind etwa sogenannte Lebensarbeitszeitkonten. Diese würden es den Menschen laut van Dyk ermöglichen,

> »selbst zu planen, in welchen Lebensphasen sie einer Erwerbsarbeit und in welchen Phasen sie anderen Tätigkeiten oder Prioritäten nachgehen wollen. Eine solche Maßnahme würde dem Umstand

Rechnung tragen, dass viele Menschen in der so genannten *rushhour* des Lebens mit Erwerbsarbeit, Karriereplanung und Familiengründung überfordert sind, während sie als (gesunde) 70-Jährige über die (Zeit-)Ressourcen verfügen, die sie mit 35 dringend gebraucht hätten. Die auf dieser Basis entstehenden, individuell verschiedenen Ablaufschemata des Lebens wären dabei ein Garant gegen die allzu schnelle Genese neuer Standardisierungen.« (Dyk 2009: 333f.)

Begründet und legitimiert werden derartige Lösungen allerdings auch von van Dyk gerade dadurch, dass sie »das Prinzip ›Anerkennung durch Leistung‹ ernst nehmen und zugleich die Leistungsparameter selbst grundlegend verschieben« (ebd.: 333). »Anerkennung durch Leistung« – dieser Zentralwert kapitalistischer Arbeitsgesellschaften bleibt auch in solchen Überlegungen als soziale Norm genauso sakrosankt wie in den sehr viel oberflächlicheren Kritiken an der gesellschaftlichen Zwangspassivierung durch den Ruhestand, anstatt die aus der abstrakten Arbeit abgeleitete Leistungsnorm als jene Zumutung zu problematisieren, die sie tatsächlich ist. Ausgeblendet werden muss auch hier einmal mehr, dass es eben jenes Prinzip der »Anerkennung durch Leistung« ist, das schon immer den Ausschluss und die Abwertung solcher Personen impliziert, die der Norm nicht gehorchen können oder wollen.[51]

Aus dieser arbeitsontologischen Problembestimmung wird schließlich auch die oben diskutierte Neigung zur Reduktion der »Zwangspassivierung« der Alten auf einen altersdiskriminierenden gesellschaftlichen beziehungsweise politischen Akt erklärlich. Die Ontologisierung der Arbeit (und damit der kapitalistischen Arbeitsgesellschaft insgesamt) verunmöglicht schon im Ansatz eine radikale Kritik, die die Lohnarbeit als kapitalistisches Form- und Strukturprinzip mit einbezieht und damit auch das daran gebundene, umfassende gesellschaftliche Normengefüge von Produktivität, Aktivität, Leistung usw. der Kritik auszusetzen vermag. Da die Arbeit aus kritisch-gerontologischer Perspektive sowohl als Strukturprinzip als auch als Norm ontologisch gesetzt ist, kann nur die Ausgliederung der Alten aus der Arbeit problematisiert werden, die wiederum als altersdiskriminierend gebrandmarkt wird und durch eine Wiedereingliederung in die Erwerbssphäre aufzuheben sein soll. Das gesellschaftliche Prinzip der Erwerbsarbeit als eigentliche strukturelle Wurzel der gesellschaftlichen Abwertung alter Menschen als »Unproduktive« und »Überflüssige« bleibt dabei unangetastet und wird sogar in seiner gesellschaftlichen Geltung selbst reproduziert und affirmiert. Auf diese

Weise bleibt eine radikale Kritik des Ruhestands und der damit gesetzten strukturellen »Überflüssigkeit« alter Menschen in der kapitalistischen Gesellschaft bereits von vornherein verstellt. Daraus resultiert wiederum die hoch problematische Neigung der Gerontologie, die Alten über ihre »Produktivität«, »Aktivität«, ihre »Kompetenzen« und »Potenziale« aufwerten zu wollen. Wo die kapitalistische Produktivitäts- und Leistungsnorm nicht mehr kritisch zur Disposition steht, da können Alte – auch für Gerontolog/innen ganz selbstverständlich – nur als »Produktive«, »Aktive«, »Kompetente« soziale Anerkennung finden.

Die Gerontologie kennt übrigens – darauf sei abschließend der Vollständigkeit halber auch noch kurz eingegangen – nicht nur die Kritik am Ruhestand und an der dadurch ins Werk gesetzten »Zwangspassivierung« und »Überflüssigkeit« alter Menschen, sondern sie hat in ihrer noch relativ kurzen Geschichte auch Ansätze hervorgebracht, die das genaue Gegenteil vertreten. In diesem Zusammenhang ist besonders prominent die sogenannte *Disengagement-Theorie* zu nennen (vgl. Cumming/Henry 1961). Diese betonte in einer geradezu beispiellosen Affirmierung des Altersruhestands eine Verringerung der Aktivität und einen sozialen Rückzug gar als adäquateste Form der Anpassung an das Leben im Alter. Theorieimmanent folgerichtig und ganz im Gegensatz zum etwas früher entstandenen und heute dominanten (auch der aktuellen »Altersaktivierung« ideologisch zugrunde liegenden) »Aktivitätsparadigma« (vgl. Havighurst 1961; Tartler 1961) verwiesen mit dem Ruhestand oftmals einhergehende Phänomene und Leidenszustände, wie der sogenannte »Pensionsschock« oder das unter alten Menschen weit verbreitete Gefühl des Nicht-mehr-gebraucht-Werdens, gerade nicht, wie es die Gerontologie heute propagiert, auf die Notwendigkeit eines weiterhin aktiven Lebens im Alter, um die durch die Pensionierung entstandene Lücke zu füllen, oder gar auf die Notwendigkeit einer Wiedereingliederung alter Menschen ins Erwerbsleben, sondern vielmehr auf eine mangelhafte individuelle Vorbereitung auf den Ruhestand und das damit verbundene sozial entpflichtete Leben. In einer bewussten Zuspitzung der Argumentationslogik der Disengagement-Theorie ließe sich deren Position vielleicht auch so pointieren: Die strukturelle »Überflüssigkeit« im Ruhestand verlangt nach einer hinreichenden Integration derselben in die eigene Identität und Persönlichkeitsstruktur, denn eine mangelnde Vorbereitung und Anpassung an diese im Leben des durchschnittlichen, kapitalistisch sozialisierten Menschen völlig neue und ungewohnte Situation verursacht potenziell erhebliche Probleme und sogar Identitätskrisen.[52] In der Konkurrenz mit dem Aktivitätsparadigma hatte der Disengagement-Ansatz schließlich jedoch das Nachsehen und wurde sogar unter den Generalverdacht der Altersdiskriminierung gestellt (ausführlicher zu dieser der Gerontologie immanenten Kontroverse vgl. Katz 1996: 119ff.). Die wenigen sich heute noch lose auf Disengagement-Perspektiven beziehenden Gerontologinnen und Gerontologen (so es solche überhaupt noch gibt) argumentieren dementsprechend kleinlaut und defensiv.

Was in dieser auf den ersten Blick sehr klaren Frontstellung zwischen Disengagement- und Aktivitätsansatz leicht zu übersehen ist, ist, dass der Disengagement-Ansatz in seiner affirmativen Haltung gegenüber dem Ruhestand nicht etwa das absolute Gegenteil des Aktivitätsparadigmas darstellt, sondern lediglich die andere Seite derselben Medaille. Letztlich stehen beide Ansätze gleichermaßen immanent und affirmativ im beziehungsweise zum kategorialen, durch »Arbeit« definierten kapitalistischen Rahmen, der eben nur die Alternative zwischen Altersruhestand und Altersaktivität zulässt. Dementsprechend hat weder der Aktivitäts- dem Disengagement-Ansatz, noch der Disengagement- dem Aktivitäts-Ansatz etwas voraus, sondern sind beide Ansätze gleichermaßen Ideologie. Die Disengagement-Theorie betreibt im Grunde nur die Affirmierung der gesellschaftlich produzierten »Überflüssigkeit« der Alten im Kapitalismus, während der Aktivitätsansatz, wie heute immer deutlicher kenntlich wird, die kaum weniger problematische wissenschaftliche Legitimationsgrundlage einer neoliberalen Aktivierung des Alters bildet, die darüber hinaus mit stetig zunehmenden Anti-Ageing-Tendenzen verflochten ist (dazu Kapitel 7). Beiden Ansätzen ist gemeinsam, dass sie, wenngleich auf jeweils andere Weise, eine kritische Analyse des Alter(n)s und seiner gesellschaftlichen Rahmenbedingungen nicht nur verfehlen, sondern vielmehr systematisch verweigern – die Disengagement-Theorie, indem sie die »rollenlose Rolle« und die soziale Irrelevanz, in die der Ruhestand die Alten versetzt, zu einer quasi-natürlichen und dementsprechend zu akzeptierenden Eigenschaft des Alters schlechthin naturalisiert; der Aktivitätsansatz, indem er die gesellschaftlich produzierte »Überflüssigkeit« der Alten bloß abstrakt negiert, um dagegen die fortgesetzte Aktivität bis hin zur Reintegration der Alten in den Arbeitsprozess zu setzen, damit aber im Grunde selbst nur die gesellschaftliche Grundlage und Ursache ihrer »Überflüssigkeit« reproduziert: den kapitalistischen Zwang, sich durch Arbeit, Leistung, Produktivität und Aktivität als vollwertiges Gesellschaftsmitglied auszuweisen.

4.3 Entbehrlich für Produktion und Reproduktion

Es ist hinsichtlich der »Überflüssigkeit« der Alten in der beziehungsweise für die kapitalistische Gesellschaft – über die Entbehrlichkeit alter Menschen als von der Arbeit freigestellte und damit »unproduktive« Ruheständler/innen hinaus – noch ein weiterer Aspekt zu berücksichtigen, der ihre kapitalistische »Überflüssigkeit« charakterisiert und diese in gewisser Weise sogar noch zusätzlich verschärft. Alte Menschen befinden sich in kapitalistischen Gesellschaften nämlich nicht nur in der unglücklichen Lage, als »Herausgefallene« aus der Arbeit überflüssig für den wertförmigen Bereich der *Produktion* und die dort stattfindenden kapitalistischen Verwertungsprozesse zu sein, sondern darüber hinaus auch für den davon abgespaltenen Bereich der gesellschaftlichen *Reproduktion*.

Die Trennung von Produktion und Reproduktion stellt ein wesentliches Strukturprinzip kapitalistischer Gesellschaften dar, das insbesondere sehr weitreichende geschlechtsspezifische Implikationen hat, da sich diese Trennung in einer geschlechtlichen Codierung jener beiden ausdifferenzierten gesellschaftlichen Sphären niedergeschlagen hat: Auf der einen Seite steht eine traditionell Männern vorbehaltene und entsprechend »männlich« konnotierte (öffentliche) Sphäre der (Lohn-)Arbeit, auf der anderen eine (private) Sphäre der gesellschaftlichen Reproduktion, in der Tätigkeiten wie Kinderbetreuung, Haushalt, (Alten-)Pflege etc. angesiedelt und auf die traditionell (wenn auch heute nicht mehr ausschließlich) Frauen verwiesen sind, weshalb diese Tätigkeiten wiederum im Allgemeinen »weiblich« codiert sind (vgl. Scholz 2011). Die »Überflüssigkeit« alter Menschen für die soziale Reproduktion ist vor diesem Hintergrund ein Schicksal, das besonders eindrücklich und quasi idealtypisch an der Situation alter Frauen erkennbar wird. Deren soziale Rolle als Mutter und Hausfrau geht im Alter ebenso verloren oder verliert jedenfalls an Bedeutung wie die traditionell dem Mann zugeschriebene Rolle als Erwerbsarbeiter und Familienernährer. Diese geschlechtsspezifischen Rollenverluste im Alter sind nicht zuletzt verbunden mit entsprechend geschlechtsspezifischen Krisenerfahrungen – hier kontrastiert etwa dem eher Männer betreffenden »Pensionierungsschock« (Clemens 2012; Damman et al. 2015) das eher Frauen betreffende »empty-nest-Syndrom«, als ein Leiden unter dem mit dem Erwachsen- und Flüggewerden der Kinder einhergehenden Verlust der gesellschaftlich konstruierten und durch Sozialisation und Individuation erworbenen weiblichen Geschlechterrolle (vgl. Fahrenberg 1986).

Die Gerontologie hat lange gebraucht, um diese speziell das Alter(n) von Frauen betreffende Situation auch nur ansatzweise zur Kenntnis zu nehmen und zu einem Gegenstand ihrer Forschung zu machen. Lange Zeit (und im Prinzip bis heute) stand als primäre Herausforderung für den alten Menschen die Verrentung und das damit verbundene Ausscheiden aus der Lohnarbeit im Mittelpunkt der gerontologischen Forschung, ging also, wie Gertrud M. Backes treffend feststellt, »die Betrachtung des Alter(n)s mit einer einseitigen Konzentration auf das verallgemeinerte männliche Alter(n), auf das Ausscheiden aus dem Erwerbsleben und dessen Konsequenzen, einher« (Backes 2005: 33). Das führte wiederum dazu, dass »wissenschaftlich relevante Alter(n)sprobleme bei Frauen lange Zeit nahezu ausgeschlossen [wurden] oder (…) zumindest verdeckt [blieben]« (ebd.). Zugespitzt formuliert: Die »rollenlose Rolle« als Leiden verursachendes und entsprechend zu problematisierendes Altersschicksal war (und ist) das Schicksal eines im Prinzip männlich gedachten alternden Subjekts und der »alte Mensch« als Forschungsgegenstand der Gerontologie somit der zum »Allgemein-Menschlichen hypostasierte« (Simmel) alte Mann, der mit dem Eintritt in den Ruhestand nicht nur einen gravierenden Einschnitt in seinen jahrzehntelang gelebten, durch Arbeit strukturierten Alltag erfährt, sondern dabei auch einen wesentlichen Aspekt seiner männlichen Identität verliert. Auch darin drückt sich eindrucksvoll aus, was die Feministin und Kapitalismuskritikerin Roswitha Scholz als »Wert-Abspaltung« bezeichnet: So selbstverständlich (und in diesem Sinne »nebensächlich«) die an Frauen delegierten reproduktiven Tätigkeiten für die kapitalistische Gesellschaft sind, so nebensächlich ist die alternde Frau und ihre Situation für die Forschung einer gerontologischen Wissenschaft, in deren Zentrum das Leben im Ruhestand steht und damit zwangsläufig ein strukturell männliches Subjekt. Die frühe Einsicht von Roswitha Scholz, die die Grundlage ihrer Wert-Abspaltungstheorie bilden sollte – »der Wert ist der Mann« (Scholz 1992) – könnte mit Blick auf das Alter(n) und seine Erforschung durch die Gerontologie gewissermaßen umformuliert und erweitert werden: »der Ruhestand ist der Mann«. Die Wert-Abspaltung als zentrales Form- und Strukturprinzip kapitalistischer Gesellschaften geht somit deutlich sichtbar auch durch die Gerontologie als Disziplin, deren Forschungsschwerpunkte und das dabei produzierte Wissen hindurch.[53]

Vor diesem Hintergrund gibt es also nicht nur den Ruhestand und ein damit verbundenes Überflüssigwerden alter Menschen für die Lohnarbeit, das in der kritischen Analyse berücksichtigt werden muss, sondern auch ein Überflüssigwerden für den davon abgespaltenen Bereich der sozialen Reproduktion und damit assoziierte reproduktive Tätigkeiten, wobei

Letzteres unter den Prämissen der vorherrschenden, kapitalistischen Wert-Abspaltungsstruktur in erster Linie Frauen betrifft. Der Verlust der patriarchal-kapitalistisch geprägten weiblichen Geschlechterrolle, das heißt als Mutter für die mit der bürgerlichen Mutterrolle assoziierten Tätigkeiten nicht mehr gebraucht zu werden, kann gewissermaßen als wert-abspaltungslogische Kehrseite des Überflüssigwerdens für die abstrakte Arbeit betrachtet werden. Dies verleiht dem sozialen Status alter Menschen zunächst einmal eine bedeutsame vergeschlechtlichte Dimension, insofern damit auf geschlechtsspezifisch differente Probleme und Herausforderungen verwiesen ist, vor die das Alter(n) Männer und Frauen in modernen Gesellschaften jeweils stellt. Darüber hinaus begründet diese (vor allem an alten Frauen sichtbar werdende) Entbehrlichkeit für reproduktive Tätigkeiten aber auch eine umfassende gesellschaftliche »Überflüssigkeit« alter Menschen insofern, als diese damit für gesellschaftliche Produktion und Reproduktion gleichermaßen entbehrlich werden.

Selbst noch für den Konsum – als einem ebenfalls der kapitalistischen Reproduktionssphäre angehörenden Bereich[54] – waren alte Menschen lange Zeit, schon aufgrund ihres geringen Anteils an der Bevölkerung, praktisch irrelevant. Hier spielt auch eine wesentliche Rolle, dass die meisten alten Menschen noch bis vor Kurzem, aufgrund von relativ niedrigen Alterspensionen, gar nicht kaufkräftig genug waren, um als Zielgruppe für den seit den 1950er und 1960er Jahren anhebenden Massenkonsum infrage zu kommen. In Deutschland hat erst die Rentenreform von 1957 nach und nach zu einer wesentlichen Steigerung der Rentenniveaus geführt, als das Pensionssystem von einem Kapitaldeckungs- auf ein Umlageverfahren umgestellt wurde. Von Interesse waren alte Menschen daher allenfalls (aber auch das ist in diesen Dimensionen genau genommen schon eine vergleichsweise späte Entwicklung der letzten Jahrzehnte) als »geriatrische Patient/innen«, sprich als Konsument/innen von Medikamenten und anderen medizinischen Produkten. Dies ist in der Tat ein Markt, der bis heute und sogar in steigendem Ausmaß primär vom Konsum alter Menschen lebt, einerseits aufgrund der starken zahlenmäßigen Zunahme alter Menschen infolge des demografischen Wandels, andererseits aufgrund einer fortschreitenden Medikalisierung des Alter(n)s, durch die das Alter(n) und physische Alterserscheinungen mehr und mehr auf ein hauptsächlich medizinisches Problem reduziert werden (vgl. Estes/Binney 1989; Schweda/Schicktanz 2012). Carroll L. Estes hat dies Ende der 1970er Jahre auf den Begriff eines »aging enterprise« (Estes 1979) gebracht, also eines eigenständigen kapitalistischen Geschäftszweiges, der ausschließlich auf die Herstellung und den Verkauf von Waren und Dienstleistungen an alte Menschen spezialisiert und dessen Hauptprofiteur der von ihm so genannte »medizinisch-industrielle Komplex« sei, allen voran die Pharmaindustrie.[55] Insgesamt – und abgesehen von besagtem »aging enterprise« – scheint es aber jedenfalls nicht allzu vermessen, zu behaupten, dass alte Menschen für den Konsum, vor allem in seiner Form und seiner gesellschaftlichen Bedeutung als *Massenkonsum*, wie er sich in der zweiten Hälfte des 20. Jahrhunderts zunehmend entwickelte, traditionell nicht minder irrelevant waren, wie (und wohl auch: weil) sie es schon längst für die Arbeit geworden sind. Hinsichtlich des »aging enterprise« ist außerdem zu berücksichtigen, dass entsprechende Produkte und Dienstleistungen häufig, zumindest zum Teil, aus öffentlichen Geldern (zum Beispiel des staatlichen Gesundheitssystems) finanziert werden müssen. Dieser »Konsum« alter Menschen verursacht also zunächst einmal (auch) gesellschaftliche Kosten. Die Argumentation von Estes, der zwar in der Stoßrichtung seiner Kritik durchaus zu Recht problematisiert, dass die Gesellschaft die Alten einerseits massiv sozial marginalisiert und diskriminiert, während sie andererseits vom Konsum der Alten lebt, trifft daher wahrscheinlich nicht in allen Belangen so ohne Weiteres zu. Die durch Gesundheits- und Pflegeleistungen verursachte »Kostenlast des Alters« ist nicht zufällig ein wesentlicher Bestandteil negativer Altersdiskurse und ein konstitutives Element der kapitalistischen »Überflüssigkeit« der Alten, auf das bald noch einzugehen sein wird (siehe unten, die Kapitel 4.5 und 5.2).

Gegen diese theoretische Bestimmung einer umfassenden »Überflüssigkeit« der Alten sowohl für Produktion als auch Reproduktion und Konsum könnte nun mit einigem Recht eingewendet werden, dass damit allenfalls, wenn überhaupt, ein Zustand einer weit zurückliegenden Vergangenheit erfasst und beschrieben sei. Gerade was den Konsum betrifft, könne von einer Entbehrlichkeit alter Menschen heute nicht mehr im Geringsten die Rede sein, ist doch die Wirtschaft in den letzten Jahrzehnten angesichts der stetig wachsenden Altenpopulation zunehmend auf die Alten als Konsument/innen aufmerksam geworden und haben sich eine sukzessive wachsende »Seniorenwirtschaft« und sogenannte »silberne Märkte« (Kohlbacher/Herstatt 2008) herausgebildet. Deren Warenangebot ist darüber hinaus längst nicht mehr auf medizinische Produkte oder Pflege- und Betreuungsdienstleistungen beschränkt, sondern hält ein vielfältiges Angebot für eine durchschnittlich immer gesündere und bis ins hohe Alter hinein aktive Bevölkerungsgruppe »junger Alter« bereit – von Reisen über Mode, Schönheit, »Healthstyle« bis hin zu Finanzprodukten, Wohnen und Immobilien. Das neueste Geschäftsfeld im Bereich der Seniorenwirtschaft – sozusagen die aktuellste, zeitgemäßeste

Form eines »aging enterprise« – besteht in digitalen Technologien zum »umgebungsunterstützten Leben« (»ambient assisted living«, kurz: AAL), Technologien, die ältere Menschen im Alltag unterstützen und ihnen so den möglichst langen selbstständigen Verbleib in den eigenen vier Wänden ermöglichen sollen.

Generell, so ließe sich weiters einwenden, haben Politik, Wissenschaft und Gesellschaft mittlerweile die »Produktivität«, die »Kompetenzen« und die »Potenziale« alter Menschen für sich entdeckt, die es nicht zuletzt vor dem Hintergrund des demografischen Wandels anzuerkennen und möglichst gesellschaftlich nutzbar zu machen gelte. Besonders seitens der Gerontologie werden seit Jahren konkrete Tätigkeiten und Leistungen speziell im Bereich der sozialen Reproduktion in den Fokus gerückt, die alte Menschen für die Gesellschaft erbringen und lange Zeit vorherrschende Stereotype und abwertende Zuschreibungen der »Unproduktivität« und »Nutzlosigkeit« bereits empirisch widerlegen würden. Hingewiesen wird in diesem Zusammenhang etwa auf die Betreuung von Enkelkindern, die angesichts der zunehmenden Integration von Frauen in den Arbeitsmarkt für viele Familien eine geradezu unerlässliche Unterstützung darstelle (vgl. Adam et al. 2014), ebenso Tätigkeiten im Bereich des bürgerschaftlichen Engagements (Freiwilligenarbeit/Ehrenamt, Nachbarschaftshilfe etc.; dazu Erlinghagen/Hank 2008; O'Neill et al. 2011; Wetzel/Simonson 2017) oder Geldtransfers von der alten an die jüngere Generation (insbesondere an die eigenen Kinder und Enkelkinder), womit vor allem gegen öffentliche und mediale Diskurse über die steigenden gesellschaftlichen Kosten opponiert wird, die die immer mehr werdenden Alten angeblich verursachen (z. B. Kohli 2004).[56] Gerade im Angesicht des demografischen Altersstrukturwandels wird darauf bestanden, dass all die wertvollen Leistungen und »Potenziale« der Alten bislang einfach nur nicht erkannt worden seien und vielmehr geradezu sträflich brach liegen gelassen würden (vgl. Amann 2006). Nicht genug also, dass die Gesellschaft tatsächlich bestehende Leistungen der Alten schlicht nicht anerkenne, würden diese darüber hinaus auch noch systematisch daran gehindert, ihre Potenziale im Dienste der Allgemeinheit zu entfalten und einen Beitrag zur Gesellschaft zu leisten, was es ihnen nicht zuletzt auch ermöglichen würde, sich im Sinne eines reziproken Generationenverhältnisses nach wie vor auch als Gebende und nicht nur, als Nutznießer von Pensions- und Pflegesystemen, als Nehmende zu empfinden – eine Situation, die bislang auch das Selbstbild alter Menschen negativ präge. Von einer »Überflüssigkeit« der Alten – so jedenfalls der alterspolitische und insbesondere gerontologische Grundtenor – könne vor diesem Hintergrund also längst keine

Rede mehr sein, ganz im Gegenteil: »Die Gesellschaft braucht die Alten« (Borscheid et al. 1998), ja ohne die Alten könne die Gesellschaft in Wahrheit, angesichts der mannigfaltigen Leistungen, die diese für die Gesellschaft erfüllen, »zusperren« (Amann 2016: 23) und sozial, kulturell wie auch wirtschaftlich gar nicht mehr funktionieren.

Nun ist in der Tat nicht zu leugnen, dass derartige Diskurse über die »Produktivität« und die gesellschaftlich relevanten »Leistungen« alter Menschen wie auch ihre Entdeckung als Konsument/innen durch die Wirtschaft eine erhebliche Veränderung gegenüber früheren gesellschaftlichen Zuständen darstellen, als alte Menschen von der Gesellschaft im besten Fall überhaupt nicht und im schlechtesten Fall ausschließlich als »Unproduktive« und »Nutzlose« und als Empfänger staatlicher Transferleistungen zur Kenntnis genommen wurden. Genauso wenig ist die gesellschaftliche Relevanz jener Tätigkeiten und Leistungen zu bezweifeln, die alte Menschen in der Tat oftmals erbringen und die nunmehr seitens der Alter(n)sforschung zunehmend in den gesellschaftlichen Fokus gerückt werden. Fraglich ist allerdings, ob und, wenn ja, inwieweit all diese Entwicklungen und entsprechenden Diskurse die historisch gewachsene, durch die kapitalistische Struktur gesetzte »Überflüssigkeit« der Alten zu dementieren vermögen. Denn die dabei hervorgehobenen und ins Feld geführten Leistungen und »Potenziale« alter Menschen beziehen sich eben primär – soweit nicht auch die Reintegration der Alten in die Erwerbsarbeit im Fokus steht – auf Tätigkeiten im Bereich der gesellschaftlichen Reproduktion, die aufgrund ihrer Abspaltung von der im Kapitalismus sowohl strukturell als auch normativ im Zentrum stehenden Produktion beziehungsweise Lohnarbeit gesellschaftlich bereits per se minderbewertet sind. Man könnte hier allenfalls zugestehen, dass es für alte Menschen bereits einen gewissen Fortschritt und eine Verbesserung ihres sozialen Status darstellt, wenn sie mittlerweile immerhin als Erbringer wichtiger reproduktiver Leistungen, etwa im Bereich der Enkelkinderbetreuung oder des bürgerschaftlichen Engagements, zunehmend zur Kenntnis genommen werden. Eine grundsätzliche Aufwertung alter Menschen durch Tätigkeiten und Leistungen, die gesellschaftlich schon a priori minderbewertet sind, weil sie aufgrund ihrer Nicht-Warenförmigkeit außerhalb jedes kapitalistischen Verwertungszusammenhangs angesiedelt sind, muss aber im Grunde so zweifelhaft erscheinen, wie sie unter kapitalistischen Prämissen de facto ist. Entsprechend wenig vermögen altersbezogene Produktivitäts- und Potenzialdiskurse gegen die Schwerkraft dominanter Diskurse der »Unproduktivität« alter Menschen auszurichten.

Hier rächt sich nicht zuletzt eine äußerst unpräzise und konfuse

Verwendung des Begriffes »Produktivität« im gerontologischen Diskurs: Unter »Produktivität« subsumiert die Gerontologie alle Tätigkeiten und Leistungen alter Menschen, die sie in irgendeiner Weise für gesellschaftlich relevant erachtet, wobei sie sich primär auf reproduktive beziehungsweise Care-Tätigkeiten bezieht. Zum Teil fasst sie darunter sogar nur verschiedene Hobbys und Alltagsaktivitäten alter Menschen, die auf eine gewisse »produktive« Aktivität im Ruhestand verweisen sollen (vgl. exemplarisch Künemund 2000; Staudinger/Schindler 2002; Amann 2006). Alle diese Tätigkeiten zeichnen sich aber freilich dadurch aus, dass sie aus kapitalistischer Sicht gerade *nicht produktiv* sind. Produktiv ist unter kapitalistischen Gesichtspunkten allein die Verausgabung von Arbeitskraft im Produktions- und Lohnarbeitsprozess. Eben deshalb sind alle anderen Tätigkeiten, vor allem aber Reproduktions- und Care-Tätigkeiten, wie die Wert-Abspaltungstheorie betont, von der kapitalistischen Wertform »abgespalten« und gesellschaftlich entsprechend minderbewertet. Nicht zuletzt darin dürfte das Beharrungsvermögen gesellschaftlicher Konnotationen des Alters mit »Unproduktivität« begründet liegen, da die seitens der Gerontologie dagegen ins Feld geführte »Produktivität« der Alten diese Konnotationen gar nicht zu dementieren vermag, sondern diese im Grunde sogar, wenn auch unfreiwillig, bestätigt. Wenn die »Produktivität« der Alten in Tätigkeiten und Leistungen bestehen soll, die gesellschaftlich bereits per definitionem nicht »produktiv« sind, kann es mit dieser Produktivität nicht sehr weit her sein und bedeutet dies somit keine ernsthafte Herausforderung dominanter Unproduktivitätsdiskurse des Alters. Die Anerkennung der »Produktivität« und gesellschaftlichen »Nützlichkeit« der Alten scheitert im Prinzip aus genau demselben Grund, aus dem bis heute keine Anerkennung und gesellschaftliche Gleichstellung vor allem von Frauen geleisteter Care-Tätigkeiten gegeben ist (etwa in Form einer »angemessenen« Bezahlung entsprechender Tätigkeiten), da sich diese bereits aufgrund ihrer qualitativen Beschaffenheit gegen ihre kapitalistische Verwertbarkeit sträuben, wenngleich die kapitalistische Gesellschaft unabdingbar darauf angewiesen ist, dass derartige Tätigkeiten ausgeübt werden – dies allerdings unbezahlt abseits warenförmiger Zusammenhänge im davon abgespaltenen Reproduktionsbereich oder aber schlecht bezahlt und unter zumeist prekären Arbeitsbedingungen, sofern reproduktive Tätigkeiten im Sozial- und Dienstleistungssektor professionalisiert sind.

Hier kommt noch erschwerend hinzu, dass hinsichtlich der wissenschaftlichen und politischen Entdeckung der »Produktivität« und »Potenziale« des Alters allgemeinere gesellschaftliche Entwicklungen und

Tendenzen berücksichtigt und kritisch reflektiert werden müssen, die eine darüber vermittelte Aufwertung alter Menschen und ihrer gesellschaftlich relevanten Tätigkeiten und Leistungen infrage stellen. So dürfte es alles andere als ein Zufall sein, dass der gesellschaftliche »Wert« alter Menschen und ihrer vielfältigen Tätigkeiten und Leistungen speziell im Bereich der sozialen Reproduktion ausgerechnet zu einer Zeit einer vor allem durch Neoliberalismus und demografischen Wandel verschärften »Reproduktions-« beziehungsweise »Care-Krise« (Jürgens 2010; Winker 2011; Aulenbacher/Dammayr 2014) in den gesellschaftlichen Fokus rückt. Hier ist neben einer voranschreitenden Ausdünnung des Sozialbereichs vor allem auch die in den letzten Jahrzehnten zunehmend zum Regelfall gewordene Berufstätigkeit von Frauen zu nennen, die für viele Frauen die Schwierigkeit der Vereinbarung von Familie und Beruf mit sich bringt. Dass es unter diesen Bedingungen für Familien geradezu unerlässlich werden kann, zur Kinderbetreuung auf die Großeltern zurückgreifen zu können, ist evident und liegt unmittelbar auf der Hand. Familien, die über eine solche »Ressource« nicht verfügen, müssen für andere private oder professionelle Betreuungsarrangements Sorge tragen, die oftmals auch mit finanziellen Aufwendungen verbunden sind. Andernfalls tragen sie selbst eine umso größere Doppelbelastung, die wiederum vor allem Frauen betrifft.[57]

Ähnliches gilt für die Entdeckung der »Potenziale« und »Kompetenzen« alter Menschen für ehrenamtliche Tätigkeiten (bürgerschaftliches Engagement). Deren Förderung und Mobilisierung rückt ebenfalls zu einer Zeit auf die politische und wissenschaftliche Agenda, in der vor dem Hintergrund neoliberaler Restrukturierungen sozialstaatliche Leistungen massiv reduziert und deren Organisation und Bereitstellung zunehmend, etwa in Form von Freiwilligenarbeit und Ehrenamt, auf die Bevölkerung selbst abgewälzt werden (vgl. Pinl 2013; Wegner 2014; Haubner 2017; Dyk/Haubner 2019).

Und selbst finanzielle Zuwendungen der älteren Generation an ihre Kinder und Enkelkinder, die in der Gerontologie im Sinne intergenerationaler Geldtransfers von der älteren an die jüngere Generation als gesellschaftlich relevante Leistung älterer Menschen verbucht werden, erscheinen durchaus in einem etwas anderen Licht, wenn man berücksichtigt, dass die Alten heute eine der sozialstaatlich am besten abgesicherten Bevölkerungsgruppen darstellen, während die junge, noch am Anfang oder mitten im Erwerbsleben stehende Generation mit zunehmend prekären Beschäftigungsverhältnissen konfrontiert ist und realistischerweise gar nicht mehr damit rechnen kann, selber noch in den Genuss einer Alterspension in lebensstandard- oder auch nur existenzsichernder Höhe zu kommen. Nicht zufällig zeigen Umfragen unter jungen Erwachsenen immer wieder, dass diese speziell bei der Frage der Pensionen besonders pessimistisch sind. Dass unter diesen Bedingungen die Bedeutung finanzieller Zuwendungen der alten an die junge Generation heute und in Zukunft zunehmen dürfte,[58] ist aus dieser Perspektive unmittelbar einsichtig, wäre aber ebenso wie die aktuelle Propagierung von Freiwilligenarbeit und Ehrenamt und die zunehmende Angewiesenheit von Familien auf informelle Unterstützungs- und Betreuungsleistungen der älteren Generation im Grunde als ein gesellschaftliches Krisenphänomen zu deuten, wobei vor allem letztere auf eine fortschreitende Erosion des historisch gewachsenen, gesellschaftlich abgespaltenen Reproduktionsbereichs und damit assoziierter Tätigkeiten und Leistungen hinweisen. Eben darauf beziehen sich aktuelle (vor allem feministische) Begrifflichkeiten und Debatten wie jene rund um die »Reproduktionskrise«. Roswitha Scholz (1998) spricht in diesem Zusammenhang sehr treffend von einer »Verwilderung des Patriarchats«.

Die Alten gleichsam als »Notnagel« in der gesellschaftlichen Reproduktionskrise und als »Reserve des neoliberalen Sozialstaats« (Wegner 2014) – das ist allerdings eine mehr als zweifelhafte Aufwertung, die den Alten hier zuteilwird. Jahrzehntelang hat kein Hahn nach ihnen gekräht, waren sie in eine »rollenlose« Existenz am Rande der Gesellschaft gedrängt, heute in Krisenzeiten sind sie hingegen gerade gut genug, um den sprichwörtlichen Karren aus dem Dreck ziehen zu helfen, wobei ihre Dienste vor allem für die gesellschaftlich schon traditionell minderbewerteten und unbezahlten Leistungen im Bereich der sozialen Reproduktion gefragt sind. Hier darf wahrscheinlich dasselbe gelten, was Roswitha Scholz mit Blick auf die »Aufwertung« und soziale Gleichstellung von Frauen feststellt: Ihr zufolge sind heute, in Zeiten der gesellschaftlichen Krise (die sich in besagter »Reproduktionskrise«, aber auch in Form von Finanz- und Wirtschaftskrisen darstellt), eindeutige Tendenzen erkennbar, die Verwaltung von Krisenfolgen bevorzugt auf Frauen abzuwälzen. Dies sei etwa ersichtlich an den »hauptsächlich von Frauen getragenen Selbsthilfeinitiativen in den Elendsvierteln der Welt« (Scholz 2013: 60), aber auch mit Blick auf die sukzessive Öffnung von gesellschaftlichen Bereichen wie Politik und Wirtschaft für Frauen in den kapitalistischen Kernländern. Hier stelle sich laut Scholz angesichts der gegenwärtigen gesamtgesellschaftlichen Situation die Frage,

> »ob Frauen nicht wieder einmal ›sinkende Schiffe‹ (…) erobern, wenn sie in die Kommandohöhen von Politik und Ökonomie im

Globalisierungsmaßstab vordringen, Makrobereiche also, die (…) selbst tendenziell einer Entwertung unterliegen, indem sie an Gestaltungsvermögen, Macht, Glaubwürdigkeit und Legitimationskraft verlieren« (ebd.).

Genauso wenig, wie sich diese Entwicklungen einseitig als gesellschaftliche Aufwertung von Frauen und als ein großer Schritt zur »Gleichstellung der Geschlechter« qualifizieren lassen, sondern vielmehr selbst als Krisenphänomene zu betrachten sind, durch die gerade auch Geschlechterhierarchien sowohl materiell-strukturell als auch kulturell-symbolisch reproduziert werden,[59] so wenig lässt sich die zunehmende gesellschaftliche Hinwendung zu den »Kompetenzen«, »Potenzialen« und zur (primär auf kapitalistisch »unproduktive« Tätigkeiten beschränkten) »Produktivität« der Alten als eine Aufwertung alter Menschen und eine praktische Negation ihrer kapitalistischen »Überflüssigkeit« interpretieren. Dass damit für manche ältere Menschen (ähnlich wie für Frauen) durchaus eine konkrete Verbesserung ihrer Situation und ihrer sozialen Stellung, im Vergleich zu ihrer früheren, praktisch vollständigen Marginalisierung, verbunden sein kann, braucht dabei nicht bestritten zu werden. Für eine differenzierte Bewertung sind aber auch der gesamtgesellschaftliche Kontext und die sozialen und historischen Rahmenbedingungen dieser Entwicklungen zu berücksichtigen, und diese sprechen bei genauerer Betrachtung kaum für eine grundsätzliche gesellschaftliche Aufwertung alter Menschen, sondern für eine selbst hoch problematische, gesellschaftspolitisch ins Werk gesetzte Rückholung alter Menschen in gesellschaftliche Vernutzungs- und Ausbeutungszusammenhänge, die darüber hinaus primär auf kapitalistisch ohnehin minderbewertete Care-Tätigkeiten beschränkt sind.

Ähnlich zweifelhaft ist das Vergnügen, von der Wirtschaft endlich als kaufkräftige und somit wirtschaftlich relevante Konsumzielgruppe entdeckt worden zu sein. Für die besonders Kaufkräftigen in der heute älteren Generation, deren Leben schon vor der Pensionierung, auf der Grundlage eines hinreichend hohen Erwerbseinkommens, durch die Massenkonsumkultur geprägt war und denen das mittlerweile bestehende Pensionsniveau nunmehr auch die entsprechenden Mittel in die Hand gibt, um ihre konsumorientierte Lebensweise auch im Ruhestand fortzusetzen, mag dies freilich eine Entwicklung sein, die sowohl subjektiv in der Regel positiv empfunden wird, als auch objektiv mit einem gewissen Zugewinn an individuellen Freiheiten und Lebensmöglichkeiten einhergeht. Vor allem postmoderne Theorieansätze innerhalb der Gerontologie sahen sich durch solche Entwicklungen seit den 1980er und 1990er Jahren dazu veranlasst, den dadurch entstehenden, historisch neuen Typus lifestyle-bewusster und konsumorientierter Alter zu einer Art »gesellschaftlicher Avantgarde« zu überhöhen (vgl. Gilleard 1996: 489), durch die traditionelle Altersbilder, in denen Alte lediglich als inaktive Ruheständler/innen und Bezieher/innen staatlicher Transferleistungen erscheinen, zunehmend aufgeweicht und herausgefordert würden. Nicht zuletzt für die Alter(n)sforschung selbst ergibt sich aus der Entdeckung der Alten durch die Wirtschaft ein beträchtliches neues Betätigungsfeld, allein schon wenn es darum geht, Altersbilder in der Werbung daraufhin zu analysieren, ob die Alten als Konsument/innen adäquat und hinreichend in ihren Konsumbedürfnissen angesprochen werden (vgl. exemplarisch Femers 2009; Gröppel-Klein 2012).

Aus einer (kapitalismus-)kritischen Perspektive betrachtet, stellt jedoch die soziale Rolle als Konsument/in in der kapitalistischen Gesellschaft im Grunde die Kehrseite der Reduktion von Menschen auf ihre ökonomische Verwertbarkeit als Humankapital dar. Im Kapitalismus ist der Mensch nur von Bedeutung, sofern er Arbeitskraft und/oder Konsument/in ist. Und nur wer seine Arbeitskraft zu verkaufen und ausreichend Geld zu verdienen vermag, verfügt überhaupt über die für den Konsum erforderliche Kaufkraft. Entsprechend nachteilig wirkt sich soziale Ungleichheit auf die »soziale Teilhabe« aus, die im Kapitalismus nicht unwesentlich aus Konsum besteht (ein Problem, das sich im Alter noch verschärft, da das Pensionssystem bestehende sozioökonomische Disparitäten perpetuiert). Am (Massen-)Konsum ist daher schon von vornherein weder etwas Emanzipatorisches, noch sonst irgendein positiver Anknüpfungspunkt, auf den sich eine kritische Sozialwissenschaft beziehen könnte. Wer sich wissenschaftlich einstweilen noch nicht dem Ausloten »ökonomischer Chancen« des demografischen Wandels und der »Potenziale« der Alten für die »Seniorenwirtschaft« verschrieben hat (und daher noch hinreichend sensibel dafür ist), kann der ökonomischen Reduktion älterer Menschen auf bloße Träger von Kaufkraft in nahezu jeder einschlägigen Publikation zum Thema »Alter und Konsum« oder »Wirtschaftsfaktor Alter« gewahr werden – selbst (und vielleicht sogar gerade) in solchen, in denen die »ökonomischen Chancen« mit einer Perspektive der Steigerung der »Lebensqualität« älterer Menschen kurzgeschlossen werden. Diese ältere Menschen auf Konsument/innen reduzierende ökonomische Rationalität wird bereits unmittelbar daran erkennbar, dass es in der Diskussion über wirtschaftliche Potenziale des Alters um konkrete Bedürfnisse älterer Menschen streng genommen gar nicht geht oder eben nur in ihrer ökonomisierten Gestalt als »kaufkräftige Nachfrage« – eine

Nachfrage, die gegebenfalls auch gegen konkrete Bedürfnislagen künstlich produziert werden muss. Hier gilt gewissermaßen, was der Philosoph Günther Anders bereits in den 1950er Jahren mit Blick auf den damals anhebenden Massenkonsum konstatierte: Unter Massenkonsumbedingungen ist es immer weniger der einzelne Mensch, der als »Subjekt des Bedürfnisses« gilt, sondern vielmehr das jeweils abzusetzende Produkt selbst, das zunehmend als das eigentliche »Subjekt der Nachfrage« erscheint (Anders 1992 [1956]: 39f.). Nicht sinnliche, menschliche Bedürfnisse diktieren also die Herstellung von Produkten, sondern die Produkte diktieren umgekehrt die Bedürfnisse der Menschen als Konsument/innen. Von der Produktion entsprechender Bedürfnisse lebt bekanntlich ein gigantischer Komplex einer sogenannten Reklamewirtschaft. Im Feld der Seniorenwirtschaft könnte diese »Umkehrung der zeitlichen Reihenfolge« (ebd.: 39) von Angebot und Nachfrage wohl nirgendwo deutlicher zum Ausdruck kommen als mit Blick auf die bereits erwähnten digitalen Technologien zum »umgebungsunterstützten Leben« älterer Menschen (AAL), die heute als die kommende »Boombranche« der Seniorenwirtschaft schlechthin gehandelt werden. Empirische Befunde, wonach unter älteren Menschen (jedenfalls soweit es die heutige Altengeneration betrifft) – sei es mangels hinreichender Kenntnis, sei es mangels Akzeptanz digitaler Technologien – eine verschwindend geringe Nachfrage nach entsprechenden »AAL-Lösungen« besteht, dieses Segment der Seniorenwirtschaft also der Tendenz nach an den tatsächlichen Bedürfnissen der Menschen vorbei produziert (vgl. BMFSFJ 2016: 252f.), werden hier nicht etwa zum Anlass genommen, das abzusetzende Produkt und dessen Gebrauchswert für die Menschen zu hinterfragen, stattdessen wird ein ganzer Propagandaapparat in Gang gesetzt, der darauf zielt, entsprechende Bedürfnisse in den Menschen zu erzeugen. Vor dem Hintergrund, dass der erhoffte »Boom« der AAL-Branche einstweilen noch auf sich warten lässt, ist die vor allem aus Technologieentwicklern und Gerontolog/innen zusammengesetzte »AAL-Community« daher seit Jahren überwiegend damit beschäftigt, ihre »Visionen« für ein technologiegestütztes Leben im Alter unter ihre potenziellen Kund/innen zu bringen. Selbstverständlich werden aber auch und gerade assistive Technologien (wie zumeist, wenn eine primär aus wirtschaftlichen Gründen forcierte Technologieentwicklung mit einem allgemeinen gesellschaftlichen Nutzen legitimiert werden soll) vor allem mit dem Anspruch beworben, die »Lebensqualität« und die »soziale Teilhabe« älterer Menschen fördern zu wollen – ungeachtet der Tatsache, dass Lebensqualität und soziale Teilhabe schlechterdings gar keine technologischen, sondern in erster Linie gesellschaftliche Probleme sind, die daher auch nur durch entsprechende gesamtgesellschaftliche Veränderungen zu lösen wären.

Noch deutlicher wird die Reduktion älterer Menschen auf »ökonomische Faktoren« und auf bloße Träger von Kaufkraft daran sichtbar, dass diese den positiven Status, der ihnen mittlerweile als potenziell kaufkräftige Konsumentengruppe zugeschrieben wird, stets nur solange genießen, wie sie ihre Kaufkraft auch entsprechend in Konsum umsetzen. Nur allzu schnell ertönt die Klage, alte Menschen würden ihr Geld lieber sparen, anstatt es auszugeben, wird ihnen also ein unzureichendes und wirtschaftlich problematisches Konsumverhalten bescheinigt. Nicht von ungefähr ist das Konsumverhalten älterer Menschen ein Gegenstand der Forschung und steht gewissermaßen unter wissenschaftlicher Beobachtung, wobei bis dato festgestellt werden kann, dass die Konsumquote tatsächlich mit dem Alter sinkt. Studien über die Konsumausgaben in der Bevölkerung ergeben überwiegend, dass Pensionistenhaushalte deutlich weniger für Konsum ausgeben als Erwerbstätigenhaushalte (vgl. Riedel/Hofer 2018: 9ff.). Dieser Rückgang des Konsums setzt sich darüber hinaus mit weiter steigendem Alter kontinuierlich fort. So gibt die Altersgruppe der über 85-Jährigen im Vergleich mit den 50- bis 54-Jährigen ein Drittel weniger für Konsum aus (vgl. Thieme 2008: 252). Die einzigen Bereiche, in denen alte Menschen mehr Geld ausgeben als jüngere, sind Wohnen, Energie und Wohnungsinstandhaltung sowie – wenig überraschend – Gesundheitspflege (Medikamente etc.). Dies dürfte auch der Hauptgrund dafür sein, dass sich die Wirtschaft vor allem auf die sogenannten »Best Agers« (Pompe 2012) konzentriert, also auf »junge Alte« (50 plus), wo sie sowohl auf eine hohe Kaufkraft als auch auf eine nach wie vor recht hohe Konsumneigung trifft. Die »alten Alten« im »vierten Lebensalter« – das heißt die Hochaltrigen und Gebrechlichen – sind hingegen auch heute noch für den Konsum und somit für die Wirtschaft insgesamt so gut wie uninteressant. In Erscheinung treten diese allenfalls als Bezieher/innen von Pflege- und Betreuungsdienstleistungen – ein Feld, das zwar gelegentlich auch als potenzielle »Boombranche« der Seniorenwirtschaft gehandelt wird, gesamtgesellschaftlich allerdings nicht zuletzt als Kostenfaktor aufscheint; sind all dies ja Formen des »Konsums«, die zwar nicht ausschließlich, aber doch zum großen Teil durch staatliche Gesundheits- und Pflegesysteme alimentiert werden müssen und daher gesellschaftlich – anders als etwa die »Potenziale« der »Best Agers« für die Seniorenwirtschaft – nicht unter »Chancen«, sondern primär unter »Herausforderungen« des demografischen Wandels diskutiert werden.

Mag also die Entbehrlichkeit der Alten für die soziale Reproduktion heute längst nicht mehr so eindeutig sein, wie sie es lange Zeit traditionell war, weil die Alten mittlerweile als informelle und unbezahlte »Dienstleister/innen« innerhalb der Familie oder für ehrenamtliche Tätigkeiten angerufen werden sowie als Konsument/innen einer wachsenden Seniorenwirtschaft, die den demografischen Wandel und die in den letzten Jahrzehnten deutlich gestiegene Kaufkraft der Alten profitträchtig für sich zu nutzen hofft – ihre gesellschaftliche Aufwertung erweist sich dennoch (und teilweise sogar: gerade deshalb) als zweifelhaft. Für das, was in der kapitalistischen Gesellschaft sowohl strukturell als auch normativ im Mittelpunkt steht – die Lohnarbeit –, sind die Alten als Ruheständler/innen, Pensionist/innen und Rentner/innen auch heute noch so »überflüssig« und damit aus kapitalistischer Sicht »unproduktiv« wie eh und je. Dementsprechend hartnäckig halten sich gesellschaftliche Konnotationen des Alters mit »Unproduktivität«, die die Gerontologie durch ihr Beharren auf der »Produktivität«, den »Kompetenzen« und den »Potenzialen« der Alten so angestrengt wie vergeblich zu überwinden sucht.

4.4 Überflüssigkeit als totale Institution: das Altenheim

Die Analyse der kapitalistischen Überflüssigkeit der Alten hat sich bislang nahezu ausschließlich auf den »strukturellen Grundtatbestand« (Kohli) des Ruhestands beschränkt. Die Ausgliederung der Alten aus der im Kapitalismus zentralen Sphäre der Erwerbsarbeit, so wurde argumentiert, versetzt diese in einen Status der gesellschaftlichen Entbehrlichkeit, der sich wiederum in negativen Konnotationen des Alters beziehungsweise alter Menschen mit »Unproduktivität« und »Nutzlosigkeit« artikuliert. Es wurde dabei auch gezeigt, dass dieser Status der »Überflüssigkeit« das Resultat eines historischen Prozesses war, im Zuge dessen vor dem Hintergrund von kapitalistischer Industrialisierung auf der einen und, parallel dazu, eines sukzessiven Anstiegs der Lebenserwartung auf der anderen Seite eine stetig wachsende Masse älterer Menschen entstand, deren Arbeitskraft immer weniger verkäuflich war, und sich somit zunehmend die Frage ihrer sozialen Sicherung stellte. Gelöst (oder vielmehr verwaltet) wurde dieses Problem nach und nach durch die Einführung allgemeiner Rentenversicherungen, die Menschen nach ihrem altersbedingten Ausscheiden aus der Arbeit ein mehr oder weniger existenzsicherndes erwerbsloses Einkommen garantierten. Damit wurde aber auch die zunächst auf die wirtschaftliche und Arbeitssphäre beschränkte, sich in einem Wettbewerbsnachteil alter Menschen auf dem Arbeitsmarkt darstellende Entbehrlichkeit als Arbeitskraft (oder betriebswirtschaftlich formuliert: »Humankapital«) gesellschaftlich institutionalisiert. Nunmehr gehörten sie ganz offiziell zum »alten Eisen«, war ihre Überflüssigkeit für die Arbeit somit amtlich und waren die Alten primär ein Objekt wohlfahrtsstaatlicher Verwaltung und Fürsorge.

Das traditionell insbesondere Frauen betreffende Überflüssigwerden für den von der Produktion respektive der Arbeit abgespalteten Bereich der sozialen Reproduktion stellt im Grunde nur die Kehrseite jenes Überflüssigwerdens für die Arbeit dar, wie es im Ruhestand institutionalisiert ist. Nicht einmal mehr für kapitalistisch ohnehin minderbewertete reproduktive Tätigkeiten wie die Betreuung und Erziehung von Kindern, die alltägliche Fürsorge für die Familie und dergleichen gebraucht zu werden, komplettiert gewissermaßen die »rollenlose Rolle« alter Menschen in der Gesellschaft und begründet eine umfassende gesellschaftliche »Überflüssigkeit« insofern, als sich diese somit auf Produktion und Reproduktion gleichermaßen erstreckt. Die Überflüssigkeit für reproduktive Tätigkeiten ist in der Gegenwart zwar nicht mehr so eindeutig wie noch vor einigen Jahrzehnten und wird heute tendenziell infrage gestellt durch die zunehmende Angewiesenheit vieler Doppelverdiener- oder Alleinerzieher-Familien auf informelle Kinderbetreuungsleistungen von Großeltern, durch die gesellschaftliche Anrufung älterer Menschen für ehrenamtliche Tätigkeiten oder durch die Entdeckung der Alten als Konsument/innen durch eine stetig wachsende »Seniorenwirtschaft«. Weshalb diese Entwicklungen dennoch nicht so ohne Weiteres als Hinweis auf eine gesellschaftliche Aufwertung alter Menschen oder als Argument gegen die in dieser Arbeit behauptete, durch die Struktur der kapitalistischen Arbeitsgesellschaft gesetzte »Überflüssigkeit« der Alten betrachtet werden können, wurde im vorangegangenen Kapitel diskutiert.

Es gibt nun neben dem Ruhestand noch eine weitere Institution, die sich im Kapitalismus zur gesellschaftlichen Verwaltung des Alters entwickelt hat und in der die kapitalistische »Überflüssigkeit« der Alten vielleicht sogar noch eindeutiger und krasser ihre institutionelle Entsprechung findet, als dies beim Ruhestand der Fall ist: *das Altenheim*. Das Altenheim als Institution ist in erster Linie ein gesellschaftlicher Ort des »vierten Alters«, des hohen, kranken und abhängigen Alters. In Österreich lebten im Jahr 2017 59 143 Personen im Alter von 70 plus in einer Heil- und Pflegeanstalt oder in einem Pensionisten- beziehungsweise Altersheim.[60] Das entspricht einem Anteil von etwas mehr als fünf Prozent in dieser Altersgruppe. Die Wahrscheinlichkeit für einen Eintritt ins Alters- oder Pflegeheim nimmt mit weiter steigendem Alter allerdings deutlich zu. Im Alter von 80 plus beträgt der Anteil der Pflegeheimbewohner/innen bereits elf

Prozent und steigt auf 16 Prozent bei einem Alter von 85 plus. Auf der anderen Seite – auch das verdeutlichen diese Zahlen – wird der weit größte Teil alter Menschen bei Pflegebedürftigkeit nicht in einem Altenheim, sondern im Privathaushalt betreut, vor allem von Angehörigen (hauptsächlich Frauen) oder auch von kommerziellen Pflege- und Betreuungsdiensten (in Österreich zum Beispiel die sogenannte »Heimhilfe«). Seit einigen Jahren besteht in manchen Ländern auch die Möglichkeit einer sogenannten »24-Stunden-Betreuung«[61], zumeist durch ausländische, insbesondere osteuropäische Pflegekräfte (ebenfalls hauptsächlich Frauen) – eine neue Form der nicht-institutionellen Altenpflege, die in sozialer Hinsicht nicht nur als problematisch, sondern im Grunde als katastrophal zu bezeichnen ist. Die durch gewerbliche Agenturen ins Land geholten und an ihre »Kund/innen« vermittelten Pflegekräfte erbringen ihre Tätigkeiten in der Regel nicht nur zu niedrigen Löhnen, sondern müssen dabei auch ihre Familie oft über längere Zeiträume hinweg in ihrem Herkunftsland zurücklassen, was sie selbst dazu zwingt, die Betreuung ihrer Kinder oder älterer Familienmitglieder auf andere, zum Beispiel Angehörige, auszulagern. Tine Haubner spricht mit Blick auf diese kaum tragbaren Arbeits- und Lebensbedingungen migrantischer Pflegerinnen zu Recht von den »Sklavinnen des 21. Jahrhunderts« (Haubner 2017: 370ff.).

Altersheime beherbergen somit nur eine (wenn auch durchaus beträchtliche) Minderheit alter Menschen – insbesondere solche, deren Pflegebedürftigkeit ein Ausmaß erreicht hat, das eine Pflege und Betreuung in den eigenen vier Wänden durch Angehörige oder professionelle Pflegedienstleister erschwert,[62] aber auch Personen, welchen informelle oder andere, alternative Betreuungsarrangements mangels sozialer und ökonomischer Ressourcen nicht zur Verfügung stehen. Diesen bleibt oftmals nur der Umzug in ein Altenheim.[63]

Als ein kräftiges Indiz und gewissermaßen als Gradmesser für den konstitutiven Zusammenhang von Altenheimen und einer gesellschaftlichen »Überflüssigkeit« alter Menschen kann bereits die öffentliche Wahrnehmung und die Art und Weise, wie das Phänomen »Altenheim« in gesellschaftlichen Diskursen verarbeitet beziehungsweise konstruiert wird, herangezogen werden. Weit verbreitet sind Konnotationen von Altenheimen mit einem »Abschieben« und einer menschenunwürdigen »Verwahrung« alter Menschen. Besonders in der medialen Berichterstattung erscheinen Altenheime oftmals als bloße Verwahranstalten, in denen alte Menschen jede Menschenwürde einbüßen. Darstellungen wie die nachfolgend zitierte stehen hier nur exemplarisch für viele andere, wie sie periodisch in den Medien und populärwissenschaftlichen Abhandlungen auftauchen:

»»In den über 7000 Heimen [in Westdeutschland, A. S.] haben mehr als 500000 Bewohner zu oft ihre individuelle Menschenwürde mehr oder weniger verloren. Die Bewohner haben sich einem in der Regel preußisch geordneten Ablauf- und Dienstplan unterzuordnen, dessen Maßstäbe allein auf Sauberkeit und Ordnung eingerichtet sind. Für die allermeisten beginnt am Tag ihres Einzugs ein Albtraum, der bis an das Lebensende andauert.‹ Trude Unruh nennt das: Tatort Pflegeheim. Ein SPIEGEL-Report über die westdeutschen Alten- und Pflegeheime beobachtet: Unterschiedslos werden Greise und Greisinnen, leichte wie schwere Pflegefälle, nach strammdeutschen Dienstplänen geweckt, gewaschen, gewendet, gefüttert, auf den Topf gesetzt, ins Bett geordert – Pflege im Akkord, Versorgung im Fließbandverfahren (...). Das ist das alltägliche Elend in den abgeschiedenen Endlagerstätten, wo die Gesellschaft ihre Alten verwahrt.« (Mohl 1993: 102f.)

Das Bild des Altenheims als Verwahranstalt ist auch Teil der Populärkultur und prägt unter anderem die Thematisierung vo Altenheimen in Film und Literatur. Ein seit den 1980er Jahren entstandenes Genre des Pflegeheim-Romans[64] schildert in drastischer Weise, oftmals in Form eines Thrillers oder Gruselromans, den tristen Alltag im Altenpflegeheim, wo Alte und Pflegebedürftige einem grausamen und entmenschlichenden Regime gefühlskalter, inhumaner Pfleger/innen in einer ebenso inhumanen und kalten Institution ausgeliefert sind und sich ihre Menschenwürde gegen widrigste Verhältnisse und vielfältige Mechanismen der Disziplinierung bewahren müssen. Das Altenheim wird als Ort dargestellt,

»an dem das Selbst vom Verschwinden bedroht ist; als ein liminaler Raum zwischen Leben und Tod, als ein Ort des Grauens, des Horrors und des Verlusts jeglicher Autonomie und Identität. (...) Das hohe Alter und die Zeit der Pflegebedürftigkeit sind in solchen Texten und Filmen als eine Phase der Agonie und des unfassbaren Leidens erzählt (...).« (Kriebernegg 2018a: 102)

Mitunter geistern die Insassen in solchen Romanen auch als lebende Tote »in verlassenen Schlössern, die zu Altersheimen umfunktioniert sind, umher und existieren dort, auf den Tod wartend, als Zombies in einer Art zeitlosem Zwischenraum« (ebd.). Zuweilen finden sich auch Vergleiche von Altenheimen mit Gefängnissen und sogar Konzentrationslagern: »I am in a concentration camp for the old, a place where people dump their parents or relatives exactly as though it were an ash can« (May Sarton, zit. n. Kriebernegg 2018a: 104, Fn. 15).

Auch im wissenschaftlichen Diskurs erscheint das Altenheim häufig als »totale Institution« – als eine Einrichtung, in der alte Menschen faktisch eingeschlossen, in ihrem Bewegungs- und Verhaltensspielraum massiv eingeschränkt und einem durch das Heim vorgegebenen rigiden und restriktiven Tagesablauf- und Zeitplan unterworfen werden (vgl. Anthes 1975; Hummel 1982; Knobling 1988; Koch-Straube 1997; Heinzelmann 2004). Bereits Erving Goffman, auf den der Begriff der »totalen Institution« zurückgeht, subsumierte Altenheime ausdrücklich unter diese Kategorie, wobei er diese der ersten von insgesamt fünf Gruppen zuordnete, in die er »totale Institutionen« differenzierte. Altenheime gehören demnach zu einer Gruppe von »Anstalten, die zur Fürsorge für Menschen eingerichtet wurden, die als unselbständig und harmlos gelten« (Goffman 1973: 16). Der Charakter des Altenheims als »totale Institution« lässt sich in etwa wie folgt beschreiben:

»[D]ie PflegeheimbewohnerInnen [verlassen] nur sehr selten das Heim und dies nur in Begleitung anderer Personen. Auch die Besucher werden registriert, Besuche können ferner durch das Personal eingeschränkt werden. Die Mitglieder verfügen praktisch über keine Privatsphäre mehr, die nicht der Kontrolle des Personals unterliegt. Ihr Leben spielt sich vollständig unter der Aufsicht der MitarbeiterInnen und auch der MitbewohnerInnen ab. Gemäß den Zielen der Institution [existieren] Pläne, durch die Wach-, Schlaf- und Essenszeiten, sowie Behandlungen und Freizeitaktivitäten zeitlich geregelt sind. Differenzen bestehen hinsichtlich der Art der Mitgliedschaft in der Institution Pflegeheim. Diese bewegt sich zwischen den Extrempunkten Freiwilligkeit und Zwang, sie ist in jedem Einzelfall unterschiedlich gelagert. Damit verknüpft ist die Tatsache, dass die BewohnerInnen eines Pflegeheimes – bei individuellen Unterschieden – oftmals physisch und psychisch stark eingeschränkt sind. Die Einschränkungen sind oftmals so gravierend, dass eine Verletzung der persönlichen Sphäre durch die MitarbeiterInnen unumgänglich ist.« (Heinzelmann 2004: 60)

Besonders alten Menschen selbst bereitet die Aussicht auf ein Leben im Alten- beziehungsweise Pflegeheim sichtliches Unbehagen und wird oftmals mit einer »Abschiebung« und einem unwürdigen Dahinvegetieren gleichgesetzt. Es gehört zu den empirisch evidentesten Befunden der

Alter(n)sforschung und stellt innerhalb der Gerontologie geradezu einen Gemeinplatz dar, dass alte Menschen bis an ihr Lebensende in den eigenen vier Wänden verbleiben möchten und einen Umzug ins Altenheim überwiegend ablehnen oder höchstens als Ultima Ratio in Erwägung ziehen. Nicht selten trifft man auf Aussagen, wonach alte Menschen eher zu sterben wünschen als in einem Pflegeheim zu enden (vgl. ÖPIA 2018: 54ff.). Auch dies verdankt sich nicht zuletzt den negativen Konnotationen, die das Altenheim überwiegend auf sich zieht. Es ist das, wofür das Altenheim symbolisch steht, und die Ahnung davon, was dort mit Alten und Gebrechlichen geschieht, die den Umzug in ein Altenheim für die Menschen so bedrohlich erscheinen lassen: das Verwahrtwerden in einer anonymen Anstalt, die alte Menschen gleichsam in einen »Haufen Knochen« verwandelt, wie es Jaber Gubrium und James Holstein sehr treffend formulieren: »The nursing home (…) also serves as a source of anxiety because of what is said to be known about ›those places‹ allegedly turning frailty into a ›bunch of bones‹« (Gubrium/Holstein 1999: 521).

Ausgehend von diesem verbreiteten, zutiefst negativen Bild vom Altenheim kann also zunächst einmal festgehalten werden, dass im gesellschaftlichen Diskurs offenbar ein recht deutliches, zumindest implizites Wissen über die »Überflüssigkeit« aufgespeichert ist, in die alte Menschen in der modernen Gesellschaft versetzt werden, und die durch die Einrichtung des Altenheims geradezu institutionell und sogar architektonisch verkörpert wird. Dies unterscheidet das Altenheim durchaus vom oben besprochenen Ruhestand: Im Ruhestand befindet sich der Status der Überflüssigkeit, wie gezeigt, eher in einem Zustand der Latenz. Deshalb wird der Ruhestand von den meisten Menschen eben nicht nur negativ gesehen, sondern eher im Gegenteil sogar recht positiv bewertet, im Sinne einer »späten Freiheit« oder eines »Lebensfeierabends« (vgl. Mayring 2000; Denninger/Dyk 2017). Der im Ruhestand latent angelegte Status der »Überflüssigkeit« kann aber jederzeit in eine manifeste Form übergehen, etwa wenn der Ruhestand als Zwangspassivierung und als ein Nicht-mehr-gebraucht-Werden erlebt wird, was bis hin zur Depression gehen kann. Oder wenn die Institution des Ruhestands gesellschaftlich als solche problematisch wird, was sich heute angesichts einer befürchteten Unfinanzierbarkeit von Pensionssystemen in Diskursen einer »gesellschaftlichen Überalterung« Ausdruck verschafft, in denen alte Menschen zunehmend als das erscheinen, was sie als Ruheständler/innen unter kapitalistischen Prämissen de facto sind: Bezieher/innen von erwerbslosen Einkommen und damit im Prinzip Unproduktive, die gesellschaftlich erhalten werden müssen.

Beim Altenheim hingegen erscheint der Status der »Überflüssigkeit« immer schon in manifester Form. Entsprechend dominant sind gesellschaftliche Diskurse über das Altenheim als Verwahranstalt und »totale Institution«. Dass diese Diskurse, speziell solche, wie sie in der medialen Berichterstattung oder in literarischen Formen wie dem Pflegeheim-Roman (re)produziert werden, häufig ein reißerisch zugespitztes und durch mehr oder weniger starke Übertreibungen verzerrtes Abbild der gesellschaftlichen Realität von Altenheimen wiedergeben, mag im Einzelnen sicherlich den Wahrheitsgehalt und die Glaubwürdigkeit ihrer Darstellungen schmälern. Trotzdem (oder gerade deshalb) wird an ihnen besonders deutlich, was sich in ihnen, in wie auch immer zugespitzter oder übertriebener Form, reflektiert – eben die unabweisbare Ahnung und das diffuse Unbehagen vor dem inferioren Status, in dem sich alte Menschen in der kapitalistischen Gesellschaft befinden. Die bloße Existenz, die Funktion und die konkrete Form des Altenheims (auch wenn sich Letztere in den vergangenen Jahrzehnten stark verändert hat) verweisen offensichtlich zu sehr auf die gesellschaftliche »Überflüssigkeit« der Alten, als dass sich diese und die damit assoziativ gekoppelte »Verwahrung« alter Menschen in einer Anstalt so ohne Weiteres leugnen und verdrängen ließe.

Politik, Wissenschaft und insbesondere die Betreiber von Altenheimen sind zunehmend bemüht, diesem extrem negativen gesellschaftlichen Bild vom Altenheim entgegenzuwirken – mit mehr oder weniger großem Erfolg. In Informationsbroschüren werben Altenheime heute mit ihrer schönen und ruhigen Lage, der Wohnlichkeit ihrer Zimmer (die mittlerweile zum Teil die Form luxuriöser Appartements haben können) und einem abwechslungsreichen Aktivitätsangebot. Vor allem die Wahrung und Achtung der persönlichen Würde und Individualität – im gesellschaftlichen Bild der »Verwahranstalt« ansonsten gerade das Gegenteil dessen, was Menschen mit einem Altenheim verbinden – wird als oberstes Prinzip des pflegerischen Handelns in Alten- und Pflegeheimen hervorgehoben. Das folgende Zitat aus der Broschüre eines deutschen Pflegeheimbetreibers steht hier exemplarisch für zahlreiche andere (Selbst-)Beschreibungen, wie sie einem im Feld der Altenpflege heute täglich begegnen:

> »Unser Alten- und Pflegeheim (…) ist ein helles und freundliches Haus. Es ist senioren- und rollstuhlgerecht. Bei uns gibt es viel Raum zum Leben – breite Flure, großzügige Gemeinschaftsräume, viele gemütliche Sitzecken und Wintergärten. Wir legen Wert auf eine wohnliche Atmosphäre. [Absatz] Wer bei uns Zuhause ist, richtet sein Zimmer ganz nach dem eigenen Geschmack ein. Viele unse-

rer Bewohner gestalten ihre Zimmer selbst und bringen ihren Lieblingssessel, Teppiche oder auch Bilder mit. Wir statten Ihr Zimmer mit allem aus, was für eine gute Betreuung und Pflege notwendig ist. (…) Ziel unseres Handelns ist es, Ihre Würde und Eigenständigkeit zu erhalten und zu respektieren und Ihnen dort zur Seite zu stehen, wo Sie unsere Hilfe benötigen.«[65]

Der Horrifizierung des Altenheims als Abschiebe- und Verwahranstalt steht somit auf der anderen Seite dessen Idealisierung als »Ort zum Leben« gegenüber. Der gesellschaftliche Altenheim-Diskurs kann vor diesem Hintergrund als ein stark polarisierter Diskurs beschrieben werden, wobei dessen Pole jedoch nicht einfach zwei gegensätzliche, einander ausschließende Sichtweisen auf das Phänomen »Altenheim« markieren, sondern vielmehr permanent aufeinander verweisen: Das schöne, positive Bild des Altenheims scheint eher auf das vorherrschende Negativ zu reagieren. Das Altenheim muss in umso wärmeren Farben gemalt, muss umso menschlicher und freundlicher dargestellt werden, je mehr die Menschen mit ihm den Verlust all dessen verbinden, was sie in ihrem Selbstverständnis zu Menschen macht – ihre Würde und ihre Individualität. Umgekehrt bricht sich das tiefsitzende Unbehagen vor dem Altenheim umso mehr Bahn, je stärker sich die Ahnung oder gar die Gewissheit geltend macht, dass das öffentlich verbreitete idealisierte Bild des Altenheims eben ein idealisiertes ist, je mehr also die Idealisierung als Idealisierung kenntlich wird. Hierfür ist es nicht erst erforderlich, dass wieder einmal einer der periodisch ans Licht kommenden Pflegeheimskandale publik wird, sondern es genügt schon, dass man – und sei es nur gerüchteweise von Personen aus dem näheren Bekanntenkreis, deren Partner, Eltern oder Großeltern in ein Pflegeheim umgezogen sind – zu hören bekommt, was man ohnehin längst »weiß«: dass mit dem Eintritt ins Altenheim das Leben eigentlich vorbei ist. Horrifizierung und Idealisierung sind so gesehen zwei nicht zufällig nebeneinander auftretende und wechselseitig miteinander vermittelte Erscheinungsformen des gesellschaftlichen Altenheim-Diskurses. Sie verweisen auf den inferioren Status des Alters in der Gesellschaft, wie er sich auf besonders krasse Weise in der Institution des Altenheims manifestiert. Die Horrifizierung des Altenheims bildet diesen negativen Status reflexhaft (und entsprechend unreflektiert und überzeichnet) ab, die Idealisierung hingegen negiert ihn bloß abstrakt. Auf ihre jeweils eigene und auf je spezifische Art befangene Weise teilen jedoch beide intensiv etwas von der kapitalistisch-modernen »Überflüssigkeit« der Alten mit.

Hinsichtlich der im gesellschaftlichen Diskurs sich widerspiegelnden (entweder horrifizierten oder verleugneten) Funktion von Altenheimen zur Verwahrung alter Menschen als »Überflüssige« erscheint es sinnvoll, abermals einen kleinen historischen Exkurs zu unternehmen. Bei gesellschaftlichen Diskursen stellt sich stets die Frage nach deren materiell-strukturellen Voraussetzungen und historischen Rahmenbedingungen. Diskurse zirkulieren nicht einfach beliebig in einem gleichsam luftleeren Raum, sondern bilden sich unter historisch-konkreten gesellschaftlichen Verhältnissen heraus, auf die sie daher immer Bezug nehmen, indem sie für diese gültige und »wahre« Aussagen zu machen beanspruchen.[66] Ein Blick auf die Entstehungsgeschichte des Altenheims und seiner historisch gewachsenen Funktion in der kapitalistischen Gesellschaft vermag daher – ähnlich wie dies in den vorangegangenen Kapiteln mit Blick auf den Ruhestand und die dadurch gesetzte »Unproduktivität« und »Entbehrlichkeit« alter Menschen versucht wurde – den gesellschaftlichen Altenheim-Diskurs in seinen sozialen und historischen Voraussetzungen zu erhellen. Der folgende Exkurs muss dabei schon deshalb sehr kursorisch bleiben, da sich Forschungsstand und Quellenlage zur Geschichte des Altenheims als vergleichsweise dürftig erweisen. Verglichen mit anderen »totalen Institutionen« wie etwa Gefängnissen oder Psychiatrien wurde die historische Entstehung und Entwicklung des Altenheims bislang recht wenig erforscht. Auch darin mag sich in gewisser Weise der ganz eigene Status der Alten als »Überflüssige« ausdrücken: Noch als Forschungsgegenstand sind Alte und ihre gesellschaftliche Behandlung so nebensächlich und irrelevant, wie Alte es für die Gesellschaft selbst sind. Strafgefangene und »Geisteskranke« zeichnen sich immerhin durch einen hohen Grad an sozialer Devianz aus, auch waren sie in der Vergangenheit zum Teil Gegenstand politischer Bewegungen (siehe etwa die Antipsychiatrie-Bewegung der 1970er Jahre). Alte sind hingegen bloß alt geworden und müssen bei Verlust ihrer Selbsthilfefähigkeit betreut und gepflegt werden – und wenn nicht von Angehörigen oder anderen in den eigenen vier Wänden, dann eben in einem Pflegeheim.

Über diese marginale Rolle der Alten als Objekte gesellschaftlicher »Fürsorge« instruiert nicht zuletzt Goffmans Klassifikation »totaler Institutionen«: Alte gelten Goffman, wie schon erwähnt, als »unselbstständig«, aber »harmlos«, weshalb er Altenheime auch der ersten von insgesamt fünf Gruppen totaler Institutionen zurechnet. Psychiatrische Anstalten und Gefängnisse sind hingegen Institutionen für Personen, die »unbeabsichtigt« (Geisteskranke) oder »beabsichtigt« (Kriminelle) eine »Bedrohung« für die Gesellschaft darstellen (vgl. Goffman 1973: 16f.). Die Bedrohung, die von diesen Personengruppen (aus Sicht der Gesellschaft) ausgeht und der entsprechende gesellschaftliche Umgang mit ihnen macht Geisteskranke und Strafgefangene, so könnte man vor diesem Hintergrund sagen, zu wesentlich »spannenderen« Forschungsobjekten als die in ihrer (im Altenheim institutionell vergegenständlichten) sozialen Irrelevanz verschwindenden Alten.[67] Auch das Werk von Michel Foucault mag als Indikator für die stiefmütterliche Behandlung von Altenheimen in der Forschung zu »totalen Institutionen« herangezogen werden können. Foucault hat sich wahrscheinlich wie kein anderer so breit und umfassend mit der Geschichte von Institutionen wie Gefängnissen, Psychiatrien oder Krankenhäusern befasst – eine Studie über Altenheime als Orte der Verwahrung von Alten sucht man bei ihm hingegen vergeblich. In seinen Untersuchungen über Gefängnisse und Irrenanstalten, in denen er auch allgemeinere gesellschaftliche Prozesse der Einschließung und Disziplinierung thematisierte, kommen Alte, wenn überhaupt, nur sehr beiläufig zur Sprache.[68] Immerhin in einem Aufsatz erwähnt er ausdrücklich das Altenheim als Beispiel für eine von ihm so genannte »Heterotopie«. Damit bezeichnet Foucault gesellschaftliche »Gegenräume«, im Sinne von Orten des »Andersseins«. Er differenziert dabei wiederum eine Gruppe von »Abweichungsheterotopien«, die laut Foucault Menschen beherbergen, »die sich im Hinblick auf den Durchschnitt oder die geforderte Norm abweichend verhalten« (Foucault 2013b: 12). Und hier wären ihm zufolge auch Altenheime zu nennen,

»denn in einer so beschäftigten Gesellschaft wie der unsrigen ist Nichtstun fast schon abweichendes Verhalten. Eine Abweichung, die als biologisch bedingt gelten muss, wenn sie dem Alter geschuldet ist, und dann ist sie tatsächlich eine Konstante, zumindest für alle, die nicht den Anstand besitzen, in den ersten drei Wochen nach der Pensionierung an einem Herzinfarkt zu sterben.« (ebd.: 12f.)

Damit hat Foucault den Charakter und die soziale Funktion von Altenheimen ziemlich präzise erfasst: die Verwahrung gesellschaftlich Unproduktiver und damit »Überflüssiger«.[69]

Alles in allem kann aber konstatiert werden, dass eine kritische Rekonstruktion und Analyse der Geschichte des Altenheims bis heute ein Desiderat und das Altenheim die unter allen »totalen Institutionen« vielleicht am meisten vernachlässigte geblieben ist. Dass von der Gerontologie eine verschwindend geringe Initiative ausgeht, diese Forschungslücke zu schließen, liegt wohl nicht zuletzt darin begründet, dass diese eher dazu neigt, den Status der »Überflüssigkeit« alter Menschen in der kapitalistischen Gesellschaft schlicht zu leugnen und sich stattdessen der Propagierung eines positiveren Altersbildes zu widmen.[70] Gerade auch die (zweifellos erheblichen und nicht zu vernachlässigenden) Veränderungen, die Altenheime in den letzten Jahrzehnten erfahren haben, gelten Gerontologinnen und Gerontologen überwiegend als Bestätigung, dass Altenheime längst keine Verwahranstalten mehr sind, weshalb eine Problematisierung des Altenheims im Sinne einer »totalen Institution« als nicht mehr zeitgemäß erscheint (so etwa sinngemäß Prahl/Schroeter 1996: 173). Martin Heinzelmann weist in diesem Zusammenhang auch darauf hin, dass das Konzept der »totalen Institution« besonders in der Zeit nach seiner Grundlegung durch Erving Goffman in den 1970er und 1980er Jahren eine gewisse Konjunktur hatte und die Forschung über Altenheime inspirierte. In den folgenden Jahren geriet es aber wieder zunehmend an den Rand des Interesses. Auch er führt das auf die seither durchgeführten Modifikationen an den bisherigen Heimen, hin zu betreuten Wohnhäusern und Seniorenresidenzen, zurück (vgl. Heinzelmann 2004: 59).

Ein kritischer Blick auf die historische Entstehung und Entwicklung von Altenheimen könnte hingegen darüber belehren, dass die Verwahrung alter Menschen unmittelbar zum Wesen des Altenheims als sozialer Institution gehört und sein Charakter und seine Funktion als Verwahranstalt daher auch heute noch, bei allen sonstigen zum Teil sehr weitreichenden Veränderungen, gültig sind. Der folgende (wenngleich nur sehr kursorische) Abriss über die Geschichte des Altenheims wird zeigen, dass es historisch eine ganze Reihe von Überschneidungen zwischen der Entstehung von Altenheimen und anderen Institutionen wie Gefängnissen oder Psychiatrien gibt – einfach deshalb, weil ihre Geschichte eine gemeinsame Geschichte »totaler Institutionen« ist.

Historisch gilt für das Altenheim im Prinzip dasselbe wie schon für die Institution des Ruhestands: Es ist eine genuin moderne Institution, die daher als solche theoretisiert werden muss. Zwar gibt es durchaus – auch hier wieder ähnlich dem Ruhestand – vormoderne Vorformen, aus denen das moderne Altenheim gewissermaßen herausgewachsen ist, so zum Beispiel die im Mittelalter im Umfeld von Kirchen und Klöstern entstandenen Spitäler, die Alte, Kranke und Bedürftige aufnahmen und diesen eine gewisse Versorgung zukommen ließen (vgl. Borscheid 1995, 1989: 124ff.; Heinzelmann 2004: 15). Eine zweite historische Früh- oder Vorform des Altenheims stellen sogenannte »Stifte« dar, die vor allem die Altersversorgung der begüterten Schichten gewährleisteten. Auch hier waren maßgeblich Kirchen und Klöster beteiligt, die auf der Grundlage von Pfründnerverträgen wohlhabenden Personen gegen Übertragung ihres Vermögens an das Stift eine angemessene Versorgung auf Lebenszeit garantierten (vgl. Borscheid 1989: 131f.; Heinzelmann 2004: 15f.).[71] Sowohl Spitäler als auch Stifte zeichneten sich allerdings noch dadurch aus, dass sie die ihnen anvertrauten Personen nicht weiter differenzierten – dies waren noch keine Altenheime im heutigen Sinne, die auf der »Separierung von als alt definierten Menschen bei zentralisierter Versorgung und Betreuung durch ein spezielles Personal« (Heinzelmann 2004: 12) beruhen. Die exklusive Pflege und Betreuung alter Menschen in eigens eingerichteten Altenheimen ist ein Konzept, das erst im Zuge kapitalistischer Modernisierung entstand und dessen Entwicklung im Grunde nicht vor dem 19. Jahrhundert so weit gediehen war, dass die beiden Kriterien zur Definition als Altenheim – Separierung alter Menschen und Betreuung durch speziell dafür abgestelltes Personal – hinreichend erfüllt waren.

Seine eigentliche Wurzel als Altenheim im modernen Sinne hat das Altenheim daher nicht in der spätmittelalterlichen Tradition des Spitals und der Stifte, sondern erst sehr viel später, Ende des 17., Anfang des 18. Jahrhunderts, und zwar – ähnlich den modernen Pensionssystemen (und im Prinzip gemeinsam mit diesen) – im Militärwesen des absolutistischen Staates:

> »Die Einrichtung des stehenden Heers hatte die Versorgung alter und invalider Soldaten zu einem drängenden Problem gemacht. Die ersten Formen der Pensionssysteme im Staatsdienst knüpften unmittelbar an bestehende Traditionen der Armenversorgung an. Sie bestanden in der Gründung riesiger, als Krankenhäuser, Altersheime und zum Teil sogar Arbeitshäuser konzipierter Anstalten, die dienstunfähige Soldaten aufnehmen sollten. Die Errichtung des Hôtel des Invalides in Paris im Jahre 1674 markiert den Beginn dieser Entwicklung, 1682 folgte England, 1705 Preußen mit ähnlichen Institutionen nach. In Österreich wurde 1728 die Gründung von Invalidenhäusern in Pest, Prag und Wien beschlossen.« (Ehmer 1990: 40)

Zwei bis dahin unbekannte und historisch neuartige Phänomene werden hier sichtbar, die von da an das Wesen und die Entwicklung von Altenheimen bis heute prägen sollten: die Entstehung einer wachsenden Gruppe von Menschen, die aufgrund ihres Alters und/oder aufgrund von körperlichen Gebrechen nach einer vom Staat zu gewährleistenden Versorgung verlangen, und die Errichtung eigener Anstalten, in denen die zu versorgenden Personen interniert werden. Mit der früheren Praxis der Spitäler und Stifte hat all dies nicht mehr sehr viel zu tun – dort war die

Betreuung Teil eines kirchlichen Fürsorgesystems, das sich insbesondere in den Spitälern auf Bedürftige im Allgemeinen bezog. In den Spitälern handelte es sich darüber hinaus zumeist um eine Versorgung auf Zeit, die nicht im Geringsten mit der Internierung in einer Anstalt einherging. Wie wir bald noch sehen werden, gehen diese älteren Formen der Altersversorgung restlos und mit entsprechend neuer Funktion in den zu dieser Zeit aufkommenden, frühmodernen Internierungsanstalten auf.

Genauer betrachtet beschränkt sich diese Entwicklung auch nicht allein auf das Militärwesen, sondern ist vielmehr Bestandteil einer allgemeineren gesellschaftlichen Tendenz zur Einschließung großer Teile der damaligen Bevölkerung. Wie vielleicht am umfassendsten von Michel Foucault in seinen beiden Studien *Wahnsinn und Gesellschaft* (Foucault 2013a, zuerst 1961) und *Überwachen und Strafen* (Foucault 1994, zuerst 1975) dargelegt wurde, entstehen zur selben Zeit zahlreiche andere Einrichtungen, die später unter dem Begriff »totale Institutionen« zusammengefasst werden sollten. Foucault beschreibt diesen Prozess in den beiden genannten Studien vor allem am Beispiel von Irrenanstalten und Gefängnissen. Die »Geburt« des Altenheims fällt damit also historisch zusammen mit der Entstehung einer Vielzahl anderer Institutionen, die die kapitalistische Gesellschaft in ihrer Konstitutionsphase zur Verwahrung wie auch Disziplinierung ihrer Unproduktiven und Überflüssigen hervorbrachte. Es ist dies die Zeit der – wie es Foucault etwas kryptisch ausdrückt – »Formierung der Disziplinargesellschaft« (Foucault 1994 [1975]: 279); im Grunde und präziser formuliert handelt es sich um nichts Geringeres als den einsetzenden und dynamisch fortschreitenden Prozess der Durchsetzung der kapitalistischen Produktionsweise und der dafür erforderlichen Arbeitsdisziplin in der Bevölkerung. Und hierfür war zunächst – solange die kapitalistischen Arbeitstugenden noch nicht, so wie heute, von den Menschen verinnerlicht waren – viel an Repression und Disziplinierung erforderlich. Auf den Aspekt der Disziplinierung und der für die Durchsetzung der kapitalistischen Produktionsweise notwendigen Verinnerlichung kapitalistischer Arbeitstugenden hat bereits Karl Marx hingewiesen:

> »Es ist nicht genug, daß die Arbeitsbedingungen auf den einen Pol als Kapital treten und auf den anderen Pol Menschen, welche nichts zu verkaufen haben als ihre Arbeitskraft. Es genügt auch nicht, sie zu zwingen, sich freiwillig zu verkaufen. Im Fortgang der kapitalistischen Produktion entwickelt sich eine Arbeiterklasse, die aus Erziehung, Tradition, Gewohnheit die Anforderungen jener Produktionsweise als selbstverständliche Naturgesetze anerkennt.

Die Organisation des ausgebildeten kapitalistischen Produktionsprozesses bricht jeden Widerstand (...), der stumme Zwang der ökonomischen Verhältnisse besiegelt die Herrschaft des Kapitalisten über den Arbeiter. Außerökonomische, unmittelbare Gewalt wird zwar immer noch angewandt, aber nur ausnahmsweise.« (Marx 1973 [1867]: 765)

Bis es so weit war und die Anforderungen der kapitalistischen Produktionsweise »als selbstverständliche Naturgesetze« anerkannt wurden, musste jedoch die Bevölkerung im wahrsten Sinne des Wortes »in eine dem System der Lohnarbeit notwendige Disziplin hineingepeitscht, -gebrandmarkt, -gefoltert« werden (ebd.). Zu diesem Zweck entstanden in ganz Europa (mit gewissen historischen Ungleichzeitigkeiten und in teilweise recht unterschiedlichen Formen) in großer Zahl Arbeits- und Zuchthäuser, in denen die als unproduktiv definierten Teile der Bevölkerung – vor allem Arme, Bettler, Vagabunden, Kranke – interniert wurden (vgl. Foucault 2013a: 77ff.). Dies betraf einen relativ großen Teil der Bevölkerung: So stellt etwa Foucault mit Blick auf das erste Internierungshaus in Frankreich – das 1656 eröffnete Hôpital général in Paris – fest, dass dieses bereits wenige Jahre nach seiner Gründung 6 000 Personen beherbergte, was einem Prozent der damaligen Bevölkerung von Paris entsprach (ebd.: 79). Zu betonen ist in diesem Zusammenhang abermals, dass diese groß angelegte, systematische Internierung von als »unproduktiv« erachteten Bevölkerungsgruppen ein historisch völlig neuartiges Phänomen darstellte. Wie Foucault speziell mit Blick auf den sich damals drastisch verändernden Umgang mit »Wahnsinnigen« konstatiert, beschränkte man sich noch bis in die Renaissance hinein darauf, Wahnsinnige und Irre aus den Städten zu vertreiben (ebd.: 72). Erst später, zu jener Zeit in der zweiten Hälfte des 17. Jahrhunderts, ging man dazu über, sie zusammen mit anderen sozialen Randgruppen in entsprechenden Anstalten zu internieren. Die »große Gefangenschaft« (ebd.: 68), wie sie Foucault nennt, ist also ein historisch-spezifisches Phänomen des aufkommenden Kapitalismus. Noch eindeutiger wird die historische Spezifik vielleicht an den gravierenden Veränderungen im gesellschaftlichen Umgang mit Armen und Bettelnden ersichtlich. So stellt etwa Martin Kronauer hinsichtlich des gesellschaftlichen Status von Armen und Bettelnden im Mittelalter (im Kontrast zur Frühen Neuzeit) fest:

»Im Mittelalter hatten die Armen ihren festen, durch die Religion festgelegten, dabei allerdings durchaus ambivalenten Platz.

> Die Bettelei konnte sich in den Städten zu einem spezialisierten Gewerbezweig mit eigenständigen Berufsorganisationen entwickeln. Im 16. Jahrhundert dagegen war von dem ›Ethos der Armut‹ (…) auf Seiten der Herrschenden kaum noch etwas zu spüren. Überall wurden die Armen offiziell registriert, Landstreicherei und Bettelei unter scharfe Strafe gestellt, zugewanderte Landstreicher aus der Stadt gejagt, die arbeitsfähigen Armen, wenn möglich, der Zwangsarbeit (häufig in eigens eingerichteten Arbeitshäusern unter strenger Aufsicht und mit besonders niedrigem Lohn) unterworfen.« (Kronauer 2002: 81)

Auch Peter Borscheid weist in seiner *Geschichte des Alters* auf die sich damals in ganz Europa ausbreitende Praxis der Internierung aller möglichen »Unproduktiven« und deren Disziplinierung in Arbeits- und Zuchthäusern hin:

> »Wir finden hier [in den Arbeits- und Zuchthäusern, A. S.] neben den arbeitsscheuen Bettlern und den gerichtlich abgeurteilten Verbrechern auch unbotmäßiges Gesinde und aufmüffige [sic] Kinder, neben Prostituierten, Wahnsinnigen und Syphilitikern auch (…) verarmte Witwen und Waisenkinder. (…) In kaum einem anderen Bereich wird sichtbar, mit welcher Härte der absolutistische Staat mit seinen Bürgern umspringt, wie er Disziplin in sie hineinprügelt (…), wie er seinen Untertanen, die sich bis dahin ihre Arbeit selbst einteilten, bei denen Müßiggang mit höchster Arbeitsintensität wechselte, die Bedeutung der Zeit einbläut. (…) Die philanthropischen Gesellschaften in Deutschland, England, Frankreich und Holland beklagen im 18. Jahrhundert einstimmig die Faulheit, Arbeitsunlust und den Disziplinmangel eines Großteils der Armen und Arbeiter. Nach Ansicht der Mitglieder der Hamburger Patriotischen Gesellschaft kann bei einer ›so tief versunkenen Menschen-Klasse‹ nur Zwangsarbeit helfen, ›das heißt, unangenehmere und beschwerlichere Arbeit, durch Mangel der Freiheit, durch Einsamkeit und Langeweile, durch ewiges Einerlei, durch Entbehrung jedes fröhlichen Lebensgenusses … erzwungen‹.« (Borscheid 1989: 436f.)

Von dieser Disziplinierung »Unproduktiver« und »Überflüssiger« waren, wie Borscheid weiters konstatiert, auch alte Menschen nicht ausgenommen:

»Fleiß und Arbeit sind die großen Schlüsselbegriffe dieser Zeit, mit denen der absolutistische Staat alle gesellschaftlichen Probleme zu lösen gedenkt, angefangen bei der Moral bis hin zum finanziellen Auskommen: ein unfehlbares Universalmittel zur Beseitigung aller Form von Elend [das aber freilich – so wäre hier zu ergänzen – gerade durch die gewaltsame Durchsetzung der kapitalistischen Produktionsweise massiv verschärft und in diesem Ausmaß überhaupt erst hervorgebracht wurde, A. S.]. Das Arbeits- und Zuchthaus erscheint ganz symptomatisch für das zeitgenössische Denken als das wirksamste Patentrezept, den Menschen Freude an der Arbeit und die Überzeugung von der Notwendigkeit des Fleißes beizubringen. Davon wird keine Altersgruppe ausgenommen. Auch der alte Mensch hat mit dem Rest seiner körperlichen Kräfte zur Stärkung des Staates beizutragen. Auch er soll noch zur Arbeitsamkeit erzogen werden.« (ebd.: 438)

So landeten also auch Alte in großer Zahl in Zucht- und Arbeitshäusern, wobei sie dort aber einstweilen – insofern noch ähnlich den spätmittelalterlichen Spitälern – nicht von anderen Objekten der nunmehr ins Werk gesetzten Arbeitsdisziplinierung separiert, sondern gemeinsam mit Kranken, Bedürftigen, Straffälligen, Landstreichern und anderen »Unproduktiven« einem repressiven physischen und moralischen Disziplinierungsregime unterworfen wurden:

»Weil das Geld fehlt, greift der Staat bei der Errichtung von Zuchthäusern auf bestehende Bauten zurück, auf Klöster, Hospitäler und ähnliche, die man dem neuen Zweck notdürftig anpaßt, ohne damit jedoch den andauernden Raummangel beheben zu können. Man zwängt den Landstreicher neben den Dieb, die verarmte Witwe neben die Hure und pfercht die alten Menschen mit Wahnsinnigen zusammen.« (ebd.: 439)

Die grausame und menschenverachtende Behandlung, die alte Menschen dabei in den Anstalten erfuhren, wie auch so manche Absurdität der Arbeitsdisziplinierung Alter und Gebrechlicher im Zuchthaus werden von Borscheid wie folgt beschrieben:

»Man gibt sich nicht eben zimperlich gegenüber den alten Leuten, selbst wenn ihnen die Gicht die Finger hat dick und die lebenslange Arbeit den Rücken hat krumm werden lassen. Zwar läßt man die arbeitsunwilligen Alten nicht mehr an die öffentlichen Halseisen legen, wie dies noch zu Beginn des 17. Jahrhunderts in Hamburg üblich war, aber man verlangt von ihnen doch zu arbeiten, soviel sie nur können. Auch ist der Umgangston rücksichtsvoller geworden und die Behörden schelten die bettelnden alten Menschen nicht mehr als ›stinkende Böcke‹, doch gehören verbale Beleidigungen weiterhin zum Alltag. In Nürnberg wird 1792 die 73jährige Elisabeth Picklin bereits zum vierten Mal aus der dem Arbeitshaus angeschlossenen Spinnerei und Glasschleiferei entlassen, weil sie auf Grund ihres Alters nicht mehr viel zu arbeiten versteht und daher das Haus nur Geld kostet. Es mutet wie Hohn an, wenn sie gleichwohl ermahnt wird, sich beim Betteln nicht wieder ertappen zu lassen, da sie sonst ins Zuchthaus gesteckt werde.« (ebd.)

Foucault weist in seiner Geschichte des Wahnsinns ebenfalls darauf hin, dass Irre und Geisteskranke zunächst »in konfuser Mischung« mit anderen Bevölkerungsgruppen interniert wurden, wobei er hier ausdrücklich auch Alte nennt (Foucault 2013a: 487). Erst mit der Separierung der Wahnsinnigen in eigenen Irrenanstalten sei »die Krankheit von der Armut und all jenen elenden Gestalten getrennt« (ebd.: 434) worden.

In etwa dieselbe Entwicklung nahm das Altenheim, um schließlich ein »Altenheim« im wörtlichen, modernen Sinne zu werden: Auch hier wurde nach und nach dazu übergegangen, die Alten von anderen Gruppen zu separieren. Wohl nicht zuletzt das quantitative Ausmaß der damaligen Einschließung großer Teile der Bevölkerung

> »ließ es zunehmend unhaltbar erscheinen, dass Alte, Kranke, Bettler und andere Menschen in einem Haus auf Kosten der Gesellschaft zusammenlebten. So begann sich die bisherige Multifunktionalität der Einrichtungen langsam weiter aufzulösen, und es entstanden differenzierte Häuser, in denen jede Gruppe nach Maßgabe der Verwaltung zu leben und auch zu arbeiten hatte (…). Nach der Differenzierung der BewohnerInnen in Arbeitsfähige und Nichtarbeitsfähige (…) – mit dem Verweis der ersteren Gruppe aus den Einrichtungen – kristallisierten sich in dieser Phase die bedürftigen Alten als eine separate Gruppierung heraus.« (Heinzelmann 2004: 17)

Die Alten sind also in diesem Prozess der zunehmenden Differenzierung gewissermaßen »übrig geblieben«, und das Altenheim als Institution ging mehr oder weniger aus der nunmehr sich etablierenden Praxis hervor, andere Gruppen von Menschen – insbesondere solche, die als »krank« und »behandlungsbedürftig« definiert wurden – separat in jeweils neuen, eigens geschaffenen Anstalten zu internieren: Wahnsinnige kamen in Irrenanstalten, für Kranke entstanden Krankenhäuser.[72] Übrig als zu verwaltende »Problemgruppe« blieben die bedürftigen Alten (vgl. Conrad 1994: 179; Heinzelmann 2004: 17f.). So entstanden etwa zu Beginn des 19. Jahrhunderts erstmals

> »Heime, die speziell für als bedürftig und alt geltende Menschen und nur für diese ausgelegt waren. In aller Regel handelte es sich dabei um die alten Einrichtungen, bloß ohne die anderen BewohnerInnen. Die äußere Einteilung und die innere Ordnung dieser Häuser können dabei ihre ›Verwandtschaft‹ mit den anderen Institutionen dieser Epoche nicht verleugnen, der Charakter lässt sich mit dem Begriff ›kasernenartig‹ durchaus zutreffend bezeichnen.« (Heinzelmann 2004: 18)

Mit anderen Worten: Das Altenheim ist von Beginn an eine »totale Institution« wie alle anderen auch. Mit der Separierung der nicht arbeitsfähigen, bedürftigen Alten verschwindet auch deren Disziplinierung für die Arbeit, der sie vorher so wie alle anderen »Unproduktiven« in den Anstalten unterworfen waren. Anstelle der Arbeitsdisziplinierung tritt nunmehr die bloße Verwahrung im Altenheim.

Erhebliche Auswirkungen auf die weitere Entwicklung der Institution des Altenheims hatte die gegen Ende des 19. Jahrhunderts einsetzende und Anfang des 20. Jahrhunderts weiter vorangetriebene Verallgemeinerung des Altersruhestands und die Einführung allgemeiner Pensionssysteme. Dies vor allem in zweierlei Hinsicht: Zunächst einmal führte die Einführung allgemeiner Systeme der Alterssicherung zu einer Aufweichung der bis dahin vorherrschenden Konnotation von Alter mit Armut und Bedürftigkeit, was eine nachhaltige Veränderung der Kriterien für die Aufnahme in ein Altenheim mit sich brachte:

> »Zuvor ganz auf die Mildtätigkeit der jeweiligen Träger angewiesen, verfügen die BewohnerInnen seit diesem Zeitpunkt zum ersten Mal über ein – wenn auch geringes – eigenes Einkommen, jenseits der Möglichkeit der privaten Akkumulation von Gütern für die individuelle Alterssicherung. Sie treten somit zumindest in weiten Teilen aus dem Bereich der Wohltätigkeit heraus und werden zu einem Faktor wirtschaftlicher Erwägungen.« (ebd.: 19)

Man könnte es vielleicht auch so ausdrücken: Mit der Einführung von Pensionssystemen erfolgt in gewisser Weise der Startschuss zur heute längst abgeschlossenen »Verwarenförmigung« oder Kommodifizierung und Kommerzialisierung der Pflege und wandelt sich das Altenheim dem Wesen nach von einer Institution der staatlichen Armenfürsorge in einen Dienstleistungsbetrieb – freilich zu Beginn noch primär in staatlicher beziehungsweise kommunaler Regie und darüber hinaus auf sehr niedrigem Niveau, angesichts der niedrigen Pensionen, die im frühen 20. Jahrhundert noch vorherrschen und viele Menschen im Alter trotz Pensionsanspruch weiterhin von Arbeit oder von Leistungen der Armenhilfe abhängig machten. Entsprechend kärglich waren Altenheime damals noch ausgestattet.

Ein zweiter bedeutender Wandel, den das Altenheim mit Entstehung und Verallgemeinerung des Ruhestands erfuhr, bestand darin, dass nun erstmalig eine verbindliche, gesellschaftliche Definition einer Altersgrenze existierte, die den Beginn des Alters als Lebensphase markierte. Es wurde bereits an früherer Stelle (siehe oben, Kapitel 3) ausführlich darauf eingegangen, dass erst mit der Einführung des Ruhestands die Grundlage für die moderne Vorstellung einer eigenständigen, chronologisch distinkten Lebensphase des »Alters« geschaffen wurde. Für das Altenheim stellte dies insofern eine bedeutsame Entwicklung dar, als es damit zu einer zusätzlichen Verschiebung innerhalb seiner Klientel kam:

»Die Koppelung des Ausscheidens aus dem Erwerbsleben mit dem Beginn des Alters setzte erstmalig eine feststehende Altersgrenze [diese lag bei Einführung allgemeiner Rentenversicherungen in Deutschland bei 70 Jahren, A. S.]. Diese galt in Folge als der allgemeine Beginn der Altersphase, unabhängig vom Gesundheitszustand des Einzelnen, seinem sozialen Status oder seiner persönlichen Einschätzung. Damit blieben im Wesentlichen nur die Menschen oberhalb dieser Altersgrenze für die Heime zugangsberechtigt. Das zuvor allein maßgebliche Kriterium der Bedürftigkeit trat hinter das Alter als neuer Grenze zurück. (…) So entstanden gegen Ende des 19. Jahrhunderts die ersten Einrichtungen, die speziell für die Unterbringung und Versorgung alter Menschen geplant waren.« (ebd.: 19 f.)

Auf dieser Grundlage (und auch vor dem Hintergrund, dass der Altenanteil in der Bevölkerung aufgrund einer sukzessive steigenden Lebenserwartung rasch im Wachsen begriffen war) wurden in der ersten Hälfte des 20. Jahrhunderts sodann in großer Zahl Altenheime gebaut und fand die Institution des Altenheims immer weitere gesellschaftliche Verbreitung. Laut Heinzelmann hatte die Propagierung und Förderung von Altenheimen seitens des Staates und der Kommunen in Deutschland – wie so oft im Kapitalismus – vor allem ökonomische Gründe: einerseits die wirtschaftliche Notlage vieler alter Menschen, vor allem nach dem Ersten Weltkrieg und in der Weimarer Republik (Inflation, Wirtschaftskrise etc.), zum anderen ökonomische Zwänge von Rentenversicherungen, Kommunen sowie kirchlichen Trägern:

> »Die Institution Heim mit ihrem Potenzial zu weitreichender Standardisierung und Normierung von Unterbringung und Versorgung war eine der Möglichkeiten zum kostensparenden Wohnen der anvertrauten BewohnerInnen« (ebd.: 21).

Wir finden hier, wie schon ganz allgemein im gesellschaftlichen Altersdiskurs, so auch im Diskurs um Altenheime, neben der Verwahrung von Alten als Unproduktive auch das damit aufgeworfene Kostenproblem als immer schon konstitutives, der Institution des Altenheims inhärentes Element der kapitalistischen Kosten-Nutzen-Rationalität vor. Möglichst billig soll die Unterbringung der Alten sein – dies umso mehr, je weniger diese selbst finanziell zu ihrer Verwahrung beizutragen vermögen und der Allgemeinheit dadurch sprichwörtlich auf der Tasche liegen. Diese der damaligen sachlichen Minderausstattung von Altenheimen korrespondierende finanzielle Minderausstattung alter Menschen wird man wohl auch für eine adäquate Beurteilung der seither stattgefundenen Entwicklung von Altenheimen zu mehr oder weniger komfortablen Seniorenresidenzen mitdenken müssen: Bei den heutigen Heiminsassen gibt es, anders als noch vor hundert Jahren, etwas zu holen. Und in dem Maße, wie Pflege und Betreuung mittlerweile zu einer Ware wie alle anderen geworden sind und Pflegebedürftige in erster Linie als kaufkräftige »Kunden« in Erscheinung treten, muss dementsprechend auch das Niveau ihrer Verwahrung ein höheres sein.

Die primär ökonomische Rationalität und den ständigen Finanzierungsvorbehalt, dem Altenheime unterliegen, im Hinterkopf, erscheint die historisch bald darauf folgende »Euthanasierung« auch von zahlreichen alten Menschen, insbesondere von Heimbewohner/innen, im »Dritten Reich« (dazu Hahn 2001) daher nicht als jener zivilisatorische Rückfall in die vormoderne Barbarei, mit dem die Naziverbrechen bis heute mehr oder weniger ausdrücklich assoziiert (dadurch aber auch de facto externalisiert und gleichsam als etwas von außen in die moderne Zivilisation Einbrechendes verharmlost) werden, sondern allenfalls als extreme Zuspitzung und bloß radikalere praktische Umsetzung und Realisierung einer gesellschaftlichen Logik, die dem Altenheim eigen ist, seit es dieses gibt. Die physische Beseitigung von Alten als gesellschaftlich »Überflüssige« ist im Prinzip nur die Extremform ihrer längst und bis heute auf der Tagesordnung stehenden »sozialen Beseitigung« in eigens errichteten Anstalten. Dazwischen besteht kein absoluter, sondern lediglich ein (wenn auch erheblicher) gradueller Unterschied. Die Gefahr, dass aus der sozialen eine physische Beseitigung wird, ist dabei auch solange nicht gebannt, solange weiterhin eine gesellschaftliche Struktur fortbesteht, die die Menschen in »Produktive« und »Unproduktive«, in gesellschaftlich »Nützliche« und »Überflüssige« differenziert und jedes menschliche Lebensrecht an das Kriterium der Verwertbarkeit und der Rentabilität koppelt. Meines Erachtens völlig zu Recht sieht Ursula Koch-Straube (1997: 144f.) einen Zusammenhang zwischen der Argumentationsstruktur in nationalsozialistischen Euthanasie-Diskursen und jener in gegenwärtigen Diskussionen über »aktive Sterbehilfe« (darauf wird noch etwas ausführlicher im nächsten Kapitel zurückzukommen sein). Heinzelmann weist darüber hinaus auf eine »bemerkenswerte Zwiespältigkeit« nationalsozialistischer Altenpolitik hin:

»Zum einen wurde den Älteren – dabei insbesondere den der NSDAP nahestehenden Personen – eine relativ große offizielle Hochachtung zuteil und zum anderen setzte die systematische Ermordung von als ›überflüssig‹ definierten Menschen ein.« (Heinzelmann 2004: 23)

Auch das sollte einem heute durchaus zu denken geben, wenn vor dem Hintergrund des demografischen Wandels ein »positiver«, »anerkennender« Diskurs über die »Potenziale« und die »Kompetenzen« alter Menschen einem umso lauteren negativen Diskurs einer »gesellschaftlichen Überalterung« und einer »gesellschaftlichen Kostenlast des Alters« gegenübersteht. Die politisch und wissenschaftlich nach außen hin kommunizierte »Hochachtung« und »Wertschätzung« der Alten steht nicht zwangsläufig im Widerspruch zur allgemeineren Wahrnehmung und Behandlung alter Menschen als »Unproduktive« und »Überflüssige«.

Auch nach dem Zweiten Weltkrieg und dem vorläufigen, im massenhaften Altenmord gipfelnden Höhepunkt der gesellschaftlichen Einschließung und Verwahrung alter Menschen als »Überflüssige« hat sich am

Charakter von Altenheimen zunächst nicht viel geändert. Bis in die 1960er Jahre hinein stellte die bloße Verwahrung von Alten und Pflegebedürftigen, wie selbst die gerontologische Mainstream-Lehr- und Praxisliteratur ganz lapidar zu konstatieren weiß, das offene Leitbild von Alten- und Pflegeheimen dar (vgl. exemplarisch Marx 2012: 562). Auch offen abwertende Begriffe wie »Siechenheim« waren bis zu dieser Zeit nicht nur in der Alltagssprache gebräuchlich (vgl. Heinzelmann 2004: 15). Was hier Anlass zur kritischen Reflexion der historischen Wurzeln wie auch der sozialen Funktion von Altenheimen – gewissermaßen ihrer gesellschaftlichen Formbestimmung – sein könnte, dient in der gerontologischen Literatur freilich vor allem als Ausgangs- und Abstoßungspunkt für eine Fortschrittsgeschichte der Altenpflege im Laufe des 20. Jahrhunderts, in deren Verlauf das Altenheim seinen Charakter als Verwahranstalt nach und nach abgelegt habe. In dem Zusammenhang ist heute von verschiedenen »Generationen« von Altenheimen die Rede, die sich in den vergangenen Jahrzehnten herausgebildet und quasi nacheinander abgelöst hätten. Die »erste Generation« werde repräsentiert durch die bis in die 1960er Jahre vorherrschenden Verwahranstalten. Diese seien im Laufe der 1960er und 1970er Jahre abgelöst worden durch eine »zweite Generation« von Altenheimen, die eher den Charakter von Krankenhäusern hatten. Darauf folgte in den 1980er und 1990er Jahren eine »dritte Generation« von Wohnheimen, aus der heraus sich ab Ende der 1990er Jahre als »vierte Generation« das am »Leitbild der Familie« orientierte Konzept der »Haus- und Wohngemeinschaft« entwickelte. Dieses neue Konzept zeichne sich vor allem dadurch aus, dass die

> »Anstaltsstrukturen (…) durch den Abbau zentraler Versorgung aufgelöst [werden]. Die Architektur orientiert sich an Wohnungen mit kleinen familienähnlichen Gruppen und ständig anwesender Bezugsperson. Die Aktivitäten der Bewohner orientieren sich an einem normalen Haushalt – und die Pflege tritt dabei in den Hintergrund. (…) Im Mittelpunkt stehen eine normale Lebensgestaltung und die Berücksichtigung der Biografie durch Schaffung individueller Lebensräume. Der Alltag und die Tagesgestaltung richten sich nach den Wünschen, Bedürfnissen und Ressourcen der Bewohner. Dezentrale hauswirtschaftliche Versorgung steht im Mittelpunkt, wobei die aktive Beteiligung der Bewohner gefördert werden sollte. Der Tagesablauf wird durch Präsenzkräfte (Pflege, Hauswirtschaft) gestaltet.« (Marx 2012: 562f.)

Nun besteht sicherlich kein Zweifel, dass diese Entwicklung, die Altenheime in den letzten Jahrzehnten durchgemacht haben, eine erhebliche Veränderung und Verbesserung im Vergleich zu den bereits architektonisch eher an Kasernen erinnernden Anstalten darstellt, die bis vor nicht allzu langer Zeit die Alten- und Pflegeheimlandschaft prägten. Gleichwohl vermag diese Entwicklung nicht darüber hinwegzutäuschen, dass all das, was seitens der Gerontologie heute gleichsam in eine ferne Vergangenheit verbannt und als Charakteristikum von Verwahranstalten längst vergangener Tage verhandelt wird, das ureigenste Wesen von Altenheimen auch dann noch darstellt, wenn daraus freundlich gestaltete Seniorenresidenzen und Wohngemeinschaften mit »erlebnisorientiertem« Tages- und Aktivitätsprogramm geworden sind: nämlich die räumliche wie soziale Segregation und die faktische Einschließung Alter und Pflegebedürftiger. Nicht von ungefähr kommt die Verwahrung der Alten als innerste Logik, sozusagen als das »Kainsmal« des Altenheims, auch heute noch immer wieder sehr eindringlich zum Vorschein in diversen »Pflegeheimskandalen«, wenn Fälle der völligen Verwahrlosung, der medikamentösen Ruhigstellung von Heiminsassen und andere Formen der organisierten Gewalt gegen Alte und Pflegebedürftige bekannt werden.

So erregte im Mai 2017 in Österreich zum wiederholten Male ein Bericht der Volksanwaltschaft öffentliches Aufsehen, der gravierende Missstände und vielfältige Formen struktureller Gewalt gegen pflegebedürftige Menschen in Heimen problematisierte (vgl. Volksanwaltschaft 2017). Der Bericht stellte etwa fest, dass Heimbewohner/innen oftmals über Stunden aufgrund von zu wenig qualifiziertem und überlastetem Personal in ihrem Harn und Kot liegengelassen würden. Gleichzeitig würden viele Pflegebedürftige auch dann gewickelt, wenn diese nicht inkontinent seien. In vielen Heimen würden Pflegebedürftige nur einmal wöchentlich gebadet oder geduscht, und wenn der Dusch- oder Badetag zufällig auf einen Feiertag falle, könne es passieren, dass selbst der wöchentliche Badetag ersatzlos gestrichen werde. Starre Tagesabläufe würden Heimbewohner/innen unter anderem unzumutbare Essenszeiten aufnötigen – Abendessen gebe es etwa häufig schon um 17 Uhr, teilweise sogar noch früher, um die Pflegebedürftigen im Anschluss bereits zur Nachtruhe ins Bett stecken zu können. Aus Angst vor dem als gestresst wahrgenommenen Personal würden sich manche Heimbewohner/innen scheuen, die Rufglocke zu benutzen, und lieber darauf warten, bis Angehörige kommen und ihnen helfen. Dies gehe so weit, dass Heimbewohner/innen ab dem Nachmittag nichts mehr trinken, um nicht in der Nacht um Unterstützung beim Toilettengang bitten zu müssen. Darüber hinaus dokumentiert der Bericht weit verbreitete

Praktiken der Abwertung und Beleidigung sowie Formen der psychischen Gewalt gegen Pflegebedürftige durch das Pflegepersonal:

> »Gewalt kann (...) auch in subtiler Form, etwa durch Geringschätzung, Beleidigung, dem Entzug von Ansprache und Zuwendung auftreten. Dass Pflegebedürftige, insbesondere wenn sie sich nicht an die Rahmenbedingungen anpassen können, Gefahr laufen, nicht mehr als Subjekte, sondern als ›Problem‹ wahrgenommen zu werden, zeigt sich mitunter an abwertenden Eintragungen in Pflegedokumentationen. Formulierungen wie ›Bewohner heute wieder bockig‹, ›Bewohnerin unerträglich‹ oder ›Bewohnerin nicht kooperativ‹ werden (...) auch deshalb beanstandet, weil damit ausgedrückt wird, Bewohnerinnen und Bewohner hätten sich den Pflegestrukturen anzupassen.« (ebd.: 38)

Auch die Einschließung alter und pflegebedürftiger Menschen steht in vielen Alten- und Pflegeheimen bis heute an der Tagesordnung, wobei sich dies nicht etwa darauf beschränkt, Heiminsassen am Verlassen der Anstalt zu hindern, sondern auch Praktiken der Fixierung und Fesselung von Pflegebedürftigen umfasst. Laut international vergleichenden Studien setzen bis zu 66 Prozent der Pflegeheime »freiheitsbeschränkende Maßnahmen« ein, um Alte und Pflegebedürftige in ihrer Bewegungsfreiheit einzuschränken (vgl. Wurm 2016: 199). Hierunter fallen verschiedene mechanische, elektronische und medikamentöse Formen der Einschränkung: Beispiele für *mechanische* Einschränkungen sind etwa versperrte Ein- und Ausgänge, versperrte Zimmertüren und jegliche Arten von Fixierungen. Das geht bis hin zu käfigartig konstruierten Betten wie zum Beispiel Netzbetten, die Pflegebedürftige im Bett fixieren. Unter *elektronische* Einschränkungen fallen etwa Lichtschranken, Peilsender, Videoüberwachung oder Alarmarmbänder, die Alarm schlagen, wenn eine Person den Ausgangsbereich betritt. *Medikamentöse* Einschränkungen bestehen in der Verabreichung von sedierenden Wirkstoffen, hauptsächlich Psychopharmaka wie Neuroleptika, Antidepressiva und Tranquilizer, aber auch Nicht-Psychopharmaka wie Opioide und Schlafmittel (ebd.: 202).

Dass es sich hier nicht um Ausnahmen von der Regel und bloß um die Praxis einzelner »schwarzer Schafe« im Feld der institutionellen Altenpflege handelt, kann bereits daran abgelesen werden, dass der Einsatz freiheitsbeschränkender Maßnahmen grundsätzlich legal und gesetzlich geregelt ist – in Österreich beispielsweise durch das »Heimaufenthaltsgesetz«. Rechtswidrig sind allenfalls bestimmte Formen der Freiheitsbeschränkung, nicht jedoch der Einsatz freiheitsbeschränkender Maßnahmen an sich. Diskussionen über die Zulässigkeit konkreter freiheitsbeschränkender Maßnahmen münden daher oftmals in einem (menschen-)rechtlichen Eiertanz, der sodann die obersten Gerichtshöfe beschäftigt: So wurde etwa in Österreich im Jahr 2015 die Verwendung von Netzbetten verboten (ebd.: 207ff.), während zahlreiche andere Maßnahmen auch weiterhin als zulässig gelten. Als Kriterium der Zulässigkeit oder Unzulässigkeit von Freiheitsbeschränkungen gilt dabei oftmals auch nicht der Grad der Einschränkung, der durch eine konkrete Maßnahme bewirkt wird, sondern vor allem die Selbsthilfe- und Entscheidungsfähigkeit der betroffenen Heimbewohner/innen. So liegt eine Freiheitsbeschränkung de iure unter Umständen nicht vor, wenn sich eine Person auch ohne entsprechende Maßnahmen nicht selbstständig und willentlich fortbewegen könnte (ebd.: 205). Nicht die freiheitsbeschränkende Maßnahme per se konstituiert demnach eine Freiheitsbeschränkung, sondern der Grad an freiem Willen, Autonomie und Selbstentscheidungsfähigkeit, der einem Heimbewohner oder einer Heimbewohnerin zugeschrieben werden kann. Diese Rechtspraxis ist gerade auch aus menschenrechtlicher Sicht ausgesprochen aufschlussreich und sollte vor allem solchen Gerontologinnen und Gerontologen zu denken geben, die das Problem der Altersdiskriminierung und der Gewalt gegen alte Menschen mithilfe von Menschenrechten zu lösen hoffen (z. B. Townsend 2007; Cahill 2018): Vor dem Recht ist der pflegebedürftige oder gar demente alte Mensch, in Ermangelung von Autonomie und Entscheidungsfähigkeit, offenbar gar kein Mensch mehr, sondern erscheint auch hier nur noch als der bereits erwähnte »Haufen Knochen«, in den das Heim seine Insassen verwandelt, gleichsam als ein Stück Biomasse, mit dem die Institution verfahren kann, wie es der möglichst reibungslos und effizient zu gestaltende Pflegeheimalltag erzwingt.

Deprimierender als solche Fakten über die strukturelle Gewalt an alten Menschen in Pflegeheimen ist eigentlich nur die moralische Entrüstung, die diese jedes Mal in der Öffentlichkeit auszulösen vermögen (und von der nicht zuletzt auch der Duktus der diese Fakten zutage fördernden Berichte und Studien selbst zumeist zeugt). Denn im Grunde ist an den in solchen Berichten problematisierten Zuständen nichts Neues. Das meiste ist seit vielen Jahren bekannt – nicht zufällig speist sich die oben besprochene Horrifizierung des Altenheims im gesellschaftlichen Diskurs aus dem mehr oder weniger fundierten Wissen über die Art und Weise, wie Pflegebedürftige behandelt werden und wie der durchschnittliche Alltag im Pflegeheim aussieht. Die öffentlich-mediale Reaktion auf »Pflegemissstände« lässt sich vor diesem Hintergrund nur durch eine kollektive Neigung zur Verdrängung der skandalisierten Sachverhalte erklären, die eben deshalb bei Bekanntwerden neuer Missstände umso heftiger in den Alltag einbrechen und eine entsprechend große Entrüstung hervorrufen, obwohl sie eigentlich allesamt als längst bekannt vorausgesetzt werden könnten.[73]

Damit einher geht ein Reflex zur Suche nach konkret dingfest zu machenden Schuldigen an den Missständen, die selbst dann, wenn vermeintlich das »Pflegesystem« als solches kritisiert wird, der Tendenz nach individualisiert werden, indem sie ursächlich auf ein überlastetes, zu gering qualifiziertes, zu wenig empathisches, ignorantes Pflegepersonal zurückgeführt werden. Wo die Institution des Altenheims nicht mehr als solche kritisch zur Disposition steht, können alle damit verbundenen Probleme und Missstände nur bei den dort handelnden Akteuren, also in erster Linie beim Pflegepersonal, lokalisiert werden, und dort sollen sie auch primär zu lösen sein: durch mehr Personal, durch bessere Ausbildung, durch mehr individuell aufzubringendes Einfühlungsvermögen etc. Dieses Muster ist bis weit in die Gerontologie hinein verbreitet: Auch dort wird aus einer Kritik an einer Gesellschaft, »die für pflegebedürftige, aber unabhängige alte Menschen keinen Platz mehr hat und sie in Heime abschiebt«, oftmals eine Kritik am Pflegepersonal, dem es »aufgrund von Überforderung, mangelnder Ausbildung, fehlendem Einfühlungsvermögen und Ignoranz (…) möglich ist, ungehindert Macht und Kontrolle über körperlich Hilfsbedürftige auszuüben« (Maierhofer 2015b: 331). Dass derartige »Missstände« unmittelbar aus dem Wesen und der Funktionslogik der totalen Institution Altenheim selbst resultieren könnten, kann offenbar selbst dann nicht als Möglichkeit gedacht und kritisch in Betracht gezogen werden, wenn die empirische Evidenz dafür, etwa in Gestalt der immer wieder mehr oder weniger dieselben Missstände aufdeckenden Pflegeheimberichte, offen zutage liegt.

Der Extremfall des »Pflegeheimskandals« und des »Pflegemissstands« ist die vorsätzliche Tötung von Pflegebedürftigen durch Angehörige des Pflegepersonals. In jüngerer Zeit ist in dem Zusammenhang etwa der besonders krasse Fall des deutschen Krankenpflegers Niels Högel durch die Medien gegangen, dem mittlerweile über hundert Fälle der Tötung von Kranken und Pflegebedürftigen zur Last gelegt werden. Solche Fälle der »wilden Euthanasie«[74] werden in der öffentlichen Diskussion genauso oberflächlich und individualisierend verhandelt wie alle anderen unter »Pflegemissstände« subsumierten Phänomene. Auch hier wird die Ursachenforschung gewöhnlich abgebrochen, bevor überhaupt der Punkt erreicht ist, an dem die eigentliche Ursachenforschung erst zu beginnen hätte: bei der Kritik an einer Gesellschaft, in der Alte, Kranke und Pflegebedürftige den Status von Minderwertigen und »Überflüssigen« haben und in Institutionen wie dem Altenheim ghettoisiert, eingeschlossen, verwahrt – und dabei eben manchmal auch getötet und noch sehr viel häufiger verletzt und misshandelt werden.[75]

Selten trifft man in der Gerontologie auf Überlegungen wie die der feministischen Literaturwissenschaftlerin Silvia Bovenschen, die in ihren lesenswerten Notizen zum *Älterwerden* die inhumane Logik der modernen, institutionellen Altenpflege recht treffend folgendermaßen auf den Punkt bringt:

> »[H]albtote Alte mit großflächigen Wundbränden, Druckgeschwüren, offenen Wunden an Gesäß und Rücken, die morgens um fünf Uhr – das erzwinge der pflegetechnische Ablauf – aus dem Tiefschlaf gerissen werden, in den sie durch die Eingabe von Sedativa abends versenkt worden waren. Man läßt sie nicht sterben, weil man das Geld der Pflegeversicherung kassieren will, und man läßt sie nicht würdig leben, weil das im Zeittakt der verrechenbaren Pflege nicht möglich ist.« (Bovenschen 2006: 80)

Bovenschen spricht hier auch die ökonomische Kosten-Nutzen-Rationalität mit ihren spezifischen Zeitlogiken an, denen die institutionelle Pflege in ihrer Warenförmigkeit unterliegt, und die eine menschenwürdige Pflege und Betreuung alter Menschen im Grunde schon von vornherein und systematisch sabotieren. Eine gute, qualitativ hochwertige, menschenwürdige Pflege erfordert in erster Linie sehr viel menschliche Zuwendung und damit Zeit – alles Dinge, die in der kapitalistischen »Zeitsparlogik«,[76] dem ökonomischen Kriterium der Zeit- und Kosteneffizienz, schlicht keinen Platz haben. Daran vermögen auch besonders engagierte Pflegerinnen und Pfleger, die es durchaus gibt und die sich im Einzelnen gegen alle Widrigkeiten eines durch und durch kommerzialisierten und ökonomisierten Pflegesystems ehrlich um einen warmherzigen und menschlichen Umgang mit den ihnen anvertrauten Pflegebedürftigen bemühen, nichts Wesentliches zu ändern. Selbst hier dürfte oftmals unter dem Strich nicht sehr viel mehr herauskommen als die Konstruktion eines idealisierten Berufsethos, das es erlaubt, den rauen Pflegealltag zu bewältigen, ohne restlos an ihm zu verzweifeln und als Pfleger/in darin unterzugehen. Karin Kersting (2011) spricht in diesem Zusammenhang von »Coolout in der Pflege«: Pfleger/innen, die unter den prekären Arbeitsbedingungen der (Alten-)Pflege funktions- und handlungsfähig bleiben wollen, müssen ein für sie tragfähiges Berufsrollenbild entwickeln, das es ihnen erlaubt, mit den Widersprüchen zwischen pflegerischem Anspruch und realer Pflegepraxis produktiv umzugehen, ohne an diesen zu zerbrechen. Dies disponiert sie im Regelfall zur mehr oder weniger weitgehenden Hinnahme der Widersprüche und zur Anpassung an eine durch die Verhältnisse erzwungene Pflegepraxis, die den hohen ethischen Ansprüchen des Pflegeberufs oftmals diametral widerspricht.

Noch die in Altenheimen mittlerweile übliche und im Allgemeinen als besonders kräftiges Indiz für den neuen, »freundlicheren« Charakter von Altenheimen geltende »Aktivierung« von Heimbewohner/innen erweist sich bei genauerer Betrachtung als überaus janusköpfig: So zeigt Stephen Katz (2000) in einer von Foucault inspirierten Untersuchung, dass Praktiken der Aktivierung von Heimbewohner/innen nicht zuletzt zu deren besonders effizienten Kontrolle und Disziplinierung taugen, um auf diese Weise einen möglichst reibungslosen Pflegealltag zu gewährleisten. In Anbetracht der Heterogenität von Heimbewohner/innen und der Vielfalt von Verhaltensweisen und Situationen, die den Pflegeheimalltag prägen – manche Heimbewohner/innen schlafen, andere wandern herum, dazwischen schreit jemand, während wieder andere beispielsweise ihre verschmutzte Windel auseinandernehmen – besteht laut Katz eine effiziente Möglichkeit des »Verhaltensmanagements« in Pflegeheimen darin, die Insassen permanent durch verschiedene Aktivitätsprogramme zu beschäftigen. Der Pflegeheimalltag, so schließt Katz daraus, funktioniert nur, wenn die Heimbewohner/innen hinreichend »funktionieren«, und das tun sie am besten, wenn man sie aktiviert, wenn ihre Körper also »geschäftige Körper« sind. Aktivität dient so in erster Linie dazu, das Leben und den Alltag in Altenheimen effizient zu planen und zu organisieren. Betrachtet man diese Strategie der Aktivierung als komplementär zu den oben beschriebenen Strategien der Ruhigstellung und Einschließung von Alten und Pflegebedürftigen, lässt sich die Logik der institutionellen Altenpflege prägnant vielleicht auch so zusammenfassen: Aktivierung der (noch) Aktivierbaren, Ruhigstellung der nicht mehr Aktivierbaren, also der Bettlägerigen und Dementen. Beides hat die Funktion, den pflegetechnischen Ablauf in der Art und Weise möglichst glatt und reibungslos zu gestalten, wie er durch die von den Gesetzen des Marktes und der ökonomischen Kosten-Nutzen-Rationalität erzwungene Orientierung an Zeit- und Kosteneffizienz im Altenheim strukturell vorgegeben wird.

Angesichts der in Pflegeheimen vorherrschenden Zeit- und Kosteneffizienzlogik ist es auch kein Widerspruch, wenn nach allgemeiner Betroffenheit im Gefolge eines »Pflegeheimskandals« und dem dadurch veranlassten Ruf nach Verbesserungen in der Altenpflege die gesellschaftlichen Rahmenbedingungen, die diese »Pflegemissstände« systematisch hervorbringen, nicht nur unangetastet bleiben, sondern zumeist sogar an deren weiterer Verschlechterung gearbeitet wird. Rationalisierungen und Einsparungen beim Pflegepersonal schreiten völlig unbeeindruckt von öffentlicher Kritik weiter voran. Die Pflegetätigkeit wird geringer qualifizierten und entsprechend billigeren »Pflegehelfer/innen« übertragen, während nunmehr akademisch ausgebildetes Pflegepersonal ausschließlich im »Pflegemanagement« tätig ist und den permanent zunehmenden Verwaltungsaufwand in der Pflege abarbeitet. Vor dem Hintergrund von Pflegekräftemangel einerseits und Massenarbeitslosigkeit andererseits gibt es mittlerweile auch konkrete Überlegungen, Arbeitslose ungeachtet ihrer Eignung und ihrer individuellen Interessen möglichst in den Pflegeberuf zu drängen.[77] Und wenn es nach manchen Politiker/innen, Wissenschaftler/innen und Technikkonzernen geht, sollen in absehbarer Zeit sogar Pflegeroboter den steigenden Pflegebedarf bewältigen helfen und menschliche Pfleger/innen von ihrer Arbeit »entlasten«. Während ein geschäftiger Ethik- und Pflegewissenschaftsbetrieb derzeit noch intensiv über ein »würdevolles Altern« und über »Würde bis ans Lebensende« nachdenkt (vgl. Niederschlag/Proft 2014; Dabrowski/Wolf 2016), wird also bereits mit Hochdruck daran gearbeitet, die Altenpflege in Zukunft von Maschinen erledigen zu lassen – eine Entwicklung, die wohl ohne Zweifel einem neuen Gipfelpunkt in der gesellschaftlichen Entwürdigung des Alterns gleichkäme.[78] All das verdeutlicht, dass es jenseits des allenthalben öffentlich zur Schau gestellten Betroffenheitspathos angesichts gravierender Missstände in der institutionellen Altenpflege um eine menschenwürdige, qualitativ hochwertige Pflege und Betreuung alter Menschen in Wahrheit gar nicht geht – und unter kapitalistischen Bedingungen, unter denen zuallererst Zeit- und Kosteneffizienz und dann lange nichts kommt, wohl auch gar nicht gehen *kann*.

Dass Alten- und Pflegeheime für deren Insassen alles andere als schöne und im Grunde sogar gefährliche Orte sind, konnte nicht zuletzt während der Corona-Krise eindrucksvoll besichtigt werden. Im Zuge der Pandemie wurden alte Menschen pauschal als besonders »vulnerable Gruppe« definiert, die durch harte Eindämmungsmaßnahmen wie Lockdowns und Kontaktbeschränkungen vor einer Ansteckung zu schützen sei. De facto wurden diese dabei jedoch in paternalistisch-bevormundender Weise ihres Selbstbestimmungsrechts beraubt und radikal und in einer häufig menschenunwürdigen Art und Weise zwangsisoliert. Dies stellte sich besonders dramatisch in Alten- und Pflegeheimen dar. Wer dort nicht bereits einer aufgrund des Heimsettings stark erhöhten Infektionsgefahr zum Opfer fiel und an den Folgen einer Corona-Infektion verstarb, hatte eine relativ hohe Wahrscheinlichkeit, ein Opfer der infolge einer neoliberalen Ausdünnung des Gesundheitswesens ohnehin schon schlechten und sich durch Lockdown- und Quarantänemaßnahmen noch drastisch weiter verschlechternden Pflegebedingungen zu werden und unter massiver Vernachlässigung zu leiden; auch dies zuweilen mit tödlichen Folgen. Eine große Rolle spielte dabei, dass Angehörige lange Zeit keinen Zutritt mehr zu Pflegeheimen hatten und pflegebedürftige Familienmitglieder nicht mehr besuchen durften. Da ein beträchtlicher Teil der Betreuungsleistungen und der Zuwendung, für die im zunehmend ökonomisierten und rationalisierten Pflegebetrieb kaum Zeit bleibt, von Angehörigen erbracht werden, entfielen im Zuge der Isolierung der Heime viele dieser Leistungen, mit entsprechenden Auswirkungen auf die Pflegequalität. Hinzu kommt die durch die Isolation bedingte Einsamkeit.[79] Es gibt zahlreiche Studien, die auf die verheerenden Auswirkungen der sozialen Isolation und der daraus resultierenden Einsamkeit unter alten Menschen während der Pandemie hinweisen. Diese belegen unter anderem eine erhöhte, nicht auf COVID-19 zurückzuführende Mortalität, insbesondere unter Menschen mit Demenz (z. B. Chen et al. 2021). Auch Altersmediziner weisen zunehmend auf die schädlichen Effekte der von den Staaten implementierten Lockdownstrategie, bei gleichzeitiger Vernachlässigung gezielter Maßnahmen zum Schutz von Risikogruppen, hin.[80] Die Sozialwissenschaftlerin und Biologin Silja Samerski fasst die Schädlichkeit des in Alten- und Pflegeheimen umgesetzten »Pandemie-Managements« in ihrer vorzüglichen Abhandlung über die Aktualität der medizinkritischen Schriften Ivan Illichs angesichts der Corona-Krise sehr treffend wie folgt zusammen: Es habe nicht gezählt,

> »wie es den BewohnerInnen von Heimen geht, sondern nur, dass sie nicht an Corona sterben. Monatelang behandelte die Politik sie als abstrakte biologische ›Leben‹, die gerettet werden müssen. Eingesperrt in ihre Zimmer und ohne Besuch von ihren Angehörigen starben sie einen sozialen Tod, auf den nicht selten auch noch der biologische folgte« (Samerski 2023: 232).

Selbst nach »Durchimpfung« der Pflegeheime konnte lange nicht die Rede davon sein, dass Isolationsmaßnahmen ganz oder wenigstens großteils aufgehoben worden wären. Auch was die Impfung selbst betrifft, waren aus manchen Heimen teilweise sehr unschöne Dinge zu vernehmen. So sind in Deutschland in den Heimen die Impftrupps zuweilen in Begleitung der Bundeswehr angerückt. Generell scheint sich in Anbetracht eines zunehmenden und durch die Corona-Pandemie zusätzlich verschärften Pflegenotstands eine Praxis herauszubilden, Bundeswehrsoldat/innen als Pflegehilfskräfte in Alten- und Pflegeheimen einzusetzen.[81] Wenn man bedenkt, dass man es in Pflegeheimen überwiegend mit Menschen zu tun hat, die noch den Zweiten Weltkrieg miterlebt haben, zeugt ein solches Vorgehen nicht gerade von einer besonders ausgeprägten Sensibilität für die Besonderheiten und Bedürfnisse dieser Personengruppe. Es ist durchaus anzunehmen, dass sich die Anwesenheit von Personen in Soldatenuniform für manche hochbetagte Menschen traumatisierend ausgewirkt hat.

Es wurden also während der Pandemie Maßnahmen ergriffen, die besonders mit dem Schutz vulnerabler Gruppen und hier vor allem alter und hochaltriger Menschen begründet wurden, die aber auch und gerade unter dem Kriterium des Schutzes von vulnerablen Gruppen sehr problematische Effekte zeitigten und zahlreichen alten Menschen – insbesondere Pflegeheimbewohner/innen – schweren Schaden zufügten. Welches Ausmaß diese schädlichen Effekte gerade unter alten, pflegebedürftigen Menschen annahmen, müsste erst noch systematisch aufgearbeitet werden.

Die bis hierher vorgetragenen kritischen Überlegungen und Befunde zur Geschichte und Funktion von Altenheimen als »Verwahranstalten« mögen wahrscheinlich diejenigen noch nicht recht überzeugen, die mit (vermeintlich) objektiver sozialwissenschaftlicher »Sachlichkeit« und wertfreiem »Realismus« primär die Anforderungen und empirisch bestehenden oder unterstellten Bedarfe der Menschen und der Gesellschaft in ihrer gegebenen Form im Blick haben und zum Ausgangs- und Referenzpunkt des wissenschaftlichen Denkens und Handelns machen. Aus dieser Perspektive lässt sich eine derart radikale Kritik am Altenheim bereits mit dem Totschlagargument erledigen, dass nun einmal eine gesellschaftliche Notwendigkeit besteht, Alte und Pflegebedürftige zu pflegen und zu betreuen – und dies wird in vielen Fällen nicht ohne Formen der institutionellen Pflege in entsprechenden Einrichtungen zu gewährleisten sein, zumal alte Menschen heute nicht nur immer mehr werden (demografischer Wandel), sondern auch immer weniger damit rechnen können, bei Pflegebedürftigkeit auf die Versorgung durch Angehörige zurückgreifen zu können. All das ist ohne Frage zutreffend – und verweist doch nur auf die gesellschaftliche Formbestimmtheit des Alter(n)s im Allgemeinen und der Altenpflege im Besonderen, die es kritisch aufzuklären gälte. In einer Gesellschaft, die – wie es Foucault im obigen Zitat formulierte – derart »beschäftigt« ist wie die unsrige, in der sich das Leben der Menschen primär um Arbeit dreht, sind Alte als Nicht-Arbeitende nicht nur Abweichende von der Norm (was wiederum ihren Status als Überflüssige begründet), sondern darüber hinaus auch Angewiesene auf Pflege- und Betreuungsleistungen, für die deren Angehörige keine Zeit haben – und wenn, dann nur unter Inkaufnahme einer Doppelt- bis Dreifachbelastung durch die Vereinbarung von Karriere, Familie und Altenpflege (eine Mehrfachbelastung, die vor allem Frauen zu tragen haben). Zuweilen wird es wohl auch nicht nur an mangelnder Zeit von erwerbstätigen Angehörigen scheitern, sondern auch an mangelnder Zuneigung zu den pflegebedürftigen Eltern und einer entsprechend geringen Bereitschaft zur Übernahme von Pflegetätigkeiten. Die gesellschaftliche Nötigung zur (wie auch immer aufgeweichten, anti-autoritären) Erziehung und Disziplinierung des Nachwuchses zu arbeitsamen, leistungsbereiten Mitgliedern der kapitalistischen Arbeitsgesellschaft hinterlässt oftmals tiefe Spuren in den Familienbeziehungen und schafft ein gehöriges Maß an gegenseitiger Entfremdung im Intergenerationenverhältnis (vgl. sehr instruktiv dazu die kritischen Reflexionen über »Erziehung« in Gruschka 2004: 237ff.). Nicht zuletzt darin dürften manche Ängste alter Menschen vor einer »Abschiebung« ins Pflegeheim oder vor einer Abhängigkeit von Pflegeleistungen ihrer Kinder begründet liegen. Das implizite Wissen um die gegenseitige Entfremdung verdichtet sich im berechtigten Zweifel, ob von Angehörigen wirklich eine vorbehaltlose, liebevolle Zuwendung erwartet werden kann oder darf. Die postmoderne Erosion der Familie und die zunehmende Individualisierung von Lebensverhältnissen, die auch immer größere räumliche Distanzen schafft, tun hierzu noch ihr Übriges. Was in der gängigen, immanenten Betrachtungsweise zur Legitimation von Alten- und Pflegeheimen im Sinne einer gesellschaftlichen Notwendigkeit dient, könnte (und müsste) daher zunächst einmal kritisch betrachtet werden. Die Frage, ob unter solchen gesellschaftlichen Bedingungen eine menschenwürdige Pflege überhaupt möglich ist, stellt sich nur dem nicht mehr, dem die Gesellschaft, so wie sie ist, bereits zu einer geworden ist, die gar nicht anders sein kann. Aus dem historisch-konkreten Sosein der Gesellschaft kann aber nicht einfach eine entsprechende Notwendigkeit abgeleitet werden. Das Problem an einem solchen falschen Realismus wird vielleicht besonders deutlich, wenn in die Betrachtung auch Aspekte der Altenpflege mit einbezogen werden, deren Kritikwürdigkeit allgemein konsensfähig ist, wie etwa der Einsatz freiheitsbeschränkender Maßnahmen in Altenheimen: Mit derselben Begründung, mit der für die

Notwendigkeit und die wichtige gesellschaftliche Funktion von Altenheimen argumentiert wird, ließe sich gerade auch die systematische und schlicht inhumane Einschließung, Disziplinierung und Ruhigstellung von Pflegeheimbewohner/innen legitimieren. Auch dazu gibt es unter den bestehenden Rahmenbedingungen der Pflege, realistisch betrachtet, keine wirkliche Alternative. Pflegeheime und ihr Personal, sofern sie nicht aufgrund von Vernachlässigung ihrer Betreuungs- und Sorgfaltspflicht mit einem Fuß auf der Anklagebank stehen wollen, tun gut daran, die ihnen anvertrauten Pflegebedürftigen daran zu hindern, das Heim zu verlassen oder auf sonst irgendeine Weise aufgrund mangelnder Beaufsichtigung und Kontrolle im Pflegeheim zu Schaden zu kommen. »Hundertjährige, die aus Fenstern klettern und verschwinden«, mögen zwar in der literarischen und filmischen Fiktion das Publikum zum Schmunzeln bringen und Sympathien hervorrufen, in der Realität werden betroffene Angehörige aber eher rechtliche Schritte gegen das Pflegeheim einleiten, das es zugelassen hat, dass der greise Vater oder die pflegebedürftige Mutter aus dem Heim entwischen konnte. Meistens dürfte sogar schon sehr viel weniger ausreichend sein, um wegen Verletzung von Betreuungspflichten belangt zu werden: Hier genügt es wahrscheinlich schon, dass es zu sexuellen Handlungen zwischen Pflegeheimbewohner/innen kommt, um bei Angehörigen einen ähnlichen moralischen Furor hervorzurufen, wie ihn Pädagog/innen zu erwarten haben, wenn es diesen (etwa auf einer Klassenfahrt) nicht gelingt, die ersten erotischen Gehversuche der ihnen anvertrauten Kinder und pubertierenden Jugendlichen zu unterbinden.[82]

So leicht, »objektiv« und »realistisch« mit der gesellschaftlichen Notwendigkeit von Alten- und Pflegeheimen zu argumentieren, kann es sich also keine Sozialwissenschaft machen, wenn sie sich nicht der sozialwissenschaftlich unzulässigen Ontologisierung von durch und durch gesellschaftlichen Tatbeständen und Verhältnissen schuldig machen möchte. Es gibt kein stichhaltiges Argument dafür, dass die Pflege und Betreuung alter Menschen nicht auch ganz anders stattfinden und organisiert werden könnte, als dies in der Gegenwart der Fall ist – außer den gesellschaftlichen Verhältnissen in ihrer bestehenden Form und der von ihnen ausgehenden normativen Kraft des Faktischen. Der unkritische Verweis auf die Verhältnisse, wie sie sind, und die Rahmenbedingungen der Altenpflege, wie sie darin vorherrschen, impliziert immer schon die bewusste oder unbewusste Parteinahme für den gesellschaftlichen Status quo. Unter diesen Voraussetzungen wird aber die Altenpflege auch in Zukunft – bei allen sonstigen oberflächlichen Veränderungen, die diese im Detail möglicherweise noch erfahren mag – kein wesentlich anderes Gesicht haben können als heute: die Segregation und Einschließung alter Menschen in (noch so luxuriösen) Verwahranstalten.[83]

4.5 »Am besten wär's, euch zeitig totzuschlagen«: Die überflüssigen Alten als gesellschaftlich zu lösendes Problem

Mit Blick auf Ruhestand und Altenheim als den beiden zentralen kapitalistischen Altersinstitutionen lässt sich die Überflüssigkeit der Alten im Grunde als eine zweifache bestimmen. Auf der einen Seite sind Alte, als Herausgefallene aus der abstrakten Arbeit, schlicht unproduktiv und damit für die alles bestimmende Selbstzweckbewegung des Kapitals praktisch »wertlos«. Gegen diese gesellschaftlich bedingte und den Alten zugeschriebene »Wertlosigkeit« wird von gerontologischer Seite immer wieder vehement Einspruch eingelegt, ohne dabei jedoch die hierfür konstitutiven und maßgeblich zugrunde liegenden kapitalistischen Strukturzusammenhänge zur Kenntnis zu nehmen. Die gerontologische Kritik an der »Wertlosigkeit« der Alten leidet darunter, dass sie zwanghaft zu negieren versucht, was sie eigentlich, gerade auch mit Blick auf eine potenzielle praktische Veränderung der herrschenden Zustände, einer radikalen Kritik aussetzen müsste: nämlich eine gesellschaftliche Struktur, in der alles und jeder primär nach seinem »Wert« und Nutzen für die Gesellschaft, nach seiner Produktivität und seiner (Arbeits-)Leistung beurteilt wird. So weit verbreitet wie problematisch sind daher auch die Versuche der Gerontologie, alte Menschen durch ihre »Produktivität«, »Aktivität«, ihre »Kompetenzen« und »Potenziale« aufzuwerten – sie reproduziert damit nur die ohnehin gesellschaftlich gültige Differenzierung in »Produktive« und »Unproduktive«, die überhaupt erst für die Abwertung und Diskriminierung alter Menschen verantwortlich zu machen ist. Damit fällt die Gerontologie hinter eine frühe und wegweisende Einsicht der *Kritischen Theorie* zurück, die für die vorliegende Arbeit forschungsleitend ist: dass die gesellschaftlich vorherrschenden »Kategorien des Besseren, des Nützlichen, Zweckmässigen, Produktiven, Wertvollen, wie sie in dieser Ordnung gelten« selbst kritisch zu hinterfragen und »keineswegs ausserwissenschaftliche Voraussetzungen« sind, mit denen die Gerontologie »nichts zu schaffen hat« (Horkheimer 1937: 261). Anstatt die gesellschaftliche »Totalität« (Adorno), das gesamtgesellschaftliche »Ganze« (Horkheimer) ins kritische Visier zu nehmen, macht die Gerontologie zumeist noch dort, wo sie kritisch sein möchte, freiwillig oder unfreiwillig, bewusst oder unbewusst, Wissenschaft im Dienste der herrschenden Ordnung und der darin geltenden, nicht grundsätzlich hinterfragten Werte und Normen – mit allen Problemen, Widersprüchen und Aporien, in die man sich damit verstrickt, und von denen die größte und schwerwiegendste darin besteht, die Alten unter Rekurs auf gesellschaftliche Normen und Prinzipien aufwerten zu wollen, welchen sich ihre soziale Minderbewertung und Marginalisierung wesentlich verdankt: nämlich im Interesse der eigenen sozialen Anerkennung »produktiv« und »aktiv« sein zu müssen.

Die »Wertlosigkeit« der Alten für den Kapitalverwertungsprozess, als Herausgefallene aus der abstrakten Arbeit, ist darüber hinaus nur eine Seite ihrer kapitalistischen »Überflüssigkeit«. Auf der anderen Seite sind alte Menschen auch Nutznießer von Pensions- und Pflegesystemen, die staatlich finanziert, das heißt aus der gesamtgesellschaftlichen Mehrwertmasse alimentiert werden müssen. Alte sind somit nicht nur unproduktiv, sondern zu allem Überfluss auch noch ein beträchtlicher Kostenfaktor. In einer Gesellschaft mit einer historisch derart tief eingewurzelten, bis in die subkutanen Tiefenschichten der modernen Subjektivität eingesickerten Arbeitsethik, wonach gefälligst auch nicht essen soll, wer nicht arbeitet (vgl. Eisenberg 1999), stehen Alte daher, je nach ökonomischer Großwetterlage, immer schon auf dem Sprung, das Lebensrecht abgesprochen zu bekommen und im wahrsten Sinne des Wortes unter die Kategorie des »lebensunwerten Lebens« subsumiert zu werden.

Diese Behauptung und insbesondere die Verwendung des Begriffs »lebensunwertes Leben« wird bei vielen schon alleine deshalb Anstoß erregen, weil damit nicht nur auf eine Terminologie, sondern auch auf eine historisch beispiellose Praxis der massenhaften Tötung von als »überflüssig« definierten Menschen im Nationalsozialismus Bezug genommen wird, die zu den größten Verbrechen der Menschheitsgeschichte zu zählen ist. Von der »Euthanasierung« alter Menschen, insbesondere Heimbewohner/innen, als »lebensunwertes Leben« im Dritten Reich war bereits im vorigen Kapitel die Rede. Diese wurden damals auf ähnliche Weise und mit einer ähnlichen Begründung als gesellschaftlich »Überflüssige« ermordet wie etwa Behinderte oder psychisch Kranke. Es lässt sich heute nicht mehr genau bestimmen, wie viele alte Menschen dem Euthanasie-Programm der Nazis zum Opfer gefallen sind. Sicher ist lediglich, »dass nicht bloß durch den Widerstand gegen dieses Programm – auch nach seinem offiziellen Stopp 1941 lief es weiter – sondern erst durch das Ende des ›Dritten Reiches‹ zahlreiche alte Menschen vor der Ermordung gerettet wurden« (Heinzelmann 2004: 23). Diese nicht nur diskursive, sondern praktische Subsumierung alter Menschen unter die Kategorie des »lebensunwerten Lebens« und ihre massenhafte Ermordung als »Überflüssige« durch den nationalsozialistischen Gewaltapparat wären aber historisch völlig inadäquat beurteilt, wenn diese bloß als eine Art zivilisatorischer »Aussetzer« und als Einbruch des schlechthin Bösen in die moderne Zivilisation verstanden würden. Denn im Prinzip handelt es sich dabei nur um eine Extremform und radikale praktische Umsetzung jener gesellschaftlichen, auf der Differenzierung von »Produktiven« und »Unproduktiven«, »Nützlichen« und »Überflüssigen« beruhenden Logik, wie sie für kapitalistische Gesellschaften schon lange vor den Nazis gültig war und heute vor dem Hintergrund von Wirtschafts-, Finanz- und Staatsschuldenkrisen sowie demografischem Wandel wieder ein besonders bedenkliches Ausmaß erreicht. Mit anderen Worten: Nichts hiervon geht originär auf den Nationalsozialismus zurück. Historisch einzigartig und ein bislang exklusives Charakteristikum der nationalsozialistischen Vernichtung »lebensunwerten Lebens« ist ohne Zweifel die Systematik und die Größenordnung, mit und in der diese betrieben wurde, keinesfalls aber die tieferliegende gesellschaftliche Logik, die die Nazis dabei exekutierten. Auf den konstitutiven Zusammenhang von moderner Vergesellschaftung und Nationalsozialismus beziehungsweise der Vernichtung »lebensunwerten Lebens« haben bereits in den 1940er Jahren Horkheimer und Adorno (2010) in der *Dialektik der Aufklärung* hingewiesen, später auch der postmoderne Gesellschaftstheoretiker Zygmunt Bauman (2002) in seinem Werk *Dialektik der Ordnung* (im englischen Original: *Modernity and the Holocaust*).[84] Dass der Rückgriff auf die Kategorie des »lebensunwerten Lebens« in Bezug auf den inferioren sozialen Status alter Menschen in kapitalistischen Gesellschaften durchaus keine geschmacklose Übertreibung darstellt, sondern eher umgekehrt jede andere Bezeichnung eine Untertreibung und Verharmlosung wäre, sei daher im Folgenden exemplarisch an gesellschaftlichen Diskursen vom Frühkapitalismus bis in die Gegenwart veranschaulicht, die die Tötung alter Menschen als legitime oder sogar sozialethisch vertretbare Beseitigung einer gesellschaftlichen Last konstruieren.

Tötungsfantasien und Diskurse über die zweckmäßige Beseitigung alter Menschen als Unproduktive und gesellschaftliche Last lassen sich bis weit in die Frühphase kapitalistischer Vergesellschaftung zurückverfolgen. Bereits in der Frühen Neuzeit, als sich in einem jahrhundertelangen Umwälzungsprozess aus der mittelalterlich-feudalen die kapitalistische Gesellschaft mit ihren auf Lohnarbeit und Geldwirtschaft beruhenden sozialen und wirtschaftlichen Reproduktionsformen herausbildete, herrschte – insbesondere im Vergleich zu historisch früheren Kulturen wie der Antike – ein zutiefst negativer sozialer Status alter Menschen vor. Den Unterschied zum auch nicht gerade positiven und eher ambivalenten Altersbild der Antike (dazu Hermann-Otto 2004) fasst der Sozialhistoriker Peter Borscheid recht anschaulich wie folgt zusammen:

> »Mit krachenden Beinen und triefender Nase, kahlköpfig, taub und halb blind schleppt sich der alte Mensch aus dem Mittelalter heraus und kriecht auf Krücken gestützt, unter dem Spott der Jugend, über die Schwelle zur Neuzeit. Der sieche, leidgeprüfte, mit sich und der Welt unzufriedene Alte (…) hat nichts mehr gemein mit den geistig so kraftvollen, tapferen und selbstbewußten Greisen, wie sie Cicero noch in seiner Schrift ›Cato maior de senectute‹ geschildert, nichts mehr mit dem Idealbild des römischen pater familias, wie es Vergil am Beispiel des greisen Anchises, dem Vater des Aeneas, beschrieben hat. Wenn es auch den Römern nie in den Sinn gekommen war, das Greisenalter als wünschenswerten Zustand den anderen Lebensaltern vorzuziehen, so blieb doch der Hausvater zeitlebens oberste Autorität, dem Verehrung gebührte.« (Borscheid 1989: 17f.)

Im Gegensatz zur griechischen und römischen Antike, in der alte Menschen (wenngleich ausschließlich Männer) nicht nur ein hohes Ansehen genossen, sondern auch die höchsten und einflussreichsten Positionen innehatten – etwa im römischen »Senat« –, ließen die ökonomischen Zwänge der sich ausbreitenden kapitalistischen Geldwirtschaft wie auch die extrem elenden sozialen Verhältnisse während der Konstitutions- und Durchsetzungsphase der kapitalistischen Produktionsweise alte Menschen oftmals nur als unnütze Esser erscheinen, die »die Armut verschärf[en] und [welchen] man leicht die Schuld am Absinken in die sozial diskriminierte Unterschicht zuschieben kann« (ebd.: 33). In diesen Zeiten größter Not für weite Teile der Bevölkerung war der alte Mensch »kein vollwertiges Gesellschaftsmitglied mehr; er fällt seinen Mitmenschen ebenso zur Last, wie ihm bereits sein ›vater und muter … ein schwäre burd vnd grosse pein‹ gewesen waren« (ebd.: 18). Gerade die damals in bäuerlichen Milieus (wenngleich aufgrund der geringen Lebenserwartung nur sehr langsam) zunehmende Praxis des sogenannten Ausgedinges war häufig problematisch und muss, im Gegensatz zu immer wieder propagierten Großfamilienideologien, eher als eine Zwangsgemeinschaft beschrieben werden:

> »Zwar konnte das alte Bauernehepaar weiterhin in der gewohnten Umgebung verbleiben und je nach Arbeitskraft sinnvolle Tätigkeiten

verrichten, doch ergaben sich daraus auch eine Menge Reibungspunkte. (...) Aus den oftmals sehr kleinlichen Altenteilverträgen, in denen jede Bewegung, die der Altbauer tun durfte, schriftlich geregelt war, spricht ein gehöriges Maß an Angst und Mißtrauen gegenüber dem Vertragspartner; von Vertrauen, Zuneigung und Einverständnis ist dagegen nur wenig zu spüren.« (ebd.: 76)

Lebten die Altenteiler darüber hinaus auf engem Raum mit den Jungbauern zusammen, weil die finanziellen Mittel, wie damals zumeist der Fall, es nicht zuließen, den Altenteilern ein eigenes Haus (ein sogenanntes Auszugshaus) zur Verfügung zu stellen, in dem diese »sicher vor dem Alleinsein, aber auch relativ sicher vor den Generationenkonflikten des Alltags« (ebd.) gewesen wären, gestaltete sich das Arrangement des Ausgedinges doppelt problematisch:

»So blieb es beim engen Körperkontakt und allen Wunden, die er verursachte. Alte Bauernweisheiten wie ›Übergeben und nimma leben‹ sprechen eine deutliche Sprache, und in manchen Gegenden Europas wurde Arsen als das ›Altenteilpulver‹ bezeichnet.« (ebd.: 77)

Es wird sich heute historisch freilich nur noch schwer nachvollziehen lassen, ob und, wenn ja, in welchem Ausmaß hinter Begriffen wie »Altenteilpulver« auch eine entsprechende Praxis der Beseitigung alter Menschen stand. In jedem Fall aber sind sie ein Hinweis darauf, dass der Status alter Menschen auch und gerade innerhalb der Familie damals alles andere als hoch war und sie in der gesellschaftlichen Wahrnehmung als »Altenteiler« in erster Linie zur Last fielen, sodass ihr Tod oftmals nicht so sehr betrauert, als vielmehr begrüßt wurde. Wo es, wie lange Zeit der Regelfall, (noch) keine Altenteilregelungen gab und eine Hofübergabe erst mit dem Ableben des Altbauern zustande kam, war der Tod der Alten erst recht ein willkommener Konfliktlöser, vor allem wenn die Eltern bereits arbeitsunfähig und auf Hilfe der Jungen angewiesen waren:

»Bei der geringen Lebenserwartung gerade der bäuerlichen Bevölkerung der frühen Neuzeit stellte diese Art der Hofübernahme im Normalfall eine durchaus akzeptable Regelung dar, die die jüngere Generation vor keine unerträgliche Geduldsprobe stellte. Wurden die Eltern jedoch alt und waren auf die Hilfe der Kinder angewiesen, entstanden in einem altenfeindlichen Jahrhundert wie dem 16. und frühen 17. ganz unweigerlich Konflikte.« (ebd.)

Für den Familienverband schien es am besten zu sein, wenn die Alten möglichst bald ihr Leben aushauchten, oder noch besser: bereits starben, bevor sie alt und zu nichts mehr zu gebrauchen waren und für die Jungen somit eine untragbare Belastung darstellten. Borscheid weist auch darauf hin, dass alte Menschen vor allem in Kriegszeiten nahezu jedes Lebensrecht einbüßten. So gebe es zahlreiche Aufzeichnungen über Greueltaten und brutale Morde an Alten aus dem Dreißigjährigen Krieg (1618–1648), die von Soldaten erschlagen, erschossen oder ertränkt worden seien.[85] »Der Krieg«, so fasst Borscheid die damaligen Zustände (nicht ganz frei von einer Idealisierung vorneuzeitlicher Verhältnisse) zusammen,

> »hat das über Jahrhunderte errichtete Wertgebäude aus Moral und guten Sitten zum Bersten, die eingelagerten Pestwellen haben es zum Einsturz gebracht. Die aus den Kriegsjahren überlieferten Berichte von Kannibalismus, Folterungen, Brutalitäten der verwilderten Söldnerhorden und unbarmherzigen Plünderungen durch den Troß sprechen eine deutliche Sprache. (...) Unter Barbaren verlor der alte Mensch sein Lebensrecht.« (ebd.: 85 f.)

Auch Peter Laslett hat in seiner historisch angelegten Schrift über das »dritte Alter« einige instruktive Beispiele für die gesellschaftliche Feindseligkeit gegenüber Alten als »Überflüssigen« und davon ausgehende Tötungsfantasien zusammengetragen. Aus der kapitalistischen Frühphase zitiert er etwa den englischen Altertumsforscher John Aubrey, der in den 1680er Jahren über das sogenannte »holy mawle« geschrieben hat. Dabei handelte es sich um einen schweren Hammer, der »angeblich an der Innenseite der Kirchentür gehangen habe und ›[den] der Sohn nehmen konnte, wenn der Vater 70 war, um ihm auf den Kopf zu schlagen, da er schwach und nicht mehr von Nutzen war‹« (Laslett 1995a: 49). Wie schon im Fall des »Altenteilpulvers« können auch derartige Aufzeichnungen sicher nicht für sich beanspruchen, als unzweifelhafter Beleg für eine damals bestehende gesellschaftliche Praxis der Tötung alter Menschen zu gelten.[86] Überdeutlich ist hingegen der inferiore soziale Status, der alten Menschen unter den damaligen Verhältnissen zukam: Waren sie zu schwach, um zu arbeiten, hatten sie als unnütze Esser ihr Lebensrecht verwirkt. Dass das »holy mawle«, mit dem die unnützen und überflüssigen Alten im Interesse der Gemeinschaft totgeschlagen worden seien, in der Kirche untergebracht gewesen sein soll, verweist – sofern die historischen Aufzeichnungen darüber ansatzweise den Tatsachen entsprechen – umso mehr auf die breite gesellschaftliche Basis und Akzeptanz solcher Vorstellungen. Die Beseitigung alter, zur Last fallender Menschen erschien offenbar nicht nur als zweckmäßig, sondern sogar als »gottgefällig«, jedenfalls aber nicht im Widerspruch zu christlichen Wert- und Moralvorstellungen.

Die unnützen und überflüssigen Alten totzuschlagen, darin kulminiert auch eine Polemik gegen das Alter aus dem zweiten Teil des *Faust* von Johann Wolfgang von Goethe, die diesem Kapitel leitmotivisch als Zitat vorangestellt wurde. Goethe legt diese einem jungen Baccalaureus im Gespräch mit dem als Greis verkleideten Mephisto in den Mund – eine Polemik, die an Deutlichkeit und Altersfeindlichkeit nichts zu wünschen übriglässt (Goethe 2001 [1832]: 64):

> »Anmaßlich find ich dass zur schlechtsten Frist
> Man etwas sein will, wo man nichts mehr ist.
> Des Menschen Leben lebt im Blut, und wo
> Bewegt das Blut sich wie im Jüngling so?
> Das ist lebendig Blut in frischer Kraft,
> Das neues Leben sich aus Leben schafft.
> Da regt sich alles, da wird was getan,
> Das Schwache fällt, das Tüchtige tritt heran.
> Indessen wir die halbe Welt gewonnen,
> Was habt Ihr denn getan? genickt, gesonnen,
> Geträumt, erwogen, Plan und immer Plan.
> Gewiß das Alter ist ein kaltes Fieber
> Im Frost von grillenhafter Not.
> Hat einer dreißig Jahr vorüber,
> So ist er schon so gut wie tot.
> Am besten wär's euch zeitig totzuschlagen.«

Zum Ausdruck kommt hier, neben der schon bekannten und traditionellen Konnotation von Alter mit (Leistungs-)Schwäche und Kraftlosigkeit, die das Erschlagen der Alten als nicht mehr arbeitsfähige und somit unnütze Esser legitimieren soll, auch der moderne, heute nochmals ein ganz neues Niveau erreichende Aktivitäts- und Jugendlichkeitsfetisch. Das Alter steht dabei für das Überkommene, Althergebrachte und – im Verbund mit der Passivität, Bedächtigkeit und Zauderhaftigkeit, die der Baccalaureus den Alten zuschreibt – für gesellschaftliche Statik. Die Jugend wird hingegen mit Aktivität und gesellschaftlichem »Fortschritt« gleichgesetzt. Die Überflüssigkeit der Alten bekommt hier also noch eine zusätzliche Dimension: Nicht nur erscheinen sie als »Nutzlose« und »Unproduktive«, sondern darüber hinaus als Behinderung und gewissermaßen als Klotz am

Bein des gesellschaftlichen Fortschritts. Bedenkt man die Entstehungszeit des *Faust II* – Goethe hat diesen in den späten 1820er Jahren fertiggestellt, also in einer Zeit beginnender und rasch fortschreitender Modernisierung sowie daraus resultierender sozialer und technisch-wissenschaftlicher Umwälzungen –, so scheint sich darin nicht zuletzt die damalige, sich enorm beschleunigende Entwicklungsdynamik der kapitalistischen Gesellschaft zu reflektieren. Bei Marx und Engels, die diese Entwicklungen miterlebt und in ihren Schriften kritisch verarbeitet haben, fanden diese etwa ihren Niederschlag in der Feststellung, die bürgerlich-kapitalistische Gesellschaft könne »nicht existieren, ohne die Produktionsinstrumente, also die Produktionsverhältnisse, also sämtliche gesellschaftlichen Verhältnisse fortwährend zu revolutionieren« (Marx/Engels 1972 [1848]: 465). Besonders die Lobpreisung der Jugend, die »die Welt gewinnt« und beim Goethe'schen Baccalaureus für das junge, damals aufstrebende (Wirtschafts-)Bürgertum zu stehen scheint, lässt an die von Marx und Engels im *Kommunistischen Manifest* getroffene Formulierung von der »Jagd der Bourgeoisie über die ganze Erdkugel« (ebd.) denken. Philosophisch hat die moderne Fortschrittsmetaphysik in kaum zu übertreffender Art und Weise bei Hegel Gestalt angenommen in seinen Begriffen von der »List der Vernunft« und vom »Weltgeist«, durch dessen Fortschreiten sich der »Endzweck« in der »Weltgeschichte« realisiere. »Fortschritt« wird hier zum Selbstzweck jeglicher gesellschaftlichen Entwicklung, die wiederum bei Goethe mit jener rastlosen, gleichsam jugendlichen Aktivität konnotiert wird, mit der sich die kapitalistische Gesellschaft die Welt (mittlerweile in globalem Maßstab) untertan macht. Das Alte – nämlich sowohl das Alte als Schwaches, Kraftloses, Passives und Inaktives, als auch das Alte als das Althergebrachte, Traditionelle und Obsolete – muss hingegen »fallen«, dafür ist in einer sich selbstzweckhaft und unaufhörlich »revolutionierenden« Gesellschaft schlicht kein Platz. Auch dieser Aspekt der ständigen technologischen, ökonomischen und sozialen Umwälzung moderner Gesellschaften und die daran gekoppelte Vorstellung von »gesellschaftlichem Fortschritt« wäre wahrscheinlich für ein kritisches Verständnis von modernem Jugendkult und, damit verbunden, Altersfeindlichkeit hinreichend zu berücksichtigen (ein Zusammenhang, der hier freilich nur angedeutet werden kann). Dieselbe »Revolutionierung« der Produktionsmittel und der Gesellschaft war es schließlich auch, die letztlich, wie gezeigt (siehe Kapitel 4.1), in die völlige gesellschaftliche Marginalisierung der Alten mündete, indem sie diese zunehmend für die Arbeit als einzige anerkannte soziale Funktion, die Menschen unter kapitalistischen Prämissen haben können, überflüssig machte.[87]

Behält man diesen historisch geleiteten Blick in der Betrachtung solcher Diskurse über die »überflüssigen Alten« und ihre gesellschaftlich zweckmäßige Beseitigung bei – gewissermaßen in einer Kontextualisierung ihrer Ideen- und Diskursgeschichte in den jeweils vorherrschenden, historisch-spezifischen Verhältnissen und Rahmenbedingungen –, so wird man das folgende Beispiel wohl als Hinweis auf eine gewisse Zuspitzung der Altenproblematik im Laufe des 19. Jahrhunderts auffassen dürfen, die sich entsprechend im Diskurs manifestiert. Zur Erinnerung: Ab der zweiten Hälfte des 19. Jahrhunderts stieg der Anteil alter Menschen in der Bevölkerung aufgrund stark sinkender Mortalitätsraten und steigender Lebenserwartungen rapide an. Gleichzeitig machte die fortschreitende Industrialisierung und die damit einhergehende Mechanisierung des Produktionsprozesses alte Menschen zunehmend für die Arbeit überflüssig, und es entstanden allmählich allgemeine Rentensysteme, durch die der Ruhestand und damit auch das Alter als Lebensphase selbst gesellschaftlich institutionalisiert wurden (siehe oben, Kapitel 3). Die damit gesetzte »Unproduktivität« und »Kostenlast« der Alten mag es gewesen sein, die den bekannten und aufgrund seiner bahnbrechenden Lehrmethoden bis heute als einer der Väter der modernen Medizin gefeierten kanadischen Arzt William Osler im Jahre 1906 zu seiner Aufsehen erregenden und vielzitierten Aussage motivierte, angesichts der »vergleichsweise[n] Nutzlosigkeit der Menschen über 40 und [der] gänzliche[n] Entbehrlichkeit der Menschen über 60 (…) könnte ein friedlicher Abgang durch Chloroform das sein, was für jeden wünschenswert wäre« (William Osler, zit. n. Laslett 1995a: 47f.). Ein Produkt ihrer Zeit ist diese Aussage nicht zuletzt auch durch die unübersehbare Nähe zu den im 19. Jahrhundert entstandenen und vor dem Hintergrund einer allgemeinen Biologisierung der gesellschaftlichen Verhältnisse zunehmend hegemonial gewordenen sozialdarwinistisch, rassenhygienisch und eugenisch geprägten Euthanasiediskursen. Die Tötung »überflüssiger Alter« erscheint dabei sowohl utilitaristisch im Interesse der Gesellschaft, als auch, gleichsam aus einer Perspektive des individuellen Wohlergehens und der Autonomie, im Interesse des Einzelnen. Dieselbe perfide Argumentationsfigur gehört seit jeher zum Wesen moderner Euthanasie- und Sterbehilfediskurse, die sich bald darauf praktisch in den Euthanasieprogrammen der Nazis materialisieren sollten. Geradezu paradigmatisch hierfür steht die 1895 veröffentlichte Schrift *Das Recht auf Tod* von Alfred Jost, der dieses Recht sowohl aus utilitaristischen Interessen der Gesellschaft als auch aus dem »Mitleid« mit Kranken und Pflegebedürftigen ableitet. Im Mittelpunkt seiner Überlegungen steht dabei der »Wert des

Lebens«. Stefanie Graefe fasst die Argumentation von Jost folgendermaßen zusammen:

> »Jost hält den ›Fall, dass der Tod eines Individuums sowohl für dieses selbst *als auch für seine Umgebung* […] wünschenswerth ist‹ (…) für sowohl in moralischer wie in praktischer Hinsicht vergleichsweise leicht lösbar. Doch müsse eben das ›Recht auf Tod‹ gesetzlich verbrieft sein. (…) Schwieriger sei hingegen die Beantwortung der Frage, ob ›der Staat einem Menschenleben ein Ende machen‹ darf (…), auch *ohne* dass der Betreffende dies wünscht. Die Lösung dieses Problems findet Jost in dem ›Werth‹ des Lebens. Zwar konstatiert er: ›Ein auch nur einigermaßen objectiver Prüfstein für den künftigen Werth eines gesunden Menschenlebens ist eben schwer oder gar nicht zu finden‹ (…). Gleichzeitig aber stellt er klar, sowohl die Pflegeaufwendungen für unheilbar Kranke als auch die ›psychischen Einflüsse‹, die sie auf ihre Mitmenschen haben, könnten und müssten als Faktoren, die ›den Werth des Menschenlebens‹ bestimmen, in Betracht gezogen werden (…). [Absatz] Bereits hier verkoppeln sich die Dimension des individuellen Selbstbestimmungsrechtes und die des gesellschaftlichen Interesses miteinander. Diese Argumentationsfigur gibt den argumentativen Rahmen vor, in dem Binding/Hoche gut 20 Jahre später ihr Anliegen der ›Freigabe lebensunwerten Lebens‹ formulieren und ausarbeiten werden.« (Graefe 2007: 219, Herv. i. O.)

Neben dieser für alle Euthanasiediskurse bis heute charakteristischen Betonung eines allgemeinen, sowohl individuellen als auch gesellschaftlichen Nutzens von Sterbehilfe, ist in Oslers Begründung für die Tötung der »gänzlich entbehrlichen Alten« abermals die bereits bei Goethe reflektierte bürgerlich-kapitalistische Fortschrittsideologie anzutreffen, die einer selbstzweckhaften gesellschaftlichen und technisch-wissenschaftlichen Weiterentwicklung huldigt, und zu der gerade Alte laut Osler, der dies auch pseudowissenschaftlich-medizinisch zu begründen weiß, nichts mehr beitragen würden. Man beachte im Folgenden auch wieder die obligate Fetischisierung von Aktivität, Vitalität usw. und deren pauschale Gleichsetzung mit Jugend:

> »Take the sum of human achievement in action, in science, in art, in literature – subtract the work of men above forty, and while we should miss great treasures, even priceless treasures, we would prac-

tically be where we are to-day. (…) The effective, moving, vitalizing work of the world is done between the ages of twenty-five and forty – these fifteen golden years of plenty, the anabolic or constructive period, in which there is always a balance in the mental bank and the credit is still good.« (William Osler, zit. n. Graebner 1980: 4)

Unter solchen Umständen und auch angesichts des unaufhaltsamen körperlichen und geistigen Verfalls, der Menschen laut Osler in ihrer siebten und achten Lebensdekade heimsucht, erscheint es für alle Beteiligten, sowohl Individuum als auch Gesellschaft, als das Beste, wenn Menschen nach ihrem Ausscheiden aus der Arbeit und einem Jahr der Kontemplation friedlich mittels Chloroform aus dem Leben scheiden. Als historisches Vorbild für diese zutiefst menschenverachtenden Überlegungen soll ausgerechnet die Antike herhalten (vgl. Graebner 1980: 5), von der man heute annimmt, dass Fälle der Altentötung, des Senizids, damals eher selten waren (vgl. Pousset 2018: 15), keinesfalls aber auch nur annähernd ein Ausmaß, geschweige denn ein derart barbarisches Niveau erreichten, wie es systematische Tötungspraktiken auszeichnet, die modernen, »zivilisierten« Menschen wie Osler als Lösung des »Altenproblems« vorschweben.

Ebenfalls als ein Beispiel aus dem frühen 20. Jahrhundert und als ein von modernen Euthanasiediskursen inspirierter Vertreter einer solchen extrem negativen und defizitorientierten Sicht auf das Alter kann der Psychologe G. Stanley Hall genannt werden. Sein Werk *Senescence* aus dem Jahre 1922 gilt in den USA als die erste große gerontologische Arbeit eines Sozialwissenschaftlers. Auch Hall ist ein Befürworter der Euthanasie im Alter aufgrund der Leiden, die das Alter sowohl für Individuum als auch Gesellschaft bedeute. Er bezieht sich dabei insbesondere auf den satirisch gemeinten Roman *The Fixed Period* von Anthony Trollope (1882), in dem die Alten als Ressourcenverschwender und gesellschaftliche Last dargestellt werden und daher in einem Alter von genau 67,5 Jahren zugunsten der Jungen aus dem Leben scheiden müssen.[88] Begründet wird dies vom Protagonisten des Romans, dem Präsidenten der fiktiven Insel Britannula, wie jede bevölkerungspolitische Maßnahme bis heute begründet wird – nämlich statistisch:

»Statistics have told us that the sufficient sustenance of an old man is more costly than the feeding of a young one – as is also the care, nourishment, and education of the as yet unprofitable child. Statistics also have told us that the unprofitable young and the no less unprofitable old form a third of the population. Let the reader think of the burden which the labour of the world is thus saddled. To these are to be added all who because of illness cannot work, and because of idleness will not. How are a people to thrive when so weighted? And for what good? As for the children, they are clearly necessary. They have to be nourished in order that they may do good work as their time shall come. But for whose good are the old and effete to be maintained amidst all their troubles and miseries?« (Trollope, zit. n. Hartung 2016: 28f.)

Diese Satire auf den Altersdiskurs des späten 19. Jahrhunderts, der in der literarischen Fiktion in der Tötung von Menschen ab einem erreichten kalendarischen Alter von über 67 kulminiert, wird von Hall beim Wort genommen und in seiner wissenschaftlichen Abhandlung in ein leidenschaftliches Plädoyer für die Euthanasierung alter Menschen verwandelt:

»The reasons that led to the scheme [Hall meint hier den im Roman umgesetzten politischen Entschluss, die Alten zu euthanasieren, A. S.] were that the misery, uselessness, troublesomeness, and often obstructiveness of old age still remain and are ever increasing in force, so that something like this must surely sometime be« (Hall, zit. n. Hartung 2016: 30).

Wie bereits vor ihm William Osler, so schließt auch Hall daraus, dass unter den Bedingungen einer stetig wachsenden und gesellschaftlich »unproduktiven« und »nutzlosen« Altenpopulation gegebenenfalls über Mittel und Wege nachgedacht werden muss, wie die daraus resultierende gesellschaftliche Belastung gemildert oder überhaupt gänzlich verhindert werden kann. Aus gerontologischer Sicht sind die von Hall angestellten Überlegungen, wie Heike Hartung (2016: 30) zu Recht betont, auch deshalb von besonderer Bedeutung, da in seiner Lesart von Trollopes satirischer Darstellung der Euthanasie als einer potenziellen Lösung des »Altenproblems« das Narrativ der »gesellschaftlichen Last« des Alters zu einem stillschweigenden und gleichsam »naturalisierten« Bestandteil der Differenzierung von Menschen in »Alte« und »Junge« wird, wie sie für den frühen gerontologischen Diskurs insgesamt prägend werden sollte – und genau genommen nicht nur für den frühen, sondern für den gerontologischen Diskurs bis heute.

In den vergangenen Jahrzehnten war es freilich vor allem der sich abzeichnende demografische Wandel und die mit ihm assoziierte explodierende »Kostenlast des Alters«, die zu mehr oder weniger expliziten

Tötungsfantasien Anlass gab: So hat etwa 1987 der Medizinjournalist Donald Gould – wenn auch angeblich in ironischer Absicht – in einem renommierten Wissenschaftsjournal die Ausrottung alter Leute über 75 Jahre empfohlen: »Die seinem Gedankenspiel beigefügte Karikatur enthielt die Andeutung, daß jeder beim Ausscheiden aus dem Arbeitsleben erledigt werden sollte: mit 65?, mit 60?, mit 55?« (Laslett 1995a: 49). Die von Gould recht breit und großzügig angelegte Bestimmung einer potenziellen Altersgrenze darf wohl als Unsicherheit oder auch als gesellschaftlicher Ermessensspielraum verstanden werden, wann genau der beste Zeitpunkt sein soll, Menschen als überflüssig zu definieren und entsprechend zu »erledigen«: Ist es das Erreichen eines Status der Pflegebedürftigkeit oder eines Alters, in dem die Wahrscheinlichkeit für Pflegebedürftigkeit stark zunimmt? Ist es der Eintritt in den Ruhestand? Oder ist es der bei vielen schon vorher eintretende altersbedingte Verlust des Arbeitsplatzes? Wäre es nicht vielleicht überhaupt wirtschaftlich opportun, das Nachlassen der Arbeitsproduktivität und physischen Leistungsfähigkeit als Kriterium heranzuziehen und gegebenenfalls ein noch früheres Alter als Zeitpunkt für die Tötung festzulegen? Wie ironisch auch immer solche Überlegungen gemeint sein mögen, sie teilen stets sehr eindrucksvoll etwas von der inhumanen Logik kapitalistischer Arbeitsgesellschaften mit: Die Arbeit ist alles, der Mensch ist nichts, sofern er nicht als Arbeitskraft zur Verfügung steht, als solche nicht mehr hinreichend leistungsfähig ist oder aber schlicht nicht mehr gebraucht wird, somit keinen gesellschaftlichen Nutzen mehr hat und der Gesellschaft nur zur Last fällt.

Die hier immerhin noch aufscheinende ironische Brechung solcher im Kern inhumanen und de facto auf Massenmord hinauslaufenden Überlegungen scheint mit stetiger Verschärfung der demografischen Problematik im legitimen Sprechen über potenzielle gesellschaftliche Problemlösungen zunehmend entfallen zu können. Ganz und gar nicht mehr ironisch, sondern völlig ernst gemeint war etwa folgende Aussage von Mary Warnock, angeblich eine der damals führenden britischen Medizinethikerinnen,[89] die sie im Dezember 2004 gegenüber der *Sunday Times* in einem Interview quasi als sozialethische Empfehlung an alte Menschen abgab: »the frail and elderly should consider suicide to stop them becoming a financial burden on their families and society«.[90] Auch hier scheint wieder – wenn auch mit gewissen zeitgemäßen Verschiebungen – die bereits für frühere Euthanasiediskurse typische ideologische Verschränkung von gesellschaftlichem und individuellem Interesse auf. Als gesellschaftlich zu erhaltende Ruheständler/innen und Bezieher/innen von Gesundheits- und Pflegeleistungen sind Alte und Gebrechliche eine gesellschaftliche

Belastung, die im Zuge des demografischen Altersstrukturwandels stetig zunehmen wird. Die Gesellschaft muss sich daher Gedanken machen, wie sie diese (primär natürlich finanzielle) Belastung bewältigen kann, und vor diesem Hintergrund hat sie durchaus auch das Recht, die Tötung jener Menschen zu fordern, die diese Belastungen verursachen und der Gesellschaft damit schaden. Auch wenn das in Aussagen wie jener von Warnock (jedenfalls einstweilen noch) nicht so explizit gemacht werden mag, substanziell besteht in diesem Punkt des utilitaristischen Gesellschaftsinteresses ein verschwindend geringer Unterschied zu älteren Euthanasiediskursen vor oder während des Nationalsozialismus. Zumindest implizit gilt auch hier, was bereits Karl Binding und Alfred Hoche 1920 in ihrem die späteren Euthanasieprogramme der Nazis maßgeblich inspirierenden Machwerk über die *Freigabe der Vernichtung lebensunwerten Lebens* geschrieben haben: »[Es gibt] Menschenleben, die so stark die Eigenschaft des Rechtsgutes eingebüßt haben, daß ihre Fortdauer für die Lebensträger wie für die Gesellschaft dauernd allen Wert verloren hat« (Binding/Hoche 2006 [1920]: 26). Ein Unterschied besteht bei Warnock allenfalls in der anderen Dimension des individuellen Selbstbestimmungsinteresses, denn die Tötung der Alten und Gebrechlichen soll nicht von der Gesellschaft vollzogen werden, dies sollen die Alten vielmehr schon im eigenen Interesse selbst in die Hand nehmen. Gewissermaßen den postmodernen, individualistischen Zeitgeist sowie neoliberale Privatisierungstendenzen reflektierend, soll für die Tötung der überflüssigen Alten nicht die Gesellschaft zuständig sein, sondern das Individuum soll selbst einsehen, dass es angebracht ist, sich das Leben zu nehmen, wenn es für seine Familie und die Gesellschaft nur noch eine Last und finanzielle Bürde darstellt. Und gerade in dieser Einsicht soll das Individuum seine Autonomie und Selbstbestimmung beweisen.

Eine geradezu groteske Ausprägung des Diskurses um eine gesellschaftlich und individuell in Betracht zu ziehende (Selbst-)Tötung von Alten angesichts der durch sie und ihre stetig wachsende Zahl verursachten sozialen Kosten und Probleme stellt der im Jahr 2010 vom englischen Schriftsteller Martin Amis gemachte Vorschlag von ihm so genannter »euthanasia booths« dar.[91] Darunter stellt sich Amis an öffentlichen Plätzen aufgestellte telefonzellenartige Buden vor, in denen Alte »mit einem Martini und einem Orden« ihrem Leben ein Ende setzen können. Begründet wird das ganze demografisch mit dem sich abzeichnenden »silver tsunami«, der auf lange Sicht auf einen Bürgerkrieg zwischen Jungen und Alten hinauslaufe:

»They'll be a population of demented very old people, like an invasion of terrible immigrants, stinking out the restaurants and cafes and shops. (...) I can imagine a sort of civil war between the old and the young in 10 or 15 years' time. (...) There should be a booth on every corner where you could get a martini and a medal.«

Die gesellschaftlich ins Werk zu setzende Beseitigung alter Menschen wird freilich auch hier wieder vordergründig ethisch legitimiert mit der Linderung von physischen Leiden, die mit dem sehr hohen Alter verbunden seien, während sich dahinter in Wahrheit nur die altbekannte Abwertung Alter und Pflegebedürftiger als »lebensunwertes Leben« verbirgt, wie etwa im folgenden Zitat ersichtlich wird:

»What we need to recognise is that certain lives fall into the negative, where pain hugely dwarfs those remaining pleasures that you may be left with. Geriatric science has been allowed to take over and, really, decency roars for some sort of correction.«

Wie schon zahlreiche Euthanasie-Fürsprecher vor ihm, lässt auch Amis keinen Zweifel an der Legitimität seiner durch und durch menschenverachtenden Überlegungen: Sowohl für die Gesellschaft als auch für die Alten selbst sei es in Anbetracht des demografischen Wandels am besten, wenn man ihnen die Möglichkeit gebe, sich rechtzeitig das Leben zu nehmen, um sich und der Gesellschaft unnötiges Ungemach zu ersparen. Mit Blick auf zeitgeistbedingte Diskursspezifika fällt ansonsten noch die hedonistisch-konsumistische Rahmung von Amis' »euthanasia booths« auf – aus dem Leben geschieden wird standesgemäß postmodern mit einem Drink. Auch ist es offenbar vor allem die schöne Konsum- und Wohlfühlwelt des postmodernen, sich primär durch Warenkonsum definierenden Subjekts, die Amis bedroht sieht, wenn lauter demente Alte die Restaurants, Cafés und Shops bevölkern und mit ihrer Anwesenheit belästigen. (Ein geradezu vortreffliches Beispiel dafür, wie sehr, nach Marx, »das Sein das Bewusstsein bestimmt«.)

Den vorläufigen Höhepunkt im Diskurs um eine gesellschaftlich zweckmäßige Beseitigung alter Menschen bildeten – ungeachtet der Frage nach der tatsächlichen Gefährlichkeit des Coronavirus – manche Debatten im Kontext der Corona-Krise. Vor dem Hintergrund der zu erwartenden massiven wirtschaftlichen Einbrüche infolge der gegen das Virus ergriffenen politischen Maßnahmen (Ausgangsbeschränkungen bis hin zur Quarantäne ganzer Regionen, weitgehender wirtschaftlicher und gesellschaftlicher »Lockdown« etc.) wurden bald Stimmen laut, die forderten, Alte, Kranke und Gebrechliche im gesellschaftlichen Interesse gleichsam dem Virus zu opfern und dem Tod zu überantworten, um so rasch wie möglich zur gesellschaftlichen Normalität zurückzukehren und damit die drohende Wirtschaftskrise zu verhindern. Ende März 2020, als die Pandemie in den USA auf ihren ersten Höhepunkt zusteuerte, forderte etwa der Senatspräsident von Texas, Dan Patrick, ältere Amerikanerinnen und Amerikaner explizit zum Opfertod für die Wirtschaft und den »American way of life« auf:

> »Wenn mich jemand fragen würde, ob ich zum jetzigen Zeitpunkt bereit wäre, nach draußen zu gehen und möglicherweise mein Leben dabei zu riskieren, um so die amerikanische Wirtschaft und unseren ›Way of Life‹ für meine Enkelkinder zu sichern, natürlich würde ich dieses Risiko eingehen; und ich glaube, unzählige andere Großeltern in unserem Land würden genauso patriotisch handeln.«[92]

Besonders zynisch waren die ebenfalls während der »ersten Welle« in manchen sozialen Medien herumgeisternden Bezeichnungen des Coronavirus als »boomer remover« (Lichtenstein 2021). COVID-19 wurde dabei als willkommener Problemlöser der demografischen Alterung und der damit assoziierten Herausforderungen für das soziale Sicherungssystem gerahmt, wonach die geburtenstarke und heute in großer Zahl das höhere Alter erreichende Babyboomer-Generation sozusagen vom Coronavirus dahingerafft werden möge und so der Gesellschaft die Last der immer mehr werdenden Alten quasi erspart bleibe. Hier amalgamierte sich der Coronadiskurs unmittelbar mit den schon länger virulenten Diskursen rund um den demografischen Wandel und eine angebliche »gesellschaftliche Überalterung«.

Derart menschenverachtende, das Lebensrecht Älterer auf krasseste Weise wirtschaftlichen und gesellschaftlichen Interessen unterordnende Aussagen waren freilich klar in der Minderheit und standen im Übrigen auch in gewissem Widerspruch zu der Tatsache, dass die rigiden politischen Maßnahmen im Kampf gegen das Virus gerade mit dem Schutz der älteren Bevölkerung und anderen besonders gefährdeten Gruppen begründet wurden. Auch ist diese sich zu Beginn zum Teil sehr offen artikulierende Altersfeindlichkeit im Laufe der Zeit ein wenig in den Hintergrund getreten und wurde zwischenzeitlich abgelöst durch andere Feindbilder, etwa im Rahmen der Impfdebatte. Trotzdem (oder gerade deshalb) wird an solchen Diskursen deutlich, wie nah »Altersfreundlichkeit« und »Altersfeindlichkeit« beieinander liegen und dass es besonders in Zeiten gesellschaftlicher Krise allen voran die Alten sind, welchen im utilitaristischen Interesse von Wirtschaft und Gesellschaft jedes Lebensrecht abgesprochen werden kann. Dahinter steht eine kulturell tief in die moderne Gesellschaft eingewachsene ökonomische Kosten-Nutzen-Rationalität, die sich daher unter entsprechenden Bedingungen stets Ausdruck zu verschaffen vermag.

Man könnte sich nun möglicherweise damit beruhigen, dass viele der hier erörterten Diskurse und Altentötungsfantasien (zumindest einstweilen noch) nicht mehr sind als Fantasien. Ein Diskurs ist ein Diskurs, daraus folgt noch nicht die Umsetzung in die Praxis, zumal auch viele der zitierten Vorschläge zur Beseitigung alter Menschen allem Anschein nach eher ironisch vorgebracht wurden oder schlicht so absurd sind, dass eine praktische Realisierung kaum zu befürchten sein wird. Auch handelt es sich bei den zitierten Aussagen um (selektiv ausgewählte) Extrembeispiele. Derart extreme und menschenverachtende Positionen werden im öffentlichen und wissenschaftlichen Diskurs bislang eher selten so offen und explizit kommuniziert, sind daher also keinesfalls repräsentativ für den gesellschaftlichen Altersdiskurs insgesamt. Hinter jeder Ironie steckt aber auch ein Fünkchen Ernst, auch wenn Beispiele wie die »euthanasia booths« in concreto zu lächerlich sein mögen, um in dieser Form als Vorbild einer gesellschaftlich praktizierten Beseitigung alter Menschen zu fungieren. Damit ist noch nicht ausgeschlossen, dass solche Ideen auf andere Weise praktisch werden könnten. Zumindest machen derartige Diskurse sehr deutlich, wie alte Menschen in der Gesellschaft wahrgenommen werden, nämlich als »Überflüssige«, die für die Gesellschaft primär eine Last darstellen, und welche Möglichkeiten zur Lösung dieses »Problems« mitunter als zweckmäßig erachtet werden. Und als zweckmäßigste Lösung (und sei es nur als Ultima Ratio) erscheint hinter zuweilen gar nicht mehr so vorgehaltener Hand die gesellschaftlich ins Werk zu setzende oder allenfalls auch durch die betroffenen Individuen selbst vorzunehmende physische Beseitigung alter Menschen.

Was den marginalen Status entsprechender Tötungsfantasien im gesellschaftlichen Diskurs angeht, so trifft auch dieser Einwand nur solange zu, wie man sich auf explizite Äußerungen von Diskursteilnehmer/innen beschränkt, die ausdrücklich Möglichkeiten der (wie auch immer ethisch rationalisierten) Tötung alter Menschen in Betracht ziehen. *Implizit* ist diese inhumane Logik bereits in all den heute dominanten Diskursen einer »gesellschaftlichen Überalterung«, einer »demografischen Bombe«, einer »Alterslawine«, eines »silver tsunami« etc. enthalten und konstitutiv angelegt, wie sie seit Jahren in der medialen Öffentlichkeit zirkulieren und dabei das Bild von Heerscharen gut gesicherter, auf Kosten der Jugend lebender Alter zeichnen. Die Alten sind zu viel, und besser wäre es für die Gesellschaft, wenn es die vielen Alten nicht gäbe – nichts anderes drückt die Rede von der »gesellschaftlichen Überalterung« aus. De facto wird den Alten damit, explizit oder implizit, angesichts der durch sie verursachten gesellschaftlichen Probleme und Kosten das Lebensrecht abgesprochen. Auch in der Corona-Krise war, wie erwähnt, ein unmittelbarer Konnex zu solchen zutiefst altersfeindlichen Überalterungsdiskursen ersichtlich (siehe die Rahmung des Coronavirus als »boomer remover«). So gesehen sind minoritäre Extrempositionen wie jene von Warnock oder Amis allenfalls Ausreißer innerhalb eines gesellschaftlichen Altersdiskurses, in dem alte Menschen immer weniger unterschwellig als »Überflüssige« und »unnütze Kostenfaktoren« erscheinen, und wenig spricht dafür, dass solche Positionen mit Fortdauer der demografischen Problematik nicht deutlich mehr Zuspruch erfahren könnten. Solange eine gesellschaftliche Struktur fortbesteht, die wirtschaftliche Kriterien in den Mittelpunkt stellt, die Erwerbsarbeit verherrlicht und das Existenz- und Lebensrecht der Menschen – trotz des mittlerweile erreichten Produktivitätsniveaus und der damit längst greifbaren Möglichkeiten zu einem »guten Leben für alle« – von ihrer Produktivität, ihrer (Arbeits-)Leistung, ihrer Aktivität, kurz: von ihrer ökonomischen »Rentabilität« abhängig macht, solange gibt es keinerlei Garantie, dass die Gesellschaft gegenüber den von ihr selbst produzierten »Unproduktiven« und »Überflüssigen« nicht jederzeit wieder eine härtere Gangart einschlagen könnte.

Bei genauerer Betrachtung ist selbst die ausdrückliche Verhandlung der Tötung Alter und Pflegebedürftiger als potenzielle Handlungsoption im gesellschaftlichen Diskurs längst nicht mehr so marginal, wie es auf den ersten Blick scheint. Parallel zu und zeitgleich mit dem demografischen Altersstrukturwandel und dessen Aufstieg zu einer der vordringlichsten gesellschaftlichen Herausforderungen in der politischen Agenda sind in den letzten Jahren gerade auch Diskussionen über Sterbehilfe wieder zunehmend salonfähig geworden (vgl. Fittkau 2006; Graefe 2007; Loenen 2014). Nicht zuletzt die zeitliche Koinzidenz des Auftretens von demografischem »Überalterungs«-Diskurs und der neuen Konjunktur von Sterbehilfe legt die Annahme eines konstitutiven, inneren Zusammenhangs nahe. Sehr instruktiv in dem Zusammenhang ist etwa das Buch *Das ist doch kein Leben mehr!* von Gerbert van Loenen. Er schildert darin die Entwicklung in den Niederlanden, wo mittlerweile nicht nur der assistierte Suizid, sondern auch die Tötung auf Verlangen legalisiert wurden. Dabei gibt es unter anderem auch zahlreiche Initiativen, die darauf drängen, die Gesetze auf alte Menschen auszuweiten und diese bei der Selbsttötung zu unterstützen, selbst dann, wenn diese nicht unheilbar krank sind oder unerträglich leiden, sondern bloß über siebzig sind und »mit dem Leben abgeschlossen« haben (Loenen 2014: 106ff.). Van Loenen veranschaulicht dabei auch sehr eindrücklich, wie sich unter dem Deckmantel von Selbstbestimmung, Autonomie und einem »Sterben in Würde« ein zutiefst menschenverachtender Diskurs über Pflegebedürftige und Behinderte ausbreitet, deren Leben schon fast in aller Offenheit als »nicht lebenswert« verworfen wird. Symptomatisch hierfür ist zum Beispiel ein Zitat des Vorsitzenden der *Niederländischen Vereinigung für ein freiwilliges Lebensende (NVVE)*, der für eine aktive Sterbehilfe für Demenzkranke plädiert, wobei er, wiederum mit Blick auf die Selbstbestimmung des Individuums, ausdrücklich darauf besteht, dass die Entscheidung für Sterbehilfe selbstverständlich ausschließlich beim Individuum liegen könne und es daher auch das Recht des Einzelnen bleiben müsse, »als Zombie in Kackwindeln dahinzusiechen« (zit. n. Loenen 2014: 205).[93] Im Namen der Selbstbestimmung und Würde wird also das Leben von Alten und Pflegebedürftigen kurzerhand und unverhohlen als »lebensunwert« deklariert. Van Loenen bringt dies folgendermaßen auf den Punkt: »Je mehr es unserem Idealbild entspricht, dass der Mensch sein Leben selbstbewusst in die Hand nimmt, desto höher ist das Risiko, dass dabei Menschen über Bord gehen, die dem nicht entsprechen können« (ebd.: 215).

Wie weit Sterbehilfediskurse gesellschaftlich bereits vorgedrungen sind, kann auch daran abgelesen werden, dass mittlerweile sogar Institutionen und Professionen zunehmend für die Möglichkeit und die Legalisierung von Sterbehilfe plädieren, die bis vor nicht allzu langer Zeit zu ihren schärfsten Kritikern gehörten. Selbst Theolog/innen sind sich inzwischen zunehmend uneinig, ob Sterbehilfe – bislang unter der Begründung, allein Gott sei Herr über Leben und Tod, kategorisch abgelehnt – nicht unter Umständen doch mit christlichen Grundüberzeugungen vereinbar sei und im Sinne eines »glaubende[n] Sich-Fallen-Lassen[s] in Gottes Verheißung des ewigen Lebens« (Frieß 2010: 135) betrachtet und akzeptiert werden könnte. Auch unter Philosoph/innen und Ethiker/innen ist es immer weniger tabu, Sterbehilfe und assistierten Suizid »aus der Perspektive einer Ethik des Helfens« (Boshammer 2015) zu betrachten und unter Berufung auf philosophische Autoritäten wie Kant zu begründen, warum es nicht nur erlaubt, sondern sogar moralisch geboten sei, andere – und hier vor allem Alte, Kranke und Pflegebedürftige – bei der Selbsttötung zu unterstützen. Nicht zuletzt bei alten Menschen selbst stoßen Sterbehilfediskurse und die durch sie verheißenen Möglichkeiten, seinem Leben selbstbestimmt ein Ende zu setzen, wenn einem dieses nicht mehr »lebenswert« erscheint, zunehmend auf Zuspruch (vgl. Lamers/Williams 2016). Vor allem Letzteres verweist darauf, dass Sterbehilfediskurse auch ein tiefes Bedürfnis vieler Menschen ansprechen, ihrer Selbstbestimmung und Autonomie gegebenenfalls auch dadurch Ausdruck zu verschaffen, ihr Leben zu beenden, wenn ihre Autonomie durch bestimmte Begleitumstände des Alter(n)s wie altersassoziierte Krankheiten, Pflegebedürftigkeit oder Demenz bedroht ist. Es kann daher nur nochmals unterstrichen werden, was van Loenen hinsichtlich des Zusammenhangs von Selbstbestimmung und Sterbehilfe konstatiert: Je mehr es dem gesellschaftlichen Idealbild entspricht, autonom und unabhängig zu sein, desto geringer werden Daseinsweisen bewertet, die diesem Idealbild nicht entsprechen. Eben daraus beziehen Sterbehilfediskurse ihre große Anziehungskraft sowie »Diskursmacht«, die sie gegenwärtig wieder in zunehmendem Maße entfalten.[94]

Angesichts dieser jüngsten Konjunktur von Sterbehilfe- und Euthanasiediskursen kann mithin festgehalten werden, dass sich die Tötung alter Menschen als »Überflüssige« und als »lebensunwertes Leben« durchaus nicht mehr nur auf einige minoritäre Extrempositionen im gesellschaftlichen Altersdiskurs oder auf latente Sinngehalte in der Verhandlung des demografischen Wandels im Sinne einer »gesellschaftlichen Überalterung« beschränkt, sondern im Grunde bereits Praxis ist oder jedenfalls auf dem besten Weg, in absehbarer Zeit Praxis zu werden. Die konkrete Beurteilung dieser Tendenzen und ihrer gesellschaftlichen Reichweite hängt freilich auch davon ab, was man geneigt ist, als »Altentötung« zu definieren und wie weit man derartige Definitionen fassen möchte.

Raimund Pousset (2018) unterscheidet in seiner Abhandlung über den »Senizid« verschiedene Formen der Altentötung, von denen die meisten längst gängige Praxis in modernen, kapitalistischen Gesellschaften sind und als unmittelbare Folgeerscheinungen des inferioren sozialen Status des Alters und eines entsprechenden gesellschaftlichen Umgangs mit alten Menschen betrachtet werden können. Heute wieder zunehmend diskutierte legale oder (einstweilen noch) illegale Formen der Sterbehilfe fasst Pousset unter die Kategorie der »aktiven Senio-Euthanasie«, wobei er hier einen erheblichen Graubereich konstatiert:

»Da, wo die erlaubte Sterbehilfe in der Palliativen Sedierung z. B. durch Morphinpflaster zum Tragen kommt, wo also der Tod durch die evtl. Hypermedikation zum Erreichen von Indolenz billigend in Kauf genommen wird, kann durchaus in Wahrheit eine Euthanasie vorliegen, die den moribunden Menschen ›erlösen‹ soll. Dies ist von außen nicht erkennbar, solange keine diesbezüglichen Aussagen getroffen werden. Wie groß hier die Dunkelziffer sein mag, kann man kaum schätzen. [Absatz] Von heimlichen Todesbeschleunigern hören wir aus Familie, Hausarztpraxis oder Pflegedienst. So kommt es vor, dass etwa Schlafmittel in Hypermedikation dem Essen für einen moribunden Angehörigen beigemischt werden.« (ebd.: 33)

In diesem Zusammenhang sind auch die periodisch ans Licht kommenden Fälle der systematischen Tötung alter Menschen in Pflegeheimen durch Angehörige des Pflegepersonals zu betrachten, wie sie vor einigen Jahren (und aufgrund der überdurchschnittlichen Schwere des Falles besonders intensiv) am Beispiel des deutschen Krankenpflegers Niels Högel in den Medien diskutiert wurden, dem mehr als hundert Fälle der Tötung Kranker und Pflegebedürftiger zur Last gelegt werden. Hierbei handelt es sich nur um einen besonders schweren Fall von Altenmord, wie er immer wieder in Form von diversen »Pflegeheimskandalen« in die öffentliche Aufmerksamkeit gelangt. Allein in den letzten Jahren sind etliche vergleichbare, lediglich quantitativ nicht so spektakuläre Fälle bekannt geworden.[95] Eines der grausamsten und aufsehenerregendsten Verbrechen in der österreichischen Geschichte ist etwa der Pflegeskandal rund um die sogenannten »Todesengel von Lainz«. Dabei wurden Ende der 1980er Jahre vier Stationshilfen wegen der Tötung zahlreicher Patient/innen im Krankenhaus Wien-Lainz angeklagt und verurteilt. Die Patient/innen wurden überwiegend mittels einer Überdosierung von Insulin oder des Schlafmittels Rohypnol sowie durch massive Wasserzugaben getötet.[96] Das Risiko pflegebedürftiger Menschen, im Pflegeheim getötet zu werden, geht im Übrigen nicht allein vom Pflegepersonal aus. Immer wieder werden auch Fälle bekannt, in denen Heimbewohner/innen durch andere Heimbewohner/innen ums Leben kommen.[97] Wie weit verbreitet die Tötung von Alten und Pflegebedürftigen in Pflegeheimen tatsächlich ist, lässt sich angesichts des großen Dunkelfeldes ebenso wenig abschätzen wie im Fall des Altenmords durch pflegende oder andere Angehörige im Privathaushalt. Von Tötungsdelikten erfahren wir in der Regel erst, wenn sie entdeckt werden und ans Licht kommen. Mit ziemlicher Sicherheit kann lediglich gesagt werden, dass die Häufigkeit von Altenmorden innerhalb der institutionellen Altenpflege deutlich größer sein dürfte als die Zahl der bekanntwerdenden Fälle. Dafür spricht nicht zuletzt, dass es offenbar viele Ungereimtheiten und schwerwiegende Mängel bei einem beträchtlichen Anteil der Totenscheine gibt, die in Krankenhäusern und Pflegeheimen ausgestellt werden. Pflegestiftungen und Patientenschutzverbände fordern vor diesem Hintergrund seit Jahren eine verbindliche amtsärztliche Leichenbeschau bei allen Pflegebedürftigen, um bislang unentdeckt bleibende Tötungsdelikte aufklären zu können.[98]

Von solchen Formen der »aktiven Senio-Euthanasie« grenzt Pousset sodann die »passive Senio-Euthanasie« ab (vgl. Pousset 2018: 33). Diese umfasst laut Pousset die Tötung alter Menschen durch Unterlassung, Behandlungsabbruch, Verlassen, Vernachlässigung bis zum Tod und »Inedia-Inszenierung« (verhungern und/oder verdursten lassen). Von der »aktiven Senio-Euthanasie« unterscheiden sich diese Handlungen oder Unterlassungen dadurch, dass sie den Tod des alten Menschen nicht aktiv und gezielt herbeiführen, sondern bloß billigend in Kauf nehmen. Er wird getötet, indem er aufgegeben und seinem Schicksal überlassen wird. Hierunter fällt zumindest potenziell – je nachdem, ob damit der Tod in Kauf genommen wird oder nicht – auch das Aussetzen alter Menschen, eine Praxis, die in den letzten Jahren offenbar vermehrt zu beobachten war. Erstmals in den Fokus gerückt ist diese als »granny dumping« in den gerontologischen Diskurs eingegangene Praxis in den USA, am Fall eines 82-jährigen Alzheimer-Patienten,

> »der von seiner Tochter an einem Samstagnachmittag in Post Falls, Idaho, 320 Meilen entfernt vom Zuhause, mit einer Tüte Windeln in seinem Rollstuhl an einer Hunderennstrecke ausgesetzt wurde. In diesem Bundesstaat seinerzeit nicht ungesetzlich – im Gegensatz zum Aussetzen von Kindern oder Hunden.« (Künemund 2008: 222)

Auch eine im gesellschaftlichen Diskurs zuweilen bereits in Betracht gezogene Rationierung medizinischer Versorgung zu Ungunsten alter Menschen im Interesse einer Entlastung des durch den demografischen Wandel unter steigenden Kosten leidenden Gesundheitssystems (vgl. Moody/Sasser 2015: 167ff.) wäre unter »passiver Senio-Euthanasie« zu subsumieren. Alten Menschen würde dabei unter bestimmten Umständen eine notwendige medizinische Behandlung verweigert und dadurch ihr Tod in Kauf genommen. Wie auch immer man das medizinethisch begründen mag – de facto handelte es sich hier um eine Tötung durch Unterlassung, also um einen Senizid.

Beschränkt man die Betrachtung darüber hinaus nicht ausschließlich auf solche aktiven und passiven Formen der Senio-Euthanasie, wird der Senizid sehr rasch nicht nur als bedauerlicher und extremer Ausnahmefall, sondern als weit verbreiteter, unmittelbarer Bestandteil der modernen »Alterskultur« kenntlich. So fasst Pousset unter Senizid nicht nur die aktive oder passive Altentötung durch Personen wie Angehörige, Pfleger/innen und andere, sondern auch Handlungen alter Menschen selbst, die ihren Tod herbeiführen sollen. Er spricht von »Opfertod«, wobei er auch hier wieder aktive und passive Formen unterscheidet. »Aktiver Opfertod« bezeichnet den überaus häufigen Fall des Suizids im Alter. Alte Menschen haben bekanntlich mit Abstand die höchste Suizidrate in der Bevölkerung. In Österreich etwa entfällt rund ein Drittel aller Selbstmorde auf Personen über 65. Die Suizidrate älterer Menschen gehört damit zu den höchsten in Europa. Männer begehen deutlich häufiger Suizid als Frauen, wobei die Situation besonders dramatisch bei Männern über 85 Jahren ist – diese weisen eine fast fünfmal so hohe Suizidrate im Vergleich zur Gesamtheit aller österreichischen Männer auf (vgl. Kapusta 2012). Ein Unterschied zu anderen Altersgruppen besteht laut Pousset auch darin, dass die Motive, sich das Leben zu nehmen, bei alten Menschen häufig eher altruistischer Natur sind:

> »Im Alter wirken wichtige Motive für den Suizid: Depressivität, mangelnde Selbstachtung und Hoffnungslosigkeit. Ob Suizid eine Folge von Depression, also eine psychiatrische Krankheit ist oder eine freie Entscheidung des Menschen, dürfte wesentlich dafür verantwortlich sein, wie er bewertet wird. Ebenso, welche religiöse Bindung dem Urteil zugrunde liegt. [Absatz] Der aktive Opfertod wird gesucht aufgrund von sozialem Druck, aus Tradition, Über-Identifikation oder Scham. Arten des altruistischen unnatürlichen Sterbens aus Scham und Verzweiflung können im Alter als eine Form des Suizids erscheinen, etwa wenn sich ein Senior erschießt, weil die Pflegekosten das für die Kinder bestimmte Erbe aufzufressen drohen. Es handelt sich hier aber vielleicht um einen aktiven Opfertod, also einen Senizid. Auch Gewalterfahrung, meist durch Überforderung der Pflegenden, in Heim und Familie, kann als Reaktion zum Opfer-Tod führen (…).« (Pousset 2018: 28)

Davon zu unterscheiden sei der »passive Opfertod« oder »stille Tod«, wobei laut Pousset die heute am weitesten verbreitete Form das sogenannte »Verlöschen« sei. Darunter versteht er den »Vorgang des Sterbens von alten Menschen durch Inedia« (ebd.: 29). Das heißt, alte Menschen hören einfach auf zu essen und/oder zu trinken und sterben schließlich an Exsikkose beziehungsweise an Kachexie, das heißt durch eine extreme Austrocknung und/oder Abmagerung:

»Der Mensch nimmt sich nicht das Leben, sondern hört durch eine spezifische Unterlassung auf, seinen Körper mit Brennstoff und Flüssigkeit zu versorgen. Das entspricht exakt dem, wenn laufende Medikamente weggelassen werden oder eine Maschine ab- beziehungsweise nicht angestellt wird. Tod wird nicht *hergestellt*, sondern *zugelassen*, vielleicht im Vertrauen auf eine höhere, göttliche Gerechtigkeit. Nicht der Tod wird verursacht oder beschleunigt, sondern das Sterben. Der Mensch stirbt eines natürlichen Todes.« (ebd.: 30, Herv. i. O.)

Als Opfertod ist diese Form des Sterbens zu betrachten, da dieses

»nur scheinbar autonom und freiwillig, sondern eher *reaktiv* auf die aktuelle Gesamtsituation des ›sozialen Todes‹ erfolgt. Beim Verlöschen führt ego die Alten-Autothanasie an sich selbst passiv durch, um Leiden anderer Personen (Familie, Clan) zu beenden oder (vorauseilend) fremde Wünsche oder Traditionen zu erfüllen. Neben Inedia tritt gelegentlich auch anderes selbstschädigendes und letztlich den Tod unterstützendes Verhalten auf, wie das Sitzen im dünnen Nachthemd in der Kälte.« (ebd.: 29, Herv. i. O.)

Mit anderen Worten: Der Opfertod ist eine sozialpsychologische Reaktion auf die »Überflüssigkeit«, in die die Gesellschaft den alten Menschen versetzt:

»Beim Verlöschen liegt keine echte Freiwilligkeit [vor], sondern eher die ermüdete, verzweifelte oder hoffnungslose Erkenntnis: ›Ich werde nicht mehr gebraucht, bin überflüssig – da gehe ich lieber!‹ Alte Menschen sind betroffen, die *alter* ›nicht mehr zur Last‹ fallen wollen und sich einen natürlichen und gewaltfreien Weg suchen. Es werden also keine ›harten‹ Methoden angewendet, sondern stille oder natürliche.« (ebd.)

Hier ist mithin dieselbe gesellschaftliche Logik wirksam, die bis heute die Grundlage aller Sterbehilfe- und Euthanasiediskurse bildet – eine Logik, die bis tief ins Selbstbild alter Menschen hineinreicht: Gesellschaftlich nicht mehr gebraucht zu werden, bedeutet »überflüssig« zu sein, bedeutet nur noch einen minderwertigen Subjektstatus zu besitzen, bedeutet sein Lebensrecht zu verlieren, bedeutet seinem Leben besser ein Ende zu machen.[99]

Auch Formen des »psychogenen Todes« können schließlich laut Pousset im Sinne eines passiven Opfertodes und damit als Form des Senizids betrachtet werden. Betroffene Personen sterben gleichsam an Lebensmüdigkeit, ohne dass direkte medizinische Ursachen festzustellen wären. Hier ist es gewissermaßen die »Überflüssigkeit« selbst und der damit verbundene inferiore soziale Status, der den alten Menschen umbringt:

> »Die Bedürfnisse und Entfaltungsmöglichkeiten des Individuums werden durch extrem repressiven Gruppendruck soweit eingeschränkt, dass e[s] keine Hoffnung mehr auf Änderung der Situation und auf ein erfülltes Leben hat. E[s] befindet sich in einer Tunnel- oder Käfig-Situation und sucht im selbst gewählten Tod per reiner Vorstellungskraft Erlösung (...). [Absatz] Physiologisch gerät der Mensch in Distress, einer Kombination aus Angst und Hoffnungslosigkeit. Der extrem niedrige Blutdruck verhindert, dass die Organe mit genügend Sauerstoff versorgt werden, obwohl das Herz gegen Ende hin wie rasend schlägt. Das Leben endet aufgrund mangelnden Blutdrucks im emotionalen Schock und letztlich im Stress-Tod durch Organversagen.« (ebd.: 31)

Man braucht die Alten also gar nicht aktiv totzuschlagen, ihr sozialer Status als »Nutzlose« und »Überflüssige« bringt sie dazu, es selbst zu tun oder in ihrer »Überflüssigkeit« zu verlöschen und an gebrochenem Lebenswillen zu sterben. Wie viele alte Menschen solchen Formen des Senizids zum Opfer fallen, wird sich freilich nur schwer empirisch feststellen, geschweige denn exakt quantifizieren lassen. Pousset schätzt (allerdings auf einer sehr zweifelhaften Datengrundlage[100]), dass in Deutschland allein mindestens 15 Prozent aller Rentner und Rentnerinnen den »stillen« Opfertod sterben (ebd.: 27), Selbstmorde und statistisch ebenso im Dunkeln liegende Fälle der aktiven und passiven Senio-Euthanasie nicht mit eingerechnet.

Die Tötung alter Menschen – so lässt sich aus den Ausführungen von Pousset schließen – ist in verschiedenen Formen (aktiv, passiv, als Fremd- wie auch als Selbsttötung) ein unmittelbares und alltägliches Phänomen der zutiefst negativen Alterskultur moderner Gesellschaften. Ihm ist auch darin zuzustimmen, dass ein Diskurs über den modernen Senizid, wie er im Untertitel seiner Schrift festhält, mehr als »überfällig« ist. Ein solcher Diskurs würde aber voraussetzen, über die strukturelle, also gesellschaftlich produzierte »Überflüssigkeit« alter Menschen zu sprechen, die Alte häufig als gesellschaftliche Last erscheinen lässt (umso mehr unter den gegenwärtigen Bedingungen des demografischen Wandels und der damit assoziierten Kosten für das Pensions-, Gesundheits- und Pflegesystem); ein sozialer Status, der darüber hinaus auch alte Menschen selbst dazu disponiert, sich als »Überflüssige« und »unnütze Kostenfaktoren« zu empfinden und im alles andere als seltenen Extremfall sich das Leben zu nehmen oder auf andere, »stillere« Weise ihren Tod zu suchen. Dass vonseiten der Gerontologie einstweilen noch sehr wenige Impulse ausgehen, diesen Diskurs zu führen,[101] kann kaum verwundern, da sie bereits die solchen modernen Formen des Senizids zugrundeliegende gesellschaftliche »Überflüssigkeit« der Alten eher zu negieren neigt, anstatt diese auf gesellschaftstheoretisch fundierter Grundlage zu problematisieren.

Auch Pousset trägt freilich bei genauerer Betrachtung relativ wenig zum besseren Verständnis und einer darauf aufbauenden Kritik des modernen Senizids bei – dazu wäre erforderlich, die Fremd- und Selbstwahrnehmung alter Menschen als »Überflüssige« nicht nur deskriptiv auf einer phänomenologischen Ebene mit Praktiken der Altentötung in Verbindung zu bringen, sondern sie gesellschaftstheoretisch aus den Strukturprinzipien und Normen moderner Gesellschaften zu erklären. Pousset kommt zweifellos das Verdienst zu, mit dem Senizid ein gesellschaftliches und insbesondere alterswissenschaftliches Tabuthema aufgegriffen und darüber hinaus mit allem Nachdruck auch darauf hingewiesen zu haben, dass angesichts der gegenwärtigen Entwicklungen vor dem Hintergrund des demografischen Wandels durchaus eine Zunahme des Senizids zu befürchten ist (vgl. Pousset 2018: V). Dafür sprechen schon die beschriebenen Tendenzen auf der Ebene des gesellschaftlichen Altersdiskurses und das im Angesicht der mit dem demografischen Wandel assoziierten Kosten und Probleme zunehmend rauer werdende alters- und bevölkerungspolitische Klima in der Gesellschaft. Wirklich kritisieren – jenseits einer bloß oberflächlichen und quasi moralischen Problematisierung – lassen sich solche Tendenzen aber nur auf dem Wege einer kritischen Einsicht in ihre tieferen gesellschaftlichen Ursachen; und dabei wird man nicht umhinkönnen, diese im Wesen kapitalistischer Gesellschaften als Arbeitsgesellschaften zu verorten und in der aus ihren Strukturen resultierenden »Überflüssigkeit« der Alten.

Hinsichtlich einer Problematisierung des modernen Senizids gilt somit dasselbe, das schon, frei nach Max Horkheimer (1939: 115), für die Kritik an *ageism* im Allgemeinen zu gelten hat: Wer von Kapitalismus und der daraus resultierenden »Überflüssigkeit« der Alten nicht sprechen möchte, der sollte auch von Altersfeindlichkeit, negativen Altersdiskursen und Altersdiskriminierung schweigen.

5. Der negative Altersdiskurs der kapitalistischen Moderne

Zur kulturell-symbolischen Dimension der Dissoziation des Alters

Mit der Darstellung der historischen Konstitution des »Alters« als Lebensphase im Kapitalismus und der Rekonstruktion der aus der kapitalistischen Formbestimmung des Alters resultierenden »Überflüssigkeit« alter Menschen ist die *materiell-strukturelle Dimension der Dissoziation des Alters* zumindest in ihren Grundzügen erschlossen und theoretisch bestimmt. Mit der historischen Entwicklung und Durchsetzung der kapitalistischen Produktionsweise und der für sie charakteristischen Lohnarbeitsverhältnisse kam es auch zur Etablierung einer historisch neuen, rund um die Lohnarbeit zentrierten chronologischen Lebensordnung, die seither das Leben und den Alltag der Menschen dominiert. Es entstanden bis dahin (jedenfalls in dieser Form) praktisch unbekannte Vorstellungen chronologisch distinkter Lebensphasen, die sich primär durch ihre Stellung in beziehungsweise zu der gesellschaftlich zentralen Sphäre der Lohnarbeit definieren und entsprechend dieser Stellung positiv oder negativ konnotiert werden. Kindheit und Jugend als Lebensphase der Erziehung und Ausbildung für den Beruf – dies lässt sich vielleicht besonders eindrücklich an den bis Ende des 19. Jahrhunderts populären »Lebenstreppen« ablesen – werden mit »Aufbau« gleichgesetzt, während das mitten im Arbeitsleben stehende und dem Beruf und dem Geldverdienen gewidmete »mittlere Erwachsenenalter« als »Lebenshöhepunkt« verherrlicht wird. Das Alter hingegen erscheint aufgrund altersbedingter Einschränkungen und eines Nachlassens physischer Leistungskapazitäten als gleichbedeutend mit dem Verlust der Arbeitsfähigkeit, was vor dem Hintergrund des nunmehr dominanten Kriteriums der Arbeit alte Menschen in den prekären sozialen Status von »Unproduktiven« und »unnützen Essern« versetzt und eine primär negative Konnotation von Alter mit »Abbau« und »Verlust« bedingt (nämlich auch im Sinne des Verlusts der sich durch Arbeit definierenden und identifizierenden modernen Subjektivität). Dieses negative Altersbild verfestigte sich und nahm eine noch spezifischere Gestalt an, als im Zuge der Industrialisierung einerseits der Anteil alter Menschen in der Gesellschaft rapide anstieg, was erstmals mit der Herausbildung einer demografisch relevanten Bevölkerungsgruppe alter Menschen einherging, und andererseits alte Menschen durch eine fortschreitende Mechanisierung der Produktionsabläufe sukzessive für die Arbeit überflüssig wurden, was zu Beginn des 20. Jahrhunderts in der Verallgemeinerung des Altersruhestands und in der Einführung allgemeiner Pensionssysteme kulminierte.

Mit anderen Worten: Die »abstrakte Arbeit« (Marx) als konstitutives Form- und Strukturprinzip kapitalistischer Gesellschaften mit ihren das Leben wie auch die Identität moderner Menschen stark prägenden Leistungs-, Produktivitäts- und Aktivitätsnormen brachte einen ebenso abstrakten, gleichsam fetischisierten, rund um die Arbeit zentrierten Lebenslauf hervor – den »institutionalisierten Lebenslauf« (Kohli) der kapitalistischen Moderne. »Abstrakt« ist dieser moderne Lebenslauf insofern zu nennen, als er sich als normative Referenzfolie über die konkreten Lebensvollzüge der Menschen legt und diese dazu nötigt, ihr Leben nach seinem Vorbild – einem Leben in Arbeit und Beschäftigung – zu formen und diesen Modus der Lebensgestaltung darüber hinaus als »sinnvoll«, ja als einziges überhaupt denkbares und quasi-natürliches Ablaufschema des Lebens zu erfahren. So wie also die »abstrakte Arbeit« alle möglichen konkreten menschlichen Lebenstätigkeiten unter einen Universalbegriff der »Arbeit« subsumiert oder sie zumindest an ebendiesem Kriterium der »Arbeit« misst, das heißt sie nach ihrem Beitrag zur gesellschaftlichen Gesamtarbeit und zur abstrakten kapitalistischen (geldförmigen) Reichtumsproduktion beurteilt, so repräsentiert auch der »institutionalisierte Lebenslauf« einen abstrakten, aber nichtsdestoweniger real wirksamen – gewissermaßen »realabstrakten«[102] – Bezugsrahmen, an dem die Menschen ihre konkreten Lebens- und Handlungsvollzüge von der Wiege bis zur Bahre zu orientieren und praktisch auszurichten haben. Entsprechend viel Energie und Ressourcen wendet die kapitalistische Gesellschaft auf, um Abweichler vom institutionalisierten »Normallebenslauf« wieder auf Schiene zu bringen (etwa Schulabbrecher, Arbeitslose, Straffällige etc.). Davon leben ganze Berufsgruppen wie Sozialarbeiter/innen, Bewährungshelfer/innen, Psychotherapeut/innen, Sozial- und Lebensberater/innen und neuerdings auch diverse Formen von »Seniorencoaches«, die vor dem Hintergrund des »aktiven Alterns« die heute gefragte Aktivierung der älteren Bevölkerung vorantreiben sollen.

Eben jene, mit dem »institutionalisierten Lebenslauf« und der systematischen Ausgliederung aus der Arbeit gesetzte »Überflüssigkeit« alter Menschen ist es schließlich auch, die den inferioren gesellschaftlichen Status des Alters in der kapitalistischen Gesellschaft wesentlich begründet. Dies schlägt sich in einem extrem negativen gesellschaftlichen Bild vom

Alter und von alten Menschen nieder, das heute vor dem Hintergrund des demografischen Wandels insbesondere in altersfeindlichen Diskursen einer »gesellschaftlichen Überalterung« und einer zunehmenden »Kostenlast des Alters« Gestalt annimmt. Wir kommen damit gewissermaßen zur *kulturell-symbolischen Dimension* der modernen Dissoziation des Alters. Negative Altersbilder und -diskurse wurden bereits in den vorigen Kapiteln angesprochen und teilweise recht ausführlich erörtert. Dies hat den recht simplen Grund, dass sich materiell-strukturelle und kulturell-symbolische Dimension – als zwei Ebenen der gesellschaftlichen Totalität – eigentlich kaum voneinander trennen lassen, weil sie auf vielfältige und komplexe Weise miteinander vermittelt sind. Die materiell-strukturelle, aus der kapitalistischen Form der Gesellschaft selbst resultierende »Überflüssigkeit« alter Menschen manifestiert sich kulturell-symbolisch in einer entsprechenden diskursiven Minderbewertung des Alters – dies reicht, wie gezeigt, von Diskursen einer altersspezifischen Leistungsschwäche und Unproduktivität bis hin zu mehr oder weniger ausdrücklichen Tötungsfantasien, die die Tötung alter Menschen als gesellschaftlich legitime Beseitigung unnützer Kostenfaktoren und einer gesellschaftlichen Last imaginieren. Umgekehrt existiert die materiell-strukturelle »Überflüssigkeit« alter Menschen im Kapitalismus aber auch nicht ohne entsprechende Diskurse auf der kulturell-symbolischen Ebene, in denen sie sich gleichsam ideologisch ablagert, sich also im gesellschaftlichen Wissensvorrat sedimentiert und so das legitime altersbezogene Denken, Sprechen und Handeln anleitet und strukturiert. Das heißt, spezifische materielle gesellschaftliche Verhältnisse bringen ebenso spezifische (wie auch immer vielfältige oder im Einzelnen sogar oberflächlich gegeneinander opponierende und widersprüchliche) Wissensordnungen und Diskursformationen hervor. Oder mit Marx gesprochen: Objektive Daseinsformen bedingen ebenso »objektive Gedankenformen« (vgl. Marx 1973 [1867]: 90). Beide – sowohl materiell-strukturelle als auch kulturell-symbolische Ebene, materielle »Daseinsformen« wie auch kulturell-symbolische »Gedankenformen« – sind dabei zwar alles andere als identisch und daher durchaus als zwei eigenständige gesellschaftliche Dimensionen zu begreifen, können aber auch nicht einfach isoliert voneinander betrachtet werden, sondern müssen in ihren permanenten wechselseitigen Vermittlungen zur Kenntnis genommen werden.

Die analytische Vermittlung von materiellen Strukturen und gesellschaftlichen Diskursen, als kulturell-symbolischer Dimension von Gesellschaft, ist eine theoretische Anstrengung, die von der gerontologischen Altersbilder- und Diskursforschung (wie der sozialwissenschaftlichen

Diskursforschung insgesamt) tendenziell nicht, jedenfalls aber nicht systematisch geleistet wird. Zumindest was die Analyse gesellschaftlicher Altersdiskurse betrifft (der überwiegend auf der Ebene individueller kognitiver Schemata operierenden »Altersbilderforschung« gebricht es bereits grundsätzlich an einer auch nur rudimentären gesellschaftstheoretischen Fundierung), hat dies unmittelbar theorieimmanente Gründe: Die wesentlich auf Michel Foucault zurückzuführende Diskurstheorie beruht auf der axiomatischen Grundannahme, dass materielle gesellschaftliche Strukturen Effekte beziehungsweise Produkte von Diskursen sind. Ich übergehe hier einige durchaus substanzielle Differenzen zwischen den mittlerweile zahlreichen verschiedenen diskurstheoretischen und diskursanalytischen Ansätzen. Im Wesentlichen aber folgen alle diese Ansätze den (recht erratischen) Definitionen und Begriffsbestimmungen von »Diskursen«, wie sie Foucault vor allem in seinen beiden Schriften *Archäologie des Wissens* (Foucault 1981, zuerst 1969) und *Die Ordnung der Dinge* (Foucault 1974, zuerst 1966) entfaltet hat. Dort wird der »Diskurs« eher grob umrissen denn wirklich definiert als »eine Menge von Aussagen, die einem gleichen Formationssystem zugehören« (Foucault 1981 [1969]: 156), womit Foucault zunächst nur den relativ trivialen Sachverhalt ausdrückt, dass jede Produktion von Aussagen nach bestimmten Regeln abläuft. Diskurse sind somit eigentlich nichts weiter als »materiale und geregelte Praktiken des Sprachgebrauchs« (Keller 2007: [1]). Die Quintessenz und gewissermaßen die Zentralthese der Foucault'schen Diskurstheorie ist nun, dass eben diese diskursiven Praktiken die Phänomene, von denen sie sprechen, nicht einfach nur auf eine wie auch immer geregelte Art und Weise bezeichnen, sondern dass sie vielmehr »systematisch die Gegenstände bilden, von denen sie sprechen« (Foucault 1981 [1969]: 74). Der Diskurs besitzt laut Foucault die Kraft, »Gegenstände zu konstituieren, hinsichtlich deren wahre oder falsche Sätze behauptet oder verneint werden können« (Foucault 1998 [1972]: 44). Das Regelsystem, das der Diskurs zur Verfügung stellt beziehungsweise repräsentiert, strukturiert einen bestimmten kommunikativen Raum und steckt darin den Rahmen des Sagbaren ab, und zwar indem es die Unendlichkeit möglicher Aussagen dadurch einschränkt, dass es Wissen ordnet, dieses überhaupt erst als Wissen konstituiert und so gleichsam festlegt, was in einem bestimmten raumzeitlichen Kontext als »wahr« oder »wirklich« gelten kann. Das heißt, Diskurse »produzieren und prozessieren Deutungszusammenhänge, die Wirklichkeit in spezifischer Weise konstituieren« (Keller 2011: 72). Somit rücken mit dem Diskursbegriff die Produktionsprozesse des Wissens selbst in den Fokus, und diese sind bei Foucault – eben weil dadurch Wahrheit definiert und gewissermaßen Wirklichkeit konstruiert wird – immer ganz eng mit Macht und gesellschaftlichen Machtverhältnissen verknüpft. Wissen ist demnach stets umkämpft und das Resultat machthaltiger Auseinandersetzungen darüber, was der Fall und wie die Welt oder ein bestimmter Teilbereich derselben beschaffen sei, es ist »unumgänglich kontingentes Ergebnis von Kräfteverhältnissen und in sich selbst machthaltiger Zugriff auf die Welt« (Keller 2008: 84). Diskurse sind in diesem Lichte zu betrachten als »strategische Spiele aus Handlungen und Reaktionen, Fragen und Antworten, Beherrschungsversuchen und Ausweichmanövern, das heißt als Kampf« (Foucault 2003: 11). Eben dieser Kampf um Wissen und Wahrheit ist zentraler Gegenstand von Diskursanalysen.

Später hat Foucault noch den Begriff des »Dispositivs« entwickelt, um die konkreten Formen zu bezeichnen, in denen Diskurse materiell Wirklichkeit annehmen, etwa in Institutionen, diskursiven und nichtdiskursiven Praktiken, rechtlichen und administrativen Regelungen bis hin zu Gebäuden (vgl. Foucault 1978: 119f.). Ausgesprochen oder unausgesprochen ist es damit also stets der »Diskurs«, der gesellschaftliche Wirklichkeit erzeugt, indem er nicht nur bestimmte Formen von Wissen produziert, sondern auf der Grundlage dieser diskursiv produzierten Wissensordnungen und -formationen auch eine Vielzahl von sozialen Institutionen und Praktiken hervorbringt und damit unmittelbar strukturbildend wirkt.[103]

Nun ist daran zwar sicherlich zutreffend, dass Diskurse in der Tat beträchtliche strukturbildende Wirkungen entfalten. Problematisch und schlicht falsch ist hingegen die Unterstellung, dass gesellschaftliche Strukturen *nur* Produkte von Diskursen sind und Diskurse den materiellen Strukturen sozusagen logisch vorausgehen. Diese Annahme ist mindestens genauso und lediglich in anderer Weise unzutreffend wie die gegenteilige Behauptung alter, traditionsmarxistischer Basis-Überbau-Modelle, gegen die die Diskurstheorie theoriegeschichtlich opponiert, wonach gesellschaftliche Sphären wie Politik, Recht, aber auch ganz allgemein Kultur (worunter also im weitesten Sinne Diskurse, im Sinne von gesellschaftlichen Wissensordnungen, fallen würden) nichts weiter als Überbauphänomene und quasi »ideologische Reflexe« einer »ökonomischen Basis« seien. Beide Perspektiven verfehlen systematisch besagte dialektische Vermitteltheit von materieller (kapitalistische Struktur) und kulturell-symbolischer Ebene (gesellschaftliche Diskurse, Wissensordnungen und Ideologien). Denn weder geht die materielle Struktur dem Diskurs, noch geht der Diskurs der Struktur voraus, sondern es gehen beide quasi wechselseitig auseinander hervor, sind also gewissermaßen gleichursprünglich – eben als zwei konstitutive und miteinander verschränkte Ebenen beziehungsweise Dimensionen der gesellschaftlichen Totalität als der *übergreifenden, historisch-spezifischen Form kapitalistischer Vergesellschaftung.*

Das gesellschaftliche Bild alter Menschen als »Unproduktive« und »Überflüssige« – zumindest so viel sollte aus den vorigen Kapiteln hervorgegangen sein – ist nicht einfach nur das Resultat eines entsprechenden Diskurses, der alte Menschen als »unproduktiv« und »überflüssig« konstruiert, sondern ein solcher Diskurs setzt notwendig auch eine kapitalistische Gesellschaftsstruktur voraus, in der »Arbeit«, »Leistung«, »Produktivität« etc. zentrale gesellschaftliche Prinzipien und Maßstäbe sind, an denen die Menschen primär gemessen werden und durch die allein sie gesellschaftliche Anerkennung erfahren. Unter anderen gesellschaftlichen Verhältnissen wäre ein solcher Diskurs sehr wahrscheinlich nicht tragfähig, weil er schlicht »sinnlos« wäre und entsprechend geringe Chancen hätte, als verallgemeinerbare Beschreibung der gesellschaftlichen Wirklichkeit oder als »wahres« Wissen über alte Menschen zu gelten. In der Antike beispielsweise galten alte Menschen – bei allen sonstigen negativen Empfindungen, die dem Alter(n) schon damals entgegengebracht wurden (zum Beispiel die Wahrnehmung des Alterns als Prozess eines zunehmenden körperlichen und geistigen Abbaus) – als »erfahren«, »weise«, »besonnen« und genossen ein entsprechend hohes soziales Ansehen. Diesem hohen Ansehen alter Menschen korrespondierte wiederum eine, in der althistorischen Literatur über das Alter(n) in der Antike relativ übereinstimmend als »gerontokratisch« bezeichnete, gesellschaftliche Struktur, in der Alte von hoher Macht und gesellschaftlichem Einfluss waren (vgl. Hermann-Otto 2004; Brandt 2002; Schmitz 2003; Hübner 2005; Michels 2016). Dies spiegelt sich etwa in antiken Institutionen wie dem römischen Senat oder der spartanischen Gerusie wider, die per definitionem Ältestenräte waren und zu den wichtigsten politischen Institutionen antiker Gemeinwesen gehörten. Hinzu kommt, dass antike Gesellschaften wesentlich auf Sklavenhaltung und Naturalwirtschaft beruhten und weder über ein mit der kapitalistischen Moderne vergleichbares Lohnarbeitssystem noch über eine ausentwickelte, die gesamte gesellschaftliche Reproduktion bestimmende und durchwirkende Geldwirtschaft verfügten (vgl. Finley 1980; Bockelmann 2020). Es ist nur schwer vorstellbar, dass sich unter diesen soziokulturellen Bedingungen jemals ein hegemonialer Diskurs der »Überflüssigkeit« oder »Unproduktivität« alter Menschen hätte herausbilden können – schlicht deshalb, weil es in der Antike noch kein gesellschaftliches Prinzip wie das der abstrakten Arbeit gab, das alte Menschen als Nicht-Arbeitende und als Bezieher eines erwerbslosen Einkommens strukturell zu »Unproduktiven« und damit gesellschaftlich »Überflüssigen« macht.[104]

Umgekehrt und gleichzeitig sind moderne Diskurse einer altersspezifischen »Unproduktivität« und »Überflüssigkeit« aber auch nicht allein aus der materiellen Struktur kapitalistischer Gesellschaften abzuleiten und darauf zu reduzieren. Denn solche Diskurse haben unter den entsprechenden gesellschaftlichen Voraussetzungen immer auch eine gewisse Eigenlogik und dabei auch bedeutsame (Rück-)Wirkungen auf die gesellschaftliche Struktur, etwa in konkreten gesellschaftlichen Institutionen oder in politischen Maßnahmen zur Regulierung, Normierung und Verwaltung des Alters – von der Institutionalisierung des Ruhestands, der Errichtung und Konzeption von Altenheimen bis hin zur aktuellen »Aktivierung der Alten« vor dem Hintergrund des demografischen Wandels. Die für kapitalistische Gesellschaften charakteristische »Überflüssigkeit« der Alten ist somit also ein sowohl materiell-strukturelles als auch kulturell-symbolisches Phänomen und daher auch als solches zu theoretisieren und zu analysieren.

Eine undialektische Herangehensweise an gesellschaftliche (Alters-)Diskurse, die die diskursive Ebene analytisch von der materiell-strukturellen Ebene isoliert und damit de facto hypostasiert (das heißt die kulturelle Dimension von Gesellschaft mitsamt ihren Diskursen und Wissensordnungen mit Gesellschaft schlechthin verwechselt[105]), ist nicht zuletzt deshalb problematisch, da dies auch zur Formulierung politischer Strategien und Problemlösungskonzepte verleitet, die letztendlich auf einer unterkomplexen Problembestimmung beruhen. Das Problem negativer Altersdiskurse wird so auf einer primär, wenn nicht sogar ausschließlich kulturell-symbolischen Ebene verortet, auf der es sodann auch – unter weitgehender Ausblendung der materiell-strukturellen Ebene – zu lösen sein soll. Gelöst werden soll das Problem dann unter anderem durch neue, positivere Narrative des Alter(n)s, die eine Überwindung des vorherrschenden negativen Altersbildes ermöglichen sollen oder durch die »Dekonstruktion« einer für moderne Gesellschaften (angeblich) charakteristischen, diskursiv konstruierten hierarchischen Binarität »jung« versus »alt«. Auf gerontologische Strategien der Anerkennung der »Produktivität« und »gesellschaftlichen Nützlichkeit« alter Menschen und ihre Probleme und Widersprüche wurde im Laufe dieser Arbeit bereits des Öfteren hingewiesen – auch diese Versuche wären im Kontext einer bloß kulturell-symbolischen Aufwertung des Alters beziehungsweise alter Menschen zu betrachten, die die materiell-strukturellen Grundlagen der vorherrschenden gesellschaftlichen Altersabwertung tendenziell negiert. Im Grunde wird durch ein solches Vorgehen konsequent ausgeblendet, dass die gesellschaftliche Minderbewertung des Alters durchaus nicht nur ein Produkt gesellschaftlicher Diskurse ist (oder gar ein Produkt der Ideologien, wenn nicht überhaupt der »Lügen« wirtschaftlich und politisch mächtiger Akteure, vgl. in diesem Sinne Amann 2004, 2016; Amann et al. 2010), sondern (auch) eine materiell-strukturelle Grundlage in der kapitalistischen Form der bestehenden Gesellschaft und der aus der kapitalistischen Struktur resultierenden »Überflüssigkeit« der Alten hat.

In diesem Kapitel soll daher die Ebene des modernen Altersdiskurses und Altersbildes – als *kulturell-symbolische Dimension der Dissoziation des Alters* – noch etwas genauer und gewissermaßen »für sich« beleuchtet werden. Da in früheren Kapiteln bereits immer wieder auf alter(n)sbezogene Diskurse eingegangen wurde, können sich die folgenden Ausführungen zumindest zum Teil auf eine Zusammenfassung beziehungsweise ein Wiederaufgreifen von bereits Dargestelltem beschränken, dies allerdings nun mit einer anderen Schwerpunktsetzung, nämlich einer fokussierten und konzentrierten Darstellung moderner Altersdiskurse vor dem Hintergrund der ihnen konstitutiv zugrundeliegenden kapitalistischen Gesellschaftsverhältnisse und somit stets unter Berücksichtigung ihres Verhältnisses zur materiell-strukturellen Dimension der Dissoziation des Alters, wie sie in den vorigen Kapiteln im Mittelpunkt stand. Die folgende Darstellung beansprucht dabei freilich nicht, den modernen Altersdiskurs bereits umfassend in all seinen Verzweigungen und vielfältigen Diskurssträngen zu erfassen – dies würde den Rahmen der vorliegenden Arbeit sprengen. Beabsichtigt ist lediglich, in sehr grober Skizze den »roten Faden« moderner Altersdiskurse nachzuzeichnen und diese dabei in ihrem historisch-spezifischen, kapitalistischen Kontext zu verorten. Dabei wird verschiedentlich auch zu zeigen sein, welche problematischen Konsequenzen daraus erwachsen, wenn dieser historische Kontext und die materiell-strukturelle Dimension nicht hinreichend Eingang in die Analyse finden. Die folgende Betrachtung wird sich auf insgesamt vier verschiedene Aspekte konzentrieren, die meines Erachtens wesentliche Hauptstränge des (überwiegend negativen) modernen Altersdiskurses darstellen:

1) die gesellschaftlich dominante Gleichsetzung von Alter(n) mit *Unproduktivität und Leistungsschwäche*,
2) Diskurse einer *gesellschaftlichen (Kosten-)Last des Alters*, die heute vor dem Hintergrund des demografischen Wandels in Katastrophenszenarien einer *gesellschaftlichen »Überalterung«* kulminieren,
3) die weit verbreitete und gegenwärtig in einer immer größere Dimensionen gewinnenden Anti-Ageing-Industrie Gestalt annehmende diskursive Konnotation von Alter(n) mit *Krankheit und Verfall*, sowie

4) eine ebenfalls mit dem demografischen Wandel einen neuen Höhepunkt erreichende, gleichsam paradoxe Gleichzeitigkeit von *negativem Altersdiskurs und positivem Langlebigkeitsdiskurs*.

5.1 Alter als Unproduktivität und Leistungsschwäche

Die »Unproduktivität« der Alten bildet zusammen mit der (nicht zuletzt auf ihrer Unproduktivität selbst beruhenden) »Kostenlast des Alters« wahrscheinlich den dominantesten und charakteristischsten Strang des modernen Altersdiskurses. Nicht zufällig sind beide in der vorangegangenen Darstellung der materiell-strukturellen »Überflüssigkeit« der Alten im Kapitalismus immer wieder, teilweise auch sehr eingehend, zur Sprache gekommen. Besonders bei diesen beiden Diskurssträngen wird es sich daher anbieten, in der folgenden Darstellung auf bereits in früheren Kapiteln erarbeitete Befunde und Einsichten zurückzugreifen. Das Bild und die Wahrnehmung der Alten als Unproduktive und als gesellschaftliche Last resultiert unmittelbar, wie gezeigt, aus der gesellschaftlichen Organisation von Arbeit im Kapitalismus oder präziser aus der konstitutiven und dabei fetischisierten Rolle und Funktion von Arbeit (als Lohnarbeit beziehungsweise »abstrakter Arbeit«) in kapitalistischen Gesellschaften, zu der Alte aufgrund von tatsächlicher oder vermeintlicher Leistungsschwäche oder aber als von der Arbeit »entpflichtete« Rentner/innen und Pensionist/innen nichts mehr beizutragen vermögen, weshalb sie durch die Arbeit anderer (Jüngerer) erhalten werden müssen.

Dieser Sachverhalt könnte kaum besser ausgedrückt werden als durch den Begriff der »Belastungsquote«, wie er in der Bevölkerungsstatistik gebräuchlich ist. Dieser bezeichnet den Anteil nicht-erwerbstätiger Menschen und entsprechend »gesellschaftlich zu erhaltender« Personen in der Bevölkerung. Neben in Ausbildung befindlichen, noch nicht erwerbstätigen Kindern und Jugendlichen fallen darunter vor allem alte Menschen. Eben diese Belastungsquote ist es auch, die Politik und Wissenschaft heute vor dem Hintergrund des demografischen Wandels so viel Kopfzerbrechen bereitet, weil die mit der »Alterung der Gesellschaft« verbundene Verschiebung im Verhältnis von erwerbstätiger und nicht-erwerbstätiger Bevölkerung die nachhaltige Finanzierung der historisch gewachsenen sozialen Sicherungssysteme zunehmend infrage stellt. Keine Analyse gesellschaftlicher Unproduktivitäts- und Belastungsdiskurse des Alters wird daher zu einer adäquaten Beurteilung und Kritik solcher Diskurse gelangen können, wenn sie nicht deren materielle Grundlagen in den Form- und Strukturprinzipien kapitalistischer Arbeitsgesellschaften berücksichtigt.

Was nun im Speziellen Diskurse der »Unproduktivität« der Alten betrifft, so lassen sich zwei Ausprägungen oder Dimensionen der Unproduktivität unterscheiden, die in solchen Diskursen gesellschaftlich problematisiert werden.[106] Die erste betrifft dabei zunächst gar nicht so sehr alte Menschen schlechthin, sondern bezieht sich (jedenfalls unter den heutigen Bedingungen eines verallgemeinerten Altersruhestands) vor allem auf ältere Arbeitnehmer/innen und wird daher innerhalb der Gerontologie insbesondere im Kontext einer Kritik an Altersdiskriminierung auf dem Arbeitsmarkt thematisiert. Hier bezieht sich die Zuschreibung der »Unproduktivität« in erster Linie auf eine geringere Arbeitsproduktivität und Leistungskapazität älterer im Vergleich zu jüngeren Arbeitnehmer/innen. Dass Alte leistungsschwach, langsam und unproduktiv sind, ist, wie ausführlich in den vorigen Kapiteln herausgearbeitet wurde, ein Image, das dem Alter anhaftet, seit die abstrakte Arbeit zur menschlichen Tätigkeitsform schlechthin ontologisiert wurde, deren paradigmatischen Ort die Fabrik verkörpert. Besonders im Zuge der Industrialisierung des 19. Jahrhunderts und der zunehmenden Mechanisierung der Produktion durch den verstärkten Einsatz von Maschinen, die wiederum mit einer erheblichen Intensivierung der Arbeit verbunden war, begannen Diskurse über die relative Unproduktivität und Leistungsschwäche älterer Arbeiter zu zirkulieren – Diskurse, die vor allem der Legitimation der sich zunehmend etablierenden Praxis dienten, ältere zugunsten von jüngeren Arbeitskräften zu entlassen oder nicht mehr einzustellen. Exemplarisch hierfür können die Ausführungen von Josef Ehmer stehen, der in seiner *Sozialgeschichte des Alters* die damalige Situation wie folgt beschreibt:

> »Schon die international erste große Untersuchung über die Lebensbedingungen der Arbeiterklasse, die von der Londoner Zeitung *Morning Chronicle* 1849/50 durchgeführt wurde, verweist auf die Abneigung vieler Unternehmer, ältere Arbeiter weiterzubeschäftigen oder neu einzustellen. ›Der Großvater hat sein ganzes Leben in der Wollfabrik gearbeitet, aber jetzt ist er nach Ansicht des Fabrikanten zu alt geworden, um weiter beschäftigt zu werden‹, gab etwa ein Wollarbeiter aus Huddersfield zu Protokoll. ›Es ist ein großer Kummer, wenn das Alter über die Arbeiter kommt‹, war eine Auffassung, die die Berichterstatter des *Morning Chronicle* oft zu hören bekamen. Untersuchungen über die industriellen Arbeitsbedingungen aus verschiedenen europäischen Ländern verweisen

während der ganzen zweiten Hälfte des 19. Jahrhunderts darauf, daß höheres Alter disqualifiziere. Das 40. oder 50. Lebensjahr wird dabei immer wieder als jener kritische Wendepunkt genannt, von dem an es sehr schwierig wurde, den alten Job zu behalten, und wo es kaum mehr möglich war, einen gleichwertigen zu finden. [Absatz] Als Ursache dieses Problems sahen Unternehmer, Arbeiter und Sozialwissenschaftler einen tatsächlichen Rückgang von Arbeitskraft und Leistungsfähigkeit mit zunehmendem Alter. Nachlassende Körperkraft, Schnelligkeit und Reaktionsfähigkeit wurden als Gründe genannt, daß ein älterer Arbeiter ›doppelt rackern muß, um mit jüngeren und kräftigeren Arbeitskollegen Schritt halten zu können‹, wie es in einer österreichischen Arbeiterzeitung hieß.« (Ehmer 1990: 65)

Ehmer hält dabei auch als Differenz zu früheren Entwicklungsphasen der kapitalistischen Arbeitsgesellschaft fest, dass im Zuge der Industrialisierung die einstmals hochgeschätzte Erfahrung älterer Arbeitskräfte für die Unternehmen immer weniger von Wert war: »Damals sagten die Meister: ›Gebt mir einen alten Mann, einen der sich auskennt.‹ Heute heißt es: ›Gebt mir einen jungen Mann, ich brauche einen starken Burschen, ein Alter tut's nicht.‹« (ebd.: 66) Die Zuschreibung der Unproduktivität und Leistungsschwäche an ältere Menschen hatte freilich schon damals, zumindest zum Teil, offen altersdiskriminierende Züge, insofern für ihre Entlassung oder Nicht-Einstellung oftmals gar nicht ihre tatsächliche Leistungsfähigkeit ausschlaggebend war, sondern immer mehr ihr bloßes Alter, wobei es hier wiederum weniger auf das kalendarische Alter als solches, als vielmehr auf sichtbare körperliche Merkmale und Erscheinungsformen des Alters ankam: »Graues Haar und Augengläser wurden zu Symbolen des Alters, deren Entdeckung den Job kosten konnte« (ebd.). Auf der anderen Seite hatte aber eine niedrigere Leistungsfähigkeit und Unproduktivität älterer Arbeitskräfte wahrscheinlich schon deshalb eine gewisse empirische Evidenz, da die fortschreitende Intensivierung der Arbeit zu einem erhöhten körperlichen Verschleiß führte und dadurch die Wahrscheinlichkeit erhöhte, mit zunehmendem Alter gesundheitlich eingeschränkt oder in unterschiedlichen Graden behindert zu sein. Dieser diskursiven »Problematisierung« des Alters im Sinne von »Unproduktivität« und »Leistungsschwäche« korrespondierte mithin in vielen Fällen ein tatsächliches »Problem« niedriger Leistungskapazität und somit auch Arbeitsproduktivität älterer Arbeitnehmer/innen vor dem Hintergrund einer fortschreitenden Intensivierung von Arbeit und der damals vorherrschenden, körperlich und gesundheitlich massiv schädlichen Arbeitsbedingungen in den Fabriken.

Dieses Image der »Unproduktivität« und »Leistungsschwäche« des Alters hat sich im digitalisierten, »wissensbasierten« und »beschleunigten« Kapitalismus der Gegenwart nur insofern verändert, als sich die Zuschreibungen der Unproduktivität den Anforderungen und Zumutungen der Zeit entsprechend gewandelt und ausdifferenziert haben. Folgerichtig stellt sich heute die Unproduktivität weniger als mangelnde Kraft, Ausdauer, Schnelligkeit usw. als vielmehr vorrangig als Mangel an Kreativität, Innovation und nicht zuletzt Flexibilität älterer im Vergleich zu jüngeren Arbeitnehmer/innen dar. Noch die Kritiker der »Altersabwertung« am oder durch den Arbeitsmarkt bestätigen unfreiwillig dieses Muster, etwa wenn versucht wird, spezifische Eigenschaften der Alten stark zu machen, wie Erfahrung, Loyalität oder Arbeitsmoral, die diese im Gegensatz zu jüngeren Arbeitskräften (angeblich) in den Betrieb mitbringen, wodurch diesen jedoch im selben Atemzug gerade all jene dynamischen Attribute explizit abgesprochen werden, die der Arbeitsmarkt den ihm unterworfenen Lohnabhängigen heute so nachdrücklich abverlangt (vgl. Dyk et al. 2010). Die Alten erweisen sich also selbst noch in den Augen derer als »alt« und mit Blick auf den Arbeitsmarkt als hoffnungslos obsolet, die eigentlich auf das genaue Gegenteil bestehen.[107]

Ein Unterschied zu früheren kapitalistischen Entwicklungsständen wie dem 19. und frühen 20. Jahrhundert besteht in der heutigen postfordistischen und dienstleistungsgeprägten Arbeitswelt auch darin, dass zeitgemäße Zuschreibungen der »Unproduktivität« an ältere Arbeitnehmer/innen keinerlei reale Grundlage mehr in einer körperlich und gesundheitlich bedingten Leistungsschwäche haben, zumal sich ältere Menschen heute in der Regel in einem erheblich besseren Gesundheitszustand befinden als noch vor hundert Jahren und darüber hinaus auch die postfordistischen Arbeitsbedingungen (mit Ausnahme bestimmter Branchen) in deutlich geringerem Ausmaß eine hohe Körperkraft und physische Leistungsfähigkeit verlangen. Allerdings setzen diese postfordistisch aktualisierten Zuschreibungen eine solche reale Grundlage gar nicht mehr voraus beziehungsweise nimmt diese heute eine andere Form an, die eher in einer immer schnelleren Entwertung von Wissen, Qualifikationen und Kompetenzen durch einen sich zunehmend beschleunigenden sozialen und technologischen Wandel (Digitalisierung) besteht, bei einer gleichzeitigen Tendenz zum Abbau von Arbeitsplätzen durch voranschreitende Automatisierung. Somit werden ältere Arbeitnehmer/innen in einen zunehmenden Wettbewerbsnachteil gegenüber jüngeren versetzt. Dem entspricht wiederum eine geringere Bedeutung von äußerlichen Altersmerkmalen in der Diskriminierung älterer Arbeitnehmer/innen am Arbeitsmarkt. Der diskursive Wandel der »Unproduktivität« beschränkt sich damit nicht nur auf eine Veränderung der inhaltlichen Bedeutung und der jeweils gültigen, historisch-spezifischen Definition von »Unproduktivität« (vom früheren Mangel an Körperkraft, Geschwindigkeit und Leistungskapazität zur heute beklagten geringeren Kreativität, Flexibilität, Technikaffinität älterer Arbeitnehmer/innen), sondern beinhaltet auch einen Wandel der konkreten Zuschreibungsmodi. Waren es im 19. Jahrhundert noch vor allem körperliche Erscheinungsformen wie graue Haare oder Brille, an denen das Alter festgemacht wurde, so rückt heute, nicht zuletzt auch aufgrund einer sehr viel stärker ausgeprägten Bürokratisierung von Arbeitsbeziehungen, eher das kalendarische Alter als Kriterium der Abwertung ins Zentrum. Für eine Entlassung sind graue Haare oder andere Altersmerkmale heute oftmals weniger ausschlaggebend als das Erreichen eines bestimmten kalendarischen Alters (zumeist auch verbunden mit dem Erreichen einer bestimmten Gehaltsstufe). Und über den Erfolg einer Jobbewerbung entscheidet in der Regel wohl schon ein erster Blick auf das Geburtsdatum des Bewerbers/der Bewerberin und nicht erst dessen/deren Erscheinungsbild beim Vorstellungsgespräch. Weitgehend ungeachtet ihrer tatsächlichen Leistungsfähigkeit, finden sich so viele Arbeitnehmer/innen bereits in einem Alter von vierzig oder fünfzig in der Situation wieder, zum sprichwörtlichen »alten Eisen« gerechnet zu werden und am Arbeitsmarkt als kaum noch vermittelbar zu gelten.

Dass indes das eigentlich Kritikwürdige gar nicht primär in der diskursiven Abwertung des Alters am Arbeitsmarkt als solcher, sondern bereits ganz grundsätzlich in der Reduktion von Menschen auf ihre ökonomische Verwertbarkeit besteht, dass also vielmehr die wertförmige Struktur der kapitalistischen Gesellschaft selbst mitsamt ihren Kategorien von Arbeit, Leistung, Produktivität usw. ins kritische Visier rücken müsste, das bleibt in der gerontologischen Kritik an negativen Altersdiskursen und an der darauf beruhenden Altersdiskriminierung am Arbeitsmarkt für gewöhnlich außerhalb jeder kritischen Betrachtung. Nicht in den Wahrnehmungshorizont gerät dadurch insbesondere, dass die soziale Minderbewertung des Alters bei genauerer Betrachtung gar kein oder jedenfalls nicht ausschließlich ein materialer Effekt negativer Altersdiskurse ist, sondern entsprechende Diskurse vielmehr selbst vermittelt sind mit der immer auch materiellen Dissoziation des Alters und der ihr zugrunde liegenden kapitalistischen Wert-Abspaltungsstruktur. Und solange diese als übergreifendes gesellschaftliches Formprinzip Bestand hat, solange muss alles, was sich gegen die Verwertbarkeit sperrt oder seine Fähigkeit zur kompromisslosen und uneingeschränkten Verwertung verliert (aufgrund einer im Alter höheren Wahrscheinlichkeit für körperliche Einschränkungen, einer fortschreitenden Entwertung von Wissen und Qualifikationen durch einen immer schnelleren sozialen und technologischen Wandel, einer zunehmenden Intensivierung und Verdichtung von Arbeit), notwendig den Status des Defizitären, Unproduktiven, Wertlosen haben. Das Problem weiter Teile der gerontologischen Kritik an negativen, defizitorientierten Altersdiskursen besteht mithin darin, dass sie lediglich die kulturell-symbolische Dimension der Dissoziation des Alters zur Kenntnis nimmt, während die materiell-strukturelle Dimension außen vor bleibt.

Bezieht sich dieser Diskurs der »Unproduktivität« und »Leistungsschwäche« (wenngleich in sich historisch wandelnden, den immanenten Transformationen der kapitalistischen Produktionsweise folgenden Formen) ausschließlich auf ältere Arbeitnehmer/innen und ihre Situation am Arbeitsmarkt, so betrifft die zweite Variante moderner Unproduktivitätsdiskurse des Alters die Rolle und die Situation alter Menschen als Rentner/innen und Ruheständler/innen. »Unproduktivität« hat hier die Bedeutung eines negativen Beitrags zur gesellschaftlichen Gesamtarbeit und einer leistungslosen Alimentierung, das heißt eines Erhaltenwerdens durch die Arbeit der erwerbstätigen übrigen Gemeinschaft. An dieser Stelle besteht bereits ein unmittelbarer und unübersehbarer Konnex zur »Kostenlast des Alters«, wie sie im Anschluss (Kapitel 5.2) zu besprechen sein wird: Als Nicht-Arbeitende und Bezieher/innen eines erwerbslosen Einkommens liegen die Alten der Gesellschaft primär auf der Tasche, weil ihre Erhaltung Geld kostet, das gesellschaftlich erwirtschaftet werden muss.

Wie schon Zuschreibungen der Unproduktivität als »Leistungsschwäche«, so haben auch Diskurse der Unproduktivität alter Menschen als Nicht-Arbeitende bereits eine lange, binnenkapitalistische Geschichte: Schon die »Altenteiler« der Frühen Neuzeit fielen ihrer Familie primär als nicht mehr Arbeitsfähige und daher durch den Familienverband zu Erhaltende zur Last – und als solche wurden sie auch überwiegend wahrgenommen. Als »Altenteiler« war der Alte »kein vollwertiges Gesellschaftsmitglied mehr; er fällt seinen Mitmenschen ebenso zur Last, wie ihm bereits sein ›vater und můter … ein schwåre burd vnd grosse pein‹ gewesen waren« (Borscheid 1989: 18). Er erschien oft »als unnützer Esser, der die Armut verschärft und dem man leicht die Schuld am Absinken in die sozial diskriminierte Unterschicht zuschieben kann« (ebd.: 33). Dem Alter maß man daher schon damals »nur noch geringen Wert bei; es ist unnütz und von Übel« (ebd.: 19). Seit der Verallgemeinerung des Altersruhestands und der Einführung von Pensionssystemen zu Beginn des 20. Jahrhunderts hat sich dieses Bild des Alters freilich insofern verändert, als es nun nicht mehr nur die eigene Familie ist, der die Alten zur Last fallen, sondern die Gesellschaft insgesamt respektive die Nationalökonomie als Gesamtheit aller Arbeitenden eines Staates, die nunmehr für die Existenzsicherung der Alten aufzukommen hat, indem das erwerbslose Einkommen der Alten (jedenfalls unter Bedingungen umlagebasierter Pensionssysteme, wie sie in den westlichen Industrieländern vorherrschen) durch die laufenden Beiträge der jüngeren Erwerbsbevölkerung finanziert wird. Damit wird die »Unproduktivität« der Alten gewissermaßen auf ein anderes, gesamtgesellschaftliches Niveau gehoben, wie auch entsprechende Diskurse eigentlich erst ab diesem Zeitpunkt »gesellschaftliche« im emphatischen Sinne zu nennen sind, insofern sie erst jetzt auf gesamtgesellschaftlicher Ebene institutionalisiert sind. Mit dem Ruhestand ist die Unproduktivität der Alten sozusagen amtlich und damit eine unumstößliche gesellschaftliche Tatsache, die vor allem in Zeiten wirtschaftlicher und gesellschaftlicher Krisen auf unangenehme Weise ins öffentliche Bewusstsein rückt und entsprechend stark den gesellschaftlichen Altersdiskurs bestimmt.

Auch Sozialhistoriker wie Josef Ehmer lassen keinen Zweifel an der kapitalistischen Spezifik solcher Unproduktivitätsdiskurse:

> »Die Abgrenzung von ›produktiven‹ und ›abhängigen‹ Personen wird erst durch die Trennung der Erwerbsarbeit von anderen menschlichen Tätigkeitsformen möglich und ergibt erst unter gesellschaftlichen Bedingungen, die nur der Erwerbsarbeit produktive und wertbildende Funktionen zuschreiben, einen Sinn.[108] Dies ist historisch mit der Durchsetzung kapitalistischer Produktionsverhältnisse der Fall.« (Ehmer 1990: 209f.)

Erst unter kapitalistischen Prämissen also können Unproduktivitätsdiskurse des Alters Gestalt annehmen, hier allerdings entstehen sie nachgerade mit gesellschaftlicher Notwendigkeit. Wo »Produktivität« ein gesellschaftlicher Zentralwert und die Zuschreibung der »Produktivität« wiederum allein für solche Tätigkeiten gültig ist, die in der Verausgabung von Arbeitskraft im Verwertungsprozess bestehen, da kann der nicht mehr Arbeitsfähige oder aus welchen Gründen auch immer aus der Arbeit Ausscheidende keinen anderen Status als den des »Unproduktiven« und damit des gesellschaftlich »Wertlosen« und »Überflüssigen« haben.

Dass die gesellschaftliche Differenzierung in »Produktive« und »Unproduktive« (als konstitutive Grundlage für die Abwertung und Marginalisierung alter Menschen) etwas mit Kapitalismus zu tun hat, wird durchaus auch von postmodernen, sich auf diskurstheoretische oder verwandte Theorieansätze berufenden Alter(n)sforscher/innen zutreffend erkannt. So führen etwa Cynthia A. Leedham und Jon Hendricks in einem an Foucault'schen Konzepten orientierten Aufsatz die Abwertung alter Menschen ausdrücklich auf eine spezifisch kapitalistische Differenzierung in »produktive« und »unproduktive« Menschen zurück, analog zu diskursiven Differenzierungen, wie sie Foucault in anderen Zusammenhängen analysierte, zum Beispiel in »Wahnsinnige« und »Normale« durch das Irrenhaus oder in »Gesunde« und »Kranke« durch die Medizin (vgl. Leedham/Hendricks 2006: 37). Die Abwertung der Alten kommt demnach also durch eine diskursive Konstruktion von »Produktivität« versus »Unproduktivität« und eine entlang dieser binären Kategorien operierende gesellschaftliche Unterscheidung in Alte und Nicht-Alte zustande.

Ähnlich argumentiert Stephen Katz. Er verortet die Grundlage heutiger demografischer Überalterungsdiskurse in einer diskursiven Differenzierung von Menschen in »Alte« und »Junge«, die unter anderem ein historisches Produkt der im 16. und 17. Jahrhundert entstandenen Armenhäuser (als Vorläufer der heutigen Altenheime) sei, da durch diese eine Unterscheidung von Menschen in Arbeitsfähige/Produktive und Nicht-Arbeitsfähige/Unproduktive institutionalisiert worden sei. Diese diskursiven Prozesse der »population differentiation« (Katz 1992: 209) mit ihrer Scheidung von »Produktiven« und »Unproduktiven«, von »Alten« und »Nicht-Alten«, seien bis in die Gegenwart hinein die Basis für die soziale Konstruktion der »Alten« als einer distinkten Bevölkerungsgruppe.

So zutreffend und instruktiv solche diskurstheoretisch und »biopolitisch« akzentuierten Erklärungsversuche sein mögen, so bleibt dennoch kritisch festzuhalten, dass dabei das Problem tendenziell auf seine kulturell-symbolische Dimension reduziert wird. Problematisiert wird hier primär die bloße Tatsache diskursiver Differenzierungen, nicht aber die kapitalistische Struktur, die die materielle Grundlage dieser Differenzierungen darstellt. Implizit enthält diese Problembestimmung die Unterstellung, man müsste lediglich damit aufhören, die Menschen in »Produktive« und »Unproduktive« und darauf aufbauend in »Alte« und »Nicht-Alte« zu differenzieren, um das Problem von *ageism* zu lösen – so als sei dies unter kapitalistischen Bedingungen tatsächlich möglich. Das heißt, die kapitalistische Spezifik solcher kulturell-symbolischen Differenzierungspraktiken schrumpft quasi auf einen Nebenaspekt zusammen und bleibt der theoretischen Problembestimmung eher äußerlich.

Die Problematik solcher kulturalistisch verkürzten Problembestimmungen und der daraus resultierenden Reduktion jener spezifisch kapitalistischen Differenzierung in »Produktive« und »Unproduktive« auf ein primär diskursives Problem wird vielleicht nicht zuletzt auch daran ersichtlich, dass ein vergleichbarer Problemzugang (wenngleich auf theoretisch niedrigerem Niveau) auch den in der Gerontologie so weit verbreiteten wie problematischen Strategien zugrunde liegt, die Alten entgegen den vorherrschenden abwertenden gesellschaftlichen Zuschreibungen sozusagen als »Produktive« zu konstruieren und durch ihre (angebliche) »Produktivität«, ihre »Nützlichkeit«, ihre »Kompetenzen« usw. aufzuwerten. Auch hier beschränkt sich die Kritik auf eine bloß oberflächliche Problematisierung entsprechender Unproduktivitätszuschreibungen an alte Menschen, ohne dabei jedoch die materiell-strukturellen Grundlagen solcher Zuschreibungen, wie sie durch die konstitutive Funktion von Lohnarbeit und die Ausgliederung alter Menschen aus derselben in kapitalistischen Gesellschaften nun einmal strukturell gesetzt sind, zur Kenntnis zu nehmen und in der kritischen Analyse zu berücksichtigen. Stattdessen werden solche Zuschreibungen schlicht als unzutreffend kritisiert und dagegen die in Wahrheit angeblich bestehende »Produktivität« der Alten ins Feld geführt, wobei deren behauptete Produktivität oftmals durch Tätigkeiten und Leistungen alter Menschen begründet wird (wie Enkelkinderbetreuung, ehrenamtliche Tätigkeiten im Ruhestand etc.), die aus kapitalistischer Sicht gerade *nicht produktiv* sind und somit die Unproduktivität der Alten eigentlich nur unfreiwillig bestätigen (strukturell also durchaus ähnlich den Strategien der »Aufwertung« älterer Arbeitnehmer/innen durch ihre »Erfahrung«, »Loyalität« und »Arbeitsmoral«).

Noch problematischer als die Widersprüche, in die sich solche diskursiven Interventionen in das vorherrschende Bild der »unproduktiven Alten« verstricken, ist allerdings eine krude Ontologisierung der kapitalistischen Gesellschaftsverhältnisse, wie sie sich unmittelbar aus der Ausblendung materiell-struktureller Bedingungszusammenhänge und der Reduktion des Problems auf eine Frage negativer Altersbilder und altersfeindlicher Diskurse ergibt: Denn nicht dass Menschen bis ins Alter in einem kapitalistischen Sinne produktiv sein *müssen*, um überhaupt als vollwertige Gesellschaftsmitglieder anerkannt zu werden, wird hier kritisiert, sondern lediglich, dass Alte (angeblich ungerechtfertigt) zu den Unproduktiven gerechnet und damit abgewertet und diskriminiert werden. Auch hier wird also letztlich die kapitalistische Verwertungslogik, die es aus einer gesellschaftskritischen Perspektive eigentlich der Kritik auszusetzen gälte, durch die Kritik noch selbst reproduziert, damit aber auch alle strukturellen Voraussetzungen für die gesellschaftliche Differenzierung in »Produktive« und »Unproduktive«, der sich auch die Minderbewertung der Alten maßgeblich verdankt.

Beide Varianten des altersbezogenen »Unproduktivitätsdiskurses« – sowohl im Sinne einer altersspezifischen »Leistungsschwäche« als auch im Sinne einer durch die Nicht-Arbeit alter Menschen verursachten »gesellschaftlichen Last« – kulminieren heute im Angesicht des demografischen Wandels in wissenschaftlich, politisch und medial beschworenen Krisenszenarien, in denen die Alterung der Gesellschaft geradezu als Bedrohung für die wirtschaftliche und damit gesellschaftliche »Produktivität« insgesamt perhorresziert wird. Dieses Schreckensbild einer drohenden »Unproduktivität« der Gesellschaft resultiert dabei sowohl aus einem mit dem demografischen Wandel assoziierten Schrumpfen der Erwerbsbevölkerung und einem damit einhergehenden beziehungsweise antizipierten Mangel an verwertbaren Arbeitskräften (vgl. Schimany 2003; Arnds/Bonin 2003; Börsch-Supan 2009) als auch aus einer unterstellten sinkenden Arbeitsleistung alternder Belegschaften. Für letztere Problembestimmung kann exemplarisch eine Prognose des ehemaligen Chefvolkswirts der Deutschen Bank, Norbert Walter, herangezogen werden, die er im Jahr 2004 in der Einleitung zu einem Sammelband über »Employability« formulierte:

»Die Innovationskraft dürfte mit zunehmendem Alter der Mitarbeiter und Unternehmer schrumpfen und das gesamtwirtschaftliche Wachstumspotenzial dürfte sinken, da sowohl Arbeit knapper als auch technischer Fortschritt langsamer werden wird.« (Walter 2004: 1)

In der Problematisierung des demografischen Wandels laufen also beide Diskursstränge gewissermaßen zusammen: Der steigende Anteil alter Menschen macht quasi die Gesellschaft selbst genauso »unproduktiv«, wie es schon den Alten stets als quasi-natürliche Eigenschaft zugeschrieben wird – und zwar deshalb, weil die demografische Alterung einerseits der Gesellschaft durch das Schrumpfen des Anteils junger Menschen verwertbare Arbeitskräfte entzieht und andererseits zu einem rapide steigenden Anteil solcher Menschen an der Bevölkerung führt, die aufgrund ihres Alters und ihrer geringeren Leistungsfähigkeit für die Arbeit nicht mehr taugen und gerade deshalb gesellschaftlich erhalten werden müssen.

An dieser Stelle kommt abermals sehr eindrucksvoll der kapitalistische Produktivitätsfetisch zum Vorschein: Eine Gesellschaft, in der alles vom reibungslosen Funktionieren des Kapitalverwertungsprozesses und somit von der immer produktiveren Ausbeutung von Arbeit abhängt, kann offenbar gar nicht anders, als sich über ihre »Produktivität« zu definieren. Wie sollte eine solche Gesellschaft eine beträchtliche Zunahme des Anteils alter Menschen an der Gesellschaft anders denn als eine Bedrohung für ihre wirtschaftliche Produktivität wahrnehmen können, wenn schon die Alten nicht nur kulturell-symbolisch oder diskursiv als »Unproduktive« gelten, sondern auch materiell-strukturell stets in die Rolle von »Unproduktiven« und »Überflüssigen« gedrängt werden? Die »objektive Daseinsform« der Alten als »Unproduktive« im Kapitalismus – so wird hier geradezu überdeutlich – bedingt auch eine entsprechende »objektive Gedankenform« (Marx) in Gestalt von diskursiven Konnotationen von Alter mit Unproduktivität. Und nicht zuletzt diese objektive, nicht allein auf eine bloß diskursive Konstruktion reduzible Gedankenform ist es, die den demografischen Altersstrukturwandel heute als drohende »Unproduktivität« der Gesellschaft insgesamt und damit als gesellschaftlich nicht tragbare »Überalterung« erscheinen lässt. In den kritischen Fokus rücken müssen daher auch hier stets die den »objektiven Gedankenformen« komplementären »objektiven Daseinsformen« und die kapitalistische Struktur der Gesellschaft und die ihr inhärenten, aus der kapitalistischen Produktionsweise selbst resultierenden Produktivitätszwänge, die nicht nur die Alten als Nicht-Arbeitende oder weniger Leistungsfähige in den inferioren Status von »Unproduktiven« versetzen, sondern letztendlich auch diesen negativen Status zur Grundlage einer gesellschaftlichen Wahrnehmung des demografischen Wandels als »gesellschaftliche Überalterung« machen. Wo »Produktivität« wirtschaftlich und gesellschaftlich im Zentrum steht und alte Menschen aufgrund ihrer Ausgliederung aus der Arbeit und aufgrund abnehmender Leistungsfähigkeit als »unproduktiv« gelten, dort kann eine Zunahme des Altenanteils fast zwangsläufig nur als gesellschaftlich problematische »Überalterung« erscheinen.

5.2 Soziale (Kosten-)Last des Alters und »gesellschaftliche Überalterung«

Damit ist bereits unmittelbar eine Brücke geschlagen zum Diskursstrang der Alten als »gesellschaftliche Last«. Altersbezogene Belastungsdiskurse sind mit modernen Diskursen der »Unproduktivität« alter Menschen praktisch untrennbar unverbunden und gehen fast mit Notwendigkeit damit einher. »Unproduktivität« und »Last« des Alters gehören insofern zusammen, als beide Diskurse permanent aufeinander verweisen: Weil die

Alten »unproduktiv« sind, stellen sie für die Gesellschaft eine »Belastung« dar, und umgekehrt impliziert die Rede von der »gesellschaftlichen Last des Alters« immer schon die Wahrnehmung der Alten als »Unproduktive«, sowohl im Sinne einer geringeren Leistungs- und Arbeitsfähigkeit als auch im Sinne eines Daseins als »unnütze Esser« und gesellschaftliche »Kostenfaktoren«.

Diskurse über die gesellschaftliche Last des Alters lassen sich daher historisch ebenso weit zurückverfolgen wie solche einer altersspezifischen Unproduktivität – von den »Altenteilern« der Frühen Neuzeit[109] bis herauf zu den Pensionist/innen und Rentenbezieher/innen der Gegenwart. Der einzige, dafür aber auch sehr wesentliche Unterschied zwischen frühneuzeitlichen und modernen Belastungsdiskursen des Alters besteht, wie bereits im vorigen Kapitel angesprochen, darin, dass die durch die Alten verkörperte Last unter den Bedingungen staatlicher Pensionssysteme gleichsam auf eine gesamtgesellschaftliche Ebene gehoben wird. Eine im engeren Sinne »gesellschaftliche« (Kosten-)Last des Alters, als Phänomen wie auch als Diskurs, gibt es im Grunde erst, seit es den modernen Altersruhestand gibt, der aus der Ausgliederung alter Menschen aus der Arbeit und somit aus deren historischem »Überflüssigwerden« für den Produktionsprozess im entwickelten Kapitalismus resultiert. Die Last der Alten erreicht dadurch ein völlig neues, ungleich höheres Niveau als in früheren historischen Phasen wie der Frühen Neuzeit, da diese Last nun nicht mehr bloß ein Problem des jeweiligen Familienverbandes ist, sondern vielmehr zu einem gesamtgesellschaftlichen »Problem« wird, das es ebenso gesamtgesellschaftlich – und das heißt im Kapitalismus wiederum: durch den modernen Staat – zu lösen oder zumindest zu verwalten gilt. Das verleiht modernen Belastungsdiskursen eine ganz eigene, neue, eben gesamtgesellschaftliche Dimension. Gerade diese gesamtgesellschaftliche Dimension ist es aber auch, die diese Diskurse so ungemein gefährlich macht.

Wir haben bereits in Kapitel 4.5 gesehen, dass moderne Diskurse einer »Kostenlast des Alters« nicht selten mit expliziten oder impliziten Tötungsfantasien einhergehen, die die Tötung der »unproduktiven« und »überflüssigen« Alten utilitaristisch als opportune und legitime Beseitigung einer gesellschaftlichen Last konstruieren. Dies geht bis hin zu Vorstellungen einer massenhaften Euthanasierung alter Menschen, die im Nationalsozialismus historisch bereits einmal unmittelbar praktisch wirksam wurden und in der Ermordung zahlreicher alter Menschen, vor allem Heimbewohner/innen, als »Überflüssige« und »unwertes Leben« Gestalt annahmen (vgl. Hahn 2001; ebenso Kapitel 4.4 der vorliegenden Arbeit). Gerade auch der demografische Wandel und die damit assoziierte »Überalterung« der Gesellschaft treiben heute wieder unübersehbar Diskurse hervor, die in der Tötung der immer mehr und dabei auch immer älter werdenden[110] Alten eine potenzielle Lösung der mit dem demografischen Wandel aufgeworfenen Probleme sehen. »The frail and elderly should consider suicide to stop them becoming a financial burden on their families and society« (Mary Warnock) – solche und ähnliche Vorschläge finden immer öfter, häufig sozialethisch verbrämt, Eingang in gesellschaftliche Debatten über die zunehmende »Kostenlast des Alters«. Nicht dass den Alten unter den vorindustriellen und noch überwiegend agrargesellschaftlichen Bedingungen der Frühen Neuzeit so viel weniger Feindseligkeit entgegengebracht worden wäre – ganz im Gegenteil (siehe etwa Begriffe wie »Altenteilpulver«, als eine damals in manchen Teilen Europas gebräuchliche Bezeichnung für Arsen, oder Berichte über grausame Altentötungen aus den damals so häufigen Kriegszeiten) –, aber eine derart offen menschenverachtende Verhandlung alter Menschen als möglichst zu beseitigende gesellschaftliche Kostenlast und ein derart geballter Vernichtungswille, wie er sich in solchen Verhandlungen diskursiv entfaltet, gepaart mit technisch-wissenschaftlichen Mitteln, diesen Willen gegebenenfalls auch praktisch werden zu lassen, das ist in dieser Form und diesen Dimensionen ohne Zweifel ein spezifisches Phänomen des entwickelten Kapitalismus und wäre in vorindustriellen Agrargesellschaften wahrscheinlich noch nicht denkbar gewesen. Wenn aus den Euthanasieprogrammen der Nationalsozialisten etwas gelernt werden kann, dann in welchen Dimensionen, mit welcher Systematik und mit welcher Akribie die moderne Gesellschaft bereit und fähig ist, gegen ihre »Überflüssigen« und »Unproduktiven« vorzugehen, wenn sie dies für zweckmäßig erachtet (vgl. Bauman 2002). Nicht von ungefähr besteht eine ungeheure Ähnlichkeit in der Argumentationslogik von Euthanasiediskursen vor und während des Nationalsozialismus und heute wieder um sich greifenden, zunehmend salonfähig werdenden Diskussionen über »Sterbehilfe« (vgl. in diesem Sinne auch Koch-Straube 1997: 144f.; Graefe 2007: 219). Soweit es nun im Speziellen moderne Belastungsdiskurse des Alters betrifft, mit ihrer Neigung zu mehr oder weniger ausdrücklichen Vorstellungen einer gesellschaftlich legitimen Beseitigung alter Menschen, so liegt ein wesentlicher Grund dafür sehr wahrscheinlich in eben dieser historischen Spezifik beziehungsweise darin, dass erst in der modernen Gesellschaft das Alter gewissermaßen »total vergesellschaftet« ist, damit aber auch zu einem »Problem« wird, das die Gesellschaft als Ganze tangiert.

Der gesellschaftliche Altersdiskurs unter den Bedingungen des demografischen Wandels veranschaulicht in kaum noch zu steigernder Deut lichkeit, worin für moderne Gesellschaften das »Problem« des Alters und die damit verbundene »gesellschaftliche Last« konkret begründet liegen. Im Prinzip sind es zwei Aspekte, die das Alter unter kapitalistischen Prämissen so problematisch machen und die sich daher angesichts des mit dem demografischen Wandel rapide wachsenden Anteils alter Menschen in der Bevölkerung mit geradezu stereotyper und ermüdender Eintönigkeit durch sämtliche wissenschaftliche, politische und mediale Problematisierungen des Altersstrukturwandels ziehen.

Zunächst einmal bedeutet die zunehmende »(Über-)Alterung« der Gesellschaft eine Gefahr für die historisch gewachsenen Systeme der sozialen Sicherung durch die stetig steigenden Kosten, die der wachsende Altenanteil in der Bevölkerung für diese Systeme verursacht, und der diese damit in absehbarer Zeit zu überlasten droht. Im deutschsprachigen Raum wurde die Diskussion über die Folgen des demografischen Wandels vor allem durch den Bestseller von Frank Schirrmacher (2004) über das *Methusalem-Komplott* vorangetrieben, der binnen kürzester Zeit eine Auflagenstärke im zweistelligen Bereich erzielte. Seither haben Diskussionen über den demografischen Wandel und dessen gesellschaftliche Krisenpotenziale insbesondere in den Medien Hochkonjunktur, wobei ein wesentliches (wenn auch nicht das einzige) Hauptaugenmerk auf den damit assoziierten gesellschaftlichen Kosten liegt. So führe der steigende Altenanteil in der Gesellschaft zu einer zunehmenden Verschiebung im Verhältnis von erwerbstätiger und nicht-erwerbstätiger Bevölkerung, was mittelfristig die Finanzierbarkeit des Pensionssystems, damit aber auch den (im Grunde ohnehin nur fiktiven) »Generationenvertrag« insgesamt infrage stelle. In der Wissenschaft reflektiert sich diese Problematik insbesondere in Diskursen über »Generationengerechtigkeit« (vgl. Kohli 2006, 2008; Tremmel 2009; Torp 2015), die zwar nicht ausschließlich, aber in besonderem Maße auf die Frage der nachhaltigen Finanzierung von Pensionssystemen abstellen, die politisch durch einen längeren Verbleib der Menschen im Erwerbsleben beziehungsweise durch eine Erhöhung des Pensionsantrittsalters zu gewährleisten sei. Begründet wird dies insbesondere mit der stark gestiegenen Lebenserwartung, die es nicht nur erforderlich, sondern auch zumutbar mache, länger zu arbeiten und »aktiv« zu bleiben (ungeachtet aller zunehmenden sozialen Ungleichheit hinsichtlich der Lebenserwartung und der massiven Umverteilungseffekte von unten nach oben, die entsprechende Pensionsreformen nach sich ziehen; siehe dazu oben, Kapitel 3.2).

Ähnliche Auswirkungen hat der demografische Wandel auf das moderne Gesundheits- und Pflegesystem, was sich ebenfalls entsprechend deutlich im gesellschaftlichen Altersdiskurs widerspiegelt: Durch die rapide steigende Zahl alter Menschen komme es zu permanent zunehmenden Aufwendungen für Gesundheits- und Pflegeleistungen, die die finanziellen und personellen Kapazitäten des Systems in absehbarer Zeit weit übersteigen würden (vgl. kritisch Bosbach/Bingler 2008). Hier wird zuweilen sogar bereits ernsthaft darüber diskutiert, ob alte Menschen aufgrund der durch sie verursachten Kosten (aber auch aufgrund ihres hohen Alters, das solche Ausgaben als ungerechtfertigt, weil »unrentabel« erscheinen lässt), nicht überhaupt von bestimmten medizinischen Behandlungen und Therapien ausgeschlossen werden sollten, Gesundheitsleistungen für alte Menschen also nach Gesichtspunkten der Kosteneffizienz zu rationieren seien (vgl. Moody/Sasser 2015: 167ff.). Derartige Überlegungen sind freilich nicht grundsätzlich neu, sondern darin aktualisiert sich nur eine gegenüber dem Lebensrecht von Alten, Kranken und Pflegebedürftigen vollends gleichgültige ökonomische Kosten-Nutzen-Rationalität, die im Kapitalismus bereits eine lange Tradition hat, weil sie untrennbar zu dessen Verwertungs- und Rentabilitätslogik gehört. Bereits 1960 schrieb der spätere Wirtschaftsnobelpreisträger sowie einer der Ahnherren und »Chefideologen« des Neoliberalismus, Friedrich August von Hayek, in seinem Werk *Die Verfassung der Freiheit*:

> »Es mag hart klingen, aber es ist wahrscheinlich im Interesse aller, daß in einem freiheitlichen System die voll Erwerbsfähigen oft schnell von einer vorübergehenden und nicht gefährlichen Erkrankung geheilt werden um den Preis einer gewissen Vernachlässigung der Alten und Sterbenskranken. Unter Systemen der staatlichen Medizin finden wir allgemein, daß diejenigen, die schnell zu voller Leistungsfähigkeit wiederhergestellt werden könnten, lange Zeit warten müssen, weil die Spitalseinrichtungen von Leuten in Anspruch genommen werden, die nie mehr etwas für ihre Mitmenschen leisten werden.« (Hayek 1971: 405f.)

Gerade in solchen Diskursen kommt sehr deutlich – wie unterschwellig und sozialethisch verbrämt auch immer – der eingangs angesprochene und nur allzu oft mit ökonomischen Kosten-Nutzen-Kalkülen vermittelte Tötungswille moderner Gesellschaften zum Vorschein. Hier zeigt sich, wie wenig eigentlich nur fehlt, dass dieser Tötungswille im utilitaristischen Gesellschaftsinteresse (wieder) in die Praxis umgesetzt werden könnte: Im Grunde laufen derartige Überlegungen auf nichts Geringeres als auf eine Unterlassung medizinischer Behandlung hinaus und erfüllten damit, würden sie tatsächlich umgesetzt, vollauf die Kriterien der von Raimund Pousset so bezeichneten »passiven Senio-Euthanasie« (Pousset 2018: 33), kämen also einem handfesten Senizid gleich. Auch Aussagen wie die der oben zitierten Medizinethikerin Mary Warnock, die Alten und Gebrechlichen Selbstmord empfiehlt, um ihre Familien und die Gesellschaft nicht zu belasten, beziehen sich bevorzugt auf die »gesellschaftliche Last«, die Alte als Kranke und Pflegebedürftige bedeuten. Sehr viel unmissverständlicher könnte der geringe Wert menschlichen Lebens im Kapitalismus nicht zum Ausdruck gebracht werden, als durch diese ganz alltägliche (Diskurs-) Praxis, jedes menschliche Lebensrecht von vornherein unter Finanzierbarkeitsvorbehalt zu stellen und allein unter ökonomischen Kosten-Nutzen-Erwägungen zu betrachten – entgegen aller anderslautenden Rhetorik von »Menschenwürde« und »Lebensqualität«, die solche menschenverachtenden Aussagen, oftmals sogar im selben Atemzug, überlagern.[III]

Sogar die Anti-Ageing-Medizin legitimiert ihr segensreiches Wirken unter anderem mit den Einsparungen, die ein konsequent betriebenes Anti-Ageing für das Gesundheitssystem bedeuten könnte:

»Es geht um die Beseitigung des nahezu unermesslichen Ausmaßes an Leiden, das uns das Alter momentan auferlegt und an denen natürlich nicht nur die Älteren selbst leiden, sondern auch ihre Angehörigen und Betreuer. Und dann ist da natürlich noch der Nebeneffekt der finanziellen Einsparungen, die die Beseitigung des Alterns der Gesellschaft bringen würde. Es ist allgemein bekannt, dass der durchschnittliche Bürger der industrialisierten Länder in seinem letzten Lebensjahr das Gesundheitswesen mehr in Anspruch nimmt als im gesamten Zeitraum davor, unabhängig vom Alter zum Zeitpunkt des Todes. Das sind Billionen Euro pro Jahr.« (Grey/Rae 2010: 16)

Der zweite Aspekt im gesellschaftlichen Diskurs um den demografischen Wandel bezieht sich weniger auf die mit ihm assoziierten Kosten, die die vielen und immer mehr werdenden Alten der Gesellschaft finanziell verursachen, sondern betrifft vor allem den Bereich der Arbeit und, damit zusammenhängend, die Frage der »Produktivität« und der »Wirtschaftskraft« der Gesellschaft. Aus dieser Perspektive besteht ein wesentliches Problem des demografischen Wandels darin, dass die statthabenden Veränderungen in der Altersstruktur der Bevölkerung zu einem Arbeitskräftemangel und damit zu einem sukzessiven Verlust an produktivem Potenzial führen, was wiederum die Wirtschaftsleistung nachhaltig beeinträchtige. In dieser

Problembestimmung des demografischen Wandels schlägt sich vor allem das spezifisch kapitalistische Problem der Reproduktion von Arbeitskraft nieder. Eine Gesellschaft, die wie die kapitalistische von der Ausbeutung und geldförmigen Verwertung menschlicher Arbeit lebt, ist unmittelbar darauf angewiesen, dass verwertbare Arbeitskraft in ausreichender Menge »nachwächst«, es muss also stets gesellschaftlichen Nachwuchs in Form von jungen Menschen geben, die mit der Zeit in den Arbeitsprozess nachrücken und aus der Arbeit ausscheidendes »Humankapital« ersetzen.[112] Schon allein daraus wird bis zu einem gewissen Grad erklärlich, weshalb die kapitalistische Gesellschaft dermaßen besessen ist von der Zusammensetzung und wissenschaftlich-statistischen Kontrolle ihrer »Bevölkerung«, etwa anhand quantitativer Größen wie der Geburtenrate – eine Besessenheit, die gerade auch die politische, wissenschaftliche und mediale Verhandlung des demografischen Wandels auszeichnet. Dies geht bis hin zu Wahnvorstellungen eines Aussterbens ganzer Nationen und Volkswirtschaften, wie sie in den letzten Jahren immer wieder in Schlagzeilen wie »Deutsche sterben langsam aus«, »Land ohne Leute«, »Die deutsche Eiche verdorrt« etc. besichtigt werden konnten (vgl. dazu den Überblick in Messerschmidt 2015).[113]

Sehr beredte und materialreiche Auskunft über den modernen Wahn der Bevölkerungskontrolle wie auch generell über die soziale Konstruktion von »Bevölkerung« geben etwa Michel Foucaults Studien über die von ihm so genannte »Bio-Politik«. Er rekonstruiert dabei, wie ungefähr ab dem 18. Jahrhundert sukzessive die optimierende Regulierung des »Gesellschaftskörpers« (Foucault 1983 [1976]: 167) auf die gesellschaftliche Tagesordnung rückte und in weiterer Folge ein breites Spektrum »fortlaufender, regulierender und korrigierender Mechanismen« entstand, die dazu dienen sollten, die Menschen »in einem Bereich von Wert und Nutzen zu organisieren« (ebd.: 171f.). Dazu gehörten »verschiedenste Techniken zur Unterwerfung der Körper und zur Kontrolle der Bevölkerung« (ebd.: 167), wie Geburtenkontrolle,[114] Hygienemaßnahmen, statistische Erfassung der Bevölkerung etc. Was hier freilich hervorzuheben wäre, bei Foucault jedoch zu keiner Zeit wirklich systematisch berücksichtigt wird,[115] ist, dass es sich bei dem durch solche Formen der Bevölkerungskontrolle zu regulierenden »Gesellschaftskörper« eben um die sich zu dieser Zeit herausbildende kapitalistische Gesellschaftsformation handelt, und bei dem »Bereich von Wert und Nutzen«, in dem die Menschen »organisiert« wurden, um den damals gerade erst entstehenden gesellschaftlichen Funktionsraum des Kapitals und der abstrakten Arbeit. Bezieht man Foucaults Analysen jedoch explizit auf die historische Entstehung und Entwicklung des Kapitalismus, so liefert er durchaus sehr instruktives Material, das es erlaubt, historisch nachzuvollziehen, wie mit der Durchsetzung der kapitalistischen Produktionsweise und der mit ihr notwendig werdenden »Abstimmung der Menschenakkumulation mit der Kapitalakkumulation« (ebd.: 168) auch die »Bevölkerung als politisches Problem« (Foucault 2001: 289) überhaupt erst entsteht. Das macht wiederum die Demografie zu einer durch und durch und von Anfang an »politischen Wissenschaft« (Hummel 2000: 287). Bereits bei Marx wird übrigens, wenn auch eher beiläufig und implizit, die konstitutive Bedeutung der »Bevölkerung« und ihrer politischen Regulierung angesprochen, wenn er die »Bevölkerung« als »Grundlage und Subjekt des ganzen gesellschaftlichen Produktionsakts« (Marx 1971 [1857]: 631) bezeichnet.

Insofern ist es also durchaus zutreffend, wenn poststrukturalistische Sozialwissenschaftler/innen und Gerontolog/innen, unter explizitem Rekurs auf Foucault, auf den »biopolitischen« Charakter der Diskussionen rund um den demografischen Wandel hinweisen (vgl. Katz 1992; Etzemüller 2007; Messerschmidt 2018). Allerdings verweist dieser eben auch auf ein sehr konkretes und reales Problem, das der demografische Wandel für die kapitalistische Gesellschaft bedeutet, und kann nicht einfach, wie etwa von Stephen Katz (1992), auf einen »alarmistischen« Diskurs reduziert werden, der quasi kontrafaktisch ein Problem konstruiert, wo keines ist, und bloß bestimmten gesellschaftlichen Akteuren zur Durchsetzung ihrer Machtansprüche dient. Sondern die Diskussion um den demografischen Wandel ist nicht zuletzt (auch) vor dem Hintergrund des Problems der Reproduktion von Arbeitskraft zu sehen, und es ist daher alles andere als ein Zufall, dass sich der einschlägige Diskurs dementsprechend darstellt und der demografische Wandel in besonderem Maße mit einem Mangel an verwertbarer Arbeitskraft und einem drohenden Schrumpfen wirtschaftlicher Produktivität assoziiert wird.

In diesem Zusammenhang bekommt die gesellschaftliche Problembestimmung des demografischen Wandels im Übrigen auch noch eine etwas andere Stoßrichtung oder eine zusätzliche Dimension als unter dem oben besprochenen Aspekt der »Kostenlast«. Aus dieser Perspektive stellt sich nämlich der demografische Wandel nicht nur als eine stetige Zunahme alter Menschen in der Bevölkerung dar (hervorgerufen durch sinkende Mortalitätsraten beziehungsweise steigende Lebenserwartungen), sondern nicht zuletzt auch oder sogar primär durch eine parallel dazu verlaufende Abnahme junger Menschen (infolge sinkender beziehungsweise seit Jahrzehnten niedriger Geburtenraten). Der gesellschaftlichen »Überalterung« korrespondiert also gewissermaßen auch eine gesellschaftliche

»Unterjüngung« (Birg 2001). Selbst so manche sich kritisch verstehende Altersforscher/innen haben darin schon eine potenzielle diskursive Strategie gegen die öffentlich dominante Wahrnehmung des demografischen Wandels als einer »gesellschaftlichen Überalterung« erblickt: Das Problem, so wird behauptet, sei ja gar nicht so sehr (oder jedenfalls nicht nur), dass die Alten zu viel, sondern dass die Jungen zu wenig werden (vgl. Laslett 1995a: 57; Macnicol 2015: 65–86). Dass es sich hierbei freilich nur um die Kehrseite derselben Medaille handelt, wird bei einer solchen Argumentation geflissentlich übersehen. Denn ob man nun eher den Aspekt der »Unterjüngung« oder eher den der »Überalterung« betont, das Problem bleibt stets dasselbe, nämlich eine Bevölkerungsentwicklung, die die nachhaltige Reproduktion der kapitalistischen Gesellschaft oder genauer gesagt deren historisch gewachsene Organisation von und rund um (Lohn-)Arbeit infrage stellt und einen entsprechenden politischen Handlungsbedarf erzeugt. So oder so bewegt man sich dabei in einem Problemhorizont, der (jedenfalls in dieser Form) nur für kapitalistische Gesellschaften gültig ist und in beiden Fällen auf derselben, nicht anders als »fetischistisch« zu nennenden Ausblendung der kapitalistischen Spezifik des modernen »Bevölkerungsproblems« beruht.[116]

Wie schon oben im Kontext der »Unproduktivität« des Alters, so leidet auch die sozialwissenschaftliche und insbesondere gerontologische Kritik an gesellschaftlichen Diskursen der »Überalterung« und der explodierenden »Kostenlast des Alters« nahezu ausnahmslos darunter, dass sie den hier skizzierten objektiven Problemcharakter des demografischen Wandels schlicht negiert und diesen, nach dem bereits bekannten Muster, auf ein primär kulturell-symbolisches beziehungsweise diskursives Problem reduziert. Das Ergebnis dieser kulturalistisch verkürzten Kritik ist ein selbst hochgradig problematischer, weil sachlich durch nichts gedeckter Hang zur Entdramatisierung des demografischen Wandels und der damit aufgeworfenen gesellschaftlichen Probleme. Grundsätzlich infrage gestellt wird dabei bereits jeder Diskussionsbeitrag, der den demografischen Wandel im Sinne eines »Problems« oder gar als »Krise« erörtert (vgl. exemplarisch Katz 1992; Köster 2012; Lessenich 2014; Messerschmidt 2018; Dyk 2016b: 78). In der Annahme eines krisenhaften Charakters des demografischen Wandels stecke demnach eine Sachzwanglogik, die bestimmte politische Maßnahmen und Bewältigungsstrategien (wie die Erhöhung des Pensionsantrittsalters, die Senkung von Pensionsniveaus etc.) als alternativlos erscheinen lasse. Die sozialwissenschaftliche Abwehr der Wahrnehmung des demografischen Wandels als »Problem« geht bis hin zu Einschätzungen, wonach diese Wahrnehmung ein Produkt der Ideologien, wenn nicht gar der »Lügen« politisch und wirtschaftlich mächtiger Akteure vor dem Hintergrund von Globalisierung und Neoliberalismus sei (vgl. Amann 2004, 2016; Amann et al. 2010; Macnicol 2015). Solche Einwände haben freilich zunächst durchaus ihre Berechtigung, da die Krisenargumentation in der Tat für gewöhnlich vor allem von den Apologeten und Funktionseliten der kapitalistischen Gesellschaft wie etwa Volkswirtschaftler/innen, Demograf/innen oder Politiker/innen bemüht wird und dabei als Legitimationsgrundlage genau für solche, als alternativlos ausgegebenen Maßnahmen bis hin zu einer heute kaum noch übersehbaren neoliberalen »Altersaktivierung« dient – Maßnahmen, die von kritischen Gerontolog/innen völlig zu Recht problematisiert werden. Was dabei allerdings übersehen oder schlicht ausgeblendet wird, ist, dass der demografische Wandel – so berechtigt und notwendig die Kritik an der oft genug an Hysterie grenzenden politischen und medialen Demografiedebatte auch sein mag – für kapitalistische Gesellschaften und deren Institutionen, insbesondere den Wohlfahrtsstaat, durchaus ein sehr reales Problem darstellt. Eine Arbeitsgesellschaft, die eine ganze Bevölkerungsgruppe systematisch aus der Arbeit ausschließt und daher aus der gesamtgesellschaftlich erwirtschafteten Mehrwertmasse erhalten muss, gerät unweigerlich in Schwierigkeiten, wenn diese gesellschaftlich zu erhaltende Gruppe eine kritische Masse erreicht, die die Leistungskapazitäten der zu ihrer Erhaltung geschaffenen Institutionen, insbesondere des Pensionssystems, zunehmend übersteigt – umso mehr, wenn diese Leistungskapazitäten von der Finanzierung durch eine (in Relation dazu) sukzessive schrumpfende Erwerbsbevölkerung abhängen. Das zu negieren und den damit in der Tat gegebenen systemimmanenten Sachzwangcharakter des demografischen Wandels nicht zur Kenntnis zu nehmen, bedeutet daher im Grunde nichts anderes, als das Problem gesellschaftlicher Überalterungsdiskurse sowie all der darauf aufbauenden politischen Maßnahmen schon von Grund auf zu verfehlen. Die Alternative zur allgegenwärtigen Dramatisierung des demografischen Wandels kann also nicht einfach umgekehrt in seiner Entdramatisierung, sondern nur in der gesellschaftstheoretisch fundierten, analytischen Vermittlung demografischer Diskurse mit den Form- und Strukturprinzipien kapitalistischer Gesellschaften bestehen. Nur so kann die gesellschaftliche Rolle und Bedeutung solcher Diskursphänomene hinreichend erfasst werden. Oder anders formuliert: Nicht die Sachzwanglogik der politischen Bewältigungsstrategien ist primär zu kritisieren – diese entspricht durchaus dem Wesen des mit dem demografischen Wandel aufgeworfenen Problems. Zu kritisieren wäre vielmehr eine (von den Menschen selbst hervorgebrachte) gesellschaftliche Struktur, die aus sich selbst heraus Sachzwänge dieser Art gebiert, denen sich die Menschen sodann im Interesse der Systemerhaltung unterwerfen müssen. Die Entdramatisierung des demografischen Wandels und die schlichte Leugnung seines Sachzwangcharakters, wie sie bis hinein in kritisch-gerontologische Kontexte vorherrscht, führt hingegen in aller Regel zu gravierenden und zuweilen auch grotesken Fehleinschätzungen der demografischen Problematik.

Fünf verschiedene Formen und Strategien der Entdramatisierung, die den gerontologischen Diskurs über den demografischen Wandel und seine gesellschaftliche Verhandlung weitgehend bestimmen, sollen im Folgenden etwas näher betrachtet werden, um zu veranschaulichen, welche schwerwiegenden Konsequenzen daraus erwachsen.[117]

Der demografische Wandel als »Chance«

Die vielleicht häufigste und zugleich naivste Strategie, die in der Gerontologie zur Entdramatisierung des demografischen Wandels zum Einsatz kommt, besteht darin, diesen von einem gesellschaftlichen »Problem« zu einer »Chance« umzudeuten. Diese Argumentation zielt vor allem darauf, die gesellschaftliche Aufmerksamkeit nicht nur auf die ständig beschworenen »Herausforderungen« und »Gefahren«, sondern auch auf die positiven Seiten und Möglichkeiten zu lenken, die mit dem demografischen Wandel angeblich gegeben seien, wobei hier bevorzugt die zunehmend zum Regelfall werdende Langlebigkeit ins Feld geführt wird, die als große gesellschaftliche Errungenschaft zu sehen sei (vgl. exemplarisch Schwentker/Vaupel 2011; Lehr 2011a; Beard et al. 2011). Diese Strategie kann schon deshalb nur als naiv qualifiziert werden, da hier »Chancen« und »Herausforderungen« des demografischen Wandels quasi gegeneinander ausgespielt werden, indem qualitativ höchst verschiedene Aspekte gegeneinander hochgerechnet und in ein quasi-ökonomisches Verhältnis gesetzt werden. Besonders bezeichnend sind in diesem Zusammenhang etwa Konzepte wie jene einer »longevity dividend« (Olshansky et al. 2016). Dieses Konzept ist gerade auch unter dem Gesichtspunkt der kapitalistischen Fetischkonstitution aufschlussreich, insofern hier die gesellschaftliche »Errungenschaft« der Langlebigkeit unübersehbar nur noch unter rein ökonomischen Gesichtspunkten wahrgenommen und unter entsprechende Begrifflichkeiten (»Dividende«) gefasst wird. Die positive Beurteilung der Langlebigkeit geht dabei auch unmittelbar mit Anti-Ageing-Diskursen und -Strategien einer biomedizinischen Bekämpfung des Alter(n)s einher.[118]

Gerade mit Blick auf die Langlebigkeit, als bedeutendstem Positivposten in dieser wissenschaftlich konstruierten Kosten-Nutzen-Rechnung, sollte die Unhaltbarkeit eines solchen Vorgehens deutlich werden: Die Tatsache, dass Menschen heute im Durchschnitt länger leben und eine gute Chance haben, ein hohes Alter zu erreichen, mag menschlich und von der Warte des Individuums aus gesehen ohne Zweifel positiv zu bewerten sein, und aus dieser Perspektive mag also auch der demografische Wandel als eine annehmbare Begleiterscheinung dieser Entwicklungen betrachtet werden können. Aus der kapitalistischen Binnensicht erscheint aber gerade die zunehmende Langlebigkeit nicht zufällig vor allem auf der Seite der »Herausforderungen« und »Gefahren« des demografischen Wandels, da ihre gesamtgesellschaftlichen Folgen in erster Linie als steigende Kosten zu Buche schlagen – durch einen entsprechend längeren Bezug von Alterspensionen (bei gleichzeitigem Schrumpfen der ins System einzahlenden Erwerbsbevölkerung), durch eine rapide Zunahme hochaltriger und pflegebedürftiger Menschen, durch entsprechend steigende Aufwendungen im Gesundheits- und Pflegesystem etc. Mit anderen Worten: In der kapitalistischen Kosten-Nutzen-Rechnung hat die zunehmende Langlebigkeit keinerlei »Wert«, sondern zerstört vielmehr welchen, weil durch sie extrem hohe Kosten entstehen, die durch die gesamtgesellschaftlich erwirtschaftete Mehrwertmasse gedeckt werden müssen. Dies kann insbesondere an den bereits erwähnten Debatten abgelesen werden, in denen darüber diskutiert wird, alte Menschen aus Gründen der Kosteneffizienz von bestimmten medizinischen Leistungen auszuschließen. Wo menschliches Leben unter Finanzierbarkeitsvorbehalt steht und entsprechend »rentabel« sein muss, da kann Langlebigkeit und eine daraus resultierende Zunahme des Altenanteils für die Gesellschaft nichts anderes als ein »Problem« sein – egal, wie viele Möglichkeiten und »Chancen« die Entwicklung zur Langlebigkeit den Menschen sonst noch eröffnen könnte. Um dies adäquat als den gesellschaftlichen Skandal kritisieren zu können, der dies ist, muss daher die kapitalistische Struktur der Gesellschaft als solche mitsamt ihren ökonomischen Sachzwängen in den kritischen Fokus rücken und ist es nicht ausreichend, sondern vielmehr sogar kontraproduktiv, bloß die einseitige gesellschaftliche Verhandlung des demografischen Wandels als »Problem« und »Krise« zu kritisieren. Denn dieses Problem ist so real wie die ökonomischen Sachzwänge, denen die kapitalistische Gesellschaft mit ihrer selbstzweckhaften und rücksichtslosen Verwertungs- und Rentabilitätslogik unterliegt.

Gegen die steigende »Kostenlast« durch zunehmende Langlebigkeit vermag letztendlich auch der »Wirtschaftsfaktor Alter« – eine zweite besonders gern mit dem demografischen Wandel assoziierte »Chance« – nicht anzukommen. Abgestellt wird dabei auf die mit der »Alterung« der Gesellschaft verbundenen oder erhofften neuen Geschäftsfelder durch die zunehmende Nachfrage nach speziell auf ältere Konsument/innen zugeschnittenen Waren und Dienstleistungen (siehe etwa die seit Jahren geführte Diskussion um die »silbernen Märkte«). Auch diese Argumentation erweist sich bei genauerer Betrachtung als überaus kurzsichtig, da hier zumindest teilweise auf Formen des Konsums gesetzt wird, die staatlich, insbesondere durch das Gesundheits- und Pflegesystem, alimentiert werden müssen und somit ihrerseits wieder gesamtgesellschaftlich auf der Kostenseite aufscheinen. Dies ist etwa der Fall, wenn der Sektor der Altenpflege und -betreuung als potenzielle »Boombranche« der Seniorenwirtschaft gehandelt wird. Ähnliches gilt aber auch für die seit einiger Zeit in den Mittelpunkt des Interesses gerückten (digitalen) Technologien zum »umgebungsunterstützten Leben« älterer Menschen (AAL), die laut Wirtschaft, Wissenschaft und Politik erhebliche »wirtschaftliche Potenziale« in sich bergen sollen. Hier ist bereits heute aufgrund hoher Entwicklungskosten sowie infrastruktureller Voraussetzungen entsprechender Technologien eine beträchtliche Abhängigkeit der Branche von öffentlichen Geldern mit Blick auf die Entwicklung und praktische Umsetzung von »AAL-Lösungen« ersichtlich. Das heißt, der »Konsum« solcher Technologien ist in hohem Maße auf staatliche Alimentierung angewiesen, erzeugt so gesehen also nicht nur »wirtschaftliche Möglichkeiten«, sondern auch gesellschaftliche Kosten. Nicht zuletzt darin liegt im Übrigen wohl auch ein wesentlicher Grund, warum entsprechende AAL-Technologien es bislang nur sehr selten bis zur Marktreife bringen: Sowohl die Entwicklung als auch der Betrieb von »AAL-Lösungen« sind schlicht und einfach teuer. Entsprechend niedrig ist bisher die Nachfrage – ein Aspekt, der nicht zufällig seitens der AAL-Community besonders häufig beklagt wird (vgl. Netzwerk Altern 2019: 9–19). Auch das ist also eine Rechnung, die nicht so ohne Weiteres aufgehen wird. Diverse andere, durchaus schwerwiegende Faktoren, die den Konsum der Alten nicht einseitig zu einer »Zukunftschance« des demografischen Wandels zu stilisieren erlauben – etwa die Tatsache, dass bis dato die Konsumneigung mit höherem Alter deutlich abnimmt, vor allem aber auch das Problem sukzessive sinkender Kaufkraft in der Bevölkerung infolge von Rentenkürzungen und einer allgemein fortschreitenden Prekarisierung von Arbeits- und Lebensverhältnissen – sind dabei in der Betrachtung noch gar nicht berücksichtigt.[119]

Steigende Produktivität als Lösung der demografischen Problematik

Eine mit der »Chancen«-Argumentation verwandte und dazu gewissermaßen komplementäre Strategie, den demografischen Wandel zu entdramatisieren, besteht des Weiteren darin, diesem seinen Problem- und Sachzwangcharakter durch den Hinweis auf seine (angeblich) leicht mögliche Bewältigung zu nehmen. Hier wird zuweilen sogar der demografische Wandel als Problem überhaupt aus der Welt diskutiert und eine aufwändige Argumentation entfaltet, die verdeutlichen soll, »warum wir mit dem Altern unserer Bevölkerung gut leben können« (Strange 2006).

Ein bevorzugtes Mittel zur Lösung der demografischen Problematik wird dabei in der hohen und weiter steigenden wirtschaftlichen Produktivität erblickt. Eine steigende Produktivität, so wird argumentiert, habe nämlich einerseits zur Folge, dass die Alterung der Gesellschaft mit Blick auf den wirtschaftlichen Arbeitskräftebedarf kein so großes Problem sein werde, wie es bislang in der öffentlichen Diskussion erscheint, da das durch den demografischen Wandel abnehmende Arbeitskräfteangebot durch die steigende Arbeitsproduktivität kompensiert werden könne. Andererseits und darüber hinaus bedeute der demografische Wandel auch für das soziale Sicherungssystem kein unlösbares Problem, da bei steigender wirtschaftlicher Produktivität eine immer größere Zahl von nicht-arbeitenden (alten) Menschen durch eine immer kleinere Zahl von arbeitenden (jungen) Menschen mitversorgt werden könne (vgl. Strange 2006; Hondrich 2007; Köster 2012: 604; Macnicol 2015: 66).

Auch diese Entdramatisierungsstrategie hat freilich den Haken, dass sie gewissermaßen die Rechnung ohne den »Wert« macht, das heißt die immanenten Logiken und Formzwänge der kapitalistischen Wirtschafts- und Gesellschaftsweise systematisch ausblendet. Für jede andere Gesellschaftsform als die kapitalistische wäre bei einem derart hohen Produktivitätsniveau, wie es heute vorherrscht, die Argumentation der »Entdramatisierer« ohne Frage zutreffend und ein demografischer Altersstrukturwandel wahrscheinlich ohne größere Probleme zu verkraften. Auch unter den heute bestehenden kapitalistischen Bedingungen scheitert etwa die Versorgung einer zunehmend wachsenden Altenpopulation bei genauerer Betrachtung schon längst nicht mehr an einer zu geringen Produktivität in der Herstellung von Lebensmitteln und anderen Gütern des täglichen Bedarfs. Woran es allerdings scheitert, ist das Geld beziehungsweise die Finanzierbarkeit, und diese hängt überhaupt nicht von der wirtschaftlichen Produktivität in der Herstellung von Gebrauchsgütern ab, sondern von der permanenten Verwertung von Arbeit.

In Marx'schen Begrifflichkeiten ausgedrückt, besteht das Problem solcher Argumentationen darin, dass sie »abstrakten« und »stofflichen Reichtum« konfundieren und quasi in eins setzen. Im Kapitalismus zählt laut Marx allein der abstrakte Reichtum, sprich der durch die Produktion und den Verkauf von Waren erzielte (sich in Geldform ausdrückende) Mehrwert. Das ist aber natürlich etwas qualitativ völlig anderes als der konkrete, stoffliche Reichtum, den die hergestellten Produkte als Gebrauchsgegenstände repräsentieren. Auf diesen kommt es hingegen im Kapitalismus überhaupt nicht an, dieser ist lediglich ein notwendiges Übel für den gesellschaftlichen Selbstzweck der Kapitalverwertung – ein Sachverhalt, der jeden Tag daran beobachtet werden kann, dass jegliche »wirtschaftliche Tätigkeit, die keinen Mehrwert verspricht, unterbleibt, auch wenn sie noch so viel stofflichen Reichtum hervorbringen würde« (Ortlieb 2009: 28). Mit anderen Worten: Dieser Widersinn resultiert unmittelbar daraus, dass im Kapitalismus jegliche Produktion dem abstrakten Imperativ der Kapitalverwertung unterworfen ist, jedes hergestellte Gebrauchsgut, jedes Lebensmittel, jede Dienstleistung also durch das Nadelöhr der Geldvermehrung gehen muss, anstatt deren Her- und Bereitstellung von konkreten menschlichen, sinnlichen Bedürfnissen abhängig zu machen. Davon sind nicht zuletzt und gerade auch staatliche Leistungen wie Pensionen, Gesundheits- und Pflegesysteme betroffen, da diese stets durch Abschöpfung von der kapitalistisch erzeugten Mehrwertmasse qua Steuern finanziert werden müssen, also selbst die hinreichende Produktion »abstrakten Reichtums« im Medium der Verwertung von Arbeit zur Voraussetzung haben. Für die kapitalistische Gesellschaft bedeutet daher ein demografischer Wandel mit seinen Auswirkungen auf das Verhältnis von arbeitender (und somit mehrwertschaffender) und nichtarbeitender (und somit zu erhaltender) Bevölkerung, trotz – und wie im Laufe dieser Arbeit (Kapitel 7.2) noch zu zeigen wird: sogar aufgrund – der enormen Produktivität, in der Tat jenes existenzielle Problem, als das es in politischen und wissenschaftlichen Debatten stets erscheint.

Entdramatisierung des demografischen Wandels durch Historisierung

Eine weitere, besonders raffinierte Möglichkeit, den demografischen Wandel zu entdramatisieren, besteht in dessen Historisierung. Dabei werden demografische Diskurse in einen historischen Kontext gestellt und in ihrer Entwicklung bis heute rekonstruiert. Ein solches historisches Vorgehen ist freilich zunächst sinnvoll und hinsichtlich der Ergebnisse oftmals auch sehr instruktiv. So zeigen etwa entsprechende Untersuchungen, dass katastrophische Bevölkerungsdiskurse, wie sie heute vor dem Hintergrund des demografischen Wandels in der Gesellschaft zirkulieren, kein völlig neues Phänomen sind, sondern einige historische Vorläufer haben, die in der kapitalistischen Modernisierungsgeschichte relativ weit zurückreichen. In dem Zusammenhang konstatiert etwa Thomas Etzemüller (2007) für das gesamte 20. Jahrhundert einen »apokalyptischen Bevölkerungsdiskurs«, in dem die Bevölkerungsentwicklung gleichsam als ein »ewigwährender Untergang« erscheine.

Thomas Bryant attestiert vor allem dem deutschen Demografiediskurs eine schon lange bestehende Neigung zu »geradezu außergewöhnliche[r] Dramatisierung« (Bryant 2011: 40):

> »Die Reflexion über die möglichen Folgen jenes demografischen Veränderungsprozesses war stets überschattet von anti-malthusianischen Gefahrenszenarios und apokalyptischen Untergangsängsten. Viele Wissenschaftler, Politiker und sonstige Personen des öffentlichen Lebens machten die sinkenden Geburtenraten für die von ihnen publizistisch inszenierte ›nationale Tragödie‹ verantwortlich und verwiesen dabei immer wieder auf die dreifache Gefahr der vermeintlichen Überalterung, Schrumpfung und letztlich gar Selbstauslöschung des deutschen Volkes. Aus diesem Grunde wurde die ›demografische Transition‹ als ein gänzlich abnormes und nachgerade pathologisches Phänomen (also eine ›Volks-Krankheit‹ im buchstäblichen Sinne) aufgefasst, welches es dringend zu korrigieren gelte.«

Bryant weist dabei auch auf die »eliminatorischen« Momente des deutschen Bevölkerungsdiskurses hin, die ihre radikalste Ausprägung »innerhalb der pro- und antinatalistischen sowie genozidalen Bevölkerungspolitiken des ›Dritten Reiches‹« (ebd.) erreichen, von denen nicht zuletzt auch Alte und Pflegebedürftige betroffen waren, die ähnlich wie Behinderte oder psychisch Kranke im Zuge der NS-Euthanasieaktionen in großer Zahl ermordet wurden. Die nationalsozialistischen Senizide in Alten- und Pflegeheimen, so Bryant, bildeten »den tragischen Zenit des deutschen Alterungsdiskurses im 20. Jahrhundert« (ebd.: 42).[120]

So aufschlussreich und erhellend diese Befunde sind, so problematisch wird jedoch die historische Aufarbeitung demografischer Diskurse, sobald diese zur argumentativen Grundlage einer Entdramatisierung der aktuellen demografischen Problematik gemacht werden soll. Der Subtext der Untersuchungen in ihrem historischen Durchgang durch den gesellschaftlichen Bevölkerungsdiskurs lautet praktisch unisono, dass an apokalyptischen Katastrophenszenarien und Überalterungsängsten per se nichts Neues sei. Und so irrational demografische Diskurse schon früher gewesen seien, so irrational und damit irreal sei letztlich auch die heutige Debatte um den demografischen Wandel. Unter der Hand wird damit der demografische Wandel zu einer Art Hirngespinst von Politiker/innen, Wissenschaftler/innen und Medien erklärt. Dass all diese Diskurse in der Tat hochgradig irrationale Züge aufweisen, bedeutet aber freilich noch lange nicht, dass es kein reales Problem gibt, das diese Diskurse, wenngleich auf irrationale Weise, verarbeiten. Ihre Irrationalität macht sie vielmehr sogar gefährlich, wie sich historisch gerade am systematischen Altenmord der Nationalsozialisten erwiesen hat – umso ernster sind diese Diskurse daher zu nehmen.

Bezeichnenderweise werden durch die historisch begründete Entdramatisierung des demografischen Wandels gerade auch historische Differenzen zwischen der demografischen Situation des frühen 20. Jahrhunderts und der Gegenwart systematisch eingeebnet. Damals war die »Alterung« der Gesellschaft noch nicht annähernd so weit fortgeschritten wie heute, der Problemcharakter, auf den sich demografische Diskurse beziehen, hat sich seither durchaus beträchtlich verändert, damit aber auch (und nicht zufällig) die diskursiven Problematisierungsformen. Robert H. Binstock hat in dem Zusammenhang bereits in den 1980er Jahren darauf hingewiesen, dass sich im Angesicht des sich abzeichnenden demografischen Wandels die gesellschaftliche Wahrnehmung der Alten teils gravierend verändert hat. Galten alte Menschen bis in die späten 1970er Jahre noch überwiegend als bedürftig, gebrechlich und politisch marginalisiert, so hat sich seither das gesellschaftliche Bild der Alten geradezu umgekehrt – die Alten erscheinen nun nicht mehr als arm und bedürftig, sondern zunehmend als »well-off« und gut gesichert; nicht mehr als »würdige Arme«, die aufgrund ihrer Zwangspassivierung gesellschaftliche Unterstützung verdienen, sondern als beständig wachsende »Kostenfaktoren«; nicht mehr als politisch marginalisiert, sondern aufgrund ihrer rapide wachsenden Zahl als immer stärker werdende politische Kraft, die zunehmend in der Lage ist, ihre altersspezifischen Interessen durchzusetzen (vgl. Binstock 1983: 136). Letzteres ist auch die Grundlage für die seither auf dem Vormarsch befindlichen Vorstellungen eines bevorstehenden »Generationenkrieges« bis hin zu Fantasien über eine heraufdämmernde »Herrschaft der Alten« (vgl. Gronemeyer 1989; Dychtwald 1999; Schirrmacher 2004). Dass bereits in den 1920er und 1930er Jahren, bei einem noch deutlich niedrigeren Altenanteil in der Bevölkerung, dermaßen übersteigerte Überalterungsängste grassierten, wie sie Etzemüller und Bryant herausgearbeitet haben, könnte umgekehrt wiederum darauf hindeuten, dass bereits sehr früh eine zumindest diffuse Ahnung davon vorhanden war, dass die historisch gerade erst geschaffenen sozialen Sicherungs- und Pensionssysteme auf tönernen Füßen stehen und ihre Finanzierung in dem Maße zu einem Problem werden wird, in dem der Altenanteil gegenüber der Erwerbsbevölkerung sukzessive zunimmt.[121] Ihre mit Blick auf materiell-strukturelle und politisch-ökonomische Verhältnisse merkwürdig ahistorisch bleibende historische Analyse und ihre darauf beruhende Entdramatisierung gegenwärtiger Bevölkerungsdiskurse könnten sich so recht bald als voreilig und geradezu fahrlässig erweisen.

»Überalterung« versus »Unterjüngung«

Wiederum eine ganz andere Strategie der Entdramatisierung des demografischen Wandels, die im gerontologischen Diskurs virulent ist, besteht in der Umdeutung seines Problemcharakters. Dabei wird der demografische Wandel zwar nicht unbedingt als Problem geleugnet, allerdings seine diskursive Konstruktion im Sinne einer »gesellschaftlichen Überalterung« infrage gestellt. Auf die bevorzugte Strategie in diesem Zusammenhang wurde weiter oben bereits kurz eingegangen: Der demografische Wandel, so wird dabei argumentiert, bestehe als Problem nicht so sehr darin, dass der Anteil alter Menschen in der Gesellschaft zunehme, sondern dieses sei vielmehr darin zu sehen, dass der Anteil der Jungen zurückgehe. Nicht die steigende Lebenserwartung sei demnach das Problem, sondern eine seit Jahrzehnten sinkende oder zumindest stabil niedrige Geburtenrate; also nicht eine gesellschaftliche »Überalterung«, sondern eine gesellschaftliche »Unterjüngung«.

Auch die Problematik einer solchen Argumentation wurde bereits vorweggenommen: Die dem Diskurs der »Überalterung« entgegengehaltene »Unterjüngung« stellt im Grunde nur die andere Seite derselben Medaille beziehungsweise ein und desselben demografischen Sachzwangs dar. Nicht von ungefähr nimmt die Problematisierung der »Unterjüngung« im gesellschaftlichen Diskurs oftmals ähnlich rabiate Formen an wie im Fall der »Überalterung«. Dies artikuliert sich nicht nur in den bereits erwähnten Halluzinationen eines drohenden Aussterbens ganzer Nationen, sondern auch in einer zunehmenden Aggression und Straflust gegenüber Singles und Kinderlosen, die man möglichst (auch steuerlich) benachteiligen solle, um die Leute dazu zu bewegen, sich gefälligst wieder zu vermehren und so mittelfristig die Fertilität in die Höhe oder wenigstens zurück auf ein als »normal« imaginiertes Niveau zu treiben (vgl. exemplarisch Kaufmann 2005). Besonders im Visier stehen hier freilich Frauen, denen im Kapitalismus bereits traditionell die Verantwortung für die soziale Reproduktion und so eben auch für die gesellschaftliche Fertilität und »Generativität« aufgebürdet wird (dazu kritisch Dackweiler 2006; Kahlert 2013; Heitzmann 2017). So sind es dann vor allem berufstätige oder sich zunehmend über Beruf und Karriere identifizierende Frauen, die schuld sein sollen am bevorstehenden Aussterben des (deutschen, österreichischen usw.) Volkes, und die man(n) am liebsten wieder zu Heim und Herd und zu ihrer angestammten, quasi-natürlichen Rolle als Mutter und Hausfrau zurückkehren sähe.

Skurril wird es auch, wo die kritisch gemeinte Umdeutung der »Überalterung« in eine »Unterjüngung« mit völlig stereotypen Bildern über Jugend und junge Erwachsene einhergeht, die Gerontolog/innen und Alterssoziolog/innen, würden sie ähnlich in der Beschreibung alter Menschen vorgehen, unmittelbar den Vorwurf der Altersdiskriminierung einbringen würden. So meint etwa John Macnicol (immerhin einer der führenden Sozialgerontologen in Europa), ein »effektives Gegenargument« gegen die verbreitete Wahrnehmung des demografischen Wandels als »Überalterung« gefunden zu haben, indem er behauptet, eine Gesellschaft von jungen Menschen sei ja auch nicht per se besser zu bewerten und verursache ebenso viele Kosten und Probleme wie eine »alternde« Gesellschaft:

> »One effective counter to the apocalyptic, pessimistic jeremiads associated with population ageing is to point out that a youthful population carries considerable social costs: youth correlates with high levels of crime, single parenthood, unemployment, suicides, homicides, drug abuse, traumatic deaths of all kinds, motor vehicle accidents, high health and education expenditure, and so on.« (Macnicol 2006: 4)

Soziale Tatsachen und Probleme, die wenig über die »Jugend«, aber einiges über die gesellschaftlichen Verhältnisse aussagen, in denen junge Menschen leben und ihr Fortkommen finden müssen, werden hier ohne jeden Skrupel zu quasi-natürlichen Eigenschaften von Jugendlichen und jungen Erwachsenen umgebogen. Dies erfüllt gleich in zweifacher Hinsicht den Tatbestand einer sozialwissenschaftlich unzulässigen Ontologisierung: Nicht nur wird die »Jugend« als soziale Gruppe wie auch als Lebensphase (die ja ebenso wie das »Alter« ein Produkt des modernen »institutionalisierten Lebenslaufs« darstellt) ontologisiert, sondern auch die Gesellschaft selbst mit ihren historisch-spezifischen, immanent kapitalistischen Widersprüchen und Problemlagen. Darüber hinaus wird durch diese Argumentation de facto auch die eine »unproduktive« und entsprechend in gesellschaftlichen »Belastungsquoten« als »zu erhaltende« definierte Bevölkerungsgruppe gegen die andere ausgespielt: Nicht nur die Alten, auch die Jungen kosten der Gesellschaft eine Menge Geld. Bewusst oder unbewusst wird damit das wissenschaftliche Einverständnis in die ohnehin vorherrschende gesellschaftliche Logik gegeben, bestimmte Bevölkerungsgruppen als »Last« und »Kostenfaktoren« zu betrachten.

»Demografisierung des Sozialen«

Ihre elaborierteste Form nimmt die Entdramatisierung des demografischen Wandels schließlich in Konzepten einer »Demografisierung des Gesellschaftlichen« an (vgl. Barlösius/Schiek 2007). Dabei wird der demografische Wandel explizit oder implizit auf eine diskursive Konstruktion von Demograf/innen, Volkswirtschaftler/innen, Politiker/innen usw. reduziert, die primär dazu diene, in der Öffentlichkeit als alternativlos ausgegebene politische Maßnahmen, beispielsweise die Erhöhung des Pensionsantrittsalters oder die Senkung von Pensionsniveaus, durchzusetzen. Der Begriff der »Demografisierung« bezeichnet zunächst ganz allgemein (das heißt nicht nur im Kontext des Altersstrukturwandels) Tendenzen in Politik, Wissenschaft und Medien, gesellschaftliche Problemlagen zunehmend unter demografischen Gesichtspunkten beziehungsweise unter bevorzugter Verwendung demografischer Kategorien und Begriffe zu diskutieren und zu definieren.

Auch hier soll freilich durchaus nicht unterschlagen werden, dass einschlägige Untersuchungen und Analysen zur »Demografisierung« oftmals instruktive Ergebnisse hervorbringen, vor allem was die diskursive Verhandlung der »Bevölkerung« als eines »politischen Problems« (Foucault) betrifft. Hier wird unter anderem herausgearbeitet, dass die Diskussion über den demografischen Wandel oftmals mit Analogien und Metaphern operiert, die den Altersstrukturwandel als Naturkatastrophe rahmen – etwa wenn der demografische Wandel im Sinne einer »Alterslawine«, einer »Altenflut«, eines »silver tsunami« usw. beschrieben wird. Auf diese Weise würden gesellschaftliche Problemlagen wie auch die Gesellschaft insgesamt »naturalisiert« (vgl. Denninger et al. 2014: 105 ff.). Auch auf die Rolle der Wissenschaft, insbesondere der Gerontologie und der Alterssoziologie, in diesen diskursiven Prozessen der »Demografisierung« wird dabei treffend hingewiesen. So kann Stephan Lessenich im Prinzip zugestimmt werden, wenn er schreibt:

> »Auch wenn mit (…) auf neue Formen der Sozial- und Systemintegration (…) zielenden Konzepten gewissermaßen ›das Beste‹ aus dem demografischen Wandel und der Altersstrukturverschiebung zwischen Jungen, Erwachsenen und Alten beziehungsweise Auszubildenden, Erwerbstätigen und Rentner/innen gemacht werden soll: So oder so wirkt die Soziologie maßgeblich mit an der jüngeren gesellschaftlichen Tendenz zur Demographisierung des Sozialen (…). Soziologische Analysen ›gesellschaftlicher Alterung‹ und soziologische Handreichungen zu deren konstruktiver, produktiver Bewältigung tragen zu der Normalisierung einer gesellschaftlichen Praxis bei, soziale Fragen – etwa der Verteilung materieller Ressourcen und individueller Lebenschancen – als *demografische Fragen* zu verstehen, soziale Probleme – bspw. Versorgungsmängel im Gesundheitswesen – als *altersstrukturbedingte* Probleme zu rahmen, soziale Konflikte – zum Beispiel um Verteilungsungleichheiten und deren politische Bearbeitung – als *Generationenkonflikte* zu konstruieren.« (Lessenich 2014: 452, Herv. i. O.)

Was hier aber ebenfalls bereits recht deutlich durchschimmert, ist die Neigung, den demografischen Altersstrukturwandel als ein für kapitalistische Gesellschaften durchaus reales Problem herunterzuspielen oder gar zu leugnen und darüber hinaus alternative Positionen, wie sie etwa in der vorliegenden Arbeit entwickelt werden, a priori und unterschiedslos zusammen mit allen anderen »Krisenbeschwörern« aus dem alterssoziologischen Mainstream unter das Verdikt der »Demografisierung des Sozialen« zu subsumieren. Über die Frage nach dem objektiven Problemcharakter des demografischen Wandels wird gleichsam ein Tabu verhängt, und wer dennoch solche Fragen stellt, macht sich automatisch der »Demografisierung« schuldig. Das »Problem«, das der demografische Wandel für kapitalistische Gesellschaften darstellt (und damit zusammenhängend auch die Frage, wie Diskurse einer »gesellschaftlichen Überalterung« und einer explodierenden »Kostenlast des Alters« überhaupt eine derartige Penetranz und eine auch historisch bereits relativ weit zurückreichende Dominanz entwickeln können, wenn sie auf keinerlei reales Problem verweisen sollen) rückt so letztlich nicht mehr in den kritischen Blick. Stattdessen wird mehr oder weniger explizit die Weisung ausgegeben, Gesellschaft in einer Weise zu denken, in der der Altersstrukturwandel kein grundsätzliches Problem mehr darstellt und nicht mehr als solches betrachtet werden muss. Dies wird deutlich, wenn Lessenich gegen Ende seines Textes Überlegungen zu einer »postdemografische[n] Soziologie« anstellt, die

> »Fragen der Bevölkerungsentwicklung und des Altersstrukturwandels nicht auf als abgeschlossen und statisch gedachte staatsgesellschaftliche Einheiten projiziert und zuschreibt, sondern sie als das analysiert und diskutiert, was sie tatsächlich sind: Fragen der ungeordneten, unberechenbaren und stets widersprüchlichen Dynamik von Vergesellschaftungsprozessen.« (ebd.: 461)

Hier wird zwar nicht der demografische Wandel, stattdessen werden die von der kapitalistischen Struktur ausgehenden Sachzwänge aus der Welt diskutiert, die den demografischen Wandel zu einem »gesellschaftlichen Problem« machen, indem die Gesellschaft als prinzipiell »offen« und »unabgeschlossen« – und das heißt vor allem: frei von Sachzwängen – imaginiert wird.

Auch die richtige und wichtige Kritik an der »Naturalisierung« gesellschaftlicher Verhältnisse durch demografische Katastrophen-Diskurse verschenkt den größten Teil ihres kritischen Potenzials bislang dadurch, dass sie primär mit der Intention geübt wird, die Wahrnehmung des demografischen Wandels als »Problem« zu desavouieren, indem sie diese der »Naturalisierung« überführt. Ihr volles kritisches Potenzial würden solche Analysen freilich erst dann entfalten, wenn sie dabei auch die entscheidende Frage zu klären vermögen, was genau denn in solchen Diskursen eigentlich »naturalisiert« wird und weshalb. Hierzu bedarf es allerdings einer für objektive Strukturzusammenhänge sensiblen, kapitalismuskritischen Perspektive. Es ist an dieser Stelle wieder an den Fetischismusbegriff von Marx zu erinnern: Marx hat damit den paradoxen und geradezu »verrückten« Sachverhalt auf den Begriff gebracht, dass die gesellschaftlichen Verhältnisse im Kapitalismus zwar einerseits durch die Menschen selbst gemacht sind und durch deren Handeln gleichsam »konstruiert« werden, dass aber andererseits diese Verhältnisse sich den Menschen gegenüber als ihren Urhebern verselbstständigen und gewissermaßen ein Eigenleben annehmen. Die Produkte ihres eigenen Handelns treten den Menschen dinghaft in Form von gesellschaftlichen Institutionen und Strukturen gegenüber, denen sowie den von ihnen ausgehenden Sachzwängen sich die Menschen unterwerfen müssen. Gesellschaftliche Herrschaft, so fasst Moishe Postone die Marx'sche Perspektive zusammen, besteht im Kapitalismus »im Kern nicht in der Herrschaft von Menschen über Menschen, sondern in der Beherrschung von Menschen durch abstrakte gesellschaftliche Strukturen, die von den Menschen selbst konstituiert werden« (Postone 2003: 61f.). Eben dies macht die fetischistische Konstitution der kapitalistischen Gesellschaft aus, dass den Menschen ihre eigene Gesellschaftlichkeit nicht nur entgleitet, sondern diesen als solche nicht einmal mehr bewusst ist, weil die von ihnen selbst geschaffenen gesellschaftlichen Verhältnisse ihnen zu einer Art »zweiten Natur« geworden sind. Und genau darin, in dieser Fetischisierung der Gesellschaft zu einer »zweiten Natur«, liegt letztlich auch der Hang der Menschen zur Naturalisierung von Gesellschaft begründet: Sie naturalisieren die Gesellschaft in dem Maße, wie ihnen Gesellschaft nicht als gesellschaftliches, sondern als eine Art Naturverhältnis erscheint und sie die von der Gesellschaft ausgehenden Sachzwänge nicht als Zwänge wahrnehmen, die den Menschen lediglich von Strukturen auferlegt werden, die sie selbst geschaffen haben, sondern vielmehr als unhintergehbare Naturnotwendigkeiten und Naturgesetzmäßigkeiten.[122]

Die »Demografisierung« lässt sich vor diesem Hintergrund dechiffrieren als »Bewältigungsform von Krisen der ›zweiten‹ Natur des Menschen« (Sackmann/Bartl 2008). Was hier naturalisiert wird, ist nichts Geringeres als die den Menschen zur »zweiten Natur« gewordene kapitalistische Gesellschafts- und Lebensweise, deren Fortbestand unter anderem durch den Altersstrukturwandel (durchaus zu Recht) als bedroht wahrgenommen wird. Hier bekommen auch die Metaphern von »Fluten«, »Lawinen«, »Tsunamis« und all die anderen Bilder, die in der Öffentlichkeit zur Dramatisierung des demografischen Wandels herumgeistern, erst ihre konkrete Bedeutung. Es ist die Bewegung, die Dynamik, die Veränderung, die die überkommene, als festgefügt imaginierte soziale Ordnung umzuwälzen droht. Die »Flut« der Alten bedroht die herrschende kapitalistische Gesellschaftsstruktur und ihre historisch gewachsene Organisation von und durch Lohnarbeit. Und weil diese gesellschaftliche Struktur den Menschen als »natürlich« erscheint, erscheint der demografische Wandel folgerichtig als Naturkatastrophe, und zwar nicht als irgendeine Naturkatastrophe, sondern bevorzugt als »Flut« oder als »Lawine«, die die Gesellschaft hinfort zu spülen droht.[123] Eine Kritik an solchen Formen der »Naturalisierung« durch »Demografisierung« müsste daher gerade dafür sensibel sein, was die gängige Kritik an der »Demografisierung« bislang so beharrlich zu leugnen und der Kritik zu entziehen versucht: das fetischistische Wesen der kapitalistischen Gesellschaft mit all ihren ökonomischen Sachzwängen und seine Gerinnung zur »zweiten Natur« des Menschen.

Was an der »Naturalisierung« durch demografische Diskurse und der dabei zum Einsatz kommenden Bildersprache darüber hinaus zu denken geben sollte, ist abermals die unübersehbare Nähe zum faschistischen und nationalsozialistischen Denken. Auch dieses problematisierte bereits nicht nur, wie gezeigt, eine drohende »Überalterung« der Gesellschaft (eine Problematisierung die letztlich in der massenhaften »Euthanasierung« von Alten und Pflegebedürftigen mündete), sondern verwendete dabei auch ähnliche Metaphern, wobei sich dies nicht allein auf bevölkerungspolitische Fragen im engeren Sinne beschränkte. Klaus Theweleit (2005: 237) hat etwa darauf hingewiesen, dass der deutsche Faschismus auch den aus dem Osten »drohenden« Bolschewismus unter Metaphern wie »rote Flut« verhandelte. Hier war es ebenfalls die überkommene gesellschaftliche Ordnung (konkret: die alte, nach dem Ersten Weltkrieg in Auflösung begriffene und mit »Kultur« und »Zivilisation« schlechthin gleichgesetzte bürgerliche Ordnung), die als bedroht wahrgenommen wurde.[124] Diese Parallelen zwischen faschistischen und heutigen Diskursen vor dem Hintergrund des demografischen Wandels verweisen darauf, dass die gesellschaftlichen Grundlagen des Faschismus, das heißt jene gesellschaftlichen Strukturen, die ihn hervorgebracht haben, auch heute noch existieren – fetischistische gesellschaftliche Strukturen, die nicht als »gesellschaftlich«, sondern als »natürlich« gedacht werden und daher um jeden Preis aufrechterhalten werden müssen. Oder um es mit Adorno auszudrücken: »Nur weil die Ursachen fortbestehen, ward sein Bann bis heute nicht gebrochen« (Adorno 1971 [1959]: 28).[125] Deshalb besteht auch der Hang der Menschen zur »Naturalisierung« ihrer eigenen Gesellschaftlichkeit fort – ein Hang, der immer wieder irrationale und im schlimmsten Fall sogar eliminatorische Züge annehmen kann. Das verdeutlicht wiederum, welche unmittelbare Gefahr in den virulenten Überalterungsdiskursen und demografischen Katastrophenszenarien lauert: Unter den bestehenden gesellschaftlichen Voraussetzungen und Rahmenbedingungen bleibt der groß angelegte Senizid auch weiterhin im Bereich des Möglichen, und die Wahrscheinlichkeit seiner Realisierung steigt mit weiterem Fortschreiten der demografischen Problematik an – auch wenn dieser möglicherweise nicht mehr die Form einer staatlich ins Werk gesetzten massenhaften Ermordung alter Menschen annehmen wird, sondern eher in Formen der »wilden Euthanasie« durch Angehörige und Pfleger/innen oder durch von alten Menschen selbst exekutierten Praktiken des »Opfertodes« (Suizid, »Verlöschen« etc.) zur Umsetzung gelangen könnte.

    Zusammenfassend kann gesagt werden, dass die überwiegende gerontologische Kritik an demografischen Diskursen einer »gesellschaftlichen Überalterung« und einer »explodierenden (Kosten-)Last des Alters« das tieferliegende Problem und die gesellschaftlichen Ursachen dieser massiv altersfeindlichen Diskurse aufgrund einer Neigung zur Entdramatisierung des demografischen Wandels bereits systematisch verfehlt. Das ist es letztlich auch, was alle referierten Ansätze und Strategien – bei allen sonstigen Differenzen – gemeinsam haben: die Ausblendung der kapitalistischen Form mit ihren spezifischen Strukturen sowie ökonomischen und politischen Sachzwängen, auf deren Grundlage etwas wie der demografische Wandel überhaupt erst als »Problem« erscheinen und entsprechend diskursiv »problematisiert« werden kann; all das wiederum auf der Basis einer theoretischen Reduktion von Gesellschaft auf ihre kulturell-symbolische Dimension, auf gesellschaftliche Wissensordnungen und Diskurse – ein Vorgehen, das charakteristisch ist für den heute dominanten »postmodernen« Modus des Denkens und der Theoriebildung, für den insbesondere die Diskurstheorie und verwandte Theorieansätze stehen. So schreibt auch Moishe Postone sehr treffend über postmoderne, insbesondere dekonstruktivistische Theorieansätze:

> »Das Kernproblem vieler neuer kritischer Ansätze (...), die Heterogenität affirmieren, besteht darin, daß sie diese quasi-metaphysisch der Realität einschreiben wollen und dabei die Existenz dessen leugnen, was nur historisch abgeschafft werden könnte [nämlich die bestehenden kapitalistischen Strukturen mit ihren immanenten Logiken und Formzwängen, A. S.]. So laufen Positionen, die einmal beabsichtigten, die Menschen zu ermächtigen, schließlich auf eine gründliche Entmächtigung hinaus, insofern nämlich, als sie zentrale Dimensionen von Herrschaft in der modernen Welt ausklammern und unsichtbar machen.« (Postone 1998)

Mit Wolf-Dieter Narr könnte auch von einer postmodernen Tendenz zur »Entwirklichung« gesprochen werden (vgl. Narr 1994). Diese »Entwirklichung« gesellschaftlicher Phänomene – vor allem in Form eines »Ausklammerns« und »Unsichtbarmachens« kapitalistischer Form- und Strukturzusammenhänge – könnte wahrscheinlich kaum anschaulicher illustriert werden, als an der heute so weit verbreiteten sozialwissenschaftlichen Neigung, den demografischen Wandel zu »entdramatisieren«.

5.3 Alter(n) als Krankheit und Verfall

Einen dritten ganz zentralen Strang des modernen Altersdiskurses stellt die Assoziation von Alter(n) mit Krankheit und einem körperlichen und geistigen Verfall dar. Dieser Diskursstrang wird innerhalb der Gerontologie vielleicht sogar von allen am häufigsten thematisiert – häufiger noch als Zuschreibungen der »Unproduktivität« und Diskurse einer »Kostenlast des Alters«. Die Problematisierung der Gleichsetzung von Alter mit Krankheit und physischem Abbau reicht immerhin bis tief in den gerontologischen Mainstream hinein, zumal auch die aktuelle Propagierung eines »aktiven und gesunden Alterns« primär von einer Kritik am sogenannten Defizitmodell des Alters ausgeht. Alter(n) soll demnach nicht einseitig mit physischem und kognitivem Abbau, Krankheit und Pflegebedürftigkeit assoziiert werden. In diesem Sinne stellt auch Silke van Dyk zutreffend fest, dass der als »gerontologischer Mainstream« zu bezeichnende Strang der Alter(n)sforschung »seit seiner Etablierung in den späten 1960er und 1970er Jahren darauf [zielt], passivierende Defizitperspektiven auf das Alter durch forschende Aufklärung zu überwinden« (Dyk 2016b: 73).

Diese Intention steht auch hinter der heute vorherrschenden Differenzierung des Alters in ein »drittes« und »viertes Lebensalter«: Damit soll verdeutlicht werden, dass das Alter – unter den heutigen Bedingungen einer »Gesellschaft des langen Lebens« (Stöckl et al. 2016) – keine einheitliche Lebensphase darstellt und dass insbesondere Zuschreibungen der Krankheit, des physischen Abbaus und der Pflegebedürftigkeit nicht auf alle, ja im Grunde sogar nur auf eine Minderheit alter Menschen zutreffen, nämlich überwiegend auf »Hochaltrige«, also auf sehr alte Menschen über achtzig Jahre. Diese Lebensphase wird nunmehr als »viertes Alter« gedacht – als ein Lebensalter, das durch eine zunehmende Wahrscheinlichkeit für gesundheitliche und funktionale Einschränkungen und in weiterer Folge durch Abhängigkeit und Pflegebedürftigkeit geprägt sei. Davor seien ältere Menschen jedoch noch über viele Jahre oder sogar Jahrzehnte hinweg überwiegend in einer guten gesundheitlichen Verfassung und verfügten nach wie vor über ein beträchtliches Aktivitätspotenzial. Dies sind die heute von gerontologischer Seite so sehr beschworenen »jungen Alten«, die sich im sogenannten »dritten Alter« befinden – einem Lebensalter, das zwar bereits durch ein (in Lebensjahren gemessen) höheres chronologisches Alter, nicht jedoch durch Krankheit und Abhängigkeit, sondern weitestgehend noch durch Gesundheit und Aktivität geprägt sei (vgl. Neugarten 1974; Laslett 1995a).[126]

In diesem Zusammenhang hat sich mittlerweile auch eine Unterscheidung zwischen »chronologischem« beziehungsweise »kalendarischem« und »biologischem Alter« eingebürgert, die heute zum Kernbestand gerontologischer und alterssoziologischer Einführungen gehört. Diese besagt, dass es für die Bestimmung des Alters einer Person weniger auf das kalendarische Alter ankommt, das sich aus der Anzahl der Lebensjahre ergibt, sondern vielmehr auf das biologische Alter: auf den körperlichen und geistigen Allgemeinzustand. Demnach sei beispielsweise ein achtzigjähriger Marathonläufer zwar kalendarisch älter, biologisch gesehen aber im Grunde jünger als ein siebzigjähriger Pflegebedürftiger. Auch hier steht also, wie bei der Differenzierung in »drittes« und »viertes Alter«, die Botschaft im Zentrum, dass Alter (nämlich im kalendarischen Sinne) nicht gleich Alter (im biologischen Sinne) ist und daher nicht einseitig und pauschal mit Krankheit und Verfall gleichgesetzt werden kann.

Auch unter theoretisch anspruchsvolleren, etwa sozialkonstruktivistisch konturierten, kritisch-gerontologischen Arbeiten besteht die Hauptstoßrichtung der Kritik an negativen Altersdiskursen in der Problematisierung der verbreiteten Konnotation von Alter(n) mit Krankheit, Abbau und Pflegebedürftigkeit. So identifiziert etwa Margaret Cruikshank die kulturelle Gleichsetzung von Alter(n) und körperlichem Verfall als wesentliche Grundlage dafür, alte Menschen primär als Kranke und Pflegebedürftige wahrzunehmen, während andere Aspekte des Alter(n)s ausgeblendet würden. Auf diese Weise würden Alte durch gesellschaftliche Diskurse systematisch »alt« gemacht und sozial marginalisiert:

»One mark of the social construction of aging is overemphasis on bodily decline. The meaning of old age then becomes physical loss. When the old are reduced to deteriorating bodies (which change in infinitely different ways), they can easily be marginalized.« (Cruikshank 2009: 37)

Ähnlich argumentiert Margaret M. Gullette. Sie konstatiert eine für moderne Gesellschaften charakteristische »Ideologie des Abbaus«, die das Alter(n) als Phänomen ausschließlich negativ beschreibe und primär mit Verfall und Verlust assoziiere (vgl. Gullette 1997, 2004). Zwar sei laut Gullette nicht zu leugnen, dass sich der Körper mit der Zeit physiologisch verändert beziehungsweise »altert«, das rechtfertige allerdings noch nicht, dass dieser Alterungsprozess primär mit körperlichem und psychologischem Abbau und Verfall gleichgesetzt werde. Dabei handle es sich vielmehr um ein soziales Konstrukt, das durch alle gesellschaftlichen Ebenen und Bereiche hindurch reproduziert werde. Auch sie schließt daraus, dass durch solche sozialen Konstruktionen ältere Menschen kulturell »alt gemacht« werden, was sich schließlich in vielfältigen Formen der Diskriminierung von Menschen aufgrund ihres Alters niederschlage.

Vor allem kulturtheoretische und sozialkonstruktivistische Arbeiten wie die letztgenannten erweisen sich in vielerlei Hinsicht als überaus instruktiv, im Vergleich zu den zahlreichen, eher oberflächlich bleibenden Problematisierungen altersbezogener Defizitmodelle seitens des gerontologischen Mainstreams. Sie belassen es nicht nur bei der Feststellung und Beschreibung defizitorientierter Altersbilder, sondern vermögen oft detailreich und eindrucksvoll herauszuarbeiten, wie sich negative Bilder und Vorstellungen des Alters, insbesondere im Sinne von Krankheit und physischem sowie kognitivem Abbau, durch die gesamte »Alterskultur« moderner Gesellschaften ziehen und so eine wesentliche Grundlage für die weitreichende Minderbewertung des Alters und alter Menschen bilden. Bei genauerer Betrachtung fällt jedoch, wie schon bei allen anderen zuvor erörterten Altersdiskursen und ihrer Kritik durch die Gerontologie, auf, dass die kritische Analyse in der Regel auf jener kulturellen Ebene verbleibt, ebenso die auf dieser Basis entwickelten und ins Auge gefassten Problemlösungsstrategien: Die Kritik mündet durch die Bank in Plädoyers und diskurspraktische Strategien für eine Überwindung der vorherrschenden defizitorientierten Sicht, indem eine positivere Perspektive auf das Alter(n) etabliert werde (oder zumindest eine »vielfältigere«, differenziertere Perspektive, die nicht nur negative Aspekte des Alterns betont). In diesem Sinne behauptet etwa Cruikshank: »The misconceptions about aging – that decline and loss are its central features, for example – will have less power to limit our experience if we can examine them critically« (Cruikshank 2009: ix). Erforderlich sei eine völlig neue »Alterskultur«, die eine andere Perspektive auf das Alter(n), jenseits vorherrschender negativer Zuschreibungen von Abbau und Verfall, zu eröffnen vermag. Anstelle von Narrativen des Abbaus seien alternative Diskurse des Alter(n)s zu entwickeln. Gullette spricht in diesem Zusammenhang etwa von »progress narratives« (Gullette 2004: 39), die gegen die bis heute dominante »decline ideology« zu setzen seien. Nicht mehr der einseitige Blick auf physische, kognitive, psychologische oder soziale Verluste soll somit die gesellschaftliche und individuelle Wahrnehmung des Alter(n)s bestimmen, sondern eine Perspektive, die die Vielfalt und die Entwicklungsmöglichkeiten im Alter(n) betont.

So berechtigt und sympathisch solche Einwände gegen die vorherrschende Defizitperspektive auf das Alter(n) sein mögen, letztlich wird das Problem auch hier primär als ein diskursives bestimmt, als ein negatives, kulturell konstruiertes Bild, das unsere Wahrnehmung vom Alter(n) stark präge und möglichst durch ein alternatives, weniger negatives Altersbild zu ersetzen sei. Außen vor bleibt dabei abermals die Frage, worauf die problematisierten negativen Diskurse des Alter(n)s als Abbau, Krankheit und Verlust eigentlich beruhen und worin ihre gesellschaftliche und historische Bedingtheit konkret besteht. Zwar wird stets betont und gilt es in der Gerontologie heute weitestgehend als Konsens, dass unsere Vorstellungen vom Alter(n) soziale Konstruktionen sind, die spezifisch für eine bestimmte Kultur in einer »bestimmten historischen Periode« seien (Featherstone/Hepworth 1995: 30f.), und diese historische Periode wird im Allgemeinen auch ausdrücklich als westliche Moderne ausgewiesen. Diese historische Bestimmung bleibt jedoch zumeist auffällig vage und beschränkt sich auf die bloße Feststellung einer westlich-modernen Spezifik defizitorientierter Altersbilder, ohne diese Spezifik gesellschaftstheoretisch näher zu begründen. Offen bleibt somit gerade die zu klärende Frage, was eigentlich das spezifisch Moderne an diesen Diskursen ist. Auch hier wäre also zunächst einmal – gerade auch im Interesse einer praktischen Überwindung negativer, defizitorientierter Altersbilder – zu fragen, welcher Zusammenhang zwischen dem vorherrschenden, spezifisch modernen Defizitmodell des Alters und der kapitalistischen Form der modernen Gesellschaft besteht, wäre es also erforderlich, entsprechende Diskurse hinreichend historisch und gesellschaftstheoretisch zu kontextualisieren. Der Versuch einer (zumindest groben) historischen und gesellschaftstheoretischen Kontextualisierung moderner Defizitdiskurse des Alter(n)s soll daher in diesem Kapitel unternommen werden.

Aus einer historischen Perspektive ist zunächst auf eine Besonderheit beziehungsweise einen grundsätzlichen Unterschied zwischen defizitorientierten Altersdiskursen im Sinne von Krankheit und physischem Verfall und den oben dargestellten Diskursen der »Unproduktivität« und der »gesellschaftlichen Last« hinzuweisen. Was diese nämlich aus einer historischen Perspektive von jenen unterscheidet, ist, dass Defizitdiskurse des Alter(n)s prinzipiell eine durchaus lange, weit hinter die moderne kapitalistische Gesellschaft zurückreichende Tradition haben, also kein exklusives Charakteristikum des modernen Altersbildes darstellen. Während sich die Konnotation von Alter mit »Unproduktivität« und »gesellschaftlicher Last« im Wesentlichen auf die kapitalistische Binnengeschichte seit der Frühen Neuzeit eingrenzen lässt – als eine Folge der historischen Herausbildung der abstrakten Arbeit und eines sukzessiven Herausfallens der Alten aus der Erwerbssphäre –, hat die diskursive Verknüpfung von

Alter mit Krankheit und Abbau eine sehr viel längere, über die Moderne hinausreichende Vorgeschichte. Wie bereits verschiedentlich erwähnt, wurde das Alter(n) bereits in der Antike häufig negativ betrachtet und mit einem körperlichen und geistigen Verfall gleichgesetzt. Auch damals wurde es lauthals beklagt als Phase des Abbaus und des Verlusts (von Gesundheit, jugendlicher Vitalität, Stärke, Schönheit usw.). Dies schlug sich in Vorstellungen eines chronologischen Ablaufschemas des Lebens im Sinne von Aufbau – Hochphase – Abbau nieder, wie sie auch heute noch vorherrschend sind. Hierfür suchten die Menschen der Antike beispielsweise Analogien in der Natur, so etwa zum Zyklus der vier Jahreszeiten. Schriften in der Tradition des Hippokrates stellten etwa »Verbindungen zwischen der Lehre von den Stoffqualitäten und dem Einfluss der vier Jahreszeiten auf bestimmte Lebensalter her« (Rosenmayr 1978: 36). Demnach sei das Kind in seiner elementaren Zusammensetzung – analog zum Frühling – »warm und feucht«, der Jugendliche hingegen »warm und trocken« (Sommer), der erwachsene Mann sei wiederum »feucht«, aber »kalt« (Herbst) und der Greis »kalt und trocken« (Winter).

Auf der anderen Seite war das antike Altersbild überaus ambivalent (vgl. Hermann-Otto 2004), die damalige Sicht auf das Alter(n) gleichsam oszillierend zwischen »Segen« und »Fluch« (Parkin 2005), zwischen »Altersfreud« und »Altersleid« (Hermann-Otto 2008: 76), zwischen »Alterslob« und »Altersklage« (Brandt 2002: 243). Diese Ambivalenz erstreckte sich auch und gerade auf defizitorientierte Alterszuschreibungen. Der Klage über einen altersbedingten Verlust der Körperkräfte und der jugendlichen Leidenschaften stand zumeist die Betonung positiver Eigenschaften gegenüber, die mit dem Alter konnotiert wurden, wie Weisheit, Erfahrung, Redegewandtheit, Besonnenheit usw., und die wiederum als Begründung für die hohe gesellschaftliche Macht und den Einfluss alter Menschen in antiken Gesellschaften herangezogen wurden (im Senat, in der Gerusie etc.). Platon vertrat überhaupt die Ansicht, dass das Greisenalter das höchste aller Lebensalter sei, da dieses bereits von den Leidenschaften der Jugend geläutert sei, weshalb der betagte Mensch sich von allen am besten für Philosophie und Politik eigne:

>»Den höchsten Rang unter den Altersstufen nimmt das Greisenalter ein, das in vielen Dingen als das genaue Gegenteil der Jugend erscheint ... Sinnlichkeit und Leidenschaft sind erloschen. Stattdessen regieren Vernunft und Einsicht, Erfahrung und Weitblick. Aus diesem Grunde bleiben sämtliche höheren Staatsämter dem Greis vorbehalten. (...) Wenn es überhaupt einen vollkommenen

Menschen gibt, so nur unter den alten Menschen.« (Stein 1966, zit. n. Rosenmayr 1978: 38)

Eine ähnliche Auffassung hatte bereits im 6. Jahrhundert v. u. Z. der athenische Staatsmann und Lyriker Solon vertreten. Er war der Überzeugung,

»dass es für Staatsgebilde sehr vorteilhaft sei, relativ viel Macht an Ältere zu verleihen. Diese sollten, so Solon, ihre im Laufe des Lebens gesammelten Erfahrungen und Weisheit im Rahmen der höchsten staatlichen Institutionen (im Falle des alten Griechenland im Areopag, dem höchsten Gerichtshof) zum Nutzen des Allgemeinwesens anwenden.« (Wahl/Heyl 2015: 34)

Auch die Konnotation von Alter(n) mit Krankheit, Abbau und Verlust blieb selbst zumeist in hohem Maße ambivalent, erfolgte aber jedenfalls noch nicht so pauschal und dezidiert, wie es in modernen »Defizitmodellen« des Alters erscheint. Paradigmatisch hierfür kann etwa die Position von Hippokrates (auf den sich bekanntlich die moderne Medizin beruft) genannt werden, der eine Gleichsetzung von Alter mit Krankheit ausdrücklich ablehnte und das Alter, ganz im Gegenteil, als »natürlichen Lauf der Entwicklung« auffasste. Er betonte dabei »die Bedeutung allen Tuns in Maßen, die wesentliche Rolle von Übung und Gewöhnung, die im Alter zu tragen käme« (ebd.: 34). Ähnlich argumentierte Cicero, der gegen die Klage mancher seiner Zeitgenossen über eine altersbedingte Schwächung des Körpers vehement Einspruch einlegte. Zwar sei es Cicero zufolge zutreffend, dass es viele Greise gebe, »die so schwächlich sind, dass sie kein Geschäft des Berufs oder überhaupt des Lebens mehr verrichten können«. Jedoch: »Dieser Fehler kommt dem Greisenalter nicht eigentümlich zu; er liegt in den Gesundheitsumständen« (zit. n. Kruse 2017: 39). Das heißt, in der Antike wurde häufig noch explizit zwischen Alter und Krankheit differenziert.[127]

Die pauschale Identifikation von Alter mit Krankheit und Verfall ist also eine durchaus neue Qualität eines primär defizitorientierten Altersbildes, wie es – jedenfalls in dieser Form und diesem Ausmaß – erst in der Neuzeit Gestalt annimmt. Ausschlaggebend dafür war bereits auf einer basalen, materiell-strukturellen Ebene die historische Herausbildung der kapitalistischen Arbeitsgesellschaft und die damit ins Zentrum des menschlichen Lebenslaufs rückende oder vielmehr diesen Lebenslauf in dieser Form überhaupt erst hervorbringende abstrakte Arbeit mit ihren wertförmigen Produktivitäts- und Leistungsimperativen, an denen die

Menschen – auch alte – nunmehr primär gemessen wurden. Auch hierfür wurden bereits an früherer Stelle (z. B. Kapitel 4.5) manche Indizien zusammengetragen, die einen Hinweis darauf geben, wie mit der Durchsetzung der kapitalistischen Produktionsweise nicht nur alte Menschen in den inferioren Status von »Überflüssigen« und »unnützen Essern« gerückt wurden, sondern darüber hinaus die Wahrnehmung des Alters als »Krankheit« und als »Übel« maßgeblich befördert wurde. Es waren dabei schon die sozial katastrophalen Lebensverhältnisse des frühen Kapitalismus mit ihren verheerenden Auswirkungen auf die Gesundheit und den physischen und psychischen Zustand der damals lebenden Menschen, die das Alter ausschließlich negativ erscheinen ließen. Die Lebenserwartung in der Frühen Neuzeit war extrem niedrig, und Armut, harte Arbeit wie auch ganz allgemein die enorme Mühsal, die das Leben der gesellschaftlichen Mehrheit zu dieser Zeit bestimmte, brachten es mit sich, dass die Menschen sehr rasch alterten und in (nach modernen Maßstäben gemessen) recht jungen Jahren bereits am Ende ihrer Lebenskräfte waren. »Kräftezehrende Arbeit und frierend-feuchte Armut«, so fasst der Sozialhistoriker Peter Borscheid die Verhältnisse in der Frühen Neuzeit zusammen, »[brauchten] die Menschen innerhalb weniger Jahrzehnte auf, [gruben] sich als tiefe Spuren schon früh in die Gesichter ein und [verkündeten] den nahen Tod« (Borscheid 1989: 20). Anders ging es freilich Angehörigen des Adels oder der Beamtenschaft, ebenso kirchlichen Würdenträgern wie zum Beispiel Pfarrern. Deren bessere Lebensverhältnisse fanden ihren »Niederschlag in einer markant höheren Lebenserwartung (…), Ausdruck einer überdurchschnittlich guten Ernährung, von gesünderen Wohnverhältnissen, einem relativ sorgenfreieren Leben und einer körperlich weniger anstrengenden Arbeit« (ebd.: 67). Ein über achtzigjähriger Pfarrer galt daher schon damals durchaus als keine Seltenheit, während »auf dem flachen Land der über sechzigjährige Bauer zu den Ausnahmen zählte« (ebd.).

Zu den miserablen Lebensverhältnissen des größten Teils der damaligen Bevölkerung kommt schließlich noch der hohe normative Stellenwert hinzu, der der Arbeit seit dem Aufkommen kapitalistischer Verhältnisse zugeschrieben wird und seither auch die gesellschaftliche Wahrnehmung der Alten bestimmt. Dies ist eine kaum zu unterschätzende Differenz zum Alter(n) in früheren Epochen wie der Antike. Denn während unter den überwiegend gerontokratischen Bedingungen der Antike alten Menschen bereits aufgrund ihres Alters und damit assoziierter Eigenschaften und Fähigkeiten gesellschaftliche Anerkennung zuteilwurde, erfahren die Alten seit der Frühen Neuzeit gesellschaftliche Achtung nur noch (wenn überhaupt) »aufgrund zusätzlicher Werte und Leistungen, die in harter

Arbeit während eines tugendhaften, gottesfürchtigen und ertragreichen Lebens zu erwerben sind« (ebd.: 20). Zugleich ist es aber gerade die gesellschaftlich so verherrlichte harte Arbeit, die die Menschen im Laufe ihres kurzen Lebens systematisch zugrunde richtet, weshalb »alle die Gebrechen, die die Mühsale und Härten des Lebens bei den meisten Menschen äußerlich wie innerlich hinterlassen haben« nun als ein spezifischer »Makel des Alters« (ebd.) gelten. Mit anderen Worten: Das Alter erscheint unter (früh-)kapitalistischen Prämissen in dem Maße als »Krankheit« und »Defizit«, wie die gesellschaftlichen Verhältnisse massiv gesundheitsschädliche Auswirkungen auf ihre Mitglieder entfalten, sodass diese im höheren Alter (falls die Menschen ein solches überhaupt erreichen) mit an Sicherheit grenzender Wahrscheinlichkeit unter schwerwiegenden körperlichen Einschränkungen zu leiden haben, während gleichzeitig ihr schlechter Gesundheitszustand sie weniger leistungsfähig oder überhaupt arbeitsunfähig macht, was sie wiederum in den Status von »Überflüssigen« versetzt und das Alter somit doppelt negativ erscheinen lässt.

Daran hat sich im Laufe der kapitalistischen Entwicklung zwar oberflächlich einiges, jedoch nichts Grundsätzliches geändert. Auch im späten 19. und frühen 20. Jahrhundert, im Zuge der endgültigen Durchsetzung des Fabriksystems und der »großen Industrie« (Marx), wurde die Konnotation von Alter mit Krankheit und physischem Abbau in hohem Maße dadurch gestützt, dass die Menschen

> »an dem Punkt, an dem sie ihre Anstellung verloren oder aufgaben, häufig in schlechtem Gesundheitszustand beziehungsweise in unterschiedlichen Graden behindert waren. Denn ohne Zweifel waren sie oft lange Jahre und unter schlechten Bedingungen mit krankmachenden Arbeiten befaßt.« (Laslett 1995a: 54)

Wie also schon unter den elenden Bedingungen der Frühen Neuzeit das Alter in dem Maße als »Krankheit« und »Übel« verflucht wurde, in dem die damals herrschenden kräftezehrenden Entbehrungen und die harte Arbeit die Menschen entsprechend früh altern und körperlich verfallen ließen, so fand dieses negative Altersbild auch unter modernen, industrialisierten Bedingungen seine handfeste Grundlage darin, dass ein großer Teil der Bevölkerung in der Tat im Alter mehr oder weniger »kaputtgearbeitet« war (was unter anderem auch die Einführung allgemeiner Rentensysteme befördert hat, die in Deutschland zunächst als Invaliditätsrenten für arbeitsunfähige Fabrikarbeiter konzipiert waren). Wie in Kapitel 4.1 ausführlich erörtert, war dies auch ein wesentlicher Grund für die zunehmende Ausgliederung der Alten aus der Arbeit. Die fortschreitende Mechanisierung der Produktion und die damit einhergehende Intensivierung der Arbeit machten die Alten als weniger leistungsfähige Arbeitskräfte kapitalistisch weniger verwertbar und damit für den Produktionsprozess überflüssig.

Dieser gesellschaftliche Zusammenhang von Lohnarbeit und Alter(n) beziehungsweise altersbezogenen Defizitperspektiven ist im Prinzip – bei allen sonstigen durchaus weitreichenden Veränderungen, die sowohl das Alter(n) als auch das moderne Arbeitsleben im Laufe der Zeit erfahren haben – auch heute noch gültig. Zwar haben sich die Arbeits- und Lebensbedingungen im Laufe des 20. Jahrhunderts in westlichen Industriegesellschaften soweit verbessert, dass Menschen heute im Durchschnitt nicht nur deutlich länger leben als noch vor einigen Jahrzehnten, sondern dabei auch deutlich länger gesund bleiben, Alter(n) und Krankheit empirisch also immer häufiger in Widerspruch zueinander treten. Eben diese Entwicklung war es auch, die letztlich zur Ausdifferenzierung des »dritten Alters« als einer Phase des noch »jungen«, »gesunden« und »aktiven« Alters und zu einer entsprechenden Aufweichung der überkommenen Konnotation von Alter(n) mit Krankheit und Verfall geführt hat. Auf der anderen Seite ist freilich auch heute noch, trotz all dieser Entwicklungen, die »Möglichkeit eines tätigen Lebens, in dem Männer und Frauen ihrem Wohl und ihrer Gesundheit zuliebe nach ihrem eigenen Plan und eigenen Interessen arbeiteten«, wie es etwa Peter Laslett (1995a: 55) und mit ihm der gesamte gerontologische Mainstream im Sinne eines »aktiven Alterns« propagiert, für die breite Masse der Bevölkerung wohl kaum oder nur bei konsequenter Ausblendung der für viele Menschen massiv gesundheitsschädlichen Auswirkungen der Lohnarbeit und somit allenfalls für eine privilegierte Minderheit vorstellbar.[128] Unter den postfordistischen Arbeitsbedingungen der Gegenwart mag zwar die gesellschaftliche Mehrheit in der Tat nicht mehr wie früher unter körperlicher Schwerarbeit und ihren verheerenden physischen Folgen zu leiden haben. Dafür findet ihre Ausbeutung stärker auf einer mentalen Ebene statt, mit entsprechend anderen, aber deshalb nicht weniger gravierenden Auswirkungen und Krankheitsbildern, wie Stress, Burn-out, Depressionen etc., nicht zu vergessen Bewegungsmangel und Haltungsschäden (zum Beispiel chronische Rückenbeschwerden), von denen besonders die jüngere, heute primär in Büros und am Computer arbeitende »digitale Generation« betroffen ist und deren langfristige Folgewirkungen auf das Alter(n) dieser Menschen sich erst noch zeigen werden.[129] Auch die rapide voranschreitende Prekarisierung von Arbeits- und Lebensverhältnissen, die sich längst in einer stetig zunehmenden Ungleichheit sowohl der allgemeinen als auch der »gesunden« Lebenserwartung (das heißt der in Gesundheit verbrachten Lebensjahre) niederschlägt, trägt alles andere als dazu bei, dass das Altern der Menschen – mit Ausnahme vielleicht von Angehörigen privilegierter Schichten – allzu »gesund« verläuft.

Darin besteht auch das Grundparadox staatlicher Gesundheitsförderungs- und Präventionsprogramme, wie sie heute im Interesse der sogenannten *public health* an der Tagesordnung stehen: Solange nicht die krankmachenden gesellschaftlichen Verhältnisse als solche kritisch zur Disposition gestellt werden, kann staatliche »Gesundheitsförderung« im besten Fall eine kompensatorische Funktion erfüllen. Der viel wesentlichere und weitreichendere Effekt entsprechender Programme besteht hingegen in der Individualisierung der überwiegend gesellschaftlich bedingten Gestehungskosten der kapitalistischen Produktions- und Lebensweise, die zunehmend auf den oder die Einzelne/n abgewälzt werden. Nicht von ungefähr gehen Gesundheitsförderung und Prävention vorzüglich mit neoliberalen Privatisierungs- und Selbstverantwortlichkeitsdiskursen zusammen, gleichsam als Elemente einer neuen biopolitischen Ordnung, die zunehmend auf Techniken der Selbststeuerung setzt (vgl. Gottweis et al. 2004). Auf diese Weise wird Krankheit von einem oftmals gesellschaftlich verursachten Problem zu einem individuellen Defizit der Betroffenen.[130]

Eine ähnliche historische Spezifik wie für die Konnotation von Alter mit Krankheit gilt im Übrigen auch (wie ebenfalls bereits an früherer Stelle bemerkt wurde, siehe oben Kapitel 3.3) für die heute weit verbreitete Gleichsetzung von Alter mit Pflegebedürftigkeit. In vormodernen Gesellschaften wurden alte Menschen nur sehr selten pflegebedürftig, da der Tod bei Krankheiten und einem altersbedingten Nachlassen der Körperkräfte in der Regel sehr rasch zuschlug. Dies änderte sich erst durch die allgemeine Erhöhung der Lebensstandards (sauberes Trinkwasser, Hygiene, verbesserte Ernährungslage, bessere Wohnverhältnisse etc.), durch die im Laufe des 19. Jahrhunderts auch die Lebenserwartung in der Bevölkerung stetig zunehmen sollte und so überhaupt erst eine größere, demografisch relevante Bevölkerungsgruppe »alter« Menschen entstand. Das heißt, auch dieses Element des modernen »Defizitmodells des Alters« ist ohne Rekurs auf die historische Entwicklung moderner, kapitalistischer Gesellschaften kaum hinreichend zu erfassen.

Ein weiterer zentraler Aspekt, der hinsichtlich der modernen Spezifik altersbezogener Defizitperspektiven zu berücksichtigen ist und einen fundamentalen Unterschied zu vormodernen Vorstellungen vom Alter(n) als einem Prozess des Abbaus und Verfalls darstellt, ist die Entstehung der neuzeitlichen Naturwissenschaften und hier insbesondere der modernen Medizin. Es würde an dieser Stelle zu weit führen, den konstitutiven Zusammenhang zwischen der sich ab dem 17. Jahrhundert vollziehenden Herausbildung und Etablierung der modernen Naturwissenschaft und der historischen Durchsetzung der kapitalistischen Produktionsweise ausführlich zu diskutieren (dazu Greiff 1976; Sohn-Rethel 1989; Ortlieb 1998; Bockelmann 2012; unter Berücksichtigung des durch die neuzeitliche Naturwissenschaft mit auf den Weg gebrachten modernen Geschlechterverhältnisses vgl. auch Scheich 1993; Bareuther 2014). Für die hier im Zentrum stehende Fragestellung genügt es, darauf hinzuweisen, dass die moderne Gleichsetzung von Alter(n) mit Krankheit bereits auf einem selbst historisch neuen, erst mit der modernen Medizin entstehenden Konzept von »Krankheit« beruht, das bis dahin unbekannt, ja geradezu undenkbar war.

Abermals ist es Michel Foucault, auf dessen historische Untersuchungen in diesem Zusammenhang zurückgegriffen werden kann: Foucault hat in seiner Studie über die *Geburt der Klinik* und die *Archäologie des ärztlichen Blicks* (Foucault 1976, zuerst 1963) eindrucksvoll herausgearbeitet, dass die »Klinik«, als das Paradigma der modernen Medizin schlechthin, auf einem völlig neuen, in etwa gegen Ende des 18. Jahrhunderts sich entwickelnden Verständnis von »Krankheit« beruht, das sich fundamental von allen früheren Krankheitsdefinitionen und -vorstellungen unterscheidet. Hatte Krankheit bis dahin gleichsam den Status einer ontologischen Größe, die unabhängig vom betroffenen Menschen existiert und gerade in Abstraktion von diesem zu erkennen sei (vor allem im Rahmen einer »Krankenbeschau« durch den Arzt), geraten ab diesem Zeitpunkt der menschliche Organismus und seine krankhafte Abweichung von der Norm in den Blick. Es weicht mithin die klassische »Medizin der Krankheiten« (ebd.: 204) der modernen »Medizin der leidenden Organe« (ebd.: 203) – die Krankheit ist jetzt »der krank gewordene Körper selber« (ebd.: 150). Als wesentlich für diese neue medizinische Wissens- und Blickordnung identifiziert Foucault wiederum die sich ebenfalls zu dieser Zeit etablierende Anatomie. Statt wie bisher nämlich bloß von außen zu beobachten und so Krankheiten festzustellen, zu ordnen und zu klassifizieren, drang der medizinische Blick nun im wahrsten Sinne des Wortes in den Körper ein. Die Anatomie machte es erstmals möglich, in den Körper hineinzusehen und sich ein Bild vom Inneren des Menschen zu machen und Krankheiten in abnormen Veränderungen von Organen zu lokalisieren. Das Studium des toten menschlichen Körpers wurde so zur Grundlage modernen medizinischen Wissens, erst dadurch wurde der menschliche Körper dem ärztlichen Blick wirklich zugänglich und für ihn analysierbar. Und dies bildete wiederum laut Foucault die Grundlage für eine »epistemologische Reorganisation der Krankheit« (ebd.: 206), die nunmehr das krankhafte Abweichen eines Körpers von einer medizinisch definierten Norm beschrieb.

Diese historischen Befunde über die Entstehung der modernen Medizin und ihres spezifisch modernen Krankheitsverständnisses (auf dem die Medizin ebenso sehr beruht, wie sie dieses Verständnis überhaupt erst hervorgebracht hat) sind in unserem Zusammenhang in mehrerlei Hinsicht überaus aufschlussreich: Zunächst einmal ist es geradezu frappierend, dass dieses neuartige Verständnis von Krankheit, als Abweichung eines Körpers von der Norm, historisch zusammenfällt mit der Durchsetzung der kapitalistischen Produktionsweise und der dafür charakteristischen Lohnarbeitsverhältnisse, in deren Zuge der menschliche Körper ganz allgemein (wie ebenfalls am Umfassendsten von Foucault in Werken wie *Überwachen und Strafen* dargelegt wurde) zum Objekt zunehmender gesellschaftlicher Zurichtung, Normierung und Disziplinierung wird – sei es im frühmodernen Zuchthaus, in der Schule, in der Fabrik oder in Form von staatlichen Bevölkerungspolitiken. Die dabei zur Anwendung kommenden, ebenfalls historisch neuartigen Disziplinierungspraktiken sind im Grunde nichts Geringeres als »Techniken zur Unterwerfung der Körper« (Foucault 1983 [1976]: 167) unter gesellschaftliche Mechanismen der Kontrolle und Normierung, mit dem Zweck, aus diesen Körpern funktionsfähige (und das heißt unter kapitalistischen Prämissen vor allem: verwertbare) Körper zu formen. Dass unter diesen historischen Voraussetzungen des zunehmenden gesellschaftlichen Zugriffs auf den Körper durch Normierung und Disziplinierung auch ein neues Verständnis von Krankheit in die Welt kommt, das Krankheit als Abweichung eines Körpers von der Norm definiert, erscheint hinsichtlich der darin zum Ausdruck kommenden Logik als eine viel zu verwandte, gleichsam komplementäre Entwicklung, um hier keinen konstitutiven Zusammenhang anzunehmen.

In diesem neuen, spezifisch modernen Krankheitsverständnis dürfte auch die vorhin erwähnte Neigung zur Ausblendung der gesellschaftlichen Ursachen vieler Krankheiten und Leidenszustände angelegt sein, wie sie heute im Bereich der staatlichen Gesundheitsförderung und Prävention verbreitet ist und diesem streng genommen sogar konstitutiv zugrunde liegt. Denn erst mit einem Krankheitsverständnis, das den »krank gewordenen Körper selber« zur Krankheit macht, das Problem also im je individuellen Körper und dessen Abweichen von der Norm verortet, wird die Tür zur Individualisierung häufig gesellschaftlich verursachter Krankheiten aufgeschlagen. »Gesundheitsförderung« und »Prävention« sind die konsequenten und im Grunde sogar einzig denkmöglichen Formen des Umgangs mit Krankheiten und Leiden in einer Gesellschaft, die nicht nur in historisch beispielloser Form normierend, kontrollierend und disziplinierend auf die Körper ihrer Mitglieder zugreift, sondern dabei auch aufgrund ihrer Struktur und ihrer Funktionslogiken permanent gesundheitsschädliche Effekte auf die Menschen entfaltet – Effekte, die darüber hinaus aufgrund der Fetischkonstitution der kapitalistischen Gesellschaft nicht oder nur oberflächlich als »gesellschaftliche« wahrgenommen und problematisiert werden können und daher lediglich auf einer individuellen Ebene bearbeitbar erscheinen. Folgerichtig haben präventive Programme selbst zumeist die Gestalt eines normierenden und disziplinierenden Zugriffs und einer Zurichtung menschlicher Körper entlang der (primär durch Funktionstüchtigkeit für die Arbeit definierten) gesellschaftlichen Norm.

Mit Blick auf das Alter(n) und altersbezogene Defizitperspektiven, im Sinne einer diskursiven Gleichsetzung von Alter(n) mit Krankheit und Verfall, ist dieser »neue Geist« der modernen Medizin vor allem insofern besonders aufschlussreich, als dessen »epistemologische Reorganisation der Krankheit« auch hierfür eine notwendige Voraussetzung darstellt, ohne die ein derart defizitorientiertes Altersbild wahrscheinlich kaum denkbar wäre. Denn erst diese neue, spezifisch moderne »Denkform« der Krankheit konnte letztlich zu jener Pathologisierung des Alter(n)s führen, wie sie heute für das gesellschaftliche Altersbild und entsprechende defizitorientierte Diskurse charakteristisch ist. Erst auf der Basis eines solchen neuen Krankheitsverständnisses war es möglich, dass »Mediziner eine systematische Beobachtung der Anatomie, Pathologie und klinischen Praxis des extrem hohen Alters [forderten]« (Ehni 2014: 82), was wiederum in weiterer Folge die Grundlage dafür darstellte, dass »[k]örperliches Altern (…) zunehmend als direkte Ursache für altersassoziierte Erkrankungen gesehen und deswegen als pathologisch eingestuft« (ebd.) wurde. Diese spezifisch moderne, medizinisch geprägte Sicht auf das Alter(n), die »die pathologischen Züge des Alterns hervorhebt oder es mit einer Krankheit gleichsetzt« (ebd.), bildete sodann auch die Voraussetzung für die seither um sich greifende Medikalisierung des Alters wie auch aller anderen Lebensphasen, die heute mit beinahe logischer Konsequenz in der Anti-Ageing-Medizin gipfelt.

Wenn also auch die Konnotation von Alter(n) mit körperlichem und geistigem Abbau auf eine lange, bis in die Antike zurückreichende Geistes- und Kulturgeschichte zurückblicken kann und insofern nichts spezifisch Modernes darstellt – historisch neu ist die konsequente Pathologisierung des Alter(n)s, durch die physische Alterungsprozesse zu einer Abweichung des Körpers von einer medizinisch gesetzten oder definierten Norm werden. Und diese beruht auf einer spezifisch modernen Denkform der Krankheit und des menschlichen Körpers selbst, die in vormodernen Gesellschaften noch nicht existierte und wohl auch noch gar nicht existieren konnte.

In diesem Punkt besteht die größte Schwäche der ansonsten instruktiven und materialreichen Studie von Daniel Schäfer über *Alter und Krankheit in der Frühen Neuzeit* (Schäfer 2004). Schäfer neigt dazu, relevante historische Differenzen zu verwischen, indem er die Frühe Neuzeit in ein modernes Kategorienschema presst und historische Kontinuitäten postuliert, wo streng genommen keine sind.[131] So verficht er etwa die These, dass bereits im 16. Jahrhundert eine Medikalisierung des Alter(n)s durch die damalige akademische Medizin stattgefunden habe (ebd.: 19). Dabei übersieht er jedoch, dass die Medikalisierung des Alter(n)s ein Konzept von »Krankheit« voraussetzt, das zu dieser Zeit noch unbekannt war. Das Krankheitsverständnis der Frühen Neuzeit hatte in vielerlei Hinsicht noch deutlich mehr mit antiken Vorstellungen gemein als mit modernen; dies wird etwa daran ersichtlich, dass bis ins 18. Jahrhundert hinein antike Konzepte wie zum Beispiel die Vier-Säfte-Lehre Anwendung fanden. Die moderne Medikalisierung des Alter(n)s hat daher eine eigene, ganz andere Qualität als frühneuzeitliche Gleichsetzungen von Alter(n) mit Krankheit, da sie eine Pathologisierung des Alter(n)s zur Voraussetzung hat, die ihrerseits auf einem vollkommen anderen, spezifisch modernen Konzept von »Krankheit« beruht.

Einer Pathologisierung und entsprechenden Medikalisierung des Alter(n)s im modernen Sinne begegnet man daher nicht vor dem späten 18. und frühen 19. Jahrhundert. Ein frühes Beispiel für die Pathologisierung des Alter(n)s durch die moderne Medizin ist etwa Carl Cannstatts Abhandlung über *Die Krankheiten des hohen Alters und ihre Heilung* aus dem Jahre 1839. Diese gilt heute in der Gerontologie als einer der frühen »Meilensteine der medizinischen Alternsforschung« (Wahl/Heyl 2015: 39). Selbst Cannstatt hat dabei in vielerlei Hinsicht fast noch eine größere Nähe zu vormodernen Diskursen über das Alter(n) als »Abbau« und »Verfall«, als zu den kommenden Jahrzehnten die Medizin zunehmend bestimmenden Diskursen vom Alter(n) als »Krankheit« und »pathologischem Zustand«. Cannstatt beschreibt den Alterungsprozess als einen unaufhaltsamen Umschlag von einer Evolution in eine Involution, das heißt von einer aufsteigenden Entwicklungsdynamik in einen Prozess der Rückbildung und des Abbaus:

> »Das Kreissegment, welches die Wesen in absteigender Richtung durchwandern, ist die Involution des Lebens, wie der andere Theil des Kreises eine fortwährende Evolution darstellt. In keinem Augenblick steht das Leben stille; immer waltet ein Zug, ein Streben, eine Gravitation vor (…) der Greis nähert sich mit jeder Minute mehr und mehr dem Grabe und kehrt zur Mutter Erde, dem Staub zurück.« (Cannstatt, zit. n. Kondratowitz 2000: 131)

Moderner und medizinisch elaborierter formulierte es über hundert Jahre später der Arzt und Begründer der medizinischen Alternsforschung in Deutschland, Max Bürger, der das Alter als »regressive Phase«, das heißt als fortschreitenden Abbau funktioneller Kapazitäten im Prozess der »Biomorphose«, definierte. Altern bedeutet aus dieser Perspektive »jede irreversible Veränderung der lebenden Substanz als Funktion der Zeit« (Bürger 1960: 2) – ein Prozess, der im Laufe des Lebens zu altersassoziierten Erkrankungen und letztlich zum Tod führt.

Unübersehbar ist die Pathologisierung des Alter(n)s etwa beim Erfinder der »Gerontologie« (als Bezeichnung für die Wissenschaft vom Altern), dem russischen Zoologen, Bakteriologen und Immunologen Ilja Iljitsch Metschnikow. Dieser ging sogar so weit, das Alter(n) mit einer Infektionskrankheit gleichzusetzen. Seine Überlegungen kulminierten in verschiedenen Ideen zur Lebensverlängerung, wie sie etwa 1908 in seinem Buch *The Prolongation of Life* veröffentlicht wurden. Bekannt geworden ist in dem Zusammenhang vor allem sein (aus heutiger Sicht eher lächerlich anmutender) Vorschlag, dem Alterungsprozess durch den regelmäßigen Verzehr von Kefir entgegenzuwirken, da milchsäureproduzierende Bakterien, wie sie im Kefir, aber auch anderen probiotischen Nahrungsmitteln vorkommen, altersassoziierte Entzündungsprozesse im Körper bekämpfen und so eine lebensverlängernde Wirkung entfalten würden (vgl. Wahl/Heyl 2015: 41).

Mit Blick auf die mit der modernen Medizin in die Welt kommende Pathologisierung des Alter(n)s ist auch die Begriffsgeschichte der »Seneszenz« und der »Senilität« seit der Frühen Neuzeit instruktiv, wie sie Stephen Katz in seiner historisch angelegten Abhandlung über die Gerontologie herausarbeitet:

> »*Senectitude* in 1481 originally meant old age; *senescence* was used in 1695 to mean growing old; and *senile* was used in 1661 to signify what was suited to old age. The term *senility* was used in 1791 to mean a state of being old or infirm due to old age. But by 1848

senile meant weakness, and by the late nineteenth century it indicated a pathological state (...). The term has taken on greater medical negative connotations ever since.« (Katz 1996: 41, Herv. i. O.)

Wenngleich auch bei Katz der tiefe Bruch zwischen vormodernem und modernem Krankheitsverständnis, auf dessen Grundlage erst die seither verbreitete Pathologisierung des Alter(n)s anheben konnte, weitgehend dethematisiert bleibt oder nur sehr peripher Erwähnung findet,[132] so tritt doch überdeutlich die diskursive Verschiebung hervor, die das Alter(n) im 19. Jahrhundert im Vergleich zur Frühen Neuzeit erfährt und in deren Zuge das Alter(n) negativer als jemals zuvor konnotiert wurde, nämlich im Sinne eines durch und durch pathologischen Zustands. Und von hier aus – aber auch *erst* von hier aus – führt ein gerader Weg zur Anti-Ageing-Medizin des 21. Jahrhunderts. Häufig anzutreffende Behauptungen heutiger Gerontolog/innen, wonach Anti-Ageing »vermutlich so alt wie die Menschheit« (Wahl/Heyl 2015: 33) sei, erweisen sich vor diesem Hintergrund in jeder Hinsicht als ahistorisch und erlangen ihre Plausibilität lediglich durch eine gewaltsame und für historische Differenzen unsensible Gleichsetzung von vormodernen (z. B. antiken) und modernen Konnotationen von Alter(n) mit physischem Abbau und daran anknüpfenden Praktiken zur Verzögerung des Alter(n)s. Die Annahme einer transhistorischen Kontinuität von Anti-Ageing-Strategien gehört somit selbst ins Reich jener alter(n)sbezogenen Mythen, die die Gerontologie ansonsten wissenschaftlich zu überwinden und zu bekämpfen vorgibt.[133]

Interessanterweise zu den größten Gegnern der virulenten Pathologisierung des Alter(n)s gehören bis heute Geriater/innen. Bereits der Begründer der Geriatrie, Ignaz Leo Nascher (1863–1944), der die Geriatrie als eigenständiges medizinisches Fach, im Sinne einer spezifischen »Altersmedizin«, analog zur Pädiatrie, konzipierte, widersetzte sich vehement einer Gleichsetzung von Alter(n) mit Krankheit und wollte das Alter(n) vielmehr als normalen physiologischen Prozess verstanden wissen. Auf der anderen Seite ist freilich auch die Geriatrie bereits ein Produkt der mit der modernen Medizin in die Welt kommenden und seither unaufhörlich voranschreitenden Medikalisierung des Alter(n)s. Die Geriatrie hat damit schon von vornherein eine offene Flanke zu entsprechenden, das Alter(n) mit Krankheit assoziierenden Diskursen. So würden wahrscheinlich die meisten Geriater/innen folgende Aussage uneingeschränkt (wenn auch vielleicht nicht exakt in dieser Diktion) unterschreiben, die Peter Laslett als Beispiel für ein in der Geriatrie vorherrschendes negatives, defizitorientiertes Altersbild anführt:

»Im April 1987 sagte ein berühmter britischer Geriater auf einer Tagung: ›»Altersschwachsinn« als Alzheimer Krankheit zu übersetzen, hat ohne Zweifel eine Förderung der Forschung bewirkt ... Wenn Demenz nicht so lange Jahre als normales Altern klassifiziert worden wäre, hätte die betreffende Forschung Jahrzehnte früher beginnen können.‹« (Laslett 1995a: 51)

Hier besteht kein nennenswerter Unterschied zur Pathologisierung des Alter(n)s, wie sie heute in anderen medizinischen Feldern wie der Biogerontologie oder der Anti-Ageing-Medizin vorherrscht. Auch wenn sich die Geriatrie dagegen sträubt: Offenbar kann auch sie nicht anders, als das Alter(n) wie eine behandlungsbedürftige Krankheit zu betrachten.

Die Entwicklung des modernen, defizitorientierten Altersdiskurses zum Anti-Ageing der Gegenwart hat, ebenfalls in historischer Perspektive, Klaus R. Schroeter rekonstruiert (vgl. Schroeter 2012: 167ff.). Er arbeitet dabei verschiedene gesellschaftliche Diskurse heraus, die sich ab dem späten 19. Jahrhundert (bereits auf der Grundlage jener durch die moderne Medizin ins Werk gesetzten Pathologisierung des Alterns) herausbildeten und einander teilweise ablösten, teilweise aber auch nebeneinander existierten und sich wechselseitig ergänzten. Schroeter unterscheidet zunächst einen *Verjüngungsdiskurs*, in dem Lebensverlängerung und Verjüngung zentrale Motive darstellten (dazu ausführlicher auch Stoff 2004). Dieser Diskurs prägte insbesondere den Zeitraum vom späten 19. bis ins frühe 20. Jahrhundert und war bereits sehr stark durch (im modernen Sinne) naturwissenschaftliches und insbesondere medizinisches Wissen geprägt.[134] Der Verjüngungsdiskurs teilte sich wiederum in zwei Stränge, wobei der eine vor allem »künstliche« und der andere primär »natürliche« Mittel und Wege der Verjüngung in den Mittelpunkt stellte. Vertreter der »künstlichen Verjüngung« experimentierten etwa mit verschiedenen Mitteln, Mixturen und Injektionen, die einen Verjüngungseffekt haben sollten. Dazu gehörten unter anderem Hormontherapien, Haarwuchsmittel, Mittel zur Steigerung und Wiederbelebung der männlichen Potenz, ebenso frühe Formen chirurgischer Schönheits- und Verjüngungsoperationen.

»Zu den Pionieren der ›künstlichen Verjüngung‹ zählten der als Ahnherr der Endokrinologie und der Hormontherapie geltende Neurologe und Physiologe *Charles Édouard Brown-Séquard* (1817–1894), der mit dem Selbstversuch einer subkutanen Injektion einer Mixtur aus zerstampften tierischen Hoden von sich reden machte (...), nach der er sich um 30 Jahre jünger fühlte; der Wiener Physiologe und Universitätsprofessor *Eugen Steinach* (1861–1944), der mit Experimenten an Ratten und Meerschweinchen seinen Beitrag zur ›Verjüngung durch experimentelle Neubelebung der alternden Pubertätsdrüsen‹ (…) zu leisten glaubte; der in Paris lehrende russische Arzt und Direktor des Laboratoriums der experimentellen Chirurgie am Collège de France *Serge Voronoff* (1866–1951), der mit seinen endokrinen Affendrüsentransplantationen (…) für Aufregung in der Welt der Wissenschaft sorgte.« (Schroeter 2012: 167f., Herv. i. O.)

Ebenfalls als ein prominenter Vertreter dieses Diskursstranges wäre wahrscheinlich der bereits erwähnte Erfinder der »Gerontologie«, Ilja Iljitsch Metschnikow, zu nennen mit seiner These von der lebensverlängernden, das Altern verzögernden Wirkung von Kefir und probiotischen Joghurts.

Im Diskurs der »künstlichen Verjüngung« und entsprechenden Verjüngungspraktiken kommt nicht nur besonders eindrucksvoll die für Verjüngungsdiskurse konstitutive, spezifisch moderne Pathologisierung des Alter(n)s zum Ausdruck, sondern bereits auch ein früher Hang der Anti-Ageing-Medizin zur Quacksalberei – unmittelbares Resultat einer Gesellschaft, in der auch die Medizin in erster Linie ein Geschäft ist. Wie Heiko Stoff in seiner Abhandlung über Konzepte der Verjüngung des späten 19. und frühen 20. Jahrhunderts feststellt, war dies ein Vorwurf, der bereits damals häufig erhoben wurde. Medizinische Verjüngungstherapien galten überwiegend als »pseudowissenschaftliche Irrwege« (Stoff 2004: 17), Verjüngungsärzte wurden als »Quacksalber mit betrügerischen kommerziellen Interessen« (ebd.: 149) betrachtet, und die Unhaltbarkeit und zuweilen auch Gefährlichkeit vieler Verjüngungstherapien führten dazu, dass zu Beginn der 1930er Jahre der »Verjüngungsrummel« (ebd.: 22) vorerst wieder zu einem Ende kam. Freilich sollte die schon damals artikulierte Kritik an solchen Formen der »künstlichen Verjüngung« nicht darüber hinwegtäuschen, dass es sich bei deren Vertretern durchwegs um renommierte und hoch dekorierte Wissenschaftler handelte. Brown-Séquard etwa war Mitglied der amerikanischen *National Academy of Sciences* und der deutschen *Nationalen Akademie der Wissenschaften Leopoldina*. Letzterer gehörte auch Eugen Steinach an. Metschnikoff wurde für seine Forschung auf dem Gebiet der Immunologie im Jahre 1908 sogar mit dem »Nobelpreis für Physiologie oder Medizin« ausgezeichnet. Mögen solche fragwürdigen Methoden und Konzepte also zum Teil schon damals (und heute erst recht) als »pseudowissenschaftliche Irrwege« abgetan worden sein, so kann man dennoch nicht umhin, zur Kenntnis zu nehmen, dass diese allesamt unmittelbare Bestandteile und Produkte des akademischen Wissenschaftsbetriebs selbst waren und sich daher nicht, quasi nach dem Motto »seriöse Wissenschaft hier – unseriöse Pseudowissenschaft dort«, davon isolieren lassen (dasselbe gilt auch für die heutige Anti-Ageing-Medizin).

Im Gegensatz zu diesen Formen der »künstlichen Verjüngung« lehnten Verfechter der »natürlichen Verjüngung« solche künstlichen Interventionen ab und setzten stattdessen auf »natürliche« Mittel, im Sinne einer Stärkung der »natürlichen Kräfte«. Auf einer diskursiven Ebene bedeutete dies bereits dahingehend einen erheblichen Unterschied, als in diesem Diskurs weniger eine Verjüngung im eigentlichen Sinne des Wortes im Mittelpunkt stand, sondern ein »Aufhalten des Alterns durch natürliche Mittel, Neubelebung und Wiedergesundung unseres durch die Kultur der Städte und die falsche Lebensweise geschwächten Körpers« (Höfer-Abeling 1922, zit. n. Schroeter 2012: 170). Die »natürliche Verjüngung« propagierte vor allem eine gesunde und naturnahe Lebensweise, durch die gleichsam die Einheit von Körper, Geist und Seele wiederhergestellt werden sollte. In diesen Zusammenhang gehörten diverse Lebensreformbewegungen wie der Vegetarismus, Fitness- und Körperkultur-Bewegungen (Turnvereine, FKK usw.) oder die Antialkoholbewegung, ebenso verschiedene Formen der Naturheilkunde. Auf diese Weise sollte »durch strenge Selbstdisziplin und harte Körperarbeit dem Verfall der kulturell verformten Körper entgegengewirkt werden (…)« (Schroeter 2012: 171).

Recht deutlich sichtbar wird hier auch ein unmittelbarer (wenngleich vor dem Hintergrund der in dieser Arbeit bislang zusammengetragenen Befunde zum Verhältnis von moderner Gesellschaft, Lohnarbeit und Altern nur wenig überraschender) Zusammenhang zwischen modernen Verjüngungsdiskursen und kapitalistischem Arbeitsfetisch. Denn worauf diese Verjüngungsdiskurse ganz offensichtlich und unübersehbar abheben, ist die sich bereits damals sehr deutlich herausbildende und entsprechend stark problematisierte Entfremdung sowie zunehmende Ermüdung und Erschöpfung des modernen Arbeitssubjekts. Es ging sozusagen, wie auch Stoff treffend konstatiert, um »die Konstituierung eines neuen Subjekts, eines dauerhaft leistungsstarken Menschen, der dafür, dass er sich in Arbeitsamkeit verzehrt, nicht mit dem Verfall und der Ermüdung bestraft wird« (Stoff 2004: 88). Angesichts der destruktiven Effekte, die die Arbeit gegenüber ihren Subjekten entfaltet, nicht die Arbeit selbst zu problematisieren, sondern stattdessen die Leistungssteigerung des Lohnarbeiters und die Optimierung des sich in der Arbeit verausgabenden Körpers zu propagieren – dies war also schon damals das letzte Wort aller Verfechter/innen einer »gesunden Lebensführung« und somit abermals ein eindrucksvoller Beleg für die moderne Fetischisierung der Lohnarbeit, die heute sowohl in staatlichen Gesundheitsförderungs- und Präventionsprogrammen als auch in diversen, bis ins Esoterische hineinreichenden lebensreformerischen Konzepten der »Selbstsorge« geradezu zur Perfektion und auf die Spitze getrieben wird. Vor allem der Diskurs der »natürlichen Verjüngung« kann in diesem Lichte als ein »demonstrativ anti-modernes Programm« und als eine »regressive Utopie« (Stoff 2004: 274) gelesen werden, gleichsam als eine ideologische Verarbeitungsform der Zumutungen, die der Industriekapitalismus des späten 19. und frühen 20. Jahrhunderts in stetig wachsender Intensität auf die Menschen ausübte.

Vor diesem Hintergrund erscheint es eigentlich nur konsequent, wenn auf den Verjüngungsdiskurs dieser Zeit ein *Fitness-Diskurs* folgte, durch den Schlankheit und Fitness zum Hauptmerkmal eines »schönen« und »gesunden Körpers« wurden. Nicht von ungefähr kann der Ursprung dieses Diskurses, wie Schroeter festhält, zum Teil in Lebensreformbewegungen im Kontext der »natürlichen Verjüngung« gesehen werden (so etwa in seit dem späten 19. Jahrhundert entstandenen Turnvereinen und »Fitnessschulen«). Die Ideen dieser Bewegungen wurden später auch von den Nationalsozialisten übernommen, die Fitness und Sport als Medium zur Stärkung der »Volksgesundheit« instrumentalisierten. Dass dies allerdings, anders als Schroeter behauptet, nichts mit einer nationalsozialistischen »Vereinnahmung« des Fitness-Gedankens zu tun hat (vgl. Schroeter 2012: 173), sondern vielmehr (und eher umgekehrt) Nationalsozialismus und moderner Körper- und Fitnesskult eine gemeinsame ideologische Grundlage in der kapitalistischen Modernisierungsdynamik des frühen 20. Jahrhunderts haben,[135] wird bereits daran ersichtlich, dass der Fitnessdiskurs seine volle Blüte erst in der Nachkriegszeit erreichte. Erst im Zuge der fordistischen Nachkriegsprosperität und mit der Entstehung des Massenkonsums stiegen Jugendlichkeit und Fitness breitenwirksam zu gesellschaftlichen Zentralwerten auf und entwickelte sich ein riesiges Feld des Freizeitsports mit einem ständig wachsenden kommerziellen Komplex rund um Sport und Fitness (Jogging, Radfahren, Gymnastik, Aerobic, Bodybuilding etc.), der bis heute zu einem zentralen Bestandteil des modernen »Lifestyles« wurde. Und wie bereits unter den Nationalsozialisten, so sind auch heute (und heute mehr denn je) Sport und Fitness bevorzugte Mittel zur Erhaltung und Steigerung der »Volksgesundheit« (*public health*).

Wie sehr Jugendlichkeits- und Fitnessdiskurse gerade in der Zeit des frühen 20. Jahrhunderts das Verhältnis der Menschen zum Alter(n) und zu ihrem Körper veränderten, kann unter anderem an Stefan Zweigs

»Erinnerungen eines Europäers« abgelesen werden, die er kurz vor seinem Selbstmord im Jahre 1942 in seinem Buch *Die Welt von Gestern* festhielt. Daraus geht hervor, dass noch in Zweigs Jugend ein allzu jugendliches Auftreten sozial verpönt war, als »unsolide« galt und daher selbst (und gerade) von jüngeren Menschen vielfältige Strategien ergriffen wurden, um älter zu wirken:

> »Während heute in unserer vollkommen veränderten Zeit Vierzigjährige alles tun, um wie Dreißigjährige auszusehen und Sechzigjährige wie Vierzigjährige, während heute Jugendlichkeit, Energie, Tatkraft und Selbstvertrauen fördert und empfiehlt, mußte in jenem Zeitalter der Sicherheit [Zweig spricht hier vom späten 19. und frühen 20. Jahrhundert, A. S.] jeder, der vorwärts wollte, alle denkbare Maskierung versuchen, um älter zu erscheinen. Die Zeitungen empfahlen Mittel, um den Bartwuchs zu beschleunigen, vierundzwanzigjährige junge Ärzte, die eben das medizinische Examen absolviert hatten, trugen mächtige Bärte und setzten sich, auch wenn es ihre Augen gar nicht nötig hatten, goldene Brillen auf, nur damit sie bei ihren ersten Patienten den Eindruck der ›Erfahrenheit‹ erwecken konnten. Man legte sich lange schwarze Gehröcke zu und einen gemächlichen Gang und wenn möglich ein leichtes Embonpoint, um diese erstrebenswerte Gesetztheit zu verkörpern, und wer ehrgeizig war, mühte sich, dem der Unsolidität verdächtigen Zeitalter der Jugend wenigstens äußerlich Absage zu leisten (…). Alles, was uns heute als beneidenswerter Besitz erscheint, die Frische, das Selbstbewußtsein, die Verwegenheit, die Neugier, die Lebenslust der Jugend, galt jener Zeit, die nur Sinn für das ›Solide‹ hatte, als verdächtig.« (Zweig 2013 [1942]: 59f.)

Innerhalb einer einzigen Generation wurden diese Orientierungen durch ein Streben nach Jugendlichkeit und Fitness abgelöst.

Die weitere Entwicklung des Fitness-Diskurses und seine gesellschaftlichen Effekte in der zweiten Hälfte des 20. Jahrhunderts können auch an der Ausbreitung von Fitnessstudios illustriert werden: 1980 gab es in Deutschland rund 1000 Fitnessstudios mit ca. 370000 Mitgliedern, Ende 1990 waren es bereits über 4000 und im Jahr 2000 mehr als 6500 mit ca. 4,5 Millionen Kunden (vgl. Schroeter 2012: 175). Wie Schroeter festhält, wurden von diesem Fitness-Diskurs zunehmend auch ältere Menschen erfasst, wobei hier zum einen die Massenmedien, zum anderen eine allgemein zunehmende sozioökonomische Besserstellung älterer Menschen sowie die Herausbildung des sogenannten »dritten Alters« und entsprechende Veränderungen im gesellschaftlichen Altersbild eine wesentliche Rolle spielten:

> »Während dieser Fitness-Welle enstanden auch verschiedene Magazine, die sich speziell an die ältere Leserschaft wandten und über die Möglichkeiten von Alterskuren und Fitness im Alter berichteten. So gab es (…) eine ganze Reihe von Artikeln und Serien über die Möglichkeiten und Chancen eines fitten, jüngeren und erfolgreichen Alterns (…). In den Medien wurde zu dieser Zeit mit den ›Woopies‹ (Well-off Older People) eine Personengruppe älterer Menschen konstruiert (…), die sich nicht nur körperlich, sondern auch ökonomisch fitter fühlte als die Generation zuvor. Lebenslange Fitness wurde zu einem kulturellen Ideal, das gleichsam von der Wissenschaft (…) gestützt und auch von kommerziellen Interessen gestärkt wurde.« (ebd.: 174f.)

Parallel und komplementär dazu hat sich seit den 1990er Jahren ein *Wellness-Diskurs* ausgebildet, der neben die Idee der Fitness trat und diese heute gewissermaßen ergänzt. Die Komplementarität von Wellness und Fitness kann bereits an der Etymologie des Wellnessbegriffs abgelesen werden: »Wellness« stellt eine Kombination der Begriffe *wellbeing* und *fitness* dar. Fitness ist somit nicht mehr nur eine Sache der Gesundheit und der Körperertüchtigung, sondern auch eine des Spaßes und des Wohlbefindens. Neben Sport und Ernährung gewinnen hier nunmehr auch Schönheit, Entspannung und verschiedene, oftmals auch esoterische Therapieformen an Aufmerksamkeit. Der Wellnessbegriff steht für ein »holistisches Konzept, das die physischen, mentalen, sozialen und spirituellen Gesundheitsaspekte berücksichtigt«, für »das *Sorgen* um das eigene körperliche und seelische Wohlbefinden« (ebd.: 177, Herv. i. O.). Das heißt, während der Körper im Fitness-Diskurs eher als Objekt der Selbstdisziplinierung in den Fokus rückt, ist er im Wellness-Diskurs ein Gegenstand der Selbstsorge. Mittlerweile, so Schroeter, sei Wellness zunehmend

> »zu einem Synonym für Prävention und Gesundheitsförderung geworden. Das Wellnesskonzept zielt ebenso wie der salutogenetische Ansatz weniger auf die Verhinderung einer Erkrankung, sondern eher auf die Stärkung der Gesundheit. In beiden Modellen spielt die Eigenverantwortung des Menschen eine zentrale Rolle. Die Botschaften lauten jeweils, dass vor dem Hintergrund der Überzeugung

eigener Wirksamkeit Gesundheit beziehungsweise Wellness erlangt oder erhalten werden können.« (ebd.: 178)

Alle diese Diskurse kulminieren schließlich laut Schroeter in einem *Anti-Ageing-Diskurs*, der in der jüngeren Vergangenheit Kontur angenommen hat. Insbesondere der ältere Verjüngungsdiskurs wird im Anti-Ageing auf verschiedenste Weise aktualisiert. Unter Anti-Ageing fallen viele unterschiedliche Strategien wie die Einnahme von Nahrungsergänzungsmitteln, kosmetische und dermatologische Behandlungen bis hin zur Hormontherapie und plastischen Chirurgie. In diesem Zusammenhang hat sich seit den 1990er Jahren (ausgehend von den USA) ein stetig wachsender medizinisch-industrieller Komplex einer Anti-Ageing-Medizin entwickelt, der gegenwärtig aktiv und kommerziell sehr erfolgreich dabei ist, das Alter(n) als eine behandelbare Krankheit zu definieren beziehungsweise neu zu konstruieren.

Das Neue an dieser Redefinition beziehungsweise »Neuerfindung« des Alter(n)s durch die Anti-Ageing-Medizin besteht konkret darin, dass damit die noch bis vor Kurzem gültige Vorstellung der Endlichkeit des menschlichen Lebens und der »Natürlichkeit« sowie Unvermeidlichkeit des Alterns nunmehr radikal infrage gestellt wird. Wie negativ auch immer das Alter(n) bis dahin gedacht worden sein mag, als Krankheit, als pathologischer Zustand oder als Defizit im Sinne einer Phase des sukzessiven körperlichen und geistigen Verfalls, so war doch das Altern als physiologischer Prozess im Wesentlichen als etwas »Natürliches« und insofern auch Unvermeidliches gesetzt. Selbst in der Gerontologie, die heute überwiegend die »Plastizität« (Wettstein/Wahl 2017) und »Gestaltbarkeit« des Alterns betont – ein Altersbild, das beispielsweise in Konzepten eines »aktiven« und »erfolgreichen Alterns« (Baltes et al. 1989; Baltes/Baltes 1990; Rowe/Kahn 1998) Gestalt angenommen hat, Konzepten also, die ebenfalls davon ausgehen, dass man unter weitgehender Erhaltung von Gesundheit und Aktivität alt werden kann –, wird nicht ernsthaft daran gerüttelt, dass es sich beim Altern um einen (wenn auch gestaltbaren) biologischen und insofern »natürlichen« Prozess handelt, an dessen Ende unweigerlich der Tod steht.[136] Gerade diese Vorstellung von der Endlichkeit des menschlichen Lebens und der Unvermeidlichkeit des Alterns ist es, die von der Anti-Ageing-Medizin nun gleichsam aufgebrochen wird. Diese geht davon aus, dass die Ursache für altersbedingte Abbauprozesse und die damit verbundene Anfälligkeit des Körpers für altersassoziierte Krankheiten mit höherem Lebensalter in ganz konkreten physiologischen Dysfunktionen begründet liegt. Diese werden nicht mehr als quasi-natürliche Alterserscheinungen betrachtet, die der Mensch mehr oder weniger hinzunehmen habe, sondern dabei handele es sich um Folgen eines krankhaften, degenerativen metabolischen Prozesses, der zu degenerativen Erkrankungen und letzten Endes zum Tod führt – ein Prozess, in den jedoch mit medizinischen Mitteln eingegriffen werden könne, indem die von derartigen Dysfunktionen betroffenen Körpersysteme systematisch »maximiert« werden. In der Praxis heißt das beispielsweise, Substanzen, deren Produktion im Körper mit zunehmendem Alter abnimmt, etwa bestimmte Hormone wie Melatonin, Östrogen oder Testosteron, medizinisch in sehr hohen Dosierungen zuzuführen, um die Serumkonzentration auf oder über einem angenommenen jugendlichen Normalwert zu halten. Auch Antioxidantien spielen in diesem Zusammenhang eine große Rolle zur Bekämpfung von freien Radikalen, die sich aus medizinischer Sicht schädlich auf verschiedene Körpersysteme wie das endokrine System auswirken (vgl. Spindler 2009: 383).

Die Neuerfindung oder auch Neukonstruktion des Alter(n)s durch die Anti-Ageing-Medizin läuft somit im Wesentlichen darauf hinaus, das Altern von einem »natürlichen«, biologischen Prozess zu einer, wie es Mone Spindler treffend formuliert, »behandelbaren, molekularbiologischen Metakrankheit« (ebd.: 382) umzudefinieren, also einem im Grunde pathologischen Prozess, der altersbezogenen Krankheiten und Verfallserscheinungen ursächlich vorgelagert ist. Dies ist – diskursanalytisch gesprochen – die zentrale Problematisierungsformel, um die herum sich die Anti-Ageing-Medizin seit ihrer Begründung in den frühen 1990er Jahren ausdifferenziert und bis heute in vergleichsweise kurzer Zeit gesellschaftlich sehr folgenreich institutionalisiert hat. Die Botschaft der Anti-Ageing-Medizin lautet, dass Altern nicht unausweichlich ist, sondern verhindert oder zumindest hinausgezögert werden kann. Dem Alter(n) wird also durch die Anti-Ageing-Medizin im wahrsten Sinne des Wortes – und durchaus auch explizit – der Krieg erklärt.[137]

Der Soziologe John A. Vincent (2006) unterscheidet in seiner instruktiven, diskursanalytisch angelegten Abhandlung über die Anti-Ageing-Medizin vier verschiedene Formen beziehungsweise Dimensionen des Anti-Ageing und damit verbundene »Problematisierungen« des Alter(n)s: An erster Stelle, quasi als einfachste Form des Anti-Ageing, steht die Symptomlinderung (*symptom alleviation*). Dabei geht es primär darum, die Effekte des biologischen Alterungsprozesses zu lindern, hinauszuzögern oder auch zu verbergen. Hierher gehören verschiedene kosmetische (z. B. Anti-Falten-Cremes), prophylaktische (Nahrungsergänzungsmittel, Fitness etc.) und kompensatorische (z. B. Viagra) Mittel zur Linderung und Verzögerung bestimmter Alterserscheinungen, insbesondere solcher, die das äußere Erscheinungsbild oder die physische Funktionalität betreffen.

Eine zweite Dimension des Anti-Ageing besteht in der Ausdehnung der Lebenserwartung (*life expectancy extension*). Hier bezieht sich Anti-Ageing vor allem darauf, solche Krankheiten zu behandeln oder auszuschalten, die in erster Linie den Tod im Alter zu verantworten haben, insbesondere Krebs und Herz-Kreislauf-Erkrankungen, um so die Lebenserwartung der Menschen zu erhöhen. Anders als bei der Symptomlinderung rücken hier nicht so sehr äußerliche körperliche Alterserscheinungen in den Fokus, sondern vielmehr ein als pathologisch definierter Status des Körpers: »What distinguishes old age from youth is its disease status. Thus people no longer die of old age but of a specific disease« (ebd.: 690).

Eine dritte Anti-Ageing-Strategie zielt auf die Erweiterung der Lebensspanne als solcher (*lifespan extension*). Hierzu zählen vor allem humanbiologische und humangenetische Strategien zur Lebensverlängerung, die eine Verlangsamung des biologischen Alterungsprozesses bewirken sollen. Im Mittelpunkt steht dabei die Identifikation bestimmter »Altersgene«, die Entfernung gealterter beziehungsweise schadhafter Zellen, die therapeutische Anwendung von Stammzellen oder die Bekämpfung einer altersassoziierten Schwächung des Immunsystems. Alter(n) bedeutet aus dieser Perspektive in erster Linie »Zellalterung« und unterscheidet sich von jüngeren Lebensaltern durch biologische Marker wie »verkürzte Telomere« oder »ineffiziente Apoptose«.[138] Was die Verlängerung des menschlichen Lebens betrifft, gibt es teilweise auch extreme bis groteske Positionen, wonach die Lebenserwartung des Menschen unter idealen Bedingungen um ein Vielfaches länger sein könnte als gegenwärtig. Zwei Pioniere des Anti-Ageing, Durk Pearson und Sandy Shaw (1982), gingen etwa davon aus, dass der Mensch grundsätzlich, das heißt von seiner genetischen Ausstattung her, gute 800 Jahre leben könnte. Bekannt wurden sie vor allem durch ihre Propagierung diverser Formen der Nahrungsergänzung, insbesondere Antioxidantien, die sie als bevorzugtes Mittel zur Lebensverlängerung propagierten (und freilich als solche gewinnbringend zu vermarkten trachteten).

Die radikalste Form des Anti-Ageing fasst Vincent schließlich unter dem Begriff *abolition*. Dabei handelt es sich um Strategien, die auf die Überwindung des Alterns per se zielen, nämlich auf die Veränderung der biologischen Grundlagen des Alterns, mit der Absicht, das Altern auszuschalten und auf diese Weise gleichsam Unsterblichkeit zu schaffen. Dies ist in der Tat die äußerste Extremform, die Anti-Ageing-Perspektiven anzunehmen vermögen, dementsprechend wird dieser Standpunkt nur von einer Minderheit von Anti-Ageing-Medizinern und Biogerontologen ernsthaft vertreten. Hervorzuheben sind hier etwa Wissenschaftler wie Aubrey de Grey oder Stanley Shostak, die mit diversen Publikationen über die Möglichkeiten der biotechnologischen Überwindung des Todes mittels Gen-, Stammzell- und Nanotechnologie in Erscheinung getreten sind (vgl. Shostak 2002; Grey 2004, 2007; Grey/Rae 2010). Es existieren sogar wissenschaftliche Einrichtungen, die sich ausdrücklich und exklusiv der Forschung zur Herbeiführung von Unsterblichkeit verschrieben haben, zum Beispiel das US-amerikanische *Immortality Institute* (vgl. Immortality Institute 2004). Im Zusammenhang mit der biotechnologischen Abschaffung des Alter(n)s und Überwindung des Todes finden sich auch zahlreiche Ansätze und Strategien, die in den letzten Jahren unter dem Stichwort »Transhumanismus« in die öffentliche Diskussion gelangt sind. Hierzu zählen etwa Überlegungen zur Optimierung menschlicher Körper mittels biotechnologischer Implantate, zur Schaffung von Unsterblichkeit durch die Übertragung des menschlichen Bewusstseins in Computer (»cyberimmortality«) oder über eine potenzielle Bevölkerung der Welt durch Roboter (vgl. Kurzweil 2004; Bainbridge 2004; Minsky 2004; kritisch zum Transhumanismus vgl. Becker 2015). Gruselig muten dabei auch Publikationen von Wissenschaftlern an, die vor dem Hintergrund einer in absehbarer Zeit herbeizuführenden Unsterblichkeit Überlegungen über eine in Zukunft notwendige staatliche Beschränkung der Kinderzahl oder über mögliche Parallelgesellschaften von genetisch disponierten Langlebigen und Kurzlebigen anstellen (vgl. Welsch 2015).

Besonders Anti-Ageing-Strategien wie die beiden letztgenannten – Verlängerung der menschlichen Lebensspanne und radikale Überwindung des Alter(n)s und des Todes – sind es, die der Anti-Ageing-Medizin oftmals den Vorwurf der Quacksalberei und der Unwissenschaftlichkeit einbringen. In der Tat gibt es bislang keinerlei wissenschaftliche Evidenz dafür, dass mithilfe von Anti-Ageing-Verfahren der Alterungsprozess wirklich aufgehalten oder gar umgekehrt werden könnte, wie es die Anti-Ageing-Medizin verspricht. Besonders vonseiten der Sozialgerontologie wird die Anti-Ageing-Medizin stark kritisiert (vgl. Binstock 2003), aber auch von Biogerontolog/innen selbst, die sich beziehungsweise ihre Profession von den oftmals dubios und unseriös anmutenden Methoden der Anti-Ageing-Medizin in Verruf gebracht sehen. Die Anti-Ageing-Medizin ist also auch innerhalb der Biomedizin überaus umstritten und genießt den Ruf einer »Paramedizin« (Spindler 2014: 19), die grob unwissenschaftlich arbeitet und aus reinem Geschäftsinteresse leere Versprechungen macht. Gleichwohl kann konstatiert werden, dass heute ein ständig wachsender Markt für Anti-Ageing-Produkte existiert. Wirtschaftlichen Prognosen zufolge soll der globale Anti-Ageing-Markt zwischen 2017 und 2025 von 165 Milliarden US-Dollar auf mehr als 300 Milliarden US-Dollar wachsen.[139] Wie auch immer es also um die »Wissenschaftlichkeit« der Anti-Ageing-Medizin bestellt sein mag, zumindest kommerziell scheint Anti-Ageing enorm erfolgreich zu sein und ein starkes Bedürfnis vieler Menschen anzusprechen. Gerade dieses tiefsitzende Bedürfnis der Menschen würde – über die berechtigte Kritik an den fragwürdigen Methoden der Anti-Ageing-Medizin und ihren das Alter(n) zu einer behandelbaren Krankheit umdefinierenden Diskursen hinaus – einer kritischen sozialwissenschaftlichen Aufklärung bedürfen. Denn anders als es die gerontologische Kritik weithin suggeriert, stellt die Anti-Ageing-Medizin keineswegs eine besonders verdammenswerte Abirrung vom rechten Pfad der Medizin dar, die die Menschen nach ihren fragwürdigen, von einem biotechnologischen Machbarkeitswahn durchdrungenen Alters- und Körpernormen zurichtet und gegen die womöglich moralisch argumentiert werden könnte. Sondern hierbei handelt es sich vielmehr – wie es Anselm Jappe mit Blick auf neue biotechnologische Verfahren wie die Gentechnologie (die ja auch innerhalb der Anti-Ageing-Medizin von großer Bedeutung sind) überaus treffend formuliert – um »das Zu-sich-selbst-Kommen einer Medizin, die ihren Gegenstand völlig verdinglicht hat« (Jappe 2001: 93, Fn. 3). Die gesellschaftliche Grundlage der Anti-Ageing-Medizin kann exakt dort verortet werden, wo auch das Bedürfnis vieler Menschen, nicht zu altern und das Altern zurückzudrängen, begründet liegt: nämlich in einem gesellschaftlichen Form- und Strukturzusammenhang, der den Menschen in ständig wachsendem Maße Eigenschaften wie Jugendlichkeit, Fitness und vor allem eine immer höhere Leistungsbereitschaft und Leistungsfähigkeit abverlangt, was die Menschen wiederum zur permanenten Selbstoptimierung und somit zur ständigen Arbeit an sich selbst respektive am eigenen Körper nötigt. Nur vor diesem Hintergrund wird verständlich, woher das massive Unbehagen der Menschen dem Altern gegenüber kommt, und weshalb Anti-Ageing und Anti-Ageing-Produkte bei vielen Menschen jenen großen Zuspruch erfahren, der schließlich auch ihren kommerziellen Erfolg begründet. Die Anti-Ageing-Medizin kann an einem gesellschaftlich bedingten Bedürfnis der Menschen nach Selbst- und Körperoptimierung anknüpfen, und mit ihren neuen medizinischen Verfahren und Technologien rückt sie das Altern zusehends in den Fokus individueller Körperarbeit und Körperkontrolle. Sie ist das Resultat oder – präziser formuliert – die materielle, institutionelle, wissenschaftlich und technologisch avancierte Vergegenständlichung einer durch und durch medikalisierten Sicht auf das Altern, bei der das Altern letztendlich zu einem »unter medizinisch-präventiver Obhut stehenden individuellen Projekt« (Viehöver 2008: 2757) wird. Weder ist also Anti-Ageing bloß das Produkt der Diskurse von Biomediziner/innen, die es aufgrund ihrer Diskursmacht vermögen, ihre extreme Sicht und ihre radikale, gleichsam »widernatürliche«[140] Neudefinition des Alter(n)s in der Öffentlichkeit durchzusetzen, noch handelt es sich dabei um etwas, das gleichsam über die Menschen kommt und ihnen als Handlungsorientierung von außen normativ aufgezwungen wird, sondern es ist unmittelbare Konsequenz ganz spezifischer gesellschaftlicher Verhältnisse, in denen das Alter(n) sowohl gesellschaftlich als auch individuell als ein behandlungsbedürftiges »Problem« erscheint. An dieses »Problem« dockt die Anti-Ageing-Medizin schließlich an, und erst in diesem gesellschaftlichen Zusammenhang kommt sie überhaupt in die machtvolle Position, überkommene Alter(n)svorstellungen nachhaltig infrage stellen zu können und das Altern völlig neu im Sinne einer behandelbaren Krankheit zu konstruieren und gewissermaßen neu zu »erfinden« (auf die subjektive beziehungsweise sozialpsychologische Dimension des Anti-Ageing wird in Kapitel 6 noch ausführlicher einzugehen sein).

In den letzten Jahren lässt sich, insbesondere im europäischen Raum, eine stärkere Hinwendung der Anti-Ageing-Medizin zur Prävention beobachten, eine tendenzielle Verlagerung vom Kurativen zu Aspekten der Prävention und der Gesundheitsförderung (vgl. Viehöver 2008: 2760; Spindler 2009: 392ff.). Es ließe sich hier möglicherweise von einem zusätzlichen Strang innerhalb des Anti-Ageing-Diskurses sprechen. Als eine Art Ergänzung oder Weiterentwicklung des klassischen Anti-Ageing-Diskurses vom Alter(n) als behandelbarer Krankheit entwickelt sich nun ein zweiter Diskurs, in dem das Altern nicht mehr (oder zumindest nicht mehr primär) als Krankheit definiert wird, sondern in erster Linie als ein »eigenverantwortlich kontrollierbares Risiko« (Spindler 2009: 392). Hier wird das Altern weniger als heil- und entsprechend behandelbare Krankheit konstruiert, sondern lediglich als ein Risikofaktor für altersassoziierte Krankheiten. Dieses Risiko soll durch eine individualisierte, optimierte und frühzeitige Prävention minimiert werden. Die Aufgabe, die sich die Anti-Ageing-Medizin in diesem Sinne zuschreibt, besteht dabei vor allem in der Erstellung von individuellen Risikoprofilen, auf deren Grundlage persönliche Präventionsprogramme entwickelt werden, die eine gezielte Risikominimierung ermöglichen sollen. Mithilfe eines ständig wachsenden Arsenals von immer ausgefeilteren medizinischen Testverfahren – von Urin-, Blut-, Speichel-, Haut-, Fett- und Funktionstests bis hin zu kognitiven Tests und sogar Genanalysen – wird das individuelle Altersrisiko eruiert, um daraus entsprechende Präventionsmaßnahmen abzuleiten. Dieser immanente diskursive Schwenk hin zum Altern als »Risiko« ist auch insofern aufschlussreich, als damit die Anti-Ageing-Medizin deutlich anschlussfähiger an andere aktuelle gesellschaftliche (Alters-)Diskurse wird. Durch ihre »präventive Wende« fügt sich die Anti-Ageing-Medizin nun nahezu nahtlos in allgemeinere Präventionsdiskurse sowie damit verbundene Individualisierungstendenzen und Eigenverantwortungsanrufungen ein, durch die die Verantwortung für die eigene Gesundheit immer stärker – und entgegen den tatsächlichen individuellen Voraussetzungen vieler Menschen – dem einzelnen Individuum aufgebürdet wird. Genau in diesem Sinne schreibt nun auch die Anti-Ageing-Medizin dem einzelnen Individuum die alleinige Verantwortung für die altersbezogene »Risikokontrolle« zu. Jedes Individuum soll quasi seinen riskanten Körper überwachen, für die entdeckten Risiken selbst die Verantwortung übernehmen und unter medizinischer Anleitung den Körper entsprechend umgestalten.

Damit ergeben sich nicht zuletzt auch einige Anknüpfungsmöglichkeiten an diverse gerontologische Konzepte, wie etwa das aktuell allseits beschworene »aktive Altern«. Auch hier nimmt der Präventionsgedanke einen überaus prominenten Raum ein, indem die Verhinderung oder zumindest Verzögerung altersbedingter körperlicher und kognitiver Abbauprozesse durch Aktivität, richtige Ernährung und regelmäßiges körperliches und kognitives Training propagiert wird. Und ähnlich wie seitens der präventiv gewendeten Anti-Ageing-Medizin, wird auch hier mehr oder weniger explizit die Verantwortung für den eigenen Alternsprozess an das Individuum delegiert. Stellvertretend für zahlreiche andere Gerontologinnen und Gerontologen kann in diesem Kontext die Position von Ursula Lehr zitiert werden: Ausgehend von einer Kritik an der bei zahlreichen älteren Menschen feststellbaren »Inaktivitätsatrophie« argumentiert Lehr, dass »viele Studien zeigen, dass man Abbau und Hinfälligkeit im Alter durch Prävention, durch richtige Ernährung und Training der körperlichen und geistigen Fähigkeiten verhindern oder wenigstens bis ins hohe Alte hinausschieben kann.« Dafür müsse allerdings »jeder Einzelne etwas tun!«, denn »Langlebigkeit verpflichtet – wir müssen alles tun, um möglichst gesund ein hohes Lebensalter zu erreichen« (Ursula Lehr, zit. n. Spindler 2009: 396). In diesem Lichte kann Mone Spindler nur zugestimmt werden, wenn sie konstatiert, »dass es sich bei *anti-ageing*-Strategien trotz aller sozialgerontologischen Empörung lediglich um eine konsequente Fortführung sozialgerontologischer *active-ageing*-Programme handelt« (Spindler 2009: 396). In beiden Fällen erscheinen physische Alterungsprozesse als etwas zutiefst

Defizitäres und eigentlich Pathologisches, dem man möglichst präventiv entgegenarbeiten sollte. Active-Ageing-Konzepten liegt also bei genauerer Betrachtung kein minder negatives, defizitorientiertes Altersbild zugrunde wie der von gerontologischer Seite oberflächlich so verachteten und kritisierten Anti-Ageing-Medizin.

Zusammenfassend kann mithin gesagt werden, dass das heute in der Anti-Ageing-Medizin kulminierende Bild des Alters als »Krankheit« und »Verfall« als ein spezifisch modernes, ausschließlich für kapitalistische Gesellschaften gültiges Altersbild zu betrachten ist. Dieses extrem defizitorientierte, das Alter(n) als Krankheit und als »pathologischen Zustand« rahmende Altersbild setzt eine kapitalistische, rund um Lohnarbeit zentrierte Form der Vergesellschaftung und damit verbundene Produktivitäts-, Leistungs- und Aktivitätsnormen voraus, welchen sich die Subjekte unterwerfen, um diese durch eine heute zunehmend wahnhafte Formen annehmende »Körperarbeit« permanent an sich selbst zu exekutieren. Dieser sowohl gesellschaftliche als auch subjektive Zwang zur Körperoptimierung ist wiederum verschränkt mit einem ebenfalls spezifisch modernen Verständnis von »Krankheit«, das Krankheit als Abweichung eines Körpers von der Norm konstruiert. In einer Gesellschaft, in der sich das ganze Leben um Lohnarbeit, um Produktivität und Aktivität dreht und »Gesundheit« wesentlich mit »Funktionalität« entlang dieses gesellschaftlichen Normengefüges gleichgesetzt wird, kann auch das Alter(n) letztlich nicht anders denn als pathologische Abweichung eines Körpers von der Norm erscheinen – eine Abweichung, der mit allen zur Verfügung stehenden Mitteln entgegengearbeitet werden muss, welche heute von einer stetig wachsenden Anti-Ageing-Industrie bereitgestellt werden.

In der Anti-Ageing-Medizin kommt gewissermaßen die »irrationale Rationalität« (Horkheimer/Adorno) der modernen naturbeherrschenden Vernunft zu sich, die nicht nur die äußere Natur, das heißt die Welt und die in ihr vorzufindenden Ressourcen, zum Verfügungsobjekt einer unter permanentem Wachstums- und Produktivitätszwang stehenden kapitalistischen Ökonomie macht, sondern auch die Menschen selbst, welchen sie entlang derselben Wachstumszwänge immer noch mehr Produktivität, Leistung und Aktivität sowie eine entsprechende Arbeit an sich und am eigenen Körper abverlangt. Insofern ist John A. Vincent in seiner Kritik an der Anti-Ageing-Medizin zuzustimmen, wenn er konstatiert, dass »[w]ithin the framework of a culture that equates science with progress and human domination of nature with success, old age will forever be condemned as the failure of scientific modernity« (Vincent 2006: 693).

Wie bereits Diskurse der »Unproduktivität« und der »Kostenlast des

Alters«, die heute in katastrophischen Vorstellungen einer »gesellschaftlichen Überalterung« kulminieren, so ist also auch die sich im aktuellen Anti-Ageing-Diskurs zuspitzende Assoziation von Alter(n) mit »Krankheit« hinreichend in ihren historischen und materiell-strukturellen Voraussetzungen zu reflektieren, um zu einer adäquaten Problembestimmung sowie Kritik entsprechender Diskurse zu gelangen. So wie die diskursive Gleichsetzung des Alters mit »Unproduktivität« eine gesellschaftliche Struktur voraussetzt, die auf der immer produktiveren Ausbeutung von Arbeit beruht und Menschen dementsprechend primär an ihrer (Arbeits-)Produktivität misst; so wie Diskurse des Alters als »gesellschaftliche Last« maßgeblich auf einer Form der Vergesellschaftung beruhen, in der menschliches Leben unter Nützlichkeits- und Rentabilitätsvorbehalt steht, so finden auch defizitorientierte Perspektiven auf das Alter(n) im Sinne einer »Krankheit« und eines »pathologischen Status« ihre Grundlage erst unter historischen, gesamtgesellschaftlichen Bedingungen, wo Alter(n) als Abweichung von einer durch Lohnarbeit und daran gekoppelten Produktivitäts-, Aktivitäts- und Fitnesszwängen gestifteten Körpernorm gilt und entsprechend bekämpft und zurückgedrängt werden muss.

5.4 »Alt werden, aber nicht alt sein«: Negativer Altersdiskurs versus positiver Langlebigkeitsdiskurs

Was zuletzt über den Zusammenhang von moderner Naturbeherrschungsrationalität und gesellschaftlicher Pathologisierung des Alter(n)s (als Grundlage heute zunehmend Gestalt annehmender Anti-Ageing-Tendenzen) gesagt wurde, bildet sodann einen guten Ausgangs- und Anknüpfungspunkt für die Betrachtung eines (jedenfalls auf den ersten Blick) widersprüchlichen Aspekts des modernen Altersdiskurses, der abschließend diskutiert werden soll. Die Rekonstruktion des modernen Altersdiskurses hat sich bislang vor allem auf die »Unproduktivität« und die »gesellschaftliche Last« des Alters sowie auf Assoziationen des Alter(n)s mit »Krankheit« als drei Hauptsträngen eines durch und durch negativen gesellschaftlichen Altersdiskurses konzentriert, wie er für moderne, kapitalistische Gesellschaften charakteristisch ist. Bei genauerer Betrachtung lässt sich feststellen, dass die in diesen Diskursen (re)produzierte negative Sicht auf das Alter(n) nur eine Seite des gesellschaftlichen Altersdiskurses bildet. Denn bei aller Negativität und Altersfeindlichkeit, die den modernen Altersdiskurs auszeichnen, wird das Alter(n) in der kapitalistischen Gesellschaft durchaus nicht nur und in jeder Hinsicht negativ bewertet. Ein langes Leben bis ins hohe Alter – ermöglicht durch gestiegene »Lebensstandards« und Fortschritte bei der medizinischen Versorgung – gilt selbst und vielleicht gerade in strukturell derart altersaversen Gesellschaften wie der kapitalistischen als unbedingt erstrebenswert. Der moderne Altersdiskurs, als die kulturell-symbolische Ebene der Dissoziation des Alters, erweist sich vor diesem Hintergrund also als ausgesprochen ambivalent und widersprüchlich, wenn nicht sogar schizophren.

Der positiven Bezugnahme auf Langlebigkeit, im Kontrast zu einem ansonsten durchweg negativen Altersdiskurs, sind wir in der vorliegenden Arbeit insbesondere im Zusammenhang mit aktuellen Debatten im Kontext des demografischen Wandels begegnet (siehe oben Kapitel 5.2). Hier gibt es Bestrebungen vor allem von Seiten der Gerontologie, den demografischen Altersstrukturwandel nicht nur negativ unter dem Gesichtspunkt der dadurch verursachten gesellschaftlichen »Herausforderungen« und »Probleme« zu diskutieren, sondern in einem positiven Sinne auch die sich mit dem demografischen Wandel (angeblich) eröffnenden »Chancen« in den Blick zu nehmen, wobei bevorzugt auf die statistisch zunehmend zum Regelfall werdende, als große gesellschaftliche Errungenschaft zu bewertende Langlebigkeit verwiesen wird. Die konstatierte »Schizophrenie«[141] von positivem Langlebigkeits- und negativem Altersdiskurs erweist sich darin, dass die positive Sicht auf Langlebigkeit in solchen Debatten unmittelbar mit negativen Altersdiskursen verknüpft ist, zumindest aber unübersehbare Überschneidungen damit aufweist. Wie sehr die positive Perspektive auf Langlebigkeit als gesellschaftliche »Chance« und »Errungenschaft«, scheinbar paradox, mit einer prinzipiell negativen Sicht auf das Alter(n) als solchem vereinbar ist, lässt sich daran erkennen, dass der Beschwörung von Langlebigkeit oftmals ausdrückliche Anti-Ageing-Perspektiven korrespondieren, die gerade vor dem Hintergrund zunehmender Langlebigkeit in der Bevölkerung auf eine Zurückdrängung des Alter(n)s und damit assoziierter Begleitumstände (Pflegebedürftigkeit, altersbedingte Krankheiten etc.) abzielen.

Am deutlichsten wird dies vielleicht – abgesehen von der in Wissenschaft und Politik heute besonders dominanten *Active-and-Healthy-Ageing*-Programmatik[142] – an Konzepten wie der sogenannten *longevity dividend* (Olshansky et al. 2016). Darin wird die Beschwörung der gesellschaftlichen »Vorteile« und »Potenziale« zunehmender Langlebigkeit direkt mit Anti-Ageing-Strategien einer biomedizinischen Bekämpfung des Alter(n)s kurzgeschlossen. S. Jay Olshansky, einer der Begründer und wesentlichen Verfechter des Konzepts, bringt dies unmissverständlich wie folgt zum Ausdruck:

»The Longevity Dividend is an approach to public health based on a broader strategy of fostering health for all generations by developing a new horizontal model to health promotion and disease prevention. Unlike the current vertical approach to disease that targets individual disorders as they arise, the Longevity Dividend model seeks to prevent or delay the root causes of disease and disability by attacking the one main risk factor for them all – biological aging.« (Olshansky 2013)

Langlebigkeit erscheint per se als gut und erstrebenswert, allerdings nur, solange jenes lange Leben in einem Zustand des »Nicht-alt-Seins«, also unter Bedingungen der Freiheit von Einschränkungen und Leiden verbracht wird, wie sie im Allgemeinen mit dem Alter(n) konnotiert sind. *Alt werden*, aber nicht *alt sein* – das ist die Losung praktisch aller gesellschaftlichen Diskurse und Konzepte, die sich heute positiv auf die gesellschaftliche Entwicklung zur Langlebigkeit und daraus resultierende »Herausforderungen« und »Chancen« beziehen.

Die Gleichzeitigkeit von positivem Langlebigkeits- und negativem Altersdiskurs markiert so gesehen nur auf der Oberfläche einen völligen Widerspruch – es ist vielmehr ein Widerspruch, der in der Sache selbst begründet liegt, und zwar insofern, als beide Diskurse ihre Wurzeln in der kapitalistischen Wert-Abspaltungsstruktur und der damit vermittelten Dissoziation des Alters haben. Ist die negative Sicht auf das Alter(n) ein unmittelbar ideologischer Effekt der kapitalistischen »Überflüssigkeit« der Alten, wie sie im Ruhestand und im Altenheim ihre beiden zentralen institutionellen Vergegenständlichungen angenommen hat, und der sich primär durch Arbeit, Produktivität, Aktivität, Autonomie usw. identifizierenden modernen Subjektform, der das Alter(n) entsprechend als sukzessiver Verlust von Subjektivität schlechthin erscheint, so folgt die positive Konnotation der Langlebigkeit der ebenfalls kapitalistisch-modernen, genuin androzentrischen, die gesamte Geschichte der modernen Wissenschaft durchziehenden Logik der Naturunterwerfung und -beherrschung, der die Sterblichkeit des Menschen schon lange ein Dorn im Auge ist, und in der Langlebigkeit daher als eine Art Etappensieg auf dem Weg zur Überwindung des Todes gesehen wird; ein Vorhaben, an dem, wie im vorigen Kapitel gezeigt wurde, manche Biomediziner der Intention nach ernsthaft arbeiten. Aus der Perspektive der wissenschaftlich-modernen, naturbeherrschenden Rationalität, die schon den menschlichen Körper an sich bevorzugt als »Maschine« betrachtet,[143] erscheint der Tod schlicht als eine »organische Fehlleistung« (Jonas 1979: 48), die unter

Einsatz aller aufzubietenden wissenschaftlichen und technischen Mittel zu beheben ist. So gesehen sind positiver Langlebigkeits- und negativer Altersdiskurs also nicht einfach zwei gegeneinander opponierende (positive und negative) Pole des gesellschaftlichen Altersdiskurses, sondern gehen vielmehr notwendig miteinander einher und bedingen einander wechselseitig: Dem Streben nach Langlebigkeit korrespondiert ein tief in der modernen Kultur verankerter Drang nach einer Überwindung des Todes, dem wiederum eine Neigung zur Verdrängung und Überwindung des Alter(n)s entspricht.

Nun ist ein Unbehagen vor dem Tod und der eigenen Sterblichkeit – und damit verbunden auch eine gewisse Angst vor dem Alter(n) – sicherlich nicht bereits per se ein exklusiv modernes Phänomen. Ein Lebenserhaltungstrieb und eine entsprechende Todesfurcht gehören wahrscheinlich bis zu einem gewissen Grad zur »natürlichen« Ausstattung eines jeden Menschen und sind insofern ein wesentlicher Bestandteil der *conditio humana*. Daraus folgt aber nicht, dass moderne Formen der Verdrängung und Überwindung des Todes, wie sie heute in manchen Ausprägungen der Anti-Ageing-Medizin ihre radikalste Gestalt annehmen, dem Wesen des Menschen schlechthin entsprechen und gleichsam eine »natürliche« menschliche Reaktion auf die eigene Endlichkeit und damit assoziierte Ängste darstellen. Dagegen spricht schon, dass Menschen zu unterschiedlichen historischen Zeiten und unter verschiedenen soziokulturellen Rahmenbedingungen sehr unterschiedlich mit dem Tod und ihrer Sterblichkeit umgegangen sind. Hinweise darauf liefert etwa der französische Historiker Philippe Ariès in seiner berühmten *Geschichte des Todes* (vgl. Ariès 1995). Ariès arbeitet darin verschiedene Formen des kulturellen Umgangs mit Sterben und Tod heraus, die sich im Laufe der abendländischen Geschichte herausgebildet und in unterschiedlichen historischen Epochen sowohl die Einstellungen der Menschen zum Tod als auch ihre konkrete Praxis des Sterbens maßgeblich geprägt haben.

Mit Blick auf mittelalterliche Agrargesellschaften spricht Ariès etwa von einem »gezähmten Tod« (ebd.: 13ff.). Hier sei das Sterben der Menschen noch fest eingebettet gewesen in öffentliche und genau festgelegte Zeremonien. Zu dieser Zeit bestand, besonders im Vergleich zur Gegenwart, offenbar noch eine relativ geringe Angst vor dem Tod, jedenfalls aber hat eine solche nicht unmittelbar den praktischen Umgang der Menschen mit dem Sterben dominiert. Der Tod wurde laut Ariès ohne übertrieben exzessive Emotionen erwartet, der Sterbende sprach Gebete im Beisein seiner Angehörigen, gab Schuldbekenntnisse ab, und der Priester erteilte die Absolution. Diese Zähmung des Todes habe erst im Spätmittelalter nachgelassen, damit auch die duldsame Haltung im Angesicht des Todes. Unter dem Einfluss der Vorstellung vom Jüngsten Gericht habe sich allmählich Angst vor dem Tod breitgemacht (aus dieser Zeit stammen auch die diversen bildlichen Darstellungen des Todes, die berühmten »Totentänze«). Diese Epoche nennt Ariès den »nahen und langen Tod« (ebd.: 379 ff.). Im 18. und 19. Jahrhundert, also etwa zu Beginn der kapitalistischen Industrialisierung, begann man den Tod im Zuge der damit einhergehenden Privatisierung im Rahmen der bürgerlichen Familie als eine Überschreitung der gewohnten Welt des Menschen aufzufassen. Der Tod gewann an Bedeutung, dementsprechend veränderten sich die Sterbezeremonien, und es kam geradezu zu einer Übertreibung der Trauer. »Der Tod des Anderen« (ebd.: 519 ff.), wie Ariès diese Epoche des Todes nennt, also der Tod eines nahestehenden Menschen, bedeutete eine Erschütterung der Alltagswelt und wurde nicht mehr so einfach hingenommen. Schlussendlich charakterisiert der »verborgene Tod« (ebd.: 715) laut Ariès den Tod der Moderne. Mit der Zeit wurde der Tod mehr und mehr aus dem öffentlichen und sozialen Leben ausgebürgert und gleichsam verheimlicht. Eine tragende Rolle in dieser Entwicklung spielte laut Ariès die fortschreitende Medikalisierung seit dem 19. Jahrhundert, durch die die Diagnose und Behandlung von Krankheiten zunehmend die Auseinandersetzung mit Leben und Tod ablösten, und in weiterer Folge wurde auch das Sterben medikalisiert und ins Krankenhaus verlagert. Im Laufe der 1950er und 1960er Jahre triumphierte die Medikalisierung weiter, etwa durch die Ausweitung der Indikationen zu lebensverlängernden Maßnahmen wie Reanimation und Beatmung. Der Kampf gegen den Tod und der Einsatz aller technisch verfügbaren Möglichkeiten zur Lebensverlängerung wurden mithin zum obersten Prinzip, während etwa der Blick für die Bedürfnisse sterbender Menschen weitgehend verloren ging.

Mit Ariès lässt sich also die historische Entwicklung hinsichtlich der Haltung des neuzeitlichen Menschen gegenüber dem Tod als ein sukzessiver Verdrängungsprozess beschreiben. Und diese zunehmende Verdrängung des Todes ist zunächst einmal und in erster Linie als eine Kulturleistung aufzufassen. Gerade an der von Ariès betonten Medikalisierung des Sterbens lässt sich die spezifisch moderne Todesverdrängung vielleicht besonders eindrucksvoll ablesen. Diese stellt sich einerseits in einer Auslagerung des Sterbens in Institutionen wie Krankenhäusern oder Pflegeheimen dar – ein Vorgang, der seit dem späten 19. und frühen 20. Jahrhundert das Sterben eines immer größeren Teils der Bevölkerung prägt[144] und dieses gleichsam für die Gesellschaft unsichtbar macht. Andererseits äußert sich die Medikalisierung des Sterbens in immer mehr und immer differenzierteren Indikationen für lebensverlängernde Maßnahmen, durch die der Tod hinausgeschoben und verzögert wird. Nicht ohne Ironie hat diese Entwicklungen der austroamerikanische Philosoph und Theologe Ivan Illich kommentiert:

> »In extremer Form ist der ›natürliche Tod‹ heute jener Punkt, an dem der menschliche Organismus jeden weiteren ›Input‹ an Behandlung verweigert. Neuerdings ist der Mensch tot, wenn das Elektro-Enzephalogramm anzeigt, daß die Gehirnwellen abflachen: er tut nicht mehr seinen letzten Atemzug, er stirbt nicht mehr, weil sein Herz stillsteht. Der sozial anerkannte Tod tritt ein, wenn der Mensch nicht nur als Produzent, sondern auch als Konsument nutzlos geworden ist. Er ist jener Punkt, an dem der unter hohen Kosten geschulte Konsument schließlich als Totalverlust abgeschrieben werden muß. Der Tod ist die äußerste Form der Konsumverweigerung.« (Illich 1977: 237)

Illich erachtet dies als Symptom und geradezu Programm einer durch und durch medikalisierten Gesellschaft, die ihre Neigung zur Verdrängung von Schmerz, Krankheit und Tod in einen »vielgestaltigen Exorzismus aller Formen des bösen Todes« übersetzt, der letztlich die Gestalt eines »totalen Krieges« gegen das Sterben annimmt: »Unsere großen Institutionen sind nichts anderes als ein gigantisches Verteidigungsprogramm, mittels dessen wir im Namen der ›Humanität‹ gegen todbringende Kräfte und Klassen Krieg führen. Dies ist ein totaler Krieg« (ebd.: 231f.).

Die in solchen Entwicklungen erkennbare, spezifisch moderne Verdrängung des Todes wird dabei zusätzlich bestätigt durch (auf den ersten Blick) gegenläufige Tendenzen, wie sie etwa in der Etablierung der Hospizbewegung und in der Institutionalisierung der Palliativmedizin Gestalt angenommen haben, die in den letzten Jahrzehnten zu einer stärkeren gesellschaftlichen Auseinandersetzung mit Themen des Todes und des Sterbens führten. Dies wird häufig im Sinne einer »gesteigerten Reflexivität des Todes« (Matter 2006: 96) interpretiert. Tony Walter (1994) spricht in diesem Zusammenhang – ausdrücklich gegen Thesen einer Verdrängung des Todes gerichtet – von einem »revival of death«. Mittlerweile, so Walter, würden die Menschen den Tod durchaus nicht mehr verdrängen, sondern seien, ganz im Gegenteil, geradezu besessen davon. In der Tat versuchen die Menschen heute immer öfter, noch im Zustand der Gesundheit, etwa mittels Patientenverfügungen, die Bedingungen des eigenen Sterbens festzulegen. Gleichzeitig führen die Defizite der Medizin auf dem Gebiet des

Sterbens und insbesondere der Einsatz aller technischen Möglichkeiten zur Lebensverlängerung selbst bei sterbenskranken und sterbenden Menschen sowohl vermehrt zu gesellschaftlichen Debatten darüber, was die moderne Medizin zu leisten habe, als auch zu einer stärkeren Besinnung auf ethische Dimensionen medizinischen Handelns innerhalb der Medizin selbst. Gleichwohl spricht vieles dafür, dass diese zweifellos weitreichenden und vor allem für Sterbende in vieler Hinsicht sicherlich positiven Entwicklungen kaum mit einer Überwindung der lange vorherrschenden, historisch gewachsenen Verdrängung des Todes gleichgesetzt werden können. Denn letztlich verweisen der heute offenere und »reflektiertere« Umgang der Menschen mit dem Sterben und insbesondere die mittlerweile bestehenden rechtlichen Möglichkeiten, die Rahmenbedingungen des eigenen Todes zu bestimmen, auf ein intensives Bedürfnis, den Tod – wie auch alle anderen Bereiche des Lebens – zu bestimmen und zu kontrollieren. Kontrolliert muss der Tod aber nur werden, sofern und weil er Angst macht – das gilt umso mehr mit Blick auf die oftmals als unwürdig empfundenen Rahmenbedingungen, die die moderne Gesellschaft für das Sterben geschaffen hat (Lebenserhaltung und -verlängerung bis zuletzt, Verbannung des Sterbens in Institutionen usw.) und die gerade durch rechtliche Instrumente wie die Patientenverfügung so weit wie möglich vermieden oder für sich selbst gemildert werden sollen. Die neue »Reflexivität« des Todes und des Sterbens besteht also in diesem Lichte vor allem in der möglichst lückenlosen und frühzeitigen Regelung der Umstände des eigenen Todes, durch die noch im Zustand der Gesundheit die volle Kontrolle (oder jedenfalls die Illusion der Kontrolle) über einen Tod erlangt werden soll, der nach wie vor – und vielleicht heute mehr denn je – mit enormen Ängsten besetzt ist. Die existenzielle Bedrohung durch den Tod soll gleichsam gebannt werden durch die Illusion seiner subjektiven Beherrschung und Kontrolle.

Für das Fortbestehen der modernen Verdrängung des Todes – noch durch seine »gesteigerte Reflexivität« hindurch – spricht nicht zuletzt, dass gerade die Praxis der medikamentösen Schmerzbehandlung und Sedierung in Hospizen und in der Palliativpflege (mit der diese auch in aktuellen Diskussionen um Sterbehilfe für sich und gegen Formen des assistierten Suizids werben) im Grunde selbst, wenn auch in anderer Form, einer Verdrängung des Todes gleichkommt, da dadurch gerade das Erleben und die existenzielle Erfahrung des Sterbens praktisch verhindert werden. Reimer Gronemeyer spricht in diesem Zusammenhang von »terminaler Sedierung«:

»Mehr als die Hälfte der Menschen, die in Krankenhäusern sterben, erleben ihren Tod nicht, sondern verschlafen ihn. Das wollen die Menschen so, heißt es. Das dürfte stimmen, aber über diese Modernisierung des Sterbens wird nicht gesprochen, sie geschieht einfach. Die Tendenz zur Verleugnung des Todes erreicht in der terminalen Sedierung ihren zeitgemäßen Höhepunkt.« (Gronemeyer 2012: 2)

Für Gronemeyer befindet sich diese Praxis auf einer Linie mit früheren Formen der Verdrängung von Tod und Sterben, wie sie in der Abschiebung des Sterbens in Institutionen oder der Lebensverlängerung um jeden Preis auch bei Sterbenskranken Gestalt angenommen hat. Mehr noch: Die Verdrängung des Todes erreicht für ihn in der Gegenwart sogar ein ganz neues Niveau. Aus seiner Sicht handelt es sich heute um eine fortgeschrittene »Industrialisierung des Sterbens«:

»Palliative Versorgung bringt uns auf den qualitätskontrollierten und standardisierten Weg, den wir im Kindergarten, in der Schule, in der Justizvollzugsanstalt schon gehen. Inszeniert wird das qualitätskontrollierte Sterben. (…) Damit legt sich der Zwang zur Standardisierung, zur Dokumentation und zur Qualitätskontrolle über den letzten Lebensabschnitt.« (ebd.)

Wie auch immer man also die Fortschritte, die Hospiz und Palliativmedizin hinsichtlich der Betreuung und Behandlung von Sterbenden ohne Zweifel bedeuten, im Einzelnen bewerten mag – die Verleugnung und Verdrängung des Todes als ein spezifisches Charakteristikum der modernen Gesellschaft werden dadurch nicht dementiert, sondern zusätzlich bestätigt und erfahren darin in gewisser Weise noch eine erhebliche Zuspitzung.

In der heute auf die Spitze getriebenen Medikalisierung des Todes und des Sterbens ist sehr wahrscheinlich nur ein Symptom und weniger eine Ursache für den tiefsitzenden Drang moderner Menschen zur Verdrängung des Todes zu sehen. Denn in der Medikalisierung und den daraus resultierenden Praktiken der Zurückdrängung, Ausbürgerung und Kontrolle des Todes spiegelt sich letztendlich nur jene von Ariès konstatierte, allgemeinere gesellschaftliche, spezifisch moderne Tendenz zur Verdrängung des Todes wider. Ähnlich wie mit Blick auf das in dieser Arbeit im Mittepunkt stehende (negative) Verhältnis moderner Menschen zum Alter(n) insgesamt, so ist wohl auch die Ursache für die virulente Verdrängung des Todes in der spezifischen Form und den Strukturlogiken moderner Gesellschaften selbst zu suchen. Der Psychoanalytiker Horst

Eberhard Richter etwa verortet die weit verbreitete Neigung zur Verdrängung und Überwindung des Todes in einem eigentümlichen, tief in der modernen Subjektivität verwurzelten »Gotteskomplex« (Richter 1979). Richter geht sogar so weit, mit Blick auf die westlich-moderne Zivilisation von einer »psychosozialen Störung« zu sprechen, die sich vor allem in egozentrischen Allmachtsfantasien manifestiere, verbunden mit einer tiefsitzenden Unfähigkeit moderner Menschen, zu leiden, sowie einer massiven Todesverachtung und Sterbeangst. Der Tod und damit die Endlichkeit menschlichen Lebens bedeuten aus dieser Sicht gewissermaßen eine unerhörte narzisstische Kränkung, die das moderne Subjekt (repräsentiert vor allem durch den westlich-modernen, bürgerlichen Mann) nur durch deren konsequente Verdrängung oder – was auf dasselbe hinausläuft – durch Versuche, den Tod zu bezwingen oder zu überwinden, bewältigen kann. Dieser in einer Dialektik von Allmacht und Ohnmacht situierte Drang des modernen Menschen nach Todesüberwindung zeigt sich laut Richter bereits auf einer alltagspraktischen Ebene in den

> »alltäglichen Kraft- und Mutproben, die Millionen Menschen dazu dienen, die Phantasie ihrer Unzerstörbarkeit zu erhalten. Unendlich ist die Zahl der kleinen Abenteuer und sportlichen Kunststücke, deren Nervenkitzel nichts anderes ist als eine versteckte Herausforderung des Todes. Indem man sich wieder und wieder beweist, daß man unversehrt aus den selbstinszenierten riskanten Situationen herauskommt, kann man weiterhin wähnen, nie und nirgends unterzugehen. Aber hinter all diesen kleinen halsbrecherischen Taten verbleibt die Angst, die man durch immer neue überkompensatorische Waghalsigkeiten beschwichtigen muß. Insofern ist die ›Selbstüberwindung‹, deren die kleinen Helden sich selbst rühmen und die man an ihnen bewundert, eigentlich gerade keine Überwindung dessen, was sie im Innersten ihres Selbst bedroht. Denn weil sie ihre eigentliche innere Angst vor Schwäche und Endlichkeit nicht überwinden können, stürzen sie sich auf Wüsten, Meere oder Berge oder auf andere große oder kleinere *äußere* Angstobjekte. *Die Demonstration von Todesverachtung ist mithin in aller Regel nur eine Überkompensation des Gegenteils, nämlich einer ganz besonders schlimmen Sterbeangst.*« (ebd.: 185f., Herv. i. O.)

Über die Ursachen der modernen Todesverdrängung und ihren konstitutiven Zusammenhang mit der spezifisch kapitalistischen Struktur der modernen Gesellschaft hat aus einer kritisch-theoretischen Perspektive auch Theodor W. Adorno einige instruktive Überlegungen angestellt. Laut Adorno, der selbst alles andere als frei war von Todesfurcht und sogar ausdrücklich die Ansicht vertrat, der Tod sei eine »Schande des Menschen«, die »abgeschafft« werden sollte (vgl. Müller-Doohm 2003: 732), ist die verbreitete Angst vor dem Tod, die letztlich in dessen Verdrängung münde, die unmittelbare und folgerichtige Konsequenz einer Gesellschaft, die ihre Mitglieder auf bloße Agenten des Tauschs reduziere und ihnen dadurch ein selbstbestimmtes und glückliches Leben bereits systematisch verweigere:

>»Je weniger die Subjekte mehr leben, desto jäher, schreckhafter der Tod. Daran, daß er sie buchstäblich in Dinge verwandelt, werden sie ihres permanenten Todes, der Verdinglichung inne, der von ihnen mitverschuldeten Form ihrer Beziehungen. (…) Vernichtet wird ein an sich und vielleicht auch schon für sich Nichtiges. Daher die Dauerpanik angesichts des Todes. Sie ist anders nicht mehr zu beschwichtigen als durch dessen Verdrängung.« (Adorno 2003d [1966]: 363)

Mit anderen Worten: Es ist die gähnende Leere der wertförmigen Existenz und die Zurichtung der Menschen auf Funktionen eines selbstzweckhaften und damit per se »sinnlosen« Kapitalverwertungsprozesses, die den Gedanken an den Tod so unerträglich machen. Die Vorstellung, die durch Arbeit, Konsum und den täglichen Kampf um Karriere- und Lebenschancen bestimmte Existenz sei womöglich schon alles, sei das ganze Leben, das einem unter den bestehenden gesellschaftlichen Bedingungen beschieden sein soll, lässt die Menschen die eigene Endlichkeit als eine ungeheure Zumutung empfinden, die nur zu ertragen ist, indem sie mit aller Macht verdrängt wird.[145]

Was den Tod darüber hinaus für moderne Menschen zum Problem und zu einem möglichst zu verdrängenden Aspekt ihrer Existenz macht, ist vielleicht auch die spezifisch moderne Konzeption von Zeit und damit zwangsläufig auch ihrer »Lebenszeit«: Wie die Arbeit und ganz allgemein der gesellschaftliche Reichtum, so ist auch die Zeit im Kapitalismus wesentlich »abstrakte Zeit«. War in vormodernen Gesellschaften die Zeitlichkeit »geknüpft an jeweils inhaltliche Ereignisse oder Phänomene, die der Zeitbestimmung zugrunde lagen«, und Zeit in erster Linie »Zeit ›für etwas‹ oder ›von etwas‹« (Czorny 2017: 227) – gewissermaßen also eine Vorstellung von Zeit, in der alle Dinge »ihre eigene Zeit haben« (zum Beispiel Tätigkeiten wie Aussaat, Ernte, Gebet usw.) –, setzte sich mit der

Entstehung und Ausbreitung der kapitalistischen Produktionsweise »die gesellschaftlich notwendige Arbeitszeit als Norm und damit die abstrakte Zeit durch« (ebd.), ausgedrückt vor allem durch die betriebswirtschaftliche Maßeinheit der Arbeitsstunde. Im Gegensatz zu allen vormodernen Zeitvorstellungen ist diese »abstrakte Zeit« eine

> »gleichförmige, kontinuierliche, homogene, ›leere‹ Zeit (…), unabhängig von Ereignissen. (…) Sie ist zu einer unabhängigen Variablen geworden, gemessen in konstanten, kontinuierlichen, vergleichbaren und austauschbaren, per Konvention festgelegten Einheiten (Stunden, Minuten, Sekunden), die als absoluter Maßstab von Bewegung und Arbeit qua Verausgabung dient. Ereignisse und Handlungen im allgemeinen, sowie Arbeit und Produktion im besonderen finden nun innerhalb der Zeit statt und werden von ihr bestimmt – eine Zeit, die abstrakt, absolut und homogen geworden ist.« (Postone 2003: 309f., 327)

Und diese abstrakte Zeit bestimmt in modernen Gesellschaften nicht nur Arbeit und Produktion, sondern in zunehmendem Maße das gesamte Leben von Menschen. Kenntlich wird dies insbesondere daran, dass Menschen auch ihre Freizeit immer mehr einer durch quasi-betriebswirtschaftliche Kalküle und Zeittakte bestimmten »Zeitökonomie« unterwerfen und hierfür zum Teil auch dieselben Mittel einsetzen wie für die Taktung und Strukturierung ihrer Arbeitszeit (zum Beispiel Uhr, Terminplaner). Nicht zuletzt darin, Hand in Hand mit einer immer schneller ablaufenden technologischen Entwicklung sowie fortschreitenden Flexibilisierung und Individualisierung, dürfte auch die heute allenthalben beklagte »Beschleunigung« (Rosa 2005) und »Schnelllebigkeit« begründet liegen, die wiederum – gerade auch mit Blick auf die eigene Wahrnehmung des Alterns und der individuellen Lebenszeit – ein permanentes Gefühl einer viel zu schnell vergehenden, quasi »verlorenen« Zeit erzeugt. All dies, zusammen mit der übermächtigen Heteronomie moderner Gesellschaften und der daraus resultierenden, von Adorno betonten Entfremdung und Verdinglichung, dürfte daher ebenfalls ein wesentlicher Grund sein für die tiefsitzende Angst moderner Menschen vor dem Tod und ihre verzweifelten Versuche, diesen so gut es geht zu verdrängen.

In der hier dargestellten historischen Spezifik der modernen Todesverdrängung erlangen auch gerontologische Befunde über einen Zusammenhang von Todesangst und *ageism* wahrscheinlich erst ihre volle Gültigkeit. Dabei wird davon ausgegangen, dass Altersfeindlichkeit und Altersdiskriminierung wesentlich in einer vehementen Verdrängung des Todes und der eigenen Sterblichkeit gründen, die sich sodann in Vorurteilen und einer tendenziellen Abwertung alter Menschen Ausdruck verschaffe. Todd D. Nelson fasst die These vom Ursprung von *ageism* in einer tiefsitzenden Angst vor dem Tod recht prägnant folgendermaßen zusammen:

> »[B]ecause older people are a reminder of our impending mortality, people (…) tend to associate negative feelings with (and ascribe negative qualities to) older adults. The anxiety and fear that are associated with death lead young people to blame older people for their plight – getting older. In so doing, they can deny the thought that they too will grow old (and die). By blaming the older person, stereotyping him/her, and treating elders with pity, anger, irritation, or patronizing speech, younger people are able to trick themselves into believing that they will not eventually die. This derogation of older people only serves to create a perpetual cycle of ever-increasing prejudice against older persons. The more negatively younger people treat older persons, the weaker and more negatively older people are perceived, and the increasingly negative way older people appear, in turn only increases the anxiety young people have about death, and this amplifies their tendency to act in ageist ways toward older people.« (Nelson 2011: 40)

Dieser Teufelskreislauf aus Todesangst und Altersverdrängung begründe letztlich den für *ageism* charakteristischen, höchst paradoxen Sachverhalt, dass jüngere Menschen, wenn sie Vorurteile gegenüber Alten haben oder negative Altersbilder pflegen, de facto ihr eigenes zukünftiges, altes Selbst abwerten und diskriminieren.

Ähnlich wie Nelson formulieren es die Psycholog/innen Klaus Rothermund und Anne-Kathrin Mayer, unter Verweis auf einschlägige Studien:

> »[E]ine Begegnung mit älteren Menschen [erhöht] die Salienz der Endlichkeit des eigenen Daseins und bedroht so den Glauben an die eigene Unverletzlichkeit und die Kontinuität des Selbst (…). Da mit dem negativen Altersbild auch negative Erwartungen an das eigene Altern verknüpft sind, wird (…) zusätzlich an die Unbeständigkeit zentraler Quellen des Selbstwertgefühls vieler jüngerer Menschen erinnert (wie physische Attraktivität, Körperkraft, Macht etc.). Um die hieraus resultierenden Bedrohungen und

Sinnverluste abzuwehren, wird der Kontakt mit älteren Menschen gemieden, und es werden ihnen weniger positive Eigenschaften zugeschrieben.« (Rothermund/Mayer 2009: 93)

Das Manko solcher gerontologischen Erklärungsansätze besteht jedoch gerade darin, dass sie keine gesellschaftstheoretische Perspektive auf die von ihnen beschriebenen Phänomene einnehmen. Einer Erklärung von Altersfeindlichkeit und Altersdiskriminierung kommen sie dadurch nur sehr bedingt näher, da letztlich offenbleibt, worin die für die vorherrschenden negativen Altersbilder verantwortlich gemachte Angst vor dem Tod selbst ursächlich begründet liegt. Dies wird auch von Rothermund und Mayer zutreffend erkannt, wenn sie eine »gewisse Zirkularität« in der Erklärung negativer Altersbilder konstatieren, durch die sich diese letztlich als unbefriedigend erweise: »Negative Vorstellungen bezüglich des Alter(n)s werden zum einen benutzt, um die Angst vor dem Alter zu erklären, zugleich aber sind es genau diese negativen Altersvorstellungen, die ihrerseits durch die Angst vor Tod und Sterben erklärt werden sollen.« (ebd.) Die Erklärung erweist sich also bei genauerer Betrachtung als tautologisch, das zu klärende Problem wird gleichsam durch sich selbst erklärt: Das negative gesellschaftliche Bild vom Alter(n) soll aus der Verdrängung des Todes und in weiterer Folge des Alter(n)s resultieren, deren Grundlage wiederum ein negatives Altersbild sei. Nicht in den Blick rückt dabei die Möglichkeit, dass beides – sowohl Angst vor dem Tod als auch negative Altersbilder – nur zwei Aspekte ein und desselben Problems darstellen; eines Problems, das bei diesem Erklärungsansatz jedoch weiterhin erklärungsbedürftig bleibt. Hier wäre also die Frage zu stellen, was genau die Menschen in der modernen Gesellschaft eigentlich dermaßen todesängstlich und in weiterer Folge altersfeindlich macht.

Eine solche gesellschaftstheoretisch fundierte Perspektive bleibt wiederum dadurch systematisch verstellt, dass gerontologische Erklärungsversuche von *ageism* durch Todesangst dazu neigen, Todesfurcht und eine daraus resultierende Angst vor dem Alter(n) zu anthropologisieren und gleichsam in der Natur des Menschen zu verorten. »Genauso wie der Tod«, so formuliert es in diesem Sinne etwa Ursula Staudinger (2003: 35), »so ist wahrscheinlich auch die Angst vor dem Tod und der Wunsch, nicht zu altern, ein evolutionär verankerter Grundbestandteil der Conditio humana«. Staudinger geht dabei sogar so weit, der heute zu beobachtenden Verdrängung des Todes und des Alter(n)s jede moderne Spezifik ausdrücklich abzusprechen, wenn sie darauf besteht, dass diese »kein Phänomen der Moderne oder gar der Postmoderne« und daher nicht »einem durch die Wertewelt moderner Industriegesellschaften verursachten Jugendwahn an[zu]kreiden« (ebd.) sei. Hier wird also die Angst vor dem Tod und vor dem Altern zu einer anthropologischen Konstante erklärt, damit aber auch ein zunächst einmal gesellschaftlicher und historischer Tatbestand gleichsam naturalisiert. Auch wenn es zutreffend sein mag, dass ein Lebenserhaltungstrieb und somit auch eine gewisse Todesangst mit zur »Natur« des Menschen gehören, lässt sich daraus nicht pauschal eine »Natürlichkeit« von Todes- und Altersangst ableiten, im Sinne einer anthropologischen Invariante – jedenfalls nicht, ohne dabei historische Differenzen hinsichtlich des kulturellen sowie individuellen Umgangs der Menschen mit dem Tod zu verwischen und insbesondere die moderne Spezifik heutiger Phänomene der Todesverdrängung zu negieren. Die unter modernen Menschen weit verbreitete Verdrängung des Todes stellt in erster Linie eine Kulturleistung dar, und als solche ist sie daher auch zu theoretisieren. Die tiefsitzende Todesfurcht des modernen Menschen, so ließe sich vielleicht der gerontologische Befund eines Zusammenhangs von Todes- und Altersangst vor dem Hintergrund der oben dargelegten kritischen Überlegungen präzisieren, setzt sowohl eine entsprechende Form der Vergesellschaftung, als auch ein entsprechendes Subjekt voraus, das angesichts der übermächtigen Heteronomie der modernen gesellschaftlichen Verhältnisse sowie der darin herrschenden, das ganze Leben bestimmenden und unterwerfenden abstrakten Zeitlichkeit ein dermaßen übersteigertes Unbehagen vor seiner eigenen Sterblichkeit empfindet, dass es dieses nur durch deren Verdrängung zu bewältigen weiß, und es daher unter anderem nötig hat, seine Todesangst auf jene Menschen zu projizieren, die durch ihre größere Nähe zum Tod die Endlichkeit des Menschen geradezu verkörpern und das todesfürchtige Subjekt permanent daran erinnern – auf Alte.

Auch Horst Eberhard Richter weist in seinen psychoanalytisch grundierten Ausführungen über moderne Tendenzen der Todesüberwindung ausdrücklich auf einen konstitutiven Zusammenhang von Todesverachtung und Altersverdrängung beziehungsweise Altersabwertung hin, wobei er explizit moderne Strukturzusammenhänge und davon ausgehende Identitätszwänge berücksichtigt. Die moderne Todesverachtung läuft laut Richter de facto auf nichts Geringeres als die Negation eines Bestandteils des Lebens hinaus, der unhintergehbar zur menschlichen Existenz gehört. Wer jedoch den Tod nicht annehmen kann und wessen Leben nur in einer unaufhörlichen Entwicklung »nach oben« und einem permanenten Fortschreiten entlang der gesellschaftlichen Norm des Immer-Mehr und Immer-Besser besteht, wie sie von modernen Leistungs-, Produktivitäts- und Aktivitätsimperativen vorgegeben wird, der kann auch das Alter(n) nur negativ als Verlust und als Abbau erfahren:

> »Unsere traditionelle geistige Grundhaltung läuft auf die Paradoxie hinaus, daß wir um vermeintlicher Größe und Macht willen unbewußt darauf verzichten, das *Gesamt* unseres Lebens zu bejahen. Gemessen am kulturell verinnerlichten Ideal individueller Großartigkeit muß der einzelne nicht nur deshalb fortwährend Minderwertigkeitsgefühle niederhalten, weil seine soziale Bedeutung innerhalb der technisierten und überorganisierten Massengesellschaft immer mehr schrumpft, sondern vor allem auch deshalb, weil er durchschnittlicherweise nur während eines sehr begrenzten Ausschnittes seines Lebens so potent und fit sein kann, wie es sein Ideal ihm vorschreibt.« (Richter 1979: 228, Herv. i. O.)

An dieser Stelle bringt Richter auch die chronologische Lebensordnung der kapitalistischen Moderne mit ihren Konnotationen von Aufbau (Kindheit/Jugend), Lebenshöhepunkt (»mittleres Alter«) und Abbau (Alter) ins Spiel:

> »Als Kind und Jugendlicher ist er [der Mensch, A. S.] hilfsbedürftig und unmündig. Und in einen vergleichbaren Zustand von Schwäche und Abhängigkeit gerät er im Alter. Dazwischen liegt eine mittlere Phase, die sogenannte ›Höhe des Lebens‹. In dieser Phase allein kann er, wenn er Glück hat, eine Position erklimmen, die dem erlernten Maßstab für eine positive Selbstachtung einigermaßen entspricht. (…) Er kann sich auf dem Gipfel seiner flacheren oder steileren Karrierekurve, inmitten der für die Wirtschaft interessantesten Altersgruppe, als Konsument besonders geachtet und umworben fühlen. Aber bald ist der Höhepunkt überschritten. Die Kräfte lassen nach. Die kreativen Impulse der Selbsterneuerung werden schwächer. Die Attraktivität schwindet. Man braucht ihn nicht mehr. Die Inhalte des Rentenalters werden zur bloßen Selbsthilfe-Beschäftigungstherapie. Er wird zur ›Randgruppe‹, wie immer dieser Status auch von der übrigen Gesellschaft schönfärbend verschleiert wird, damit diese sich vor dieser Phase nicht allzu sehr fürchten muss.« (ebd.: 228f.)

Aus dieser chronologischen, rund um Arbeit, Leistung, Status, Macht und Fitness zentrierten Ordnung des Lebens – so das Resümee von Richter – ergibt sich das Paradoxon,

> »*daß im Grunde jede Altersphase um die Chance gebracht wird, sich in einem ihr gemäßen Sinn zu erfüllen*. Wenn das Leben nicht als Zyklus begriffen wird, sondern als eine Linie, die nach Möglichkeit immer höher und letztendlich in die Unendlichkeit führen sollte, kann der Mensch niemals auch nur einigermaßen spannungsfrei mit dem Widerspruch fertig werden, daß die Kurve nur eine Weile ansteigt und dann bis zum Schlußpunkt abfällt. (…) Ein Abschluß, den sinnvoll vorzubereiten eine wesentliche Aufgabe wäre – während das Machtprinzip ein Leben lang nur die Vermeidung oder zumindest die unendliche Hinauszögerung eines sinnlos erscheinenden Absturzes zu bewerkstelligen fordert.« (ebd.: 230, Herv. i. O.)

An solchen Ausführungen Richters ist freilich so manches durchaus nicht unproblematisch und insofern mit Vorsicht zu genießen. So erweist sich etwa sein Resümee, in der modernen Gesellschaft werde »jede Altersphase um die Chance gebracht, sich in einem ihr gemäßen Sinn zu erfüllen«, insofern als reichlich unpräzise, als ja bereits die chronologische Ordnung des Lebens mit ihren distinkten Alters- und Lebensphasen ein historisch-spezifisches Produkt der kapitalistischen Moderne darstellt. Es kann daher schwerlich von einer verhinderten »Erfüllung« dieser »Altersphasen« in einem ihnen »gemäßen Sinn« die Rede sein, wohl aber davon, dass den Menschen angesichts ihres Eingespanntseins in einen »institutionalisierten Lebenslauf« die Chance vorenthalten wird, ihr Leben anders zu denken und zu gestalten, als es von diesem rund um die Arbeit konstruierten Ablaufschema des Lebens und davon ausgehenden Produktivitäts-, Leistungs- und Fitnessnormen vorgegeben wird. Durch seinen emphatischen Bezug auf »Altersphasen« und einen diesen Altersphasen »gemäßen Sinn« hat Richter daher auch eine offene Flanke zu überaus problematischen Tendenzen einer (Re-)Naturalisierung des Alters, wie sie heute etwa in kritisch-gerontologischen Beschwörungen des Alters als Lebensphase eigenen Rechts und mit spezifischer Dignität, in ihrer Differenz zu anderen Lebensphasen, virulent sind (vgl. kritisch Dyk 2009, 2016b sowie oben, Kapitel 3.1). Gleichwohl hat Richter mit seinen Überlegungen zumindest jenem dominanten Strang der Gerontologie so einiges voraus, der sich eine Aufwertung des Alters und alter Menschen nur durch eine Beschwörung einer altersspezifischen »Produktivität«, »Aktivität« usw. vorstellen kann und damit eben stets nur »die Vermeidung oder zumindest die unendliche Hinauszögerung eines sinnlos erscheinenden Absturzes« fordert.

Auf durchaus ähnliche Einschätzungen über den Zusammenhang von Todesverachtung und negativem Altersdiskurs – wenn auch aus einer anders gelagerten, diskursanalytischen Perspektive – kommt auch Stephen Katz in seiner Studie über die historische Entstehung der Gerontologie als »Wissensformation« (Katz 1996). Ähnlich wie Richter verortet er das Problem in einer historisch-spezifischen gesellschaftlichen beziehungsweise wissenschaftlichen Sicht, die sich weigert, den Tod als Bestandteil des menschlichen Lebens anzuerkennen. Stattdessen wird der Tod als Phänomen *innerhalb* des Lebenslaufs verortet und gleichsam über den menschlichen Körper in seiner Entwicklung über die Lebensspanne »verteilt«, mit der Folge, dass das Alter(n) nunmehr als ein Prozess des Verfalls, im Sinne eines »kontinuierlichen Sterbens«, erscheint:

> »[T]he discourse of senescence, by extending and distributing death throughout the body, transformed the aging process into a constant dying. The aged body became reduced to a state of degeneration where the meanings of old age and the body's deterioration seemed condemned to signify each other in perpetuity. By recreating death as a phenomenon in life, rather than of life, medical research on aging became separate from the earlier treatises that focused on the promise of longevity.« (ebd.: 41)

Eben daraus wird vermutlich auch erklärlich, weshalb die Gerontologie im Grunde gar nicht anders kann, als eine Aufwertung des Alters über eine bloß abstrakte Negation altersassoziierter »Abbauprozesse« und über eine Betonung der nicht grundsätzlichen Differenz alter Menschen von Angehörigen jüngerer Lebensalter hinsichtlich ihrer »Produktivität«, ihrer »Kompetenzen« und ihrer »Aktivitätspotenziale« zu denken: Wenn der Tod kein Phänomen *des* Lebens an sich ist, sondern nur eines *im* Leben des Menschen, und das Alter(n) daher als eine degenerative Entwicklung zum Tode hin erscheint, dann kann eine diskursive Aufwertung des Alters nur in dessen Eingemeindung in das als »Lebenshöhepunkt« verklärte mittlere Alter bestehen – eine Perspektive, die jedoch bereits von vornherein stets immanent sowohl zur modernen (mit dem »mittleren Alter« konnotierten) Leistungs- und Fitnessnorm als auch zur modernen Todes- und Altersverdrängung steht. Anders als dies im gerontologischen Selbstverständnis erscheint, überwindet die Gerontologie mit ihren gegen das »Defizitmodell des Alters« gerichteten Interventionen und Konzepten mitnichten das überkommene negative Altersbild von Abbau und Verfall, sondern betreibt vielmehr die virtuelle Abschaffung des Alters als

Begriff, womit sie sich aber nur in einen ohnehin bestehenden und weiter zunehmenden gesellschaftlichen Trend zur »Alterslosigkeit« einordnet. Und genau darin besteht letztendlich auch die bereits im vorigen Kapitel konstatierte Verwandtschaft gerontologischer Konzepte wie dem *active ageing* mit Positionen der Anti-Ageing-Medizin, die jenen modernen Fitnesskult und jene Todes- und Altersverdrängung nur besonders radikal und effizient umsetzt.

John A. Vincent fasst die Logik des Anti-Ageing in seiner Kritik an der Anti-Ageing-Medizin durchaus treffend wie folgt zusammen, wobei auch er ausdrücklich auf einen konstitutiven Zusammenhang von negativem Alters- und positivem Langlebigkeitsdiskurs hinweist, der sich in einem immer groteskere Formen annehmenden wissenschaftlichen Streben nach einer unendlichen Verlängerung der menschlichen Lebensspanne ausdrückt:

> »There is an irredeemable cultural logic – if death is a solvable problem, then old age will be a failure. (…) Locating the meaning of death in biochemical processes and striving for ever-longer lifespans denies the possibility of old age as a valued final part of the life course.« (Vincent 2006: 694)

Einzuschränken ist dies wie schon bei Richter lediglich dadurch, dass das Problem durchaus nicht bloß darin besteht, wie Vincent unterstellt, dass das »Alter« als »letzter Abschnitt des Lebenslaufs« gesellschaftlich nicht »wertgeschätzt« werde (woraus er aus seiner sozialkonstruktivistischen Sicht zumindest implizit die Strategie einer neu zu entwickelnden Perspektive auf das Altern ableitet, die das Alter in seiner »Vielfalt« und seiner Dignität als eigenständiger Lebensphase anerkennen möge), sondern sehr viel grundsätzlicher und umfassender in den Zwängen eines spezifisch modernen »institutionalisierten Lebenslaufs«, der das Leben der Menschen entlang der Lohnarbeit und den damit gesetzten Leistungs-, Produktivitäts- und Aktivitätsnormen überhaupt erst in unterschiedliche, chronologisch distinkte Lebensphasen zerfallen lässt. Nicht die (unter kapitalistischen Bedingungen vermutlich illusorische) »diversitätssensible« Anerkennung des Alters als Lebensphase in seiner »Differenz« und seiner eigenen »Dignität«, sondern nur die Aufhebung der chronologischen Lebensordnung der kapitalistischen Moderne selbst mit ihrer durch die Arbeit und damit assoziierten (Körper-)Normen definierten Vorstellung von Aufbau, Hochphase und Abbau würde es ermöglichen, anders mit physischen Alterungsprozessen sowie der eigenen Sterblichkeit umzugehen, als durch deren radikale Verdrängung und Überwindung, wie sie heute in der Anti-Ageing-Medizin ihren neuen Höhepunkt erreicht.

Das gesellschaftliche Loblied auf die Langlebigkeit – so verdeutlichen die hier zusammengetragenen Überlegungen und Befunde – ist mithin zu dechiffrieren als Ausdruck einer tiefsitzenden Verdrängung des Todes und der eigenen Sterblichkeit, die als solche immer schon untrennbar verknüpft ist mit einer nicht minder gravierenden Verdrängung und Abwehr des Alter(n)s. Der positive Langlebigkeitsdiskurs der kapitalistischen Moderne steht in diesem Lichte mitnichten gleichsam opponierend einem negativen Altersdiskurs gegenüber, sondern ist vielmehr unmittelbarer und notwendiger Bestandteil jenes negativen Altersdiskurses selbst. Das unstillbare Verlangen nach Langlebigkeit, also danach, möglichst *alt zu werden* – insbesondere in seiner radikalisierten Form eines Strebens nach einer immer längeren und potenziell unendlichen Ausdehnung der Lebensspanne – resultiert aus einer sowohl individuellen als auch gesamtgesellschaftlichen Verdrängung des Todes und ist somit lediglich die Kehrseite eines durchweg negativen Verhältnisses der Menschen zum Alter(n), einer Abwehr der im Laufe des Lebens unweigerlich greifbar werdenden Aussicht, *alt zu sein*, sowie damit assoziierter, im Allgemeinen negativ konnotierter Begleitumstände (physische Alterserscheinungen, gesundheitliche und funktionale Einbußen, Pflegebedürftigkeit etc.). *Alt werden*, aber nicht *alt sein* – dies ist somit die Formel einer heute zunehmend auf die Spitze getriebenen, durch und durch negativen »Alterskultur« moderner, kapitalistischer Gesellschaften.

6. Altersloses Selbst, Jugendwahn und Anti-Ageing

Zur sozialpsychologischen Dimension der Dissoziation des Alters

Die im vorigen Kapitel herausgearbeitete Schizophrenie einer modernen »Alterskultur«, die einerseits ein langes Leben, ein »Altwerden«, als das Höchste und als eine der größten Errungenschaften der modernen Zivilisation zu preisen neigt, während sie andererseits das Alter selbst, also »alt zu sein«, als eine einzige Zumutung und als den vielleicht unwürdigsten Aggregatzustand menschlicher Existenz schlechthin betrachtet, schlägt sich schließlich unmittelbar und nicht von ungefähr in einer ebenso schizophrenen Sozialpsychologie des Alters nieder.[146] Wir kommen damit zur dritten Dimension der Dissoziation des Alters, zur Dimension des alten beziehungsweise alternden Subjekts.

Nach der *materiell-strukturellen Dimension*, auf der sich der negative Status des Alters vor allem in einer »Überflüssigkeit« alter Menschen für den kapitalistischen Verwertungsprozess darstellt, und der damit vermittelten *kulturell-symbolischen Dimension* eines durch und durch negativen Altersdiskurses und einer entsprechend negativen »Alterskultur« moderner Gesellschaften, steht in der nun folgenden *sozialpsychologischen Dimension* vor allem die Frage im Mittelpunkt, wie sich die moderne Dissoziation des Alters auf der Ebene des Subjekts konstituiert: wie sie auf einer subjektiven Ebene den konkreten Umgang der Menschen mit dem Alter(n) prägt und sich entsprechend in subjektiven alter(n)sbezogenen Einstellungen, Praxen, Identitäten usw. manifestiert. Hier geht es also, vereinfacht gesprochen, darum, wie wir als moderne Menschen konkret »alt« werden, wie wir zum Alter(n) stehen und wie wir in unserem Alltagshandeln damit umgehen.

Wie schon im Fall der kulturell-symbolischen Dimension des Altersdiskurses und der modernen »Alterskultur«, ist auch die sozialpsychologische Dimension der Dissoziation des Alters bereits in den vorangegangenen Abschnitten immer wieder zur Sprache gekommen und mehr oder weniger ausführlich thematisiert worden – sei es mit Blick auf bestimmte sozialpsychologische Erscheinungsformen und Manifestationen der kapitalistischen »Überflüssigkeit« des Alters (Pensionsschock, unter Alten weit verbreitete Gefühle des »Nicht-mehr-gebraucht-Werdens«, bis hin zu aktiven und passiven Formen des »Opfertodes« alter Menschen als Reaktion auf ihre gesellschaftliche Entbehrlichkeit), sei es hinsichtlich diverser Formen der Verdrängung des Alter(n)s, wie sie im Anti-Ageing der Gegenwart einen neuen Höhepunkt erreichen. Auch hier liegt der Grund dafür darin, dass materiell-strukturelle, kulturell-symbolische und sozialpsychologische Ebene lediglich verschiedene Dimensionen ein und desselben Phänomens oder gesellschaftlichen Prinzips darstellen, das durch alle gesellschaftlichen Ebenen und Bereiche hindurchgeht. Keine dieser Dimensionen lässt sich daher feinsäuberlich von den anderen isolieren, sondern jede von ihnen ist stets auf komplexe und vielfältige Weise mit den anderen Dimensionen vermittelt.

Über negative Altersdiskurse, als kulturell-symbolische Dimension der Dissoziation des Alters, lässt sich, wie im vorigen Kapitel ausführlich gezeigt wurde, im Grunde nicht reden (oder nur um den Preis gravierender theoretischer und analytischer Verkürzungen), ohne dabei ihre Vermittlung mit den historisch-konkreten, gesellschaftlich-strukturellen Rahmenbedingungen des Alter(n)s zu berücksichtigen, wie auch umgekehrt eine Analyse der materiell-strukturellen Dimension (zum Beispiel in Gestalt einer kapitalistischen »Überflüssigkeit« der Alten) ohne Berücksichtigung gesellschaftlicher Altersdiskurse und alter(n)sbezogener Wissensordnungen einer Ausblendung wesentlicher und konstitutiver kulturell-symbolischer Momente gleichkäme, durch die die Untersuchung des Phänomens notwendig unvollständig und einseitig bliebe. Dies gilt analog für die sozialpsychologische Dimension: Auch hier haben eine materiell-strukturelle »Überflüssigkeit« alter Menschen und eine kulturell-symbolische Minderbewertung des Alter(n)s vielfältige Implikationen auf der psychosozialen Ebene, die in der Analyse berücksichtigt werden müssen, etwa indem sich negative Altersbilder und der inferiore soziale Status alter Menschen in entsprechend negativen Einstellungen gegenüber dem Alter(n) und gegenüber alten Menschen niederschlagen – Einstellungen und Handlungsorientierungen, die wiederum umgekehrt nur unter Rückbezug auf die historischen und materiell-strukturellen Rahmenbedingungen des Alter(n)s im Kapitalismus sowie auf die darin vorherrschenden Altersdiskurse und alter(n)sbezogenen Wissensordnungen hinreichend verstanden und analysiert werden können. Oder anders formuliert: Die historischspezifische, kapitalistische Form der modernen Gesellschaft mit ihren das gesellschaftliche Leben bestimmenden Verwertungslogiken, ihren Leistungs- und Produktivitätsnormen und der aus der kapitalistischen Struktur resultierenden »Überflüssigkeit« der Alten geht mit einer durchweg negativen »Alterskultur«, in Form von defizitorientierten Altersdiskursen und einer kulturell-symbolischen Minderbewertung des Alter(n)s, einher, welche wiederum eine spezifische Form der Alterssubjektivität und des alter(n)sbezogenen Handelns hervorbringt. Und diese Alterssubjektivität mit ihren alter(n)sbezogenen Einstellungen und Praktiken kann freilich nicht minder negativ sein wie die materiell-strukturellen und kulturell-symbolischen Rahmenbedingungen des Alter(n)s in kapitalistischen Gesellschaften. Auch sie muss daher in ihrem gesamtgesellschaftlichen, historischen Kontext analysiert und kritisiert werden.

Die durchweg negative Konstitution moderner Subjektivität in Bezug auf das Alter(n) und ihr Zusammenhang mit der negativen »Alterskultur« des Kapitalismus kommt wahrscheinlich, wie bereits eingangs angedeutet, nirgends deutlicher zum Ausdruck als in der seitens der Gerontologie immer wieder konstatierten Tatsache, dass zwar die meisten Menschen ganz gern *alt werden*, aber praktisch niemand von ihnen *alt sein* möchte. Bereits Jonathan Swift, der berühmte Schriftsteller und Autor von Büchern wie *Gullivers Reisen*, hat dergleichen im 18. Jahrhundert festgestellt: »Every man desires to live long; but no man would be old.« Das Streben nach Langlebigkeit bei gleichzeitiger Ablehnung des Alter(n)s hat also durchaus bereits eine relativ lange Tradition (ob es sich bei dem Ausspruch von Swift um eine Feststellung in kritischer Absicht handelt oder ob er selbst jener Tendenz zur Altersverdrängung erlag, ist hingegen nicht überliefert). Dieses schon logisch unmögliche und eigentlich kaum anders denn als grober Unsinn zu bezeichnende altersbezogene Denkschema reicht bis tief in die intimsten Regungen, das Selbstbild und die Körperlichkeit moderner Subjekte hinein, wo es sich als radikale Abspaltung des Alters und vor allem des alten beziehungsweise alternden Körpers vom eigenen Selbst konkretisiert, mit dem das Alter(n) schlechterdings unvereinbar erscheint und in einem unversöhnlichen Widerspruch steht – eine Befindlichkeit, die heute auf kaum überbietbare Weise in einem biomedizinisch geführten Krieg gegen das Alter(n) durch die Anti-Ageing-Medizin kulminiert. In gewisser Weise wird also erst hier, auf jener sozialpsychologischen Ebene, die volle Tragweite der Dissoziation des Alters kenntlich, indem diese dort mit aller Macht auf die Subjekte durchschlägt oder – wie es der Alterssoziologe Anton Amann in Bezug auf die Wirkmacht gesellschaftlicher Altersbilder ausdrückt – »ihre vielfältigen Keime ins Altwerden jedes einzelnen Menschen [senkt]« (Amann 2004: 15) und so für jedes altersbezogene Denken und Handeln sowie für jegliche »Identität« im Alter konstitutiv wird.

Auch die Begrifflichkeit einer »Dissoziation« des Alters, wie sie in der vorliegenden Arbeit zur theoretischen Erklärung der spezifisch modernen Negativität gegenüber dem Alter(n) gewählt wurde, erlangt im Grunde erst auf dieser sozialpsychologischen Ebene einer radikalen Verdrängung des Alter(n)s durch das moderne Subjekt ihren vollen Bedeutungsgehalt. Denn das tiefsitzende Bedürfnis der Subjekte, das Alter(n) zu verdrängen, verweist auf eine Neigung, sich vom Alter(n), das als immer auch physiologischer Prozess ja untrennbar zur leiblichen Existenz des Menschen gehört, im wahrsten Sinne des Wortes zu »dissoziieren«, das Alter(n) also von sich und seiner Person abzuspalten – ein Unterfangen, das angesichts der Endlichkeit des menschlichen Lebens und der Unausweichlichkeit des physiologischen Alterungsprozesses gleichermaßen zum Scheitern verurteilt wie auch (und wie in diesem Kapitel zu zeigen sein wird) in letzter Instanz selbstschädigend ist.

Die Beobachtung und Feststellung jenes zutiefst paradoxen und im Grunde absurden alter(n)sbezogenen Selbstverhältnisses moderner Menschen – nämlich zwar *alt werden*, aber keinesfalls *alt sein* zu wollen – gehört wahrscheinlich zu den häufigsten und evidentesten, zugleich aber auch am meisten unterbelichteten, weil hinsichtlich ihrer gesellschaftlichen Bedingungszusammenhänge in der Regel nur sehr unzulänglich analysierten und interpretierten Befunden der Gerontologie. Soweit entsprechende Befunde nicht überhaupt auf einen schon ewig bestehenden, gleichsam in der Conditio humana begründet liegenden Wunsch der Menschen, nicht zu altern, zurückgeführt und damit de facto aus dem gesellschaftskritischen Visier genommen werden, verbleiben diese in der Regel eher auf einer deskriptiven Ebene oder erreichen bestenfalls ein oberflächlich »kulturkritisches« Niveau, auf dem entsprechende Phänomene häufig mit einem stark moralischen Beiklang problematisiert werden (vgl. Rüegger 2007: 77f.; Maio 2014: 145; Behnke 2018). Hier wird der unübersehbaren gesellschaftlichen Negativität gegenüber dem Alter(n) und entsprechenden Praktiken der Verleugnung und Verdrängung des Alter(n)s also kaum mehr als die moralische Aufforderung entgegengestellt, die Menschen mögen bitte das Alter(n) nicht länger verdrängen, sondern als »natürlichen« und »wertvollen« Bestandteil des Lebens betrachten – ein Problemzugang, der praktisch ohne jede kritische Analyse der tieferen gesellschaftlichen beziehungsweise kulturellen Ursachen jener Altersverdrängung auskommt.

Etwas weiter gehen gerontologische Arbeiten, die sich ausdrücklich der Analyse solcher Praktiken der »Altersverdrängung« (Degele 2008) – oder wie dergleichen im angelsächsischen Forschungskontext verhandelt wird: »age denial« beziehungsweise »denial of ageing« – widmen (vgl. exemplarisch Woodward 1991; Andrews 1999; Gillick 2006; Hurd Clarke 2010; Holstein 2015). Deren Manko besteht überwiegend darin, dass sie zwar diese Praktiken oftmals auf sehr instruktive Weise zu beschreiben und in ihren vielfältigen Erscheinungsformen und zum Teil auch in ihren sozialpsychologischen und kulturell-symbolischen Mechanismen zu erhellen vermögen, dabei jedoch zumeist, quasi handlungstheoretisch verkürzt, auf der praktischen Ebene des »Altershandelns« (Degele 2008) oder (wie es in neueren konstruktivistischen und poststrukturalistischen Ansätzen der Sozialgerontologie bevorzugt genannt wird) des »doing age« verharren. Das Alter(n) wird dabei reduziert auf »eine Art von Tun« (Haller 2010: 216), und ebenso erscheinen Praktiken der Altersverdrängung primär als ein Element oder sogar unmittelbares Produkt der alter(n)sbezogenen Praxis von Menschen, wodurch die gesamtgesellschaftlichen Voraussetzungen und insbesondere der historische Kontext jener Praktiken weitgehend außerhalb der kritischen Betrachtung bleiben.[147] Ohne einen analytischen Bezug auf gesamtgesellschaftliche Bedingungszusammenhänge, insbesondere auf die historisch-spezifische Form kapitalistischer Vergesellschaftung und die dadurch gesetzten strukturellen sowie kulturellen Rahmenbedingungen des Alter(n)s, kann aber auch das Phänomen der »Altersverdrängung« nur oberflächlich problematisiert werden, ohne dabei einer Erklärung wirklich näher zu kommen, da letztlich offen bleibt, was genau eigentlich die Menschen zur radikalen Verdrängung des Alter(n)s treibt.

Eher suggeriert als tatsächlich geliefert wird eine entsprechende Erklärung, soweit Praktiken der »Altersverdrängung« in der Analyse mit einer altersfeindlichen, jugendfixierten westlich-modernen »Kultur« sowie aktuellen Anti-Ageing-Diskursen in Verbindung gebracht werden (z. B. Andrews 1999; Cruikshank 2009; Gullette 2010; Hurd Clarke 2010, Marshall 2015). Denn auch hier bleibt weitestgehend im Dunkeln, was jene Kultur eigentlich dermaßen altersfeindlich und jugendfixiert macht und Menschen systematisch dazu bringt, das Alter(n) zu verdrängen und sich vom Alter(n) zu »dissoziieren«. Diese Form der Kritik mündet daher ebenfalls zumeist in mehr oder weniger moralisch aufgeladenen Plädoyers, das Alter(n) nicht zu verdrängen und stattdessen (beziehungsweise zu diesem Zweck) eine positivere Perspektive darauf zu entwickeln – etwa durch die Ausbildung einer stärker an Entwicklungsmöglichkeiten orientierten Alterssicht, im Gegensatz zu vorherrschenden Verfalls- und Abbauideologien (vgl. Gullette 2004), durch die Propagierung eines nicht primär an Aktivität, Produktivität, Jugendlichkeit usw. orientierten Alterns (Margaret Cruikshank spricht in dem Zusammenhang etwa von einem »comfortable aging«, vgl. Cruikshank 2009: 3) oder auch durch ein von Konzepten anderer Kulturen inspiriertes Altersbild, etwa im Sinne eines an chinesischer Philosophie orientierten »harmonischen Alterns« (anstelle heute weit verbreiteter Vorstellungen eines »aktiven«, »produktiven«, »erfolgreichen« etc. Alterns; vgl. Liang/Luo 2012).

Besonders problematisch wird es, wo die gerontologische Kritik an der »Altersverdrängung« in eine Ontologisierung und (Re-)Naturalisierung des »Alters« als einer Lebensphase eigenen Rechts mündet, die es als solche »anzuerkennen« und »wertzuschätzen« gelte (vgl. Andrews 1999; Calasanti 2003; Biggs 2004a; Tornstam 2005; Vincent 2006). Denn dabei werden sehr wesentliche Momente des Phänomens in seiner gesellschaftlichen Bedingtheit bereits systematisch verfehlt: Das Plädoyer für die Anerkennung des Alters als eigenständiger Lebensphase blendet die gesellschaftliche Konstruiertheit einer solchen Lebensphase, als Bestandteil eines spezifisch kapitalistischen »institutionalisierten Lebenslaufs«, aus (siehe dazu auch oben die kritische Erörterung entsprechender Ansätze in Kapitel 3.1). Und diese historisch-spezifische Konstruktion des »Alters« verbietet es, das Alter als etwas ontologisch Gegebenes und als quasi-natürliche Seinsweise mit eigenen Eigenschaften und Entwicklungspotenzialen zu betrachten, die gegen die virulente »Altersverdrängung« gestärkt und gleichsam in Stellung gebracht werden könnten. Am Alter gibt es nichts, was sich emanzipatorisch gegen den modernen »middle-ageism« (Gullette) und die damit verbundene gesellschaftliche Überbewertung von oder Orientierung an Jugendlichkeit, Aktivität, Fitness usw. mobilisieren ließe, denn das Alter als Kategorie, im Sinne einer eigenständigen, chronologisch distinkten Lebensphase, ist ebenso sehr wie alle andere Lebensphasen ein unmittelbares Produkt der kapitalistischen Moderne und ihres historisch-spezifischen Lebenslaufs. Und als solches repräsentiert das Alter immer schon das minderbewertete Andere der Jugend und des »mittleren Alters«. Eine adäquate Kritik an Praktiken der »Altersverdrängung« muss daher die spezifisch moderne Vorstellung einer chronologischen Ordnung des Lebens per se der Kritik aussetzen, und dies umfasst das Alter als Lebensphase ebenso wie das gesellschaftlich überbewertete (und aufgrund seiner Überbewertung für die »Altersverdrängung« verantwortlich gemachte) »mittlere Alter«.

Nicht minder problematisch ist aber auch die gegenteilige Position, die gerade vor dem Hintergrund einer Kritik an solchen Tendenzen der Ontologisierung und Naturalisierung des Alter(n)s bereits die Annahme einer »Altersverdrängung« für unzulässig erklärt, da das Alter(n) ja in erster Linie eine soziale Konstruktion, folglich also nichts objektiv »Gegebenes« sei. Und etwas, das nicht »gegeben« ist, so der Kern dieser Argumentation, könne daher auch nicht »verdrängt« werden. In diesem Sinne wendet etwa Silke van Dyk gegen verbreitete Kritiken an der »Altersverdrängung« sowie häufig daran anschließende Problematisierungen der »Unnatürlichkeit« von Anti-Ageing-Praktiken ein:

> »Wenn wir eine sozialkonstruktivistische Perspektive auf das Alter einnehmen und es als Produkt gesellschaftlicher Regulierungen begreifen, fehlt es an Kriterien, anhand derer *anti-ageing* als ›unnatürlich‹ und die Orientierung an Normen des mittleren Lebensalters als *age denial* (...) kritisiert werden könnte, denn negiert kann nur werden, was als gegeben vorausgesetzt wird.« (Dyk 2009: 324f., Herv. i. O.)

Hierbei handelt es sich im Grunde nur um das andere Extrem einer (Re-)Naturalisierung des Alter(n)s, gewissermaßen um eine radikalkonstruktivistische Kulturalisierung des Alter(n)s, durch die die gesellschaftliche Bedeutung wie auch Bedingtheit von Phänomenen der »Altersverdrängung« bloß auf andere Weise und in anderer Hinsicht verfehlt werden. Denn das Alter(n) ist ja durchaus nicht ausschließlich eine soziale Konstruktion, sondern stellt immer auch einen unleugbaren physiologischen Prozess dar, den Menschen im Laufe ihres Lebens absolvieren – auch wenn es zutrifft (und so weit ist van Dyk auch zuzustimmen), dass der menschliche Körper und damit auch das Altern desselben immer auch Objekte gesellschaftlicher Zugriffe und Konstruktionsprozesse sind. Auch in seiner sozialen Konstruiertheit hat Alter(n) also stets ein biologisches Substrat, das in jenem physiologischen Alterungsprozess besteht und auf das sich daher auch entsprechende Diskurse und kulturelle Konstruktionsprozesse immer und unweigerlich beziehen.[148] Es ist gerade jener physiologische Alterungsprozess, den Menschen negieren, wenn sie das Alter(n) »verdrängen«, und diese Praxis der Verdrängung oder Verleugnung des physischen Alter(n)s ist geradezu evident und kann jeden Tag eindrucksvoll beobachtet werden, insbesondere an den zahlreichen, gegenwärtig um sich greifenden Anti-Ageing-Praktiken und -Strategien. Die theoretische Negation jener Praktiken der »Altersverdrängung« bedeutet daher nichts Geringeres, als einen ganz wesentlichen Aspekt des modernen Alter(n)s und insbesondere der modernen Altersfeindlichkeit unsichtbar zu machen und so der notwendigen Kritik zu entziehen: nämlich die Tatsache, dass der moderne Mensch ganz offensichtlich und unübersehbar dazu neigt, mit dem Altern einen unhintergehbar zu seiner leiblichen Existenz gehörenden physiologischen Prozess von sich abzuspalten und mithilfe eines mittlerweile enorm angewachsenen Arsenals von Anti-Ageing-Produkten zurückzudrängen und zu bekämpfen.

Nicht zuletzt solche Defizite und Aporien gerontologischer Theoriebildung verdeutlichen die Notwendigkeit eines kritischen Begriffs einer spezifisch modernen *Dissoziation des Alters*, der die moderne Altersfeindlichkeit und mit ihr den Drang der Menschen, das Alter(n) zu leugnen und zu verdrängen, in seinen gesamtgesellschaftlichen und historischen Bedingungszusammenhängen analysiert, indem er sie in der Wert-Abspaltungsstruktur kapitalistischer Gesellschaften verortet und so im Grunde erst einer radikalen Kritik zugänglich macht.

In den folgenden Kapiteln werden mithin jene auf der subjektiven Ebene angesiedelten und stattfindenden Prozesse der »Altersverdrängung« besonders im Mittelpunkt stehen. Ähnlich wie in der vorangegangenen Betrachtung des modernen Altersdiskurses wird es dabei vor allem darum gehen, Praktiken der Verdrängung des Alter(n)s durch das moderne Subjekt auf einer sozialpsychologischen Ebene – über bisher erfolgte, recht verstreute Thematisierungen in der vorliegenden Arbeit hinaus – gleichsam »für sich« noch etwas genauer zu beleuchten; dies jedoch zugleich stets im Verhältnis dieser Praktiken zur materiell-strukturellen und kulturell-symbolischen Dimension der Dissoziation des Alters, das heißt in ihrem Verhältnis zu den gesamtgesellschaftlichen, sowohl materiellen als auch kulturell-symbolischen (diskursiven) Rahmenbedingungen des Alter(n)s in kapitalistischen Gesellschaften. Ohne einen Anspruch auf Vollständigkeit sollen dabei hauptsächlich folgende drei Aspekte der sozialpsychologischen Dissoziation des Alters näher betrachtet werden:

Zunächst widmet sich die Darstellung der Erörterung einer überaus merkwürdigen »*alterslosen*« *Konstitution des modernen Subjekts*, das heißt einer Neigung des modernen Menschen, sich selbst als »alterslos« zu imaginieren. Diese spezifisch moderne, alter(n)sbezogene Subjektkonstitution geht insbesondere mit einer Spaltung zwischen (altem beziehungsweise alterndem) Körper und (alterslosem) Selbst einher. Hier wird vor allem zu zeigen sein, dass diese alterslose Subjektkonstitution unmittelbar mit den Identitätszwängen eines sich primär durch Arbeit, Karriere, Aktivität, Fitness, Unabhängigkeit usw. definierenden modernen Subjekts verbunden ist. »Alt sein« ist unter diesen Voraussetzungen gleichbedeutend mit dem Verlust von Subjektivität schlechthin und somit ein Aggregatzustand individueller Existenz, der nur negativ konnotiert sein kann und um keinen Preis zu einem Bestandteil der eigenen Identität werden darf. Dementsprechend muss das moderne Subjekt das Alter(n) und hier vor allem den alternden Körper von sich abspalten und damit einhergehende physische Alterserscheinungen mit aller Macht negieren, was sich in vielfältigen Praxen der »Altersverdrängung« niederschlägt.

Diese »Altersverdrängung« eines sich selbst »alterslos« imaginierenden modernen Subjekts manifestiert sich sodann folgerichtig in einem dazu komplementären *Jugendlichkeitswahn*, der heute in immer groteskere Züge annehmenden Praktiken des *Anti-Ageing* kulminiert. Teils flankiert, teils verstärkt und koproduziert wird dieser Jugendlichkeitswahn durch eine zunehmend wachsende Anti-Ageing-Industrie, die den Subjekten für ihren individuellen Kampf gegen das Alter(n) ein immer größeres und reichhaltigeres Waffenarsenal bereitstellt – von Nahrungsergänzungsmitteln, Fitness, Anti-Falten-Cremes, Botox bis hin zur Hormonbehandlung und zur plastischen Chirurgie. Zum Teil kann hier auch auf Befunde zurückgegriffen werden, die bereits an früherer Stelle im Kapitel über den Anti-Ageing-Diskurs (siehe oben, Kapitel 5.3) erarbeitet wurden. Ein wesentlicher Fokus der Darstellung wird darauf liegen, zu zeigen, dass entsprechende Anti-Ageing-Praktiken nicht hinreichend verstanden und kritisiert werden können, wenn in die Analyse nicht die moderne, »alterslose« Subjektform mit ihrem tiefsitzenden Bedürfnis, das Alter(n) zu verdrängen und zu bekämpfen, miteinbezogen wird. Unzureichend ist etwa eine alleinige Problematisierung virulenter Anti-Ageing-Diskurse, zum Beispiel in den Medien oder durch die Anti-Ageing-Medizin, denn es sind nicht (oder jedenfalls nicht nur) diese Diskurse, die durch ihre »Alterskonstruktionen« ein Streben nach Jugendlichkeit und ein entsprechendes Bedürfnis nach Anti-Ageing-Produkten und -Dienstleistungen in den Menschen erzeugen, sondern diese finden eine entsprechende Charakter- und Triebstruktur immer schon in der »alterslosen« Subjektivität moderner Menschen vor, die sie im Grunde nur noch instrumentalisieren und gegebenenfalls entsprechend kanalisieren müssen. Mit anderen Worten: Eine Kritik am Anti-Ageing der Gegenwart muss die kapitalistische Form der Gesellschaft als solche mitsamt ihrer »alterslosen«, sich primär über die mit dem »mittleren Alter« konnotierten Arbeits-, Leistungs- und Fitnessnormen identifizierenden Subjektform ins kritische Visier nehmen.

Abgeschlossen wird das Kapitel mit einer zumindest kursorischen Betrachtung eines Aspekts, der nicht so sehr oder nur mittelbar die »Alterslosigkeit« moderner Subjekte und daraus resultierende Prozesse der »Altersverdrängung« betrifft, sondern sich primär auf *sozialpsychologische Effekte der kapitalistischen »Überflüssigkeit« alter Menschen* bezieht. Hier geht es mithin um die Auswirkungen, die der inferiore Status des Alters in der modernen Gesellschaft auf der Ebene des Subjekts zeitigt. Hierunter fallen etwa unter alten Menschen weit verbreitete Gefühle des »Nicht-mehr-gebraucht-Werdens« oder die Angst, anderen beziehungsweise der Gesellschaft insgesamt »zur Last zu fallen«. In gewisser Weise geht es hier also um bestimmte soziale Begleiterscheinungen des Alter(n)s, die das moderne Subjekt gerade so angestrengt und aus guten Gründen zu verdrängen sucht, jedoch nicht dauerhaft verdrängen kann, da es – sofern es lange genug am Leben ist – irgendwann vom Alter eingeholt werden wird, sei es durch Pensionierung, sei es durch altersbedingte gesundheitliche und funktionale Einschränkungen oder gar Pflegebedürftigkeit. Je erfolgreicher das Alter(n) verdrängt wird, desto härter wird das »alterslose« Subjekt daher vom Alter(n) getroffen, sobald sich dieses nicht mehr leugnen und abspalten lässt. Entsprechend weit verbreitet sind unter alten Menschen psychische Krankheiten und Leidenszustände wie Depressionen, die nicht selten auch in Akten der Selbsttötung oder anderen Formen des aktiven und passiven »Opfertodes« Gestalt annehmen. Solche sozialpsychologischen Phänomene und Leidenszustände machen wahrscheinlich am drastischsten die Negativität und Inferiorität des Alter(n)s in kapitalistischen Gesellschaften deutlich: »Alt sein« ist unter kapitalistischen Prämissen ein durch und durch unlebbarer Zustand. Selbst und gerade für (in Lebensjahren gemessen) »alte« Menschen ist dieser Zustand daher nur solange tragbar, wie es ihnen gelingt, das Alter, das heißt altersbedingte physische, psychische und soziale Verluste und Einschränkungen, von sich fernzuhalten, sich mithin vom Alter(n) so gut es geht zu *dissoziieren*.

6.1 Das »alterslose Selbst« des modernen Subjekts

In der Gerontologie gibt es im Prinzip eine ganze Reihe von Studien, die für das, was in dieser Arbeit eine »sozialpsychologische Dissoziation des Alters« genannt wird – über die weit verbreitete und fast schon inflationäre Problematisierung des Widerspruchs zwischen »alt werden wollen« und »nicht alt sein wollen« hinaus –, höchst aufschlussreiches Material und eine geradezu überwältigende empirische Evidenz liefern. Diese Studien konstatieren einen bemerkenswerten Drang moderner Menschen, sich als »alterslos« zu denken und zu repräsentieren, als ein grundsätzlich alterloses, nicht-alterndes Subjekt, das von physischen Alterserscheinungen, aber auch von sozialen und psychologischen Begleitumständen des Alter(n)s nicht affiziert wird; mit einem Wort: als ein Subjekt, das sich, um Subjekt zu bleiben, vom Alter(n) *dissoziieren* muss.

Die vielleicht berühmteste und meistzitierte Studie in diesem Zusammenhang ist eine Arbeit von Sharon Kaufman (1986) über das von ihr so genannte »ageless self«. Kaufman schildert in ihrer Studie, auf biografische Erzählungen älterer Menschen zurückgreifend, die Beobachtung, dass alte Menschen, wenn sie über sich und ihr Leben sprechen, dem Gefühl eines quasi »alterslosen Selbst« Ausdruck geben. Sie konstruieren dabei eine Art kontinuierliche Identität, die sich durch physische und soziale Veränderungen, die mit dem Altern verbunden sind, gerade nicht verändert oder womöglich gar verlorengeht, sondern, ganz im Gegenteil, durch den Prozess des Alterns hindurch Kontinuität aufweist. Das heißt, das Selbst bleibt von altersbedingten Veränderungen im Wesentlichen unberührt. Besonders auffällig ist dabei für Kaufman, dass in all diesen Narrationen die physische Komponente des Alterns, der alternde Körper also, eine äußerst untergeordnete Rolle spielt, wenn nicht überhaupt völlig aus den Erzählungen und Selbstbezugnahmen der Menschen herausfällt. Altersbedingte körperliche Einschränkungen treten in diesen Erzählungen zurück oder werden überlagert von besagter Konstruktion eines alterslosen Selbst – und das scheint sogar umso stärker der Fall zu sein, je größer altersbedingte Einschränkungen sind und je weniger der eigene Körper eine kohärente Identifikation erlaubt. Das heißt, je weniger der Körper mit dem eigenen Selbstbild, das über das ganze Leben hinweg erworben wurde, harmoniert und übereinstimmt, desto größere Bedeutung erlangt die Vorstellung eines alterslosen oder jedenfalls alterslos gedachten Selbst. Oder anders formuliert: Der alte oder alternde Körper wird von einem als »alterslos« imaginierten Selbst abgespalten, um auf diese Weise eine subjektiv kohärente Identität im Alter zu bewahren.

Befunde wie jene von Kaufman eines »ageless self« haben in der Gerontologie unter anderem in der sogenannten *Kontinuitätstheorie* (Atchley 1989) ihren Niederschlag gefunden, die gewissermaßen eine Mittlerrolle zwischen den beiden großen, seit den 1960er Jahren miteinander konkurrierenden gerontologischen Paradigmen – der Aktivitäts- und der Disengagementtheorie[149] – einnimmt. Diese betont die Bedeutung der Erhaltung einer sowohl »äußeren« als auch »inneren« Kontinuität im Lebenslauf, wobei äußere Kontinuität sich vor allem auf die soziale und räumliche Umwelt bezieht (etwa die Erhaltung der im Laufe des Lebens aufgebauten Sozialbeziehungen), während innere Kontinuität auf die Erhaltung der personalen Identität eines alternden Menschen abhebt, auf die Bewahrung von Charaktereigenschaften, persönlichen Vorlieben, subjektiven Einstellungen usw. Eine gelungene Anpassung an das Alter(n) bestehe demnach also in der Erhaltung von Kontinuität im Übergang vom mittleren ins höhere Alter. Wenn auch Kontinuität und Alterslosigkeit freilich nicht dasselbe sind, so besteht doch eine unübersehbare Verwandtschaft zwischen jener Vorstellung einer »inneren Kontinuität« und dem Konzept eines »alterslosen Selbst« (vgl. in diesem Sinne auch Twigg 2004: 64; Schroeter 2012: 183).

Auf ganz ähnliche Ergebnisse wie Kaufman mit ihrem Befund des »ageless self« kommen auch Mike Featherstone und Mike Hepworth in ihrem Aufsatz *The Mask of Aging and the Postmodern Lifecourse* (Featherstone/Hepworth 1991). Dieser Aufsatz zählt heute zu den »Schlüsseltexten« einer kritischen Gerontologie. Ein Unterschied zur Studie von Kaufman besteht bei Featherstone und Hepworth darin, dass sie das Phänomen quasi von der anderen Seite aufrollen, nämlich nicht von der Seite des Selbst, sondern von der des Körpers. Von solchen methodischen Differenzen abgesehen, machen Featherstone und Hepworth aber im Grunde exakt die gleiche Beobachtung wie Kaufman, nämlich dass sich in den Erzählungen und den Selbstrepräsentationen älterer Menschen eine merkwürdige Abspaltung des Selbst vom alternden Körper feststellen lässt. Der Körper erscheint dabei als etwas dem eigenen Selbst quasi Äußerliches und auch in dem Maße Fremdes, wie altersbedingte physische Veränderungen in Widerspruch zum Selbst treten. Featherstone und Hepworth sprechen in diesem Zusammenhang von der »Maske des Alterns«. Der alte Körper wird wie eine Maske wahrgenommen, wie eine Verkleidung, hinter der sich die eigentliche Identität und das im Grunde jung gebliebene Selbst der Person verbergen. Im schlimmsten Fall nimmt der Körper gar die Form eines Gefängnisses an, in dem das Selbst hilflos gefangen ist. Die Veränderung des körperlichen Erscheinungsbildes erscheint dabei als etwas, das sich völlig unabhängig vom Selbst vollzieht. Das Selbst bleibt immer mit sich identisch und im Prinzip, so wie bei Kaufman, »alterslos«. Das geht sogar so weit, dass das Alter(n) und der alternde Körper als etwas Pathologisches empfunden werden, was wiederum Vorstellungen vom Alter(n) als einer »Krankheit« begünstigt. Der Körper ist aus dieser Perspektive etwas, das vom »echten« inneren Selbst abweicht. Diese Trennung von Körper und Selbst schlägt sich laut Featherstone und Hepworth ganz konkret zum Beispiel darin nieder, dass alte Menschen, wenn sie danach gefragt werden, wie alt sie sich fühlen, in der Regel ein Alter nennen, das unter ihrem tatsächlichen, chronologischen Alter liegt, wobei die Diskrepanz zwischen genanntem und tatsächlichem Alter mit der Anzahl der Lebensjahre tendenziell weiter zunimmt. Auch hier steht also ein alterndes Subjekt im Zentrum, das sich eine grundsätzlich »alterslos« imaginierte Identität dadurch bewahrt, dass es das Alter und dabei vor allem den alternden Körper gleichsam von sich abspaltet und sich von physischen Alterserscheinungen dissoziiert.

Gewissermaßen eine Synthese der Ansätze von Kaufman und Featherstone/Hepworth stellen Untersuchungen von Peter Öberg über den »abwesenden Körper« dar (Öberg 1996). Auch Öberg befasst sich dabei sowohl theoretisch als auch empirisch mit dem Phänomen einer Spaltung von altem Körper und alterslosem Selbst. Ihm zufolge beschreiben die Begriffe des »alterslosen Selbst« und der »Altersmaske« (in Übereinstimmung mit meiner bereits geäußerten Einschätzung) zwei Seiten oder Dimensionen desselben Phänomens:

»In summary, it can be said that the thinking of Kaufman (...), as well as that of Featherstone and Hepworth (...), is based on a dualistic view. Kaufman's ›ageless self‹ is based on mentally-based self-assessments in which the body remains ›subordinate‹ and ›invisible‹. This makes it possible to present successful ageing – an idealization, without decline – which ignores the social context. Featherstone and Hepworth's ›mask of ageing‹, on the other hand, can be interpreted as a bodily-based self-assessment which becomes problematic when the body declines. One dissociates oneself from the ageing body one is confronted with in the mirror of social interaction.« (ebd.: 708)

Öberg arbeitet sodann auf der Grundlage biografischer Interviews mit älteren Menschen heraus, dass »altersloses Selbst« und »Altersmaske« zwei komplementäre Deutungs- und Orientierungsmuster darstellen, die abhängig von der konkreten Verlaufsform des physischen wie auch sozialen Alterungsprozesses auf unterschiedliche Weise zur Anwendung kämen. Speziell das Bild der »Altersmaske« sei vor allem in Fällen eines, wie es Öberg nennt, »problembeladenen Alterns« zu finden: »It is especially in connection with a problem-filled ageing that we can find what Featherstone and Hepworth (...) call ›bodily betrayals‹, the body as an ›iron cage‹ or a ›prison‹« (ebd.: 711). Hier tritt der alternde Körper, insbesondere in Gestalt von altersbedingten physischen Einschränkungen, in zunehmenden Widerspruch zum als »alterslos« gedachten Selbst. Entsprechend stark wird der problematisch gewordene Körper und das Leiden an ihm in den Erzählungen der betroffenen Personen thematisiert, und zwar indem sie sich ausdrücklich von ihm dissoziieren. Mit ihrem alt gewordenen Körper können sich diese im wahrsten Sinne des Wortes nicht mehr identifizieren. Ein völlig anderes Muster sei laut Öberg hingegen in Fällen eines »erfolgreichen Alterns« zu beobachten:

»Such persons feel that they can present themselves to a great extent through their body, which they feel ›at home in‹. (…) The dualism, which here, as well, is expressed as spiritually seeing oneself as the same person even though the body has changed and strenght has declined, does not constitute an obstacle to presenting oneself in a desirable way.« (ebd.: 713)

Hier mag zwar von den Menschen eine gewisse Diskrepanz zwischen alterslosem Selbst und gealtertem Körper festgestellt werden, jedoch befinden sich altersbedingte Veränderungen einstweilen noch auf einem Niveau, das es diesen Menschen erlaubt, Körper und Selbst mehr oder weniger als ein kohärentes, stimmiges Ganzes wahrzunehmen. Folglich ist es für sie auch nicht (oder jedenfalls in viel geringerem Ausmaß) erforderlich, ihren Körper von sich und ihrer Person abzuspalten.

Es könnten noch zahlreiche weitere, ähnlich gelagerte Arbeiten und Studien genannt werden, die zu vergleichbaren Befunden hinsichtlich einer Neigung älterer Menschen zu »alterslosen« Selbstkonzepten kommen. Die Studie *I Don't Feel Old: The Experience of Later Life* von Paul Thompson (u. a.) aus dem Jahr 1990 beispielsweise beschreibt, ebenfalls auf der Basis von qualitativen Interviews, die subjektiven Erfahrungen älterer Menschen mit dem Älterwerden und damit zusammenhängende Selbstbezugnahmen, die allesamt auf eine eindeutige Tendenz verweisen, sich selbst nicht als »alt« wahrzunehmen. Alter(n) erscheint dabei aus der Sicht der Interviewten weniger als ein physischer oder sozialer Prozess, sondern vielmehr als eine Art mentaler Zustand oder eine Geisteshaltung: Alt ist man nur, wenn man sich alt fühlt. Diese alterslose Selbstwahrnehmung geht darüber hinaus laut den Studienautor/innen einher mit und wird gestützt durch die bevorzugte Anwendung der Alterskategorie und entsprechender Stereotype auf andere Personen: Alt sind sozusagen immer nur die anderen. Auch hier findet also eine Art Abspaltung des Alter(n)s vom eigenen, gleichsam als »alterslos« gedachten, vom Prozess des Alterns nicht affizierten inneren Selbst statt und werden altersbezogene Zuschreibungen und Merkmale primär auf andere Menschen projiziert.

Neuere Untersuchungen zum »alterslosen Selbst« stammen etwa von Stefanie Graefe. Auch sie konstatiert »relative Alterslosigkeit« als zentrale Kategorie in den Selbstkonzepten älterer Menschen. Dabei identifiziert sie vor allem drei verschiedene Typen von »Alterslosigkeit«, die sich im Wesentlichen vor dem Hintergrund der von Öberg aufgemachten Unterscheidung zwischen verschiedenen Verlaufsformen des physischen und sozialen Alterungsprozesses und daraus resultierenden, entsprechend differenten Selbstkonzepten lesen lassen: So entsprechen die von Graefe differenzierten Typen eines »wandlungsfähigen« und eines »kontinuierlichen (Alters-)Selbst« eher »erfolgreichen« Verlaufsformen des Alter(n)s. Die diesen Typen zuzuordnenden älteren Personen sind orientiert an Autonomie, Individualität und Veränderung beziehungsweise an Alltag, Stabilität und Normalität, und Alter(n) erscheint ihnen vor einem positiven Wahrnehmungshorizont als »Chance auf Entwicklung und Reifung« sowie als »Kontinuität der Lebensführung unter veränderten Bedingungen« (Graefe 2013: [27]). Hingegen verweist der Typus des »verunsicherten (Alters-)Selbst« offenbar auf ein »problembeladenes Altern«, bei dem die Konstruktion des »alterslosen Selbst« bereits einigermaßen erschwert wird und Alter(n) zunehmend als eine Bedrohung der eigenen alterslos gedachten Subjektivität wahrgenommen wird. Folgerichtig sehen sich die betroffenen Personen außerstande, Alter(n) positiv zu besetzen und betrachten es überwiegend als »irreversible[n] Verlust von Lebensmöglichkeiten« (ebd.).

Gerontologische Studien wie diese geben meines Erachtens – auch wenn dies freilich dort nicht so gerahmt wird – instruktive Einblicke in die sozialpsychologische Dissoziation des Alters. Dabei sind sie weitestgehend auch in der Lage, den Mechanismus der Dissoziation – nämlich in der Form einer Abspaltung des Alters beziehungsweise des alten Körpers vom (alterslosen) Selbst – klar zu benennen. Teilweise verwenden sie hierfür sogar selbst Begriffe wie »Abspaltung« oder »Dissoziation« (zum Beispiel Thompson et al. 1990: 122; Öberg 1996: 708). Positiv hervorzuheben ist auch, dass der in diesen Studien entfaltete Problemzugang einen anderen, weitergehenden Ansatz zu Fragen der Identität und Subjektivität im Alter eröffnet im Vergleich zu bis dahin dominanten Etikettierungs- und Stigmatisierungsansätzen (vgl. exemplarisch Hohmeier/Pohl 1978). Diese gingen primär davon aus, dass alte Menschen die negativen Alterszuschreibungen ihrer Umwelt internalisieren und auf diese Weise systematisch »alt gemacht« und als Alte stigmatisiert würden. Hingegen sensibilisieren Konzepte eines »alterslosen Selbst« und einer »Altersmaske« dafür, dass Menschen diesen negativen und defizitären sozialen Status des Alters nicht einfach internalisieren, sondern sich vielmehr davon dissoziieren, indem sie das Alter(n), vor allem aber den eigenen alternden Körper, von sich abspalten, um eine für sie tragfähige »Altersidentität« zu erhalten.

Auch empirisch sind die in diesen Studien herausgearbeiteten Strategien und Formen der Dissoziation vom Alter(n) und die damit verbundene Spaltung von alterndem Körper und alterslosem Selbst von einer bemerkenswerten Evidenz. Wer könnte nicht von Begegnungen und Gesprächen mit älteren Menschen berichten, in denen entsprechende altersbezogene Deutungsmuster zur Anwendung gekommen wären, oder kennt dergleichen nicht womöglich sogar von sich selbst? Gerade die Praxis, sich selbst jünger zu machen, als man nach Anzahl der Lebensjahre tatsächlich ist, kann jeden Tag eindrucksvoll an der eigenen Person sowie im unmittelbaren Umfeld und Bekanntenkreis beobachtet werden. Bereits Dreißigjährige tendieren dazu, sich jünger zu »fühlen«, weil mit dem dreißgsten Geburtstag gewissermaßen ein Alter erreicht ist, das einem selbst noch bis vor relativ kurzer Zeit als Marker beziehungsweise Altersgrenze diente, um andere als »nicht mehr jung« zu qualifizieren (davon zeugt etwa die Jugendweisheit »Traue niemandem über dreißig«). Auch Geburtstagsglückwünsche und entsprechende Glückwunschkarten spielen oftmals ironisch mit der Zumutung, die es für den Einzelnen bedeutet, schon wieder ein Jahr älter geworden zu sein (»Beileid, wieder ein Jahr älter«). Mit zunehmendem Alter, spätestens aber wenn sich die ersten größeren physischen Alterserscheinungen bemerkbar machen, steigt der Drang, sich vom Alter(n) zu dissoziieren, sukzessive an. Dies wird etwa daran kenntlich, dass sich Erzählungen älterer Menschen oftmals um körperliche Leiden drehen sowie darum, »was alles nicht mehr geht« – kurz: um das Leiden des alterslosen Selbst am alt gewordenen Körper. Die im Folgenden zitierten Überlegungen, die der kritische Sozialwissenschaftler Götz Eisenberg in seinem lesenswerten *Versuch über das Altern im fortgeschrittenen Kapitalismus*, unter dem Eindruck seines eigenen physischen Alterungsprozesses, anstellt, können dabei wahrscheinlich stellvertretend für viele andere Situationsbeschreibungen alternder Menschen und ihre subjektive Wahrnehmung des Alterns stehen:

> »Unser narzisstisches Gleichgewicht haben wir in der Regel auf der Grundlage eines intakten Körpers entwickelt, der es uns möglich machte, uns zu bejahen. Das Altern belehrt uns schmerzhaft über die Brüchigkeit dieses Fundaments. Es ist eine Kränkung, die unser Selbstwertgefühl untergräbt. Eine wachsende Unstimmigkeit entsteht zwischen dem jungen Selbst, auf dem mein Selbstwertgefühl basiert, und dem Selbst des alternden Mannes, dem ich im Spiegel begegne. Mein Selbstbild ist noch immer das eines sportlichen, halbwegs trainierten Mannes, dem meine Realität aber immer weniger entspricht. Ich registriere eine wachsende Selbstentfremdung: Bin das noch ich? Habe ich nicht vor kurzem noch zwei Treppenstufen auf einmal genommen? Nicht als Fitnessübung, was es heute wäre, sondern einfach aus Temperament und Übermut? Ich bin manch-

mal unsicher im Gang und im Stand. Wenn ich in die Hose steige, muss ich irgendwo Halt suchen. Das Stehen auf einem Bein ist riskant. Stürze drohen. (…) Man vergisst so dies und das und kann sich an Naheliegendes nicht erinnern. Manchmal stehe ich auf und gehe ins Nebenzimmer, um in einem bestimmten Buch ein Zitat zu suchen. Ich stehe vor dem Regal und habe vergessen, in welchem Buch ich nachschauen wollte. Ich erschrecke und frage mich, ob das ein Anzeichen beginnender Demenz ist. Eingeschliffene Routinen missglücken, lang eingeübte Handlungsketten reißen. Wenn Körper und Geist parallel aufhören zu funktionieren und mir nicht mehr gehorchen, worauf soll ich dann mein Selbstwertgefühl gründen? Hauptsache, mein Denken funktioniert noch, habe ich mir angesichts der körperlichen Zerfallsprozesse gesagt. Was, wenn nun auch mein Gehirn löchrig wird und verklebt und alle Erinnerungsspuren gelöscht werden, aus denen mein Ich zusammengesetzt ist? Welchen Sinn kann eine derartige Existenz noch haben? Bin das dann noch ›ich‹?« (Eisenberg 2019)

Eine plastischere und dichtere Beschreibung der Spaltung von alterslosem Selbst und alterndem Körper ist vermutlich kaum vorstellbar.

Bemerkenswert (allerdings angesichts dessen, was in dieser Arbeit bislang über die Gerontologie und deren durchweg positivistische Perspektive auf das Altern gesagt wurde, nicht allzu überraschend) ist nun, dass kaum eine der im Kontext des »alterslosen Selbst« genannten Studien zu einer hinreichenden kritischen Einsicht in die soziopsychischen Mechanismen der von ihnen beschriebenen Phänomene gelangt, ja die Studien häufig sogar zu Einschätzungen kommen, die geradezu diametral zur hier eingenommenen kapitalismuskritischen Perspektive einer *Dissoziation des Alters* stehen. Was nämlich viele dieser Studien verabsäumen, ist, ihre Befunde konsequent kritisch zu wenden, um so den von ihnen analysierten Phänomenen wirklich auf den Grund zu gehen. Stattdessen verharren sie auf der phänomenologischen Oberflächenebene und verbiegen ihre potenziell kritischen Befunde oftmals in eine gänzlich affirmative Theorie der Altersidentität, indem sie das »alterslose Selbst« in eine »gelungene«, positive Altersidentität umdeuten. Für Kaufman etwa verweist das »alterslose Selbst« ganz in diesem Sinne (und in voller Übereinstimmung mit der Kontinuitätstheorie) schlicht darauf, dass es den betreffenden Menschen offenbar gelungen ist, im Übergang in die Lebensphase des Alters eine gewisse Kontinuität zu bewahren. Das Alter markiert so gesehen keinen Bruch in der Persönlichkeitsentwicklung, sondern es war den Menschen ganz offensichtlich möglich, die eigene Identität auch durch altersbedingte soziale und körperliche Veränderungen hindurch zu bewahren und aufrechtzuerhalten: »[T]hey express a sense of self that is ageless – an identity that maintains continuity despite the physical and social changes that come with old age« (Kaufman 1986: 7). Featherstone und Hepworth wiederum interpretieren das Phänomen der »Altersmaske« – ganz in der Tradition postmoderner Theorien – als Hinweis auf ein zunehmendes Brüchigwerden traditioneller Altersnormen und auf eine entsprechende »Verflüssigung« von (Alters-)Identitäten, die negative gesellschaftliche Altersbilder und Stereotype mehr und mehr in Widerspruch zum Selbstbild älterer Menschen treten lassen. Das Orientierungsmuster der »Altersmaske« sei mithin »a further sign of attempts to undermine traditional age-related categories« (Featherstone/Hepworth 1991: 382), also gerade ein Hinweis auf einen potenziell emanzipatorischen Akt, mit dem sich die Menschen zunehmend von überkommenen, defizitorientierten Alterszuschreibungen befreien würden.

Gleichen Sinnes sind auch die Schlussfolgerungen von Thompson und Kolleginnen, die die von ihnen konstatierte Dissoziation älterer Menschen von der Kategorie »Alter« als eine Form des Widerstands gegen negative Alterszuschreibungen und somit als sinnvolle und entsprechend positiv zu bewertende Strategie zur Erhaltung einer tragfähigen subjektiven Altersidentität werten:

>»Given that the stereotypes and associations are largely negative, dissociation of oneself from the category of old age might be a very reasonable position to adopt: for who would want to be associated with negative attitudes or prejudice, especially if one knew they were not true of one's own self or life? (...) A degree of pretence, denial, dissociation, and disconnection would not only be an understandable reaction, but could even be regarded as a commendable form of resistance to the pressures and injustices of the prejudices against the old.« (Thompson et al. 1990: 122)

Sehr viel konsequenter als durch solche Interpretationen könnte das in den zuvor erarbeiteten empirischen Befunden enthaltene kritische Moment freilich kaum neutralisiert werden. Denn auf der Grundlage des reichhaltigen Datenmaterials, und sofern die Analyse in einen gesellschaftstheoretischen beziehungsweise gesellschaftskritischen Kontext gestellt wird, könnte man ohne Weiteres auch zu einer ganz anderen Schlussfolgerung kommen – einer Schlussfolgerung, die sich meines Erachtens bereits auf den ersten Blick geradezu aufdrängt: Aus einer solchen kritischen Perspektive wären das »alterslose Selbst« und die »Altersmaske« als altersbezogene Deutungsmuster mitnichten als Hinweis auf eine positive Altersidentität zu interpretieren, sondern vielmehr als ihr genaues Gegenteil, nämlich gerade als empirischer Beleg für die Unmöglichkeit einer solchen. Demnach dissoziieren sich die Menschen vom Alter(n), nicht um eine positive Altersidentität zu erhalten, sondern gerade weil ihnen eine solche positive Altersidentität nicht zur Verfügung steht. Um eine tragfähige Identität im Alter zu bewahren – eben das verdeutlichen die Studien – ist es erforderlich, gegen alle, insbesondere physischen Begleitumstände des Alter(n)s einen Status der Alterslosigkeit aufrechtzuerhalten. Und eine solche »alterslose« Altersidentität kann freilich niemals eine »positive« sein, sondern ist vielmehr deren praktische Negation.

Gerade wenn man, wie etwa Featherstone/Hepworth oder Thompson et al., Phänomene der »Alterslosigkeit« und einer Dissoziation vom Alter(n) beziehungsweise vom alten Körper als identitätserhaltende Strategien im Angesicht gesellschaftlich vorherrschender negativer Altersbilder und Stereotype auffassen möchte, wäre diese gesellschaftliche Negativität gegenüber dem Alter(n) zum Ausgangspunkt der Kritik zu machen und entsprechend kritisch mit den alterslosen Selbstkonzepten der Subjekte in Beziehung zu setzen. So aber wird durch die einseitig positive Bewertung der »Alterslosigkeit« der altersfeindliche gesellschaftliche Kontext, ganz im Gegenteil, nachhaltig der Kritik entzogen, wenn nicht sogar affirmiert. Hier kann Molly Andrews prinzipiell zugestimmt werden, wenn sie gegen gängige positive Interpretationen der »Alterslosigkeit« in der Gerontologie einwendet:

> »The resistance to being called old is perceived, not as a form of self-hatred, but as an indicator of a positive self-identity in the context of the ageist environment in which [the people] live (...) While the authors [Andrews bezieht sich hier explizit auf die Studie von Thompson et al., A. S.] identify pervasive negative social attitudes towards ageing, they do not challenge them. It is hardly surprising that, as products of an ageist society, many old people are themselves ageist.« (Andrews 1999: 306)

Was also in der Gerontologie überwiegend im Sinne einer positiven Altersidentität verhandelt wird – nämlich die Konstruktion eines »alterslosen Selbst« –, ist in Wahrheit, so meine These, nichts Geringeres als eine psychologische Notwehrhandlung; eine Notwehrhandlung, die unmittelbar auf die strukturelle Altersfeindlichkeit der Gesellschaft verweist, in der die Menschen zu leben und alt zu werden gezwungen sind, und die wiederum vor dem Hintergrund kapitalistischer Vergesellschaftung und der spezifisch modernen *Dissoziation des Alters* betrachtet und theoretisiert werden muss. Aus dieser Perspektive ist Andrews' Einspruch gegen den herrschenden gerontologischen Diskurs über »Alterslosigkeit« in der Tat mehr als zutreffend und berechtigt: Wie sollten Menschen in einer durch und durch negativen »Alterskultur« wie der kapitalistischen eine andere als eine negative Einstellung zum Alter(n) entwickeln können und selbst noch als Alte, angesichts der strukturellen Altersfeindlichkeit der Gesellschaft, dem Alter(n) anders als feindlich begegnen und es tunlichst von sich fernzuhalten versuchen?[150] Einem anderen, nicht bis in die Poren altersfeindlichen Selbstverhältnis stehen dabei nicht nur die vorherrschenden negativen und defizitorientieren Altersbilder sowie die vollends stereotype und abwertende gesellschaftliche Wahrnehmung älterer Menschen entgegen, sondern bereits von vornherein und ungleich grundsätzlicher der gesellschaftlich dominante Modus der Sozialisation im Kapitalismus und die dabei zu erwerbende wertförmige, sich durch gesellschaftliche Funktionstüchtigkeit definierende Form von Subjektivität. In einer Gesellschaft, in der alles nicht in der Wertform Aufgehende in den Rang eines Minderwertigen und Defizitären herabgewürdigt wird und Menschen allein an ihrer Fungibilität für den gesellschaftlichen Selbstzweck der Kapitalverwertung, an ihrer Produktivität, ihrer Leistung, ihrer Aktivität, ihrer Unabhängigkeit, ihrer Fitness usw. gemessen werden, in einer solchen Gesellschaft kann das Alter(n) bereits grundsätzlich kein identifikationsfähiges Moment des menschlichen Daseins sein. Wer seinen wertförmigen, durch Aktivität, Produktivität, Fitness und Unabhängigkeit definierten Subjektstatus behalten möchte, tut daher sehr gut daran, nicht als »alt« identifiziert zu werden – entweder indem man niemals alt wird, oder aber (da Ersteres schon biologisch ein Ding der Unmöglichkeit ist, es sei denn, man nimmt sich früh genug das Leben) indem man zumindest nicht als alt *erscheint*.

Was es bedeutet, als alter Mensch seinen wertförmigen Subjektstatus zu verlieren, wurde im Laufe der vorliegenden Arbeit zum Teil bereits mehr als deutlich und auf geradezu erschütternde Weise ersichtlich (siehe vor allem oben, die Kapitel 4.4 und 4.5): Der Verlust des Subjektstatus ist de facto gleichbedeutend damit, seinen Status als »Mensch« zu verlieren. Hier ist es wahrscheinlich fast schon als der bestmögliche Fall zu werten, den Menschen im Alter zu erwarten haben, wenn sie als Alte von ihrer Umwelt einfach gar nicht mehr wahrgenommen und auf diese

Weise quasi sozial unsichtbar werden – ein »Gefühl der Unsichtbarkeit oder Unscheinbarkeit«, unter dem alte Menschen, wie Jean Améry (1968: 64) in seiner Abhandlung *Über das Altern* festgestellt hat, gleichwohl sehr stark leiden. Und zwar aus guten Gründen, denn bereits diese Unsichtbarkeit macht Alte als Menschen gesellschaftlich im wahrsten Sinne des Wortes »zunichte«: »Die ›Welt‹ vernichtet den Alternden und macht ihn auf den Straßen unsichtbar (…). Der Blick der Anderen, der durch ihn hindurch geht wie durch eine transparente Materie, macht ihn zunichte« (ebd.: 78). »Man existiert in der Fußgängerzone nur noch wie ein Blumenkübel, im Supermarkt wird man von den anderen Kunden als Hindernis und Störung wahrgenommen« (Eisenberg 2019). Schon allein dieser, oftmals lange vor dem physischen Tod eintretende soziale Tod ist eigentlich Grund genug, um sich mit aller Macht vom Alter(n) zu dissoziieren. Das Alter ist ein einziges Defizit, was auch an den durchweg negativierenden Zuschreibungen ersichtlich wird, durch die die Gesellschaft die Alten ständig in schreienden Gegensatz zur »Jugend« bringt und sie zu minderwertigen Anderen erklärt:

> »Zahlreiche Adjektive, die alle mit der Silbe ›un‹ beginnen, werden dem alternden und alten Menschen zugeordnet: er ist unfähig erheblicher physischer Leistung, ungeschickt, untauglich zu diesem und jenem, unbelehrbar, unersprießlich, unerwünscht, ungesund, un-jung.« (Améry 1968: 77)

Auf diese Weise, so Améry, vollzieht die Gesellschaft eine »*Nichtung* oder Ver-Nichtung des alternden Menschen« (ebd., Herv. i. O.).

Noch viel schlimmer ergeht es jedoch alten Menschen, wo sie nicht einfach ignoriert, sondern von der Gesellschaft tatsächlich als Alte wahrgenommen und Objekte gesellschaftlicher Diskurse und Zugriffe werden. Hier bekommen sie beständig zu hören, dass sie »unproduktiv« sind und eine »Last« für die Gesellschaft darstellen – umso mehr vor dem Hintergrund aktueller demografischer Veränderungen und einer daraus resultierenden »Alterung der Gesellschaft«. Und was noch schlimmer ist: Sie glauben auch selbst an ihre »Unproduktivität« und an die »Belastung«, die sie für die Gesellschaft darstellen würden. Nicht von ungefähr fürchten alte Menschen nichts so sehr, wie nicht mehr gebraucht zu werden und anderen aufgrund ihres Alters zur Last zu fallen (siehe ausführlicher unten, Kapitel 6.3). Im schlimmsten Fall büßen alte Menschen in der Gesellschaft überhaupt jegliches Menschen- und Lebensrecht ein. Hier reicht das Spektrum von Diskursen einer »gesellschaftlichen Überalterung«, die ein gesellschaftlich nicht tragbares Anwachsen des Anteils älterer im Verhältnis zum Anteil junger Menschen an der Gesellschaft postulieren und damit Alten zumindest implizit das Lebensrecht absprechen, bis hin zu offenen Aufforderungen an Alte und Gebrechliche, sich selbst das Leben zu nehmen, um ihre Familien wie auch die Gesellschaft insgesamt nicht finanziell zu belasten.

Der mit dem Alter(n) drohende Verlust des Subjektstatus, der das Alter(n) für die Menschen so unzumutbar macht, kommt vielleicht besonders eindrücklich in solchen Fällen zum Ausdruck, in denen alte Menschen aufgrund altersbedingter Einschränkungen, zum Beispiel bei Demenz, ihrer Rechtssubjektivität verlustig gehen. Rechtsfähigkeit, etwa die Fähigkeit, Verträge abzuschließen oder Ähnliches, macht ja einen ganz zentralen Bestandteil der modernen Subjektivität aus. Bereits die soziale Tatsache von »Menschenrechten« wirft ein Licht darauf, in welchem Maße der gesellschaftliche Status als »Mensch« in kapitalistischen Gesellschaften an die Eigenschaft der Subjekte als Rechtssubjekte gebunden ist.[151] Wenn also alte Menschen aufhören, rechtsfähige Personen zu sein, hören sie im Prinzip auch auf, Subjekte im rechtlichen Sinne zu sein. Daran knüpfen sich sodann verschiedene Formen der rechtlichen Stellvertretung, wie zum Beispiel Sachwalterschaft (oder wie es in Österreich mittlerweile heißt: »gerichtliche Erwachsenenvertretung«). Das heißt, indem alte Menschen ihre Rechtssubjektivität verlieren, büßen sie auch eine ganz wesentliche Eigenschaft ein, die sie in modernen Gesellschaften zu »Menschen« macht.

Dass diese Behauptung durchaus keine maßlose Übertreibung darstellt,[152] wurde in der vorliegenden Arbeit vielleicht besonders drastisch in Kapitel 4.4 am Einsatz »freiheitsbeschränkender Maßnahmen« in Pflegeheimen ersichtlich. Dabei handelt es sich um mechanische, elektronische oder medikamentöse Maßnahmen, um Pflegeheiminsassen in ihrer Bewegungsfreiheit einzuschränken (durch versperrte Ein- und Ausgänge, durch Fixierung am Bett, durch medikamentöse Sedierung usw.). Solche freiheitsbeschränkenden Maßnahmen sind grundsätzlich legal und gesetzlich geregelt und stellen rechtlich gesehen keine Verletzung von Menschenrechten dar, sofern sich die davon betroffenen Personen auch ohne derartige Maßnahmen nicht willentlich und selbständig fortbewegen könnten (vgl. Wurm 2016). Diese Rechtspraxis ist insofern überaus aufschlussreich, als sie explizit oder implizit einiges über den menschenrechtlichen Status von Alten, insbesondere von Pflegebedürftigen und Dementen aussagt: Kann diesen Menschen die für den Status als Rechtssubjekt maßgebliche Autonomie und Entscheidungsfähigkeit nicht mehr zugeschrieben werden, hören sie vor dem Recht auch auf, »Menschen« im engeren Sinne zu sein – mit dem Effekt, dass sie nur noch sehr eingeschränkt die Rechte eines solchen besitzen. Mit ihnen kann nun geschehen, was ansonsten als massiver Eingriff und als Verletzung von Menschenrechten beanstandet würde: Sie können eingeschlossen, sediert, gefesselt und im Bett fixiert werden.

Generell sind Pflegebedürftigkeit und Demenz potenzielle Begleitumstände des Alter(n)s, die von den meisten mit einem Verlust jeglicher »Menschenwürde« gleichgesetzt werden. Pflegebedürftig und/oder dement zu werden gilt geradezu als Inbegriff des Verlustes von Selbstständigkeit und Autonomie, durch die sich moderne Menschen überhaupt erst als »Menschen« zu definieren vermögen. Selbst (oder vielleicht sogar gerade) hochaltrige Menschen, für die die Aussicht auf Pflegebedürftigkeit und Demenz nicht irgendwo in einer weit entfernten Zukunft liegt – ein Zustand, in dem es umso leichter fällt, sich davon abzugrenzen und die Illusion eines »alterslosen Selbst« zu nähren –, sondern für die diese Aussicht unmittelbar greifbar oder teilweise sogar bereits aktuell geworden ist, können darin häufig nur ein unwürdiges, nicht mehr lebenswertes Siechtum erkennen, dem sie oftmals sogar ausdrücklich den Tod vorziehen (vgl. ÖPIA 2018: 58f.). Hier erweist sich nochmals die empirische Evidenz von Öbergs Befunden hinsichtlich unterschiedlicher Formen der Dissoziation von alterndem Körper und alterslosem Selbst, in Abhängigkeit vom konkreten Alterungsprozess: Besonders fortgeschrittene Stadien des physischen Alterns und damit einhergehende gesundheitliche und funktionale Einschränkungen machen es erforderlich, sich vom alten Körper zu dissoziieren, um sich selbst weiterhin als »alterslos« wahrnehmen und repräsentieren zu können (vgl. Öberg 1996: 711). Je näher einem das Alter sprichwörtlich zuleibe rückt, desto größer wird die Notwendigkeit, aber auch der psychische Aufwand, sich davon zu dissoziieren.[153] Vor diesem Hintergrund dürfte es daher auch alles andere als ein Zufall sein, dass exakt jener mit Pflegebedürftigkeit und Demenz assoziierte Verlust von Autonomie und Selbstständigkeit als primäre Legitimationsgrundlage für die Propagierung diverser Formen der Sterbehilfe und des assistierten Suizids in heute wieder zunehmend auf dem Vormarsch befindlichen Sterbehilfediskursen dient (siehe oben, Kapitel 4.5). Es ist das, wofür das Alter(n) steht und was darüber hinaus vor dem Hintergrund des demografischen Wandels von einer stetig wachsenden Zahl alter und hochaltriger Menschen in der Bevölkerung repräsentiert und den anderen »alterslosen« Subjekten jeden Tag plastisch vor Augen geführt wird, was das Alter(n) so unzumutbar und Sterbehilfe für viele Menschen so attraktiv erscheinen lässt: der Verlust der sich über Autonomie, Unabhängigkeit, Geschäfts- und Rechtsfähigkeit identifizierenden Subjektivität. Angesichts solcher Altersaussichten erscheint Sterbehilfe im wahrsten Sinne des Wortes – wie es Stefanie Graefe treffend formuliert – als bedenkenswertes »Angebot, Subjekt zu bleiben« (Graefe 2007: 270). Zu ergänzen wäre allenfalls: Subjekt zu bleiben, um auf diese Weise auch »Mensch« bleiben zu können. Autonomie und Selbstbestimmung als zentrale Grundelemente moderner Subjektivität sollen erhalten werden durch die freie Entscheidung, seinem Leben ein Ende zu setzen, wenn oder möglichst sogar noch bevor ein Zustand und eine Form der Existenz erreicht ist, die subjektiv nicht mehr als »menschlich« und damit auch nicht mehr als »lebenswert« beurteilt werden. Lieber seinem Leben ein Ende setzen, als womöglich ewig als »Zombie in Kackwindeln dahinzusiechen« (zit. n. Loenen 2014: 205).

Das moderne, kapitalistische Subjekt, so wird hier also geradezu überdeutlich, kann sich selbst nur als selbstbestimmtes und autonomes denken, als Person mit der Geschäfts- und Rechtsfähigkeit der sich selbst verwertenden Arbeits- und Geldmonade – oder gar nicht. Sind Autonomie und Unabhängigkeit nicht mehr gegeben, kommt das einem Totalverlust des Subjektstatus schlechthin gleich, was aus Sicht der wertförmigen, »alterslosen« Subjektform wiederum ein untragbarer und schlichtweg unlebbarer Zustand ist. Ein Leben in Abhängigkeit und Pflegebedürftigkeit – das ist im wahrsten Sinne des Wortes »kein Leben mehr« (Loenen 2014). Sozialpsychologisch verweist dieses weit verbreitete Denkmuster, das von aktuellen Sterbehilfediskursen einerseits produziert wird, andererseits überhaupt erst den Resonanzboden bildet, auf dem diese Diskurse zirkulieren, auf erschütternde Weise darauf, wie sehr die kapitalistische Gesellschafts- und Lebensweise die Menschen nicht nur in ihrem Denken und Handeln, sondern auch in ihrem Fühlen maßgeblich prägt und bestimmt. Wir können nicht anders, als uns mit den historisch-spezifischen, kapitalistischen Normen und Werten von Arbeit, Produktivität, Aktivität und damit verknüpften Vorstellungen von Autonomie, Unabhängigkeit, Rechtsfähigkeit usw. zu identifizieren und uns darüber in unserem Menschsein zu definieren, weil dies die einzige Form der Subjektivität ist, die in einer kapitalistischen Arbeitsgesellschaft den Status als »Mensch« verspricht. Je mehr es also dem gesellschaftlichen Idealbild entspricht, autonom und unabhängig zu sein, desto niedriger stehen Daseinsformen, die sich im Widerspruch zu diesem Idealbild befinden – und hierzu zählen insbesondere mit dem Alter konnotierte Existenzweisen und Begleitumstände wie Pflegebedürftigkeit oder Demenz.[154]

Vor dem Hintergrund solcher kritischer Einsichten in die sich »alterslos« imaginierende moderne Subjektform und ihren gesellschaftlichen

Kontext können gängige gerontologische Interpretationen des »alterslosen Selbst« und der »Altersmaske«, im Sinne einer positiven Altersidentität, im Grunde kaum anders denn als eine sachlich unzulässige, wenn nicht sogar grob fahrlässige Verdrehung der tatsächlichen Zusammenhänge qualifiziert werden. Denn diese Einschätzung erweist sich bei etwas genauerer Betrachtung – um hier eine (wahrscheinlich fälschlich) Karl Kraus zugeschriebene Formulierung zu verwenden – schlicht als so falsch, dass nicht einmal das exakte Gegenteil davon wahr sein könnte. Ganz im Widerspruch zu derartigen Einschätzungen erscheint es mir geradezu offensichtlich, dass es sich bei Deutungsmustern eines »alterslosen Selbst« oder einer »Altersmaske« vielmehr um Bewältigungs- und Verdrängungsstrategien handelt, die es Menschen ermöglichen sollen, ihre wertförmige und als solche »alterslos« konstituierte Subjektivität zu bewahren. Es sind psychologische Adaptationsleistungen von Menschen, die zwar durchaus »alt werden«, aber keinesfalls »alt sein« dürfen und das Alter(n) daher mit allen ihnen zur Verfügung stehenden Mitteln abwehren müssen, um überhaupt eine subjektiv wie sozial einigermaßen tragfähige Identität zu erhalten und nicht vor sich selbst und der Gesellschaft (bestenfalls) als ein »Mensch zweiter Klasse« dazustehen. Deshalb muss alles, was mit dem Alter(n) zu tun hat und auf das Alter(n) der Person hinweist, aus dem Selbst verbannt und von der eigenen Person abgespalten werden. Mit anderen Worten: Das moderne Subjekt muss sich, um Subjekt sein und bleiben zu können, vom Alter(n) *dissoziieren*. Das »alterslose Selbst« des modernen Subjekts ist aus dieser Perspektive mithin die äußerste und sichtbarste sozialpsychologische Konsequenz der modernen Dissoziation des Alters.

Diese kritische Interpretation des »alterslosen Selbst« und verwandter Phänomene lässt sich nicht nur abstrakt subjekttheoretisch, sondern auch psychoanalytisch begründen. Die Psychoanalyse – ein Strang der Sozial- und Gesellschaftswissenschaften, der heute im Wesentlichen (zu Unrecht) als antiquiert gilt und weitestgehend zugunsten von Theorieansätzen in den Hintergrund gedrängt wurde, die das Subjekt als aktiven und kreativen Konstrukteur seiner gesellschaftlichen Wirklichkeit betrachten – hält diverse Konzepte bereit, die die soziopsychischen Mechanismen individueller Anpassungsprozesse und der dabei von den Menschen eingesetzten Praktiken und Strategien zu erhellen und auf den Begriff zu bringen vermögen. Dort ist etwa die Rede von einer »Identifikation mit dem Angreifer«. Dabei handelt es sich um einen psychologischen Abwehrmechanismus, den das Ich zur Selbsterhaltung im Angesicht einer äußeren Übermacht einsetzt (vgl. Freud 1999). Das gesellschaftliche Realitätsprinzip und die davon ausgehenden, auf die Menschen einwirkenden normativen Anforderungen, so die psychoanalytische These, erscheinen so übermächtig, dass die Menschen beginnen, sich damit zu identifizieren und sie in ihre Persönlichkeitsstruktur zu integrieren. Nichts anderes gilt im Prinzip für das »alterslose Selbst«, das sich so sehr mit den gesellschaftlichen, aus der abstrakten Arbeit abgeleiteten Werten und Normen von Produktivität, Aktivität, Unabhängigkeit, Fitness usw. identifiziert, dass es einen altersassoziierten Verlust von Produktivität, Aktivität, Unabhängigkeit und Fitness als Verlust von Subjektivität schlechthin erfährt. Aus einer psychoanalytischen Perspektive lässt sich daher nochmals mit allem Nachdruck verdeutlichen, wie »alterslose« Selbstkonzepte zu interpretieren sind: nämlich in erster Linie als eine psychologische Notwehrhandlung. Die gesellschaftlichen Produktivitäts-, Aktivitäts-, Fitness- und Autonomiezwänge werden in die eigene Persönlichkeits- und Charakterstruktur integriert und so zu wesentlichen Bestandteilen der Identität – einer Identität, die gegen alle physischen Begleiterscheinungen des Alterns zwanghaft aufrechterhalten werden muss. Umso problematischer erweisen sich vor diesem Hintergrund gerontologische Ansätze und Konzepte, die Identitätskonstruktionen im Sinne eines »alterslosen Selbst« positiv bewerten oder gar als »gelungene« Altersidentitätsentwürfe interpretieren. Solche Interpretationen negieren den massiven normativen und psychischen Druck, der auf alternden Menschen lastet, und die psychische und physische Gewalt, die sie sich im Interesse der Erhaltung ihres »alterslosen Selbst« antun müssen – eine Gewalt, die heute im Anti-Ageing der Gegenwart vielleicht überhaupt erst in ihrer ganzen Tragweite sichtbar wird (dazu ausführlicher das nachfolgende Kapitel). Wie leider so oft im modernen Wissenschaftsbetrieb dienen solche Konzepte und Interpretationen in erster Linie dazu, gesellschaftlich erzeugtes Leiden von Menschen unsichtbar zu machen und der Kritik zu entziehen.

Psychoanalytisch kann man im Grunde sogar so weit gehen, den Drang moderner Menschen zur »Alterslosigkeit« und damit verbundene Selbstkonzepte als eine im Kern narzisstische und damit pathologische Subjektdisposition zu qualifizieren. Der Psychoanalytiker Wilhelm Mader hat in dem Zusammenhang (wenngleich ohne ausdrücklichen Rekurs auf das »alterslose Selbst« und entsprechende Selbstkonzepte) darauf hingewiesen, dass alte Menschen, insbesondere aufgrund ihrer marginalisierten sozialen Stellung in modernen Gesellschaften, geradezu gefangen seien »im eigenen, nicht mehr alternden Bild«, was die »Möglichkeit des Transzendierens« verkleinere (Mader 1990: 42), es alten Menschen also verunmögliche, ein anderes Ich-Ideal zu entwickeln als das, das sie über ihr gesamtes Leben, insbesondere im Beruf, erworben haben. Deshalb würden sie oftmals um ihre Person kreisen, die sie früher, in jüngeren Jahren waren, was sich vor allem in »Erzählungen, Selbststilisierungen, Erinnerungen der Vergangenheit« artikuliere, »in de[r] man der war, als der man auch jetzt noch erscheinen möchte« (ebd.: 40). Altersassoziierte Verluste machen es demnach erforderlich, die Spannung zwischen alt gewordenem Ich und einem an Normen und Idealen des »mittleren Alters« orientierten Ich-Ideal durch eine Verschiebung zugunsten eines zunehmend stilisierten, alterslosen Ich-Ideals auszubalancieren. Und dies, so Mader, verweist im Prinzip auf eine höchst narzisstische Disposition und somit auf eine Gefährdung, wenn nicht gar ein Scheitern der Ich-Entwicklung im Alter, also abermals auf das exakte Gegenteil einer positiven Altersidentität, wie sie die Gerontologie aus solchen »alterslosen« Selbstkonzepten häufig ableitet.

Dieser »Altersnarzissmus«, den Mader konstatiert, muss freilich als eine sehr spezifische oder lediglich besonders extreme Ausprägung einer allgemeinen narzisstischen Disposition des modernen Subjekts verstanden werden. Denn sicherlich ist Narzissmus keine exklusive Eigenschaft älterer Menschen, sondern beschreibt im Grunde einen wesentlichen und entsprechend weit verbreiteten Charakterzug moderner Subjekte schlechthin. Wie es Adorno einmal prägnant ausdrückte, wurzelt Narzissmus wesentlich darin,

> »daß das Individuum durch die fast unüberwindlichen Schwierigkeiten, die sich jeglicher spontanen und direkten Beziehung zwischen Menschen heute [angesichts der universalen Konkurrenz und des täglichen Kampfes um Karriere- und Lebenschancen in kapitalistischen Gesellschaften, A. S.] in den Weg legen, dazu gezwungen wird, seine ungenutzten Triebenergien auf sich selbst zu lenken.« (Adorno 2003e [1952]: 33)

Diese allgemeine narzisstische Disposition spitzt sich also im Alter lediglich aufgrund der sehr spezifischen sozialen Situation und Lebenslage alter Menschen in modernen Gesellschaften (Ruhestand, soziale Segregation, Marginalisierung, Einsamkeit etc.) zu – eine Situation, die für Narzissmus offenbar besonders förderlich ist, weil alte Menschen aufgrund ihres inferioren sozialen Status in einem noch viel stärkeren Ausmaß auf sich selbst, auf ihre eigene Person zurückgeworfen sind.

Generell erweist sich am »alterslosen Selbst« vielleicht im Grunde nur in besonders krasser Form die höchst prekäre Disposition des modernen Subjekts überhaupt: Es steht uns in einer kapitalistischen Arbeitsgesellschaft schlicht keine andere Form der Ich-Identität zur Verfügung, als eine, die jener Arbeitsgesellschaft selbst entspricht und sich dementsprechend rund um Arbeit, Geld und damit assoziierte Ideale (Produktivität, Leistung, Aktivität, Karriere etc.) sowie Autonomievorstellungen konstituiert. Ein anderes, davon abweichendes Bild von sich selbst vermag sich das moderne Subjekt nicht zu machen (oder nur um den Preis sozialer Marginalisierung, was wiederum einer höchst problematischen Subjektposition entspricht). Und je mehr dieses Selbstbild oder Ich-Ideal im Alter mit dem realen Selbst in Konflikt gerät, desto angestrengter muss daran festgehalten werden, selbst dann, wenn dieses Selbstbild kaum noch mit der eigenen, aktuellen Subjektposition übereinstimmt – weil eben kein anderes, einigermaßen subjektiv wie sozial tragfähiges Selbstbild verfügbar ist. Diesem »Gefangensein im eigenen, nicht alternden Bild«, diesem Zwang zur »Alterslosigkeit«, korrespondiert daher folgerichtig eine weitgehende Dissoziation vom Alter(n), insbesondere in Form einer Spaltung von alterslosem Selbst und alterndem Körper.

Eine interessante kulturell-historische Deutung des »alterslosen Selbst« bietet in diesem Zusammenhang auch Peter Öberg an. Er verortet in seiner bereits zitierten Abhandlung über den *abwesenden Körper* das »alterslose Selbst« in einem ontologischen Dualismus von Körper und Geist, der laut Öberg für das abendländische Denken überhaupt charakteristisch sei. Bereits in der Antike, so etwa bei Platon, sei die Seele als die wahre Person betrachtet worden und der Körper bloß als deren Hülle. In der modernen Gesellschaft, so Öberg, erfahre dieser Körper-Geist-Dualismus jedoch insofern eine erhebliche Zuspitzung, als sich nun eine Tendenz entfalte, »to *become* one's body; a person's true identity becomes expressed via the body« (Öberg 1996: 707). Dies ist vor allem deshalb eine instruktive Interpretation, da auf diese Weise eine ganz eigene, historisch spezifische Qualität des »alterslosen Selbst« greifbar wird, die darin besteht, dass das moderne Subjekt – anders als etwa Menschen in vormodernen Sozietäten – nicht nur in einer ständigen Spannung zwischen Körper und Geist beziehungsweise Selbst steht, sondern unmittelbar mit seinem Körper *identisch* ist, sein Selbst also zu jeder Zeit im wahrsten Sinne des Wortes »verkörpert«, das heißt durch den Körper repräsentiert werden muss (im entwickelten Kapitalismus zum Beispiel durch Konsum, Mode, Fitness), was freilich nur umso mehr den Druck erhöht, sich von seinem Körper zu dissoziieren, wenn dieser in Widerspruch zum Selbst gerät. Im Kontext des Alter(n)s nimmt dies laut Öberg insbesondere die Gestalt an, den alternden Körper durch kosmetische oder medizinische Eingriffe zu korrigieren, physische Alterungserscheinungen zu verbergen und sich nach außen hin als möglichst jugendlich darzustellen.

Exakt hier, an diesem Punkt, haben alle kritisch-gerontologischen Ansätze und Konzepte einer »Altersverdrängung«, eines »age denial« usw. ihr spezifisches Wahrheitsmoment, auch wenn sie diese Verdrängung des Alter(n)s häufig nicht zureichend analytisch zu durchdringen vermögen, weil sie ihre Analyse in der Regel auf die kulturelle Ebene beschränken oder aufgrund anderer theoretischer Verkürzungen diverse problematische Implikationen haben (z. B. eine Neigung zur Naturalisierung und Ontologisierung des Alters als Lebensphase).[155] Ein prominentes, gerade im Kontext des »alterslosen Selbst« und der »Altersmaske« dem Sachverhalt sehr angemessenes Konzept ist etwa das der »Maskerade« (Woodward 1988; Biggs 1997, 2004b). Dieser Begriff bezieht sich auf Strategien und Körperpraxen alternder Menschen, die darauf zielen, das Alter(n) zu verbergen und sich nach außen als möglichst jugendlich zu inszenieren. Es handelt sich gewissermaßen um körperbezogene Selbsttechniken mit dem Motiv »to become an acceptable ageing person through participation in a world defined by the values of youth or failing that perpetual midlife« (Biggs 2004b: 52). Die Maskerade besteht also darin, »das gealterte Selbst durch die Vortäuschung eines jugendlichen Äußeren zu verbergen und dadurch vor einer altersfeindlichen Umwelt zu schützen« (Amrhein/Backes 2008: 385). Oder um es mit den Worten von Klaus R. Schroeter zusammenzufassen:

> »In einer das Alter entwertenden Kultur ist die auf den alternden Körper bezogene Maskerade vor allem Ausdruck der Ablehnung des Alters. (…) Altersmaske und Altersmaskerade erscheinen beide als eine Art Coping-Strategie zur Identitätserhaltung in einer auf Jugend geschminkten Gesellschaft.« (Schroeter 2012: 186)

Diese zur Erhaltung eines »alterslosen Selbst« notwendige und auch gesellschaftlich geforderte »Jugendlichkeitskompetenz« kann somit nur die Form einer »Altersverdrängungskompetenz« annehmen, wie es Nina Degele ausdrückt: »Jugendlichkeit ist ein Normalitätsstandard, ein gesellschaftlicher Wert, der nicht umsonst zu haben ist. Jugendlich erscheinen entspricht der Kompetenz, das Alter(n) hinauszuschieben, zu verzögern, zu verdrängen« (Degele 2008: 168).

Ihr volles kritisches Potenzial würden solche phänomenologisch durchweg zutreffenden Befunde freilich erst dadurch entfalten können, dass sie in ihrer Kritik an der »Maskerade« und der »Altersverdrängung«

stets auch die diesen Handlungspraxen konstitutiv zugrunde liegende kapitalistische Gesellschaftsstruktur mit ihrer »alterslosen« Subjektform berücksichtigen. Dies allein würde Gerontolog/innen auch davor bewahren, Praktiken der »Altersverdrängung« durch letztlich hilflose Plädoyers für die Anerkennung des Alters als eigenständiger Lebensphase in ihrer »Differenz« und ihrer ganz eigenen »Dignität« lösen zu wollen – ein Problemzugang, durch den sowohl das Alter als auch das mit Jugendlichkeit konnotierte und gesellschaftlich idealisierte »mittlere Alter« de facto affirmiert und ontologisiert wird, damit aber auch, bewusst oder unbewusst, alle gesellschaftlichen Voraussetzungen reproduziert werden, die heute die Menschen zur Verdrängung des Alter(n)s treiben.

Was solche kritisch-gerontologischen Ansätze und Konzepte einer »Altersverdrängung« oder eines »age denial« aber immerhin dem sich häufig positiv auf »alterslose« Selbstkonzepte beziehenden gerontologischen Mainstream voraus haben und diese bei allen Mängeln deutlich von jenem abhebt, ist, dass sie in der Regel unmissverständlich auf die negative und letztlich altersfeindliche Qualität des »alterslosen Selbst« hinweisen, die von Öberg treffend wie folgt zusammengefasst wird:

> »The self is held to be superior to the body, and continuity is held to be superior to discontinuity (the concept of *dis*continuity itself has a pejorative sound). Most of the developmental psychological theories mainly describe development during childhood and youth (…). This, together with an inability to ascribe meaning to ageing (changes due to ageing) in our culture creates *the illusion of the ageless self*.« (Öberg 1996: 705f., Herv. i. O.)

6.2 Jugendwahn und Anti-Ageing

Die in ihrer psychologischen Aufwändigkeit wahrscheinlich gar nicht hinreichend zu ermessende Verdrängungs- beziehungsweise Verleugnungsleistung, die die Konstruktion eines »alterslosen Selbst« den Menschen abverlangt, konkretisiert sich letztendlich und folgerichtig in einem in den letzten Jahren bis ins Groteske gesteigerten Jugendlichkeitswahn, von dem vor allem eine florierende Anti-Ageing-Industrie mit ständig wachsenden, inzwischen in die hunderte Milliarden gehenden Jahresumsätzen lebt. Das Spektrum reicht hier von Anti-Falten-Cremes, Hormontherapien, Fitness/Wellness über Vitaminpräparate, Viagra, Botox bis hin zur plastischen Chirurgie – alles im Dienste des »alterslosen Selbst«. Die Anti-Ageing-Medizin verkörpert in diesem Lichte die logische Konsequenz einer vollends zur Kenntlichkeit entstellten Altersfeindlichkeit des modernen Subjekts, für das offensichtlich keine unwürdigere Existenz denkbar ist als die des Alters und das nur dadurch mit sich selbst identisch zu bleiben vermag, dass es das Alter(n) und insbesondere physische Alterungsprozesse verdrängt und mit aller Macht bekämpft.

Es wurde bereits an früherer Stelle (Kapitel 5.3) erwähnt, dass der Anti-Ageing-Medizin im Grunde Unrecht getan wird, wenn sie als eine Art Pervertierung oder eine besonders verdammenswerte, wenn nicht gar »unwissenschaftliche« Abirrung vom rechten Pfad der Medizin betrachtet wird. Denn die Anti-Ageing-Medizin ist streng genommen nichts weiter als das Produkt einer modernen Medizin, »die ihren Gegenstand völlig verdinglicht hat« (Jappe 2001: 93, Fn. 3). Und als solches entspricht sie voll und ganz den modernen Subjekten, die in nicht geringerem Maße sich selbst und ihre Körper völlig verdinglicht haben und in erster Linie damit beschäftigt sind, gesellschaftlichen Anforderungen hinsichtlich ihrer Leistungsfähigkeit, ihrer Produktivität, ihrer Fitness, ihrer Autonomie, ihrer Jugendlichkeit usw. zu entsprechen, um als Subjekte jene gesellschaftliche Anerkennung zu erhalten, die sie erst zu vollwertigen Gesellschaftsmitgliedern macht. Mit anderen Worten: Wer die Anti-Ageing-Medizin kritisiert, muss auch das moderne Subjekt mit seinem schizophrenen Zwang zur Alterslosigkeit kritisieren. Andernfalls verbleibt die Kritik auf einer Ebene, auf der das Phänomen »Anti-Ageing« nicht zureichend erfasst und problematisiert werden kann.

Unzureichend ist es in dem Zusammenhang auch, sich in der Kritik primär auf aktuelle Anti-Ageing-Diskurse zu konzentrieren und so fortschreitende Anti-Ageing-Tendenzen, explizit oder implizit, ursächlich auf die zunehmend hegemonialen Diskurse und »Alterskonstruktionen« der Anti-Ageing-Industrie zurückzuführen. Auch auf diese Weise wird die konstitutive Rolle des »alterslosen« Subjekts negiert, erscheint dieses als bloßes Opfer gleichsam von außen auf es eindringender gesellschaftlicher Jugendlichkeitsimperative, die es zur Verdrängung des Alter(n)s nötigen, anstatt das Subjekt als das zu betrachten und zu theoretisieren, was es nun einmal ist: ein aktiver Mittäter seiner eigenen Zurichtung und Disziplinierung entlang eines an Wahnhaftigkeit grenzenden Ideals der Alterslosigkeit – eine Zurichtung, die das moderne Subjekt über weite Strecken aus eigenem Antrieb an sich und seinem Körper exekutiert, auch wenn es dies freilich »nicht aus freien Stücken« (Marx) tut, sondern als ein sich seiner selbst nicht bewusstes Mitglied einer fetischistischen und entsprechend naturalisierten kapitalistischen Arbeitsgesellschaft, deren Verwertungslogiken den Menschen ewige Produktivität, Aktivität, Fitness usw. abverlangen und somit eine Seinsweise oder Form der Subjektivität, mit der das Alter(n) schlichtweg inkompatibel ist und die sich eben daher durch »Alterslosigkeit« auszeichnet. Erst unter den Prämissen eines »alterslosen Selbst«, eines stets seine eigene Alterslosigkeit herstellenden, das Alter(n) im Interesse der Erhaltung einer subjektiv und sozial tragfähigen Identität mit aller Macht verdrängenden oder leugnenden Subjekts, kann eine Anti-Ageing-Industrie überhaupt entstehen, erwächst dieser erst ihre notwendige Geschäftsgrundlage. Dabei braucht durchaus nicht in Abrede gestellt zu werden, dass die Anti-Ageing-Industrie – so viel ist wahr an jeder noch so kulturalistisch verkürzten konstruktivistischen oder diskursanalytischen Untersuchung des Anti-Ageing-Komplexes – fleißig an der Produktion jenes alterslosen Subjekts mitarbeitet. Aber sie findet den Nährboden dafür und eine entsprechende psychische Disposition bereits in den kapitalistisch sozialisierten Subjekten vor, die sie erst auf dieser Grundlage zu ihren Klienten und Klientinnen formen kann. Ohne »altersloses Selbst« also keine Anti-Ageing-Medizin.

Die heutige Anti-Ageing-Medizin verkörpert dabei freilich die historisch, medizinisch und technologisch avancierteste Form des modernen Alterslosigkeits- und Jugendwahns. Bereits die Menschen der Frühen Neuzeit, als sich die kapitalistische Gesellschaft erst langsam und in gewaltsamen Durchsetzungsschüben herausbildete, verachteten das Alter und idealisierten die Jugend. Mythen und Bildnisse wie jene vom Jungbrunnen erzählen von einem Streben der frühneuzeitlichen Menschen nach ewiger Jugend, und Ärzte und Alchemisten der damaligen Zeit, wie etwa Paracelsus, suchten nach Mitteln und Wegen, das Leben zu verlängern und das Alter(n) zu verzögern (vgl. Borscheid 1989). Selbst für die Antike lassen sich unzählige historische Belege für Strategien und Praktiken finden, die darauf zielten, Jugendlichkeit zu erhalten und physische Alterserscheinungen hintanzuhalten (vgl. Trüeb 2006). Was alle diese vormodernen Praktiken vom modernen Jugendwahn unterscheidet, der heute in der Anti-Ageing-Medizin gipfelt, ist jedoch, dass keine vormoderne Kultur das Alter(n) jemals auch nur annähernd in der Form und dem Ausmaß pathologisierte, wie dies in der modernen, kapitalistischen Gesellschaft mit ihrem alterslosen Subjekt der Fall ist. Erst diese spezifisch moderne Pathologisierung des Alter(n)s, die wiederum ein ganz spezifisches Verständnis von »Krankheit« wie auch vom menschlichen Körper insgesamt voraussetzt (siehe ausführlich oben, Kapitel 5.3), konnte die Grundlage dafür schaffen, was heute Anti-Ageing genannt wird.

Die im Anti-Ageing der Gegenwart endgültig zu sich kommende

Pathologisierung des Alter(n)s nimmt ihre sichtbarste Gestalt darin an, dass das Alter(n) nunmehr als eine behandelbare Krankheit erscheint, die, wenn nicht überhaupt biomedizinisch aus der Welt zu schaffen, so doch immerhin mit allen zur Verfügung stehenden Mitteln zurückzudrängen und zu bekämpfen ist. Der »Kampf« der Menschen gegen das Alter(n) beginnt dabei, so scheint es, immer früher. Bereits mit dreißig ist für so manche/n eine erste kritische Schwelle im individuellen Alternsprozess erreicht, deren Erreichen oder Überschreiten die Ergreifung von Gegenmaßnahmen geboten scheinen lässt, die vom »Einfrieren« des eigenen chronologischen Alters bei 29 (eine Strategie, die vor allem Frauen nachgesagt wird) bis hin zu ersten Schönheits- und Verjüngungsoperationen reichen. Gerade in Anbetracht der heute, im Vergleich zu vormodernen Gesellschaften, ungleich höheren Lebenserwartung und angesichts der Tatsache, dass auch der physische Alterungsprozess unter modernen Lebensbedingungen im Allgemeinen sehr viel langsamer abläuft und in der Lebensspanne deutlich nach hinten gedrängt ist, wirft dies ein entsprechendes Licht auf das im Grunde hochgradig pathologische Moment, das den modernen Jugendwahn auszeichnet. Das kalendarische Alter und der körperliche Allgemeinzustand, in dem sich Menschen heute befinden, wenn sie in die ersten Kampfhandlungen gegen das Alter(n) eintreten, ist in etwa vergleichbar damit, als würde ein antiker Grieche oder Römer bereits im Alter von zwanzig Jahren mit seiner »Altersklage« anheben und dem Verlust seiner Jugend nachzutrauern beginnen. Schon allein aus diesem Grund verbietet sich eine Gleichsetzung heutiger Anti-Ageing-Praktiken mit vormodernen Strategien zur Verzögerung des Alter(n)s, wie sie in der Gerontologie so weit verbreitet ist.

Vom Zwang zur möglichst frühzeitigen »Altersverdrängung« oder »Altersverleugnung« sind in modernen Gesellschaften freilich in besonderem Maße Frauen betroffen, die bekanntlich einen Großteil ihrer sozialen Anerkennung aufgrund ihres (beziehungsweise bei Vorliegen eines) schönen Äußeren erhalten und für die das Alter(n) daher doppelt bedrohlich, zumindest aber anders bedrohlich ist als für Männer. Dieser geschlechtsspezifische Zusammenhang wird bereits bei Simone de Beauvoir in ihrer bekannten Abhandlung über das Alter im Prinzip recht treffend auf den Punkt gebracht:

> »Das Männliche ist nicht eine Beute des Alters; von ihm verlangt man nicht Frische, Sanftheit, Anmut, sondern Stärke und die Intelligenz des Eroberers; weiße Haare und Falten stehen nicht im Widerspruch zu diesem männlichen Ideal.« (Beauvoir 1987 [1970]: 252)

Susan Sontag hat dies etwas später auf den Begriff eines »double standard of ageing« gebracht (vgl. Sontag 1975). Demnach seien Frauen infolge ihrer identitären Fixierung auf vergängliche Werte wie Schönheit und sexuelle Attraktivität – im Gegensatz zu Männern, deren sozialer Status auf beständigen Werten wie Macht und Wohlstand basiere – sozusagen einer doppelten, nämlich sowohl sexistischen als auch altersbezogenen Marginalisierung und Diskriminierung ausgesetzt. Das ist durchaus auch nicht nur bei Frauen so, die auf ihre traditionelle Geschlechterrolle als Mutter und Hausfrau reduziert sind und denen daher eine Identifikation über eine qualifizierte Berufstätigkeit, analog zur männlichen Sozialisation, verwehrt bleibt, sondern betrifft selbst noch (und vielleicht sogar im Besonderen[156]) »Karrierefrauen«. Auch sie müssen in ihrem Beruf in der Regel nicht nur besser sein als ihre männlichen Konkurrenten, sondern dürfen dabei auch ihre Weiblichkeit nicht verlieren. Dementsprechend bedrohlich für das eigene Selbstbild wird das Alter(n) von Frauen erlebt, denn es sind gerade die mit »Weiblichkeit« konnotierte jugendliche Schönheit und sexuelle Attraktivität, die im Alter zusehends verlorengehen.

Der zentrale Stellenwert von Schönheit und Jugendlichkeit für die weibliche Geschlechtsidentität schlägt sich daher nicht von ungefähr darin nieder, dass Frauen besonders dafür disponiert sind, intensiv und mit allen ihnen zur Verfügung stehenden Mitteln an ihrem Erscheinungsbild zu arbeiten und unter Einsatz eines ganzen Arsenals von kosmetischen Hilfsmitteln, bis hin zur plastischen Chirurgie, zu versuchen, ihr jugendliches Äußeres zu erhalten. Ein jugendliches Aussehen ist für viele Frauen gleichbedeutend mit »Natürlichkeit«, einem als normal und natürlich imaginierten weiblichen Erscheinungsbild, während der alternde weibliche Körper als »unnatürlich« erscheint und in erster Linie auf einen Mangel an »Körperarbeit« und Schönheitspflege verweist. Nicht korrigierend und verschönernd in das eigene Altern und den alternden Körper einzugreifen erscheint daher gerade Frauen häufig als

> »a moral and physical capitulation to the ravages of time and constitute[s] a graceless management of the aging process. The aging body un-remedied by technology [is] considered to be unattractive, if not objectionable, as well as risky in light of the social and physical realities of growing older.« (Hurd Clarke/Griffin 2007: 198)

Das wahrscheinlich größte weibliche Altersstigma, gegen das Frauen entsprechend intensiv und möglichst frühzeitig vorgehen, sind Falten. Bereits wenn die ersten sogenannten Krähenfüße um die Augen sichtbar werden, ist dies für viele Frauen der Zeitpunkt und ein Signal, ein mit der Zeit potenziell immer umfangreicheres und aufwändigeres Set von Camouflage- und Faltenbekämpfungstechniken zur Anwendung zu bringen, um einem mit dem Alter fortschreitenden Schlaffwerden der Gesichtshaut möglichst effektiv entgegenzuwirken – Techniken, für die die Anti-Ageing- und Schönheitsindustrie, gestaffelt nach der je erforderlichen Intensität der Behandlung, die entsprechenden Mittel, Produkte und Dienstleistungen bereitstellt (Make-up, Anti-Falten-Cremes, Botox-Injektionen, chirurgisches »Facelifting«). Eine wesentliche Rolle im weiblichen Schönheitshandeln spielt auch die Erhaltung des Körpergewichts und einer schlanken Figur (vgl. Höppner 2017), wobei die Erfüllung dieser Norm im Alter nochmals mit eigenen, ganz spezifischen Problemen und Herausforderungen verbunden ist: Ältere Frauen, die nicht auf ihr Körpergewicht achten, lassen sich gehen – Frauen, die zu sehr darauf achten, sind in einer ihrem Alter unangemessenen Weise eitel (vgl. Hurd Clarke 2002). Generell ist die an der Erhaltung von Jugendlichkeit orientierte »Altersverdrängungsarbeit« (Degele 2008: 172) eine für die Subjekte stets herausfordernde Gratwanderung und kollidieren unterschiedliche, oftmals widersprüchliche Anforderungen miteinander: Jugendlichkeit zu erhalten ist zwar eine unhintergehbare Grundvoraussetzung dafür, um als alterndes Subjekt gesellschaftlich anerkennungsfähig bleiben zu können. Wer es damit allerdings übertreibt, wirkt erst recht lächerlich und verspielt seine soziale Anerkennung durch ein altersunangemessenes Erscheinungsbild (ein Beispiel dafür wäre etwa eine alte Frau im Mini-Rock, mit lackierten Fingernägeln etc.). Alternde Subjekte – und hier vor allem Frauen – befinden sich also in einer überaus widersprüchlichen Situation:

> »Um sichtbar zu bleiben, müssen sie sich entsprechend inszenieren, wozu nicht zuletzt ein jugendliches Auftreten, die richtige Figur oder ein entsprechendes Selbstbewusstsein gehören. Der sichtbaren Inszenierung sind aber Grenzen gesetzt. Schnell kann etwas ins vermeintlich Lächerliche abgleiten oder altersunangemessen erscheinen.« (Denninger 2018: 195f.)

Auch die Wahrnehmung der »Natürlichkeit« oder »Unnatürlichkeit« des alternden Körpers verläuft entlang dieses enorm schmalen Grats, an dem über Erfolg oder Misserfolg der jugendlichen Inszenierung und der damit verbundenen »Körperarbeit« entschieden wird: Eine Frau, die nicht versucht, durch Schönheitshandeln dem Alter(n) entgegenzuarbeiten und ihr »natürliches«, jugendliches Äußeres zu erhalten, altert »würdelos«, insofern sie sich einem alle Jugendlichkeit und damit Weiblichkeit vernichtenden Alternsprozess ergibt. Wer sich hingegen ständig unters Messer legt, bis zur Unkenntlichkeit geliftet ist und am Ende womöglich aussieht wie Michael Jackson oder Jeannine Schiller, altert erst recht wieder »unnatürlich« und gibt sich bloß der Lächerlichkeit preis. Solche Menschen erscheinen schlicht als unauthentisch, bizarr, als Beispiele für extreme Eitelkeit und Oberflächlichkeit, auf die man nur mit einer Mischung aus Entsetzen und Mitleid herabblicken kann (vgl. Hurd Clarke/Griffin 2007: 198).

Natürlich ist das Alter(n) nicht nur für Frauen, sondern durchaus auch für Männer mit mehr oder weniger gravierenden Einschnitten in ihr männliches Rollen- und Geschlechterbild verbunden. Dies resultiert bereits an sich aus der Zäsur, welche die Pensionierung für das männliche Rollenbild und für die sich hauptsächlich über Erwerbsarbeit und Karriere definierende männliche Identität bedeutet. Die Pensionierung stellt im Leben eines modernen Mannes nicht nur deshalb einen Einschnitt in seine männliche Geschlechtsidentität dar, weil mit der Ausgliederung aus der Arbeit ein wesentlicher, den Alltag bis dahin maßgeblich strukturierender Lebensinhalt verloren geht, sondern weil dieser Verlust de facto auch einer strukturellen wie symbolischen »Verweiblichung« gleichkommt. Empirische Hinweise darauf finden sich in der Gerontologie zuhauf, etwa wenn von einer »Androgynie des späteren Lebensalters« (Neugarten/Gutmann 1968) oder von einer »Feminisierung des Alters« (Kohli 1990) die Rede ist. Dabei wird vor allem von der Beobachtung ausgegangen, dass bei Männern das Ausscheiden aus der männlich konnotierten Erwerbssphäre nicht nur strukturell, sondern sogar psychisch zu einer Art Feminisierung führt:

»Der Verlust der Erwerbsposition bedeutet für die Männer – überspitzt gesagt – eine strukturelle Feminisierung. Sie finden sich stärker auf die Ehe und Haushaltsführung als alltägliche Ordnungsschemata verwiesen. Es entspricht dieser Veränderung ihrer Lebenslagen, dass sie sich auch in ihren psychischen Merkmalen verweiblichen.« (Kohli 1990: 401)

Während Männer also im jüngeren und mittleren Lebensalter, als Agenten der abstrakten Arbeit, überwiegend Konkurrenzverhalten, Aktivität, Unabhängigkeit, (Charakter-)Stärke usw. demonstrieren (müssen), kehrt sich das Verhaltensmuster im späteren Alter ab dem Ruhestand offenbar der Tendenz nach um und treten zunehmend (auch) »feminine« Eigenschaften wie Passivität, Sensibilität, Zärtlichkeit usw. in den Vordergrund. Das heißt,

Männer nähern sich im Alter tendenziell dem weiblichen Geschlechtscharakter an. Dieser »Verweiblichung« alter Männer entspricht, quasi spiegelbildlich, eine gewisse »Vermännlichung« alter Frauen. Diese manifestiert sich sowohl in Veränderungen im äußeren Erscheinungsbild (tiefere Stimme, dünneres Haar, Bartwuchs etc.) als auch in der Übernahme »männlicher« Verhaltensweisen, etwa einem aggressiveren, durchsetzungswilligeren Auftreten (quasi das, was man im Volksmund eine »resolute alte Frau« nennt). Bereits Sigmund Freud hat entsprechende Veränderungen im Geschlechtscharakter von Frauen im Alter festgestellt:

> »Es ist bekannt (...), daß die Frauen häufig, nachdem sie ihre Genitalfunktionen aufgegeben haben, ihren Charakter in eigentümlicher Weise verändern. Sie werden zänkisch, quälerisch und rechthaberisch, kleinlich und geizig, zeigen also typische sadistische und analerotische Züge, die ihnen vorher in der Epoche der Weiblichkeit nicht eigen waren.« (Freud 1931 [1913]: 13)

Daraus folgt freilich nicht, was in gerontologischen Befunden einer »Annäherung der Geschlechter« (Kohli 1990: 401) häufig, zumindest implizit, mitschwingt, nämlich dass es im Alter gleichsam zu einer Erosion der Geschlechterdifferenzen, im Sinne eines »degendering« (Silver 2003), oder gar zu einer Auflösung von Geschlechterasymmetrien komme, sondern diese Befunde verweisen im Grunde nur auf den inferioren gesellschaftlichen Status des Alters selbst: Was speziell an der »Feminisierung« alter Männer deutlich wird, ist nichts anderes als die Reduktion des strukturell männlichen, bürgerlich-kapitalistischen Waren- und Arbeitssubjekts auf eine minderwertige und entsprechend »verweiblichte« Alterssubjektivität. Hier erweist sich gewissermaßen (und abermals) ein unmittelbarer Zusammenhang von Dissoziation des Alters und geschlechtlicher Abspaltung beziehungsweise Wert-Abspaltung: Der Verlust der modernen, strukturell männlichen Subjektivität – im Alter vor allem bedingt durch den Ruhestand – drückt sich strukturell, aber auch kulturell-symbolisch sowie sozialpsychologisch, in einer Verweiblichung aus. Und dies kann am deutlichsten an jenem Teil der Bevölkerung beobachtet werden, der die moderne Subjektform schlechthin verkörpert und repräsentiert, nämlich an Männern.[157]

Der mit dem Alter(n) drohende Verlust von »Männlichkeit« hat aber ebenfalls, ähnlich wie dies schon für »Weiblichkeit« gilt, eine unmittelbar körperliche Dimension. Anders als bei Frauen, bezieht sich diese bei Männern allerdings weniger auf ästhetische Aspekte und körperbezogene

Schönheitsideale – auch wenn Schönheit und Attraktivität im Gefolge der postmodernen »Verflüssigung« von Geschlechteridentitäten zunehmend als Normen auch in zeitgenössische Vorstellungen von Männlichkeit eingesickert sind und daher auch immer mehr Männer mit ähnlichen Mitteln wie Frauen ihr äußeres Erscheinungsbild pflegen[158] – sondern in erster Linie auf Aspekte der physischen Funktionalität. Auch das folgt unmittelbar der patriarchal-kapitalistischen Wert-Abspaltungslogik, in der männliche Körper primär als Handlungsinstrumente gesehen und folglich eher an ihrer Kraft und Leistungsfähigkeit gemessen werden. In diesem Sinne hält auch Margaret Cruikshank (2009: 150) fest, dass Männer im Allgemeinen als ein physisches Ganzes (Gesicht und Körper) betrachtet und bewertet werden, während Frauen in erster Linie an ihren Gesichtern identifiziert werden. Dabei ist auch das Spektrum der Anerkennung für männliche Gesichter sehr viel breiter als für weibliche, insofern einem alternden männlichen Gesicht zugeschrieben wird, »Reife«, »Charakter« oder »Erfahrung« auszudrücken. Im Gegensatz dazu erfährt das Gesicht einer Frau nur insoweit positive Anerkennung, als es stets gleich bleibt und sich im Laufe der Zeit gerade nicht verändert, in gewisser Weise also eine »alterslose« Maske darstellt. Das heißt, Frauen werden auf ihr nicht-veränderliches (schönes, jugendliches) Gesicht reduziert, was wiederum korrespondiert mit dem Aufwand, den Frauen vor allem ihrem Gesicht und der Erhaltung ihres jugendlichen Aussehens widmen. Beim Mann hingegen ist bereits die Veränderung seines Gesichts im Laufe seines Lebens Ausdruck seiner persönlichen Entwicklung und entsprechend positiv konnotiert. Darüber hinaus zählt bei ihm nicht nur das Gesicht, sondern auch die Physis, wozu insbesondere körperliche Kraft und Leistungsfähigkeit gehören. Folgerichtig betreffen Alter(n)sprobleme beim Mann weniger die Erhaltung seiner Attraktivität und seines jugendlichen, äußeren Erscheinungsbildes, sondern eher Aspekte der physischen Funktionalität.

Als Inbegriff männlicher Leistungsfähigkeit und physischer Funktionalität steht dabei die »Manneskraft«, deren Verlust geradezu den Gipfel der Unmännlichkeit markiert und daher wohl nicht zufällig das gefürchtetste aller männlichen »Altersleiden« darstellt (vgl. Calasanti/King 2005). In den letzten Jahrzehnten ist die »erektile Dysfunktion«, vermittelt über medizinische und mediale Diskurse, zur männlichen Alterskrankheit schlechthin avanciert – ein Diskurs, an den ebenfalls ein gewaltiger und ständig wachsender medizinisch-industrieller Komplex anknüpft (vgl. ausführlich Marshall/Katz 2002). Anfang August 1999 hat der US-Konzern *Pfizer* allein in Deutschland 3,8 Millionen Viagrapillen für rund 400 000 Patienten verkauft (Schroeter 2012: 206). 2012, vor dem Auslaufen seines Patentschutzes, lag der weltweite Jahresumsatz von Viagra bereits bei mehr als 2 Milliarden US-Dollar.[159] Was also für Frauen die zwanghafte Erhaltung ihrer jugendlichen Schönheit bis ins Alter mithilfe von Kosmetika, Botox, plastischer Chirurgie etc., ist für Männer die durch Viagra und Co. sicherzustellende Fähigkeit, auch im Alter noch »einen hoch zu kriegen«. In diesem Zusammenhang wird auch die zunehmende Medikalisierung des Alter(n)s deutlich, insbesondere des alternden (Sexual-) Körpers: Bis vor wenigen Jahrzehnten noch eine kaum beachtete, gleichsam hinzunehmende Begleiterscheinung des männlichen Alter(n)s, ist die sexuelle Dysfunktion nun zu etwas hochgradig Pathologischem und zu einer Abweichung von der Norm geworden, die unbedingt einer medizinischen Intervention bedarf.

Dabei ist es nur konsequent, wenn es im Zuge postmoderner Flexibilisierungsprozesse auch hier zusehends zu Überschneidungen zwischen männlichen und weiblichen Handlungsmustern kommt: So wie der Erhalt eines attraktiven, jugendlichen Äußeren mehr und mehr zu einem festen Bestandteil auch des männlichen »Altershandelns« wird, so rückt auch die sexuelle Funktionalität im Alter zunehmend in den Fokus weiblicher Selbstoptimierungsstrategien – inklusive entsprechender, daran gekoppelter kommerzieller Interessen, wie sich etwa am gegenwärtigen Trend zu Hormontherapien und luststeigernden Medikamenten für Frauen ablesen lässt.[160] Derartige Überschneidungen verweisen freilich genauso wenig auf eine entsprechende (emanzipatorische) Aufweichung des modernen Geschlechterverhältnisses, wie die vorhin angesprochenen Tendenzen einer »Annäherung« der Geschlechter im Alter, etwa durch eine »Feminisierung« alter Männer. Und ebenso wenig sind sie mit einem Aufbrechen und einer Überwindung überkommener negativer Altersbilder gleichzusetzen. Eher im Gegenteil: Diese Entwicklungen fallen vielmehr zusammen mit allgemeineren, gesamtgesellschaftlichen Flexibilisierungstendenzen, in deren Zuge sowohl die Grenzen zwischen männlichen und weiblichen Identitäten zunehmend durchlässig werden, als auch »jung« und »alt« tendenziell zu verschwimmen und ineinander überzugehen beginnen und Jugendlichkeit und Aktivität (einschließlich der sexuellen) sich zusehends zu einer universellen, allgemeingültigen Altersnorm aufspreizen. Gerade diese Flexibilisierung erweist sich also – entgegen der in postmodernen Theorieansätzen (z. B. Featherstone/Hepworth 1991) verbreiteten Hoffnung – sowohl als Symptom als auch als enormer Katalysator eines in der Postmoderne auf die Spitze getriebenen Jugendwahns und einer gesamtgesellschaftlichen Tendenz zur »Alterslosigkeit«. Denn:

»Wenn nunmehr ältere Menschen dazu ermuntert werden, sich nicht nur jugendlich zu kleiden und jung auszusehen, sondern auch Sport zu treiben, Geschlechtsverkehr zu haben, Urlaub zu machen und sich überhaupt in einer von der Generation ihrer Kinder nicht zu unterscheidenden Art zu sozialisieren (...), dann erfordert das auch ein verändertes Identitätsmanagement im Alter.« (Schroeter 2012: 185)

Und dieses veränderte Identitätsmanagement kann unter diesen Prämissen nur in einer intensivierten Verdrängung und Bekämpfung des Alter(n)s bestehen.

Diese Verdrängung und Bekämpfung des Alter(n)s – dies gilt es an dieser Stelle nochmals zu betonen – braucht den Menschen nicht von außen aufgezwungen zu werden, sondern wird von ihnen selbst aus eigenem Antrieb an sich und ihren Körpern exekutiert. Anti-Ageing muss auch nicht gleichsam von oben dekretiert werden, um die Menschen zu entsprechenden Praktiken zu bewegen, auch wenn freilich wissenschaftliche und mediale Anti-Ageing-Diskurse eine immense Wirkung auf sie ausüben. Was die Subjekte antreibt und sie heute zunehmend in die ausgebreiteten Arme der Anti-Ageing-Industrie treibt, ist einzig und allein die Erhaltung ihrer »alterslosen« Identität, da moderne Subjektivität eben nur als alterslose denkbar ist – eine Motivation, die in dem Maße, wie gesellschaftliche Leistungs-, Produktivitäts- und Aktivitätsanforderungen immer weiter steigen, den Subjekten eine zunehmende, geradezu zwangsneurotische Arbeit am eigenen Körper und eine immer radikalere Verdrängung des Alter(n)s abverlangt. Der einzige, dafür aber umso umfassendere Zwang, dem die Subjekte dabei unterworfen sind, besteht darin, dass es zur Erhaltung ihrer alterslosen Subjektivität unter den bestehenden gesellschaftlichen Bedingungen schlechterdings keine Alternative gibt. Seinen Subjektstatus zu verlieren, ist gleichbedeutend damit, seinen Status als »Mensch« zu verlieren, oder zumindest – was aber im Grunde auf dasselbe hinausläuft – als unvernünftig, wenn nicht unzurechnungsfähig zu gelten. So hält Klaus R. Schroeter mit Blick auf zunehmende Anti-Ageing-Tendenzen durchaus zutreffend fest:

»Als Bestandteil einer ›Politik der Zwänge, die am Körper arbeiten, seine Elemente, seine Gesten, seine Verhaltensweisen kalkulieren und manipulieren‹ [Schroeter zitiert hier Foucault, A. S.] (...), sind Fitness, Wellness und *anti-ageing* längst zu normativen Leitbildern geworden, deren Missachtung mit dem Preis der Zurechnungsfähigkeit bezahlt wird.« (Schroeter 2009: 373)

Der gesellschaftlichen Norm der Alterslosigkeit zuwiderzuhandeln bedeutet also de facto eine Form von Wahnsinn, den »Unwille[n] oder die Unfähigkeit, sich wie ein vernünftiges Subjekt zu verhalten« (Greco 2004: 196). Dementsprechend groß ist der Aufwand, den die Menschen zur Erhaltung ihres »alterslosen Selbst« betreiben müssen, ein Aufwand, der sich unter Anti-Ageing-Prämissen zusehends zu einem regelrechten Kampf gegen das Alter(n) auswächst.

Die Extremform dieses sich sukzessive zuspitzenden Kampfes der Menschen gegen das Alter(n), der seitens der Anti-Ageing-Medizin mittlerweile auch offen als »Krieg« apostrophiert wird, sind jene vielfach plastisch korrigierten, bis zur Unkenntlichkeit gelifteten, da und dort gestrafften, aufgespritzten und mit Silikon- und anderen Implantaten ausgestatteten Gestalten, wie sie periodisch in der Klatschpresse, in diversen Talkshows und in »sozialen Medien« zu besichtigen sind, und von denen sich selbst das durchschnittliche, punkto »Altersverdrängung« ansonsten zu allem Möglichen bereite alterslose Subjekt häufig nur mit Grauen abwenden kann. Was diese Personifikationen des Anti-Ageing so grauenerregend macht, ist, dass bei ihnen das »alterslose Selbst« gewissermaßen radikal nach außen gekehrt, ja geradezu nach außen gestülpt ist. Und in dermaßen nach außen gestülpter Form wird nun erst so richtig erkennbar, was sich hinter dem »alterslosen Selbst« in Wahrheit schon immer der Tendenz nach verbirgt: eine grauenhafte, furchteinflößende, monströse Fratze. So angewidert also die Menschen von diesen alterslosen »Fratzen« der Anti-Ageing-Industrie sein mögen und so sehr sie sich davon zu distanzieren versuchen, letztlich machen diese im Prinzip nur das volle Ausmaß und die himmelschreiende Absurdität der modernen »Alterslosigkeit« selbst kenntlich: Alterslosigkeit ist schlicht ein Unding, eine einzige Widersinnigkeit, die darin besteht, einen untrennbar zum menschlichen (und jedem biologischen) Leben gehörenden Alterungsprozess aufs Radikalste zu negieren. Beim Wort genommen und konsequent praktisch umgesetzt, kann Alterslosigkeit daher nur heißen, sich und seinen Körper solange durch korrigierende Eingriffe zuzurichten, bis er dem Ideal der Alterslosigkeit entspricht – was freilich einer Sisyphusarbeit gleichkommt, denn der physiologische Alterungsprozess lässt sich durch nichts und niemanden aus der Welt schaffen. Dieser kann bestenfalls zurückgedrängt und hinter einer Maske von Kosmetika, gefärbten Haaren, Hautstraffungen und plastischen Operationen zeitweilig verborgen werden, weshalb in immer kürzeren Abständen immer noch mehr korrigierende Interventionen erforderlich werden.

An den alterslosen Gestalten des Anti-Ageing zeigt sich daher auch vielleicht nur besonders drastisch, zu welcher physischen und psychischen Gewalt gegen sich selbst ein Subjekt genötigt und bereit ist, das »um vermeintlicher Größe und Macht willen unbewußt darauf verzichten [muss], das *Gesamt* [seines] Lebens zu bejahen« (Richter 1979: 228, Herv. i. O.) und daher einen untrennbar zu seiner leiblichen Existenz gehörenden physiologischen Alterungsprozess um keinen Preis der Welt zu einem Bestandteil seiner selbst werden lassen darf und entsprechend viel Energie dafür aufwenden muss, diesen Alterungsprozess zu verdrängen und zu bekämpfen. Ein Subjekt, das sich nur »alterslos« denken kann, ist im Grunde so sehr von sich selbst beziehungsweise seiner Existenz als eines immer auch leiblichen, biologischen Wesens entfremdet, dass es dementsprechend auch nur sehr wenig gibt, das dieses Subjekt davon abhält, sich jene Gewalt anzutun, derer es nun einmal bedarf, um ein alterloses Subjekt zu sein. Dies resultiert unmittelbar aus dem eigentümlichen, von Peter Öberg diagnostizierten Selbstverhältnis moderner Subjekte, nämlich mit seinem Körper identisch zu sein (vgl. Öberg 1996: 707), das heißt als Person im wahrsten Sinne des Wortes *sein Körper zu sein*, sich selbst daher aber auch nur durch diesen Körper repräsentieren zu können, was wiederum eine entsprechende, nie enden wollende, in letzter Instanz gewaltsame, den eigenen Körper korrigierende und diziplinierende »Körperarbeit« verlangt. Im Anti-Ageing der Gegenwart kommt also im Grunde bloß das »alterslose Selbst« des modernen Subjekts endgültig zu sich. Wenn überhaupt zu voller Kenntlichkeit gelangen kann, was es bedeutet und welche Konsequenzen es hat, dass das Selbst nur sein Körper ist, dann wahrscheinlich am ehesten an jenen Anti-Ageing-Gestalten, die eben in der Tat nichts weiter mehr sind als Körper, die auf Gedeih und Verderb auf »alterslos« getrimmt werden.

Der höchste Grad, gewissermaßen das höchste denkbare Niveau der Gewalt gegen sich selbst besteht schließlich fast folgerichtig in der Bereitschaft, sich und sein Leben vollends zu verwerfen, wenn die Diskrepanz zwischen »alterslosem Selbst« und alterndem Körper eine subjektiv nicht mehr tragfähige Form annimmt – mag das moderne Subjekt ansonsten auch noch so todesängstlich sein und sich an seine wertförmige Existenz klammern (siehe oben, Kapitel 5.4). Gerade weil es aber jene wertförmige Existenz ist, an die sich das Subjekt so verzweifelt klammert, hört das Leben auch stets auf, ein lebenswertes Leben zu sein oder als solches wahrgenommen zu werden, wo dieses nicht mehr dem wertförmigen Dasein mit seinen Sinnsurrogaten von Arbeit, Geld, Konsum, Autonomie etc. entspricht. Nicht zuletzt in diesem Zusammenhang ist das gegenwärtige Vordringen von Sterbehilfediskursen zu betrachten – als ein Aufschrei des »alterslosen Selbst«, für das das Alter und damit assoziierte Begleitumstände, wie etwa physische Einschränkungen, Pflegebedürftigkeit oder Demenz, einen so defizitären, de facto »unmenschlichen« Aggregatzustand individueller Existenz darstellen, dass es diesem sogar den Tod und damit die eigene Vernichtung vorzieht. Wo das Selbst mit dem Körper identisch ist, also in nichts weiter als seinem Körper besteht, ist mit der Hinfälligkeit des Körpers auch das Selbst hinfällig.

Man braucht dabei für eine Kritik an der »Alterslosigkeit« und entsprechenden Anti-Ageing-Tendenzen gar nicht so weit zu gehen – wie es in der Gerontologie durchaus üblich ist –, Anti-Ageing als »unnatürlich« zu geißeln (dazu kritisch Spindler 2007). Denn was heißt schon »natürlich«? Wer könnte heute überhaupt noch in der Lage sein, zu bestimmen, was »Natur« und was demgegenüber als »unnatürlich« zu beurteilen sein soll, angesichts einer über Jahrhunderte gewachsenen und dynamisch fortschreitenden kapitalistischen »Kultur«, die alle Natur (inklusive jener des Menschen) mit wissenschaftlich-technischen Mitteln zu beherrschen beansprucht und ihren blinden Zwecken unterwirft? Unter den Bedingungen einer Kultur, die Wissenschaft mit »Fortschritt« und menschliche Beherrschung der Natur mit »Erfolg« gleichsetzt (Vincent 2006: 693), wird mithin schwerlich zu bestimmen sein, inwieweit und bis zu welchem Grad ein konkreter Alternsprozess als »natürlich« und ab wann ein solcher als »unnatürlich« zu beurteilen sein soll. In diesem Punkt haben daher poststrukturalistische und (de)konstruktivistische Gerontolog/innen und Alterssoziolog/innen durchaus recht, wenn sie gegen den Vorwurf der »Unnatürlichkeit« von Anti-Ageing einwenden, dass es keinen »natural way to age« (Twigg 2004: 63), also keine »natürliche« Art und Weise des Alterns gibt, weil gar kein von Gesellschaft unberührter biologischer Körper existiert, damit aber auch kein letztgültiges Kriterium, um zu bestimmen, wann Alter(n) »natürlich« oder »unnatürlich« ist (vgl. in diesem Sinne auch Dyk 2009: 325). Zumindest aber so viel wird sich sagen lassen, dass ein Mensch, der seinen physiologischen Alterungsprozess und damit einen wesentlichen Bestandteil seiner leiblichen Existenz bekämpft, in gewissem Sinne auch seiner Natur zuwiderhandelt, da seine Leiblichkeit – als biologisches Wesen, das der Mensch immer auch ist – ebenso Teil von ihm ist wie sein Dasein als soziales und Kulturwesen, mag sich diese »Natur« aufgrund ihrer kulturellen Überformung mittlerweile auch noch so wenig dingfest machen und sich somit kaum noch bestimmen lassen, wo Natur aufhört und wo Kultur beziehungsweise Gesellschaft beginnt. Das Altern zu bekämpfen heißt, im Namen eines kulturellen Körpers den biologischen Leib zu bekämpfen und damit etwas, das – wie man es auch dreht und wendet – zur menschlichen Natur gehört und immer gehören wird. Möglicherweise ist im physiologischen Prozess des Alterns und in der Endlichkeit des Lebens das einzige wirklich biologische Substrat des menschlichen Daseins zu sehen, das heute überhaupt noch mit Sicherheit und mit gutem Gewissen der Natur des Menschen zugerechnet werden kann. Aber dieses eine biologische, quasi »natürliche« Substrat des Menschseins lässt sich unter keinen Umständen leugnen – oder nur mit jenen Konsequenzen, wie sie heute die Anti-Ageing-Medizin vor Augen führt. Und nur in diesem einen, sehr spezifischen Sinne kann allenfalls auch von einer »Unnatürlichkeit« von Anti-Ageing die Rede sein. Anti-Ageing ist damit aber nicht »unnatürlicher« als alle anderen, ungleich niederschwelliger angesiedelten Praktiken und Strategien, die moderne Menschen zur Repräsentation und Pflege ihres »alterslosen Selbst« anwenden.

Gerade aus diesem Blickwinkel der Frage nach dem Verhältnis von Natur und Kultur beziehungsweise Gesellschaft wird vielleicht auch überhaupt erst ein wesentlicher Aspekt oder die Grundbeschaffenheit der modernen Subjektivität und insbesondere ihrer Körperlichkeit sichtbar, die ohne einen solchen Bezug verdeckt und unsichtbar bliebe; eine Unsichtbarkeit, die die Gerontologie bislang tendenziell in die aporetische Situation treibt, das Alter entweder als eigenständige, anzuerkennende, gleichsam »natürliche« Lebensphase zu naturalisieren, oder aber mit radikalkonstruktivistischem Impetus das Alter(n), inklusive dem physiologischen Alterungsprozess, überhaupt zu einer kulturellen Konstruktion zu erklären, um sodann Phänomene der »Altersverdrängung« theoretisch zu negieren und zu dethematisieren. Denn in gewisser Weise verdeutlicht das Anti-Ageing der Gegenwart ja nur besonders eindrucksvoll, wie vollständig und umfassend die modernen Subjekte jener modernen, kapitalistischen Kultur entsprechen, der sie angehören und deren Produkt sie letztlich sind: In demselben Maße, wie die kapitalistische Gesellschaft die Natur beherrscht, um sie und ihre Ressourcen zum Verfügungsobjekt eines sich auf immer höherer Stufenleiter reproduzierenden Kapitalverwertungsprozesses zu machen, so beherrschen die Menschen auch ihre eigene Natur, indem sie ihren Leib in einen verwertbaren, also dauerhaft funktionstüchtigen, produktiven, fitten, jugendlichen Körper verwandeln und entlang dieser Vorgaben in ebenso steigender Intensität einem lebenslangen disziplinierenden Regime körperbezogener Selbstoptimierungstechniken unterwerfen. Anti-Ageing ist vor diesem Hintergrund bloß die extremste Form einer »methodischen Selbstdisziplinierung des Leibes« (Viehöver 2008). Dabei passt es umso besser ins Bild, dass dieser Zwang zur Selbstoptimierung, gleichsam auf subjektiver Ebene, einer Beherrschung der »ersten Natur« im Medium einer umso bedingungsloseren Unterwerfung unter die »zweite Natur« von Kultur und Gesellschaft gleichkommt, die im Grunde haargenau, sozusagen spiegelbildlich, den Vorgängen auf gesamtgesellschaftlicher Ebene entspricht und für die Marx den Begriff des »Fetischismus« verwendet hat. So wie die kapitalistische Gesellschaft insgesamt die Natur beherrscht, um sich dafür selbst umso mehr den Zwängen der von ihr geschaffenen »zweiten Natur« von Ökonomie, Geld, Kapital, Arbeit, Markt, Staat usw. zu unterwerfen, so drängen auch die Menschen auf die umfassende und lückenlose Beherrschung ihres biologischen Leibes, nur um sich im Gegenzug den Zwängen und Anforderungen ihres sozialen Körpers zu unterwerfen, auf den sie in der Moderne zusammengeschrumpft sind. Auch der Körper ist mithin eine Art Fetisch, der die Menschen an jene Gesellschaft fesselt, die sie selbst jeden Tag durch ihr Handeln und insbesondere ihre Körperpraktiken hervorbringen und reproduzieren. Und gerade weil die modernen Subjekte nur noch fetischisierte Körper sind, die im täglichen Konkurrenzkampf um Anerkennung und Lebenschancen eingesetzt und zu diesem Zweck nach allen Regeln der Kunst und der Reklame warenförmig zugerichtet und »gestylt« werden müssen, kann die Beherrschung des Leibes auch so extreme und gewaltsame Formen annehmen, wie sie im Anti-Ageing der Gegenwart zunehmend sichtbar werden. Letztendlich können die Menschen mit ihrem Leib nicht anders umgehen, als sie unter kapitalistischen Bedingungen auch mit jedem anderen Aspekt der Natur umgehen: Er wird für blinde gesellschaftliche Zwecke instrumentalisiert, bearbeitet, ausgebeutet, diszipliniert und zugerichtet – gegebenenfalls auch um den Preis seiner völligen Zerstörung. Am Anti-Ageing wird heute also gewissermaßen deutlich, worauf die radikale Beherrschung des Leibes im Namen des sozialen Körpers in letzter Instanz hinausläuft: auf seine brutale Deformierung. Eben deshalb sehen die alterslosen Kreaturen der Anti-Ageing-Medizin so monströs aus, dass man sie nur »with a mixture of horror and pity« (Hurd Clarke/Griffin 2007: 198) betrachten kann – weil sie mit ihren deformierten Leibern (und insbesondere Gesichtern) im Grunde auch nicht mehr wie Menschen, sondern höchstens noch wie die Karikatur eines Menschen aussehen.

Die logische Endgestalt des Anti-Ageing ist bereits unmittelbar absehbar: Die radikalsten unter den Anti-Ageing-Medizinern und Biotechnologinnen träumen bereits davon, den durch und durch defizitären, weil alternden und letztlich sterbenden Leib durch Zuhilfenahme diverser Technologien quasi abstreifen zu können und endlich einen nicht-alternden und damit unsterblichen Menschen zu schaffen. Hier obsiegt gewissermaßen der soziale Körper endgültig über den biologischen, mithin »natürlichen« Leib. Dies könnte besser nicht ausgedrückt werden als durch den Begriff des »Transhumanismus«, unter dem entsprechende Theorien und Konzepte heute firmieren, und der im Grunde in kaum zu übertreffender Weise das Programm vorgibt und unmittelbar erkennen lässt, wohin die Reise des Anti-Ageing gehen soll: in ein Dasein jenseits dessen, was bislang unter dem Begriff »Mensch« verstanden wurde.

Im Transhumanismus erreicht die altbekannte Schizophrenie von »alt werden wollen« und »nicht alt sein wollen« gewissermaßen ihren neuen, zeitgemäßen Höhepunkt. Nicht dass grundsätzlich etwas dagegen einzuwenden wäre, »alt zu werden«, also ein möglichst langes Leben zu führen. Im Gegenteil: Bedingungen zu schaffen, unter denen es möglich ist, dass Menschen nicht einen vermeidbaren frühen Tod sterben, kann nur das Ziel einer jeden Gesellschaft und insbesondere einer Medizin sein, die für sich das Prädikat »menschlich« in Anspruch nimmt. Es ist vielmehr der exzessive Zwang zur »Alterslosigkeit« und das damit assoziierte uferlose Streben nach praktisch unendlicher Verlängerung des Lebens, die die transhumanistischen Ideen so problematisch, ja geradezu verrückt und sehr wahrscheinlich auch gefährlich machen. Vergleichsweise harmlos (gemessen an vielen anderen transhumanistischen Ideen) muten dabei noch die Pläne von Anti-Ageing-Mediziner/innen an, das Altern durch gezielte Interventionen auf molekularbiologischer Ebene zurückzudrängen, indem die für das Altern verantwortlich gemachten Zellalterungsprozesse verlangsamt oder gestoppt werden. Dies entspricht im Wesentlichen der Position des biogerontologischen Mainstreams, ist also auch unter solchen Biomediziner/innen durchaus konsensfähig, die sich ansonsten von den hochtrabenden und als unseriös erachteten Versprechungen der Anti-Ageing-Medizin abgrenzen.

Deutlich weiter gehen bereits Überlegungen, mittels Klonen und Stammzelltechnologie die biologischen Grundlagen des Alterns als solche zu verändern, um auf diese Weise das Altern ganz auszuschalten und letztlich Unsterblichkeit zu erreichen (vgl. Shostak 2002; West 2004; Welsch 2015). Noch einen Schritt weiter gehen Theorien, wonach es innerhalb der nächsten Jahre und Jahrzehnte möglich werden soll, immer mehr Teile des menschlichen Körpers, etwa Organe, durch biotechnologische Implantate oder Computertechnologie (zum Beispiel »Nanobots«) zu ersetzen, um so das Alter(n) aus der Welt zu schaffen. Hier wird bereits auch ganz offen ausgesprochen, worauf die transhumanistischen Bestrebungen hinauslaufen und womit wir es zu tun haben werden, wenn diese in die Tat umgesetzt sind: nämlich nicht mehr mit Menschen, sondern mit »Cyborgs«, teils biologischen, teils technologischen Hybridwesen. So schreibt etwa der bekannte (u. a. mit der *US National Medal of Technology* ausgezeichnete) »Futurist« und Leiter der technischen Entwicklung bei Google, Raymond Kurzweil:

»We are rapidly growing more intimate with our technology. Computers startet out as large remote machines in air-conditioned rooms and tended by white-coated technicians. Subsequently they moved onto our desks, then under our arms, and now in our pockets. Soon, we'll routinely put them inside our bodies and brains. Ultimately we will become more nonbiological than biological.« (Kurzweil 2004: 103)

Begründet wird all dies freilich mit der Steigerung des Potenzials der menschlichen Gattung, ein Streben, das wiederum gleichsam in der Natur des Menschen liege: »As the technologies become established, there will be no barriers to using them for the expansion of human potential. In my view, expanding our potential is precisely the primary distinction of our species« (ebd.).

Die letzte Steigerung der technologischen Überwindung des Alter(n)s und des Todes besteht schließlich darin, den Planeten in Hinkunft überhaupt mit Robotern zu bevölkern und/oder das menschliche Bewusstsein in Computer zu transferieren, um auf diese Weise eine Art »digitale Unsterblichkeit« zu kreieren (vgl. Minsky 2004; Bainbridge 2004). Besonders die beiden letztgenannten Beispiele machen deutlich, wohin die moderne Naturbeherrschungsrationalität im Transhumanismus letztendlich tendiert: zur radikalen und endgültigen Abschaffung von Natur, im konkreten Fall des biologischen, menschlichen Leibes.

Im Transhumanismus scheint in gewisser Weise auch zu ganz neuer Aktualität zu gelangen, was der Philosoph Günther Anders bereits vor mehr als einem halben Jahrhundert »prometheische Scham« nannte. Er bezeichnete damit ein Unbehagen beziehungsweise eine Art Minderwertigkeitsgefühl der Menschen, gleichsam hinter den selbst geschaffenen Technologien und Produkten zurückzubleiben. Konfrontiert mit hocheffizienten und leistungsfähigen Maschinen und Geräten in einer zunehmend technisierten (heute: digitalisierten) Gesellschaft, schämt sich der Mensch, so Anders,

> *»geworden, statt gemacht zu sein,* der Tatsache also, im Unterschied zu den tadellosen und bis ins Letzte durchkalkulierten Produkten, sein Dasein dem blinden und unkalkulierten, dem höchst alter-

tümlichen Prozeß der Zeugung und der Geburt zu verdanken.« (Anders 1992 [1956]: 24, Herv. i. O.)

Man könnte es vielleicht auch so ausdrücken: Der Mensch schämt sich, ein biologisches Wesen zu sein. Denn angesichts des rapiden technologischen »Fortschritts«, der zwar nichts anderes als das Resultat des eigenen Handelns (oder zumindest einer durch das eigene Handeln jeden Tag mithervorgebrachten und mitverantworteten Gesellschaft) ist, sich zugleich aber »hinter dem Rücken« (Marx) der Menschen vollzieht, wird der Mensch letztlich zum schwächsten Glied in der selbst geschmiedeten Kette, hinkt mit seinem biologischen Leib der technologischen Entwicklung ständig hinterher. Was bleibt ihm also übrig, als sich und seinen Leib permanent den in immer rascherer Abfolge wechselnden technologischen Innovationen anzupassen? Die Verdinglichung des Menschen und seines Leibes hat eine Stufe erreicht, auf der er seine Verdinglichung bereits so sehr bejaht, dass er »die Überlegenheit der Dinge anerkennt, sich mit diesen gleichschaltet« (ebd.: 30). Und was ist es letztlich anderes als die endgültige und totale Gleichschaltung des Menschen mit seinen technologischen Apparaturen, wenn der Transhumanismus heute die Ersetzung des menschlichen Leibes durch (Bio-)Technologie propagiert, und die bedingungslose Bejahung seiner eigenen Verdinglichung, wenn er dies auch noch zum logischen und erstrebenswerten nächsten Schritt in der menschlichen Evolution erklärt?[161]

In diesem Lichte könnte es daher durchaus zutreffend sein, wenn Jonathan Crary in seiner instruktiven Abhandlung über die Folgen der aktuellen Digitalisierung und insbesondere die Auswirkungen eines nunmehr auf der Grundlage digitaler Technologien rund um die Uhr auf die Menschen zugreifenden Kapitalismus (Internet, soziale Medien, Smartphones etc.) feststellt, dass viele Produkte und Dienstleistungen, die heute die Umkehrung des Alterungsprozesses versprechen, sich möglicherweise weniger einer Angst der Menschen vor dem Tod verdanken oder an eine solche appellieren, sondern ihre Nachfrage vielmehr darauf gründen, dass sie »oberflächliche Simulationen der nicht-menschlichen Eigenschaften und Zeitformen jener digitalen Welten an[bieten], in denen wir uns täglich zum großen Teil aufhalten« (Crary 2014: 85). In einer voll technisierten Welt, die es ermöglicht, endgültig alle Lebensbereiche zu erfassen und durchzukapitalisieren, hat nichts Menschliches mehr Platz, sind leibliche Regungen und Bedürfnisse ein Störfaktor.[162] Vor diesem Hintergrund erscheint der Cyborg, nach dem Willen der Transhumanisten die bereits unmittelbar greifbare nächste Entwicklungsstufe des Menschen, im Prinzip als die zeitgemäße Verkörperung jener radikalen technologischen Anpassung und »Gleichschaltung« des Menschen an einen digitalen Kapitalismus, in dem dieser im Interesse seiner uneingeschränkten Fungibilität und Verwertbarkeit möglichst wenig Menschliches an sich haben darf. Was Günther Anders in den 1950er Jahren als »Antiquiertheit des Menschen« in einer zunehmend technisierten Welt nicht bloß prophezeite, sondern bereits diagnostizierte, wird in gewisser Weise also erst heute in all seinen Implikationen erkennbar: Um den Anforderungen der von ihm geschaffenen und ihn zugleich zunehmend bedrängenden hochtechnisierten und ökonomisierten Welt zu entsprechen, muss sich der Mensch dieser Welt konsequent angleichen, sofern er nicht vollends obsolet werden möchte.

Selbst eine so abstruse Ideologie wie der Transhumanismus kann daher genauso wenig als besonders perverse Abirrung vom rechten Pfad der Wissenschaft beurteilt werden wie die Anti-Ageing-Medizin. Wie jene ist auch dieser vielmehr die zeitgemäße Erscheinungsform eines völlig verdinglichten Verhältnisses des modernen Menschen zu sich selbst und seiner leiblichen Existenz.[163] Und so ist auch der Unterschied zwischen beiden lediglich ein gradueller, nämlich einer der jeweiligen technisch-wissenschaftlichen Entwicklung: Was die bis zur Unkenntlichkeit verjüngten Gestalten der Anti-Ageing-Medizin derzeit noch von den radikalen Zukunftsvisionen des Transhumanismus unterscheidet, ist, dass diese einstweilen noch an einen biologischen Leib gebunden sind, den sie im Dienste ihres sozialen Körpers und ihres »alterslosen Selbst« entsprechend zurichten und medizinisch/chirurgisch verändern müssen. Vor diesem Hintergrund erscheinen die aktuellen Erscheinungsformen des Anti-Ageing fast schon wieder wie ein Anachronismus. Denn die Zukunft, wenn es nach den Visionären des Transhumanismus geht, liegt woanders – in einer Existenz, in der das »Potenzial« des Menschen nicht mehr durch einen sterblichen, alternden und damit durch und durch defizitären Leib gehemmt wird.

6.3   Sozialpsychologie der Überflüssigkeit

> *»Die Disposition zur Lohnarbeit ist das allgemeinste kollektive Triebschicksal*
> *in Gesellschaften mit kapitalistischer Produktionsweise.«*
> Martin Dannecker & Reimut Reiche

Die im vorigen Kapitel angestellten Überlegungen zum »alterslosen Selbst« und dessen Radikalisierung im Anti-Ageing der Gegenwart werden dem einen oder der anderen vielleicht stellenweise befremdlich erschienen sein, und gewiss waren manche dieser Überlegungen nicht ganz frei von Momenten der Spekulation und der »philosophischen Übertreibung« (Günther Anders). Das Befremdliche dieser theoretischen Befunde rührt jedoch gerade daher, dass durch die bewusst übertreibende Darstellung von Extremformen des Anti-Ageing eine Orientierungs- und Handlungslogik freigelegt wurde, die auch in alltäglicheren, weniger extremen Fällen immer schon konstitutiv enthalten ist. Verjüngungsoperationen, Facelifting, Hormontherapien etc. unterscheiden sich nicht prinzipiell, weder hinsichtlich ihrer Motivation noch in der ihnen zugrunde liegenden Handlungsrationalität, von ungleich harmloseren Praktiken wie dem Färben von Haaren oder der Verwendung von Anti-Falten-Cremes. Beides zielt auf die Verdrängung oder Verleugnung physischer Alterungsprozesse und auf die Erhaltung einer alterslosen Identität, ist somit also das Produkt ein und derselben Disposition zur »Alterslosigkeit«. Ein Unterschied besteht lediglich in der Intensität und Radikalität, mit der das Ziel der »Altersverdrängung« verfolgt wird, somit auch – und das macht den Unterschied doch wieder nicht ganz unerheblich – im Leidens- und Handlungsdruck, den das Alter(n) in dem oder der Einzelnen erzeugt. Selbst die grotesken Phantasien der Transhumanisten von Unsterblichkeit unterscheiden sich von durchschnittlichen Praktiken der »Altersverdrängung« lediglich durch die kaum noch steigerbare Zuspitzung einer massiven Leibfeindlichkeit, die für das alterslose, moderne Subjekt per se charakteristisch ist und die Grundvoraussetzung für jede Form der »Altersverdrängung« darstellt.[164] Soweit also die Darstellung des im Anti-Ageing der Gegenwart seinen Höhepunkt erreichenden modernen Jugendwahns gelegentlich etwas zur »Übertreibung« neigte und gerade aufgrund solcher Übertreibungen mitunter befremdlich wirkte, so war dies dadurch motiviert, der Handlungslogik der Altersverdrängung durch eine Analyse ihrer Extremform näher zu kommen und so zu veranschaulichen, dass die Logik des Extremen auch die Logik des Allgemeinen, des Alltäglichen, des gesellschaftlichen Regelfalls und damit des ganz normalen »Altershandelns« (Degele) unter den Bedingungen einer gesamtgesellschaftlichen Tendenz zur »Alterslosigkeit« ist.

Generell ist die weit verbreitete Neigung zur Abgrenzung und Distanzierung von den monströsen Resultaten extremen Anti-Ageings wahrscheinlich als eine ähnliche Form der Abwehr zu qualifizieren, wie sie oben (Kapitel 6.1), unter Rückgriff auf psychoanalytische Konzepte, ganz allgemein als psychologische Grundlage für die vehemente Verdrängung oder Leugnung des Alter(n)s bestimmt wurde. Der verächtliche Blick auf die gespenstischen Produkte der Anti-Ageing-Industrie entspricht im Wesentlichen einer Projektion der eigenen Disposition zur Altersverdrängung, die es einem erlaubt, sich selbst als »erfolgreich« in der Bewältigung der mit dem Alter(n) verbundenen Herausforderungen zu imaginieren. Je negativer das »Altershandeln« anderer Menschen wahrgenommen wird, desto positiver und erfolgreicher erscheinen die eigenen Anstrengungen und die dabei konstruierte subjektive Altersidentität. Wenn es jemand mit der Altersverdrängung übertreibt, sich ständig liften lässt und dadurch nicht mehr »natürlich«, sondern vielmehr lächerlich und grotesk wirkt, so ist das stets ein Beleg für das eigene »würdevolle« Altern und unterstützt somit die Aufrechterhaltung der Illusion des eigenen »alterslosen Selbst«.[165] Vor allem sind solche Projektionen aber auch ein probates Mittel, sich gegenüber der kritischen Einsicht zu immunisieren, dass es zwischen einem selbst und den traurigen Gestalten der Anti-Ageing-Industrie, von denen man sich so vehement abgrenzt, im Grunde keinen wesentlichen Unterschied gibt, sondern Letztere lediglich eine extreme Variante der eigenen Subjektivität darstellen – eines zur »Alterslosigkeit« verdammten modernen Subjekts, das an einen zur »Alterslosigkeit« verdammten Körper gefesselt ist und daher im Dienste dieses alterslosen Körpers seinen biologischen Leib, wenn auch in unterschiedlicher Intensität, durch permanente Körperarbeit zurichten und malträtieren muss.

Nicht minder eindrücklich und befremdlich als das »alterslose Selbst« sowie davon ausgehende Praktiken der Verdrängung und Verleugnung des Alter(n)s verschafft sich nun auf einer sozialpsychologischen Ebene auch die in Ruhestand und Altenheim institutionalisierte und in negativen Altersdiskursen kulturell-symbolisch vermittelte »Überflüssigkeit« der Alten Ausdruck. Wir beenden damit die theoretischen »Spekulationen« um das alterslose, moderne Subjekt mit seinem heute auf die Spitze getriebenen Jugendwahn und kommen zu einem psychosozialen Aspekt, der gewissermaßen die Kehrseite jenes »alterslosen Selbst« darstellt, nämlich den Auswirkungen, die ein Verlust der für das moderne Subjekt konstitutiven Alterslosigkeit zeitigt, sobald das Alter(n) subjektiv nicht mehr länger verdrängt und verleugnet werden kann. Hier wird in voller Deutlichkeit die soziale Inferiorität des Alters sichtbar, wie sie wesentlich aus der kapitalistischen »Überflüssigkeit« des Alters resultiert. Denn unter diesen Prämissen werden alte Menschen am eigenen Leib mit ihrer gesellschaftlichen Entbehrlichkeit als Alte konfrontiert, und diese Entbehrlichkeit wird oftmals auch zu einem konstitutiven und entsprechend Leiden verursachenden Bestandteil ihrer Identität und ihres Selbstbildes. Dabei besteht freilich schon immer – eben deshalb ist hier auch ausdrücklich von einer Kehrseite der alterslosen Subjektkonstitution die Rede – ein innerer Zusammenhang zwischen »alterslosem Selbst« und kapitalistischer »Überflüssigkeit« der Alten. Denn es ist ja gerade deren wertlogische Überflüssigkeit, die das treibende Element der sozialpsychologischen Dissoziation des Alters darstellt. Ihr verdanken sich letztlich die Vehemenz und die Entschiedenheit, mit der die Menschen das Alter(n) abwehren und um keinen Preis zu einem Bestandteil ihrer Person und ihrer Identität werden lassen wollen. Umso einschneidendere und existenziell bedrohlichere Effekte entfaltet diese Überflüssigkeit im Selbstbild derjenigen Menschen, die (was aber auf lange Sicht ohnehin unausweichlich ist) vom Alter eingeholt werden und sich nicht mehr ohne Weiteres davon zu dissoziieren vermögen.

Ein Phänomen, in dem die »Überflüssigkeit« der Alten auf der sozialpsychologischen Ebene vielleicht am deutlichsten und auch am erschütterndsten kenntlich wird, ist die unter alten Menschen weit verbreitete Angst, anderen aufgrund des Alters – sei es finanziell, sei es aufgrund von Pflegebedürftigkeit – zur Last zu fallen. Es ist nahezu unmöglich, ein Gespräch oder ein qualitatives, biografisch orientiertes Interview mit alten Menschen über ihre Lebenssituation zu führen, ohne dabei auf dieses Deutungsmuster des »Zur-Last-Fallens« zu stoßen. Besonders hochaltrige Menschen, für die die Aussicht auf Pflegebedürftigkeit als ein in naher Zukunft wahrscheinlich eintretender Lebenseinschnitt unmittelbar greifbar ist, fürchten kaum etwas so sehr, wie von anderen, vor allem aber von ihren Angehörigen, als eine Belastung wahrgenommen zu werden (vgl. exemplarisch Pleschberger 2005). Was sich hier artikuliert, ist nichts Geringeres als die ins Subjekt eingesunkene, inkorporierte Überflüssigkeit des Alters, kenntlich werdend in der Angst des »unnützen Essers«, der weiß, dass er als solcher von der Gesellschaft nur unter Vorbehalt geduldet ist und uneingeschränkte Solidarität nicht einmal von der eigenen Familie erwarten kann. Von diesen Menschen wird daher auch das Altenheim überwiegend als das wahrgenommen, was es ist: eine Verwahranstalt, in die diejenigen abgeschoben werden, die ihre Angehörigen durch ihren altersbedingten körperlichen und geistigen Verfall über Gebühr belasten. Diese Assoziation des Heims mit einer Verwahranstalt findet sich zumindest bei denjenigen, für die eine »Abschiebung« einstweilen erst noch im Bereich des Möglichen liegt und mit Schaudern antizipiert wird. Dies verhält sich durchaus anders bei Heiminsassen selbst. Hier scheint die Überflüssigkeit endgültig in die eigene Identität integriert, und so können die Menschen nur noch dankbar sein für jede noch so beiläufige, unpersönliche und kühl-professionelle Pflege und Zuwendung, die ihnen im zunehmend kommerzialisierten und ökonomisierten Pflegebetrieb zuteilwird. Dementsprechend hoch sind wissenschaftlich erhobene Zufriedenheitswerte in Pflegeheimen.[166] Bei noch hinreichend selbsthilfefähigen und daheim lebenden älteren Menschen lautet hingegen die Devise: »Nur nicht ins Heim« (ÖPIA 2015: 191).

Auf der anderen Seite – und gleichzeitig – ist es aber gerade das implizite Wissen um den inferioren sozialen Status von Alten und Pflegebedürftigen und die daraus resultierende Angst, zur Last zu fallen, die es alten Menschen nahezu unmöglich machen, mit gutem Gewissen auf Pflegeleistungen ihrer Angehörigen, insbesondere ihrer Kinder, zurückzugreifen. Spricht man mit ihnen über eine in Zukunft möglicherweise eintretende Pflegebedürftigkeit und ihre diesbezüglichen Wünsche, so bewegen sich ihre Aussagen zumeist zwischen dezidierter Ablehnung einer Pflege durch ihre Kinder, da dies eine zu große Belastung darstelle, die heute niemandem mehr zugemutet werden könne – wobei hier oftmals auch Erfahrungen mit der Pflegebedürftigkeit der eigenen Eltern eine Rolle zu spielen scheinen –, und einem vorsichtigen In-Betracht-Ziehen familiärer Betreuungsleistungen, das gleichwohl bestimmt wird durch das Wissen, dass dies eigentlich keine optimale Lösung sei (vgl. ÖPIA 2018: 59ff.). Nicht zuletzt durch solche berechtigten Vorbehalte und Zweifel wird der relativ hohe Zuspruch verständlich, den neuere formelle Betreuungsarrangements wie etwa ambulante Pflegedienste oder die 24-Stunden-Betreuung unter älteren Menschen genießen. Hierbei handelt es sich um Möglichkeiten der Pflege und Betreuung, durch die sowohl das gefürchtete Pflegeheim als auch eine übermäßige Belastung von Angehörigen umgangen werden können. Was dabei das Gefühl des Zur-Last-Fallens wahrscheinlich zusätzlich mindert, ist, dass unter diesen Bedingungen auch eine gewisse – für das alterslos gedachte Subjekt so essenzielle – Kontinuität gewahrt bleibt. Denn nicht nur erlaubt es einem die Inanspruchnahme solcher Pflegedienstleistungen, als alter Mensch so lange wie möglich in der gewohnten Umgebung der eigenen vier Wände zu verbleiben, sondern es handelt sich dabei auch, zumindest der Struktur nach, um eine Art Geschäftsbeziehung, gleichsam um ein wertförmiges *quid pro quo*, das strukturell ähnlich gelagert ist wie alle anderen Interaktionen, die moderne Menschen gewohnt sind, als Arbeitskraft sowie als Konsument/in einzugehen: Geld gegen Ware. Mit anderen Worten: Hier befindet sich die Inanspruchnahme von Pflege- und Betreuungsleistungen in einer Form, die der Wertförmigkeit des modernen Subjekts selbst entspricht und es diesem ermöglicht, trotz altersbedingter Einschränkungen sich ein Mindestmaß an »Autonomie« und »Selbstständigkeit« und damit in gewissem Sinne »Alterslosigkeit« zu bewahren. Nicht von ungefähr werden entsprechende Pflegedienstleistungen seitens der Gerontologie im Allgemeinen als hervorragende und gesellschaftlich entsprechend zu fördernde Möglichkeiten zur möglichst langen Erhaltung von »Unabhängigkeit« und »Autonomie« im Alter propagiert (vgl. exemplarisch BMFSFJ 2016: 181ff.). Voraussetzung dafür ist freilich das Vorhandensein ausreichender finanzieller Ressourcen: Man muss sich diese »Unabhängigkeit« auch leisten können (vgl. Blinkert/Klie 2008; Nikelski/Nauerth 2017). Und: Man muss es wollen oder auch wollen können. So ist etwa bekannt, dass geringer gebildete und sozioökonomisch schlechter gestellte Menschen generell eine geringere Neigung, teilweise sogar erhebliche Berührungsängste haben, sich von Fremden pflegen zu lassen. Das fällt Personen aus gehobenen Milieus, die es schon von jeher gewohnt sind, Hilfen im Haushalt zu »kaufen« (Putzfrauen, Gärtner etc.) und über eine entsprechend ausgeprägte Kundenmentalität verfügen, offenbar wesentlich leichter (vgl. Heusinger 2007).[167]

Der tiefsitzenden Angst alter Menschen, zur Last zu fallen, widerspricht auch nur auf den ersten Blick die unter Älteren ebenfalls recht weit verbreitete Überzeugung, sich ihre Altersversorgung durch lebenslange Arbeit sowie durch frühere Betreuung und Erziehung ihrer Kinder »redlich verdient« zu haben. Dies ist deshalb kein Widerspruch, da der erhobene Anspruch auf Versorgung sich unmittelbar aus dem im Ruhestand institutionalisierten sozialen Status alter Menschen als »Überflüssige« ergibt. Gerade weil die Alten für die Arbeit entbehrlich sind, müssen sie durch die Arbeit anderer versorgt werden, und die einzige tragfähige Begründung dafür liegt in den früheren Leistungen der nunmehr zu erhaltenden Alten:

»Die Gesellschaft ersetzt das Gebrauchtwerden durch ein Versorgtwerden und der alte Mensch entwickelt die passende Mentalität, daß er – wenn er schon nicht mehr gebraucht wird – für seine früheren Verdienste versorgt werden müsse.« (Mader 1990: 41)

Versorgt zu werden ist somit nur die notwendige Kehrseite des Nichtmehr-Gebrauchtwerdens. Zugleich stellt aber gerade die Notwendigkeit der Altersversorgung die Grundlage dafür dar, Alte als Last wahrzunehmen. Alte Menschen befinden sich also in einer geradezu unmöglichen Situation, die ähnlich schizophrene Züge aufweist wie die für das »alterslose Selbst« generell so charakteristische wie paradoxe Befindlichkeit, alt werden zu wollen, ohne alt zu sein: Weil sie als Alte nicht mehr gebraucht werden, müssen sie einen Anspruch auf Versorgung haben. Eben dieser Anspruch macht sie aber auch zu einer Last für Angehörige und Gesellschaft und erzeugt entsprechende Ängste, nur noch als Belastung wahrgenommen und dementsprechend behandelt zu werden.

Wie »notwendig« diese Schizophrenie ist, das heißt wie sehr es für alte Menschen erforderlich ist, zur Erhaltung einer einigermaßen tragfähigen Identität im Alter zwischen diesen hochgradig paradoxen Subjektpositionen zu vermitteln, lässt sich vielleicht am deutlichsten an solchen Fällen ablesen, in denen diese Vermittlung nicht mehr gelingt. Hier kann die Paradoxie nur noch einseitig zur Last hin aufgelöst werden und macht sich sozusagen der Status der »Überflüssigkeit« vollends geltend. Das Gefühl der »Überflüssigkeit« reicht dabei oftmals so tief, dass alte Menschen angesichts der Aussicht, von der Familie oder der Gesellschaft als Belastung wahrgenommen zu werden, es vorziehen, zu sterben beziehungsweise ihr Leben zu beenden. Dies spiegelt sich in einer stark erhöhten Suizidrate älterer Menschen wider. Wie bereits in Kapitel 4.5 dargestellt wurde, unterscheiden sich Selbstmorde alter Menschen nicht zuletzt dadurch von jenen anderer Mitglieder der Gesellschaft, dass die Motive für die Selbsttötung häufig altruistischer Natur sind, die Selbsttötung also gerade dadurch motiviert ist, eine Belastung anderer, nahestehender Personen zu vermeiden. Hier verläuft auch die Grenze zwischen einem Selbstmord im engeren Sinne und einem »Opfertod« als einer aktiv von alten Menschen an sich selbst exekutierten Form des Senizids: Wer seinem Leben ein Ende setzt aus Angst, anderen zur Last zu fallen, oder weil womöglich die Pflegekosten das Erbe für die Nachkommen aufzufressen drohen, handelt im Grunde nicht selbstbestimmt, sondern sieht sich primär durch den Zwang der (sozialen und/oder ökonomischen) Umstände zu diesem drastischen Schritt veranlasst (vgl. Pousset 2018: 28). Freilich sollte die hier vorgenommene Bestimmung des »Opfertodes« als »altruistische« Form des Suizids alter Menschen nicht absolut genommen und überbewertet werden. Denn nach allem, was bisher über das »alterslose Selbst« des modernen Subjekts gesagt wurde, kann vermutlich nur wenig Zweifel darüber bestehen, dass, was immer dieses Subjekt tut, dies in erster Linie im eigenen Interesse tut. In den vorigen Kapiteln wurden sogar einige psychoanalytische Hinweise zusammengetragen, wonach die Handlungsdispositionen des »alterslosen Selbst« als narzisstisch zu qualifizieren seien. Auch wenn das Subjekt also nicht selbstbestimmt handelt – gerade in Fällen des aktiven »Opfertodes« –, so handelt es zumindest selbstbezüglich. Worauf das moderne Subjekt zielt, ist die Erhaltung seiner eigenen alterslosen Subjektkonstitution – und sei es, dass dies erfordert, sich selbst das Leben zu nehmen, wenn der Verlust der alterslosen Subjektivität droht, das »alterslose Selbst« also nur noch durch den subjektiven Entschluss zur

Selbstvernichtung mit sich identisch bleiben kann. Das kann nicht zuletzt an der befürwortenden Einstellung vieler älterer Menschen in aktuellen Debatten rund um Sterbehilfe und assistierten Suizid abgelesen werden (vgl. Lamers/Williams 2016). Im engeren Sinne »altruistisch« dürften also auch Akte der Selbsttötung alter Menschen nur in den seltensten Fällen sein. Umso deutlicher wird daran aber auch der enorme psychische Druck, unter dem alte Menschen stehen: Sie töten sich nicht so sehr deshalb, weil sie andere Interessen über ihre eigenen stellen, sondern weil ihr gealtertes Selbst nicht mehr mit ihrem alterslosen Selbstbild übereinstimmt, die Selbsttötung also gerade dem eigenen Interesse entspricht und sich primär darauf bezieht, »Subjekt zu bleiben« (Graefe 2007: 270).

Nicht von ungefähr sind es in erster Linie ältere Männer, die zum Mittel der Selbsttötung greifen. Besonders unter hochaltrigen Männern (85 plus) ist die Suizidrate enorm hoch – in Österreich etwa fünfmal so hoch im Vergleich zur Gesamtheit aller Männer (vgl. Kapusta 2012: 10). Was für Männer das Alter(n) so unerträglich macht, ist, dass sie sich aufgrund ihrer geschlechtsspezifischen Sozialisation und Individuation besonders stark über Beruf und Karriere definieren, ihr Selbstbild sich also primär aus ihrer Stellung während der langen Erwerbsphase speist. Im Alter »nicht mehr gebraucht« zu werden ist daher gerade für Männer besonders schwer zu verkraften. So sind es auch hauptsächlich Männer, die besonders unter ihrer Pensionierung leiden (vgl. Clemens 2012; Damman et al. 2015). Hinzu kommt der hohe Stellenwert, den physische Funktionalität im Selbstbild von Männern einnimmt. Dies, zusammen mit einer ansozialisierten »Unfähigkeit«, zu leiden (vgl. Richter 1979: 127 ff.), disponiert Männer wesentlich stärker als Frauen dazu, sich im Alter das Leben zu nehmen – weil mit ihrem Selbst das Alter(n) und die damit einhergehenden physischen und sozialen Verluste in besonderem Maße inkompatibel sind.

Noch krasser als in Fällen des Suizids (als aktiver Form des »Opfertodes«) wird die im Subjekt wirksame »Überflüssigkeit« des Alters bei passiven Formen des »Opfertodes« ersichtlich, etwa in Fällen des sogenannten »Verlöschens«, wenn alte Menschen einfach aufhören zu essen und zu trinken, oder des »psychogenen Todes«, wenn Menschen gleichsam an gebrochenem Lebenswillen sterben. Auch hier handeln Menschen häufig vor dem Hintergrund der »ermüdete[n], verzweifelte[n] oder hoffnungslose[n] Erkenntnis: ›Ich werde nicht mehr gebraucht, bin überflüssig – da gehe ich lieber!‹« (Pousset 2018: 29). »Nicht zur Last zu fallen« ist ein starkes Motiv, um sein Leben zu beenden, auch wenn in Fällen des passiven Opfertodes wie dem »Sterbefasten« alte Menschen sich nicht aktiv das Leben nehmen, sondern sich einen gleichsam »natürlichen« und gewaltfreien Weg suchen. In Fällen des psychogenen Todes ist es in gewisser Weise sogar die »Überflüssigkeit« selbst, die die Alten umbringt. Hier sind die

> »Bedürfnisse und Entfaltungsmöglichkeiten des Individuums (…) soweit eingeschränkt, dass e[s] keine Hoffnung mehr auf Änderung der Situation und auf ein erfülltes Leben hat. E[s] befindet sich in einer Tunnel- oder Käfig-Situation und sucht im selbst gewählten Tod per reiner Vorstellungskraft Erlösung (…).« (ebd.: 31)

Was bis hierher über das Gefühl, »nicht mehr gebraucht zu werden«, und die Angst alter Menschen, »zur Last zu fallen«, gesagt wurde, ist im Prinzip allgemein bekannt und hat auch in der Gerontologie weitestgehend den Status des empirisch Evidenten. Geradezu bezeichnend ist vor diesem Hintergrund, wie die Gerontologie mit derartigen Befunden umgeht und welche Schlussfolgerungen sie im Allgemeinen daraus zieht. Denn so zahlreich das empirische Material und so evident die Hinweise auf die prekäre Subjektivität alter Menschen, als Konsequenz ihrer gesellschaftlich bedingten »Überflüssigkeit«, so zahlreich sind auch hier wieder gerontologische Problembestimmungen, die die im empirischen Material enthaltenen kritischen Momente und Sachverhalte wissenschaftlich neutralisieren und sich so bereits von vornherein der Chance berauben, zu einem tieferen Verständnis und in weiterer Folge zu einer adäquaten Kritik entsprechender Phänomene zu gelangen. Dies würde zunächst einmal erfordern, entsprechende Leidenszustände auch als solche zur Kenntnis zu nehmen und in ihrer gesellschaftlichen Bedingtheit zu betrachten. Stattdessen werden in der Gerontologie solche Befunde zumeist zum Anlass genommen, alten Menschen sinnstiftende (und das heißt vor allem: gesellschaftlich nützliche) Aktivität zu verordnen und/oder »die Gesellschaft« aufzufordern, für alte Menschen im Sinne einer Förderung »sozialer Teilhabe« entsprechende Möglichkeiten zu schaffen, damit sie so wieder ein »Gefühl des Gebrauchtwerdens« bekämen. Das Gefühl, »gebraucht zu werden«, wird dabei sogar, in Anbetracht der überwältigenden empirischen Evidenz, die entsprechende psychische Leidenszustände bei älteren Menschen aufweisen, zu einem zentralen Bestandteil ihrer »Bedürfnisstruktur« und einem quasi-natürlichen »Identitätskonstrukt« des späteren Lebens erklärt (vgl. Heyl et al. 1997; Gottlieb/Sevigny 2016). Solche und ähnliche Argumentationsfiguren dienen der Gerontologie seit Jahren etwa zur Legitimation der von ihr betriebenen Propagierung eines

»bürgerschaftlichen Engagements« älterer Menschen im Ruhestand, das auf diese Weise – so wird behauptet – nicht nur einen unmittelbaren gesellschaftlichen Nutzen habe, sondern gerade auch alten Menschen die Möglichkeit biete, ihre Aktivitätsbedürfnisse und -potenziale zu entfalten und sich weiterhin für die Gesellschaft zu engagieren. Anstatt also die gesellschaftlichen Produktivitäts-, Leistungs- und Nützlichkeitszumutungen kritisch zu hinterfragen, auf welchen die sich sowohl kulturell-symbolisch als auch (und gerade) sozialpsychologisch manifestierende »Überflüssigkeit« der Alten beruht, sollen die Alten sozusagen wieder, zumindest partiell, in das gesellschaftliche Leistungs- und Arbeitsprinzip hereingeholt werden. Oder, zugespitzt formuliert: Die Ursache für den psychischen Leidensdruck, den die Dissoziation des Alters auf die Subjekte ausübt – nämlich gebraucht werden zu *müssen* und nicht zur Last fallen zu *dürfen*, um als vollwertiges Gesellschaftsmitglied zu gelten –, wird geradewegs zu dessen Heilmittel erklärt.

Diese Ontologisierung und Naturalisierung des Bedürfnisses alter Menschen, »gebraucht zu werden« und »nicht zur Last zu fallen«, lässt sich auch an psychologischen Skalen zum »psychischen Wohlbefinden« ablesen. Ein bekanntes, auch in der Gerontologie gebräuchliches Instrument zur Messung des »Wohlbefindens« ist etwa die *Warwick-Edinburgh Mental Wellbeing Scale* (vgl. Tennant et al. 2007). Diese Skala beinhaltet wie selbstverständlich das Gefühl der Nützlichkeit als wesentlichen Indikator für das psychische Wohlbefinden von Menschen. Immanent betrachtet, und ausgehend vom empirischen Augenschein, tun die Konstrukteure der Skala damit freilich genauso recht wie weite Teile der Gerontologie mit ihrer Propagierung eines »aktiven Alterns«. Denn in der Tat veranschaulicht ja die psychische Situation alter Menschen, dass ein Mangel an Gefühlen der Nützlichkeit deren Wohlbefinden erheblich reduziert. Problematisch daran ist und bleibt jedoch, dass auf diese Weise die wahren Ursachen des Problems systematisch verdeckt werden, indem das, was eigentlich erklärungsbedürftig wäre – nämlich das unstillbare Verlangen, gebraucht zu werden (wobei es hier vor allem um »soziale Funktionen« wie Arbeit, freiwilliges Engagement etc. geht) – zur unreflektierten Prämisse der eigenen Forschung gemacht wird.

Analog verfahren wird mit zahlreichen anderen Phänomenen und Äußerungen alter Menschen, die direkt auf die sozialpsychologischen Folgen von arbeits- und leistungszentrierten Identitätszwängen in der kapitalistischen Arbeitsgesellschaft verweisen und nach einer entsprechend kritischen Analyse eigentlich geradezu schreien. Ein Klassiker ist etwa der sogenannte »Pensionsschock«. Damit wird das Phänomen bezeichnet, dass Menschen nach ihrer Pensionierung und infolge des Wegfalls ihres strukturierten und in Jahrzehnten der Berufstätigkeit zu einem zentralen (oftmals auch zu *dem* zentralen) Bestandteil des Lebens gewordenen Arbeitsalltags mitunter in einen Zustand der Leere fallen, teilweise sogar in eine Depression. Dieses Problem und überhaupt das Leben im Ruhestand bilden bekanntlich einen der Hauptgegenstände gerontologischer und alterssoziologischer Forschung. Einführungs- und Lehrbücher über Depressionen im Alter, ihre Ursachen und ihre Therapie beschreiben die Problematik der Pensionierung und des damit einhergehenden Verlustes des beruflichen Alltags in der Regel (allenfalls mit leichten Variationen und unterschiedlichen Akzentuierungen) folgendermaßen:

»Verlust der Arbeit durch Berentung führt für viele Menschen gleichermaßen zu einem Verlust von Ansehen, Macht und sozialem Einfluss. Plötzlich kommt kein Jüngerer (Lehrling) mehr zum Älteren (Meister) und fragt den ›reifen Experten‹ um Rat. Das berufliche Gebrauchtwerden geht verloren. (…) Das bisherige Rollenverständnis vom wichtigen Mitglied der Gesellschaft wandelt sich zum Bild des unnützen Almosenempfängers. Außerdem fällt oft völlig unerwartet und unvorbereitet, und deshalb besonders quälend erlebt, die jahrzehntelang gewohnte Lebens- und Tagesstruktur weg. Äußere Taktgeber wie Wecker, Stundenplan oder Terminkalender werden überflüssig: ›Plötzlich ist immer Urlaub.‹ Gerade ehemals sehr gut integrierte Menschen zeigen Schwierigkeiten bei der jetzt selbstständigen Entwicklung neuer und tragfähiger Tagesstrukturen.« (Wolfersdorf/Schüler 2005: 45)

Auch wenn in solchen Darstellungen bereits eine deutliche Neigung zur Ontologisierung von Arbeit und daran gebundenen Identitätszwängen erkennbar ist, so geben diese dennoch einen instruktiven Einblick in die psychischen Auswirkungen, die die Verrentung auf Menschen haben kann, die gewohnt sind, ihr Leben in Arbeit zuzubringen und daraus ihr Selbstbild und ihre Identität zu beziehen. Psychologisch – wenn schon nicht materiell-strukturell (siehe oben, Kapitel 4.1) – besteht hier durchaus eine gewisse Ähnlichkeit zwischen Pensionierung und Arbeitslosigkeit. Was Arbeitslosigkeit mit kapitalistisch sozialisierten Menschen macht, hat vielleicht zum ersten Mal umfassend und in beeindruckender Weise die heute als früher Meilenstein der empirischen Sozialforschung geltende Studie *Die Arbeitslosen von Marienthal* aus dem Jahre 1933 dargelegt (vgl. Jahoda et al. 1975). Diese Studie untersuchte in einer Gemeinde in der Nähe von

Wien die Auswirkungen der durch die damalige Weltwirtschaftskrise ausgelösten Massenarbeitslosigkeit auf die lohnabhängige Bevölkerung. Unter Verwendung verschiedener quantitativer und qualitativer Methoden (von Fragebögen, Interviews, Haushaltserhebungen bis hin zu Zeitverwendungsbögen) konnten die tiefe Hoffnungslosigkeit, Resignation, oftmals auch Apathie herausgearbeitet werden, die die Arbeitslosen erfasst hatten. Ein zentrales Ergebnis der Studie ist der sich mit Fortdauer der Arbeitslosigkeit einstellende Verlust jeglicher Tages- und Zeitstruktur, der unter anderem dazu führte, dass bestimmte anfallende Tätigkeiten oder Aufgaben trotz vorhandener Zeitressourcen nicht mehr erledigt wurden. Mit anderen Worten: Das Leben und der ganze Alltag der Menschen waren durch den Verlust ihrer Arbeit völlig aus den Fugen geraten. Götz Eisenberg fasst die Situation von Arbeitslosen so zusammen:

> »Arbeitslosigkeit [wird] erlebt wie ein sozialer Tod. Seiner Identitätsprothesen und des Metronoms beraubt, das bislang den Rhythmus des Lebens vorgab, fallen die Arbeitslosen aus ihren Sicherheiten ins Nichts der Desorientierung, Verzweiflung und Resignation. Getrimmt auf extreme Zeitregulierung wissen sie mit dem plötzlichen Reichtum an freier Zeit nichts anzufangen und verhalten sich wie ein jahrelang im Käfig gehaltener Tiger, der, nachdem man ihm die Freiheit zurückgegeben hat, weiter seine Gitterstäbe abschreitet und sich nach seinem Käfig und seinen Sicherheiten zurücksehnt. In einer Gesellschaft, in der sich die Vergesellschaftung für die meisten Menschen über Lohnarbeit herstellt und Sozialisation im wesentlichen Arbeitshaltungen vermittelt, büßt, wer seine Arbeit verliert, eben mehr ein als nur seine Einkommensquelle: seinen Ort, seine soziale Existenz, seine Kontakte und Beziehungen, und er wird seines wichtigsten Ich-Erhaltungsmechanismus beraubt, der äußeren Stützen seines geschwächten Ichs.« (Eisenberg 1999)

Ähnlich geht es alten Menschen, die sich nach einem langen Arbeitsleben nun im völlig unstrukturierten, zeitlich unregulierten und sozial entpflichteten Ruhestand wiederfinden:

> »Das Selbstwertgefühl des alternden Menschen wird von allen Seiten angenagt und droht zu erodieren. Der Mensch zieht seine narzisstische Nahrung über weite Strecken des Lebens aus der Ausfüllung der Berufsrolle. Diese Quelle versiegt mit dem Eintritt ins Rentenalter abrupt. Leere und Einsamkeit, die Folgen dieser Ent-

gesellschaftung, fallen wie ein Kälteschatten auf das Alter. (...) Die Strafe von achtstündiger täglicher Arbeit, die diese Gesellschaft auf das Leben gesetzt hat, ist verbüßt. Man könnte endlich tun, was man möchte. Doch was soll man nach Jahrzehnten in der Hamstertrommel schon tun? Schon die Schule brachte ja den Kindern bei, dass sie ihr Leben lang morgens irgendwohin müssen, wohin sie nicht wollen. Nach Jahren der geduldigen Akklimatisierung an die Regelmäßigkeit will man schließlich, was man wollen soll, und kann sich ein Leben ohne Arbeit nicht mehr vorstellen. Wenn das arbeitsgesellschaftliche Joch von ihren Schultern genommen wird, gehen die meisten weiter krumm und gebeugt durch ihr Restleben. Das Ableisten entfremdeter Arbeit ist den Menschen zur zweiten Natur geworden.« (Eisenberg 2019)

Was tut also – um die Frage von Eisenberg aufzugreifen – ein alter Mensch, dessen Leben bislang aus Arbeit bestand, wenn ihm durch den Ruhestand dieser zwar mehr als zweifelhafte, aber nun einmal jahrzehntelang dominierende und oftmals vielleicht sogar einzige Lebensinhalt genommen wird? Er versucht, die durch die Arbeitsentpflichtung entstandene Lücke zu füllen – ohne jedoch in der Regel jemals gelernt zu haben, seine Zeit selbstbestimmt zu verbringen und zu gestalten.

Diese Situation älterer, pensionierter Menschen gewinnt zusätzlich dadurch an Brisanz, dass ihnen die Entfremdung und Fremdbestimmung des Arbeitslebens in der Regel sehr bewusst sind, weshalb sie den Ruhestand häufig durchaus nicht per se negativ bewerten, sondern für gewöhnlich sogar begrüßen. Äußerungen, wonach man in der Pension »endlich tun kann, was man möchte«, und man es »genießt, sich die Zeit frei einteilen zu können«, sind der Regelfall in Interviews und Gesprächen mit Menschen im Ruhestand. Dies gilt auch keineswegs nur für Beschäftigte in einfachen, sondern auch für solche in hochqualifizierten Berufen mit entsprechend mehr Entscheidungs- und Handlungsspielraum. Entfremdung und Fremdbestimmung im Erwerbsleben bilden mithin

»die implizite Schlussregel, die die Konklusion der Freiheit des Ruhestands verständlich werden lässt als eine Form der alltäglichen Lebensführung, die für die Befragten zu Zeiten der Erwerbstätigkeit mehrheitlich nicht möglich war. (...) Im Vordergrund steht für viele der Interviewten der Wert von Autonomie im klassischen Sinne der Selbstgesetzgebung und damit der selbsttätigen Zielsetzung.« (Denninger/Dyk 2017: 34)

Der Ruhestand erweist sich also als überaus ambivalent, irgendwo zwischen »Krise« und »Glücksgewinn« (vgl. Mayring 2000). Hinzu kommt – das macht wiederum einen wesentlichen Unterschied zur Situation von Arbeitslosen aus –, dass Rentner/innen von jedweder Arbeitspflicht entbunden sind, sodass es ihnen nun tatsächlich freistünde, zu tun und zu lassen, was sie wollen und ihre Zeit in Muße mit selbstgewählten, sinnvollen Tätigkeiten zu verbringen. Umso mehr steht dazu die reale Lebensgestaltung älterer Menschen in Kontrast, die in erster Linie von der immensen Herausforderung zeugt, nach einem langen, entfremdeten Arbeitsleben mit der vielen, neu gewonnenen freien Zeit fertig zu werden.[168]

Eine wesentliche Herausforderung liegt für viele Menschen bereits darin, die durch die Pensionierung verlorengegangene Zeitregulierung und äußere Strukturierung des Alltags zu substituieren. Das tun alte Menschen etwa – wie auch aus der gerontologischen Forschung hinlänglich bekannt ist –, indem sie sich eine künstliche, alternative Tagesstruktur schaffen und an die Stelle äußerer Taktgeber bestimmte Gewohnheiten und Alltagsroutinen treten lassen, durch die ihr Tagesablauf strukturiert wird. Ihr Alltag wird nun bestimmt durch ganz fixe Zeiten, zu denen sie essen, Zeitung lesen, spazieren gehen, den Haushalt machen, ihre Medikamente nehmen etc. (vgl. Roether 1997; ÖPIA 2018: 44ff.). Von ihrer Umwelt werden alte Menschen dann häufig, angesichts der Konsequenz und Bestimmtheit, mit der sie dergleichen praktizieren, als unflexibel und ein wenig wunderlich wahrgenommen (nicht zufällig gehört mangelnde Flexibilität zum Kernvorrat gesellschaftlicher Altersstereotype). Auch die konkreten Tätigkeiten, mit denen Menschen im Ruhestand ihren Alltag auszufüllen suchen, zeugen zumeist unmittelbar vom Unvermögen, seine Zeit selbstbestimmt zu verbringen – entweder weil es sich bei den Tätigkeiten der Struktur nach um eine bloße Verlängerung der Arbeit in den Ruhestand handelt, oder aber weil sie bereits von vornherein nur die Funktion zu haben scheinen, das Fehlen einer individuell wie sozial sinnvollen Beschäftigung zu kompensieren. Die Alltagsgestaltung im Ruhestand nimmt so häufig die Form einer »Selbsthilfe-Beschäftigungstherapie« (Richter 1979: 229) an.

»Die Rentnerin und der Rentner könnten jetzt endlich damit beginnen, ihre zurückgestellten Jugendträume und die ungewordenen Möglichkeiten ihres Lebens zu realisieren, aber es läuft meist auf excessives Staubwischen und Heimwerkertum hinaus. Alles andere ist verschüttet.« (Eisenberg 2019)

Besonders der von gerontologischer Seite immer wieder problematisierte exzessive Fernsehkonsum alter Menschen verweist unmittelbar auf die Leere, die der Ruhestand im Leben alter Menschen hinterlässt. Fernsehen ist in Befragungen zur Alltagsgestaltung und »Zeitverwendung« im Alter die mit Abstand am häufigsten genannte Alltagsbeschäftigung alter und insbesondere hochaltriger Menschen (vgl. Engstler et al. 2004: 221; ÖPIA 2022: 132). Fernsehen dürfte dabei auch nicht allein die Funktion haben, die leere Zeit auszufüllen, sondern knüpft laut dem Psychoanalytiker Wilhelm Mader gewissermaßen auch an die durch den Ruhestand tangierte narzisstische Disposition moderner Subjekte an:

> »[U]nter den Bedingungen, unter denen viele alte Menschen heute leben (in den Einsamkeiten der Städte, ohne soziale Bindung durch Arbeit, ökonomisch ›frei‹ und versorgt, auf den Genuß, dessen was zu genießen ist, eingestellt etc.), spitzen sich die Narzißmus fördernden Lebensbedingungen der alten Menschen im Fernsehkonsum zu. Über alles informiert und an nichts beteiligt.« (Mader 1990: 42; Interpunktion i. O.)

Anders als das entgesellschaftete Leben im Ruhestand, vermag das Fernsehen vielen alten Menschen zumindest virtuell etwas zu bieten – ähnlich vielleicht, wie dies heute bei so manchem sozial abgehängten Jugendlichen der Fall ist, dessen Leben sich primär in Computerspielen und sozialen Medien abspielt. Und so spielt sich eben auch das Leben älterer Menschen zuweilen primär in Seifenopern, auf dem »Traumschiff«, in Talkshows oder in Volksmusik- und Schlagersendungen ab. Besonders unter alten Menschen aus niedrigen sozialen Schichten nehmen »passive Aktivitäten« wie Fernsehen einen überdurchschnittlich großen Raum ein und endet der Ruhestand oftmals im sozialen Rückzug (vgl. Wanka 2018).

Aber selbst Tätigkeiten, die heute gemeinhin unter die Kategorie eines »aktiven Alterns« gefasst und entsprechend positiv konnotiert werden, dienen bei genauerer Betrachtung vor allem der Bewältigung der »rollenlosen Rolle« alter Menschen und der Tatsache, dass es für sie im Ruhestand sonst nicht viel Sinnvolles zu tun gibt – so etwa Reisen:

> »Das exzessive Reisen alter Menschen mag eine gewisse Zeit verbergen, daß für den durchschnittlichen alten Menschen keine sinnvollen Aufgaben und Rollen bereitgestellt und entwickelt worden sind. Der fehlende Spiegel ›Arbeit‹ (…) [wird] selten ersetzt durch

aktive und autonom gesetzte ›Spiegel‹ gesellschaftlich sinnvoller Tätigkeiten.« (Mader 1990: 40)

Nach der Rückkehr in die soziale Irrelevanz, die der Ruhestand über die Alten verhängt, beginnen daher bald wieder die Planungen für die nächste Reise.

Was bereits für das unbehagliche Gefühl alter Menschen, »nicht gebraucht zu werden«, und ihre Angst, »zur Last zu fallen«, sowie deren Behandlung durch die Gerontologie galt, das gilt nun auch und erst recht für die Probleme, die aus der Pensionierung erwachsen und oft das Leben alter Menschen im Ruhestand prägen: Empirisch in hohem Maße evident und entsprechend häufig gerontologisch thematisiert, aber hinsichtlich ihrer gesellschaftlichen Bedingungszusammenhänge kaum verstanden, ja in ihren vielfältigen und tiefgreifenden Implikationen oftmals nicht einmal zur Kenntnis genommen. Der Grund dafür liegt hier wie dort im überwiegend positivistischen Blick der Gerontologie auf ihren Forschungsgegenstand, der von dessen gesellschaftstheoretischen Dimensionen weitestgehend abstrahiert und stattdessen von empirischen, bevorzugt mit statistischen Methoden ausgemessenen Gegebenheiten ausgeht. Und aus einer solchen positivistisch-empiristischen Problemsicht erweist sich das Problem des Pensionsschocks als so eindeutig, wie die zugrunde gelegte Problemsicht beschränkt ist. Denn von der Warte einer wissenschaftlichen Disziplin, die dazu neigt, die kapitalistische Erscheinungsform des Alter(n)s (wie schon die kapitalistische Gesellschaft insgesamt) für eine Art Naturzustand zu halten, ohne jede nennenswerte oder höchstens innerhalb des blind vorausgesetzten kapitalistischen Rahmens verortete, oberflächlich »sozialkonstruktivistisch« gerahmte gesellschaftliche Präformierung, können Äußerungen, die ein Gefühl der Leere im Zuge des Übergangs vom Erwerbsleben in den Ruhestand zum Ausdruck bringen, schwerlich anders denn als empirischer Beleg für die sinnstiftende Funktion von Arbeit und die Notwendigkeit einer fortgesetzten Aktivität im Ruhestand gedeutet werden. Manche Gerontolog/innen und Alterssoziolog/innen gehen dabei sogar so weit, hinsichtlich des Eintritts in den Ruhestand von einer »Vergesellschaftungslücke« zu sprechen, da mit der Arbeit eine wesentliche, bis dahin das Leben entscheidend prägende Struktur wegfällt, durch die die Menschen »zum Handeln angeregt, herausgefordert und damit ›engagiert‹ werden« (Kohli et al. 1993: 35). Was liegt aus dieser Perspektive also näher – hat man die Prämisse der spezifisch kapitalistischen Sozialisation zur Arbeit einmal akzeptiert und »Arbeit« zu einem quasi-natürlichen menschlichen Bedürfnis ontologisiert –, als auf eine Schließung der Lücke durch neue »gesellschaftliche Strukturen und Programme« (ebd.) zu drängen, etwa in der Form längerer Erwerbsarbeit oder eines bürgerschaftlichen Engagements im Ruhestand? Die im Alter durch den Ruhestand frei gewordene Zeit erscheint aus gerontologischer Sicht per se – eben weil die Menschen selbst dazu offenkundig nicht in der Lage sind – als eine »gesellschaftliche Gestaltungsaufgabe« (Bröscher et al. 2000). Und gesellschaftliche Gestaltung des Alters und des Ruhestands bedeutet dabei in erster Linie, Möglichkeiten und Gelegenheitsstrukturen für ältere Menschen zu schaffen, sich durch sozial relevante Tätigkeiten als gesellschaftlich nützlich und somit auch weiterhin als vollwertige Gesellschaftsmitglieder auszuweisen.

Das potenziell Anstößige am Befund, dass Menschen, wenn ihnen ihre Arbeit genommen wird, häufig nichts mehr mit sich und ihrer Zeit anzufangen wissen und in ihrer Persönlichkeit regelrecht dekomponiert werden, wird durch solche Problembestimmungen mit aller Konsequenz und nach allen Regeln der Kunst zum Verschwinden gebracht. Auch hier ist es wieder dasselbe Muster: Das, was die Menschen aufs Äußerste bedrängt und sie im Grunde auf bloße »Charaktermasken« (Marx) der Kapitalverwertung herabdrückt – Leistung, Produktivität und Aktivität als Zentralwerte und unhintergehbare Anforderungen der abstrakten Arbeit –, wird unter der Hand zum Inbegriff einer gelungenen Altersidentität überhaupt (v)erklärt. Was in Wahrheit darauf verweist, wie wenig an personaler Identität den Menschen unter den Prämissen kapitalistischer Vergesellschaftung eigentlich zugestanden wird, soll die natürlichste und höchste Form von Identität sein, die Menschen selbst noch im »entpflichteten« Alter erreichen können.

Dabei könnte gerade der von der Gerontologie heute so sehr beschworene »aktive Alte« und »Unruheständler«, der seine Freizeit im Ruhestand lückenlos mit Aktivitäten füllt, wahrscheinlich als lebender Beweis für das Scheitern einer »gelungenen« Altersidentität gelten und wäre durchaus nicht, wie Fürsprecher eines »aktiven Alterns« suggerieren, als Antithese zum »pensionsschockierten« Ruheständler zu betrachten. Eher im Gegenteil: Denn wer könnte die tiefe Entfremdung und das »leblose Leben«[169] der Wertvergesellschaftung besser und eindrucksvoller verkörpern als der »aktive Alte«, dem die rastlose Aktivität und die Arbeitsethik der wertförmigen Existenz so sehr in Fleisch und Blut übergegangen sind, dass er sie selbst dann nicht mehr ablegen kann, wenn er längst von ihren Zumutungen entbunden ist?

Der Soziologe David Ekerdt hat bereits in den 1980er Jahren für diese rastlose Aktivität und Geschäftigkeit alter Menschen im Ruhestand den überaus treffenden Begriff einer »busy ethic« gefunden, sozusagen einer »Geschäftigkeitsethik« des Alters, die sich komplementär zur kapitalistischen Arbeitsethik verhält beziehungsweise eine Verlängerung derselben ins hohe Alter darstellt (vgl. Ekerdt 1986). Er interpretiert diese »busy ethic« vor allem als eine Art Coping-Strategie alter Menschen, um gleichsam eine »moralische Kontinuität« aufrechtzuerhalten und das erwerbslose Einkommen, das sie im Ruhestand beziehen, moralisch zu legitimieren – und zwar, indem sie weiterhin aktiv bleiben oder zumindest eine fortgesetzte Aktivität mehr oder weniger gezielt in Szene setzen, um ihren Mitmenschen zu signalisieren, dass sie auch im Ruhestand durchaus nicht nur auf der faulen Haut liegen, sondern für ihr Geld etwas tun. Dieser innere Zwang zur Aktivität im Ruhestand geht laut Ekerdt sogar so weit, dass die Art der Aktivität, also ihre konkrete Form wie auch ihr Inhalt, im Prinzip zweitrangig wird und es in erster Linie nur noch darum geht, überhaupt als aktiv zu erscheinen und nach außen hin einen geschäftigen Eindruck zu machen. Wie Tina Denninger und Kolleg/innen in einer Studie zum *Leben im Ruhestand*, im Anschluss an Ekerdts Befund einer »busy ethic« und auf der Grundlage qualitativer Interviews, feststellten, korrespondiert der von Rentner/innen häufig zur Schau gestellten »busy ethic« mitunter nicht einmal eine tatsächliche Aktivität, sondern erschöpft sich diese oftmals nur in einem »busy talk« (Denninger et al. 2014: 237; Denninger/Dyk 2017: 38ff.), einem bloß rhetorischen Bekenntnis zu einem aktiven Ruhestand, ohne jede praktisch ausgeübte »Altersaktivität«. Auch die bei vielen älteren Menschen beobachtbare Neigung, ihren Tagesablauf durch bestimmte Gewohnheiten und Alltagsroutinen penibel durchzustrukturieren, lässt sich im Sinne der »busy ethic« interpretieren, da dies nicht nur dazu dient, sich der Geordnetheit des eigenen Lebens zu versichern und so die Herausforderung der vielen freien Zeit im Ruhestand zu meistern, sondern auch Konformität mit den gesellschaftlichen Idealen eines aktiven Lebens im Alter zu signalisieren (vgl. Ekerdt/Koss 2016).

Deutlicher und drastischer könnte der verdinglichte und entfremdete Charakter des Alter(n)s unter den Prämissen kapitalistischer Vergesellschaftung also kaum vor Augen geführt werden, als durch diese durch und durch selbstzweckhafte, quasi vom gesellschaftlichen Selbstzweck der abstrakten Arbeit abgeleitete Ruhestandsgeschäftigkeit, die offenbar gar keinen anderen Sinn und Zweck hat, als zwanghaft das Loch, das die Pensionierung in den Lebenslauf der kapitalistisch sozialisierten Arbeitssubjekte reißt, mit beliebigen (und sei es noch so sinnentleerten) Aktivitäten aufzufüllen, um sich und sein Umfeld auch im »entpflichteten Alter« seiner nach wie vor aufrechten Arbeitstugend und rastlosen Aktivitätsorientierung zu versichern. Der Stumpfsinn solcher Handlungsorientierungen reicht dabei wahrscheinlich sogar noch wesentlich tiefer, als es Ekerdt mit seiner Definition der »busy ethic« erfasst, denn die Geschäftigkeit alter Menschen beschränkt sich bei genauerer Betrachtung durchaus nicht bloß auf die moralische Funktion, sich sein erwerbsloses Alterseinkommen weiterhin durch einen aktiven Habitus im Alter quasi zu »verdienen«. Vielmehr verweist sie ganz grundsätzlich auf eine ansozialisierte, über das ganze (Erwerbs-)Leben hinweg erworbene Unfähigkeit, sich selbst und sein Leben überhaupt noch abseits der vorherrschenden und alles durchdringenden Arbeitsethik zu definieren. Die »busy ethic« ist die in den Menschen Fleisch und Blut gewordene Arbeitsethik, die die Menschen nach einem langen Arbeitsleben einfach nicht mehr loswerden können, selbst dann nicht, wenn sie als Rentner/innen von ihr sozial eigentlich bereits entlastet sind. Sie ist die unmittelbare, logische und damit notwendige Konsequenz einer Gesellschaft, in der die Menschen – wie es Adorno einmal sinngemäß formulierte – nur noch auf Funktionen des Kapitalverwertungsprozesses reduziert sind und dabei auch noch gelehrt werden, dankbar zu sein, solange sie eine solche Funktion haben (vgl. Adorno 2003b [1965]: 10). Und eben weil das so ist, werden die Menschen praktisch auch um ihre Identität gebracht, wenn sie ihre gesellschaftliche Funktion verlieren.

In diesem Hang zur zwanghaften Geschäftigkeit im Ruhestand sowie dessen überwiegend positiven Beurteilung durch die Gerontologie schlägt sich nicht nur der in dieser Arbeit bereits des Öfteren sichtbar gewordene kapitalistische Arbeitsfetisch, sondern abermals auch die zutiefst paradoxe, wenn nicht schizophrene Haltung kapitalistischer Gesellschaften gegenüber dem Alter(n) nieder: Einerseits ist gesellschaftlich vorgesehen, dass alte Menschen nicht mehr arbeiten und in den Ruhestand gehen. Und diesen »redlich verdienten« Ruhestand sollen die Alten möglichst auch im Sinne einer »späten Freiheit« und eines »Lebensfeierabends« genießen. Andererseits konstituiert der Kapitalismus eine Gesellschaftsform, die sich in erster Linie durch Arbeit, Leistung, Produktivität und Aktivität definiert, sodass ein erfülltes Leben im Ruhestand ebenso wie eine stärkere gesellschaftliche »Teilhabe« im Alter, wie sie heute von Gerontologinnen und Gerontologen propagiert wird, nur auf der Grundlage von Arbeit, Leistung, Produktivität und Aktivität gedacht werden kann. Dies drückt sich insbesondere in den Konzepten eines »aktiven« und »produktiven Alterns« aus, wie sie von der Gerontologie seit Jahren ohne Unterlass propagiert und als neue, positive Altersbilder beschworen werden, durch die alten Menschen ganz neue Lebensmöglichkeiten eröffnet würden. Was in solchen Haltungen und Diskursen zum Ausdruck kommt, ist vor allem die offenkundig totale Unfähigkeit der kapitalistischen Arbeitsgesellschaft zum Müßiggang. Ein sinnvolles und erfülltes Leben ist ausschließlich in Kategorien der Aktivität und der Beschäftigung und damit im weiteren Sinne im Kontext von »Arbeit« denk- und vorstellbar – und diese Grundhaltung soll letztlich auch für Menschen im Ruhestand gelten, wenn sie durch ihre Arbeitsentpflichtung nicht in Inaktivität, Unproduktivität und einem de facto »sinnlosen« Dasein ohne nützliche und sinnerfüllte Beschäftigung versinken wollen. Im gesellschaftlichen Wissensvorrat ist diese Fetischisierung von Aktivität und die dazu korrespondierende Unfähigkeit und geradezu tiefe Abneigung gegenüber Muße besonders deutlich in Sprichwörtern wie »Müßiggang ist aller Laster Anfang« oder – gerade auch im Kontext des Alter(n)s heute häufig anzutreffen – »Wer rastet, der rostet« aufgespeichert.

Auch hier ist es sinnvoll und notwendig, sich stets die historische Spezifik solcher kulturellen Orientierungen, Diskurse und Sinnstrukturen vor Augen zu halten: In vormodernen Gesellschaften, wie etwa der Antike, war Muße nicht nur oftmals sehr viel höher bewertet als Tätigsein oder gar »Arbeit« (die dem antiken Menschen eher als unwürdige Plackerei galt), sondern war sogar gleichbedeutend mit Glückseligkeit schlechthin. So heißt es etwa bei Aristoteles: »Es gilt als ausgemacht, dass die Glückseligkeit sich in der Muße findet«, ja er behauptet sogar: »Arbeit und Tugend schließen einander aus.«[170] Noch im 13. Jahrhundert gab Thomas von Aquin seiner Auffassung Ausdruck, »dass das beschauliche Leben schlechthin besser ist als das tätige Leben«. Dies sollte sich erst mit der Durchsetzung der kapitalistischen Produktionsweise und der ihr entsprechenden, bis heute wirkmächtigen Arbeitsethik ändern: »Müßiggang ist Sünde wider Gottes Gebot, der hier Arbeit befohlen hat«, heißt es etwa Anfang des 16. Jahrhunderts bei Martin Luther – ein Ethos, das die Aufklärung im Weiteren zur moralischen Verpflichtung und zum Selbstzweck erhob. »Es ist von großer Wichtigkeit, daß Kinder arbeiten lernen«, schreibt Immanuel Kant 1803 in seiner Abhandlung *Über Pädagogik*, »der Mensch ist das einzige Tier, das arbeiten muß.« Und in seiner *Anthropologie in pragmatischer Hinsicht* aus dem Jahre 1798 heißt es: »Unter den drei Lastern: Faulheit, Feigheit und Falschheit scheint das erste das Verächtlichste zu sein.« Nicht zufällig sind die Liebe zur Arbeit und die Abneigung gegenüber Muße und Faulheit seither eng mit dem Hass auf die Müßiggänger verbunden. Johann Gottlieb Fichte schreibt etwa 1796 in seiner Abhandlung *Zur Grundlage des Naturrechts*: »Jeder muss von seiner Arbeit leben können, heißt der aufgestellte Grundsatz. Das Lebenkönnen ist sonach durch die Arbeit bedingt, und es gibt kein solches Recht, wo die Bedingung nicht erfüllt worden.« Bis heute nimmt dieser Grundsatz in Aussagen wie »Nur wer arbeitet, soll auch essen« Gestalt an (erst im Jahr 2006 vom SPD-Politiker Franz Müntefering ausdrücklich an die Adresse von Arbeitslosen und Sozialhilfeempfänger/innen gerichtet).[171] Selbst und gerade die (die Arbeit geradezu verherrlichende) Arbeiterbewegung wusste ihre Feindschaft gegenüber Müßiggang und Faulheit auszudrücken: »Die Müßiggänger schiebt beiseite« (so eine Textzeile in der *Internationale*, dem berühmten Kampflied der sozialistischen Arbeiterbewegung).

Mit Müßiggang ist und war auch in vormodernen Gesellschaften freilich nicht völlig passives Nichtstun gemeint. Bereits Augustinus hielt dazu im 5. Jahrhundert fest: »Bei der Muße soll nicht etwa träges Nichtstun locken, sondern das Erforschen und Auffinden der Wahrheit.« Moderner und mit Blick auf heutige Lebensverhältnisse ausgedrückt, wäre dies vielleicht zu übersetzen als freie, selbstbestimmte Tätigkeit entlang eigener, allenfalls auch erst in Muße zu entwickelnder Interessen, ein Tätigsein, das oftmals ganz zweckfrei sein kann, also keinem anderen Sinn und Zweck folgt als dem einer intensiven Hinwendung zu und Auseinandersetzung mit einer Sache nur um der Sache willen. Gerade diese freie, selbstbestimmte Form des Tätigseins scheint den Menschen unter arbeitsgesellschaftlichen Prämissen verwehrt zu sein, weshalb ihre Aktivitäten immer einen unmittelbaren, sowohl subjektiv als auch gesellschaftlich anerkennungsfähigen Zweck erfüllen müssen – und sei es nur den, eine Beschäftigung zu haben, die einen in Übereinstimmung mit gesellschaftlichen Normen und Vorgaben als »aktiv« ausweist. Umso beharrlicher wird seitens der Gesellschaft und ihrer Apologeten in Wirtschaft, Politik und Wissenschaft stets auf dem Sinn, ja der Lebensnotwendigkeit von Arbeit beharrt, da die Menschen ansonsten nichts mit sich anzufangen wüssten oder womöglich gar an Langeweile sterben würden. Damit spricht die Arbeitsgesellschaft aber nur das Urteil über sich selbst, wie Bertrand Russell in seinem *Lob des Müßiggangs* bereits 1935 treffend konstatierte:

> »Man wird behaupten, daß wohl ein wenig Muße angenehm sei, daß die Leute aber nicht wüßten, womit ihre Tage ausfüllen, wenn sie nur vier von 24 Stunden arbeiten würden. Soweit das in der modernen Welt zutrifft, ist damit unserer Zivilisation das Urteil gesprochen; für jedwede frühere Epoche hätte es nicht gegolten. Früher waren die Menschen noch fähig, sorglos und verspielt zu sein, was bis zu einem gewissen Grade durch den Kult mit der Tüchtigkeit verschüttet wurde.« (Russell 1970 [1935]: 83)

Auch in diesem Punkt der Unfähigkeit zu Müßiggang und der Verherrlichung von Aktivität – oftmals überhöht zu einem anthropologischen Grundbedürfnis des Menschen im Sinne der »vita activa« (Arendt 2005)[172] – entsprechen modernes Subjekt und Gerontologie also einander im Grunde wechselseitig (ähnlich wie es im vorigen Kapitel für die Anti-Ageing-Medizin konstatiert wurde): Hinter der in der Gerontologie virulenten und in Konzepten eines »aktiven« und »produktiven Alterns« Gestalt annehmenden Aktivitätsemphase steht lediglich der in den modernen Menschen insgesamt wirksame Arbeitsfetisch mit seiner bis in das Alter hinein verlängerten Arbeits- und Geschäftigkeitsethik. Beide sind Effekte eines gleichermaßen verdinglichten Selbst- und Weltverhältnisses, in deren Zentrum stets die abstrakte Arbeit mit ihren zentralen und entsprechend hoch bewerteten Normen und Idealen von Aktivität, Produktivität und sozialem Nutzen steht.

Diese den gesellschaftlichen Verhältnissen geschuldete Verdinglichung im gesellschaftlichen wie subjektiven Blick auf das Leben und den menschlichen Lebenslauf ist (abgesehen von einer problematischen Neigung zur Ontologisierung und Naturalisierung des Alters) auch ein wesentlicher Grund, weshalb selbst noch die umgekehrte, in manchen randständigen Ansätzen der Gerontologie bevorzugte und gerade gegen die heute dominante gerontologische Aktivitätsemphase opponierende Strategie einer Anerkennung des Alters als eigenständiger, differenter Lebensphase eine unzureichende kritische Perspektive darstellt. In solchen Ansätzen wird die gesellschaftlich vorherrschende Orientierung an Aktivität und Produktivität und deren heute vor allem durch die Gerontologie betriebene Verlängerung derselben ins Alter mitunter als eine Kolonisierung des Alters durch Normen des »mittleren Alters« kritisiert und dagegen das Eigenrecht und die spezifische, anzuerkennende Dignität des Alters als einer eigenständigen, distinkten Lebensphase gesetzt (vgl. Andrews 1999; Calasanti 2003; Biggs 2004a; siehe auch oben, Kapitel 3.1). Eine große Rolle spielen dabei nicht zuletzt Vorstellungen, wonach das Alter eine Phase der Muße und der Selbstbesinnung sein könnte, gerade auch im Kontrast zum Stress und zur Hektik des Arbeitslebens im »mittleren Alter«. Solche Vorstellungen stecken auch hinter Konzepten wie jenem berühmten einer »späten Freiheit« von Leopold Rosenmayr, der das Alter dabei gar als ein »Stück gelebten Lebens« idealisierte (Rosenmayr 1983). Vor dem Hintergrund zunehmender Beschleunigung und Leistungshetze im gegenwärtigen »Turbokapitalismus« werden entsprechende Bilder und Vorstellungen des Alters, die wiederum verbunden sind mit der Vorstellung angeblicher, quasi-natürlicher, altersspezifischer Eigenschaften älterer Menschen (wie

Weisheit, Erfahrung usw.), von manchen Seiten sogar als potenzielles Korrektiv zu entsprechenden Entwicklungen beschworen, als Chance zur »Entschleunigung« und »Mäßigung« (vgl. Gross 2013; Gronemeyer 2018). Dem gesellschaftlich und insbesondere gerontologisch propagierten Idealbild des »aktiven Alterns« entspricht hier mithin das Gegenbild des Alters als einer Phase der Muße und der Besinnung.

Gerade die oben herausgearbeitete Geschäftigkeitsethik des Alters sollte jedoch deutlich gemacht haben, dass solche Vorstellungen kaum mehr sind als Idealisierungen, welchen das reale Verhalten alter Menschen im Ruhestand in keiner Weise (außer vielleicht in wenigen privilegierten Ausnahmefällen) entspricht, und die unter den mußefeindlichen Bedingungen einer kapitalistischen Arbeitsgesellschaft mit ihren arbeitszentrierten Identitätszwängen sehr wahrscheinlich auch keinerlei Chance auf Realisierung haben. Wenn etwas die Unfähigkeit zur Muße in schlagender Deutlichkeit bestätigt, dann die verzweifelte Geschäftigkeit, mit der alte Menschen den durch den Ruhestand verursachten Bruch im Lebenslauf zu kompensieren versuchen. Es ist die alltägliche Praxis von Alten und Rentner/innen selbst, die eindrucksvoll beweist, dass es keinerlei altersspezifische »ethic of laziness« (Kohli 1988: 383) gibt, die im Alter jene während des Erwerbslebens gültige und so lange das Leben bestimmende Arbeitsethik ablösen würde, sondern nur die aus der Arbeitsethik abgeleitete und ins Alter hinein verlängerte Geschäftigkeitsethik. Entgegen den Idealisierungen mancher kritischer Gerontolog/innen hat das Alter also dem gestressten, arbeits- und leistungsfixierten jungen und mittleren Alter nichts voraus, das sich positiv oder gar emanzipatorisch besetzen ließe. Eher im Gegenteil: Das Alter stellt in Wahrheit bloß den kümmerlichen Rest des »mittleren Alters« selbst dar, den die entfremdete Arbeit nach einem langen Erwerbsleben von den Menschen übrig lässt – ein Rest an Lebenszeit, der in der Regel nicht einmal zu einer »späten Freiheit« nach Aufhebung des Arbeitszwangs genutzt werden kann, weil die Menschen nie gelernt haben, eigene individuelle Interessen jenseits von Lohnarbeit, Konsum und einer normativen Ausrichtung auf soziale Nützlichkeit zu entwickeln.

7. Alter(n) im Zeichen neoliberaler Aktivierung

Zur postmodernen Metamorphose der Dissoziation des Alters

Mit der Erörterung der sozialpsychologischen Dimension des alternden und das Alter(n) von sich abspaltenden und verdrängenden Subjekts ist die Darstellung der *Dissoziation des Alters* gewissermaßen komplett. Die strukturelle »Überflüssigkeit« des Alters in einer kapitalistischen Arbeitsgesellschaft und die darauf gründende, zutiefst negative »Alterskultur« des Kapitalismus mit ihren alte Menschen systematisch abwertenden, das Alter(n) auf eine Krankheit und ein möglichst zu überwindendes Übel reduzierenden Altersdiskursen findet letztlich ihre logische Entsprechung in einer spezifisch modernen Subjektform, die dem Alter(n) nicht minder negativ und ablehnend gegenübersteht. Das Produkt dieser negativen Alterskultur und ihrer spezifischen Subjektivierungsform ist mithin ein Mensch, der sich bevorzugt »alterslos« denkt oder vielmehr sich im Interesse der Erhaltung seines modernen, wertförmigen Subjektstatus gar nicht anders als »alterslos« zu denken vermag. Wer als Mensch und als vollwertiges Gesellschaftsmitglied Anerkennung finden möchte, tut in einer das Alter dermaßen abwertenden Kultur wie der kapitalistischen sehr gut daran, nicht als »alt« identifiziert zu werden. Dies erfordert wiederum, da der physiologische Alterungsprozess untrennbar zur leiblichen Existenz des Menschen gehört, eine intensive »Altersverdrängungsarbeit« (Degele) in Form diverser, immer umfassenderer und ausgefeilterer Körperoptimierungspraktiken – eine Handlungsorientierung, an die heute eine stetig wachsende Anti-Ageing-Industrie anknüpft. Damit zusammen hängt auch ein tiefsitzender Drang des modernen (strukturell männlichen) Subjekts nach einer Verdrängung und Überwindung des Todes sowie damit assoziierte Allmachts- und Verewigungsfantasien – eine psychische Disposition, die heute etwa im Transhumanismus mit seinen Bestrebungen einer Abschaffung des Alterns und des Todes mithilfe von Bio- und Computertechnologien einen neuen Höhepunkt erreicht.

Wie notwendig diese subjektiven Verdrängungsleistungen im Interesse der Erhaltung einer hinreichend tragfähigen Identität im Alter sind, wurde besonders im vorangegangenen Kapitel über die sozialpsychologischen Effekte der kapitalistischen »Überflüssigkeit« der Alten ersichtlich: Phänomene wie der »Pensionsschock«, die »busy ethic« (Ekerdt) als altersspezifische Form der kapitalistischen Arbeitsethik, oder unter Alten weitverbreitete Gefühle des »Nicht-mehr-gebraucht-Werdens« sowie Ängste, Familie und Gesellschaft »zur Last zu fallen«, verweisen auf die ungeheure Inferiorität, ja geradezu Unlebbarkeit des Alters in einer sich durch Arbeit, Produktivität, Leistung und soziale Nützlichkeit definierenden Gesellschaft. Alte Menschen stehen unter diesen Bedingungen vor der sprichwörtlichen Wahl zwischen Pest und Cholera, also vor zwei gleichermaßen problematischen Alternativen, ihre Rolle als Alte zu »gestalten«: entweder durch das Bemühen, sich durch sozial nützliche Aktivität auch weiterhin als vollwertiges Gesellschaftsmitglied auszuweisen, oder durch den stets prekären Versuch, die durch den Altersruhestand freigewordene Zeit mehr schlecht als recht im wahrsten Sinne des Wortes »herumzukriegen«. Für nicht wenige alte Menschen enden diese Versuche in der Depression, im schlimmsten Fall im aktiven oder passiven Opfertod (z. B. durch Selbstmord). Deutlicher könnte nicht zum Ausdruck kommen, was »Alter« auf der Subjektebene für viele Menschen bedeutet – nämlich den Verlust oder jedenfalls die ständig drohende Gefahr des Verlusts ihrer wertförmigen, sie letztlich als »Menschen« schlechthin definierenden modernen Subjektivität.

Was insbesondere an der Darstellung der sozialpsychologischen Dimension der Dissoziation des Alters nochmals deutlich geworden sein sollte, ist, dass die in der vorliegenden Arbeit behauptete und herausgearbeitete strukturelle Altersfeindlichkeit kapitalistischer Gesellschaften nicht (wie gegenüber kapitalismuskritischen Studien manchmal – teilweise zu Recht – geargwöhnt wird) als ein primär ökonomisches oder ein allein aus der ökonomischen Struktur der Gesellschaft resultierendes Problem zu verstehen ist. Sondern diese hat auch höchst bedeutsame kulturell-symbolische und sozialpsychologische sowie handlungstheoretische Dimensionen, die in der kritischen Analyse berücksichtigt und in ihrer jeweils eigenen Qualität und Eigenlogik betrachtet werden müssen. Dieser Einsicht verdankt sich auch die inhaltliche Gliederung der Darstellung in materiell-strukturelle, kulturell-symbolische und sozialpsychologische Dimensionen der Dissoziation des Alters. Zugleich können diese verschiedenen Dimensionen jedoch nicht völlig voneinander isoliert betrachtet werden, sondern müssen in ihren wechselseitigen Vermittlungen zur Kenntnis genommen werden. In der analytischen Vermittlung dieser verschiedenen Dimensionen liegt letztlich auch die besondere Leistung, die die vorliegende Arbeit für sich beansprucht, und durch die die darin entfaltete kritische Theorie des Alter(n)s über die meisten heute gängigen sozialgerontologischen Forschungsansätze hinausgeht, die sich tendenziell auf eine kulturtheoretische und/oder auf eine handlungstheoretische Ebene konzentrieren, Alter(n) und Altersfeindlichkeit also primär als eine Frage oder als ein Problem der »Kultur«, des gesellschaftlichen Altersbildes und des »Alterhandelns« beziehungsweise »doing age« verhandeln, während materiell-strukturelle und politisch-ökonomische Dimensionen weitestgehend vernachlässigt werden oder zumindest nicht systematisch Eingang in die Analyse finden. Hingegen hebt der Begriff einer *Dissoziation des Alters* das Problem der Altersfeindlichkeit auf eine gesamtgesellschaftliche Ebene, die materiell-strukturelle, politisch-ökonomische, kulturell-symbolische und sozialpsychologische sowie handlungstheoretische Dimensionen gleichermaßen umfasst und diese analytisch stets aufeinander bezieht und in ihrem komplexen Zusammenwirken analysiert. Die Dissoziation des Alters, so sollte in den vorangegangenen Kapiteln veranschaulicht werden, ist zu begreifen als ein aus der kapitalistischen Form resultierendes, durch sämtliche Ebenen der Gesellschaft hindurchgehendes Prinzip, das den gesellschaftlichen wie auch individuellen Umgang mit dem Alter(n) weitgehend prägt und bestimmt. Ihr auf den Grund zu gehen, erfordert daher eine entsprechend umfassend und vielschichtig angelegte Analyse, die alle diese Ebenen und Dimensionen in sich integriert.

Seit den letzten rund drei Jahrzehnten lässt sich nun ein tiefgreifender Formwandel der Dissoziation des Alters beobachten, der auf den ersten Blick gerade wie eine Aufhebung oder Überwindung derselben erscheinen könnte (und in der Gerontologie auch überwiegend in einem solchen Sinne interpretiert wird), aber dennoch bei genauerer Betrachtung nur eine Formveränderung innerhalb ihrer eigenen Prozesslogik darstellt. Wie bereits an früherer Stelle erwähnt (siehe oben, Kapitel 2), ist die Dissoziation des Alters nicht als ein statisches Verhältnis zu verstehen, das in einer bestimmten, unveränderlichen Form gesetzt ist, sondern es handelt sich dabei vielmehr um eine Prozesslogik, ebenso dynamisch, wie die kapitalistische Gesellschaftsform, die ihr zugrundeliegt. Schon im Laufe ihrer bisherigen Geschichte war daher die Dissoziation des Alters mit ihren altersbezogenen Ausschluss- und Marginalisierungsmechanismen, ihren Altersdiskursen und ihren alter(n)sbezogenen Praxen häufig Veränderungen unterworfen und hat dementsprechend zu verschiedenen historischen Zeiten unterschiedliche Gestalten und Ausprägungen angenommen. So war etwa der Status des Alters und alter Menschen in der Frühen Neuzeit, als sich die kapitalistische Gesellschaftsformation und mit ihr auch die moderne Dissoziation des Alters erst langsam und in mehrere Jahrhunderte dauernden Durchsetzungsschüben zu konstitutieren begannen, ein anderer als unter den Prämissen eines entwickelten Kapitalismus mit seinen sozialen Sicherungs- und Pensionssystemen, in dem eine Dissoziation des Alters im modernen Sinne, ja sogar das »Alter« selbst (jedenfalls in der uns bekannten Form als »Ruhestand«) überhaupt erst Gestalt annahm und gesellschaftlich institutionalisiert wurde. Und ebenso ist auch heute wieder das Alter(n) unübersehbaren Veränderungen und gesellschaftlichen »Neuverhandlungen« (Denninger et al. 2014; Scherger 2015) ausgesetzt, die gewissermaßen parallel zur allgemeineren kapitalistischen Entwicklung verlaufen und mit tiefgreifenden Verschiebungen im historisch gewachsenen Verhältnis von Alter(n) und Gesellschaft einhergehen.

Die Veränderungen, die das Alter(n) und insbesondere auch die gesellschaftliche Wahrnehmung alter Menschen in der Gegenwart erfahren, sind geradezu evident und kaum zu leugnen. Diese stellen sich vor allem – aus der Perspektive einer Dissoziation des Alters eigentlich paradox – in einem (jedenfalls an der Oberfläche) positiveren gesellschaftlichen Bild vom Alter und von alten Menschen dar, wie es insbesondere in der öffentlich-medialen, politischen und wissenschaftlichen Kommunikation reflektiert wird. War das Alter in der kapitalistischen Gesellschaft, wie in den vorigen Kapiteln ausführlich dargelegt, lange Zeit und quasi traditionell mit Unproduktivität, Leistungsschwäche, einem körperlichen und geistigen Verfall und ähnlichen anderen negativen Eigenschaften konnotiert, so wird ausgerechnet dieses defizitäre Bild des Alters in den letzten Jahren zunehmend infrage gestellt und ist nunmehr allseits die Rede von der »Produktivität« und den gesellschaftlich wertvollen »Kompetenzen« und »Potenzialen« älterer Menschen. Anstatt wie bisher von den Alten, wenn überhaupt, nur als Objekte wohlfahrtsstaatlicher Versorgung oder gleichsam als untätig auf Parkbänken herumsitzende, Tauben fütternde Gestalten Notiz zu nehmen,[173] die, nachdem sie sozial praktisch schon gestorben sind, nur noch auf ihr auch physisches Ableben warten, rücken sie zusehends als vollwertige Mitglieder der Gesellschaft in den Fokus und steht ihre stärkere soziale »Integration« und »Partizipation« am gesellschaftlichen Leben auf der politischen Agenda. Und selbst die »gesellschaftliche Alterung«, der rapide Anstieg des Anteils älterer Menschen in der Bevölkerung, der sich den demografischen Prognosen zufolge im Laufe des 21. Jahrhunderts noch weiter zuspitzen wird, soll ganz im Sinne einer neuen, positiven Einstellung zum Alter(n) nicht nur als »Herausforderung«, sondern vor allen Dingen als eine gesellschaftliche »Chance« und »Bereicherung« verstanden werden. Kurzum, das Alter legt allem Anschein nach seinen negativen Status und seine kapitalistische »Überflüssigkeit« ab und verwandelt sich von einer minderwertigen Form der Existenz an der gesellschaftlichen Peripherie in einen integralen, sozial relevanten und »wertvollen« Bestandteil der Wertvergesellschaftung selbst, zu der das Alter(n) nun nicht mehr länger in Widerspruch stehen und ein davon völlig differentes Anderes verkörpern soll.

Dieser Prozess der diskursiven Aufwertung des Alters ähnelt – aufgrund der gemeinsamen kapitalistischen Wert-Abspaltungsstruktur wohl nicht ganz zufällig – in mancher Hinsicht dem der Gleichstellung von Frauen, der ebenfalls verstärkt in den letzten dreißig bis vierzig Jahren in Gang gekommen ist und sich nachhaltig politisch institutionalisiert hat: So wie Frauen nicht mehr länger gegenüber Männern benachteiligt, sondern als gleichwertig und gleichberechtigt behandelt, insbesondere stärker in den Arbeitsmarkt integriert werden und überhaupt, schon im Interesse von Wirtschaft und Gesellschaft selbst, in allen gesellschaftlichen Bereichen (Ökonomie, Politik, Wissenschaft usw.) eine tragende Rolle spielen und ihren Beitrag leisten können sollen, so sollen nun auch alte Menschen stärker in die Gesellschaft »integriert«, nicht mehr aufgrund ihres Alters diskriminiert werden und Möglichkeiten haben, aktiv an der Gesellschaft zu partizipieren. Die Ähnlichkeit reicht dabei sogar bis auf die Ebene und in das »Wording« der politischen Programmatik: So ist quasi analog zu und in unverkennbarer Anlehnung an das sogenannte »Gender Mainstreaming« in den vergangenen Jahren ein »Mainstreaming Ageing« zum internationalen, alterspolitischen Grundsatz aufgestiegen, der auf eine »Berücksichtigung aller Altersgruppen auf allen politischen Ebenen« abzielt. Auf diese Weise soll es älteren Menschen ermöglicht werden, »ebenso zur Gesellschaft, zur Gemeinschaft und zur Familie beizutragen wie alle anderen Altersgruppen«, um so »Volkswirtschaften und Gesellschaften mit dem demografischen Wandel in Einklang zu bringen« (UNECE 2011: 1). Ebenso ist Alter mittlerweile – ähnlich wie Geschlecht, aber auch zahlreiche andere soziale Ungleichheits- und Differenzkategorien wie etwa Ethnizität, sexuelle Orientierung etc. – zum Gegenstand eines sogenannten »Diversity-Managements« geworden.

Seinen sichtbarsten Ausdruck und seine nachhaltigste institutionelle Vergegenständlichung findet der neue, positive Altersdiskurs von den »kompetenten« Alten und ihren wertvollen »Potenzialen« für die Gesellschaft im 21. Jahrhundert allerdings in einer gesellschaftspolitischen Programmatik, die inzwischen zum zentralen Paradigma vor allem der europäischen Alterspolitik avanciert ist – dem sogenannten *active ageing* (vgl. OECD 2000; WHO 2002; Walker 2002; Boudiny 2013). Es ist wahrscheinlich nicht allzu vermessen zu behaupten, dass »aktives Altern«

mittlerweile zu so etwas wie der dominanten »Denkform des Alters« (Göckenjan 2000: 362) schlechthin geworden ist. 2012 wurde von der Europäischen Kommission sogar das »Europäische Jahr des aktiven Alterns« ausgerufen.[174] Eine wesentliche, für das Active-Ageing-Paradigma geradezu konstitutive Innovation besteht dabei in einem immanenten Wandel der historisch gewachsenen, gesellschaftlichen Kategorie »Alter« als solcher. War das Alter im Kapitalismus bislang historisch an die Institution des Ruhestands und das Ausscheiden aus dem aktiven (Erwerbs-)Leben gebunden, ja im Grunde überhaupt erst ein Produkt moderner, an die kapitalistische Lohnarbeiterexistenz gekoppelter Pensionssysteme, so wird nunmehr unter den Auspizien des *active ageing* das Alter als eine (weiterhin) aktive Lebensphase definiert. Diese alterspolitisch anvisierte Aktivität im Alter, die sich von einem längeren Verbleib im Erwerbsprozess (und also späteren Pensionsantritt) bis hin zu einem bürgerschaftlichen Engagement im Ruhestand erstrecken soll, wird insbesondere als eine Angelegenheit von allumfassendem, sowohl gesellschaftlichem als auch individuellem Nutzen propagiert. Einerseits wird mit einem »aktiven Altern« die Mobilisierung bislang brachliegender produktiver Potenziale älterer Menschen verbunden, die es gerade im Angesicht des demografischen Wandels gesellschaftlich zu nützen und zu verwerten gelte. »Active ageing«, so heißt es etwa in einer Definition der OECD (2000: 126), »refers to the capacity of people, as they grow older, to lead productive lives in society and the economy.« Praktisch bedeutet das in erster Linie »adopting healthy life styles, working longer, retiring later and being active after retirement«.[175] Andererseits – und darüber hinaus – verspricht *active ageing* eine stärkere gesellschaftliche »Integration« und »Teilhabe« älterer Menschen in und an der Gesellschaft und eine höhere Lebensqualität gerade durch die Möglichkeit fortgesetzter, sinnstiftender Aktivität im Alter. Demnach beschreibt *active ageing* vor allem einen »process of optimizing opportunities for health, participation and security in order to enhance quality of life as people age« (WHO 2002: 12). Generell versteht sich das Konzept des *active ageing* als politisches Programm zur Verbesserung des gesellschaftlichen Altersbildes und zur Bekämpfung von Altersdiskriminierung. Von einem aktiven Altern – so also das politische und nicht zuletzt wissenschaftliche Postulat – profitieren letztendlich alle. Die Gesellschaft als solche profitiert davon, weil sie auf diese Weise produktive Potenziale erschließen kann, die ihr (aus vorherrschender gesellschaftlicher Sicht) im Zuge des demografischen Wandels gerade auszugehen drohen. Aber auch die älteren Menschen selbst profitieren davon, weil sie aus ihrer weitgehenden sozialen Marginalisierung befreit werden und auch im Alter die Möglichkeit haben, aktiv zu sein und an der Gesellschaft zu partizipieren, was sich wiederum positiv auf die Lebensqualität als solche auswirkt: *Active ageing* sozusagen als »win-win-Situation« (Dyk 2009: 316).

In kaum noch zu übertreffender Form wurde dieses Win-win-Versprechen vielleicht von Alan Walker, einem der gerontologischen Hauptverfechter des Konzepts (und bezeichnenderweise ehemaligen Angehörigen der sich selbst »kapitalismuskritisch« verstehenden *Political Economy of Ageing* der späten 1970er und frühen 1980er Jahre) zum Ausdruck gebracht. Dieser beschränkte sich nicht bloß darauf, ein »aktives Altern« zur »Antithese von Altersdiskriminierung« zu erklären (vgl. Walker 2002: 128), sondern betonte darüber hinaus mit aller Emphase auch dessen allgemeinen Nutzen, sowohl für Individuum als auch Gesellschaft:

> »The beauty of this strategy is that it is good for everyone: from citizens of all ages as ageing individuals, in terms of maximizing their potential and quality of life, through to society as a whole, by getting the best from human capital.« (ebd.: 137)

Diese Win-win-Argumentation zieht sich seither praktisch wie ein roter Faden durch die gesamte alterswissenschaftliche Literatur. Im deutschsprachigen Raum sind in diesem Kontext vor allem die seit 1993 von der deutschen Bundesregierung in Auftrag gegebenen und von einer wissenschaftlichen Expertenkommission verfassten »Altenberichte« hervorzuheben, in denen ein »aktives Altern« sukzessive zur zentralen Strategie sowohl zur Lösung der anstehenden demografischen »Herausforderungen« als auch hinsichtlich einer Verbesserung gesellschaftlicher Altersbilder und einer Erhöhung von »Lebensqualität« im Alter aufgebaut wurde (vgl. BMFSFJ 2001, 2006, 2010, 2016).

Auf einige dieser Entwicklungen und ihre widersprüchlichen Effekte sowie oftmals auch offen altersfeindlichen Implikationen wurde im Laufe der vorliegenden Arbeit bereits immer wieder mehr oder weniger ausführlich eingegangen, so etwa auf eine Verwandtschaft von Active-Ageing-Diskursen mit Diskursen und Strategien des Anti-Ageing (vgl. Kapitel 5.3) oder auf einen inneren Zusammenhang von positivem Langlebigkeits- und negativem Altersdiskurs (vgl. Kapitel 5.4). Im Folgenden sind diese aktuellen Entwicklungen und Tendenzen, insbesondere Konzepte und Diskurse eines »jungen und aktiven Alters«, noch etwas systematischer zu beleuchten und dabei zu zeigen, dass und inwiefern sich darin gerade nicht, entgegen dem ersten Augenschein, eine Überwindung der modernen Dissoziation des Alters und der auf ihr beruhenden modernen Altersfeindlichkeit abzeichnet, sondern sich vielmehr (und ganz im Gegenteil) deren aktuelle und zeitgemäße Form selbst darstellt. Dies geschieht wiederum vor allem im Medium einer kritischen Reflexion dieser Entwicklungen und entsprechender Diskurse in ihren historischen und materiell-strukturellen beziehungsweise politisch-ökonomischen Voraussetzungen. Meine Interpretation der jüngeren Entwicklung im Sinne einer (wenn auch veränderten, historisch aktualisierten) Kontinuität der Dissoziation des Alters und der mit ihr gesetzten strukturellen Altersfeindlichkeit richtet sich dabei auch ausdrücklich gegen eine in der Gerontologie relativ weit verbreitete Neigung, Kritik am *active ageing* und damit verbundenen Tendenzen und Widersprüchen – wenn überhaupt – primär unter dem Gesichtspunkt der »Ambivalenz« zu üben (vgl. exemplarisch Klie 2013; Blinkert 2017; zumindest dem Wording nach auch Lessenich/ Dyk 2009). Dabei wird, explizit oder implizit, zwischen positiven Aspekten der »Altersaktivierung« einerseits (z. B. mehr Partizipationsmöglichkeiten älterer Menschen, neue Möglichkeiten zur individuellen Potenzialentfaltung im Alter) und negativen Aspekten andererseits (z. B. gesellschaftliche Funktionalisierung von »Alterspotenzialen«, sozial ungleich verteilte Voraussetzungen für »aktives Altern«, Nähe zu Anti-Ageing-Diskursen) differenziert, *active ageing* also hinsichtlich seiner politischen Absichten und seiner gesellschaftlichen Wirkungen als widersprüchlich und vieldeutig, somit »ambivalent« qualifiziert. Im Folgenden wird sich zeigen, dass das neue Altersbild der »jungen und aktiven Alten« und damit verbundene gesellschaftspolitische Programme und Strategien freilich so »ambivalent« gar nicht sind, insofern sich nämlich »positive« und »negative« Aspekte der Altersaktivierung nicht feinsäuberlich voneinander trennen lassen, sondern vielmehr untrennbar miteinander verwoben sind. »Aktives Altern« stellt sich also bei genauerer Betrachtung durchaus nicht als ein bloß »ambivalenter« gesellschaftlicher Altersdiskurs mit entsprechend widersprüchlichen, teilweise positiven, teilweise negativen Effekten für die alternden Subjekte dar, sondern gerade in seiner Ambivalenz verkörpert und repräsentiert er, so jedenfalls meine im Folgenden zu begründende These, eine neue, postmoderne Form von Altersfeindlichkeit, die gleichsam – und eben das ist neu daran – durch die (oberflächliche) Positivierung des gesellschaftlichen Altersdiskurses hindurch verläuft.

Um dies zu veranschaulichen, möchte ich mich im Folgenden vor allem auf zwei Aspekte der heute so dominanten und politisch wirkmächtigen »Denkform« des »aktiven Alterns« konzentrieren: Zunächst widmet sich die Darstellung einer zumindest groben Analyse verschiedener ideologischer Momente der »Altersaktivierung«, wobei sich diese gerade entlang jener von Fürsprecher/innen eines »aktiven Alterns« so gern und intensiv gepflegten Win-win-Rhetorik entfalten wird. Hier wird zu zeigen sein, dass sich entgegen allen politischen und wissenschaftlichen Versprechungen eines sowohl gesellschaftlichen als auch individuellen Nutzens eines »aktiven Alterns« entsprechende politische Strategien und Programme sowie subjektive Handlungsorientierungen bei genauerer Betrachtung als »Ausdruck der Individualisierung gesellschaftlicher Risiken im Sinne des neoliberalen Zeitgeistes« (Dyk 2009: 327) entpuppen. Verbunden mit der Propagierung einer an Lebensstilkonzepten der gehobenen Mittelschicht orientierten Altersnorm (Aktivität, Gesundheit, Fitness, Weiterbildung, private Altersvorsorge etc.) und einer massiven Individualisierung sozialer Ungleichheit fügt sich die »Altersaktivierung« unmittelbar in einen umfassenden Prozess der fortschreitenden Prekarisierung von Lebensverhältnissen im Spätkapitalismus ein. Hier kann auch auf zahlreiche theoretische wie empirische Befunde aus der Kritischen Gerontologie zurückgegriffen werden, die entsprechende Tendenzen seit Jahren verstärkt in den Fokus rückt und zum Gegenstand der Kritik macht. Selbst der Anspruch einer Verbesserung des gesellschaftlichen Altersbildes erweist sich bei genauerem Hinsehen primär als ideologischer Schein, insofern die verordneten Strategien und Konzepte eines »aktiven Alterns« de facto auf eine möglichst lange Zurückdrängung des Alter(n)s und damit assoziierter Begleitumstände (funktionale Einschränkungen, Pflegebedürftigkeit etc.) abzielen, die beanspruchte Positivierung des Altersbildes also unmittelbar mit einem umso negativeren Bild des hohen, kranken und pflegebedürftigen Alters einhergeht. Exakt an dieser Stelle besteht auch der bereits erwähnte Konnex von Active-Ageing-Strategien zu Diskursen und Konzepten des Anti-Ageing. »Aktives Altern« erweist sich in diesem Lichte als der zeitgemäße und insofern nicht zufällig hegemoniale Diskurs einer postmodernen Anti-Ageing-Kultur mit ihrer zunehmenden, gesamtgesellschaftlichen Tendenz zur »Alterslosigkeit«.

Der zweite Teil der Darstellung behandelt sodann ein auch in kritisch-gerontologischen Kontexten noch weitestgehend unbeachtetes, jedoch für die gesellschaftstheoretisch fundierte, kritische Einschätzung der »Altersaktivierung« und ihrer politisch-ökonomischen Voraussetzungen geradezu zentrales Problem. Die Programmatik des »aktiven Alterns« zielt ja, wie schon erwähnt, vor allem (wenn auch nicht ausschließlich) auf einen längeren Verbleib der Menschen im Erwerbsprozess ab. Diese Strategie ist insofern voraussetzungsreich, als sie zu ihrer Umsetzung auch in Zukunft ein hinreichendes Maß an Beschäftigungsmöglichkeiten für ältere Menschen erfordert. Gerade diese Grundvoraussetzung scheint jedoch mittlerweile immer weniger erfüllt. Zahlreiche Studien prognostizieren heute einen beträchtlichen Verlust von Arbeitsplätzen in den kommenden Jahren aufgrund von fortschreitender Digitalisierung und Automatisierung, dem sehr wahrscheinlich kein vergleichbarer Zugewinn an neuen Arbeitsplätzen entsprechen wird. Bereits in der Gegenwart wird Massenarbeitslosigkeit zu einem immer größeren gesellschaftlichen Problem, im Verbund mit einer allgemeinen und weitreichenden Prekarisierung von Arbeit. Angesichts dieser sich abzeichnenden »Krise der Arbeit« stellt sich daher durchaus die Frage, welche Erfolgsaussichten ein »aktives Altern« theoretisch wie praktisch haben kann. Zu befürchten steht, dass in dem Maße, in dem Strategien einer längeren Beschäftigung von Menschen zwecks Entlastung des sozialen Sicherungs- und Pensionssystems am absehbaren Mangel an Arbeitsplätzen zu scheitern drohen, »aktives Altern« weniger als Leitbild einer neuen »altersfreundlichen Kultur« (Kruse 2016) wirksam werden, als vielmehr die Gestalt einer zunehmend repressiven demografischen Krisenverwaltung annehmen wird. Aus diesem Blickwinkel sind es also nicht nur die diversen anderen (seitens der Kritischen Gerontologie häufig und zu Recht beklagten) problematischen Implikationen der Active-Ageing-Programmatik (neoliberale Rationalität der »Altersaktivierung«, Individualisierung sozialer Ungleichheit etc.), an denen sich die Win-win-Rhetorik ihrer Fürsprecher/innen in naher Zukunft blamieren könnte, sondern bereits seine grundsätzliche Untauglichkeit zur Bewältigung der demografischen »Herausforderungen« – und einzig darauf stützt sich ja das propagierte positivere Bild von den »aktiven Alten«, nämlich auf die Hoffnung oder Unterstellung, dass der demografische Wandel gerade durch die »Aktivität«, die »Kompetenzen« und die »Potenziale« alter Menschen bewältigt werden könnte. Sollten diese Hoffnungen enttäuscht werden, könnte die bisher mit dem Ruhestand assoziierte latente »Überflüssigkeit« der Alten sehr rasch in eine manifeste »Überflüssigkeit« übergehen und das kapitalismusimmanente altersfeindliche Potenzial, entgegen aller oberflächlich »altersfreundlichen« Rhetorik, wieder voll zum Durchbruch kommen. Mit der Erörterung der (Un-) Tauglichkeit des »aktiven Alterns« als Strategie zur Bewältigung des demografischen Wandels wird wieder an die bereits an früherer Stelle (Kapitel 5.2) begonnene Diskussion des kapitalistischen »Sachzwangcharakters« des demografischen Wandels angeknüpft, diese jedoch um einen zusätzlichen Aspekt ergänzt, der dort aus Darstellungsgründen noch ausgespart wurde, nämlich besagte »Krise der Arbeit« und deren Implikationen für die demografische Problematik.[176]

7.1 Die schöne neue Alterswelt des »active ageing«

Bei einer kritischen Auseinandersetzung mit dem heute dominanten Altersbild des »aktiven Alterns« ist es zunächst – wie schon bei allen anderen in dieser Arbeit beleuchteten Altersdiskursen (siehe oben, Kapitel 5) – erforderlich, seine gesellschaftlichen und historischen Rahmenbedingungen und Voraussetzungen zu reflektieren. Die Wurzeln des Active-Ageing-Diskurses lassen sich im Wesentlichen in zwei eng miteinander zusammenhängenden Entwicklungen verorten, einer eher ideologischen und einer politisch-ökonomischen.

Ideologisch wurzelt das *active ageing* in der »Entdeckung« der sogenannten »jungen Alten« Mitte der 1980er Jahre. Der Diskurs um die »jungen Alten« wurde besonders vonseiten der Gerontologie forciert und beruht auf der Feststellung, dass mit dem Eintritt in den Ruhestand durchaus nicht, wie das vielleicht für frühere Kohorten noch zutreffend gewesen sein mag, eine allerletzte Lebensphase anbricht, die vor allem von Inaktivität, sozialem Rückzug, altersbedingten Krankheiten, Pflegebedürftigkeit und Tod geprägt sei, sondern dass der Ruhestand und damit das Alter überhaupt – vor allem bedingt durch ständig steigende Lebenserwartungen im Laufe des 20. Jahrhunderts – eine Phase des Lebens darstellt, die mitunter mehrere Jahrzehnte umfassen kann, von denen die Menschen einen großen Teil in relativ guter Gesundheit verbringen, was wiederum mit einem entsprechend hohen Aktivitätspotenzial und nicht zuletzt auch Aktivitätsbedürfnis verbunden sei. Das Konstrukt der »jungen Alten« setzt dabei auch direkt auf die seit den 1960er Jahren zum dominanten gerontologischen Paradigma avancierte »Aktivitätstheorie« auf, die ein aktives Leben im Ruhestand als die adäquateste Form der Anpassung im beziehungsweise an das Alter definierte (vgl. Havighurst 1961; Tartler 1961).[177] Nicht zuletzt auch vor dem Hintergrund, dass Alterspensionen zwischenzeitlich ein Niveau erreicht hatten, das weitgehend über die bloße Existenzsicherung hinausging (was auch dazu geführt hat, dass seither das Thema Altersarmut, obwohl es freilich speziell für Frauen nie völlig seine Aktualität eingebüßt hatte, praktisch aus der Gerontologie verschwunden war und erst in den letzten Jahren wieder langsam im Angesicht der fortschreitenden neoliberalen Prekarisierung in den Fokus rückt), entstand auf diese Weise ein Bild von gleichsam »neuen Alten« (Schultz 1985; Karl/Tokarski 1989; Dychtwald 1999; Aner et al. 2007; Karl 2012), das heißt »jung gebliebenen«, gesunden, kompetenten, aktiven, konsumfreudigen, lifestyle-bewussten, ihr Leben und ihre Freizeit aktiv gestaltenden älteren Menschen; ein Bild, das in weiterer Folge, auch vermittelt über eine entsprechende mediale Verarbeitung, zum neuen gesellschaftlichen Altersbild schlechthin aufstieg (ausführlicher zum Aufstieg der »jungen Alten« als einer neuen Sozialfigur vgl. Dyk/Lessenich 2009b). In dem Zusammenhang war etwa in den 1980er Jahren auch von den »Woopies« (*well-off older persons*) die Rede – gleichsam einer neuen Generation älterer Menschen, die nicht nur körperlich, sondern auch finanziell »fitter« sei als frühere Generationen. Nicht zufällig entdeckte bald auch die Wirtschaft dieses stetig wachsende Segment der »jungen Alten« für sich (Stichwort »silberne Märkte«).

In der Alterssoziologie findet dieses neue Altersbild der »jungen«, aktiven Alten insbesondere in einer Binnendifferenzierung des Alters in ein »drittes« und »viertes Lebensalter« seinen Niederschlag (vgl. Laslett 1995a). Damit soll der Tatsache Rechnung getragen werden, dass das traditionelle Bild vom Alter als einer hauptsächlich durch Krankheit und Pflegebedürftigkeit geprägten Lebensphase in Wahrheit nur eine Minderheit der alten Menschen – nämlich die altersschwachen, pflege- und hilfsbedürftigen – zu beschreiben vermag, nicht aber das Alter an sich, quasi den »Normalzustand« älterer Menschen, weshalb mit Blick auf das Alter stärker differenziert werden müsse. Das »dritte Lebensalter« umfasst somit die besagten »jungen Alten«, die höchstens, wenn überhaupt, aus kalendarischer Sicht als »alt« zu bezeichnen seien, aber keinesfalls aus biologischer[178] und erst recht nicht im Hinblick auf ihren Lebensstil und ihr Aktivitätspotenzial. Erst nach dem »dritten Lebensalter« als einer Phase des »jungen, aktiven und gesunden Alters« folge schließlich das »vierte« und letzte, von einem Abbau physischer und kognitiver Funktionen und in weiterer Folge von Pflegebedürftigkeit geprägte Lebensalter.

Dieser Diskurs um die »jungen Alten«, als ideologische Grundlage des Active-Ageing-Konzepts, ist wiederum eingebettet in politisch-ökonomische Tendenzen und verschränkt mit entsprechenden Diskursen im Kontext von Neoliberalismus und Globalisierung. Der Zusammenhang von *active ageing* und Neoliberalismus wird im Grunde bereits daran ersichtlich, dass sich die gesellschaftspolitische »Altersaktivierung« unmittelbar und unverkennbar in die Logik des »aktivierenden Sozialstaats« einfügt, wie er seit den 1990er Jahren mehr und mehr Gestalt angenommen hat, und der seither in seinen Operationen sukzessive vom Modus der Versorgung und sozialen Sicherung auf den Modus der Aktivierung umstellt (vgl. Lessenich 2008). Dies betraf zunächst vor allem Arbeitslose und Sozialhilfeempfänger/innen, die unter den Bedingungen sozialstaatlicher Aktivierung einem immer rigideren Kontroll- und Disziplinierungsregime bis hin zur staatlichen Zwangsarbeit unterworfen wurden. Berühmt-berüchtigt wurden in diesem Zusammenhang insbesondere die einschneidenden Sozialreformen in den USA unter Bill Clinton (vgl. Zinn 2007: 631–662) und die deutschen Hartz-Gesetze mit ihrem System der »Ein-Euro-Jobs« (vgl. Rentschler 2004; Butterwegge 2015). Diese sozialstaatliche Umstellung ist praktisch gleichbedeutend mit einem sukzessiven Abbau sozialstaatlicher Leistungen (wenn auch nicht notwendigerweise mit einer Verringerung der Sozialausgaben[179]), und dementsprechend sollen diejenigen, die derartige Leistungen beziehen, stärker in die Pflicht genommen und zur Verantwortung gezogen werden (Stichwort: »Fordern und Fördern«). Und diese neue wohlfahrtsstaatliche Aktivierungslogik greift nun, wenn auch auf spezifische Weise, auf die Alten, auf die Pensionist/innen und Rentenbezieher/innen über. Auch diese sollen »nicht nur aktiv, aktivierbar und aktivierungsbereit *sein*, sondern sich vor allem aktiv, aktivierbar und aktivierungsbereit *geben* beziehungsweise, vorgelagert noch: sich aktiv, aktivierbar und aktivierungsbereit *wissen*« (Lessenich 2009: 292, Herv. i O.).

Der Umbau des historisch aus dem Keynesianismus und der wirtschaftlichen Prosperität der Nachkriegszeit hervorgegangenen, primär auf soziale Sicherung bezogenen Wohlfahrtsstaats zu einem »aktivierenden Sozialstaat« fällt zusammen mit zahlreichen anderen neoliberalen Restrukturierungen, die sich insbesondere in einer zunehmenden Privatisierung und seither immer wieder beklagten Ökonomisierung verschiedenster gesellschaftlicher, auch ursprünglich marktferner Bereiche niederschlagen, beispielsweise der Bildung oder des Gesundheits- und Sozialwesens. Alle diese Bereiche werden zusehends entlang von ökonomischen Kosten-Nutzen-Kalkülen umgestellt. Der Grund für diese Entwicklungen kann in einer objektiven, politisch-ökonomischen Krisentendenz des kapitalistischen Systems gesehen werden: Diese Krisentendenz lässt sich einerseits in einem im Prinzip seit den 1970er Jahren stagnierenden Wirtschaftswachstum in praktisch allen westlichen Industrieländern (im Verbund mit einer rapide zunehmenden Staatsverschuldung) und andererseits – aber auch unmittelbar damit zusammenhängend – in einer massiven Überakkulumalationstendenz des Kapitals verorten, die wiederum zur Herausbildung eines von der Realökonomie völlig entkoppelten, globalen Finanzmarkts geführt hat, auf dem sich die Kapitalverwertung seither, angesichts des mittlerweile erreichten Produktivitätsniveaus und in Ermangelung ausreichender beziehungsweise hinreichend profitabler realökonomischer Investitionsmöglichkeiten, praktisch nur noch virtuell in einer historisch beispiellosen, spekulativen Finanzblasen-Ökonomie vollzieht (vgl. Kurz 2005; Konicz 2016). Der Siegeszug des Neoliberalismus und damit zusammenhängende, seit den 1980er Jahren zunehmend ins Werk gesetzte Restrukturierungen etwa im Bereich des Arbeitsmarkts oder des Sozialstaats haben also durchaus eine handfeste, objektive ökonomische Ursache und können nicht, wie es häufig praktiziert wird, auf eine bloße Ideologie und gleichsam auf die Machenschaften profitgieriger multinationaler Konzerne und Manager sowie willfähriger Politiker reduziert werden. Derart verkürzte neoliberalismus- und globalisierungskritische Positionen finden sich auch in gerontologischen und alterssoziologischen Kontexten im Hinblick auf die »Aktivierung« der Alten. In diesen Zusammenhang gehören etwa Behauptungen wie jene des Alterssoziologen Anton Amann, wonach der »aktivierende« Altersdiskurs das Produkt eines vor dem Hintergrund von Globalisierung und Neoliberalismus gleichsam auf die Spitze getriebenen kapitalistischen »Produktivitätswahns« sei, der die Grundlage dafür darstelle, das Alter und insbesondere alte Menschen primär als »Last« für die Gesellschaft zu rahmen (vgl. Amann et al. 2010; Amann 2016: 20ff.), oder auch Einschätzungen von John Macnicol, der in seinem Buch *Neoliberalising old age* unter anderem die Behauptung aufstellt, die Aktivierung der Alten sei Bestandteil einer Strategie des Kapitals, eine größere Reservearmee zu schaffen, die es erlaube, noch größeren Druck auf Löhne auszuüben und so Profite zu steigern (vgl. Macnicol 2015: 21). Instruktiv und zutreffend erscheint mir hingegen Macnicols Einschätzung, dass nicht zuletzt postmoderne Theorien (etwa in Gestalt einer »Verflüssigung« und Flexibilisierung von Altersphasen und -identitäten) der »Neoliberalisierung« des Alters massiv zugearbeitet haben (ebd.: 9f.). Dies deckt sich im Wesentlichen auch mit wert-abspaltungskritischen Befunden, wonach die Postmoderne mit ihrer »Anything goes«-Mentalität und ihrer Ideologie der Virtualität in auffälliger Weise einer sich heute praktisch nur noch virtuell und spekulativ auf den Finanzmärkten vollziehenden Kapitalverwertung korrespondiert und in diesem Lichte geradezu die ideelle Repräsentations- und Denkform der neoliberalen Ära verkörpert (vgl. Kurz 2013). Wie jede postmoderne Ideologie ist also auch jene der »jungen und aktiven Alten« – die ja letztlich vor allem auf eine kulturell-symbolische Aufweichung und Flexibilisierung von alter(n)sbezogenen Normen, Altersgrenzen und Altersidentitäten hinausläuft – ohne Rekurs auf neoliberale Transformationen wahrscheinlich gar nicht hinreichend nachvollziehbar (und fällt daher in ihrer Genese wohl auch nicht zufällig exakt in die Zeit der neoliberalen Wende).

Im Kontext der »Altersaktivierung« kommt freilich neben Globalisierung und neoliberalen Restrukturierungen als zusätzlich treibendes Moment der demografische Altersstrukturwandel hinzu, der letztlich auch die primäre Legitimationsgrundlage des *active ageing* darstellt. In diesem Zusammenhang sei abermals exemplarisch an die bereits erwähnten bundesdeutschen »Altenberichte« erinnert, in denen ein »aktives Altern« seit den 1990er Jahren nach und nach als zentrale Lösungsstrategie im Angesicht der anstehenden demografischen »Herausforderungen« konstruiert wurde. Diesen Herausforderungen einer »alternden Gesellschaft« soll vor allem durch längere Erwerbsarbeit respektive einem späteren Pensionsantritt sowie einem bürgerschaftlichen Engagement (Freiwilligenarbeit, Nachbarschaftshilfe etc.) im Ruhestand begegnet werden. Die wohlfahrtsstaatliche Aktivierung des Alters läuft damit im Prinzip – auch wenn die Institution des Ruhestands als solche derzeit noch nicht völlig zur Disposition gestellt, sondern die Bevölkerung einstweilen noch auf eine längere Erwerbsverpflichtung und niedrigere Pensionsansprüche eingestimmt wird – auf eine fortschreitende Delegitimierung des Altersruhestands hinaus, der bislang konstitutiv das Wesen des Alters und aller staatlichen Alterspolitik (besonders in Europa) ausgemacht hat. In eben dieser Delegitimierung des Ruhestands ist letztendlich wahrscheinlich auch die zentrale politisch-ökonomische Funktion des *active ageing* zu sehen, sozusagen als Bestandteil einer (seit dem Finanzcrash von 2008 nochmals massiv verschärften) neoliberalen Krisenverwaltung, die es mit einer horrenden Staatsverschuldung bei gleichzeitig stockendem Wirtschaftswachstum und (auch, aber durchaus nicht nur aufgrund des demografischen Wandels) mit mittelfristig unfinanzierbar werdenden Pensions-, Gesundheits- und Sozialsystemen zu tun hat.

Die durch und durch neoliberale Rationalität des *active ageing* erweist sich insbesondere auch an der direkten Verwandtschaft altersbezogener Aktivitäts-, Produktivitäts- und Potenzialdiskurse mit zahlreichen anderen neoliberalen Diskursen, die sich in der Active-Ageing-Propaganda auf spezifische Weise zu einem neuen gesellschaftlichen Altersdiskurs verdichten, wie eben auch umgekehrt das *active ageing* gewissermaßen eine Art Subdiskurs in einem komplexen Geflecht neoliberaler Regierungstechnologien bildet. Die neoliberalen Ökonomisierungs-, Flexibilisierungs- und Aktivierungstendenzen gehen bekanntlich einher mit zunehmenden Selbstverantwortlichkeits- und Flexibilisierungsanforderungen, die vor dem Hintergrund von »aktivierendem Sozialstaat« sowie einer allgemeinen Prekarisierung von Lebens- und Arbeitsverhältnissen an die Menschen gestellt werden. Den Subjekten wird unter diesen Prämissen eine immer höhere Anpassungsfähigkeit, Flexibilität und Mobilität sowie eine ständige Selbstoptimierung abverlangt, eine stetige und unausgesetzte Planung der eigenen Karriere- und Lebensentwürfe, bei der praktisch nichts dem Zufall überlassen werden darf und die Menschen im wahrsten Sinne des Wortes zu so etwas wie Unternehmern und Managern ihrer selbst werden müssen. Ulrich Bröckling (2007) hat dies in seiner Abhandlung über das »unternehmerische Selbst« treffend als die hegemoniale Subjektivierungsform im Neoliberalismus bezeichnet. Die neoliberale Ökonomisierung und Flexibilisierung geht also schließlich so weit, dass immer mehr Lebensbereiche zunehmend einer strengen Kosten-Nutzen-Rechnung unterworfen werden (müssen). Und dieser Prozess geht freilich auch am Alter(n) nicht spurlos vorbei. Unter der Hegemonie des *active ageing* wird nun auch das Alter(n) – wie schon tendenziell das ganze Leben im »flexiblen Kapitalismus« – zu einem individuellen Projekt, das jeder einzelne Mensch selbstverantwortlich zu managen hat. »Aktives Altern« ist gleichsam selbst ein wesentlicher Bestandteil jenes »neuen Geistes« (Boltanski/Chiapello 2006) eines flexibilisierten, deregulierten, neoliberalen Kapitalismus, in dem historisch gewachsene wohlfahrsstaatliche Sicherheiten sukzessive abgebaut werden. Ganz im Einklang mit der neoliberalen Programmatik repräsentiert auch *active ageing* ein neues gesellschaftliches Ideal, auf das jeder Mensch selbstverantwortlich und im eigenen Interesse hinzuarbeiten, entsprechend zu planen und dabei auch seinen Körper entsprechend zu formen und zu bearbeiten hat. So flexibel, aktiv und selbstverantwortlich, wie der postmoderne, neoliberalisierte Mensch sein Leben meistern soll, so soll er eben auch sein Altern meistern. *Active ageing* stellt in diesem Lichte nichts Geringeres als das neue Altersbild eines Kapitalismus unter neoliberalen Bedingungen dar, der in dem Maße, wie Wachstums- und Produktivitätszwänge immer weiter steigen (und die kapitalistische Gesellschaft in immer schwerwiegendere ökonomische, soziale und ökologische Krisen treiben), auch den Menschen immer noch mehr Leistungsfähigkeit, Aktivität und Produktivität abverlangen muss, um sich selbst »knirschend, stöhnend« (Adorno 2003b [1965]: 15), unter zahlreichen Friktionen, am Leben zu erhalten und sich auch weiterhin mit all seinen ökonomischen Zwängen zu reproduzieren. In diesem Sinne soll der flexible, selbstverantwortliche Mensch, wenn er schon altern muss, es wenigstens aktiv tun, um so lange, wie er nur kann, als gesellschaftlich vernutzbare Humanressource zur Verfügung zu stehen, zumindest aber der Allgemeinheit nicht als Kostenfaktor zur Last zu fallen.

In diesen neoliberalen Zusammenhang gehören auch die seitens der Kritischen Gerontologie immer wieder zu Recht kritisierten Tendenzen einer zunehmenden Individualisierung des Alter(n)s. Darin drückt sich eine allgemein fortschreitende »Individualisierung gesellschaftlicher Risiken im Sinne des neoliberalen Zeitgeistes« (van Dyk) aus, die sich nun ebenfalls auf spezifische Weise auf das Alter(n) ausdehnt. Unmittelbar sichtbar wird dies in den Selbstverantwortlichkeits-, Flexibilitäts- und Aktivitätsanrufungen, die dem Active-Ageing-Konzept eigen sind und die es an die Menschen richtet. *Active ageing* formuliert im Prinzip einen äußerst breiten Katalog von Maßnahmen und Strategien, wie älterwerdende Menschen ihr Leben im Alter optimieren und insbesondere Altersrisiken minimieren, das heißt altersbedingte Gesundheitsrisiken und mit dem Alter potenziell einhergehende finanzielle und soziale Risiken reduzieren, können (zum Beispiel durch Prävention, körperliche Fitness, gesunde Ernährung, finanzielle Altersvorsorge, fortgesetzte berufliche/ehrenamtliche Aktivität). Darum sowie um die Konzeption und »evidenzbasierte« Prüfung (»good practice«) solcher Maßnahmen und Strategien dreht sich praktisch die gesamte einschlägige gerontologische Forschung in diesem Bereich. Mittlerweile gibt es sogar einen »Active-Ageing-Index«, der bestimmte Tätigkeiten und Handlungsorientierungen älterer Menschen als »Aktivität« im Sinne des Konzepts operationalisiert und auf dieser Basis den Grad der gesellschaftlichen Umsetzung entsprechender Maßnahmen zu messen versucht (vgl. Zaidi et al. 2018; UNECE 2019). Abgestellt wird dabei mehr oder weniger explizit, aber durchgehend auf die individuelle Eigenverantwortung der Alternden. Das heißt, jeder und jede ist nach dieser Logik – ausgesprochen oder unausgesprochen – für den Verlauf seines/ihres Alternsprozesses individuell zuständig und daher auch selbst verantwortlich. Abgelesen werden kann dies auch an medialen Formen der Propagierung eines »aktiven Alterns«, in denen seit Jahren die Darstellung selbstverantwortlicher, konsum- und aktivitätsorientierter Rentner/innen dominiert, und deren Handlungsdispositionen dabei zugleich von Formen der Abhängigkeit und physischen Einschränkung im Alter abgegrenzt und gleichsam als »ideale« Verkörperung eines Lebens im Ruhestand konstruiert werden (kritisch dazu Rudman 2006).

Nun ist freilich auch aus der Perspektive einer Kritischen Gerontologie gegen ein Altern in »Gesundheit« und »Aktivität« noch nicht grundsätzlich etwas einzuwenden und deren Kritik an entsprechenden Konzepten noch nicht als Plädoyer für ein »inaktives«, »krankes«, »abhängiges« oder »inkompetentes« Alter miss zu verstehen (vgl. Dyk 2007: 94). Auch die Betonung individueller Eigenverantwortung muss nicht automatisch und in jeder Hinsicht problematisch sein. Für seinen eigenen Alternsprozess selbst die Verantwortung zu übernehmen und etwa durch einen möglichst gesunden Lebensstil, eine gesunde Ernährung etc. dazu beizutragen, dass der Alternsprozess so gut und gesund wie möglich verläuft, dürfte vermutlich in der Regel unmittelbar im Interesse eines jeden alternden

Menschen liegen (und wo dies nicht der Fall ist, könnte man immerhin noch konzedieren, dass es ebenso in der Freiheit des/der Einzelnen liegt, kurz und intensiv zu leben). Problematisch werden solche Diskurse und Eigenverantwortungsanrufungen jedoch spätestens dann, wenn diese gesellschaftlichen Zwangscharakter annehmen, und dies darüber hinaus unter Bedingungen einer derart ausgeprägten materiellen und sozialen Ungleichheit, wie sie für die kapitalistische Gesellschaft charakteristisch ist, in der daher auch die Ausgangslagen und individuellen Voraussetzungen für ein »gesundes und aktives Altern« schon von vornherein extrem ungleich verteilt sind. Wie bereits an früherer Stelle (siehe oben, Kapitel 3.2) dargelegt, gibt es eine ganze Reihe von Studien, die eindeutig nachweisen, dass Personen mit einem niedrigen sozioökonomischen Status, also mit niedriger Bildung und niedrigem Einkommen, eine ungleich geringere Wahrscheinlichkeit haben, bis ins höhere Alter hinein gesund zu bleiben. Sie haben daher bereits an sich auch eine deutlich niedrigere Lebenserwartung. Besonders seit der neoliberalen Wende hat diese soziale Ungleichheit der Lebenserwartung offenbar ganz massiv zugenommen (vgl. Olshansky et al. 2012). Je höher also der sozioökonomische Status einer Person – so die unzweifelhafte Schlussfolgerung, die durch solche Studien nahegelegt wird –, desto höher die Chance »gesund« und »aktiv« zu altern. Trotz dieser empirisch in hohem Maße evidenten Zusammenhänge beansprucht jedoch *active ageing* für alle Menschen gleichermaßen Geltung und erklärt sie unabhängig von ihrem sozialen Status für den eigenen Alternsprozess verantwortlich.

Das ist freilich nicht bloß ein ohne Weiteres zu behebender blinder Fleck, sondern hat innerhalb der neoliberalen Logik des Konzepts System: Das Active-Ageing-Konzept geht normativ im Grunde vom erfolgreichen Selbstunternehmer-Subjekt und nicht von den derzeit immer mehr werdenden sozialen »Verlierern« des Spätkapitalismus aus. Dies spiegelt sich auf geradezu eindrucksvolle Weise in gerontologischen Konzepten wider, in denen ein gesundes und aktives Altern gar zu einem »erfolgreichen Altern« erklärt wird (vgl. prominent Rowe/Kahn 1997). Hier ist unmittelbar die kapitalistische Logik der Konkurrenz und des universalen Kampfes um Lebenschancen erkennbar, die gleichsam zur unreflektierten Voraussetzung der gerontologischen Begriffs- und Theoriebildung gemacht wird. Dies zieht sich selbst noch durch Konzepte, die im Bewusstsein um die problematischen Implikationen solcher Begriffsbildungen nach alternativen Begrifflichkeiten suchen und statt von einem »erfolgreichen« etwa von einem »gelingenden Altern« sprechen (z. B. Kumlehn/Kubik 2012). Wie das »erfolgreiche Altern« setzt auch die Idee eines »gelingenden Alterns«

immer schon die Existenz seines Gegenteils, eines »nicht-erfolgreichen« oder »nicht-gelingenden Alterns«, voraus und somit dieselbe Scheidung der »erfolgreich« respektive »gelungen« von den »nicht-erfolgreich« und »nicht-gelungen« Gealterten. Genausowenig verlässt das Konzept eines »gelingenden Alterns« den Boden der neoliberalen Individualisierung des Alterns, die von Konstrukten wie dem »erfolgreichen Altern« nur in besonders zugespitzter und extremer Form zum Ausdruck gebracht wird. Auch an aus der Kritik am »erfolgreichen Altern« geborenen Alternativkonzepten wird daher in erster Linie ersichtlich, dass der erfolgreiche, eigenverantwortliche Selbstunternehmer das Menschenbild nicht nur der neoliberalen Politik, sondern eben auch der Gerontologie verkörpert.

Dies kann wiederum besonders anschaulich am Lebensstilkonzept abgelesen werden, das die Gerontologie – egal ob nun in im Sinne eines »erfolgreichen« oder eines »gelingenden Alterns« – den Menschen vor dem Hintergrund ihres Ideals eines »jungen und aktiven Alters« verordnet: gesunde Ernährung, Aktivität, Fitness, bürgerschaftliches Engagement, private Altersvorsorge etc. Im Prinzip legt die Gerontologie also durchgängig Lebensstilkonzepte des gehobenen Mittelstands zugrunde. Ihr Leitbild sind konsumorientierte, bildungsorientierte, karriereorientierte, gut situierte Menschen, die einen entsprechend aktiven Lebensstil pflegen, sich hauptsächlich über ihren Beruf und über Konsum definieren und deren Habitus es auch entspricht, ein privates »Finanzmanagement« zu betreiben und ganz gezielt für die Zukunft vorzusorgen (wobei Letzteres schon insofern unverkennbar einen schichtspezifischen Bias aufweist, als private Altersvorsorge das Vorhandensein ausreichender finanzieller Mittel voraussetzt, die veranlagt werden können, also schon per se eine Frage des sozioökonomischen Status ist). Und dieser Mittelschicht-Lebensstil wird im Kontext des *active ageing* quasi zur gesellschaftlichen Norm erklärt, ohne Rücksicht darauf, dass das eine Norm ist, die bereits aus Gründen, die mit der Struktur kapitalistischer Gesellschaften gegeben sind, bei Weitem nicht von allen Menschen erreicht werden kann. Für die gehobene Mittelschicht dürfte das neue Altersbild des »aktiven Alterns« tatsächlich, zumindest teilweise, neue Freiräume im Alter eröffnen, durch die Möglichkeit einer längeren beruflichen Aktivität, durch ehrenamtliches Engagement, durch Weiterbildung usw. Das entspricht ja auch weitestgehend deren schichtspezifischem Habitus und Lebensstil. Entsprechend großen Anklang finden Konzepte eines »aktiven Alterns« vor allem unter höher gebildeten, sozial gut situierten Älteren. Aber für Angehörige niedriger sozialer Schichten bedeutet eine an der gehobenen Mittelschicht orientierte Altersnorm, dass zu den Zwängen und Benachteiligungen, die ihnen aufgrund ihrer sozialen Lage ohnehin schon das Leben recht schwer machen, zusätzliche hinzukommen. Dies hat auch geschlechtsspezifische Implikationen. Frauen haben aufgrund von Care-Tätigkeiten, die ja trotz »Gleichstellung« nach wie vor hauptsächlich von ihnen übernommen werden (Haushalt, Kinderbetreuung, nicht zuletzt Altenpflege), ebenfalls Nachteile in dieser Hinsicht – erst recht, wenn sie, wie das längst der Normalfall ist, erwerbstätig und durch Arbeit und Haushalt im Grunde doppelt belastet sind. Viele Frauen haben daher deutlich weniger Kapazitäten mit Blick auf die für ein »aktives Altern« erforderliche Selbstsorge als etwa Männer (vgl. Holstein 1999). Dabei wirkt es sich freilich noch weiter nachteilig aus, wenn zur geschlechtsspezifischen Benachteiligung auch solche entlang der ethnischen oder der Schichtzugehörigkeit hinzukommen.

Auch darin zeigt sich die durch und durch neoliberale Rationalität des *active ageing*, dass entsprechende Konzepte, Maßnahmen und Strategien von real bestehenden sozialen Ungleichheiten völlig abstrahieren und eine allgemein verbindliche Altersnorm eines »gesunden und aktiven Alterns« definieren, die nicht annähernd für alle Menschen gleichermaßen – und wahrscheinlich sogar nur für eine Minderheit von ihnen – erreichbar ist. Insofern haben kritische Gerontolog/innen recht, wenn sie gegen Konzepte eines »aktiven« oder »erfolgreichen Alterns« einwenden, dass damit im Endeffekt, ganz im Sinne der neoliberalen Individualisierung sozialer Risiken, vor allem die Privilegierung bereits Privilegierter und die weitere Marginalisierung ohnehin gesellschaftlich marginalisierter Menschen und Bevölkerungsgruppen betrieben wird (vgl. Holstein/Minkler 2003: 792; Lessenich 2009: 291).

Was nun vor allem mit Blick auf die Dissoziation des Alters oder – genauer gesagt – hinsichtlich der hier vertretenen These einer bloß immanenten Formveränderung derselben im Zuge der postmodernen Metamorphose des Alters in ein »neues«, positives, aktives Alter entscheidend ist und im Folgenden eine genauere Betrachtung verdient, ist, dass dieses neue, allseits beschworene Altersbild, entgegen dem äußeren Anschein und den sowohl politischen als auch wissenschaftlichen Versprechungen, durchaus kein so positives Altersbild darstellt, mit dem womöglich die traditionell negative Sicht auf das Alter(n) endlich überwunden würde. Sondern das genaue Gegenteil ist der Fall: Bei genauerer Betrachtung entpuppt es sich nämlich als ein noch deutlich negativeres Altersbild als das, das es im Interesse einer »altersfreundlichen« Gesellschaft abzulösen beansprucht. Auch dieser Aspekt ist freilich nicht zuletzt unter ideologiekritischen Gesichtspunkten von Relevanz, insofern damit gewissermaßen auf den ideologischen Lebensnerv des *active ageing* und der daran geknüpften politischen und wissenschaftlichen Win-win-Rhetorik gezielt wird, nämlich auf den Anspruch, ganz allgemein zu einer Verbesserung des gesellschaftlichen Altersbildes beizutragen.

Auf den ersten Blick hat der im Kontext des *active ageing* unausgesetzt und geradezu gebetsmühlenartig beschworene Zusammenhang eines »aktiven Alterns« mit einer Überwindung von negativen Altersbildern, Altersdiskriminierung und Altersfeindlichkeit freilich durchaus eine gewisse Plausibilität und sogar empirische Evidenz. Tatsächlich wird Alter(n) heute gesellschaftlich mehr als je zuvor unter dem Gesichtspunkt der Aktivität, der Produktivität und der Potenziale und Kompetenzen älterer Menschen wahrgenommen. An allen Ecken und Enden, vor allem auch medial, wird das Bild von den fitten und aktiven »jungen Alten« vermittelt – seien es die zunehmend das Landschaftsbild prägenden sportlichen älteren Damen und Herren mit ihren Nordic-Walking-Stöcken, seien es sich im Ruhestand an der Universität Weiterbildende (»lebenslanges Lernen«) oder seien es nach der Pensionierung immer noch beruflich oder ehrenamtlich aktive Alte, die heute gleichsam als Galionsfiguren eines »neuen Alters« beschworen werden. In diesem Lichte könnte daher zunächst einmal durchaus konzediert werden, dass *active ageing* seine Mission vollauf erfüllt hat. Das Bild des Alters als unweigerlich verbunden mit körperlichem und geistigem Abbau, Inaktivität, Unproduktivität und Pflegebedürftigkeit ist in der Tat – jedenfalls in seiner ursprünglichen, traditionellen Form – Geschichte. Ein zweiter, etwas genauerer Blick belehrt allerdings sehr schnell darüber – worauf aber im Grunde schon die derart eindringliche und mit missionarischem Eifer betriebene alterspolitische Beschwörung eines positiven Altersbildes selbst verweist (warum sonst müsste das neue Altersbild so angestrengt und mit derart viel propagandistischem Aufwand beschworen werden?) –, dass hinter der schönen, postmodernen Fassade der »neuen Alterswelt« weiterhin das alte, negative, defizitorientierte Altersbild fortwest.

Das »neue Alter« des *active ageing* ist ja, wie gezeigt, konstitutiv gekoppelt an die Vorstellung von den sogenannten »jungen Alten« beziehungsweise an eine Binnendifferenzierung des Alters in ein »drittes« und »viertes Lebensalter«. Die »jungen Alten« im »dritten Lebensalter« sind quasi jene Alten, die von ihrem körperlichen Allgemeinzustand und ihrem Lebensstil und dementsprechend auch von ihrem Aktivitätspotenzial her im Grunde »noch gar nicht so alt« sind. Eben dies stellt auch die Kernbotschaft des *active ageing* dar, nämlich dass das Alter(n) nicht unmittelbar und quasi automatisch mit dem Verlust von Aktivität und Produktivität einhergeht, wie das lange Zeit mit dem Alter assoziiert wurde und auch heute noch vonseiten des Arbeitsmarkts signalisiert wird, wo Arbeitnehmer/innen mit fünfzig in vielen Branchen praktisch als unvermittelbar gelten und sprichwörtlich zum alten Eisen gerechnet werden. Solche Einstellungen sollen mit dem *active ageing*, jedenfalls dem Anspruch nach, überwunden werden. »Alt« im wörtlichen Sinne ist man nach dieser Logik erst im »vierten Lebensalter«, wenn altersbedingte körperliche und kognitive Einschränkungen dazu führen, dass Menschen zunehmend hilfs- und pflegebedürftig werden. Eben das ist aber eine Phase des Lebens, die den Großteil der Menschen erst in einem relativ hohen Alter betrifft, oft erst mit achtzig Jahren und mehr. Aus dieser Perspektive ist die gängige Assoziation des Alters mit Krankheit, Pflegebedürftigkeit und Inaktivität daher ein defizitäres Bild, das bei Weitem nicht auf alle älteren Menschen in ihrer Gesamtheit zutrifft, und schon gar nicht in dem Alter, in dem für gewöhnlich bereits die Zuordnung zu den »Alten« stattfindet. Im Wesentlichen besteht die Verbesserung des Altersbildes, die mit der Active-Ageing-Ideologie anvisiert wird, also darin, diese traditionelle, defizitorientierte Vorstellung vom Alter aufzubrechen, indem verdeutlicht wird, dass diese negativen Alterszuschreibungen und Altersbilder eben gerade keine Bilder sind, die allen älteren Menschen entsprechen, ja streng genommen sogar nur auf eine Minderheit von ihnen zutreffen, nämlich auf hochaltrige Pflegebedürftige.

Auch gegen diese zentrale Argumentationslinie des *active ageing* wäre so weit an und für sich noch nicht allzu viel einzuwenden – würde dabei nicht als eine Verbesserung des gesellschaftlichen Altersbildes ausgegeben, was bei genauerer Betrachtung freilich gar keine ist. Denn was dabei ja gerade nicht infrage gestellt wird, ist die vom Standpunkt des *active ageing* vorgeblich so vehement kritisierte Defizitperspektive auf das Alter. Daran wird im Prinzip gar nicht gerüttelt, sondern infrage gestellt wird lediglich die empirische Gültigkeit dieser Defizitperspektive für die Gruppe der »jungen Alten« (vgl. in diesem Sinne auch Dyk 2009: 323). Bloß für diese soll dieses negative Altersbild nicht mehr gelten, denn diese sind ja »noch gar nicht so alt«, dass dieses Altersbild für sie tatsächlich Geltung beanspruchen könnte – jedenfalls nicht, ohne dabei empirisch unzutreffende und damit letztlich höchst diskriminierende Zuschreibungen zu praktizieren. Mit einer solchen zunächst durchaus berechtigten und richtigen Klarstellung verschwindet aber natürlich nicht an sich schon das beklagte negative Altersbild, sondern dieses wird lediglich ins noch höhere Lebensalter, nämlich in die Hochaltrigkeit, verlagert. Lediglich für die »jungen Alten« gilt dieses negative Altersbild nicht mehr, für diese gelten stattdessen weiterhin die Normen des »mittleren Lebensalters« (die vor allem die Normen der abstrakten Arbeit sind) von Leistung, Produktivität, Aktivität, Fitness usw., und all das gilt es im Sinne eines »aktiven Alterns« auch bis ins höhere Alter aufrechtzuerhalten. Das heißt, all die traditionellen, negativen, defizitorientierten Assoziationen des Alters sind durchaus nicht außer Kraft gesetzt, sondern beschränken sich nur noch auf das vierte Lebensalter der quasi »wirklich alten«, beim besten Willen nicht mehr aktivierbaren, pflegebedürftigen Alten – ein Lebensalter und eine Daseinsform, die man gerade dank eines »aktiven Alterns« hoffentlich erst ganz spät oder möglichst nie erreicht.

In der hier verwendeten Terminologie einer »Dissoziation des Alters« lässt sich diese (nur auf den ersten Blick paradoxe) Entwicklung so pointieren, dass es im und durch das *active ageing* sozusagen zu einer zusätzlichen Differenzierung innerhalb der Dissoziationslogik kommt, indem die quasi »wirklich Alten«, also die Hochaltrigen und Pflegebedürftigen, nochmals von den jungen, aktiven Alten dissoziiert werden. Empirisch zeigt sich dies besonders schlagend in medialen Altersdarstellungen: Dort kontrastiert dem besagten positiven Bild der »jungen Alten« zumeist ein durchweg negatives Bild von hochaltrigen Menschen als Gebrechliche und Pflegebedürftige. Das mediale Altersbild polarisiert also, spaltet sich quasi auf in »junge aktive« und »alte pflegebedürftige« Alte. »Hochaltrigkeit«, so scheint es, zieht als »altes Alter« fast schon automatisch negative, defizitorientierte Konnotationen auf sich, während positive Zuschreibungen vorwiegend für das »junge Alter« reserviert bleiben (zur Differenzierung von »jungen Alten« und »alten Alten« in aktuellen Altersdiskursen vgl. auch Pichler 2010; Amrhein 2013). Selbst noch mit Blick auf das »alte Alter« findet mitunter jene Binnendifferenzierung in »junge« und »alte Alte« statt. So hat etwa Silke van Dyk darauf hingewiesen, dass in den Selbstbezügen sehr alter Menschen eine Neigung beobachtet werden kann, zur Selbsteinschätzung des eigenen Alters nicht das chronologische Alter, sondern stattdessen die physische Funktionalität als Maßstab heranzuziehen, quasi nach dem Motto: »old but not that old« (vgl. Dyk 2016a). Auch die »alten Alten« differenzieren sich also sowohl in der Selbst- als auch in der Fremdwahrnehmung nochmals in »wirklich Alte« und »nicht ganz so Alte« aus.

In dieser das gegenwärtige Altersbild prägenden Aufspaltung in »junge« und »alte Alte« (mit überwiegend positiver Attribuierung der »jungen« und entsprechend negativer Attribuierung der »alten Alten«) drückt sich, so meine These, die aktuelle, postmoderne Form der Dissoziation des Alters aus. Nicht die Dissoziation des Alters verschwindet mit der Postmoderne und ihrer fortschreitenden Aufweichung traditioneller Altersnormen und Lebensphasen, ihrem dominanten Bild von »jungen und aktiven Alten«, bloß ihr Modus verändert sich, indem praktisch die »ganz Alten« nochmals von den »nicht ganz so Alten« abgespalten werden. Und auf diese Weise erfährt das Alter in Wahrheit nicht nur keine Aufwertung, wie eigentlich beabsichtigt und von Active-Ageing-Fürsprecher/ innen lautstark behauptet, sondern wird in gewisser Weise noch zusätzlich abgewertet. Mehr noch: Mit seiner stetigen Propagierung jugendlicher Aktivität erfüllt »aktives Altern« im Prinzip den Tatbestand einer »gesamtgesellschaftlichen *anti-ageing*-Strategie« (Dyk/Lessenich 2009b: 24). Das Alter(n) ist mehr denn je etwas, das man möglichst lange zurückdrängt und bekämpft. Insofern ist das neue Altersbild des *active ageing* das genaue Gegenteil eines positiven Altersbildes. Denn mit seiner Beschwörung von Aktivität und all den anderen Normen des mittleren Alters, die quasi ins Alter hinein verlängert werden und damit den Menschen praktisch die Erhaltung ewiger Jugend abverlangen, ist es im Prinzip sogar noch ein wesentlich negativeres Altersbild als das, das damit dem Anspruch nach überwunden werden soll.[180]

Hier kommt noch erschwerend hinzu, dass der (vermeintliche) Aufwertungsdiskurs des *active ageing* Hand in Hand geht mit einer fortwährenden Krisenrhetorik, die das Alter(n) beziehungsweise die Zunahme des Anteils alter Menschen an der Gesellschaft im Zuge des demografischen Wandels und angesichts der antizipierten gesellschaftlichen Kosten und Belastungen als eine drohende »Katastrophe« perhorresziert. Auch in dieser Hinsicht zeugt es daher, wie van Dyk und Lessenich treffend feststellen, eigentlich von einem

> »offen negativen Altersbild, wenn der wachsende Anteil älterer Menschen an der Gesellschaft im Sinne einer ›*Über*alterung‹ als Last diskutiert wird, die jedoch von den ressourcenstarken aktiven Alten selbst kompensiert werden könne, angesichts der durch sie selbst verursachten Belastung aber eben auch kompensiert werden *müsse*.« (ebd.: 37f., Herv. i. O.)

Dies gilt, wenngleich dieser Befund in weiterer Folge kapitalismuskritisch gewendet werden müsste, sofern sich die Kritik nicht selbst in einen höchst problematischen »Entdramatisierungsdiskurs« des demografischen Wandels einreihen soll (siehe dazu oben, Kapitel 5.2). Aus der kapitalistischen Binnensicht und vor dem Hintergrund der historisch gewachsenen Organisation von und rund um Lohnarbeit (inklusive der modernen Institution des Ruhestands und damit assoziierter Pensionssysteme) ist der demografische Wandel tatsächlich ein Problem. Und aus diesem gesellschaftlichen »Problemcharakter« des Alters wird wahrscheinlich auch der heute beobachtbare Widerspruch von oberflächlich positivem Altersbild (im Sinne eines »aktiven und jungen Alters«) und einer ansonsten grundsätzlich negativen Sicht auf das Alter (als Krankheit, als »gesellschaftliche Last« etc.) überhaupt erst erklärlich.

Nicht zufällig sind die Diskussionen rund um den demografischen Wandel und dessen Bewältigung durchzogen von jener postmodernen, inhärent altersfeindlichen Differenzierung in »junge Alte« und »alte Alte«, etwa wenn die »third agers« mit ihren Aktivitäts- und Produktivitätspotenzialen als gesellschaftliche Ressource zur Lösung der demografischen Herausforderungen beschworen werden, während die »fourth agers«, also die »alten Alten«, primär negativ als abhängige und unproduktive Bevölkerungsgruppe beschrieben werden, die kaum oder gar nicht mehr zur Gesellschaft und insbesondere zum Wohlfahrtsstaat beizutragen vermag (vgl. exemplarisch Komp 2011).

Genauso wenig ist es angesichts der Aufspaltung in junges, aktives »drittes Alter« und altes, abhängiges »viertes Alter« ein Zufall, dass die neue »Ära des dritten Alters« (Carr/Komp 2011) unmittelbar mit dem Boom einer immer größere Dimensionen annehmenden Anti-Ageing-Industrie zusammenfällt. *Active ageing* und *anti-ageing* sind praktisch eins. Erst unter gesellschaftlichen Bedingungen, in denen sich die wertförmigen Imperative von Aktivität, Produktivität und Jugendlichkeit zu verbindlichen Normen auch des Alters aufspreizen, kann ein derart gigantischer und stetig wachsender Anti-Ageing-Komplex überhaupt Gestalt annehmen. Erst mit der Herausbildung eines Sozialcharakters des »aktiven und jungen Alten«, in dem der Zwang des bürgerlich-kapitalistischen Subjekts zur »Alterslosigkeit« voll zur Entfaltung kommt, erwächst der Anti-Ageing-Industrie ihre notwendige Geschäftsgrundlage. Angesichts dieser gar nicht so heimlichen Identität von *active ageing* und *anti-ageing* hilft es daher auch recht wenig und mutet eher sogar ein wenig seltsam an, wenn sich die Gerontologie darüber empört, dass die Anti-Ageing-Medizin das Alter(n) faktisch in eine behandlungsbedürftige Krankheit umdefiniert, und in ihrer moralischen Entrüstung gar zum »war on anti-aging medicine« (Binstock 2003) bläst. Denn letztlich wäre dies nur ein Krieg unter Zwillingsgeschwistern. So sehr sich die Gerontologie mit ihrer »Kritik« und ihren »ethischen Bedenken« gegen eine derart biologistische Sicht auf das Alter(n), wie sie die Anti-Ageing-Medizin verficht, sträuben und wehren mag – im Grunde verkörpert die Anti-Ageing-Medizin bloß die konsequente Fortführung all dessen, was die Gerontologie mit ihrer Active-Ageing-Propaganda und ihren »Aktiv und gesund altern«-Programmen selbst fortwährend betreibt. Der »Anti-Ager« ist in Wahrheit nur die Extremgestalt des »Active Ager«. Wer also ein »Altern ohne alt zu sein« (Behnke 2018: 95) predigt, sollte sich nicht darüber wundern, wenn die Menschen diese Aufforderung beim Wort nehmen und dieser unter Zuhilfenahme aller zur Verfügung stehenden Mittel praktisch Folge leisten. Es hat etwas wissenschaftlich geradezu Unredliches, wenn seitens der Gerontologie so getan wird, als hätte sie mit diesen Tendenzen nichts zu schaffen, und als würde nicht gerade sie durch ihre Konzepte eines »jungen und aktiven Alters« dem Anti-Ageing der Gegenwart maßgeblich den Weg bereiten. Ähnliches gilt für die freilich immer wieder zu beobachtenden Ansätze der »Selbstkritik« innerhalb der Gerontologie, etwa wenn darauf beharrt wird, eine Aufwertung des »dritten Alters« und die Propagierung eines »aktiven Alterns« dürfe nicht um den Preis einer Abwertung des »vierten Alters« und von nicht mehr im gewünschten Sinne zur Aktivierung fähigen Personen realisiert werden (z. B. Mittelstraß et al. 1992: 714; Lenz et al. 1999: 35). Oder wenn Gerontolog/innen besorgt darauf hinweisen, die von ihnen geführte Diskussion über die »Aktivität«, die »Produktivität« und die »Potenziale« älterer Menschen könnte womöglich vor dem Hintergrund neoliberaler Restrukturierungen politisch »instrumentalisiert« werden (vgl. BMFSFJ 2006: 33). Denn all das sind selbstverständlich reale Gefahren und findet auch tatsächlich statt – jedoch nicht, weil wissenschaftliche Konzepte eines »aktiven Alterns« von Politik und Gesellschaft missbräuchlich verwendet würden, sondern weil dies den Konzepten bereits per se inhärent ist. Mit ihren gelegentlichen Einwänden gegen eine Abwertung des »vierten Alters« verhält sich die Gerontologie notorisch blind und gleichgültig gegenüber der Tatsache, »dass die Negativ-Attribuierung von Hochaltrigkeit weniger eine vermeidbare, unschöne Entwicklung als vielmehr die logische Kehrseite der Neubestimmung des jungen und aktiven Alters als Phase des Nicht-Alters ist« (Dyk 2009: 323). Und mit ihrer Kritik an einer potenziellen gesellschaftlichen »Funktionalisierung« des »aktiven Alterns« lenkt die Gerontologie vor allem davon ab, dass es ja in erster Linie sie selbst ist, die eine Funktionalisierung ihrer eigenen Potenzialediskussion betreibt, denn alle Selbstkritik hält Gerontolog/innen und Alterssoziolog/innen bislang nicht davon ab, Politik, Wirtschaft und Gesellschaft immer neue Maßnahmenkataloge zur Umsetzung eines »aktiven Alterns« vorzulegen und all dies noch dazu stets bevorzugt mit dem damit (angeblich) zu erzielenden Nutzen für die Gesellschaft vor dem Hintergrund des demografischen Wandels zu begründen. Letztlich erfüllen solche Formen der gerontologischen (Selbst-)Kritik offenkundig nur die Funktion, ihre wissenschaftlichen Konzepte und Strategien eines »jungen«, »aktiven« und »produktiven Alters« gegenüber einer grundsätzlicher angelegten, insbesondere vonseiten der Kritischen Gerontologie formulierten Aktivierungskritik zu immunisieren, um sodann uneingeschränkt und mit umso besserem Gewissen mit der Propagierung ihrer Konzepte fortfahren zu können. Durch diese wissenschaftliche Praxis beweist die Gerontologie freilich nur, dass sie ein unmittelbares Produkt jener Gesellschaft ist, über die sie (jedenfalls, soweit es die sozialwissenschaftlichen Unterabteilungen der Gerontologie betrifft) auf wissenschaftlichem Wege »wertfrei« und »objektiv« Wissen zu generieren beansprucht, und dabei nicht zuletzt auch ein Kind ihrer Zeit: Ist es doch gerade ihr hegemonialer Diskurs eines »jungen und aktiven Alters«, der die Gerontologie im Grunde als das wissenschaftliche Sprachrohr einer postmodernen Anti-Ageing-Kultur ausweist – einer Kultur, die als höchstes Lebensziel ausgibt, möglichst aktiv und »fit in die Kiste [zu] kommen« (Duttweiler 2010).

Auch und gerade das Zusammenfallen von aktivierenden Altersdiskursen mit aktuell immer weiter fortschreitenden Tendenzen und Strategien des Anti-Ageing deutet unmittelbar darauf hin, dass in der postmodernen Gesellschaft des »jungen und aktiven Alters« nicht einfach, wie es auf den ersten Blick scheinen könnte, die moderne Dissoziation des Alters, durch die das Alter traditionell in den Status eines minderwertigen Anderen herabgesetzt wurde, aufgehoben und die überkommene strukturelle Altersfeindlichkeit überwunden würde. Sondern in Wahrheit handelt es sich lediglich um eine immanente Transformation der Dissoziation selbst, die sich gerade darin ausdrückt, dass altersbezogene Ungleichheiten, Altersfeindlichkeit und Altersdiskriminierung, wenn auch teilweise in anderer Form, weiterhin Bestand haben. Mit der stärkeren sozialen »Integration« älterer Menschen im Kontext des *active ageing* verschwindet keineswegs die strukturelle Altersfeindlichkeit kapitalistischer Gesellschaften, sondern bleibt auch weiterhin ein notwendiges Strukturmerkmal derselben. Diese erreicht in der postmodernen Kultur des Anti-Ageing sogar ein völlig neues Niveau. Barbara Marshall spricht in diesem Zusammenhang recht treffend von »post-ageist ageism« (Marshall 2015: 214): Einerseits erfahren alte Menschen heute ungleich mehr soziale Anerkennung als noch vor wenigen Jahrzehnten, gibt es mittlerweile eine enorm gewachsene Sensibilität für und Ablehnung von altersfeindlichen und altersdiskriminierenden Einstellungen und ist das Altersbild insgesamt, gemessen an jenem früherer Tage, ein vergleichsweise positives. Andererseits besteht ein gesellschaftlich breiter, im alltäglichen »Altershandeln« zahlreicher Menschen zum Ausdruck gebrachter Konsens darin, dass das Alter(n), insbesondere in Form von physischen Alterserscheinungen, etwas ist, das mit aller Kraft zurückzudrängen und zu bekämpfen ist. Die zeitgenössische Positivierung des gesellschaftlichen Altersdiskurses bedeutet somit durchaus nicht das Ende aller Altersfeindlichkeit, sondern ist, ganz im Gegenteil, Symptom einer radikalen Zuspitzung von Altersfeindlichkeit selbst in einer zunehmend »alterslosen« und zugleich »alternden« kapitalistischen Gesellschaft. Nie war das Alter(n) negativer konnotiert als in der Gegenwart, in der sich der gesellschaftliche Altersdiskurs so »positiv« wie nie zuvor darstellt und das Alter (vermeintlich) den Ruch des Unproduktiven, Wertlosen und Überflüssigen abgelegt hat. Denn vor dem Hintergrund des demografischen Wandels sowie zahlreicher anderer Krisenerscheinungen der kapitalistischen Gesellschaft (zunehmende Instabilität der Weltwirtschaft, Staatsschuldenkrise, Finanzkrisen usw.), in deren Angesicht diese gleichsam in blinder Verzweiflung nochmals alle ihre »Humanressourcen« zu mobilisieren versucht – und sei es nur als ehrenamtliche, unbezahlte Hilfskräfte in der neoliberalen Krisenverwaltung, in der Sozialleistungen immer weiter gekürzt und gestrichen werden und deren Erbringung gerade deshalb zunehmend auf die Zivilbevölkerung abgewälzt wird – ist »Altsein« mehr denn je und im wahrsten Sinne des Wortes ein »No go«. Noch als Alte müssen die Menschen quasi bis zur Bahre aktiv und produktiv sein, ist »aktives Altern« allererste Bürgerpflicht.

Mit ein wenig Hang zur Spekulation – und wie schon bei früheren Gelegenheiten nicht ganz frei von »philosophischer Übertreibung« (Günther Anders) – könnte man geneigt sein, am Anti-Ageing-Sozialcharakter des »jungen und aktiven Alten« sogar einen unmittelbar sozialpsychologischen Niederschlag jener wachsenden Krisentendenz der kapitalistischen Gesellschaft zu erkennen, gleichsam eine spiegelbildlich zur gesellschaftlichen Krisendynamik verlaufende Krisenhaftigkeit des modernen Subjekts, das allmählich an sich selbst und an den stetig steigenden kapitalistischen Produktivitätsanforderungen und Leistungszumutungen buchstäblich irre zu werden droht. Zwanghaft und mit allen Mitteln arbeitet der »aktiv Alternde« an der Erhaltung von Aktivität, Produktivität und Jugendlichkeit, wobei sich die »Sorge um sich« (Foucault), als zentrale Handlungsorientierung des in der Postmoderne restlos individualisierten und auf sich selbst zurückgeworfenen Subjekts, unter Anti-Ageing-Prämissen in einen regelrechten »Kampf um sich« (Duttweiler 2003: 37) verwandelt. Mit einem bis vor Kurzem noch unvorstellbaren »Waffenarsenal« – von Fitness, Medikamenten, Hormonen, Kosmetika bis hin zu plastischer Chirurgie, Stammzell- und Nanotechnologie – wird dem Altern im wahrsten Sinne des Wortes zu Leibe gerückt und versucht, den Alternsprozess aufzuhalten, rückgängig zu machen oder zumindest zu verzögern; mit teilweise grotesken, ja monströsen Resultaten: Bis zur Unkenntlichkeit geliftete, unzählige Male plastisch korrigierte Gestalten, die zwar in der Tat kaum noch im eigentlichen Sinne »alt«, dafür aber auch nicht mehr wie Menschen aussehen. Geht es nach manchen Anti-Ageing-Medizinern und Biotechnologen, insbesondere den neuerdings umgehenden Fanatikern des Transhumanismus, soll die Welt in absehbarer Zeit nicht einmal mehr von Menschen, sondern von Cyborgs bevölkert sein, mit biotechnologischen Implantaten ausgestatteten Kreaturen, die mit ihrer defizitären Menschlichkeit möglichst auch ihre Sterblichkeit abgestreift und so endlich auch das Altern überwunden haben werden. Was früher allein Gegenstand dystopischer Science-Fiction-Filme oder von Horrorfilmen à la Frankenstein war, scheint heute auf dem besten Weg, zur ganz »normalen« Realität einer postmodernen Anti-Ageing-Kultur zu werden, deren alterslose »Monster« letztendlich bloß die Extremform und die äußerste Konsequenz jenes neuen, postmodernen Ideals »junger Alter« repräsentieren. In dieser Extremform des Anti-Ageing scheint am Ende in gewisser Weise sogar die Differenz von Individuum und Gesellschaft, von Subjekt und Objekt vollends aufgehoben zu sein: So wie der moderne Fetischismus den Menschen ihre Gesellschaft als eine Art Naturverhältnis erscheinen lässt, das gegen alle selbst verursachten Krisenerscheinungen mit aller Macht aufrechterhalten werden muss, auch wenn längst absehbar ist, dass dies nur um den Preis immer noch größerer sozialer, ökonomischer und ökologischer Verwerfungen zu bewerkstelligen sein wird, so ähneln auch die heutigen Anti-Ageing-Praktiken dem verzweifelten Versuch, das Unausweichliche zu verhindern und blind, gegen alle objektiven Widerstände (aber auch gegen alle möglicherweise besseren Alternativen) aufrechtzuerhalten, was schlicht nicht aufrechtzuerhalten ist.

7.2 Aktives Altern und die Krise der Arbeit: Warum die Altersaktivierung die demografische Problematik nicht lösen wird

Bei dieser kritischen Bestimmung des »aktiven Alterns« als zeitgemäßes Altersbild einer postmodernen Anti-Ageing-Kultur könnte es nun im Grunde durchaus sein Bewenden haben – ist damit doch das *active ageing* einer in ihrer Radikalität kaum noch zu steigernden, grundlegenden Kritik unterzogen. Für eine vollständige und umfassende kritische Beurteilung des *active ageing* gilt es an dieser Stelle jedoch noch einen weiteren Aspekt zu betrachten, der in der bisherigen Diskussion weitgehend vernachlässigt wurde und selbst innerhalb der Kritischen Gerontologie bis dato praktisch völlig unbeachtet geblieben ist. Bislang wurden vor allem der politisch-ökonomische Kontext des *active ageing* vor dem Hintergrund von Neoliberalismus, Globalisierung und demografischem Wandel sowie damit zusammenhängende problematische Implikationen und gesellschaftliche Effekte aktivierender Altersdiskurse erörtert (ideologischer Charakter der Aktivierungsdebatte, neoliberale Individualisierung sozialer Risiken, Perpetuierung eines defizitorientierten Altersbildes sowie deren Zusammenhang mit aktuellen Anti-Ageing-Tendenzen). Offen geblieben ist eine damit zwar unmittelbar zusammenhängende, jedoch darüber hinausgehende Frage, nämlich nach der objektiven Tauglichkeit der mit dem *active ageing* anvisierten Strategien und Maßnahmen zur Bewältigung des demografischen Wandels. Dies ist deshalb eine wichtige und gerade aus gesellschaftskritischer Sicht nicht zu vernachlässigende Fragestellung, da damit ein zusätzlicher Einblick sowohl in den ideologischen Charakter aktivierender Alterspolitik als auch in den gesellschaftlichen beziehungsweise kapitalistischen Problemcharakter des demografischen Wandels eröffnet wird, zu dessen Lösung ein »aktives Altern« dem Anspruch nach beitragen soll.

Wie oben dargelegt, repräsentiert *active ageing* eine neue, neoliberal konturierte und wissenschaftlich gestützte alterspolitische Programmatik, die eine ganze Reihe von Maßnahmen vorsieht, durch welche der demografische Wandel mit seinen gravierenden Veränderungen in der gesellschaftlichen Altersstruktur politisch bewältigt werden soll. Diese Maßnahmen umfassen die Erhaltung von Gesundheit bis ins hohe Alter durch Gesundheitsförderung und Prävention (»healthy ageing«), um die mit der »gesellschaftlichen Alterung« verbundenen oder damit assoziierten steigenden Kosten für das Gesundheits- und Pflegesystem langfristig zu minimieren, aber auch die Förderung eines bürgerschaftlichen Engagements im Ruhestand, um so die gesellschaftliche »Teilhabe« älterer Menschen zu stärken und dabei zugleich bislang brachliegende Potenziale Älterer gesellschaftlich zu nutzen. Das Hauptaugenmerk liegt allerdings politisch vor allem auf einem längeren Verbleib der Menschen im Erwerbsprozess respektive einer Erhöhung des Pensionsantrittsalters, was mit der enorm gestiegenen Lebenserwartung legitimiert wird, und wozu insbesondere auch der möglichst lange Erhalt von Gesundheit beitragen soll.[181] Das Hauptproblem des demografischen Wandels besteht aus dieser Perspektive in erster Linie darin, dass die statthabenden Veränderungen in der Altersstruktur der Bevölkerung einerseits zu einem Arbeitskräftemangel und damit zu einem sukzessiven Verlust an produktivem Potenzial führen (vgl. Arnds/Bonin 2003; Schimany 2003; Börsch-Supan 2009). Andererseits komme es, als unmittelbare Folge dieser Tendenzen, auch zu einer kräftigen Verschiebung im Verhältnis von erwerbstätiger und nichterwerbstätiger Bevölkerung, was mittelfristig die Finanzierbarkeit nicht nur des Pensionssystems, sondern des sozialen Sicherungssystems überhaupt, letztlich sogar den intergenerationellen Zusammenhalt gefährde (vgl. Bauernberger et al. 2009; Torp 2015).

Diese Strategie eines »aktiven Alterns«, vor allem verstanden als längerer Verbleib im Erwerbsleben, ist nun freilich einigermaßen voraussetzungsreich: Vor allem setzt sie eine auch in Zukunft hinreichend hohe Nachfrage nach menschlicher Arbeitskraft voraus, das heißt eine entsprechend hohe, im Vergleich zur Gegenwart zumindest gleichbleibende oder jedenfalls nicht signifikant sinkende Zahl an Arbeitsplätzen. Denn ein »aktives Altern«, im Sinne der politischen Programmatik, kann ja nur dann zur Lösung des Problems taugen, wenn die Menschen tatsächlich bis ins hohe Alter einer Erwerbsarbeit nachgehen können, und zwar ohne dabei andere Lohnabhängige aus der Arbeit zu verdrängen. Diese Grundbedingung des »aktiven Alterns« gilt sowohl in Politik als auch Wissenschaft im Prinzip als gesetzt und unproblematisch, sodass dort die Frage, ob die gesellschaftlichen und insbesondere die arbeitsmarktbezogenen Voraussetzungen dafür überhaupt gegeben sind, gar nicht oder zumindest nicht systematisch gestellt wird. Zwar erscheint die Schaffung ausreichender Arbeitsplätze durchaus regelmäßig in der Diskussion als notwendige Voraussetzung für einen längeren Verbleib der Menschen in der Erwerbsarbeit im Sinne eines »aktiven Alterns«: »[E]xtending working lives can only be achieved if more jobs suitable for older workers are created« (Macnicol 2008: 591). Was dabei in der Regel jedoch nicht thematisiert wird, ist, ob wiederum für die hinreichende Schaffung von Arbeitsplätzen selbst die gesellschaftlichen und ökonomischen Voraussetzungen gegeben sind. Dies erscheint quasi als (potenziell realisierbare) Handlungsanweisung von wissenschaftlichen Expertinnen und Experten an die Adresse der politischen Entscheidungsträger hinsichtlich der Bewältigung des demografischen Wandels. Scheitern kann von dieser Warte aus das »aktive Altern« eigentlich nur daran, dass sich Unternehmen – wie von politischer und wissenschaftlicher Seite regelmäßig moniert wird – auch weiterhin altersdiskriminierend verhalten und Menschen ab einem gewissen Alter, das schon heute weit unterhalb der Pensionsgrenze liegt, entlassen oder nicht mehr einstellen. Oder daran, dass die Politik die Menschen weiterhin in unfreiwillige Passivität und Unproduktivität zwingt, indem sie notwendige Reformen des Pensionssystems nicht adäquat und rasch genug umsetzt und die Menschen wie bisher in einem Alter in den Ruhestand schickt, in dem sie statistisch gesehen noch gute ein bis zwei Jahrzehnte in guter Gesundheit und mit nach wie vor hohem Aktivitäts- und Produktivitätspotenzial vor sich haben. So gesehen – so erscheint es zumindest im politischen und insbesondere wissenschaftlichen Diskurs – müsste das »aktive Altern« nur noch konsequent umgesetzt werden, dann ist der demografische Wandel schon so gut wie bewältigt.

Ähnliches lässt sich auch für die gängige (in den vorigen Abschnitten immer wieder herangezogene und zustimmend zitierte) kritisch-gerontologische Kritik am »aktiven Altern« konstatieren. Diese bildet den im gerontologischen Mainstream praktizierten Problemzugang im Prinzip nur unter anderen Vorzeichen ab. Hier wird zwar kritisch (und phänomenologisch soweit zutreffend) auf den oben dargelegten Zusammenhang des »aktiven Alterns« mit den Logiken des neoliberalen, »aktivierenden« Sozialstaats hingewiesen – ein Zusammenhang, der wiederum mit einer Reihe neuer normativer Zwänge verbunden sei, die insbesondere aus einer Perspektive sozialer Ungleichheit einige sehr problematische Implikationen hätten. Dabei werden oftmals auch eindrucksvoll die bei genauerer Betrachtung gar nicht so »ambivalenten«, primär negativ und kritisch zu bewertenden Momente postmoderner Entstandardisierungs- und Flexibilisierungstendenzen offengelegt. Ulrich Wenzel spricht in dem Zusammenhang etwa sehr treffend von »Traum und Albtraum« entsprechender Entwicklungen sowie damit assoziierter Konzepte eines »jungen und aktiven Alters«:

> »In der positiven Lesart öffnen sich für Individuen und Familien ungeahnte Flexibilisierungschancen. Einander abwechselnde Phasen von Erwerbsarbeit, Familienphasen, Sabbaticals, Teilzeitbeschäftigung etc. steigern Chancen auf Selbstverwirklichung und eine Entkopplung des sozialen Alters vom kalendarischen und biologischen. Teil dieses Traums sind die ›jungen Alten‹, die inzwischen zum Utopiearsenal der gesellschaftlichen Selbstbeschreibung gehören (…). In dieser Utopie gelingt es Individuen, ihre postmoderne Identität unter förderlichen Anerkennungsbedingungen autonom umzusetzen und nicht zuletzt ein mehrstimmiges und ambivalentes Selbst im Rahmen einer integrierten, aber pluralen und heterogenen Biografie zu entfalten. [Absatz] Freilich ist dieser Traum auf eine gelingende Ankopplung der Individuen an die gesellschaftlichen Großinstitutionen angewiesen. Im Hintergrund einer sol-

chen Utopie stehen eine gelungene Bildungsintegration, ein solides Erwerbseinkommen und der Aufbau von Zusatzversorgungen für die Greisenphase. Wie ändert sich das Bild, wenn man stattdessen die Persistenz von Phänomenen der Bildungsarmut, der Arbeitslosigkeit und der institutionellen Exklusion, auch in Gestalt der Altersdiskriminierung, unterstellt? Unter diesen Voraussetzungen zeichnet sich ein Albtraum der spätmodernen Entstandardisierung von Biografie ab: Brüchige Teilhabe an Bildung, Ausbildung, Erwerb und sozialer Sicherung verdichten sich zu prekären Biografien, die zwischen Phasen der Integration und solchen der Exklusion schwanken; an die Stelle einer integrierten Pluralität des Selbst treten fragmentierte Biografien und fragmentierte Identitäten, denen in ihrer gesellschaftlichen Randlage die Anerkennung verweigert wird. Statt das eigene Leben autonom als Projekt zu gestalten, bleibt den Betroffenen allein, sich wechselnden heteronomen Bedingungszusammenhängen, beispielsweise im Kontakt mit den Institutionen des Wohlfahrtsstaates, anzupassen.« (Wenzel 2006: 392)

Der Traum eines »jungen und aktiven Alterns«, so lassen sich diese Ausführungen zusammenfassen, kann also auch ein Albtraum sein – ganz im Kontrast zu den wissenschaftlichen und politischen Versprechungen einer durch »aktives Altern« herzustellenden Win-win-Situation, ganz besonders aber auch im Gegensatz zu den Hoffnungen, wie sie speziell in (besonders gerne mit Begriffen wie »Ambivalenz« oder »Vielfalt« operierenden) postmodernen Theorieansätzen innerhalb der Gerontologie verbreitet sind.[182]

Schließlich wird von kritisch-gerontologischer Seite durchweg auch das offen negative Altersbild hinter dem auf den ersten Blick so positiven, »altersfreundlichen« neuen Diskurs des »aktiven Alterns« dechiffriert, das im vorigen Kapitel im Sinne einer (wenn auch veränderten, historisch aktualisierten) Persistenz der »Dissoziation des Alters« und der mit ihr gesetzten strukturellen Altersfeindlichkeit interpretiert wurde; ein negatives Altersbild, das ja im Grunde schon daran ersichtlich wird, dass der Diskurs von den »jungen«, »aktiven«, »produktiven« und »kompetenten Alten« untrennbar verknüpft ist mit einer Problematisierung des demografischen Wandels im Sinne einer »gesellschaftlichen Überalterung«.

Trotz all dieser richtigen und wichtigen Kritik an der »Altersaktivierung« fällt jedoch auf, dass auch innerhalb der Kritischen Gerontologie im Prinzip als unzweifelhaft vorausgesetzt zu werden scheint, dass die Politik, tatkräftig unterstützt von weiten Teilen der Wissenschaft, mit dem »aktiven Altern« ein konkretes und potenziell erreichbares Ziel verfolgt – wenn auch mit fragwürdigen Mitteln. Zwar wird durchaus darauf hingewiesen, dass die Wirksamkeit der »Altersaktivierung« alles andere als eine ausgemachte Sache sei, weil ja nicht mit Sicherheit davon ausgegangen werden könne, dass sich die Leute tatsächlich hinreichend aktivieren lassen werden (vgl. Lessenich 2009: 173; Denninger et al. 2014: 18f.). Das ist aber natürlich nicht gleichbedeutend damit, bereits die gesellschaftlichen Grundvoraussetzungen des »aktiven Alterns« als solche infrage zu stellen. Der immanenten Logik der gängigen Kritik zufolge könnte das »aktive Altern« als Krisenmanagementstrategie durchaus, zumindest zeitweilig, funktionieren (mit entsprechenden sozialen Gestehungskosten, die zu kritisieren sind). Offen ist lediglich, ob es gegen allfällige Widerstände wirklich durchgesetzt werden kann. Die grundsätzliche Tauglichkeit der politisch eingesetzten Mittel selbst bildet jedoch tendenziell keinen Gegenstand der kritischen Reflexion. Eher noch wird seitens der Kritischen Gerontologie – bei allen vorhandenen, teils beträchtlichen Unterschieden im Detail und in der jeweiligen kritischen Stoßrichtung – der Sinn und Zweck der Altersaktivierung überhaupt infrage gestellt und befleißigen sich zahlreiche Kritiker/innen explizit oder implizit einer gewissen Entdramatisierungsrhetorik hinsichtlich des demografischen Wandels (siehe oben, Kapitel 5.2). Hier wird also das ganze Problem als solches quasi aus der Welt diskutiert und der demografische Wandel gleichsam auf eine diskursive Konstruktion von Politiker/innen, Volkswirtschaftler/innen und Gerontolog/innen reduziert, die in der Folge als Legitimationsgrundlage für eine neoliberale Altersaktivierungspolitik diene, die wiederum von der Politik als alternativlos ausgegeben werde.

Mit anderen Worten: Was seitens der Kritischen Gerontologie infrage gestellt wird, sind sowohl die Mittel als auch der Zweck einer aktivierenden Alterspolitik, nicht aber das Verhältnis zwischen beiden sowie deren materiell-ökonomische Grundlagen. So wie Politik und gerontologischer beziehungsweise alterssoziologischer Mainstream davon ausgehen, dass die »Rückholung der Alten in die gesellschaftliche Verwertung« (vgl. Amann et al. 2010: 47) die demografischen Herausforderungen zu lösen verspricht, so wird eben diese (Wieder-)Verwertung oder (Re-)Aktivierung von anderer Seite aufgrund ihrer politischen Sachzwanglogik und ihrer problematischen Implikationen sowie befürchteten sozialen Nebenwirkungen kritisiert, ohne dass dabei die politisch unterstellten (Wirkungs-)Voraussetzungen des »aktiven Alterns« als solche problematisiert würden. Was aber – so die im Folgenden aufzuwerfende und zu behandelnde Frage –, wenn diese Voraussetzungen schon von vornherein gar nicht gegeben sind, wie von allen Beteiligten an der Debatte, sei es nun positiv oder negativ, unterstellt wird? Und welche Konsequenzen hätte dies sowohl mit Blick auf die weitere Umsetzung einer aktivierenden Alterspolitik als auch auf den weiteren Verlauf der demografischen Problematik, die durch ein »aktives Altern« bewältigt werden soll?

Zur Erinnerung: Als Grundvoraussetzung für ein »aktives Altern« (im Sinne eines längeren Verbleibs im Erwerbsleben) beziehungsweise dafür, dass ein »aktives Altern« als erfolgversprechende Strategie zur Bewältigung der mit dem demografischen Wandel assoziierten Herausforderungen betrachtet werden kann, wurde eingangs eine auf lange Sicht ausreichend große Zahl an Arbeitsplätzen definiert. Denn nur so wäre gewährleistet, dass Menschen auch im höheren Alter noch im Erwerbsprozess verbleiben können und auf diese Weise das soziale Sicherungssystem entlastet würde. Es wurde ebenfalls bereits darauf hingewiesen, dass eine hinreichende Menge an (insbesondere für ältere Menschen geeigneten) Arbeitsplätzen auch innerhalb der Gerontologie als Grundbedingung eines »aktiven Alterns« weitgehend konsensfähig ist. Wie sieht es aber nun mit dieser unabdingbaren Grundvoraussetzung eines »aktiven Alterns« aus?

Zahlreiche Studien prognostizieren einen rapiden Verlust von Arbeitsplätzen in den kommenden Jahren und Jahrzehnten aufgrund von fortschreitender Automatisierung und Digitalisierung. In einer erstmals 2013 veröffentlichten Studie von Carl Benedict Frey und Michael A. Osborne von der *University of Oxford* werden etwa Rationalisierungs-, sprich Arbeitseinsparungspotenziale durch den Einsatz neuer digitaler Technologien prognostiziert, durch die in den USA bis 2030 rund 47 Prozent aller Arbeitsplätze wegfallen könnten (Frey/Osborne 2017). Eine Studie von Jeremy Bowles von der *London School of Economics* geht für die EU sogar von einem Verlust von 54 Prozent der Arbeitsplätze in den kommenden 15 bis 20 Jahren aus (Bowles 2014). Die prognostizierte digitale Arbeitsplatzrationalisierung soll sich dabei auch nicht allein auf den ohnehin seit Jahrzehnten schrumpfenden produktiven Sektor (Industrie) beschränken, sondern wird zunehmend auch andere, bislang weniger tangierte Bereiche wie den Dienstleistungssektor (Logistik, Finanz- und Bankwesen etc.) oder die Verwaltung betreffen. Zwar handelt es sich bei den hier zitierten Studien um die mit Abstand pessimistischsten und fallen zahlreiche andere Prognosen weitaus moderater aus, wenngleich auch diese sich immer noch auf einem Niveau bewegen, das gravierende Konsequenzen für den Arbeitsmarkt erwarten lässt. So ging etwa eine Studie der OECD aus dem Jahr 2016 davon aus, dass in Österreich im Laufe der nächsten Jahre jeder achte Job durch eine Maschine erledigt werden könnte.[183] Auf vergleichbare Ergebnisse kam auch eine – ausdrücklich kritisch gegen die Prognosen von Frey/Osborne gerichtete – Untersuchung von Holger Bonin und Kollegen vom *Zentrum für Europäische Wirtschaftsforschung* (vgl. Bonin et al. 2015). Auch sagen die meisten Prognosen nicht nur Verluste, sondern auch die Entstehung neuer Arbeitsplätze voraus, die aus der Entwicklung und dem Einsatz digitaler Technologien resultieren sollen. Deren Zahl liegt allerdings durchgehend weit unterhalb der mit diesen Technologien assoziierten Arbeitseinsparungen. In einem Bericht des *World Economic Forum* aus dem Jahr 2016 wird davon ausgegangen, dass in den 15 führenden Industrieländern innerhalb der kommenden fünf Jahre 7,1 Millionen Jobs verloren gehen würden, während rund zwei Millionen neuer Arbeitsplätze entstehen könnten (vgl. World Economic Forum 2016). Generell ist in der Beurteilung solcher Prognosen über die Auswirkungen der Digitalisierung auf den Arbeitsmarkt eine gewisse Vorsicht angebracht, da oftmals nur schwer abschätzbar ist, ob Digitalisierungsprozesse überhaupt so umfassend und reibungslos umsetzbar sind, wie sie in der Regel angekündigt werden, zumal digitale Technologien im Allgemeinen relativ störanfällig sind oder auch schlicht nicht immer halten, was sie versprechen (vgl. Becker 2017).

Auf der anderen Seite ist zu konstatieren, dass auch die »offiziellen« Prognosen in jüngster Zeit pessimistischer ausfallen. In einem aktuellen Bericht aus dem Jahr 2023 sieht etwa die OECD bereits jeden vierten Job durch fortschreitende Automatisierung gefährdet.[184] Hinzu kommt, dass selbst die pessimistischsten Prognosen zumeist nur *direkte*, aber keine *indirekten* Effekte der Digitalisierung erfassen. So gehen Frey/Osborne in ihrer Studie davon aus, dass von den prognostizierten Arbeitseinsparungen durch Digitalisierung am wenigsten Berufsgruppen wie Sozialarbeiter/innen oder Handwerker/innen betroffen sein werden. Mit Blick auf direkte Rationalisierungseffekte erscheint diese Prognose in der Tat nicht unrealistisch – nur ist damit natürlich noch lange nicht gesagt, dass diese Berufsgruppen nicht indirekt durch die Digitalisierung betroffen sein könnten. Sollten durch die Digitalisierung auch nur annähernd so viele Arbeitsplätze wegfallen, wie Frey/Osborne vorhersagen, so würde dies ja auch einen massiven Anstieg der Arbeitslosigkeit bedeuten, wodurch letztlich die staatlichen Einnahmen aus Lohnsteuern ebenso rapide zurückgehen würden. Dies hätte sehr wahrscheinlich Sparmaßnahmen zur Folge, die der Staat bekanntlich schon traditionell und mit Vorliebe zuallererst im Sozialbereich vornimmt – was entsprechende Auswirkungen auf die Jobsituation in diesem Bereich hätte. Auch mit Blick auf den Bedarf an Handwerker/innen fragt sich, ob hier nicht ebenfalls von wesentlich stärkeren Auswirkungen auszugehen wäre, denn unter der einbrechenden Kaufkraft einer in großem Maßstab arbeitslos gewordenen Bevölkerung hätte wohl ohne Zweifel auch die Nachfrage nach Produkten und Dienstleistungen von Handwerker/innen entsprechend zu leiden. Zumindest von solchen indirekten Effekten wären wohl schließlich auch neuere Formen der »Wissensarbeit« und der »immateriellen Arbeit« nicht ausgenommen, die heute im Allgemeinen als »Arbeit der Zukunft« in einer digitalisierten Welt gehandelt werden. Denn auch diese hängen häufig von staatlicher Alimentierung und damit von der Besteuerung anderswo geleisteter Arbeit ab. Dies gilt etwa für weite Teile des Wissenschaftsbetriebs, der entweder staatlich oder durch andere öffentliche oder private Gelder (Drittmittel) finanziert wird. So gesehen – und unter Berücksichtigung sowohl von direkten als auch indirekten Effekten der Digitalisierung – könnten sich also selbst die pessimistischsten Prognosen durchaus noch als zu optimistisch erweisen.

Wie rasch und umfassend sich der Arbeitsplatzverlust durch Digitalisierung vollziehen wird, ist also schwer zu prognostizieren und wird sich empirisch in den nächsten Jahren herausstellen müssen. Relativ deutlich scheint hingegen die gesellschaftliche Tendenz zu sein, die sich mit der Digitalisierung abzeichnet: Unter Bedingungen fortschreitender Automatisierung und Digitalisierung wird Arbeit zusehends obsolet. Auf dem erreichten Stand der Technologieentwicklung und der Produktivität wird immer weniger menschliche Arbeitskraft benötigt und in immer schneller aufeinanderfolgenden und immer umfassenderen Automatisierungswellen buchstäblich »wegrationalisiert«. Die Konsequenzen dieser Entwicklungen, wenn sie auch nur annähernd in den prognostizierten Dimensionen stattfinden, liegen unmittelbar auf der Hand, nämlich strukturelle Massenarbeitslosigkeit im großen gesellschaftlichen Maßstab.

Für diese Prognose spricht nicht zuletzt, dass die Tendenz zum sukzessiven »Wegrationalisieren« von Arbeit alles andere als neu ist, also kein Problem darstellt, das sich erst heute mit der Digitalisierung ergibt, sondern im Grunde schon seit mehreren Jahrzehnten beobachtet werden kann; sie lässt sich im Prinzip bis in die 1970er Jahre zurückverfolgen. In diese Zeit fällt das Einsetzen der sogenannten »dritten industriellen Revolution« der Mikroelektronik, die vor allem mit der massentauglichen Entwicklung des Computers verbunden ist, der heute praktisch aus keinem Arbeitsbereich mehr wegzudenken ist. Auf der Basis der Mikroelektronik hat sich die wirtschaftliche Produktivität enorm gesteigert. So hat sich beispielsweise in Deutschland seit 1970 (laut den Daten des Statistischen Bundesamtes) die Produktivität in der Industrie verdreifacht, in der Landwirtschaft sogar versechsfacht (vgl. Ortlieb 2019: 315). Mit der Entstehung der Mikroelektronik fällt daher zeitlich auch die Rückkehr der Arbeitslosigkeit zusammen. Die 1970er Jahre markieren bekanntlich das Ende der (ohnehin historisch nur kurz währenden) »Vollbeschäftigung«. In dieser Zeit begann sich ein Sockel struktureller (nicht mehr konjunkturabhängiger) Arbeitslosigkeit herauszubilden, der seither nicht mehr verschwunden, sondern vielmehr kontinuierlich gewachsen ist. Anders als dies noch in den Hochzeiten des Fordismus, quasi dem »goldenen Zeitalter des Kapitalismus« (Hobsbawm 1995), der Fall war, hat im sogenannten »Postfordismus«, wie das aktuelle »Produktionsregime« eines digitalen, mikroelektronischen Kapitalismus genannt wird, die steigende Produktivität nicht zu einer vergleichbaren Zunahme an Arbeitsplätzen durch die Entstehung neuer Geschäftszweige oder die Erschließung neuer Märkte geführt. Vielmehr hat die Produktivität ein derart hohes Niveau erreicht, dass die neuen Technologien tendenziell mehr Arbeit überflüssig gemacht haben, als durch dieselben Technologien an neuen Arbeitsplätzen entstanden sind (vgl. ausführlicher Kurz 2009: 622ff.).[185]

Noch besser als an steigenden Arbeitslosenzahlen[186] lässt sich die Entwicklung der Arbeitsmarktsituation seit den 1970er und 1980er Jahren an Indikatoren wie dem Arbeitsvolumen (der Summe aller in einem Jahr in einer Volkswirtschaft geleisteten Arbeitsstunden) oder der Zahl offener Arbeitsplätze in Relation zur Arbeitslosenzahl ablesen. In Deutschland etwa, das international aufgrund seiner Stellung als »Exportweltmeister« noch vergleichsweise gut dasteht, lag das Arbeitsvolumen im Jahr 2014 mit 58 Milliarden Stunden auf demselben Niveau wie im Jahr 2000 und deutlich niedriger als noch 1991. Und das zahlenmäßige Verhältnis von Arbeitslosen und offenen Stellen hat sich seit den frühen 1980er Jahren von 2:1 (auf eine offene Stelle kamen rechnerisch zwei Arbeitslose) auf 6:1 im Jahr 2014 verschoben. Zur Zeit der »Vollbeschäftigung« in den 1960er Jahren war hingegen das Verhältnis von offenen Stellen und Arbeitslosen noch umgekehrt, damals gab es also mehr offene Stellen als Arbeitslose (vgl. Stückler 2019a: 7f.).

Eben dieser Prozess des sukzessiven »Verschwindens von Arbeit« (Glaser 1988) setzt sich bis heute, mit zunehmender Geschwindigkeit, fort. Bereits 1982 hat die *Deutsche Gesellschaft für Soziologie* vor diesem Hintergrund einen Kongress dem Thema »Krise der Arbeitsgesellschaft« gewidmet (vgl. Matthes 1983) – eine Fragestellung, die seither angesichts der statthabenden Entwicklungen immer wieder, wenn auch für gewöhnlich nicht in ihrer vollen Tragweite, aufgegriffen wird. So fokussieren etwa zahlreiche Erörterungen der »Krise der Arbeit« auf einen potenziellen Sinnverlust, den das Ende der Arbeit für die Menschen bedeuten könnte, da ihr Leben und ihre Identität bislang hauptsächlich durch Arbeit geprägt gewesen sei, während gesamtgesellschaftliche Konsequenzen und aus der Krise der Arbeit resultierende Krisenpotenziale für das kapitalistische System als solches eher vernachlässigt werden (vgl. Dahrendorf 1983, Glaser 1988; Kurz/Rieger 2013). Andere verorten wiederum die »Krise der Arbeit« primär in der seit Jahren voranschreitenden neoliberalen Deregulierung von Arbeitsverhältnissen anstatt im sich abzeichnenden Obsoletwerden von Arbeit selbst (vgl. Castel 2011). Die mit Abstand am häufigsten zu beobachtende Tendenz in Wissenschaft wie auch Medien besteht allerdings darin, die Krise der Arbeit überhaupt zu leugnen. Speziell vor dem Hintergrund der in den letzten Jahren zirkulierenden Prognosen massiver Arbeitsplatzverluste durch Digitalisierung werden entsprechende Studien mit Vorliebe als Panikmache abgetan und wird beschwichtigend zum Beispiel auf die arbeitschaffenden Effekte früherer industrieller Revolutionen (Dampfmaschine, Fließband) hingewiesen. Hier wird also davon ausgegangen, dass auch der aktuelle, bereits zur »vierten industriellen Revolution« hochgerechnete Automatisierungsschub (Stichwort »Industrie 4.0«), wie schon alle anderen industriellen Revolutionen zuvor, nicht mit einem Verschwinden der Arbeit einhergehen, sondern auch weiterhin neue Arbeitsmöglichkeiten in großer Zahl hervorbringen wird (vgl. Evangelista et al. 2014; Autor 2015; Bonin et al. 2015; Wolter et al. 2015; Horx 2015; Arnold et al. 2016; Struck 2016; Flecker 2017: 217ff.). Es würde zu weit führen, diese Diskussionen mit ihren diversen Argumentationssträngen ausführlicher zu erörtern (siehe hierzu meine kritische Diskussion in Stückler 2019a, insbesondere 6ff.). An dieser Stelle ist es ausreichend, darauf hinzuweisen, dass das Verschwinden der Arbeit bereits seit längerer Zeit kontrovers diskutiert wird, eben weil es sich dabei im Grunde um kein neues Phänomen handelt, sondern dieses sich seit mehreren Jahrzehnten abzeichnet und heute mit der rasch voranschreitenden Digitalisierung offenbar ein neues Niveau erreicht.

Der wertkritische Gesellschaftstheoretiker Robert Kurz weist bereits seit vielen Jahren auf den konstitutiven Zusammenhang von mikroelektronischer Revolution und »Krise der Arbeit« hin. Die Krise der Arbeit ist für ihn sogar gleichbedeutend mit einer Krise der kapitalistischen Produktionsweise insgesamt. In seinem Text *Die Krise des Tauschwerts* aus dem Jahre 1986 spricht Kurz in diesem Kontext von einer »absoluten logischen und historischen Schranke« (Kurz 1986: 28), die der Kapitalismus mit dem zunehmenden Überflüssigwerden der Arbeit durch fortschreitende Automatisierung der Produktion erreiche:

»Sobald das Kapital die Wertschöpfung nicht mehr absolut ausdehnen kann durch Verlängerung des Arbeitstages, sondern nur noch seinen relativen Anteil innerhalb des geschöpften Neuwerts mittels Produktivkraftentwicklung zu steigern vermag, findet (...) eine gegenläufige Bewegung statt, die sich historisch selbst verzehren und auf den totalen Stillstand der Wertschöpfung selbst hinarbeiten und hinauslaufen muß. Mit der Produktivkraftentwicklung steigert das Kapital den *Grad* der Ausbeutung, aber es unterminiert damit *Grundlage* und *Gegenstand* der Ausbeutung, die Produktion des Werts als solchen. Denn (...) die Verwissenschaftlichung des stofflichen Produktionsprozesses schließt die Tendenz zur Eliminierung lebendiger unmittelbarer Produktionsarbeit als einziger Quelle der gesamtgesellschaftlichen Wertschöpfung ein.« (ebd., Herv. i. O.)

Diese relativ abstrakten Formulierungen besagen, vereinfacht ausgedrückt, Folgendes: Der Kapitalismus neigt aufgrund seiner eigenen Verwertungslogik dazu, die Produktivität immer weiter zu erhöhen, was er (beziehungsweise die im Kapitalismus miteinander konkurrierenden Unternehmen) in erster Linie dadurch erreicht, dass menschliche Arbeitskraft sukzessive durch Maschinen ersetzt und so faktisch aus dem Produktionsprozess herausgenommen wird. Damit ist laut Kurz ein erhebliches Krisenpotenzial verbunden, da ja die Arbeit respektive deren Verwertung die Grundlage kapitalistischen Wirtschaftens, gewissermaßen die »Substanz« des Kapitals (Marx 1973: 53) bildet – eben deshalb ist die kapitalistische Gesellschaft ihrem Wesen nach eine »Arbeitsgesellschaft«. Dies kann so lange kompensiert werden, als durch neue Produktinnovationen, damit verbundene neue Geschäftsfelder und dergleichen ein hinreichendes Maß an (anderswo überflüssig gewordener) Arbeit in den Verwertungsprozess absorbiert wird. Mit der Mikroelektronik, so Kurz, beginnt nun allerdings die steigende Produktivität und damit die Ersetzung menschlicher Arbeitskraft durch Maschinen die Reabsorption von Arbeit quantitativ und qualitativ mehr und mehr zu überholen – mit den oben beschriebenen Konsequenzen von fortschreitendem Arbeitsplatzabbau und steigender Arbeitslosigkeit (dazu auch Ortlieb 2009).

Gerade in diesem zunehmenden Auseinanderklaffen von Produktivität und Arbeitsintensität erweist sich auch der grundlegende Denkfehler häufig in diesem Zusammenhang in Wissenschaft und Medien anzutreffender Gegenstimmen, die als Reaktion auf die zahlreichen Prognosen hinsichtlich des bevorstehenden Arbeitsplatzabbaus beschwichtigend auf frühere industrielle Revolutionen hinweisen und auch in Zukunft von der

Schaffung vieler neuer Arbeitsplätze ausgehen. Wovon bei einer solchen Argumentation völlig abstrahiert wird, sind die gänzlich verschiedenen Produktivitätsniveaus, auf denen die bisherigen industriellen Revolutionen stattgefunden haben, und die daher nicht so ohne Weiteres mit der aktuellen mikroelektronischen beziehungsweise digitalen Revolution verglichen werden können. Industrielle Revolutionen, so wäre mit Kurz dagegen einzuwenden, wiederholen nicht jedesmal einfach ein und denselben Prozess der technologischen »Weiterentwicklung«, sondern vollziehen sich jedesmal auf neuer, erhöhter Stufenleiter. Wenn die Produktivität durch fortschreitende Automatisierung ein Niveau erreicht, wie das heute bei der Mikroelektronik der Fall ist, auf dem ja nicht einmal mehr die Produktion der neuen digitalen Trägertechnologien selbst noch besonders arbeitsintensiv ist,[187] dann ist es durchaus nicht nur möglich, sondern sogar logisch, dass die Automatisierung einen Grad erreichen kann, auf dem Arbeit massenhaft überflüssig wird, ohne dass neue Arbeitsplätze in vergleichbarer Zahl hinzukommen.

Kurz greift in seinen durchaus kontroversen Thesen (kritisch dazu z. B. Heinrich 2005)[188] insbesondere auf Überlegungen von Karl Marx zurück, der diese immanent kapitalistische Krisendynamik bereits im 19. Jahrhundert vorhergesehen und als »prozessierenden Widerspruch« des Kapitalismus bezeichnet hat:

> »In dem Maße aber, wie die große Industrie sich entwickelt, wird die Schöpfung des wirklichen Reichtums abhängig weniger von der Arbeitszeit und dem Quantum angewandter Arbeit, als von der Macht der Agentien, die während der Arbeitszeit in Bewegung gesetzt werden und die selbst wieder (...) in keinem Verhältnis steht zur unmittelbaren Arbeitszeit, die ihre Produktion kostet, sondern vielmehr abhängt vom allgemeinen Stand der Wissenschaft und dem Fortschritt der Technologie, oder der Anwendung dieser Wissenschaft auf die Produktion. (...) Das Kapital ist selbst der prozessierende Widerspruch (dadurch), daß es die Arbeitszeit auf ein Minimum zu reduzieren sucht, während es andrerseits die Arbeitszeit als einziges Maß und Quelle des Reichtums setzt.« (Marx 1983a: 600, 601 f.)

Damit, so Marx, müsse auf lange Sicht »die auf dem Tauschwert ruhnde [sic] Produktion zusammen[brechen]« (ebd.: 601).

Der »prozessierende Widerspruch« besteht also darin, dass der Kapitalismus durch die Eliminierung von Arbeit aus dem Produktionsprozess seine eigene Substanz sukzessive aushöhlt. Indem der Kapitalismus kraft seiner eigenen Produktivitätsdynamik Arbeit zusehends überflüssig macht, untergräbt er seine eigenen Existenzgrundlagen, weil die Grundlage aller Kapitalverwertung nun einmal in der Ausbeutung menschlicher Arbeitskraft besteht. Kapitalismus ohne Arbeit ist ein Widerspruch in sich, menschenleere Fabriken ein logisches Unding, weil in ihnen keine Arbeit mehr verwertet, damit aber auch keine Wertschöpfung mehr stattfinden würde – und dennoch ist es seine eigene Verwertungsdynamik, die bewirkt, dass sich der Kapitalismus auf diesen eigentlich unhaltbaren Zustand hin entwickelt. Dieser von Marx so genannte »prozessierende Widerspruch« scheint am Beginn des 21. Jahrhunderts allmählich reif zu werden.

Was bedeutet all das nun mit Blick auf ein »aktives Altern«, von dem sich sowohl Politik als auch Wissenschaft die Lösung der demografischen Problematik versprechen? Zunächst einmal erweist sich vor diesem Hintergrund bereits die im Kontext der Altersaktivierung zugrunde gelegte Problembestimmung einer »alternden Gesellschaft« als einigermaßen unpräzise, wenn davon ausgegangen wird, dass die Alterung der Gesellschaft infolge einer Abnahme gesellschaftlich verfügbarer Arbeitskraft einen Verlust produktiven Potenzials bedeute, dem es insbesondere durch einen längeren Verbleib in der Erwerbsarbeit entgegenzuwirken gelte. Aus der Perspektive einer sich gegenwärtig verschärfenden »Krise der Arbeit« lässt sich vielmehr sagen, dass eher sogar das genaue Gegenteil zutreffend ist. Der demografische Wandel bedeutet durchaus keinen Verlust an produktivem Potenzial aufgrund eines zu erwartenden Mangels an verwertbaren Arbeitskräften. Denn die Produktivität erhöht sich stetig und derzeit immer schneller gerade durch die Einführung innovativer Fertigungstechnologien und den fortschreitenden Trend zur Automatisierung. Bei dem bereits erreichten und weiter steigenden Niveau der Produktivität durch Automatisierung und Digitalisierung wird die Wirtschaft daher in Zukunft sehr wahrscheinlich nicht mehr, sondern immer weniger Arbeitskraft benötigen. Das heißt, der prognostizierte Arbeitskräftemangel würde durch die enormen Produktivitätssteigerungen vermutlich ohne Weiteres kompensiert, wenn nicht sogar mittelfristig in sein Gegenteil, nämlich einen Arbeitskräfteüberschuss verwandelt. So ziemlich das letzte, was die kapitalistische Gesellschaft dann brauchen wird – entgegen allen anderslautenden Behauptungen von Politiker/innen und Gerontolog/innen – sind Menschen, die noch mit über 65 auf den Arbeitsmarkt strömen, um dort zu ständig prekäreren Konditionen ihre Arbeitskraft zu verkaufen. Diese alterspolitische Strategie kann und wird bei der sich abzeichnenden Tendenz zur fortschreitenden Automatisierung nicht aufgehen – jedenfalls nicht, ohne dass dies auf Kosten anderer Segmente der Erwerbsbevölkerung gehen würde, insbesondere von Jugendlichen und jungen Erwachsenen, deren Arbeitslosenraten in manchen Ländern der EU schon heute zuweilen die 50-Prozent-Marke erreichen oder überschreiten (siehe in den vergangenen Jahren zum Beispiel Griechenland und Spanien). Und selbst dann wäre bei den oben skizzierten Aussichten immer noch und trotz allem von einer deutlich steigenden Altersarbeitslosigkeit auszugehen. Dies muss schon allein deshalb der Fall sein, weil bei einer konsequenten Erhöhung des Pensionsantrittsalters, worauf ja die angestrebte Verlängerung der Erwerbsphase hinausläuft, eine erhebliche Zahl bereits arbeitsloser älterer Menschen nicht mehr wie bisher in der Pension verschwinden wird, sondern stattdessen noch länger im Status der Arbeitslosigkeit verbleibt. Und die Zahl älterer Arbeitsloser ist ja schon heute nicht gerade niedrig. Auf der anderen Seite werden wiederum diejenigen stehen, die zwar noch den Luxus einer Beschäftigung haben, dafür aber auch entsprechend länger dem erhöhten Risiko ausgesetzt sind, aufgrund ihres Alters arbeitslos zu werden. Und die Chancen dafür werden freilich so hoch sein wie niemals zuvor. Denn die Unternehmen werden bei dem in Zukunft vorherrschenden niedrigen und stetig weiter sinkenden Arbeitskräftebedarf keinen Grund haben, ihre altersdiskriminierenden Praktiken einzustellen, sondern auch weiterhin bevorzugt jüngere (und billigere) Arbeitskräfte einsetzen. So niedrig kann der Anteil jüngerer Menschen in der Bevölkerung durch den Altersstrukturwandel wahrscheinlich gar nicht werden, wie der Bedarf an Arbeitskräften sein wird bei den sich gegenwärtig offenbar rasant beschleunigenden Digitalisierungs- und Automatisierungstendenzen.

Das »aktive Altern« ist also schon aus diesem Blickwinkel alles andere als eine (sowohl gesellschaftliche als auch individuelle) »Win-win-Situation«, wie Politik und Gerontologie seit Jahren zu versichern bemüht sind, mit der Begründung, dass die Möglichkeit einer (insbesondere beruflichen) Aktivität bis ins höhere Alter auch mit mehr Möglichkeiten zur individuellen Potenzialentfaltung und daher auch mit einer höheren Lebensqualität einhergehen würde. Vielmehr handelt es sich um eine handfeste Lose-lose-Situation: Die Menschen werden genötigt sein, ihre Haut immer länger und bis in ein immer noch höheres Alter sprichwörtlich zu Markte zu tragen – aber niemand wird sie kaufen wollen. Was dem größten Teil älterer Menschen in Zukunft droht, ist daher nicht, wie Kritiker/innen des »aktiven Alterns« prophezeien, »Arbeiten ohne Ende« (Lessenich 2013), sondern Arbeitslosigkeit ohne Ende, was unter kapitalistischen Prämissen wiederum nur mit einem Sinken, aber nicht mit einem Steigen von »Lebensqualität« verbunden sein kann. An der demografischen

Problematik wird sich hingegen, trotz aller Aktivierungspolitik, nichts Wesentliches geändert haben. Der einzige wirklich sichere Effekt der Altersaktivierung wird eine massive Zunahme von Altersarmut sein, wie sie die kapitalistische Gesellschaft zuletzt vor Einführung allgemeiner sozialer Sicherungs- und Pensionssysteme zu Beginn des letzten Jahrhunderts gesehen hat. Und tatsächlich steigt ja die Altersarmut schon seit einigen Jahren wieder dramatisch an.

Umso zutreffender erweist sich vor diesem Hintergrund die andere Problembestimmung des Altersstrukturwandels, die gewissermaßen den zweiten Strang des Diskurses über die Herausforderungen der »gesellschaftlichen Alterung« bildet: die befürchtete Unfinanzierbarkeit staatlicher Pensions- und Sozialsysteme durch eine »Überalterung« der Gesellschaft. Hier entfaltet die Krise der Arbeit sozusagen eine weitere, ganz spezifische Variante des »prozessierenden Widerspruchs« à la Marx: Die nachhaltige Finanzierung von Pensionssystemen steht existenziell infrage, wenn eine immer größere Zahl von nicht-erwerbstätigen älteren Menschen von einer immer kleineren Zahl arbeitender und in das System einzahlender jüngerer Gesellschaftsmitglieder erhalten werden muss. Erforderlich wäre daher (worauf die Altersaktivierung folgerichtig auch abzielt), die Menschen entsprechend länger in Beschäftigung zu halten. Aber eben genau das ist illusorisch, wenn der kapitalistischen Gesellschaft demnächst die Arbeit ausgeht. Ohne Arbeitsplätze keine Arbeit bis ins hohe Alter – das ist ein so simpler wie schwerwiegender Sachverhalt. Es entbehrt nicht einer gewissen Ironie, dass der demografische Wandel historisch ausgerechnet mit dem Reifwerden des »prozessierenden Widerspruchs« des Kapitals in der Krise der Arbeitsgesellschaft zusammenfällt, während er (systemimmanent) nur durch etwas bewältigt werden könnte, was die kapitalistische Gesellschaft gerade aus sich selbst heraus vernichtet: nämlich Arbeit.[189]

Dieses Problem wird sich auch nicht dadurch lösen lassen, wie in diesem Zusammenhang häufig behauptet wird, dass der demografische Wandel und die Zunahme alter Menschen in der Bevölkerung mit einem steigenden Bedarf an Pflegekräften einhergingen, wodurch für zahlreiche neue Arbeitsplätze (auch für ältere Arbeitnehmer/innen) gesorgt werde. In diesem Zusammenhang wird ja eher sogar – im Sinne der These vom demografisch bewirkten Arbeitskräftemangel – das Gegenteil befürchtet, nämlich dass der steigenden Pflegenachfrage ein deutlich zu geringes Arbeitskräfteangebot gegenüberstehen wird. Hier gilt allerdings im Prinzip dasselbe, was bereits weiter oben ganz allgemein zum Sozialbereich gesagt wurde: Wenn bei fortschreitender Krise der Arbeitsgesellschaft und einem daraus resultierenden Wegbrechen von Lohnsteuern der Staat als Finanzier von Pflegeleistungen (die ja nicht bloß auf aktuellem Niveau erhalten, sondern ganz massiv ausgebaut werden müssten) tendenziell ausscheidet, wird auch das Jobangebot in der Pflege relativ überschaubar sein. Und aus eigener Tasche wird sich ein großer Teil der Bevölkerung keine professionelle Pflege mehr leisten können, wenn dieser erst seinen Job an eine Maschine verloren hat und einem kontinuierlich wachsenden Heer von Arbeitslosen angehört. Auch hier wird also keine kaufkräftige Nachfrage zu erwarten sein – auf die allein käme es aber an. Die Altenpflege werden dann wohl wieder vor allem Frauen in ihrer Rolle als Gattinnen, Töchter, Schwiegertöchter etc. übernehmen müssen – informell und unbezahlt.

Überhaupt ist anzunehmen, dass die Krise der Arbeit im Laufe der Zeit in großer Zahl Menschen freisetzen wird, die dann wieder, jedenfalls theoretisch, für den heute überwiegend unter dem Stichwort »Care« zusammengefassten Reproduktionsbereich und damit assoziierte Tätigkeiten (Kinderbetreuung, Altenpflege etc.) zur Verfügung stehen werden. Auch in dieser Hinsicht erweisen sich die alterspolitischen Strategien, wonach ein »aktives Altern« dazu dienen könne, die insbesondere durch die Normalisierung weiblicher Berufskarrieren bewirkte »Care-Krise« zu lösen – etwa durch Enkelkinderbetreuung, Nachbarschaftshilfe, freiwilliges Engagement etc. –, als nicht minder kurzsichtig als hinsichtlich des antizipierten (Lohn-)Arbeitskräftemangels: Es wird mittelfristig, mit Fortschreiten der Krise der Arbeit, durchaus nicht an Menschen fehlen, die für die Gesellschaft wichtige Care-Tätigkeiten leisten könnten – Tätigkeiten, die ja im Zuge des demografischen Wandels eher noch deutlich anwachsen werden (etwa durch steigenden Pflegeaufwand infolge des stark zunehmenden Anteils alter und hochaltriger Menschen in der Bevölkerung). Woran es allerdings fehlen wird, mangels Steuereinnahmen aus Lohn- und Konsumsteuern (die ja beide nur auf Erwerbseinkommen, also auf Arbeit, beruhen können), sind die finanziellen Grundlagen, um diese Aufgaben staatlich-politisch zu organisieren. Das werden die Menschen dann wieder großteils selbst in die Hand nehmen müssen, und dies wird mit an Sicherheit grenzender Wahrscheinlichkeit in besonderem Maße Frauen betreffen, denen die Verantwortung über reproduktive Aufgaben in modernen Gesellschaften ohnehin traditionell übertragen wird (vgl. Scholz 2011). Tendenzen zur Abwälzung der Verantwortung für die Organisation entsprechender Leistungen von der öffentlichen Hand auf die Bevölkerung sind längst erkennbar, insbesondere in der in den letzten Jahren, sowohl allgemein als auch im Kontext des »aktiven Alterns«, massiv vorangetriebenen Propagierung und Förderung von Freiwilligenarbeit und Ehrenamt (vgl. Pinl 2013; Wegner 2014; Haubner 2017). Das ist also streng genommen gar keine Zukunftsmusik mehr: Der Staat hat seinen Rückzug bereits angetreten.

Was die Altenpflege und damit assoziierte oder erhoffte positive Effekte auf den Arbeitsmarkt infolge eines steigenden Bedarfs an Pflegekräften betrifft, so kommt zum absehbaren Finanzierungsproblem noch erschwerend hinzu, dass auch die Pflege längst ein Experimentierfeld für Automatisierungstechnologien geworden ist: Glaubt man Medien und Technikwissenschaft, sollen bald Pflegeroboter den steigenden Pflegebedarf bewältigen helfen und menschliche Pfleger/innen von ihrer Arbeit »entlasten«. Selbst wenn also die Krise der Arbeit nicht die finanziellen Grundlagen für den erforderlichen Ausbau der Altenpflege infrage stellen würde, könnte aufgrund der sich zunehmend auch auf den Pflegebereich erstreckenden Automatisierungstendenzen nicht mit der groß angelegten Schaffung neuer Arbeitsplätze gerechnet werden (jedenfalls nicht im antizipierten Ausmaß). Wie man es daher auch dreht und wendet: Die Digitalisierung vernichtet direkt oder indirekt Jobs quer durch alle Bereiche und Berufsfelder. Die Pflege wird da keine Ausnahme bilden.[190]

Nicht weniger illusorisch sind aber auch die Vorschläge so mancher »Entdramatisierer« des demografischen Wandels unter den sozialwissenschaftlichen Kritiker/innen eines »aktiven Alterns«. Da bei diesen, wie schon ausführlich erörtert, eine gewisse Neigung vorherrscht, die Krisenpotenziale und den aus der kapitalistischen Struktur erwachsenden Sachzwangcharakter des demografischen Wandels zu negieren, ist mitunter die Versuchung groß, die Lösung des Problems unter anderem in der ständig steigenden ökonomischen Produktivität selbst zu suchen. Das Hauptargument dabei ist, dass eine immer größere nichtaktive alte Bevölkerung von einer immer kleineren aktiven jungen Bevölkerung in dem Maße mitversorgt werden könne, in dem eben die Produktivität steige (so z. B. Köster 2012). Ausgerechnet das Grundproblem, die eigentliche Ursache der sich heute immer deutlicher abzeichnenden »Krise der Arbeitsgesellschaft«, soll demnach also die Lösung der demografischen Herausforderungen sein.[191] Dass dieses Argument auf den ersten Blick plausibel erscheinen mag, liegt in einem weit verbreiteten Missverständnis vom Sinn und Zweck kapitalistischer Produktion begründet. Diese erfolgt nämlich durchaus nicht, wie weithin unterstellt wird, zum Zweck der Befriedigung konkreter sinnlicher Bedürfnisse, sondern allein zur Verwandlung von Geld in immer mehr Geld durch die Produktion und den profitablen Verkauf von Waren. Eben weil das so ist, führt aber eine höhere Produktivität nicht schon automatisch zu mehr Wohlstand für alle, sondern lediglich für die Kaufkräftigen. Und deren Zahl nimmt in der Gesellschaft in dem Maße ab, in dem die gestiegene Produktivität (wie sich heute eben zunehmend abzeichnet) Arbeit und damit die Grundlage der Kaufkraft des größten Teils der Weltbevölkerung in großem Maßstab aus dem Produktionsprozess eliminiert. Die Folge daraus kann nur eine Überproduktionskrise sein – ein Phänomen, das im Kapitalismus bisher stets und systemimmanent folgerichtig zur Stilllegung produktiver Kapazitäten geführt hat und nicht etwa zur »gerechten Verteilung« der produzierten Überschüsse. Eine ständig steigende Produktivität wird unter kapitalistischen Prämissen daher zu allem Möglichen führen, aber nicht dazu, dass eine immer kleinere Gruppe von Arbeitenden eine immer größere Gruppe von Nicht-Arbeitenden mitversorgen kann – besonders nicht in der manifest werdenden »Krise der Arbeitsgesellschaft«.

Politik und Gerontologie befinden sich angesichts dieser gesamtgesellschaftlichen Entwicklungen also in einer geradezu aporetischen Situation: All die konstruierten und propagierten Problemlösungsstrategien und Maßnahmen zur Bewältigung des demografischen Wandels entbehren im Prinzip schon heute, jedenfalls aber in naher Zukunft jeder Grundlage, denn diese Grundlage ist nun einmal Arbeit – und eben diese wird in absehbarer Zeit Mangelware sein, wenn die Arbeitswelt auch nur annähernd in dem Maße automatisiert wird, wie es einschlägige Studien für die kommenden Jahre und Jahrzehnte vorhersagen. Dies mag in der Gegenwart noch schwer vorstellbar sein, weil uns die größten Automatisierungsschübe erst noch bevorstehen. In zehn bis zwanzig Jahren, wenn man den Prognosen Glauben schenkt, wird sich die Situation schon ganz anders darstellen. Wenn Karl Marx mit seiner These vom »prozessierenden Widerspruch« des Kapitals recht hatte, wird sich dann wahrscheinlich auch ganz allgemein die Frage nach dem weiteren Schicksal der modernen Gesellschaft stellen, und zwar in noch weit dringlicherer Form, als dies heute ohnehin bereits der Fall ist angesichts einer wachsenden Instabilität der Weltwirtschaft, Klimawandel, Staatsverschuldung, Verelendung ganzer Weltregionen, weltweit zunehmender Fluchtbewegungen etc. Abhängen wird also voraussichtlich alles davon, ob die Menschen in absehbarer Zeit in der Lage sein werden, auch eine andere Form der Vergesellschaftung zu denken als eine kapitalistische, deren historisches Entwicklungspotenzial sich heute offenkundig erschöpft: Eine Arbeitsgesellschaft ohne Arbeit ist nicht nur logisch, sondern auch real am Ende. Es wird daher die Frage nach möglichen Alternativen zum Kapitalismus zu stellen sein.

Systemimmanent werden sich die mit dem demografischen Wandel verbundenen Probleme ebenso wie die »Krise der Arbeit« nicht mehr lösen lassen – diese können nur noch im Sinne eines permanenten Krisenmanagements verwaltet werden. Die Altersaktivierung, auf die sich Politik und Wissenschaft nunmehr zur demografischen Krisenverwaltung verständigt haben, wird dabei mit Fortschreiten der Krise zunehmend repressiven Charakter annehmen. Schon die früher begonnene Aktivierung von Arbeitslosen und Sozialhilfeempfänger/innen hat ja von Anfang an offen repressive Züge getragen – siehe prominent die Sozialreformen in den USA unter Bill Clinton (vgl. Zinn 2007: 631–662; Wacquant 2009: 61–130) oder das Hartz-IV-Programm in Deutschland (vgl. Rentschler 2004; Butterwegge 2015). Damit ist freilich nicht gesagt, dass es nicht auch nach wie vor gewisse politische Gestaltungsspielräume in der Verwaltung der Krise gibt und sich Maßnahmen und Strategien im internationalen Vergleich zum Teil erheblich voneinander unterscheiden werden. Es wird sich dabei allerdings nur um äußerst minimale Spielräume handeln können, die letztlich nur auf unterschiedliche Ansätze und Strategien der Krisenverwaltung selbst verweisen, nicht aber auf eine Lösung des zugrunde liegenden Problems gerichtet sein werden. So wird die Lösung des Problems nicht darin bestehen, wie in letzter Zeit gelegentlich angedacht wird, die durch fortschreitende Digitalisierung bewirkte Massenarbeitslosigkeit durch eine »Maschinensteuer« oder »Automatisierungsdividende« zu kompensieren – so hoch kann eine Maschinensteuer wahrscheinlich gar nicht veranschlagt werden, wie erforderlich wäre, um die durch Massenarbeitslosigkeit verursachten sozioökonomischen Verwerfungen sozialstaatlich auszugleichen (dass eine Steuer von solchem Umfang »die Wirtschaft« unmittelbar abwürgen würde, steht dabei wieder auf einem ganz anderen Blatt). Ebensowenig wird sich das Problem dadurch lösen lassen, wie in den letzten Jahren ebenfalls häufiger vorgeschlagen wird (z. B. Sennett 2014), die stetig schwindende Arbeit gesellschaftlich umzuverteilen, um so die Effekte der Krise der Arbeit, allen voran Massenarbeitslosigkeit, zu mildern oder überhaupt zu verhindern – und all das möglichst auch unter Berücksichtigung älterer Menschen, beispielsweise in einer Umverteilung der Arbeit von jüngeren Menschen hin zu älteren (vgl. Vaupel/Kistowski 2006). Denn eben genau darin besteht ja das Problem: Wenn die Arbeit in dem Maße wegrationalisiert wird, wie es diverse Studien zur »Zukunft der Arbeit« prognostizieren, gibt es im Grunde nichts mehr umzuverteilen. Eine Umverteilung der Arbeit könnte in dieser Situation nur noch darin bestehen, die Arbeitszeit mittelfristig kollektiv und radikal auf ein Niveau abzusenken, auf dem wohl niemand mehr von seiner Arbeit leben könnte, weshalb dies auch nichts an den mit der Krise der Arbeit assoziierten sozialen Verwerfungen ändern würde. Schon die heute allseits beklagte neoliberale Prekarisierung von Arbeit lässt sich im Prinzip als Konsequenz einer politischen Umverteilung von Arbeit verstehen, durch die die sukzessive schwindende Arbeit auf eine größere Zahl von Arbeitnehmerinnen und Arbeitnehmern verteilt wird – durch die Ausweitung von Teilzeitarbeit, Minijobs, Leiharbeit und dergleichen. Dass dies zumindest ein wesentlicher Effekt entsprechender Entwicklungen und damit assoziierter politischer Programme (Hartz IV etc.) ist, wird selbst von wissenschaftlichen Befürwortern solcher Maßnahmen mittlerweile offen eingeräumt (vgl. Herzog-Stein/Stein 2013). Nicht zuletzt aus diesem Grund dürfte es auch am wahrscheinlichsten sein, dass es mit Fortgang der Krise der Arbeit bei jener Entwicklungstendenz bleibt, die sich ohnehin bereits seit Jahren abzeichnet: nämlich Arbeitslosigkeit und Prekarisierung für einen immer größeren Teil der Bevölkerung, hingegen tendenzielle Verlängerung der Arbeitszeit und zunehmende Arbeitsverdichtung und Leistungshetze für die noch voll im Erwerbsprozess Befindlichen.

Mit Blick auf die politische Verwaltung des demografischen Wandels wird es daher in Ermangelung anderer systemimmanenter Problemlösungsansätze überwiegend darauf hinauslaufen, dass Pensionsansprüche immer weiter reduziert und Pensionsantrittsalter stetig erhöht werden, was aufgrund fehlender Arbeitsplätze für zahlreiche ältere Menschen nichts anderes als Arbeitslosigkeit und Altersarmut bedeuten wird. Möglicherweise werden dann auch unmittelbar Hartz-IV-ähnliche Maßnahmen Anwendung auf die wachsende Masse älterer Arbeitsloser finden, zum Beispiel Ein-Euro-Jobs. Die Förderung eines »bürgerschaftlichen Engagements« ist ja ohnehin bereits fester Bestandteil aktivierender Alterspolitik. In letzter Instanz könnte vielleicht eine Art bedingungsloses Grundeinkommen eingeführt werden, wie es einstweilen noch in gesellschaftskritischen Kontexten als Bestandteil einer emanzipatorischen Reformpolitik verhandelt wird (z. B. Franzmann 2010), dies allerdings auf niedrigstem Niveau und als Ersatz für alle sonstigen Sozialleistungen sowie Alterspensionen, die dann radikal gestrichen sein werden.[192] Denkbar wäre schließlich sogar, dass sich als Effekt der repressiven Krisenverwaltung mit dem Fortschreiten der »Krise der Arbeit« die Problematik des demografischen Wandels, im Sinne einer gesellschaftlichen »Überalterung«, mittelfristig ganz von selbst erledigt, wenn nämlich im Zuge der sozialen Verwerfungen die Mortalität in der Bevölkerung wieder ansteigt und dadurch die hohe Lebenserwartung, die heute einerseits als große Errungenschaft der modernen Zivilisation gepriesen, andererseits als Bedrohung für das soziale Sicherungssystem beklagt wird, tendenziell wieder in eine Sinkbewegung übergeht. Auch das kündigt sich heute schon in vielen Studien als durchaus realistisches Szenario an, wenn auf eine eklatante soziale Ungleichheit der Lebenserwartung hingewiesen wird, die vor allem in den letzten zwanzig bis dreißig Jahren neoliberaler Restrukturierungen massiv zugenommen hat (vgl. Olshansky et al. 2012). Insofern könnte das »aktive Altern« also unter Umständen am Ende doch noch »erfolgreich« sein in der Bewältigung des demografischen Wandels – aber zu welchem Preis?

Für Gerontologinnen und Gerontologen und insbesondere Alterssoziologinnen und Alterssoziologen wird sich zunehmend die Frage stellen (müssen), ob sie bereit sind, für diese Form des demografischen Krisenmanagements, für das sie einstweilen noch überwiegend mit großem Engagement – und die meisten von ihnen bestimmt auch mit guten Absichten – das Grundlagenwissen bereitstellen, wirklich die Verantwortung tragen wollen. Und eine andere Alternative als die zunehmend repressive Krisenverwaltung wird der Politik schlicht nicht zur Verfügung stehen, wenn der Kapitalismus in seinem selbstmörderischen Produktivitätswahn damit fortfährt, seine eigene Substanz, die Arbeit, in großem Maßstab aus dem Produktionsprozess zu eliminieren und einen immer größeren Teil der Menschheit in ein Heer von ökonomisch »Überflüssigen« zu verwandeln, die mit der Arbeit zwangsläufig (jedenfalls unter kapitalistischen Bedingungen) auch ihrer Lebensgrundlage beraubt sind. Wie die Politik mit wirtschaftlich »Überflüssigen« verfährt – und zwar ganz demokratisch – kann schon jetzt, beim aktuellen Stand der »Krise der Arbeit«, auf der ganzen Welt besichtigt werden: bürokratische Drangsalierung von Arbeitslosen und Sozialhilfeempfängern bis hin zur staatlichen Zwangsarbeit in Form von Ein-Euro-Jobs (vgl. Rentschler 2004; Butterwegge 2015), zunehmende strafrechtliche Repressionen gegen Arme, Bettelnde und andere gesellschaftliche »Problemgruppen« (vgl. Wacquant 2009; Stückler 2020), eine zusehends zur Menschenjagd ausartende Verfolgung illegaler Migrantinnen und Migranten (vgl. Chacón/Davis 2006), die radikale Verschärfung von Asylgesetzen im Zuge einer vorangetriebenen Abschottungspolitik gegenüber den weltweit ansteigenden Fluchtbewegungen (vgl. Kurz 2016) etc. Und zu dieser politisch zu verwaltenden Gruppe von »Überflüssigen« werden in Zukunft auch und gerade ältere Menschen an vorderster Stelle gehören, wenn sich ihre »Aktivierung« respektive Integration in den Arbeitsmarkt in Ermangelung von Arbeit als nicht realisierbar erweisen sollte. Anders als ihre traditionelle, eher latente »Überflüssigkeit« als Ruheständler/innen und Rentenbezieher/innen, die sie bislang in den Status von »Unproduktiven« und einer »gesellschaftlichen Kostenlast« versetzte, zugleich aber immerhin mit einem Mindestmaß an sozialer Sicherheit und einem erwerbslosen Einkommen verbunden war, wird diese »Überflüssigkeit« jedoch eine manifeste sein. Und es ist nicht nur zu befürchten, sondern durchaus anzunehmen, dass dann die auch in der Postmoderne freilich nie verschwundene strukturelle Altersfeindlichkeit kapitalistischer Gesellschaften wieder voll durchschlagen wird.

Schon heute wird der Ton gegenüber älteren Menschen zunehmend rauer: Mittlerweile scheint selbst in manchen linksliberalen Kreisen ein Altersbild en vogue zu sein, das alte Menschen als zunehmende »Gefahr« für die Jungen rahmt. Aus dieser Sicht sollen die Alten nicht nur am demografischen Wandel und den damit assoziierten gesellschaftlichen Problemen schuld sein, sondern auch ganz allgemein an der rasch voranschreitenden Prekarisierung von Lebensverhältnissen oder auch am Klimawandel.[193] Selbst in den auf den ersten Blick sympathischen Jugendprotesten im Kontext des Klimawandels (*Fridays for Future* etc.) ist zumindest ein latent altersfeindliches Grundmuster zu erkennen, insofern diese die Klimaproblematik bevorzugt als eine Art Generationenkonflikt rahmen. Demnach sind es in erster Linie die Alten oder Erwachsenen, die mit ihrem ökologisch destruktiven Handeln und ihrer politischen Untätigkeit der Jugend gewissermaßen die Zukunft rauben (»Wir sind hier, wir sind laut, weil ihr uns die Zukunft klaut!«). Gerade die weiter zunehmenden neoliberalen Prekarisierungstendenzen scheinen ein beträchtliches intergenerationales Konfliktpotenzial zu bergen, das bis dato unterschätzt wird. Auch innerhalb einer sich kritisch verstehenden Gerontologie herrschen eher sogar Argumentationsmuster vor, die solche Entwicklungen gerade als Argument *gegen* die Deutung des demografischen Wandels als eines bevorstehenden »Generationenkonflikts« verwenden zu können glauben. Demnach seien aktuelle Prekarisierungstendenzen und die massiv aufgehende Schere zwischen Arm und Reich nämlich ein Hinweis darauf, dass die Konfliktlinie heute weniger entlang *intergenerationaler* als vielmehr entlang *intragenerationaler* Ungleichheiten verlaufe (so z. B. Higgs/Gilleard 2010; ähnlich auch Lessenich 2014: 452). Oberflächlich betrachtet mag das sogar stimmen. Aber wer könnte garantieren, dass daraus nicht auch ein intergenerationaler Konflikt wird, wenn einer stetig wachsenden Gruppe prekarisierter junger Menschen lauter gut gesicherte (oder jedenfalls als gut gesichert wahrgenommene) Alte gegenüberstehen? Bei aller notwendigen Kritik an der Einseitigkeit verbreiteter »Generationenkriegs«-Prophezeiungen erscheinen diese dennoch manchmal als erheblich realistischer als die Positionen ihrer Kritiker/innen. So stellte der Soziologe Reimer Gronemeyer bereits 1989 fest:

> »Die Woopies (well-off-older-People) von heute sind die erste und letzte Generation, die sich dem Rausch des Wohlfahrtsstaates und

des ungebremsten Konsums hingeben kann. Die Alten werden künftig eher als gierige Greise, als unersättliche Parasiten erscheinen. Der Boden ist bereitet für den Altersklassenkampf.« (Gronemeyer 1989: 125)

Die seither stattgefundene Entwicklung – voranschreitende Prekarisierung auf der einen Seite, zunehmende Diskurse einer »gesellschaftlichen Überalterung« und steigenden »Kostenlast des Alters« auf der anderen Seite – scheint Gronemeyer recht zu geben. Die Frage lautet also nicht: intergenerationale *oder* intragenerationale Ungleichheit. Sondern zunehmende intragenerationale Ungleichheiten erweisen sich als zusätzlich problemverschärfender Faktor eines mit dem demografischen Wandel potenziell brüchig werdenden Intergenerationenverhältnisses. Eine kritische Analyse sollte daher das Zusammenwirken beider Tendenzen untersuchen, anstatt sie gegeneinander auszuspielen.

Selbst innerhalb der oberflächlich so »altersfreundlich« gesinnten Gerontologie werden die Bandagen zunehmend härter. Hier wird mittlerweile offen ausgesprochen, dass ein »aktives Altern« durchaus nicht nur ein individuelles Recht, sondern nicht zuletzt auch eine Verpflichtung sei, die dem Einzelnen ohne Weiteres abverlangt werden dürfe. So heißt es etwa im sechsten bundesdeutschen Altenbericht aus dem Jahr 2010:

»Das für jeden einzelnen älter werdenden Menschen bestehende Recht, Potenziale zu entwickeln, korrespondiert auch für jeden einzelnen Menschen – im Rahmen der jeweils bestehenden Möglichkeiten – mit Pflichten, nicht nur gegenüber der eigenen Person, sondern auch gegenüber der Gemeinschaft.« (BMFSFJ 2010: 21)

Noch deutlicher formuliert es Ursula Lehr, eine der renommiertesten deutschen Gerontologinnen und ehemalige deutsche Familienministerin: »Aktiv zu altern ist heute geradezu Verpflichtung« (Lehr 2011: 11). Noch vor einigen Jahren war eine Pflicht zum »aktiven Altern« im alterswissenschaftlichen Diskurs allenfalls eine minoritäre Extremposition (z. B. Tews 1994), heute wird sie zunehmend mehrheitsfähig und ziert die Papiere wissenschaftlicher Expertengremien. Sogar die Hochaltrigen, die Über-Achtzigjährigen – vor Kurzem noch als Pflegebedürftige und Gebrechliche im Blickfeld –, haben die »Altersaktivierer« allem Anschein nach mittlerweile im Visier (vgl. BMFSFJ 2010: 70f.). Der demografische Sachzwang scheint demnach den Handlungsdruck bereits empfindlich zu erhöhen. Was wird erst sein, wenn sich die ins »aktive Altern« gesetzten Hoffnungen mangels »Arbeitssubstanz« in naher Zukunft allesamt als haltlos herausstellen? Möglicherweise werden dann auch so offen menschenverachtende Minderheitspositionen wie die der britischen Medizinethikerin Mary Warnock oder des Schriftstellers Martin Amis nicht mehr ganz so in der Minderheit sein, die alten Menschen, sozialethisch verbrämt, den Rat geben, sich das Leben zu nehmen, um die Gesellschaft nicht unnötig zu belasten (siehe oben, Kapitel 4.5). Wird älteren Menschen nicht eigentlich heute schon in all den demografischen Überalterungsdiskursen mehr oder weniger, zumindest implizit, das Lebensrecht abgesprochen? Was erwartet uns, wenn der demografische Druck noch größer wird, weil die politischen Bewältigungsstrategien nicht greifen? Womöglich brennen dann irgendwann nicht mehr nur Asylantenheime, sondern auch Altersheime, wie es einstweilen als dystopische Perspektive zum Glück nur in der literarischen Fiktion aufscheint (vgl. Atwood 2014; dazu auch Kriebernegg 2018b). Wie bereits an früherer Stelle konstatiert, ist es wohl alles andere als eine bloß zufällige Koinzidenz, dass nahezu zeitgleich zur Demografiedebatte in den letzten Jahren zunehmend auch wieder Diskussionen über Sterbehilfe und Euthanasie salonfähig geworden sind. Nicht auszudenken, was uns bevorstehen könnte, wenn dieser Diskurs mit absehbarer Fortdauer der demografischen Problematik weiter an Fahrt gewinnt.

    All das sind einstweilen freilich noch Überlegungen von eher spekulativer Natur. Die genaue Verlaufsform der »Krise der Arbeitsgesellschaft« und die konkreten gesellschaftlichen beziehungsweise politischen Reaktionen darauf lassen sich heute noch nicht verlässlich vorhersagen. Was sich aber erkennen lässt, ist eine gesamtgesellschaftliche Tendenz, und die ist mehr als deutlich: Die Digitalisierung und Automatisierung wird Arbeitsplätze in bisher unbekannter Größenordnung vernichten; all das – und daran lassen sämtliche Studien und Prognosen zur »Zukunft der Arbeit« kaum einen Zweifel – in einem Zeithorizont, der höchstens noch in einigen wenigen Jahrzehnten zu bemessen ist. Vor diesem Hintergrund könnten sich die oben angestellten spekulativen Überlegungen sehr bald als deutlich realistischer erweisen als die zahlreichen Konzepte, Strategien und Expertisen von Alterswissenschaftler/innen, die davon ausgehen, die Herausforderungen einer »alternden Gesellschaft« durch Arbeit bis ins hohe Alter lösen zu können.

»Nur wenn, was ist, sich ändern lässt, ist das, was ist, nicht alles.«

Theodor W. Adorno

»Es genügt nicht, die Welt zu verändern. Das tun wir ohnehin.
Und weitgehend geschieht das sogar ohne unser Zutun.
Wir haben diese Veränderung auch zu interpretieren. Und zwar,
um diese zu verändern. Damit sich die Welt nicht weiter
ohne uns verändere. Und schließlich in eine Welt ohne uns.«

Günther Anders

8. Jenseits der Dissoziation des Alters?
Perspektiven der Überwindung

Die in dieser Arbeit entwickelten Grundrisse einer kritischen Theorie des Alter(n)s in der kapitalistischen Gesellschaft verweisen auf einen wesentlichen Sachverhalt, der in der sich kritisch mit Altersdiskriminierung und Altersfeindlichkeit befassenden Gerontologie und Alterssoziologie erst noch in den wissenschaftlichen Fokus rücken müsste: Unter kapitalistischen Prämissen, so sollte plausibel gemacht werden, ist ein anderes als ein negatives Altersbild illusorisch und schlicht nicht zu haben. In einer Gesellschaft, in der alles nicht in der kapitalistischen Verwertungslogik Aufgehende, all das, was aus dem kapitalistischen Kategoriensystem von Arbeit, Leistung, Produktivität usw. herausfällt, in den Status eines Minderwertigen und Defizitären herabgedrückt wird, in der »als Norm des gelungenen Alters die möglichst weite Annäherung an die Leistungsfähigkeit sowie an die äußere und innere Gestalt des Jugendlichen« (Kruse 2017: 23) gilt und die sich daher, mit den Worten von Ernst Bloch, »verzweifelt auf Jugend schminkt« (Bloch 1959: 40) – in einer solchen Gesellschaft kann das Alter nie etwas anderes als ein Defizit und etwas Störendes sein. Umso notwendiger ist daher eine Kritik an Altersfeindlichkeit und Altersdiskriminierung, die diese unhintergehbaren gesellschaftlichen Bedingungszusammenhänge hinreichend berücksichtigt. Andernfalls bleibt einem nur die Beschwörung eines positiven Altersbildes – und die wird leider nicht viel helfen, sondern, im Gegenteil, die auch weiterhin bestehende altersfeindliche kapitalistische Grundstruktur ideologisch verkleistern und diese damit auch noch unfreiwillig selbst stabilisieren und nachhaltig reproduzieren.

Gerade das paradoxe Zusammenfallen von »positivem« Altersbild (»junges, aktives Alter«) und radikaler Zuspitzung von Altersfeindlichkeit in der Postmoderne, das besonders an der Verwandtschaft von Active-Ageing-Programmen mit Diskursen und Praktiken des Anti-Ageing ersichtlich wird, sensibilisiert dafür, dass Bemühungen um eine Verbesserung gesellschaftlicher Altersbilder und eine Überwindung altersfeindlicher Strukturen, sofern sie nicht gleichzeitig auf eine radikale Kritik der dafür grundlegenden kapitalistischen Verhältnisse abzielen, notwendig und von vornherein zum Scheitern verurteilt sind. Die Aktivierung der Alten und ihre darüber vermittelte, angebliche »soziale Inklusion« läuft letztlich auf nichts anderes als deren gesellschaftliche Negation als Alte hinaus und ist gebunden an die möglichst lange Erhaltung von Aktivität, Produktivität, Fitness und Jugendlichkeit, die den Menschen im eigenen wie auch gesamtgesellschaftlichen Interesse vor dem Hintergrund des demografischen Wandels explizit und mit tendenziell immer größerem Nachdruck abverlangt wird. Diese Negation wird dabei nicht zuletzt von den Menschen selbst durch eine breite Vielfalt von Anti-Ageing-Praktiken, für die eine beständig wachsende Anti-Ageing-Industrie die Mittel bereitstellt, an sich und ihren Körpern exekutiert. Eben das macht die überwiegende gerontologische Kritik an den Auswüchsen der Anti-Ageing-Medizin bislang auch so zahnlos: Ohne eine realistische Einschätzung und hinreichende Kenntnisnahme und Berücksichtigung der bestehenden kapitalistischen Strukturen und der aus ihnen resultierenden, in den Subjekten wirksamen Identitätszwänge kann bloß moralisch gegen die Anti-Ageing-Industrie argumentiert werden, die sich gleichwohl nicht davon abbringen lassen wird, das Alter(n) zu einer behandelbaren Krankheit zu erklären. Die Praxis der Anti-Ageing-Medizin unterscheidet sich durch nichts von der Praxis anderer kapitalistischer Branchen und Geschäftszweige, die im Prinzip nichts anderes tun, als für eine bestehende Nachfrage ein entsprechendes Angebot bereitzustellen. Dass diese dabei freilich stets aktiv daran beteiligt sind, diese Nachfrage zu schaffen, indem sie bestimmte Bedürfnisse verstärken oder auch überhaupt erst hervorbringen, gehört ebenfalls zum Wesen eines jeden Geschäfts unter gesellschaftlichen Bedingungen, unter denen jedwede Tätigkeit dem alleinigen Selbstzweck der Kapitalverwertung unterliegt. Moralisch ist der Anti-Ageing-Medizin daher nicht beizukommen. Der wirtschaftliche Erfolg gibt ihr recht, denn hinter diesem Erfolg steht eine wachsende Schar von Kundinnen und Kunden, die ihre Dienste in Anspruch nehmen und bereit sind, ihr Geld dafür auszugeben.

Generell entspricht die Neigung der Anti-Ageing-Medizin, das Alter(n) auf eine behandelbare Krankheit zu reduzieren, nur einer allgemeineren, gesellschaftlich weit verbreiteten Tendenz zur Pathologisierung des Alter(n)s, die historisch tief in der Naturbeherrschungsrationalität der modernen Gesellschaft und ihrer Wissenschaft angelegt ist. Was Anselm Jappe vor allem mit Blick auf die Gentechnologie (die ja auch im Anti-Ageing eine wesentliche Rolle spielt) konstatiert, kann umstandslos auf die Anti-Ageing-Medizin übertragen werden: Die Anti-Ageing-Medizin entspricht durch und durch »den Grundtendenzen der mit der Wertgesellschaft entstandenen Wissenschaft« (Jappe 2001: 95). Sie lässt sich daher nicht »von der Entwicklung trennen, die sie hervorgebracht hat, und als monströsen Auswuchs abschaffen, um dann mit derselben Wissenschaft, derselben Technik (...), derselben Medizin wie vorher weiterzumachen« (ebd.: 94). Auch eine Kritik am Anti-Ageing der Gegenwart erfordert also eine umfassende und radikale Kritik der modernen, kapitalistischen Gesellschaft insgesamt, inklusive ihres Wissenschaftsbetriebs.

Nun vermag eine kritische Theorie des Alter(n)s, wie sie hier in Grundzügen vorgelegt wurde, zwar eine theoretische Erklärung der vorherrschenden gesellschaftlichen wie auch individuellen Negativität gegenüber dem Alter(n) anzubieten und nachdrücklich auf die Veränderungsbedürftigkeit der bestehenden gesellschaftlichen Verhältnisse hinzuweisen, ebenso darauf, wie weit diese Veränderungen gehen müssten, um tatsächlich eine nachhaltige Veränderung zum Besseren zu bewirken. Sie vermag allerdings nicht, konkrete Empfehlungen und Handlungsanweisungen für eine derartige Veränderung zu geben. Auch darin folgt sie, wie schon in vielen anderen Punkten, den Einsichten der Kritischen Theorie. Bereits Adorno hat stets darauf hingewiesen, dass sich Theorie und Praxis »nicht in ein Kontinuum eintragen lassen«, womit er ausdrücken wollte, dass zwischen Theorie und Praxis eine Spannung besteht, die nicht einseitig zugunsten eines der beiden Pole aufgelöst werden kann – etwa in der Form, dass aus theoretischen Befunden unmittelbar praktische Schlussfolgerungen abgeleitet werden oder Theorie überhaupt nur auf einen bloßen Wissenslieferanten für die Praxis reduziert wird (vgl. Adorno 2003g). In einem solchen unmittelbar praxisorientierten Theorieverständnis sah die Kritische Theorie stets die Gefahr falscher Kompromisse mit den gesellschaftlichen Verhältnissen im Interesse einer praktischen Anwend- und Umsetzbarkeit kritisch-theoretischer Befunde. Vielleicht veranschaulichen gerade die verbreiteten gerontologischen Versuche einer Verbesserung gesellschaftlicher Altersbilder, etwa im Kontext des »aktiven Alterns«, die unbedingte Berechtigung solcher Vorbehalte gegenüber primär praktisch orientierten Formen der Kritik – sind doch die damit assoziierten Konzepte und Praktiken, wie in dieser Arbeit gezeigt, nicht nur vielfach erkauft durch eine systematische Ausblendung der tieferen gesellschaftlichen Ursachen negativer Altersbilder, sondern disponieren Gerontologinnen und Gerontologen oftmals sogar dazu, das Gegenteil des Intendierten zu bewirken, da sie mit ihren Konzepten und Strategien eine offene Flanke zu Anti-Ageing-Diskursen aufweisen und einer gesamtgesellschaftlichen, im Kern selbst altersfeindlichen Tendenz zur »Alterslosigkeit« Vorschub leisten. Gerade vor solchen Formen des Abgleitens sozialwissenschaftlicher Kritik in Affirmation und damit Ideologie vermag Kritische Theorie zu bewahren. Überlegungen bezüglich Perspektiven einer praktischen

Überwindung der Dissoziation des Alters und der auf ihr beruhenden strukturellen Altersfeindlichkeit moderner Gesellschaften sind vor diesem Hintergrund vielleicht, angesichts des problematischen »affirmativen Potenzials« (Stückler 2015) konkreter Utopien und darauf beruhender Praxisorientierungen, weniger in positiver als vielmehr in negativer Form zu formulieren. Mit anderen Worten: Es lässt sich nicht so sehr bestimmen, wie ein positiveres Altersbild, eine »altersfreundliche Kultur« usw. konkret beschaffen sein und wie diese praktisch erreicht werden könnten, sondern eher, wie diese *nicht* sein und *nicht* herbeizuführen sein werden. Aus einer derart beschaffenen Perspektive *ex negativo* können also auf der Grundlage der in dieser Studie erarbeiteten gesellschaftstheoretischen Befunde zumindest einige, wenngleich recht vage, bewusst nicht konkretistisch, das heißt auf unmittelbare praktische Anwendbarkeit bezogene, Schlussfolgerungen abgeleitet werden.

Angesichts der tief in den Strukturen und Funktionslogiken kapitalistischer Gesellschaften begründet liegenden und im Anti-Ageing der Gegenwart lediglich einen neuen Höhepunkt erreichenden Altersfeindlichkeit müsste eine emanzipatorische Kritik und Praxis vor allem darauf gerichtet sein, die kapitalistische Form des Alter(n)s – und das heißt insbesondere: die im Kapitalismus institutionalisierte Form des »Lebenslaufs« insgesamt – radikal zur Disposition zu stellen. In diesem Punkt haben postmodern-poststrukturalistisch argumentierende Altersforscher/innen wie Silke van Dyk durchaus recht: Eine wesentliche Grundbedingung der modernen Altersfeindlichkeit besteht in der Tat in der gesellschaftlichen Konstruktion distinkter Lebensphasen, die überhaupt erst auch das »Alter« als eine eigenständige Lebensphase mit einer spezifischen, vom übrigen Leben verschiedenen (wenngleich dabei von den Menschen praktisch kaum lebbaren und daher mit aller Kraft geleugneten und abgewehrten) Altersidentität hervorbringt. Diese Lebensphasen sind aber, wie speziell in Kapitel 3 der vorliegenden Arbeit dargelegt wurde, ein genuin kapitalistisches Produkt. Es ist die gesellschaftliche Zurichtung und Disziplinierung der Menschen und die Ausrichtung ihres gesamten Lebens entlang der abstrakten Arbeit mit ihren Leistungs- und Produktivitätszumutungen, die den Lebenslauf in strikt voneinander geschiedene Lebensphasen zerfallen lässt, wobei sich das Alter gerade durch das Ausscheiden aus dem gesellschaftlichen Arbeitsprozess konstituiert. Eben daraus resultiert wesentlich die tiefsitzende, bis in die subkutanen Tiefenschichten der modernen Subjektivität eingedrungene Feindschaft gegenüber dem Alter(n) wie auch gegenüber alten Menschen, da Alte in einer kapitalistischen Gesellschaft, die sich nun einmal (frei nach Hannah Arendt) auf nichts weiter versteht als auf Arbeit, Arbeit und nochmal Arbeit (vgl. Arendt 2005: 13), oftmals nur als unproduktive Kostenfaktoren und »unnütze Esser« erscheinen. Hinzu kommt der Verlust der sich durch Arbeit und damit assoziierte beziehungsweise davon abgeleitete Leistungs-, Aktivitäts-, Fitness- und Autonomieideale identifizierenden Subjektivität, den das Alter durch das Ausscheiden aus der Arbeit, aber auch aufgrund einer steigenden Wahrscheinlichkeit für physische und funktionale Einschränkungen real wie symbolisch bedeutet. Es genügt daher nicht, die bloße Existenz distinkter Lebensphasen zu problematisieren, sondern es ist die kapitalistische Form des modernen Lebenslaufs als solche ins kritische Visier zu nehmen, da ohne deren theoretische Berücksichtigung die Kritik zwangsläufig ins Leere laufen muss.

Das Problem lässt sich erst recht nicht auf die Binarität von Kategorien wie »jung« und »alt« reduzieren, auf deren Dekonstruktion ebenfalls vor allem postmoderne und (de)konstruktivistische Ansätze in der Altersforschung drängen, um so der gesellschaftlichen Abwertung des Alters entgegenzuarbeiten (vgl. Dyk 2016b; Maierhofer 2015a). Das hierarchische Verhältnis zwischen »jung« und »alt« in der modernen Gesellschaft liegt nämlich durchaus nicht bloß in der Binarität dieser Kategorien begründet. Diese könnte sich ja theoretisch auch auf nichts weiter beziehen als auf die bloße Bezeichnung des Sachverhalts, dass manche Menschen schon länger auf der Welt sind als andere (und umgekehrt), ohne dass damit irgendeine Wertung, geschweige denn eine hierarchische Ordnung verbunden sein müsste. Das Hierarchische, konkret die Minderbewertung des Alters gegenüber der Jugend, entspringt allein der »Wertehierarchie« kapitalistischer Gesellschaften, in der das Alter einen Aggregatzustand menschlicher Existenz darstellt, der mit einer Arbeits- und Konkurrenzsubjektivität, wie sie der modernen Subjektform konstitutiv zugrunde liegt, schlicht und ergreifend unvereinbar ist. Wer diesen grundlegenden gesellschaftlichen Zusammenhang nicht zur Kenntnis nimmt, wird sich noch so lange der Dekonstruktion von Kategorien wie »Jugend« und »Alter« widmen können – es wird sich dadurch nichts Wesentliches verändern, da das eigentliche Problem durch die Dekonstruktion gar nicht berührt wird, nämlich die kapitalistische Form des »institutionalisierten Lebenslaufs« und die daran gekoppelte, von der abstrakten Arbeit abgeleitete Konstruktion chronologisch distinkter Lebensphasen nach dem Schema Aufbau (Kindheit und Jugend als Phase der Erziehung und Ausbildung), Hochphase (Erwerbsphase, »mittleres Alter«) und Abbau (Alter, Ruhestand). Das wahrscheinlichste Resultat, das diese Dekonstruktionspraxis zeitigen dürfte (vergleichbar den Praktiken der Queer-Bewegung mit Blick auf Geschlecht und Sexualität, die vermutlich nicht zufällig in jüngster Zeit vermehrt auch im Kontext des Alterns Beachtung finden, vgl. Dyk 2014), ist die sukzessive Verflüssigung von Altersnormen und Altersidentitäten, die aber ohnehin (und ausgerechnet) dem gegenwärtigen Trend zur »Alterslosigkeit« und zum »jungen Alter« entspricht und damit immer schon eine offene Flanke zu aktuellen Anti-Ageing-Tendenzen hat.[194] Erforderlich wäre daher vielmehr, eine Perspektive gesellschaftlichen Lebens jenseits der wertförmigen Fetischformen von Arbeit, Wert, Aktivität, Produktivität, Leistung usw. zu erarbeiten, damit »Alter« nicht länger nur den Status und die Bedeutung eines minderwertigen Anderen gegenüber den übrigen (ebenfalls sozial konstruierten) Lebensphasen wie Jugend und »mittleres Alter« hat. Erst wenn die kapitalistische Wert-Abspaltungsstruktur und mit ihr die Dissoziation des Alters aufgehoben ist, könnte »Alter« auch etwas anderes sein als eine minderwertige und möglichst zu vermeidende Daseinsform, könnten Altersfeindlichkeit und Altersdiskriminierung überwunden werden. Aber das setzt eben notwendig die Überwindung der kapitalistischen Gesellschaftsform und ihres entlang der abstrakten Arbeit ausgerichteten Lebenslaufs voraus. Oder um es mit den Worten von Roswitha Scholz zu formulieren (und dabei ihre Kritik an dekonstruktivistischen Ansätzen vom Geschlechterverhältnis auf den Problembereich des Alterns zu übertragen): Was anstelle einer Dekonstruktion des »Alters«, von kulturell konstruierten »Lebensphasen« oder von Kategorien wie »jung« und »alt« anstünde, wäre mithin »die ›Dekonstruktion‹ der ontologisierten ›Arbeit‹, des ewigen ›Tuns‹ und ›Machens‹ als eines historisch-kulturell gewordenen Fetischs (...), der von einem begrenzten kulturellen Einzugsbereich ausgehend eine fatale, in der Menschheitsgeschichte beispiellose Wirkmächtigkeit erhielt und in einem zerstörerischen Machbarkeitswahn ausartete« (Scholz 1995: 53) – ein Machbarkeitswahn, der heute in Gestalt einer Anti-Ageing-Medizin sogar auf die radikale Überwindung und Abschaffung des Alter(n)s überhaupt abzielt.

Vergleichbares wie für den modernen Lebenslauf und das Alter als distinkte Lebensphase gilt aus denselben Gründen für Fragen der »Identität« im Alter. Solche Fragen stehen in der Gerontologie schon deshalb, geradezu naturgemäß, im Mittelpunkt der Forschung, da das Alter in modernen Gesellschaften, aufgrund der Ausgliederung aus der Arbeit, eine tiefe Zäsur im Leben eines Menschen bedeutet. Die Bewahrung einer einigermaßen tragfähigen sozialen wie auch personalen Identität gehört daher zu den großen Herausforderungen des Lebens im Ruhestand. Davon zeugt schon die berühmte Kontroverse zwischen den beiden (auf den ersten Blick) so gegensätzlichen gerontologischen Paradigmen der Aktivitäts- und der Disengagement-Theorie. Wenngleich auf verschiedene Weise, versuchen doch beide Ansätze eine Antwort zu finden auf die mit dem Ruhestand notwendig aufgeworfene Frage, wie sich ein Mensch, der sein ganzes Leben lang primär zur Arbeit sozialisiert wurde, mit seiner Ausgliederung aus der Arbeit umgehen soll. Der Ausgang der Kontroverse ist bekannt: Es gilt heute als Common Sense, dass die adäquateste Anpassung an das Alter in der Aufrechterhaltung von Aktivität besteht, die in Zeiten des »aktiven Alterns« und vor dem Hintergrund des demografischen Wandels möglichst auch gesellschaftlich nützliche Formen annehmen soll, etwa in Gestalt eines bürgerschaftlichen Engagements. Besonders betont wird dabei auch stets, dass eine gesellschaftlich nützliche Aktivität im Alter für alle Beteiligten, sowohl Alte als auch Gesellschaft, Vorteile bringt, da dies nicht nur der Gesellschaft bislang brachliegende »produktive Potenziale« erschließe, sondern darüber hinaus für ältere Menschen eine hervorragende Möglichkeit biete, sich weiterhin für die Gesellschaft zu engagieren, was sich wiederum positiv sowohl auf das Fremd- als auch auf das Selbstbild alter Menschen auswirke. Als positiv, ja »gelungen«, wenn nicht gar »erfolgreich«, gilt seither eine Identität im Alter, die sich punkto Orientierung an Aktivität, Produktivität, Fitness usw. nicht signifikant von jener im »mittleren Alter« unterscheidet. Fragen der »Identität im Alter« rücken somit in der Gerontologie ausschließlich unter Gesichtspunkten in den Fokus, die bereits a priori von der kapitalistischen Form der Gesellschaft, des »institutionalisierten Lebenslaufs« und der darin vorherrschenden (arbeits- und leistungsorientierten) Sozialisationsmodi vorgegeben werden – mit allen Beschränkungen, die einem dadurch auferlegt werden und einen insbesondere davon abhalten, Alter(n) eventuell auch ganz anders zu denken als in der überkommenen, entweder defizitorientierten oder von kapitalistischen Aktivitäts-, Produktivitäts- und Fitnessidealen geprägten Weise. Systematisch vernachlässigt werden muss dabei etwa schon die Frage (davon zeugt insbesondere der in Kapitel 6.3 dargestellte Umgang der Gerontologie mit Phänomenen wie dem Pensionsschock oder altersspezifischen Gefühlen des Nicht-mehr-gebraucht-Werdens), ob denn eine »gelungene« beziehungsweise positive personale Identität im Alter – im Sinne eines einigermaßen gesunden, nicht durchweg prekären und oftmals auch autorepressiven Selbstverhältnisses von Menschen – nicht überhaupt nur in einem Dasein denkbar wäre, das nicht durch einen lebenslangen verzweifelten Kampf um Anerkennung entlang gesellschaftlicher Arbeits-, Leistungs- und Nützlichkeitsanforderungen bestimmt wird; ein Kampf, der Menschen letztlich ja sogar dazu nötigt, den unleugbaren physiologischen

Prozess des Alterns von der eigenen Person abzuspalten, bloß um einen von vornherein auf Arbeits-, Leistungs-, Geld-, Wert- und andere kapitalistische Kategorien reduzierten Subjektstatus zu bewahren, weil dies nun einmal der einzige Subjektstatus ist, der unter Wertvergesellschaftungsprämissen die Anerkennung als »Mensch« verspricht. Es liegt auf der Hand, dass ein solches, alternatives alter(n)sbezogenes Selbstverhältnis von Menschen eine ganz andere Form der Vergesellschaftung und insbesondere auch ein vollkommen anders geartetes Verständnis von Ablauf und Gestaltung des Lebens voraussetzen würde, als es heute bestimmend ist. Vermutlich ist das auch ein wesentlicher Grund, weshalb derartige Überlegungen in der Gerontologie nicht einmal unter der Rubrik »Utopie« vorkommen, weil dieser damit unter Umständen ein wesentliches Betätigungsfeld und damit auch ein beträchtlicher Teil ihrer Daseinsberechtigung verloren gehen könnte. Denn unter den Bedingungen eines Lebenslaufs, der das Leben nicht mehr in Leben und Arbeit zerfallen lässt – wobei »Leben« im Sinne von Freizeit, also von Arbeit freier Zeit, zum bloßen Anhängsel und im Alter gar nur zum kümmerlichen Rest des Berufslebens wird, weshalb die im Ruhestand freigewordene Zeit zwanghaft mit Pseudobeschäftigungen ausgefüllt werden muss –, unter den Bedingungen eines solchen alternativen Lebenslaufverständnisses also, welches das Leben nicht mehr ausschließlich entlang der (Lohn-)Arbeit strukturiert, könnte letztlich vielleicht sogar das »Alter« als Strukturkategorie selbst obsolet werden, womit im Weiteren auch jede Notwendigkeit der Entwicklung und Erhaltung einer spezifischen, vom übrigen Leben distinkten »Altersidentität« entfiele. Eine »Altersidentität« ist nur unter gesellschaftlichen Bedingungen erforderlich, unter denen »Alter« eine sozial relevante, Status und Alltag eines Menschen unmittelbar prägende Differenz markiert. Das heißt, bereits das die heutige Gerontologie so sehr beschäftigende Problem der »Identität im Alter« ist im Grunde so historisch-spezifisch wie der moderne Lebenslauf selbst und stellt sich daher nur so lange, als dieser moderne, rund um die Arbeit zentrierte und institutionalisierte Lebenslauf existiert. Solange jedoch dieser Lebenslauf existiert und die Arbeit das Leben der Menschen bestimmt, solange bleiben auch alle damit verbundenen Identitätszwänge bestehen, die den Menschen heute so viel Leiden verursachen und sie mit zunehmendem Alter zu einem regelrechten Kampf um eine unweigerlich prekäre »Altersidentität« nötigen.

Es ist vielleicht an dieser Stelle, um Missverständnisse zu vermeiden, nochmals zusammenfassend auf zwei wesentliche Bedeutungen oder Dimensionen des Alters hinzuweisen, die analytisch differenziert werden müssen. Deren Unterscheidung zieht sich, wenn auch eher implizit, bereits durch die gesamte vorliegende Arbeit. Besonders im Hinblick auf Perspektiven einer Überwindung der Dissoziation des Alters, wie sie hier erörtert werden, erscheint es jedoch geboten, nochmals ausdrücklich daran zu erinnern: Wenn in dieser Arbeit von Alter(n) die Rede war, so war damit immer sowohl eine »biologische Grundbefindlichkeit« (Schelsky 1965: 199) als auch eine gesellschaftliche Konstruktion gemeint. Das Alter(n) ist zunächst einmal ein unleugbarer physiologischer Prozess, der zwar bei jedem Menschen unterschiedlich verläuft, den aber jeder und jede im Laufe seines beziehungsweise ihres Lebens absolviert und an dessen Ende unweigerlich der Tod steht. Daran wird sehr wahrscheinlich (und glücklicherweise) auch die Anti-Ageing-Medizin nichts ändern können. Das »Alter« als eigenständige, chronologisch distinkte Lebensphase – insbesondere in der Form, wie wir sie kennen, nämlich vor allem als Phase des Ruhestands – ist hingegen ein gesellschaftliches Konstrukt, das darüber hinaus historisch unmittelbar an die kapitalistische Form der modernen Gesellschaft gebunden ist. Und diese historisch spezifische Konstruktion des Alters hat wiederum – wie ja gerade an den heutigen Anti-Ageing-Tendenzen abgelesen werden kann – enorme Auswirkungen auf die biologische Dimension des physischen Alterns; darauf, wie wir den physiologischen Alterungsprozess wahrnehmen, wie wir ihn bewerten, wie wir damit umgehen und wie wir womöglich auch (heute sogar in zunehmendem Maße) in ihn eingreifen. Eine Überwindung der modernen Dissoziation des Alters und der ihr maßgeblich zugrunde liegenden, spezifisch modernen Lebensphase »Alter«, wie sie hier als mögliche Zukunftsperspektive ins Auge gefasst wird, wäre also sicherlich nicht gleichbedeutend mit einer Abschaffung des Alters überhaupt (auf solchen Unfug zielt eben nur die heutige Anti-Ageing-Medizin in ihren extremen, transhumanistischen Ausprägungen ab). Solange Menschen einem biologischen Alterungsprozess unterliegen, werden sie sich auch immer irgendwie dazu verhalten müssen, wird Alter(n) also immer ein relevantes Thema für sie sein. Relevant wird Alter schon deshalb stets sein, weil es immer Generationenbeziehungen geben wird, die zu gestalten sind, also Beziehungen und Interaktionen zwischen Menschen, die früher, und solchen, die später geboren sind. Daraus folgt aber nicht, dass das Alter die Gestalt einer distinkten, sozial normierten und regulierten Lebensphase annehmen muss. Dagegen spricht schon, dass vormoderne Gesellschaften zwar sehr wohl ein Alter kannten, dieses aber durchaus nicht die Form einer eindeutig fixierten und definierten Lebensphase hatte, wie dies in modernen Gesellschaften der Fall ist. Was sich also in einer zukünftigen, von der Dissoziation des Alters befreiten Gesellschaft definitiv ändern würde und müsste, sind die Formen der sozialen und kulturellen Konstruktion des Alter(n)s, und dies impliziert insbesondere die gesellschaftliche wie auch individuelle Sicht auf jenen unleugbaren, quasi »natürlichen«, biologischen Alterungsprozess.

Diese Präzisierung ist auch deshalb sinnvoll, wenn nicht erforderlich, da gerade in der Frage »Alter als biologische Tatsache« versus »Alter als soziale Konstruktion« sich die gerontologische Theoriebildung bislang in tiefe und geradezu unauflösbare Aporien verstrickt. Hier stehen auf der einen Seite, gewissermaßen als der radikalste Theoriestrang einer Kritischen Gerontologie, die bereits erwähnten postmodernen, poststrukturalistischen und (de)konstruktivistischen Ansätze mit ihrem Anliegen einer Dekonstruktion von Lebensphasen sowie gesellschaftlich beziehungsweise diskursiv produzierten Kategorien wie »jung« und »alt«. Solche Ansätze verheddern sich gerade mit Blick auf biologische Aspekte und in der Frage der »Natürlichkeit« des Alter(n)s fast schon mit Notwendigkeit in einen relativistischen Radikalkonstruktivismus, der das Alter(n) überhaupt auf eine bloße soziale Konstruktion zu reduzieren neigt, womit mehr oder weniger explizit sogar noch das fundamentalste und wahrscheinlich einzige tatsächlich biologische Substrat des Alter(n)s der Tendenz nach negiert wird: nämlich jener schlicht unhintergehbare physiologische, quasi »natürliche« Prozess des Alterns. Zumindest implizit ergibt sich dies aus theoretischen Bestimmungen, wonach mit Blick auf verbreitete Anti-Ageing-Praktiken und -Strategien nicht einmal kritisch von einer »Altersverdrängung« gesprochen werden dürfe, da ja nur verdrängt werden könne, was als gegeben vorauszusetzen sei, der (wenn auch kritisch gemeinte) Befund einer »Altersverdrängung« also de facto einer (Re-)Naturalisierung des Alters gleichkomme (vgl. Dyk 2009: 324f.). Dem gegenüber steht ein in der sozialwissenschaftlichen Alter(n)sforschung ebenso weit verbreiteter, zumindest impliziter Naturalismus, der sich in der Kritik gegen aktuelle Aktivierungs- und Anti-Ageing-Tendenzen nicht anders zu helfen weiß, als für die Anerkennung der spezifischen Dignität des Alters als einer eigenständigen Lebensphase jenseits gesellschaftlicher Aktivitäts- und Produktivitätsnormen zu plädieren, was letztlich aber in der Tat nur auf eine Ontologisierung und Naturalisierung des Alters (in seiner modernen und als solcher »dissoziierten« Form) hinausläuft (z. B. Andrews 1999; Biggs 2004a; Tornstam 2005; Behnke 2018). Dies sind gewissermaßen die beiden Pole, zwischen denen sich die Kritik an Altersfeindlichkeit, Altersdiskriminierung, Anti-Ageing etc. bewegen muss, solange nicht kritisch an der historisch-spezifischen, kapitalistischen Form des modernen Alter(n)s gerührt wird. Immanent gibt es offenbar nur die Alternative, das Alter entweder in seiner kapitalistisch zugerichteten und deformierten Gestalt zu idealisieren und zu naturalisieren oder aber es überhaupt als Kategorie gleichsam aus der Welt zu »dekonstruieren«. Zwischen diesen beiden Polen bewegt sich sodann der gesamte gerontologische Mainstream, der sich heute zunehmend – um es an dieser Stelle vielleicht etwas polemisch auszudrücken – einer Form des Vulgärkonstruktivismus befleißigt, soweit ihm eine sozialkonstruktivistische Perspektive dazu dient, das Alter in Übereinstimmung mit dem eigenen Ideal eines »aktiven Alterns« als eine weiterhin aktive Lebensphase »neu zu denken«. Vor diesem Hintergrund überrascht es daher auch nicht, dass dabei immer wieder auch naturalistische und biologistische Denkmuster quasi durch die Hintertür hereinkommen, da die propagierte Norm des »aktiven Alterns« die negativ konnotierten physiologischen Aspekte und Begleitumstände des Alter(n)s (funktionale Einschränkungen, Pflegebedürftigkeit, Demenz etc.) perspektivisch lediglich ins hohe und höchste Alter verlagert, das nunmehr tendenziell in Wissenschaft und Gesellschaft als umso größeres Schreckgespenst eines körperlichen und geistigen Verfalls und eines menschenunwürdigen Siechtums umgeht. Nicht zufällig finden sich in der Gerontologie nur sehr wenige Studien, die die ansonsten so sehr beschworene »Potenziale«-Perspektive auf das hohe und höchste Alter anwenden – und sei es nur im Hinblick auf die vielfältigen Strategien, die hochaltrige Menschen einsetzen, um mit den im hohen Alter stetig wahrscheinlicher werdenden Einschränkungen umzugehen (vgl. Kruse 2017; ÖPIA 2018). Einen Ausweg aus diesen Aporien vermag wohl nur die kritische Einsicht zu ermöglichen, dass das Alter(n) weder in seiner Eigenschaft als physiologischer Prozess noch in seiner sozialen beziehungsweise kulturellen Konstruiertheit aufgeht. Weder gibt es ein »natürliches« Alter(n) ohne soziale Konstruktion, sprich ohne gesellschaftliche oder kulturelle Überformung, noch ein sozial oder kulturell konstruiertes Alter(n) ohne einen dafür grundlegenden physiologischen, quasi »natürlichen« Alterungsprozess. Vielmehr ist der physiologische Prozess des Alterns die Grundlage, von der jede soziale Konstruktion des Alter(n)s überhaupt erst ausgehen kann und auf die sie sich stets beziehen muss. Was dabei gesellschaftlich »konstruiert« und auf dieser Basis sozial normiert und reguliert wird, ist die Tatsache, dass Menschen im Laufe ihres Lebens »altern« und dass es daher in der Gesellschaft eine Gruppe »alter« Menschen gibt, die sich von den anderen Gesellschaftsmitgliedern dadurch unterscheiden, dass ihre Lebenszeit und ihr physischer Alterungsprozess bereits weiter fortgeschritten sind. Eine anzustrebende, neue gesellschaftliche Sicht auf das Alter(n) steht und fällt vor diesem Hintergrund insbesondere mit dem gesellschaftlichen und individuellen Blick auf die zunächst einmal biologische Tatsache des physischen Alterns: Wird das Altern als immer auch biologischer Prozess in Hinkunft als ein »natürlicher« und als solcher lebbarer Bestandteil der menschlichen Existenz wahrgenommen und akzeptiert werden können? Oder muss er aufgrund der vorherrschenden gesellschaftlichen Rahmenbedingungen und Subjektivierungsformen weiterhin zwanghaft geleugnet und verdrängt werden? Daran, wie die Menschen mit dem untrennbar zu ihrer leiblichen Existenz gehörenden physischen Alterungsprozess (und damit verbunden: mit ihrer Endlichkeit als biologische und daher sterbliche Wesen) umgehen, wie sie diesen wahrnehmen, denken und gestalten, daran ist und wird auch in Zukunft die »Alterskultur« einer Gesellschaft primär zu beurteilen sein. Dies nicht zuletzt deshalb, da davon sehr wahrscheinlich auch abhängt, wie eine Gesellschaft mit ihren alten Menschen umgeht.

Den biologischen Prozess des Alterns jenseits der Dissoziation des Alters als »natürlichen« Bestandteil des Lebens akzeptieren und leben zu können, wäre dabei freilich durchaus nicht gleichbedeutend damit – was ja andernfalls selbst nur auf einen schlechten Naturalismus hinausliefe –, die mit diesem Prozess verbundenen physischen Veränderungen und Begleitumstände einfach als gegeben und unausweichlich hinzunehmen und sich sozusagen in sein »natürliches Altersschicksal« zu ergeben, weil das zum Altern nun einmal »dazu gehört«. Altern, insbesondere in Gestalt seiner zahlreichen physischen Begleiterscheinungen, wird ebenso wie die eigene Sterblichkeit wohl immer eine individuelle Herausforderung bedeuten, mit der der Mensch umgehen muss und die mit Sicherheit nie leicht zu bewältigen sein wird. An altersbedingten Krankheiten, an Pflegebedürftigkeit, an Demenz, aber auch an der Situation, im höheren Alter mit dem stetig näherrückenden Lebensende (sowohl dem eigenen als auch dem anderer, nahestehender Menschen) umgehen zu müssen, gibt es sicherlich nichts zu beschönigen – dies sind zutiefst existenzielle Fragen und Probleme im Leben eines jeden Menschen, der lange genug am Leben ist, um mit ihnen konfrontiert zu werden. Vermutlich gab es in der Geschichte der Menschheit noch keine Kultur, die dem Alter(n) in jeder Hinsicht positiv gegenübergestanden wäre und in der »alt sein« als unbedingt wünschenswerter Zustand gegolten hätte. Bereits in der Antike versuchten die Menschen, so gut wie möglich dem Alterungsprozess entgegenzuwirken und diesen zu verzögern. Es ist daher auch in einer von der modernen Dissoziation des Alters befreiten Gesellschaft nicht davon auszugehen, dass die Menschen gerne und mit Freude altern und ihrer Endlichkeit gleichgültig und unbeeindruckt gegenüberstehen werden, und sehr wahrscheinlich wird es auch dort Mittel und Wege geben, bestimmte Alterserscheinungen und insbesondere altersassoziierte Krankheiten, soweit möglich und zweckmäßig, hintanzuhalten. Es wäre aber schon ein großer Unterschied und viel gewonnen, wenn all dies unter Bedingungen geschähe, unter denen Altern und Tod nicht mehr, so wie heute, einer unerhörten narzisstischen Kränkung gleichkommen, die nur durch deren radikale Leugnung und Verdrängung zu beschwichtigen ist. Vielleicht wäre hier an eine Haltung gegenüber dem Altern und der eigenen Sterblichkeit zu denken, die Barbara Pichler – unter Rekurs auf den österreichischen Schriftsteller Jean Améry – ein »revoltierendes Anerkennen des Alter(n)s« nennt (Pichler 2011). Dieses bestünde in einer gleichsam dialektisch gebrochenen Akzeptanz des Alter(n)s und der eigenen Endlichkeit, nämlich dergestalt, dass diese immer auch mit einer gewissen Widerständigkeit Hand in Hand ginge. In diesem Sinne nähme der alternde Mensch, wie es bei Améry heißt,

> »seine Ver-Nichtung an, wissend, daß er in dieser Annahme sich selbst nur dann bewahren kann, wenn er sich revoltierend gegen sie erhebt, daß aber – und hierin liegt eben die Akzeptation als Bejahung eines Unumstößlichen – seine Revolte zum Scheitern verurteilt ist. Er sagt nein zur Ver-Nichtung und zugleich Ja zu ihr, denn nur in der ausweglosen Verneinung kann er sich als er selber überhaupt dem Unausweichlichen stellen.« (Améry 1968: 85f.)

Dies ist freilich – um es an dieser Stelle nochmals zu betonen – nicht als eine Art praktische Handlungsanweisung zur immanenten Verbesserung des Altersbildes und der eigenen, individuellen Haltung zum Alter(n) im Hier und Heute zu verstehen (auch wenn es jedem und jeder unbenommen sei und sicherlich nicht schadet, sich diesen in der Tat sehr schönen Gedanken als Orientierung für den eigenen Alternsprozess anzueignen). An ein solches revoltierendes Anerkennen des Alter(n)s wird nämlich praktisch sehr wahrscheinlich erst in einer Gesellschaft jenseits der kapitalistischen Wert-Abspaltungsverhältnisse zu denken sein. Denn erst, wenn es keine Dissoziation des Alters mehr gibt, könnte auch das Alter(n) überhaupt hinreichend »anerkennungsfähig« werden – und ohne Anerkennung bleibt eben nur die »Revolte«, die heute im offenen Krieg gegen das Altern gipfelt, oder umgekehrt die Resignation. Dies gilt vielleicht noch allgemeiner für die Anerkennung des Todes und einen entsprechenden gesellschaftlichen sowie individuellen Umgang mit der Endlichkeit des Menschen – praktisch undenkbar in einer Gesellschaft, die den Tod als nichts weiter als eine »organische Fehlleistung« (Jonas 1979: 48) betrachtet und einen ganzen wissenschaftlichen Apparat dafür aufbietet, den Tod, wenn nicht überhaupt aus der Welt zu schaffen, so doch zumindest so lange wie möglich hinauszuschieben.

Darüber hinaus hätte eine revoltierende Anerkennung des Alter(n)s jenseits der Dissoziation des Alters wohl auch nicht – worauf es speziell bei Pichler im Wesentlichen noch heruntergebrochen wird – auf eine »ambivalente Verschränkung von notwendiger Aktivität und Passivität im Zulassen des Alterns« (Pichler 2011: 6) beschränkt zu sein. Sondern wahrscheinlich würde sich schon die Frage der Aktivität und Passivität in dieser Form entweder gar nicht mehr oder zumindest ganz anders stellen.[195] Aktivität müsste jenseits der kapitalistischen Fetischverhältnisse von Arbeit, Wert, Produktivität, Leistung, Fitness, Autonomie usw. eine völlig neue Bedeutung erlangen, im Sinne eines immer auch mußevollen und selbstbestimmten Tätigseins in der Welt, wodurch Aktivität und Passivität im Grunde aufhören würden, absolute Gegensätze zu markieren, und gleichsam ineinander aufgingen. Unter solchen gesellschaftlichen Prämissen wäre also im Prinzip das Altern, wenn man so will, immer schon und von vornherein ein »aktives Altern« – ohne dass freilich eine derartige Begrifflichkeit dann noch irgendeine Bedeutung haben könnte. Das Ideal eines »aktiven Alterns« gehört allein einem gesellschaftlichen und historischen Kontext an, in dem Alter(n) im Allgemeinen als defizitär gilt und eine Aufwertung ausschließlich durch die Eingemeindung in die aktivitäts- und leistungsorientierten Zusammenhänge der Arbeitsgesellschaft gedacht werden kann. Außerhalb solcher sozialen und kulturellen Kontexte wäre die Vorstellung eines »aktiven Alterns« vermutlich so hinfällig und tautologisch wie die Attribuierung von Wasser als »nass«, von Feuer als »heiß« oder eines Schimmels als »weiß«. Denn das Leben dort könnte über den gesamten Lebenslauf hinweg geprägt sein von sinnvollen, selbstbestimmten Tätigkeiten, auch wenn sich diese freilich in ihrer konkreten Form, je nach den individuellen Möglichkeiten und Bedürfnissen, unterscheiden würden, also mit zunehmender »Bejahrtheit« möglicherweise eine andere Form annehmen würden als in jüngeren Lebensjahren. Alter und Aktivität stünden unter diesen Voraussetzungen somit ebensowenig im Widerspruch wie Aktivität und Muße.

Auch wäre ein solches »revoltierend anerkanntes« Alter(n) wohl ohne Zweifel ein »gesundes Altern« – ein Begriff, der heute, unter kapitalistischen Prämissen, vor allem auf staatliche Gesundheitsförderungsprogramme verweist, die keinen anderen Zweck haben, als die für eine gesellschaftliche Mehrheit massiv gesundheitsschädlichen Auswirkungen der kapitalistischen Lebensweise zu kompensieren (und diese dabei auch noch zu individualisieren), jenseits der kapitalistischen Form aber – außer vielleicht bei individuell nicht vorhersehbaren genetischen Krankheiten oder dergleichen – nur die selbstverständliche Konsequenz eines Lebens bedeuten könnte, das nicht durch Lohnarbeit, Stress, Umweltverschmutzung, Straßenverkehr, Smog, Armut, Mangel-/Fehlernährung, Suchtkrankheiten oder Ähnliches belastet wäre. In diesem Sinne hätte sich vermutlich auch ganz generell erst noch zu erweisen, wie viel von den heute überwiegend mit dem Altern assoziierten Erkrankungen tatsächlich dem biologischen Alterungsprozess geschuldet sind und wie viel davon eigentlich in solchen unmittelbaren Begleiterscheinungen der Wertvergesellschaftung als solcher begründet liegt, beispielsweise hinsichtlich Demenz: Wie viel davon ist eine Folge des »natürlichen«, biologischen Alterungsprozesses und wie viel davon ist etwa auf die Zumutungen entfremdeter, oftmals geradezu geisttötender Arbeit und auf jahrzehntelange, systematische kulturindustrielle Verdummung zurückzuführen? So bekämen immerhin auch gerontologische und epidemiologische Studien nochmals eine etwas andere Bedeutung, die immer wieder auf ein deutlich erhöhtes Demenzrisiko für sozioökonomisch benachteiligte und niedrig gebildete Bevölkerungsschichten hinweisen.

Möglicherweise kämen unter den Bedingungen einer »Alterskultur« jenseits der Dissoziation des Alters sogar manche Dinge überhaupt erst zu ihrem Recht oder zu ihrer sinnvollen Verwendung, die heute, unter kapitalistischen Prämissen, primär dem Anti-Ageing-Sektor zuzuordnen sind, wie lebensverlängernde, das Altern verzögernde medizinische Therapien oder dergleichen. Die Verhinderung oder Verringerung unnötigen Leidens und altersbedingter Erkrankungen steht durchaus nicht im Widerspruch zu einer revoltierenden Anerkennung des Alter(n)s. Vielmehr kann allein darin Sinn und Zweck medizinischer Forschung in einer »menschlichen« Gesellschaft überhaupt bestehen – aber eben nur in einer Gesellschaft ohne Dissoziation des Alters. Nur wo ein revoltierendes Anerkennen des Alter(n)s möglich ist, können Alterssymptome lindernde, das Altern verzögernde Handlungen und Interventionen nicht »anti-ageing« sein. Anders mag es daher um neuere Verfahren und Methoden der Biomedizin und Biotechnologie stehen, wie zum Beispiel die Gentechnologie. Gerade die Gentechnologie erscheint mir angesichts der dahinterstehenden, geradezu wahnhaften Besessenheit von der Machbarkeit und biotechnologischen Vervollkommnung des Menschen viel zu sehr als Produkt einer im postmodernen »Turbokapitalismus« radikal auf die Spitze getriebenen Naturbeherrschungsrationalität, als dass vorstellbar wäre, diese könnte in einer vom kapitalistischen Wert-Abspaltungsverhältnis befreiten Gesellschaft noch eine sinnvolle Verwendung finden. In solchen Fällen bleibt also einfach nur zu hoffen, dass – mit Claus Peter Ortlieb gesprochen – »›unnützes Wissen‹ innerhalb weniger Generationen einfach verlorengeht« (Ortlieb 1998, Fn. 23) und Technologien wie die Gentechnik, so wie auch zahlreiche andere Technologien und Phänomene, die aus der »irrationalen Rationalität« der kapitalistischen Zivilisation geboren sind (Atomkraft, Waffentechnologien, automobiler Individualverkehr etc.), zumindest auf lange Sicht wieder im Orkus der Geschichte verschwinden würden.

Erst dann, in einer Kultur der »revoltierenden Anerkennung des Alter(n)s«, könnte vermutlich auch von einem »Altern in Würde«, das in der Gerontologie heute so gerne beschworen wird, und von einer »Dignität« des Alters überhaupt ernsthaft die Rede sein. In einer Gesellschaft des »dissoziierten Alters«, in der das Alter nichts als ein Defizit und eine minderwertige Existenzform darstellt, ist ein »würdevolles« Altern prinzipiell undenkbar. Noch die Idee und der utopische Gedanke daran laufen unter Wert-Abspaltungsprämissen – jedenfalls sofern damit nicht auch eine Perspektive jenseits kapitalistischer Vergesellschaftung eröffnet wird – im Grunde auf die ideologische Verklärung der unwürdigen sozialen Voraussetzungen des Alter(n)s im Kapitalismus hinaus. Das gilt heute umso mehr, da bereits mit Hochdruck daran gearbeitet wird, die Altenpflege in Zukunft durch Roboter erledigen zu lassen – eine Entwicklung, die wohl ohne Zweifel einem neuen Gipfelpunkt in der gesellschaftlichen Entwürdigung des Alters gleichkäme. Auf der anderen Seite könnte aber freilich selbst die Vorstellung und Begrifflichkeit eines »würdevollen Alterns« im Augenblick seiner gesellschaftlichen Realisierung obsolet werden, denn dieses würde unmittelbar in der allgemeinen Menschenwürde innerhalb einer selbst menschenwürdigen Gesellschaft aufgehen. Es wäre die Würde eines Menschen, dessen Leben nicht länger bestimmt würde von abstrakten gesellschaftlichen Form- und Strukturzwängen wie Wert, Arbeit, Produktivität, Aktivität oder Leistung und der daher endlich nicht mehr nur (wenn überhaupt) *alt werden*, sondern dabei auch *alt sein* dürfte – was auch immer das dann heißen mag. Eine Gesellschaft, in der das jemals möglich sein soll, kann aber unmöglich noch eine kapitalistische sein.

Literatur

Achenbaum, W. Andrew (1995): Crossing frontiers: Gerontology emerges as a science. New York: Cambridge University Press.
Adam, Ursula/Mühling, Tanja/Förster, Mandy/Jakob, Désirée (2014): Enkelkinderbetreuung. Facetten einer wichtigen intergenerationalen Leistung. Opladen: Budrich.
Adorno, Theodor W. (1971 [1959]): Was bedeutet: Aufarbeitung der Vergangenheit. In: Adorno, Theodor W.: Erziehung zur Mündigkeit. Frankfurt am Main: Suhrkamp, S. 10–28.
Adorno, Theodor W. (1981 [1958]): Der Essay als Form. In: Adorno, Theodor W.: Noten zur Literatur. Frankfurt am Main: Suhrkamp, S. 9–33.
Adorno, Theodor W. (2003a [1969]): Einleitung zum »Positivismusstreit in der deutschen Soziologie«. In: Adorno, Theodor W.: Gesammelte Schriften 8. Frankfurt am Main: Suhrkamp, S. 280–353.
Adorno, Theodor W. (2003b [1965]): Gesellschaft. In: Adorno, Theodor W.: Gesammelte Schriften 8. Frankfurt am Main: Suhrkamp, S. 9–19.
Adorno, Theodor W. (2003c [1942]): Reflexionen zur Klassentheorie. In: Adorno, Theodor W.: Gesammelte Schriften 8. Frankfurt am Main: Suhrkamp, S. 373–391.
Adorno, Theodor W. (2003d [1966]): Negative Dialektik. In: Adorno, Theodor W.: Gesammelte Schriften 6. Frankfurt am Main: Suhrkamp, S. 7–412.
Adorno, Theodor W. (2003e [1952]): Die revidierte Psychoanalyse. In: Adorno, Theodor W.: Gesammelte Schriften 8. Frankfurt am Main: Suhrkamp, S. 20–41.
Adorno, Theodor W. (2003f. [1951]): Minima Moralia. Reflexionen aus dem beschädigten Leben. Frankfurt am Main: Suhrkamp.
Adorno, Theodor W. (2003 [1969]): Marginalien zu Theorie und Praxis. In: Adorno, Theodor W.: Gesammelte Schriften 10.2. Frankfurt am Main: Suhrkamp, S. 759–782.
Adorno, Theodor W. (2012): Einleitung in die Soziologie, 3. Auflage. Frankfurt am Main: Suhrkamp.
Amann, Anton (2004): Die großen Alterslügen. Generationenkrieg, Pflegechaos, Fortschrittsbremse? Wien: Böhlau.
Amann, Anton (2006): Unentdeckte und ungenutzte Ressourcen und Potenziale des Alter(n)s. In: Deutsches Zentrum für Altersfragen (Hg.): Gesellschaftliches und familiäres Engagement älterer Menschen als Potenzial. Expertisen zum Fünften Altenbericht der Bundesregierung. Münster: LIT, S. 7–146.
Amann, Anton (2008): Sozialgerontologie: ein multiparadigmatisches Forschungsprogramm? In: Amann, Anton/Kolland, Franz (Hg.): Das erzwungene Paradies des Alters? Fragen an eine Kritische Gerontologie. Wiesbaden: VS, S. 45–62.
Amann, Anton (2016): Die Idee einer Kritischen Sozialgerontologie. In: Stöckl, Claudia/Kicker-Frisinghelli, Karin/Finker, Susanna (Hg.): Die Gesellschaft des langen Lebens. Soziale und individuelle Herausforderungen. Bielefeld: transcript, S. 17–28.
Amann, Anton/Kolland, Franz (Hg.) (2008): Das erzwungene Paradies des Alters? Fragen an eine Kritische Gerontologie. Wiesbaden: VS.
Amann, Anton/Ehgartner, Günther/Felder, David (2010): Sozialprodukt des Alters. Über Produktivitätswahn, Alter und Lebensqualität. Wien: Böhlau.
Améry, Jean (1968): Über das Altern. Revolte und Resignation. Stuttgart: Klett.

Amrhein, Ludwig (2013): Die soziale Konstruktion von »Hochaltrigkeit« in einer jungen Altersgesellschaft. In: Zeitschrift für Gerontologie und Geriatrie 46(1), S. 10–15.

Amrhein, Ludwig/Backes, Gertrud M. (2008): Alter(n) und Identitätsentwicklung: Formen des Umgangs mit dem eigenen Älterwerden. In: Zeitschrift für Gerontologie und Geriatrie 41(5), S. 382–393.

Amrhein, Ludwig/Backes, Gertrud M./Harjes, Anne/Najork, Christopher (2014): Alter(n)sbilder in der Schule. Wiesbaden: Springer VS.

Anders, Günther (1992 [1956]): Die Antiquiertheit des Menschen. Band 1: Über die Seele im Zeitalter der zweiten industriellen Revolution. München: Beck.

Andrews, Molly (1999): The seductiveness of agelessness. In: Ageing & Society 19(3), S. 301–318.

Aner, Kirsten/Karl, Fred/Rosenmayr, Leopold (Hg.) (2007): Die neuen Alten – Retter des Sozialen? Wiesbaden: VS.

Anthes, Jochen (1975): Zur Organisationsstruktur des Altenheims. Ergebnisse einer Inhaltsanalyse der Hausordnungen von Altenheimen in Nordrhein-Westfalen und Bayern. In: Zeitschrift für Gerontologie 8, S. 433–450.

Arendt, Hannah (1986 [1951]): Elemente und Ursprünge totaler Herrschaft. München: Piper.

Arendt, Hannah (2005 [1958]): Vita activa oder Vom tätigen Leben. München: Piper.

Ariès, Philippe (1984 [1960]): Geschichte der Kindheit. München: Deutscher Taschenbuch Verlag.

Ariès, Philippe (1995 [1978]): Geschichte des Todes. München: Deutscher Taschenbuch Verlag.

Arnds, Pascal/Bonin, Holger (2003): Gesamtwirtschaftliche Folgen demografischer Alterungsprozesse. In: Herfurth, Matthias/Kohli, Martin/Zimmermann Klaus F. (Hg.): Arbeit in einer alternden Gesellschaft. Problembereiche und Entwicklungstendenzen der Erwerbsbeteiligung Älterer. Opladen: Leske + Budrich, S. 131–177.

Arnold, Daniel/Arntz, Melanie/Gregory, Terry/Steffes, Susanne/Zierahn, Ulrich (2016): Die Herausforderungen der Digitalisierung für die Zukunft der Arbeitswelt, ZEW policy brief Nr. 8, Mannheim: ZEW.

Aßländer, Michael S. (2005): Von der vita activa zur industriellen Wertschöpfung. Eine Sozial- und Wirtschaftsgeschichte menschlicher Arbeit. Marburg: Metropolis.

Atchley, Robert C. (1989): A continuity theory of normal aging. In: The Gerontologist 29(2), S. 183–190.

Atwood, Margaret (2014): Torching the dusties. In: Atwood, Margaret: Stone mattress. Nine tales. New York: Nan A. Talese/Doubleday, S. 225–270.

Aulenbacher, Brigitte/Dammayr, Maria (Hg.) (2014): Für sich und andere sorgen. Krise und Zukunft von Care in der modernen Gesellschaft. Weinheim: Beltz Juventa.

Aumercier, Sandrine (2023): Die Energieschranke des Kapitals. Technikkritik als Kapitalismuskritik. Zürich: edition 8.

Autor, David H. (2015): Why are there still so many jobs? The history and future of workplace automation. In: Journal of Economic Perspectives 29(3), S. 3–30.

Backes, Gertrud M. (1997): Alter(n) als »gesellschaftliches Problem«? Zur Vergesellschaftung des Alter(n)s im Kontext der Modernisierung. Opladen: Westdeutscher Verlag.

Backes, Gertrud M. (2005): Alter(n) und Geschlecht: ein Thema mit Zukunft. In: Aus Politik und Zeitgeschichte 55(49–50), S. 31–38.

Bainbridge, William Sims (2004): Progress toward cyberimmortality. In: Immortality Institute (Hg.): The scientific conquest of death. Essays on infinite lifespans. Buenos Aires: LibrosEnRed, S. 107–122.

Baltes, Margret M./Kohli, Martin/Sames, Karl (Hg.) (1989): Erfolgreiches Altern. Bedingungen und Variationen. Bern: Huber.
Baltes, Paul B./Baltes, Margret M. (Hg.) (1990): Successful aging. Perspectives from the behavioral sciences. New York: Cambridge University Press.
Baltes, Paul B./Mittelstraß, Jürgen (1992): Vorwort. In: Baltes, Paul B./Mittelstraß, Jürgen (Hg.): Zukunft des Alterns und gesellschaftliche Entwicklung. Berlin: de Gruyter, S. VII–XV.
Bareuther, Johannes (2014): Zum Androzentrismus der naturbeherrschenden Vernunft. Dämonische und mechanische Natur. In: EXIT! Krise und Kritik der Warengesellschaft 12, S. 18–52.
Barlösius, Eva/Schiek, Daniela (Hg.) (2007): Demographisierung des Gesellschaftlichen. Analysen und Debatten zur demografischen Zukunft Deutschlands. Wiesbaden: VS.
Bauernberger, Josef/Freitag, Roman/Stefanits, Hans (2009): Die demografische Entwicklung als Herausforderung für das staatliche Pensionssystem. In: Karl, Beatrix/Poier, Klaus (Hg.): Alter und soziale Gerechtigkeit. Graz: Leykam, S. 149–155.
Bauman, Zygmunt (2002 [1989]): Dialektik der Ordnung. Die Moderne und der Holocaust. Hamburg: Europäische Verlagsanstalt.
Baureithel, Ulrike (2020): Triage: Leben oder sterben. In: Blätter für deutsche und internationale Politik 5/2020, S. 37–40.
Beard, John R./Biggs, Simon/Bloom, David E./Fried, Linda P./Hogan, Paul/Kalache, Alexandre/Olshansky, S. Jay (Hg.) (2011): Global population ageing: Peril or promise? Genf: World Economic Forum.
Beauvoir, Simone de (1987 [1970]): Das Alter. Reinbek: Rowohlt.
Becker, Matthias Martin (2017): Automatisierung und Ausbeutung. Was wird aus der Arbeit im digitalen Kapitalismus? Wien: Promedia.
Becker, Philipp von (2015): Der neue Glaube an die Unsterblichkeit. Transhumanismus, Biotechnik und digitaler Kapitalismus. Wien: Passagen Verlag.
Bedszent, Gerd (2014): Zusammenbruch der Peripherie. Gescheiterte Staaten als Tummelplatz von Drogenbaronen, Warlords und Weltordnungskriegern. Berlin: Horlemann.
Bedszent, Gerd (2017): Wirtschaftsverbrechen und andere Kleinigkeiten. Frankfurt am Main: Nomen.
Behnke, Cornelia (2018): Mut zum Altern. Wie das Alter seine eigene Würde entfalten kann. Gespräche und Betrachtungen. Bielefeld: transcript.
Behuniak, Susan M. (2011): The living dead? The construction of people with Alzheimer's disease as zombies. In: Ageing & Society 31(1), S. 70–92.
Biggs, Simon (1997): Choosing not to be old? Masks, bodies, and identity management in later life. In: Ageing & Society 17(5), S. 553–570.
Biggs, Simon (2004a): New ageism: age imperialism, personal experience and ageing policy. In: Daatland, Svein Olav/Biggs, Simon (Hg.): Ageing and diversity. Multiple pathways und cultural migrations. Bristol: Policy Press, S. 95–106.
Biggs, Simon (2004b): Age, gender, narratives, and masquerades. In: Journal of Aging Studies 18(1), S. 45–58.
Binding, Karl/Hoche, Alfred (2006 [1920]): Die Freigabe der Vernichtung lebensunwerten Lebens. Ihr Mass und ihre Form. Berlin: BWV.
Binstock, Robert H. (1983): The aged as scapegoat. In: The Gerontologist 23(2), S. 136–143.
Binstock, Robert H. (2003): The war on »anti-aging medicine«. In: The Gerontologist 43(1), S. 4–14.

Birg, Herwig (2001): Die demografische Zeitenwende. Der Bevölkerungsrückgang in Deutschland und Europa. München: Beck.
Birren, James E./Bengtson, Vern L. (Hg.) (1988): Emergent theories of aging. New York: Springer.
Blaikie, Andrew (1999): Ageing and popular culture. Cambridge: Cambridge University Press.
Blinkert, Baldo (2017): »Aktives Altern« – Voraussetzungen und Widersprüche. In: Sozialer Fortschritt 66(10), S. 675–698.
Blinkert, Baldo/Klie, Thomas (2008): Soziale Ungleichheit und Pflege. In: Aus Politik und Zeitgeschichte 58(12–13), S. 25–33.
Bloch, Ernst (1959): Das Prinzip Hoffnung. Frankfurt am Main: Suhrkamp.
BMFSFJ (2001): Dritter Bericht zur Lage der älteren Generation in der Bundesrepublik Deutschland. Alter und Gesellschaft. Berlin: BMFSFJ.
BMFSFJ (2006) Fünfter Bericht zur Lage der älteren Generation in der Bundesrepublik Deutschland. Potenziale des Alters in Wirtschaft und Gesellschaft. Der Beitrag älterer Menschen zum Zusammenhalt der Generationen. Berlin: BMFSFJ.
BMFSFJ (2010): Sechster Bericht zur Lage der älteren Generation in der Bundesrepublik Deutschland. Altersbilder in der Gesellschaft. Berlin: BMFSFJ.
BMFSFJ (2016): Siebter Bericht zur Lage der älteren Generation in der Bundesrrepublik Deutschland. Sorge und Mitverantwortung in der Kommune – Aufbau und Sicherung zukunftsfähiger Gemeinschaften. Berlin: BMFSFJ.
Bockelmann, Eske (2012): Im Takt des Geldes. Zur Genese modernen Denkens, Neuausgabe. Springe: zu Klampen.
Bockelmann, Eske (2020): Das Geld. Was es ist, das uns beherrscht. Berlin: Matthes & Seitz.
Boltanski, Luc/Chiapello Ève (2006): Der neue Geist des Kapitalismus. Konstanz: UVK.
Bonin, Holger/Gregory, Terry/Zierahn, Ulrich (2015): Übertragung der Studie von Frey/Osborne (2013) auf Deutschland. Endbericht, Kurzexpertise Nr. 57. Mannheim: Zentrum für Europäische Wirtschaftsforschung. *Internetquelle:* https://ftp.zew.de/pub/zew-docs/gutachten/Kurzexpertise_BMAS_ZEW2015.pdf [letzter Zugriff: 5.1.2024].
Börsch-Supan, Axel (2009): Gesamtgesellschaftliche Folgen des demografischen Wandels. In: Börsch-Supan, Axel/Erlinghagen, Marcel/Hank, Karsten/Jürges, Hendrik/Wagner, Gert G. (Hg.): Produktivität in alternden Gesellschaften. Altern in Deutschland, Band 4. Stuttgart. Wissenschaftliche Verlagsgesellschaft, S. 21–41.
Borscheid, Peter (1989): Geschichte des Alters. Vom Spätmittelalter zum 18. Jahrhundert. München: Deutscher Taschenbuch Verlag.
Borscheid, Peter (1995): Vom Spital zum Altersheim. In: Reulecke, Jürgen (Hg.): Die Stadt als Dienstleistungszentrum. Beiträge zur Geschichte der Sozialstadt in Deutschland im 19. und frühen 20. Jahrhundert. St. Katharinen: Winkel, S. 259–279.
Borscheid, Peter (1996): Vom verdienten zum erzwungenen Ruhestand. Wirtschaftliche Entwicklung und Ausbau des Sozialstaates. In: Forschungsinstitut der Friedrich-Ebert-Stiftung (Hg.): Gesellschaft des langen Lebens. Sozialgeschichte und Gesellschaftspolitik. Bonn, 29–42. *Zitiert nach der Online-Version in der digitalen Bibliothek der Friedrich-Ebert-Stiftung:* http://library.fes.de/fulltext/asfo/00224003.htm#E9E4 [letzter Zugriff: 5.1.2024].
Borscheid, Peter/Bausinger, Hermann/Rosenmayr, Leopold u. a. (1998): Die Gesellschaft braucht die Alten. Fragen der (Wieder-) Eingliederung in den Lebenszusammenhang. Opladen: Leske + Budrich.

Bosbach, Gerd/Bingler, Klaus (2008): Droht eine Kostenlawine im Gesundheitswesen? Demografische Entwicklung und medizinischer Fortschritt. In: Soziale Sicherheit 57(1), S. 5–12.

Boshammer, Susanne (2015): Der assistierte Suizid aus der Perspektive einer Ethik des Helfens. In: Aus Politik und Zeitgeschichte 65(38–39), S. 48–55.

Boudiny, Kim (2013): »Active ageing«: from empty rhetoric to effective policy tool. In: Ageing & Society 33(6), S. 1077–1098.

Bovenschen, Silvia (2006): Älter werden. Notizen, 5. Auflage. Frankfurt am Main: S. Fischer.

Bowles, Jeremy (2014): The computerisation of European jobs. *Internetquelle:* http://brue gel.org/2014/07/the-computerisation-of-european-jobs [letzter Zugriff: 5.1.2024].

Brandt, Hartwin (2002): Wird auch silbern mein Haar. Eine Geschichte des Alters in der Antike. München: C. H. Beck.

Brauer, Kai/Clemens, Wolfgang (Hg.) (2010): Zu alt? »Ageism« und Altersdiskriminierung auf Arbeitsmärkten. Wiesbaden: VS.

Bröckling, Ulrich (2007): Das unternehmerische Selbst. Soziologie einer Subjektivierungsform. Frankfurt am Main: Suhrkamp.

Brogden, Michael (2001): Gerontocide. Killing the elderly. London/Philadelphia: Jessica Kingsley Publishers.

Bröscher, Petra/Naegele, Gerhard/Rohleder, Christiane (2000): Freie Zeit im Alter als gesellschaftliche Gestaltungsaufgabe? In: Aus Politik und Zeitgeschichte 50(35–36), S. 30–38.

Bryant, Thomas (2011): Alterungsangst und Todesgefahr. Der deutsche Demografie-Diskurs (1911–2011). In: Aus Politik und Zeitgeschichte 61(10–11), S. 40–46.

Bürger, Max (1960): Altern und Krankheit als Problem der Biomorphose. Leipzig: Thieme.

Burnell, F. S. (1945): The holy mawle. In: Folklore 56(2), S. 266–268.

Burgess, Ernest W. (1960): Aging in Western culture. In: Burgess, Ernest W. (Hg.): Aging in Western societies. Chicago: Chicago University Press, S. 3–28.

Butler, Robert N. (1969): Age-ism: another form of bigotry. In: The Gerontologist 4(9), S. 243–246.

Butterwegge, Carolin/Hansen, Dirk (2012): Altersarmut ist überwiegend weiblich. Frauen als Hauptleidtragende des Sozialabbaus. In: Butterwegge, Christoph/Bosbach, Gerd/Birkwald, Matthias W. (Hg.): Armut im Alter. Probleme und Perspektiven der sozialen Sicherung. Frankfurt am Main: Campus, S. 111–129.

Butterwegge, Christoph (2015): Hartz IV und die Folgen. Auf dem Weg in eine andere Republik? Weinheim/Basel: Beltz Juventa.

Cahill, Suzanne (2018): Dementia and human rights. Bristol: Policy Press.

Calasanti, Toni (2003): Theorizing age relations. In: Biggs, Simon/Lowenstein, Ariela/Hendricks, Jon (Hg.): The need for theory. Critical approaches to social gerontology. Amityville: Baywood, S. 199–218.

Calasanti, Toni/King, Neal (2005): Firming the floppy penis: age, class, and gender relations in the lives of old men. In: Men and Masculinities 8(1), S. 3–23.

Castel, Robert (2011): Die Krise der Arbeit. Neue Unsicherheiten und die Zukunft des Individuums. Hamburg: Hamburger Edition.

Chacón, Justin Akers/Davis, Mike (2006): No one is illegal. Fighting racism and state violence on the U. S.-Mexico border. Chicago: Haymarket Books.

Chen, Shanquan/Jones, Peter B./Underwood, Benjamin R./Fernandez-Egea, Emilio/Qin, Pei/Lewis, Jonathan R./Cardinal, Rudolf N. (2021): Risk factors for excess deaths during lockdown among older users of secondary care mental health services without confirmed COVID-19: A retrospective cohort study. In: International Journal of Geriatric Psychiatry 36(12), S. 1899–1907.

Cherubini, Antonio/Del Signore, Susanna/Ouslander, Joe/Semla, Todd/Michel, Jean-Pierre (2010): Fighting against age discrimination in clinical trials. In: Journal of the American Geriatrics Society 58(9), S. 1791–1796.

Clemens, Wolfgang (2001): Ältere Arbeitnehmer im sozialen Wandel. Von der verschmähten zur gefragten Humanressource? Wiesbaden: Springer.

Clemens, Wolfgang (2012): Vorbereitung auf und Umgang mit Pensionierung. In: Wahl, Hans-Werner/Tesch-Römer, Clemens/Ziegelmann, Jochen Philipp (Hg.): Angewandte Gerontologie. Interventionen für ein gutes Altern in 100 Schlüsselbegriffen, 2. vollständig überarbeitete und erweiterte Auflage. Stuttgart: Kohlhammer, S. 218–223.

Coenen, Christopher/Gammel, Stefan/Heil, Reinhard/Woyke, Andreas (Hg.) (2010): Die Debatte über »Human Enhancement«. Historische, philosophische und ethische Aspekte der technologischen Verbesserung des Menschen. Bielefeld: transcript.

Cole, Thomas R. (1992): The humanities and aging: an overview. In: Cole, Thomas R./Van Tessel, David D./Kastenbaum, Robert (Hg.): Handbook of the humanities and aging. New York: Springer, S. xi–xxiv.

Conrad, Christoph (1994): Vom Greis zum Rentner. Der Strukturwandel des Alters in Deutschland zwischen 1830 und 1930. Göttingen: Vandenhoeck & Rupprecht.

Crary, Jonathan (2014): 24/7 – Schlaflos im Spätkapitalismus. Berlin: Wagenbach.

Cruikshank, Margaret (2009): Learning to be old. Gender, culture, and aging, 2. Ausgabe. Lanham: Rowman & Littlefield Publishers.

Cumming, Elaine/Henry, William E. (1961): Growing old: The process of disengagement. New York: Basic Books.

Czorny, Bernd (2017): Das Verständnis von Zeit in der Vormoderne und in der Moderne unter Bezugnahme auf Postone. In: EXIT! Krise und Kritik der Warengesellschaft 14, S. 213–238.

Dabrowski, Martin/Wolf, Judith (Hg.) (2016): Menschenwürde und Gerechtigkeit in der Pflege. Paderborn: Schöningh.

Dackweiler, Regina-Maria (2006): Reproduktives Handeln im Kontext wohlfahrtsstaatlicher Geschlechterregime. In: Berger, Peter A./Kahlert, Heike (Hg.): Der demografische Wandel. Chancen für die Neuordnung der Geschlechterverhältnisse. Frankfurt am Main: Campus, S. 81–107.

Damman, Marleen/Henkens, Kène/Kalmijn, Matthijs (2015): Missing work after retirement. The role of life histories in the retirement adjustment process. In: The Gerontologist 55(5), S. 802–813.

Davis, Mike (2005): Die Geburt der Dritten Welt. Hungerkatastrophen und Massenvernichtung im imperialistischen Zeitalter. Hamburg: Verlag Assoziation A.

David, Mike (2007): Planet der Slums. Hamburg: Verlag Assoziation A.

Degele, Nina (2008): Schöner Altern. Altershandeln zwischen Verdrängung, Resonanzen und Solidaritäten. In: Buchen, Sylvia/Maier, Maja S. (Hg.): Älterwerden neu denken. Interdisziplinäre Perspektiven auf den demografischen Wandel. Wiesbaden: VS, S. 165–180.

Deller, Jürgen/Kern, Stefanie/Hausmann, Esther/Diederichs, Yvonne (2008): Personalmanagement im demografischen Wandel. Ein Handbuch für den Veränderungsprozess. Heidelberg: Springer.

Denninger, Tina (2018): Blicke auf Schönheit und Alter. Körperbilder alternder Menschen. Wiesbaden: Springer VS.

Denninger, Tina/Dyk, Silke van (2017): Muße, Zeitwohlstand und Langeweile im beschleunigten Kapitalismus. In: Endter, Cordula/Kienitz, Sabine (Hg.): Alter(n) als soziale und kulturelle Praxis. Ordnungen – Beziehungen – Materialitäten. Bielefeld: transcript, S. 27–54.

Denninger, Tina/Dyk, Silke van/Lessenich, Stephan/Richter, Anna (2014): Leben im Ruhestand. Zur Neuverhandlung des Alters in der Aktivgesellschaft. Bielefeld: transcript.

Dörner, Klaus (1967): Nationalsozialismus und Lebensvernichtung. In: Vierteljahreshefte für Zeitgeschichte 15(2), S. 121–152.

Duttweiler, Stefanie (2003): Body-Consciousness – Fitness – Wellness – Körpertechnologien als Technologien des Selbst. In: Widersprüche 87, S. 31–43.

Duttweiler, Stefanie (2010): Fit in die Kiste kommen – Körpertechnologien des Anti-Aging. In: Soeffner, Hans-Georg (Hg.): Unsichere Zeiten? Herausforderungen gesellschaftlicher Transformation. Verhandlungen des 34. Kongresses der Deutschen Gesellschaft für Soziologie in Jena 2008. Wiesbaden: VS, CD-Rom.

Dychtwald, Ken (1999): Age power. How the 21st century will be ruled by the new old. New York: Jeremy P. Tarcher/Putnam.

Dyk, Silke van (2007): Kompetent, aktiv, produktiv? Die Entdeckung der Alten in der Aktivgesellschaft. In: PROKLA 37(1), S. 93–112.

Dyk, Silke van (2009): »Junge Alte« im Spannungsfeld von liberaler Aktivierung, ageism und anti-ageing-Strategien. In: Dyk, Silke van/Lessenich, Stephan (Hg.): Die jungen Alten. Analysen einer neuen Sozialfigur. Frankfurt am Main: Campus, S. 316–339.

Dyk, Silke van (2014): The appraisal of difference: Critical gerontology and the active-ageing-paradigm. In: Journal of Aging Studies 31, S. 93–103.

Dyk, Silke van (2016a): The othering of old age. Insights from Postcolonial Studies. In: Journal of Aging Studies 39, S. 109–120.

Dyk, Silke van (2016b): Doing Age? Diversität und Alter(n) im flexiblen Kapitalismus. Zur Norm der Alterslosigkeit und ihren Kehrseiten. In: Fereidooni, Karim/Zeoli, Antonietta P. (Hg.): Managing Diversity. Die diversitätsbewusste Ausrichtung des Bildungs- und Kulturwesens, der Wirtschaft und Verwaltung. Wiesbaden: Springer VS, S. 67–88.

Dyk, Silke van/Haubner, Tine (2019): Gemeinschaft als Ressource? Engagement und Freiwilligenarbeit im Strukturwandel des Wohlfahrtsstaates. In: Baumgartner, A. Doris/Fux, Beat (Hg.): Sozialstaat unter Zugzwang? Zwischen Reform und radikaler Neuorientierung. Wiesbaden: Springer VS, S. 259–279.

Dyk, Silke van/Lessenich, Stephan (Hg.) (2009a): Die jungen Alten. Analysen einer neuen Sozialfigur. Frankfurt am Main: Campus.

Dyk, Silke van/Lessenich, Stephan (2009b): »Junge Alte«. Vom Aufstieg und Wandel einer Sozialfigur. In: Dyk, Silke van/Lessenich, Stephan (Hg.): Die jungen Alten. Analysen einer neuen Sozialfigur. Frankfurt am Main: Campus, S. 11–48.

Dyk, Silke van/Lessenich, Stephan/Denninger, Tina/Richter, Anna (2010): Die »Aufwertung« des Alters. Eine gesellschaftliche Farce. In: Mittelweg 36 19(5), S. 15–33.

Edmondson, Ricca (2013): Cultural Gerontology. Valuing older people. In: Komp, Kathrin/Aartsen, Marja (Hg.): Old age in Europe. A textbook of gerontology. Dordrecht u. a.: Springer, S. 113–130.

Ehmer, Josef (1990): Sozialgeschichte des Alters. Frankfurt am Main: Suhrkamp.

Ehmer, Josef (2002): Die Lebenstreppe. Altersbilder, Generationenbeziehungen und Produktionsweisen in der europäischen Neuzeit. In: Ehalt, Hubert Christian (Hg.): Formen familialer Identität. Wien: WUV, S. 53–82.

Ehmer, Josef (2008): Das Alter in Geschichte und Geschichtswissenschaft. In: Staudinger, Ursula M./Häfner, Heinz (Hg.): Was ist Alter(n)? Neue Antworten auf eine scheinbar einfache Frage. Berlin: Springer, S. 149–172.

Ehni, Hans-Jörg (2014): Ethik der Biogerontologie. Wiesbaden: Springer VS.

Eisenberg, Götz (1999): »Wer nicht arbeitet, soll auch nicht essen«. Zur Sub- und inneren Kolonialgeschichte der Arbeitsgesellschaft. In: Kurz, Robert/Lohoff, Ernst/Trenkle, Norbert (Hg.): Feierabend! Elf Attacken gegen die Arbeit. Hamburg: Konkret Literatur Verlag. *Zitiert nach der Onlineversion auf krisis.org:* http://www.krisis.org/1999/wer-nicht-arbeitet-soll-auch-nicht-essen [letzter Zugriff: 5.1.2024].

Eisenberg, Götz (2019): Das Kichern des Todes. Versuch über das Altern in Zeiten des fortgeschrittenen Kapitalismus. In: Junge Welt, 16.3.2019, S. 12.

Eisenstadt, S. N. (1966): Von Generation zu Generation. Altersgruppen und Sozialstruktur. München: Juventa.

Ekerdt, David J. (1986): The busy ethic: Moral continuity between work and retirement. In: The Gerontologist 26(3), S. 239–244.

Ekerdt, David J./Koss, Catheryn (2016): The task of time in retirement. In: Ageing & Society 36(6), S. 1295–1311.

Engstler, Heribert/Menning, Sonja/Hoffmann, Elke/Tesch-Römer, Clemens (2004): Die Zeitverwendung älterer Menschen. In: Statistisches Bundesamt (Hg.): Alltag in Deutschland. Analysen zur Zeitverwendung. Wiesbaden: Statistisches Bundesamt, S. 216–246.

Ennen, Edith (1999): Frauen im Mittelalter, 6. Auflage. München: C. H. Beck.

Erlemeier, Norbert/Weber, Georg/Nassehi, Armin/Saake, Irmhild/Watermann, Rainer (1997): Altersbilder von Fachkräften in der Altenpflege. In: Pflege 10(4), S. 206–214.

Erlinghagen, Marcel/Hank, Karsten (Hg.) (2008): Produktives Altern und informelle Arbeit in modernen Gesellschaften. Theoretische Perspektiven und empirische Befunde. Wiesbaden: VS.

Estes, Carroll L. (1979): The aging enterprise. A critical examination of social policies and services for the aged. San Francisco: Jossey-Bass.

Estes, Carroll L./Binney, Elizabeth A. (1989): The biomedicalization of aging. Dangers and dilemmas. In: The Gerontologist 29(5), S. 587–596.

Estes, Carroll L./Swan, James H./Gerard, Lenore E. (1982): Dominant and competing paradigms in gerontology: Towards a political economy of ageing. In: Ageing & Society 2(2), S. 151–164.

Estes, Carroll L. and Associates (2001): Social policy & aging. A critical perspective. Thousand Oaks: Sage Publications.

Etzemüller, Thomas (2007): Ein ewigwährender Untergang. Der apokalyptische Bevölkerungsdiskurs im 20. Jahrhundert. Bielefeld: transcript.

Evangelista, Rinaldo/Guerrieri, Paolo/Meliciani, Valentina (2014): The economic impact of digital technologies in Europe. In: Economics of Innovation and New Technology 23(8), S. 802–824.

Fahrenberg, Brigitte (1986): Die Bewältigung der »empty nest situation« als Entwicklungsaufgabe der älterwerdenden Frau – Eine Literaturanalyse. In: Zeitschrift für Gerontologie 19(5), S. 323–335.

Fangerau, Heiner/Gomille, Monika/Herwig, Henriette/Horst, Christoph auf der/Hülsen-Esch, Andrea von/Pott, Hans-Georg/Siegrist, Johannes/Vögele, Jörg (Hg.) (2007): Alterskulturen und Potenziale des Alter(n)s. Berlin: Akademie Verlag.

Featherstone, Mike/Hepworth, Mike (1991): The mask of ageing and the postmodern lifecourse. In: Featherstone, Mike/Hepworth, Mike/Turner, Bryan S. (Hg.): The body. Social process and cultural theory. London: Sage, S. 371–389.

Featherstone, Mike/Hepworth, Mike (1995): Images of positive aging. A case study of Retirement Choice magazine. In: Featherstone, Mike/Wernick, Andrew (Hg.): Images of aging. Cultural representations of later life. London/New York: Routledge, S. 29–47.

Featherstone, Mike/Wernick, Andrew (Hg.) (1995): Images of aging. Cultural representations of later life. London/New York: Routledge.

Femers, Susanne (2009): Aktuelle Altersbilder in der Werbung – Herausforderungen für die Wirtschaftskommunikation. In: Roski, Reinhold (Hg.): Zielgruppengerechte Gesundheitskommunikation. Akteure – Audience Segmentation – Anwendungsfelder. Wiesbaden: VS, S. 329–349.

Filipp, Sigrun-Heide/Mayer, Anne-Kathrin (2005): Zur Bedeutung von Altersstereotypen. In: Aus Politik und Zeitgeschichte 55(49–50), S. 25–31.

Finley, Moses I. (1980): Die antike Wirtschaft, 2. Auflage. München: Deutscher Taschenbuch Verlag.

Fittkau, Ludger (2006): Autonomie und Fremdtötung. Sterbehilfe als Sozialtechnologie. Frankfurt am Main: Mabuse.

Flecker, Jörg (2017): Arbeit und Beschäftigung. Eine soziologische Einführung. Wien: UTB.

Fleurbaey, Marc/Leroux, Marie-Louise/Pestieau, Pierre/Ponthiere, Gregory (2016): Fair retirement under risky lifetime. In: International Economic Review 57(1), S. 177–210.

Foucault, Michel (1974 [1966]): Die Ordnung der Dinge. Eine Archäologie der Humanwissenschaften. Frankfurt am Main: Suhrkamp.

Foucault, Michel (1976 [1963]): Die Geburt der Klinik. Eine Archäologie des ärztlichen Blicks. Frankfurt am Main u. a.: Ullstein.

Foucault, Michel (1978): Dispositive der Macht. Über Sexualität, Wissen und Wahrheit. Berlin: Merve.

Foucault, Michel (1981 [1969]): Archäologie des Wissens. Frankfurt am Main: Suhrkamp.

Foucault, Michel (1983 [1976]): Sexualität und Wahrheit. Band 1: Der Wille zum Wissen. Frankfurt am Main: Suhrkamp.

Foucault, Michel (1990): Was ist Aufklärung? In: Erdmann, Eva/Forst, Rainer/Honneth, Axel (Hg.): Ethos der Moderne. Foucaults Kritik der Aufklärung. Frankfurt am Main, New York: Campus, S. 35–54.

Foucault, Michel (1994 [1975]): Überwachen und Strafen. Die Geburt des Gefängnisses. Frankfurt am Main: Suhrkamp.

Foucault, Michel (1998 [1972]): Die Ordnung des Diskurses. Frankfurt am Main: Fischer.

Foucault, Michel (2001): In Verteidigung der Gesellschaft. Vorlesungen am Collège de France (1975–1976). Frankfurt am Main: Suhrkamp.

Foucault, Michel (2003): Die Wahrheit und die juristischen Formen. Frankfurt am Main: Suhrkamp.

Foucault, Michel (2005): Polemik, Politik und Problematisierungen. In: Foucault, Michel: Schriften. Dits et Ecrits, Bd. 4. Frankfurt am Main: Suhrkamp, S. 724–734.

Foucault, Michel (2013a [1961]): Wahnsinn und Gesellschaft. Eine Geschichte des Wahns im Zeitalter der Vernunft. Frankfurt am Main: Suhrkamp.

Foucault, Michel (2013b): Die Heterotopien. In: Foucault, Michel: Die Heterotopien. Der utopische Körper. Zwei Radiovorträge. Frankfurt am Main: Suhrkamp, S. 7–22.

Franzmann, Manuel (Hg.) (2010): Bedingungsloses Grundeinkommen als Antwort auf die Krise der Arbeitsgesellschaft. Weilerswist: Velbrück Wissenschaft.

Freud, Anna (1999 [1936]): Das Ich und die Abwehrmechanismen. Frankfurt am Main: Fischer.

Freud, Sigmund (1931 [1913]): Die Disposition zur Zwangsneurose. In: Freud, Sigmund: Schriften zur Neurosenlehre und zur psychoanalytischen Technik (1913–1926). Wien: Internationaler Psychoanalytischer Verlag, S. 5–16.

Frey, Carl Benedict/Osborne, Michael A. (2017): The future of employment: how susceptible are jobs to computerization? In: Technological Forecasting and Social Change 114, S. 254–280.

Friedan, Betty (1996): Retirement as a new beginning. In: Baltes, Margret/Montada, Leo (Hg.): Produktives Leben im Alter. Frankfurt am Main: Campus, S. 14–28.

Frieß, Michael (2010): Sterbehilfe. Zur theologischen Akzeptanz von assistiertem Suizid und aktiver Sterbehilfe. Stuttgart: Kohlhammer.

Funk, Lothar/Klös, Hans-Peter/Seyda, Susanne (2003): Beschäftigungschancen für ältere Arbeitnehmer – Internationaler Vergleich und Handlungsempfehlungen. Gütersloh: Verlag Bertelsmann Stiftung.

Gallistl, Vera/Kolland, Franz/Parisot, Viktoria (Hg.) (2021): Kulturgerontologie – Konstellationen, Relationen, Distinktionen. Wiesbaden: Springer VS.

GBD 2016 Mortality Collaborators (2017): Global, regional, and national under-5 mortality, adult mortality, age-specific mortality, and life expectancy, 1970–2016: a systematic analysis for the Global Burden of Disease Study 2016. In: The Lancet 390, S. 1084–1150.

Geremek, Bronislaw (1991): Geschichte der Armut. Elend und Barmherzigkeit in Europa. München: Deutscher Taschenbuch Verlag.

Gestrich, Andreas (2004): Status und Versorgung alter Menschen in der Neuzeit (16.–19. Jh.). In: Hermann-Otto, Elisabeth (Hg.): Die Kultur des Alterns von der Antike bis in die Gegenwart. St. Ingbert: Röhrig Universitätsverlag, S. 63–78.

Gilleard, Chris (1996): Consumption and identity in later life: Toward a cultural gerontology. In: Ageing & Society 16(4), S. 489–498.

Gillick, Muriel R. (2006): The denial of aging. Perpetual youth, eternal life, and other dangerous fantasies. Cambridge: Harvard University Press.

Göckenjan, Gerd (2000): Das Alter würdigen. Altersbilder und Bedeutungswandel des Alters. Frankfurt am Main: Suhrkamp.

Göckenjan, Gerd (2010): Altersbilder in der Geschichte. In: Aner, Kristen/Karl, Ute (Hg.): Handbuch Soziale Arbeit und Alter. Wiesbaden: VS, S. 403–413.

Goethe, Johann Wolfgang (2001 [1832]): Faust. Der Tragödie zweiter Teil. Stuttgart: Reclam.

Goffman, Erving (1973 [1961]): Asyle. Über die soziale Situation psychiatrischer Patienten und anderer Insassen. Frankfurt am Main: Suhrkamp.

Gottlieb, Benjamin H./Sevigny, Andrée (2016): Social usefulness. Theory and evidence concerning a late life identity construct. In: International Journal of Aging & Human Development 83(4), S. 333–365.

Gottweis, Herbert/Hable, Wolfgang/Preinsack, Barbara/Wydra, Doris (2004): Verwaltete Körper. Strategien der Gesundheitspolitik im internationalen Vergleich. Wien u. a.: Böhlau.

Graebner, William (1980): A history of retirement. The meaning and function of an American institution, 1885–1978. New Haven: Yale University Press.

Graefe, Stefanie (2007): Autonomie am Lebensende? Biopolitik, Ökonomisierung und die Debatte um Sterbehilfe. Frankfurt am Main: Campus.

Graefe, Stefanie (2013): Des Widerspenstigen Zähmung: Subjektives Alter(n), qualitativ erforscht. In: Forum Qualitative Sozialforschung 14(2), Art. 11. *Internetquelle:* http://nbn-resolving.de/urn:nbn:de:0114-fqs1302114 [letzter Zugriff: 5.1.2024].

Greco, Monica (2004): Wellness. In: Bröckling, Ulrich/Krasmann, Susanne/Lemke, Thomas (Hg.): Glossar der Gegenwart. Frankfurt am Main: Suhrkamp, S. 293–299.
Greiff, Bodo von (1976): Gesellschaftsform und Erkenntnisform. Zum Zusammenhang von wissenschaftlicher Erfahrung und gesellschaftlicher Entwicklung. Frankfurt am Main: Campus.
Grey, Aubrey de (2004): The war on aging. In: Immortality Institute (Hg.): The scientific conquest of death. Essays on infinite lifespans. Buenos Aires: LibrosEnRed, S. 29–45.
Grey, Aubrey de (2007): Ending aging. The rejuvenation breakthroughs that could reverse human aging in our lifetime. New York: St. Martin's Press.
Grey, Aubrey de/Rae, Michael (2010): Niemals alt! So lässt sich das Altern umkehren. Fortschritte der Verjüngungsforschung. Bielefeld: transcript.
Gronemeyer, Reimer (1989): Die Entfernung vom Wolfsrudel. Über den drohenden Krieg der Jungen gegen die Alten. Düsseldorf: Claassen.
Gronemeyer, Reimer (2012): Verwaltung des Lebensendes oder Kunst des Sterbens? Wie der Tod in die Hände von Experten gerät. *Internetquelle:* http://impatientiagenarchiv.de/wp-content/uploads/2017/10/2012_Gronemeyer_2.pdf [letzter Zugriff: 26. 4. 2020].
Gronemeyer, Reimer (2018): Die Weisheit der Alten. Sieben Schätze für die Zukunft. Freiburg: Herder.
Gröppel-Klein, Andrea (2012): Die komplizierte Beziehung zwischen Marken, Händlern, Altersbildern und älteren Menschen. In: BMFSFJ (Hg.): Dokumentation der Konferenz »Altersbilder im Wandel«. Berlin: BMFSFJ, S. 140–160.
Gross, Peter (2013): Wir werden älter. Vielen Dank. Aber wozu? Freiburg im Breisgau: Herder.
Gruschka, Andreas (2004): Negative Pädagogik. Einführung in die Pädagogik mit Kritischer Theorie, 2. aktualisierte und vollständig durchgesehene Auflage. Wetzlar: Büchse der Pandora.
Gubrium, Jaber F./Holstein, James A. (1999): The nursing home as a discursive anchor for the ageing body. In: Ageing & Society 19(5), S. 519–538.
Gullette, Margaret Morganroth (1997): Declining to decline. Cultural combat and the politics of the midlife. Charlottesville: University Press of Virginia.
Gullette, Margaret Morganroth (2004): Aged by culture. Chicago: University of Chicago Press.
Gullette, Margaret Morganroth (2010): Agewise: Fighting the new ageism in America. Chicago: University of Chicago Press.
Haas, Sabine/Ziniel, Georg (2015): Gesundheitliche Chancengerechtigkeit. In: Bauer, Robert/Wesenauer, Andrea (Hg.): Zukunftsmotor Gesundheit. Entwürfe für das Gesundheitssystem von morgen. Wiesbaden: Springer Gabler, S. 155–172.
Haber, Carole (2000): Old age as a time of decay. In: Markson, Elizabeth W./Hollis-Sawyer, Lisa Ann (Hg.): Intersections of aging. Readings in social gerontology. Los Angeles: Roxbury Publishing, S. 39–51.
Haberkorn, Silke (2013): Vom Werte »alten Eisens«: Betriebliche Personalpolitik im Lichte des demografischen Wandels. Eine empirische Untersuchung für Deutschland. München: Rainer Hampp Verlag.
Hahn, Susanne (2001): Pflegebedürftige alte Menschen im Nationalsozialismus. In: Kopke, Christoph (Hg): Medizin und Verbrechen. Ulm: Klemm & Oelschläger, S. 131–142.
Haller, Miriam (2010): Undoing Age. Die Performativität des alternden Körpers im

autobiografischen Text. In: Mehlmann, Sabine/Ruby, Sigrid (Hg.): »Für dein Alter siehst du gut aus!« Von der Un/Sichtbarkeit des alternden Körpers im Horizont des demografischen Wandels. Multidisziplinäre Perspektiven. Bielefeld: transcript, S. 215–234.

Haller, Miriam/Küpper, Thomas (2010): Kulturwissenschaftliche Alternsstudien. In: Aner, Kirsten/Karl, Ute (Hg.): Handbuch Soziale Arbeit und Alter. Wiesbaden: VS, S. 439–444.

Hartung, Heike (2016): Ageing, gender and illness in Anglophone literature. Narrating age in the Bildungsroman. New York: Routledge.

Hasenau, Katharina (2013): Alters-Los?! Erfassung und Kontrolle von Altersstereotypen im Personalwesen kleiner und mittelständischer Unternehmen. Marburg: Tectum Verlag.

Haubner, Tine (2017): Die Ausbeutung der sorgenden Gemeinschaft. Laienpflege in Deutschland. Frankfurt am Main: Campus.

Haug, Frigga (1996): Knabenspiele und Menschheitsarbeit. Geschlechterverhältnisse als Produktionsverhältnisse. In: Haug, Frigga: Frauen-Politiken. Berlin: Argument, S. 125–154.

Havighurst, Robert J. (1961): Successful aging. In: The Gerontologist 1(1), S. 8–13.

Hayek, Friedrich August von (1971 [1960]): Die Verfassung der Freiheit. Tübingen: Mohr.

Heinrich, Michael (2005): Krise der Arbeitsgesellschaft – Krise des Kapitalismus? In: Exner, Andreas/Schweiger, Veronika/Hangel, Nora/Sauer, Judith/Schneider, Stefan (Hg.): Losarbeiten – Arbeitslos? Globalisierungskritik und die Krise der Arbeitsgesellschaft. Münster: Unrast, S. 25–31.

Heinze, Rolf G./Naegele, Gerhard/Schneiders, Katrin (2011): Wirtschaftliche Potenziale des Alters. Stuttgart: Kohlhammer.

Heinzelmann, Martin (2004): Das Altenheim – immer noch eine »Totale Institution«? Eine Untersuchung des Binnenlebens zweier Altenheime (Dissertation zur Erlangung des sozialwissenschaftlichen Doktorgrades der Sozialwissenschaftlichen Fakultät der Universität Göttingen). Göttingen: Universität Göttingen.

Heitzmann, Daniela (2017): Fortpflanzung und Geschlecht. Zur Konstruktion und Kategorisierung der generativen Praxis. Bielefeld: transcript.

Hermann-Otto, Elisabeth (2004): Die Ambivalenz des Alters. Gesellschaftliche Stellung und politischer Einfluss der Alten in der Antike. In: Hermann-Otto, Elisabeth (Hg.): Die Kultur des Alterns von der Antike bis in die Gegenwart. St. Ingbert: Röhrig Universitätsverlag, S. 3–17.

Hermann-Otto, Elisabeth (2008): Altersdiskurse und Altsein in historischer Vergangenheit: Frühchristliche Altersmodelle in der römischen Antike. In: Buchen, Sylvia/Maier, Maja S. (Hg.): Älterwerden neu denken. Interdisziplinäre Perspektiven auf den demografischen Wandel. Wiesbaden: VS, S. 75–91.

Herzog-Stein, Alexander/Stein, Ulrike (2013): Arbeitsmarkt in Deutschland: Mit interner Flexibilität erfolgreich durch die Krise. In: Orientierungen zur Wirtschafts- und Gesellschaftspolitik 137, S. 24–28.

Heusinger, Josefine (2007): Freundin, Expertin oder Dienstmädchen – zu den Auswirkungen sozialer Ungleichheit auf die Funktion professioneller Pflegekräfte in häuslichen Pflegearrangements. In: Pflege & Gesellschaft 12(4), S. 318–330.

Heusinger, Josefine (2017): Alltag im Pflegeheim: Eine gendersensible Rekonstruktion der Sicht älterer Bewohner_innen. In: Denninger, Tina/Schütze, Lea (Hg.): Alter(n) und Geschlecht. Neuverhandlungen eines sozialen Zusammenhangs. Münster: Westfälisches Dampfboot, S. 171–188.

Heyl, Vera/Oswald, Frank/Zimprich, Daniel/Wetzler, Rainer/Wahl, Hans-Werner (1997): Bedürfnisstrukturen älterer Menschen. Eine konzeptionelle und empirische Annäherung. Heidelberg: Deutsches Zentrum für Alternsforschung.

Higgs, Paul/Gilleard, Chris (2010): Generational conflict, consumption and the ageing welfare state in the United Kingdom. In: Ageing & Society 30(8), S. 1439–1451.

Hobsbawm, Eric (1962): Sozialrebellen. Archaische Sozialbewegungen im 19. und 20. Jahrhundert. Neuwied am Rhein u. a.: Luchterhand.

Hobsbawm, Eric (1995): Das Zeitalter der Extreme. Weltgeschichte des 20. Jahrhunderts. München: Hanser.

Hockey, Jenny/James, Allison (2003): Social identities across the life course. Basingstoke/New York: Palgrave Macmillan.

Hohmeier, Jürgen/Pohl, Hans-Joachim (Hg.) (1978): Alter als Stigma oder Wie man alt gemacht wird. Frankfurt am Main: Suhrkamp.

Holstein, Martha (1999): Women and productive aging: Troubling implications. In: Minkler, Meredith/Estes, Carroll L. (Hg.): Critical Gerontology. Perspectives from Political and Moral Economy. Amityville: Baywood, S. 359–373.

Holstein, Martha (2015): Women in late life. Critical perspectives on gender and age. Lanham: Rowman & Littlefield Publishers.

Holstein, Martha B./Minkler, Meredith (2003): Self, society, and the »new gerontology«. In: The Gerontologist 43(6), S. 787–796.

Hondrich, Karl Otto (2007): Weniger sind mehr. Warum der Geburtenrückgang ein Glücksfall für unsere Gesellschaft ist. Frankfurt am Main: Campus.

Höppner, Grit (2011): Alt und schön. Geschlecht und Körperbilder im Kontext neoliberaler Gesellschaften. Wiesbaden: VS.

Höppner, Grit (2017): Non-verbale (Neu-)Verhandlungen der geschlechtsspezifischen Körperoptimierungsdebatte im Alter am Beispiel des Imperativs »Sei schlank!«. In: Denninger, Tina/Schütze, Lea (Hg.): Alter(n) und Geschlecht. Neuverhandlungen eines sozialen Zusammenhangs. Münster: Westfälisches Dampfboot, S. 190–210.

Horkheimer, Max (1937): Traditionelle und kritische Theorie. In: Zeitschrift für Sozialforschung, 6. Jg., Heft 2, S. 245–294.

Horkheimer, Max (1939): Die Juden und Europa. In: Zeitschrift für Sozialforschung, 8. Jg., Doppelheft 1/2, S. 115–137.

Horkheimer, Max (1985 [1969]): Kritische Theorie gestern und heute. In: Horkheimer, Max: Gesammelte Schriften 8. Frankfurt am Main: Fischer, S. 336–353.

Horkheimer, Max (2008 [1947]): Zur Kritik der instrumentellen Vernunft. In: Horkheimer, Max: Gesammelte Schriften, Bd. 6. Frankfurt am Main: Fischer, S. 21–186.

Horkheimer, Max/Adorno, Theodor W. (2010 [1944]): Dialektik der Aufklärung. Philosophische Fragmente. Frankfurt am Main: Fischer.

Hörl, Josef/Spannring, Reingard (2001): Gewalt gegen alte Menschen. In: Bundesministerium für Sicherheit und Generationen (Hg.): Gewalt in der Familie. Gewaltbericht 2001. Von der Enttabuisierung zur Professionalisierung. Wien: BMSG, S. 305–344.

Horx, Matthias (2015): Fünf Thesen zur Zukunft der Arbeit. *Internetquelle:* https://www.zukunftsinstitut.de/artikel/fuenf-thesen-zur-zukunft-der-arbeit [letzter Zugriff: 26. 4. 2020].

Hradil, Stefan (Hg.) (2012): Deutsche Verhältnisse. Eine Sozialkunde. Bonn: Bundeszentrale für politische Bildung.

Hübner, Susanne (2005): Alte Männer im Klassischen Athen (5. Jh. v. Chr.) – An den Rand gedrängt? In: Göttinger Forum für Altertumswissenschaft 8, S. 31–57.

Hummel, Diana (2000): Der Bevölkerungsdiskurs. Opladen: Leske + Budrich.
Hummel, Konrad (1982): Öffnet die Altersheime! Gemeinwesenorientierte, ganzheitliche Sozialarbeit mit alten Menschen. Weinheim: Beltz.
Hurd Clarke, Laura (2002): Older women's perceptions of ideal body weights: the tensions between health and appearance motivations for weight loss. In: Ageing & Society 22(6), S. 751–774.
Hurd Clarke, Laura (2010): Facing age. Women growing older in anti-aging culture. Lanham: Rowman & Littlefield Publishers.
Hurd Clarke, Laura/Griffin, Meridith (2007): The body natural and the body unnatural: beauty work and aging. In: Journal of Aging Studies 21(3), S. 187–201.
Hushbeck, Judith C. (1989): Old and obsolete. Age discrimination and the American worker, 1860–1920. New York: Garland Publishing.
Huszka, Victoria (2018): Rent a Grandma: aktivierte Alterskraft. Großelterliche Gefühle und Fürsorge im Spiegel der Debatten um (Selbst-)Verantwortung im Alter. München: Herbert Utz Verlag.
Illich, Ivan (1977): Die Nemesis der Medizin. Von den Grenzen des Gesundheitswesens. Reinbek bei Hamburg: Rowohlt.
Immortality Institute (Hg.) (2004): The scientific conquest of death. Essays on infinite life-spans. Buenos Aires: LibrosEnRed.
Jaeger, Michael (2008): Global Player Faust oder Das Verschwinden der Gegenwart. Zur Aktualität Goethes. Berlin: wjs verlag.
Jahoda, Marie/Lazarsfeld, Paul F./Zeisel, Hans (1975 [1933]): Die Arbeitslosen von Marienthal. Ein soziographischer Versuch. Frankfurt am Main: Suhrkamp.
Jansen, Andreas (2013): Kulturelle Muster des Altersübergangs: Der Einfluss kultureller Normen und Werte auf die Erwerbsbeteiligung älterer Menschen in Europa. In: Kölner Zeitschrift für Soziologie und Sozialpsychologie 65(2), S. 223–251.
Jappe, Anselm (2001): Gene, Werte, Bauernaufstände. In: Krisis 24, S. 92–113.
Jappe, Anselm (2005): Die Abenteuer der Ware. Für eine neue Wertkritik. Münster: Unrast.
Jonas, Hans (1979): Das Prinzip Verantwortung. Versuch einer Ethik für die technologische Zivilisation. Frankfurt am Main: Suhrkamp.
Jürgens, Kerstin (2010): Deutschland in der Reproduktionskrise. In: Leviathan 38(4), S. 559–587.
Kahlert, Heike (2013): Generativität und Geschlecht in alternden Wohlfahrtsgesellschaften. Soziologische Analysen zum »Problem« des demografischen Wandels. Wiesbaden: Springer VS.
Kampf, Franziska (2016): Die Familie als Garant sozialer Absicherung? Demografischer Wandel und soziale Herausforderungen in China. In: Zimmermann, Harm-Peer/Kruse, Andreas/Rentsch, Thomas (Hg.): Kulturen des Alterns. Plädoyers für ein gutes Leben bis ins hohe Alter. Frankfurt am Main: Campus, S. 41–48.
Kapusta, Nestor (2012): Aktuelle Daten und Fakten zur Zahl der Suizide in Österreich 2011. Wien: Universitätsklinik für Psychoanalyse und Psychotherapie.
Karl, Fred (Hg.) (2012): Das Altern der »neuen« Alten. Eine Generation im Strukturwandel des Alters. Münster: LIT.
Karl, Fred/Tokarski, Walter (Hg.) (1989): Die »neuen« Alten. Beiträge zur XVII. Jahrestagung der Deutschen Gesellschaft für Gerontologie. Kassel: Gesamthochschulbibliothek.
Katz, Stephen (1992): Alarmist demography: Power, knowledge, and the elderly population. In: Journal of Aging Studies 6(3), S. 203–225.

Katz, Stephen (1996): Disciplining old age. The formation of gerontological knowledge. Charlottesville/London: University Press of Virginia.
Katz, Stephen (2000): Busy bodies. Activity, aging, and the management of everyday life. In: Journal of Aging Studies 14(2), S. 135–152.
Katz, Stephen (2005): Cultural aging. Life course, lifestyle, and senior worlds. Peterborough: Broadview.
Katz, Stephen/Calasanti, Toni (2015): Critical perspectives on successful aging: does it »appeal more than it illuminates«? In: The Gerontologist 55(1), S. 26–33.
Kaufman, Sharon R. (1986): The ageless self. Sources of meaning in late life. Madison: University of Wisconsin Press.
Kaufmann, Franz-Xaver (2005): Schrumpfende Gesellschaft. Vom Bevölkerungsrückgang und seinen Folgen. Frankfurt am Main: Suhrkamp.
Keller, Reiner (2007): Diskurse und Dispositive analysieren. Die Wissenssoziologische Diskursanalyse als Beitrag zu einer wissensanalytischen Profilierung der Diskursforschung. In: Forum Qualitative Sozialforschung 8(2), Art. 19. *Internetquelle:* http://nbn-resolving.de/urn:nbn:de:0114-fqs0702198 [letzter Zugriff: 26. 4. 2020].
Keller, Reiner (2008): Michel Foucault. Konstanz: UVK.
Keller, Reiner (2011): Diskursforschung. Eine Einführung für SozialwissenschaftlerInnen, 4. Auflage. Wiesbaden: VS.
Kempter, Klaus (2020): Pathos und Pathologie der Freiheit. Über die Welt des Liberalismus. In: Agostini, Giulia/Jessen, Herle-Christin (Hg.): Pathos. Affektformen in Kunst, Literatur und Philosophie. Festschrift zu Ehren von Gerhard Poppenberg. München: Fink, S. 435–451.
Kenyon, Gary/Clark, Phillip/Vries, Brian de (Hg.) (2001): Narrative Gerontology. Theory, research, and practice. New York: Springer.
Kenyon, Gary/Bohlmeijer, Ernst/Randall, William L. (Hg.) (2011): Storying later life. Issues, investigations, and interventions in Narrative Gerontology. New York: Oxford University Press.
Kersting, Karin (2011): »Coolout« in der Pflege. Eine Studie zur moralischen Desensibilisierung, 2. Auflage. Frankfurt am Main: Mabuse.
Kessler, Eva-Marie (2009): Altersbilder in den Medien: Wirklichkeit oder Illusion? In: Schorb, Bernd/Hartung, Anja/Reißmann, Wolfgang (Hg.): Medien und höheres Lebensalter. Theorie – Forschung – Praxis. Wiesbaden: VS, S. 146–156.
Klatz, Ronald/Goldman, Robert (2007): The official anti-aging revolution – stop the clock. Laguna Beach: Basic Health Publications.
Klee, Ernst (1983): »Euthanasie« im NS-Staat. Die »Vernichtung lebensunwerten Lebens«. Frankfurt am Main: Fischer.
Klemperer, Victor (2015 [1947]): LTI. Stuttgart: Reclam.
Klenk, Tanja (2008): Innovation und Kontinuität. Die Organisationsreform der gesetzlichen Rentenversicherung. Wiesbaden: VS.
Klie, Thomas (2013): Zivilgesellschaft und Aktivierung. In: Hüther, Michael/Naegele, Gerhard (Hg.): Demografiepolitik. Herausforderungen und Handlungsfelder. Wiesbaden: VS, S. 344–362.
Knell, Markus (2016): Grundlagen eines soliden und solidarischen Pensionskontensystems. In: Wirtschaft und Gesellschaft 42(3), S. 465–496.
Knobling, Cornelia (1988): Konfliktsituationen im Altenheim. Eine Bewährungsprobe für das Pflegepersonal, 2. Auflage. Freiburg im Breisgau: Lambertus.
Koch-Straube, Ursula (1997): Fremde Welt Pflegeheim. Eine ethnologische Studie. Bern: Huber.

Kohlbacher, Florian/Herstatt, Cornelius (Hg.) (2008): The silver market phenomenon: Business opportunities in an era of demographic change. Berlin: Springer.
Kohli, Martin (1985): Die Institutionalisierung des Lebenslaufs. Historische Befunde und theoretische Argumente. In: Kölner Zeitschrift für Soziologie und Sozialpsychologie 37(1), S. 1–29.
Kohli, Martin (1988): Ageing as a challenge for sociological theory. In: Ageing & Society 8(4), S. 367–394.
Kohli, Martin (1990): Das Alter als Herausforderung für die Theorie sozialer Ungleichheit. In: Berger, Peter A./Hradil, Stefan (Hg.): Lebenslagen, Lebensläufe, Lebensstile (Soziale Welt, Sonderband 7). Göttingen: Schwartz, S. 387–406.
Kohli, Martin (1992): Altern in soziologischer Perspektive. In: Baltes, Paul B./Mittelstraß, Jürgen (Hg.): Zukunft des Alterns und gesellschaftliche Entwicklung. Berlin: de Gruyter, S. 231–259.
Kohli, Martin (2004): Intergenerational transfers and inheritance: a comparative view. In: Silverstein, Merrill (Hg.): Intergenerational relations across time and place (Annual Review of Gerontology and Geriatrics, Vol. 24). New York: Springer, S. 266–289.
Kohli, Martin (2006): Aging and justice. In: Binstock, Robert H./George, Linda K. (Hg.): Handbook of aging and the social sciences, 6. Auflage. San Diego: Academic Press, S. 456–478.
Kohli, Martin (2008): Generational equity: Concepts and attitudes. In: Arza, Camila/Kohli, Martin (Hg.): Pension reform in Europe: Politics, policies and outcomes. London: Routledge, S. 196–214.
Kohli, Martin/Freter, Hans-Jürgen/Langehennig, Manfred/Roth, Silke/Simoneit, Gerhard/Tregel, Stephan (1993): Engagement im Ruhestand. Rentner zwischen Erwerb, Ehrenamt und Hobby. Opladen: Leske + Budrich.
Kohlmeier, Anabell (2009): Die Ausweitung des Versicherungskreises der Gesetzlichen Rentenversicherung. Bestimmungsgründe und Verteilungswirkungen. Frankfurt am Main: Peter Lang.
Kollewe, Carolin (2011): Alter und Älterwerden in unterschiedlichen Kulturen. In: Junginger, Theodor/Bohl, Jürgen R. E./Fellgiebel, Andreas/Lieb, Klaus (Hg.): Kunst des Alterns. Hamburg: Dr. Kovac, S. 71–88.
Kollewe, Carolin/Schenkel, Elmar (Hg.) (2011): Alter: unbekannt. Über die Vielfalt des Älterwerdens. Internationale Perspektiven. Bielefeld: transcript.
Komp, Kathrin (2011): The political economy of the third age. In: Carr, Dawn C./Komp, Kathrin (Hg.): Gerontology in the era of the third age. Implications and next steps. New York: Springer, S. 51–66.
Kondratowitz, Hans-Joachim von (2000): Konjunkturen des Alters. Die Ausdifferenzierung der Konstruktion des »höheren Lebensalters« zu einem sozialpolitischen Problem. Regensburg: Transfer-Verlag.
Kondratowitz, Hans-Joachim von (2009): Alter(n) in Ost und West: Der Wandel normativer Modellierungen des Alter(n)s in historisch vergleichender Perspektive. In: Dyk, Silke van/Lessenich, Stephan (Hg.): Die jungen Alten. Analysen einer neuen Sozialfigur. Frankfurt am Main: Campus, S. 256–278.
Konicz, Tomasz (2016): Kapitalkollaps. Die finale Krise der Weltwirtschaft. Hamburg: KVV konkret.
Konicz, Tomasz (2020): Klimakiller Kapital. Wie ein Wirtschaftssystem unsere Lebensgrundlagen zerstört. Wien/Berlin: Mandelbaum.
Kontis, Vasilis/Bennet, James E./Mathers, Colin D./Li, Guangquan/Foreman, Kyle/

Ezzati, Majid (2017): Future life expectancy in 35 industrialised countries: projections with a Bayesian model ensemble. In: The Lancet 389(10 076), S. 1323–1335.

Köster, Dietmar (2012): Thesen zur kritischen Gerontologie aus sozialwissenschaftlicher Sicht. In: Zeitschrift für Gerontologie und Geriatrie 45(7), S. 603–607.

Kriebernegg, Ulla (2018a): »Für mein Leben gern zu Hause«: Institutionalisierung des Lebensendes in Film und Literatur. In: Stronegger, Willibald J./Attems, Kristin (Hg.): Mensch und Endlichkeit. Die Institutionalisierung des Lebensendes zwischen Wissenschaft und Lebenswelt. Baden-Baden: Nomos, S. 97–123.

Kriebernegg, Ulla (2018b): »Time to go. Fast not slow«: Gerontocide and the burden narrative of old age in Margaret Atwood's »Torching the dusties«. In: European Journal of English Studies 22(1), S. 46–58.

Kronauer, Martin (2002): Exklusion. Die Gefährdung des Sozialen im hoch entwickelten Kapitalismus. Frankfurt am Main: Campus.

Kruse, Andreas (Hg.) (2010): Potenziale im Altern. Chancen und Aufgaben für Individuum und Gesellschaft. Heidelberg: AKA.

Kruse, Andreas (2016): Schöpferisches und mitverantwortliches Leben im Alter. Auf dem Weg zu einer altersfreundlichen Kultur. In: Hoose, Fabian/Beckmann, Fabian/Schönauer, Anna-Lena (Hg.): Fortsetzung folgt. Kontinuität und Wandel von Wirtschaft und Gesellschaft. Wiesbaden: Springer VS, S. 329–349.

Kruse, Andreas (2017): Lebensphase hohes Alter. Verletzlichkeit und Reife. Berlin: Springer.

Kucsera, Dénes/Nagl, Wolfgang (2019): Warum das gesetzliche Pensionsantrittsalter steigen muss. Damit das österreichische Pensionssystem auch in Zukunft finanzierbar bleibt, sollte das gesetzliche Antrittsalter mit der Lebenserwartung Schritt halten. Policy Brief der Agenda Austria, 27. 3. 2019.

Kumlehn, Martina/Kubik, Andreas (Hg.) (2012): Konstrukte gelingenden Alterns. Stuttgart: Kohlhammer.

Künemund, Harald (2000): »Produktive« Tätigkeiten. In: Kohli, Martin/Künemund, Harald (Hg.): Die zweite Lebenshälfte. Gesellschaftliche Lage und Partizipation im Spiegel des Alters-Survey. Opladen: Leske + Budrich, S. 277–317.

Künemund, Harald (2008): »Granny-dumping« – die Zukunft des Alters? In: Amann, Anton/Kolland, Franz (Hg.): Das erzwungene Paradies des Alters? Fragen an eine Kritische Gerontologie. Wiesbaden: VS, S. 221–234.

Kurz, Robert (1986): Die Krise des Tauschwerts. In: Marxistische Kritik 1, S. 7–48.

Kurz, Robert (1991): Der Kollaps der Modernisierung. Vom Zusammenbruch des Kasernensozialismus zur Krise der Weltökonomie. Frankfurt am Main: Eichborn.

Kurz, Robert (2000): Marx lesen. Die wichtigsten Texte von Karl Marx für das 21. Jahrhundert. Frankfurt am Main: Eichborn.

Kurz, Robert (2005): Das Weltkapital. Globalisierung und innere Schranken des modernen warenproduzierenden Systems. Berlin: Bittermann.

Kurz, Robert (2009): Schwarzbuch Kapitalismus. Ein Abgesang auf die Marktwirtschaft, erweiterte Neuausgabe. Frankfurt am Main: Eichborn.

Kurz, Robert (2012): Geld ohne Wert. Grundrisse zu einer Transformation der Kritik der politischen Ökonomie. Berlin: Horlemann.

Kurz, Robert (2013): Die Welt als Wille und Design. Postmoderne, Lifestyle-Linke und die Ästhetisierung der Krise, 2. Auflage. Berlin: Bittermann.

Kurz, Robert (2016): Ausgrenzungsimperialismus und Ausnahmezustand. In: EXIT! Krise und Kritik der Warengesellschaft 13, S. 123–169.

Kurz, Constanze/Rieger, Frank (2013): Arbeitsfrei. Die Entdeckungsreise zu den Maschinen, die uns ersetzen. München: Riemann.

Kurzweil, Raymond (2004): Human body version 2.0. In: Immortality Institute (Hg.): The scientific conquest of death. Essays on infinite lifespans. Buenos Aires: Libros-EnRed, S. 93–106.

Kytir, Josef (2006): Die demografische Revolution und die Langlebigkeit. In: Rosenmayr, Leopold/Böhmer, Franz (Hg.): Hoffnung Alter. Forschung, Theorie, Praxis, 2. Auflage. Wien: WUV, S. 131–144.

Lamers, Carolien P.T./Williams, Rebecca R. (2016): Older people's discourses about euthanasia and assisted suicide: a Foucauldian exploration. In: The Gerontologist 56(6), S. 1072–1081.

Laslett, Peter (1995a): Das dritte Alter. Historische Soziologie des Alterns. Weinheim: Juventa.

Laslett, Peter (1995b): One necessary knowledge: Age and aging in the societies of the past. In: Kertzer, David I./Laslett, Peter (Hg.): Aging in the past. Demography, society, and old age. Berkeley: University of California Press, S. 3–77.

Laws, Glenda (1995): Understanding ageism: Lessons from feminism and postmodernism. In: The Gerontologist 35(1), S. 112–118.

Leedham, Cynthia A./Hendricks, Jon (2006): Foucault and successful aging as discourse. Explorations in biopower and the practice of freedom. In: Powell, Jason L./Wahidin, Azrini (Hg.): Foucault and aging. New York: Nova Science Publishers, S. 31–45.

Lehr, Ursula (2011a): Langlebigkeit: Herausforderung und Chance in einer Gesellschaft des langen Lebens. In: Petzold, Hilarion/Horn, Erika/Müller, Lotti (Hg.): Hochaltrigkeit. Herausforderung für persönliche Lebensführung und biopsychosoziale Arbeit. Wiesbaden: VS, S. 3–20.

Lehr, Ursula (2011b): Engagement tut gut – Engagement tut Gutes. Bürgerschaftliches Engagement – eine Herausforderung in Zeiten des demografischen Wandels. In: Bundesgemeinschaft der Senioren-Organisationen e.V. (BAGSO) (Hg.): Engagement bewegt Generationen. Dokumentation der Regionalkonferenz im Rahmen des Europäischen Jahres der Freiwilligentätigkeit zur Förderung der aktiven Bürgerschaft 2011. Bonn: BAGSO, S. 9–13.

Lenz, Karl/Rudolph, Martin/Sickendiek, Ursel (1999): Alter und Altern aus sozialgerontologischer Sicht. In: Lenz, Karl/Rudolph, Martin/Sickendiek, Ursel (Hg.): Die alternde Gesellschaft. Problemfelder gesellschaftlichen Umgangs mit Altern und Alter. Weinheim: Juventa, S. 7–96.

Lessenich, Stephan (2008): Die Neuerfindung des Sozialen. Der Sozialstaat im flexiblen Kapitalismus. Bielefeld: transcript.

Lessenich, Stephan (2009): Lohn und Leistung, Schuld und Verantwortung: Das Alter in der Aktivgesellschaft. In: Dyk, Silke van/Lessenich, Stephan (Hg.): Die jungen Alten. Analysen einer neuen Sozialfigur. Frankfurt am Main: Campus, S. 279–295.

Lessenich, Stephan (2013): Arbeiten ohne Ende. Der Abschied vom Ruhestand. In: Le Monde diplomatique, 14.6.2013.

Lessenich, Stephan (2014): Demographie: Altersstruktur, Mobilität und Multikulturalismus. In: Lamla, Jörg/Laux, Henning/Rosa, Hartmut/Strecker, David (Hg.): Handbuch der Soziologie. Konstanz: UVK, S. 451–464.

Lessenich, Stephan/Dyk, Silke van (2009): Ambivalenzen der (De-)Aktivierung. Altwerden im flexiblen Kapitalismus. In: WSI Mitteilungen 10/2009, S. 540–545.

Levy, Becca R./Banaji, Mahzarin R. (2004): Implicit ageism. In: Nelson, Todd D. (Hg.):

Ageism. Stereotyping and prejudice against older persons. Cambridge: MIT Press, S. 49–75.
Liang, Jiayin/Luo, Baozhen (2012): Towards a discourse shift in social gerontology: From successful aging to harmonious aging. In: Journal of Aging Studies 26(3), S. 327–334.
Lichtenstein, Bronwen (2021): From »Coffin Dodger« to »Boomer Remover«: Outbreaks of Ageism in Three Countries With Divergent Approaches to Coronavirus Control. In: Journal of Gerontology: Psychological Sciences 76(4), e206–e212.
Lindenberger, Ulman/Smith, Jacqui/Mayer, Karl Ulrich/Baltes, Paul B. (Hg.) (2010): Die Berliner Altersstudie, 3. erweiterte Auflage. Berlin: Akademie Verlag.
Loenen, Gerbert van (2014): Das ist doch kein Leben mehr! Warum aktive Sterbehilfe zu Fremdbestimmung führt. Frankfurt am Main: Mabuse-Verlag.
Lucke, Christoph/Lucke, Margot/Gogol, Manfred (2009): Lebenstreppen – oder wie man den Alternsprozess über die Jahrhunderte gesehen hat. In: European Journal of Geriatrics 11(3–4), S. 132–140.
Lumme-Sandt, Kirsi (2011): Images of ageing in a 50+ magazine. In: Journal of Aging Studies 25(1), S. 45–51.
Macnicol, John (1998): The politics of retirement in Britain, 1878–1948. New York: Cambridge University Press.
Macnicol, John (2006): Age discrimination. An historical and contemporary analysis. New York: Cambridge University Press.
Macnicol, John (2008): Older men and work in the twenty-first century: What can the history of retirement tell us? In: Journal of Social Policy 37(4), S. 579–595.
Macnicol, John (2015): Neoliberalising old age. Cambridge: Cambridge University Press.
Mader, Wilhelm (1990): Der Mythos des Narziß und das Altern. Eine Reinterpretation des Narzißmuskonzepts für die Alterspsychologie. In: Psychologie und Gesellschaftskritik 14(4), S. 25–44.
Maierhofer, Roberta (1996): Frauen und Altern in der amerikanischen Literatur. In: Freiburger FrauenStudien 1, S. 1–8.
Maierhofer, Roberta (2015a): Aging Studies als Kulturtheorie und -methode. Eine anokritische Betrachtung. In: Hülsen-Esch, Andrea von (Hg.): Alter(n) neu denken. Konzepte für eine neue Alter(n)skultur. Bielefeld: transcript, S. 93–118.
Maierhofer, Roberta (2015b): Salty old women. Frauen, Altern und Identität in der amerikanischen Literatur und Kultur. Bielefeld: transcript.
Maio, Giovanni (2014): Medizin ohne Maß? Vom Diktat des Machbaren zur einer Ethik der Besonnenheit. Stuttgart: Trias.
Mann, Eva/Haastert, Burkhard/Frühwald, Thomas/Sauermann, Robert/Hinteregger, Manfred/Hölzl, Daniela/Keuerleber, Simon/Scheuringer, Martin/Meyer, Gabriele (2014): Potentially inappropriate medication in older persons in Austria: a nationwide prevalence study. In: European Geriatric Medicine 5(6), S. 399–405.
Marshall, Barbara L. (2015): Anti-ageing and identities. In: Twigg, Julia/Martin, Wendy (Hg.): Routledge Handbook of Cultural Gerontology. Abingdon/New York: Routledge, S. 210–217.
Marshall, Barbara L./Katz, Stephen (2002): Forever functional: Sexual fitness and the ageing male body. In: Body & Society 8(4), S. 43–70.
Marshall, Victor W./Tindale, Joseph A. (1979): Notes for a Radical Gerontology. In: The International Journal of Aging and Human Development 9(2), S. 163–175.
Marx, Karl (1971 [1857]): Einleitung zur Kritik der Politischen Ökonomie. In: MEW, Bd. 13. Berlin: Dietz, S. 615–642.

Marx, Karl (1973 [1867]): Das Kapital, Bd. 1. MEW, Bd. 23. Berlin: Dietz.
Marx, Karl (1976 [1844]): Zur Kritik der Hegelschen Rechtsphilosophie. Einleitung. In: MEW, Bd. 1, Berlin: Dietz, S. 378–391.
Marx, Karl (1983a): Grundrisse der Kritik der politischen Ökonomie. MEW, Bd. 42. Berlin: Dietz.
Marx, Karl (1983b [1843]) Zur Judenfrage. In: MEW, Bd. 1. Berlin: Dietz, S. 347–377.
Marx, Karl/Engels, Friedrich (1972 [1848]): Manifest der Kommunistischen Partei. In: MEW, Bd. 4. Berlin: Dietz, S. 459–493.
Marx, Lothar (2012): Bauliche Gestaltung in Alten- und Pflegeheimen. In: Wahl, Hans-Werner/Tesch-Römer, Clemens/Ziegelmann, Jochen Philipp (Hg.): Angewandte Gerontologie. Interventionen für ein gutes Altern in 100 Schlüsselbegriffen. 2., vollständig überarbeitete und erweiterte Auflage. Stuttgart: Kohlhammer, S. 562–568.
Matter, Christine (2006): Tod, Sterben, Weiterleben. In: Soziologische Revue, Sonderheft 6, S. 93–101.
Matthes, Joachim (Hg.) (1982): Krise der Arbeitsgesellschaft? Verhandlungen des 21. Soziologentages in Bamberg 1982. Frankfurt am Main: Campus.
Mayring, Philipp (2000): Pensionierung als Krise oder Glücksgewinn? Ergebnisse aus einer quantitativ-qualitativen Längsschnittuntersuchung. In: Zeitschrift für Gerontologie und Geriatrie 33(2), S. 124–133.
McKeown, Thomas (1982): Die Bedeutung der Medizin. Traum, Trugbild oder Nemesis? Frankfurt am Main: Suhrkamp.
Messerschmidt, Reinhard (2015): Demografischer Wandel als gesellschaftliche Krise – Deutsche Alterungsdiskurse der Gegenwart und die wachsende Kritik an deren Demografisierung und Dramatisierung. In: Lessenich, Stephan (Hg.): Routinen der Krise – Krise der Routinen. Verhandlungen des 37. Kongresses der Deutschen Gesellschaft für Soziologie in Trier 2014, S. 192–209.
Messerschmidt, Reinhard (2018): Aussterben vertagt? Demografischer Wandel in der öffentlichen und wissenschaftlichen Diskussion. Frankfurt am Main: Campus.
Messner, Angelika C. (2016): Altern in der Gemengelage von Demografie und Wirtschaftlichkeit. In: Zimmermann, Harm-Peer/Kruse, Andreas/Rentsch, Thomas (Hg.): Kulturen des Alterns. Plädoyers für ein gutes Leben bis ins hohe Alter. Frankfurt am Main: Campus, S. 29–40.
Michels, Christoph (2016): Alter, Ansehen und politischer Einfluss in Rom. In: Blume-Jung, Clarissa/Buchwitz, Wolfram (Hg.): Alter und Gesellschaft. Herausforderungen von der Antike bis zur Gegenwart. Paderborn: Schöningh, S. 135–158.
Minsky, Marvin L. (2004): Will robots inherit the earth? In: Immortality Institute (Hg.): The scientific conquest of death. Essays on infinite lifespans. Buenos Aires: LibrosEnRed, S. 123–134.
Mittelstraß, Jürgen et al. (erweiterte Arbeitsgruppe) (1992): Wissenschaft und Altern. In: Baltes, Paul B./Mittelstraß, Jürgen (Hg.): Zukunft des Alterns und gesellschaftliche Entwicklung. Berlin: de Gruyter, S. 695–720.
Mohl, Hans (1993): Die Altersexplosion. Stuttgart: Kreuz.
Moody, Harry R. (1993): What is critical gerontology and why is it important? In: Cole, Thomas R./Achenbaum, W. Andrew/Jakobi, Patricia L./Kastenbaum, Robert (Hg.): Voices and visions of aging. Towards a Critical Gerontology. New York: Springer, S. xv–xli.
Moody, Harry R. (2001): Productive aging and the ideology of old age. In: Morrow-Howell, Nancy/Hinterlong, James/Sherraden, Michael (Hg.): Productive aging. Concepts and challenges. Baltimore: The John Hopkins University Press, S. 175–196.

Moody, Harry R./Sasser, Jennifer R. (2015): Aging. Concepts and controversies, 8. Auflage. Los Angeles u. a.: Sage.
Müller-Doohm, Stefan (2003): Adorno. Eine Biografie. Frankfurt am Main: Suhrkamp.
Naegele, Gerhard/Tews, Hans Peter (Hg.) (1993): Lebenslagen im Strukturwandel des Alters. Alternde Gesellschaft – Folgen für die Politik. Opladen: Westdeutscher Verlag.
Narr, Wolf-Dieter (1994): Wieviel Entwirklichung kann sozialwissenschaftliche Theoriebildung ertragen? – Am Exempel: Zivilgesellschaft. Einige sachlich notwendige polemische Notate. In: Das Argument 206, S. 587–598.
Nelson, Todd D. (2011): Ageism: the strange case of prejudice against the older you. In: Wiener, Richard L./Willborn, Steven L. (Hg.): Disability and aging discrimination. Perspectives in law and psychology. New York: Springer, S. 37–47.
Netzwerk Altern (2019): Forschung zu Altern und demografischem Wandel in Österreich. Situation und Perspektive 2018/19. Wien: ÖPIA.
Neugarten, Bernice L. (1974): Age groups in American society and the rise of the young-old. In: The Annals of the American Academy of Political and Social Science 415(1), S. 187–198.
Neugarten, Bernice L./Gutmann, David L. (1968): Age-sex roles and personality in middle age: A thematic apperception study. In: Neugarten, Bernice L. (Hg.): Middle age and aging. A reader in social psychology. Chicago: University of Chicago Press, S. 58–74.
Niederschlag, Heribert/Proft, Ingo (Hg.) (2014): Würde bis zuletzt. Medizinische, pflegerische und ethische Herausforderungen am Lebensende. Ostfildern: Grünewald.
Nikelski, Angela/Nauerth, Annette (2017): Soziale Ungleichheiten in der pflegerischen Versorgung?! Eine Annäherung an ein vernachlässigtes Thema. In: Pflege & Gesellschaft 22(2), S. 146–164.
Öberg, Peter (1996): The absent body – a social gerontological paradox. In: Ageing & Society 16(6), S. 701–719.
OECD (2000): Reforms for an ageing society. Paris: OECD.
Olshansky, S. Jay (2013): Reinventing aging: An update on the Longevity Dividend. *Internetquelle:* https://www.asaging.org/blog/reinventing-aging-update-longevity-dividend [letzter Zugriff: 26. 4. 2020].
Olshansky, S. Jay/Martin, George M./Kirkland, James L. (2016): Aging. The longevity dividend. Cold Spring Harbor: Cold Spring Harbor Laboratory Press.
Olshansky, S. Jay/Antonucci, Toni/Berkman, Lisa/Binstock, Robert H./Börsch-Supan, Axel/Cacioppo, John T./Carnes, Bruce A./Carstensen, Laura L./Fried, Linda P./Goldman, Dana P./Jackson, James/Kohli, Martin/Rother, John/Zheng, Yuhui/Rowe, John (2012): Differences in life expectancy due to race and educational differences are widening, and many may not catch up. In: Health Affairs 31(8), S. 1803–1813.
O'Neill, Greg/Morrow-Howell, Nancy/Wilson, Sarah F. (2011): Volunteering in later life. From disengagement to civic engagement. In: Settersten, Richard A./Angel, Jacqueline L. (Hg.): Handbook of sociology of aging. New York u. a.: Springer, S. 333–350.
ÖPIA (2015): Österreichische Interdisziplinäre Hochaltrigenstudie: Zusammenwirken von Gesundheit, Lebensgestaltung und Betreuung. 1. Erhebung 2013/2014 – Wien und Steiermark. Wien: ÖPIA.
ÖPIA (2018): Individuelle und soziale Potenziale für ein »gutes Leben« im hohen Alter. Qualitative Fokusstudie im Rahmen der Österreichischen Interdisziplinären Hochaltrigenstudie, Welle II (2015–2018). Wien: ÖPIA.

ÖPIA (2022): Die Herausforderungen des hohen Alters. Österreichische Interdisziplinäre Hochaltrigenstudie, Welle III (2019–2022). Wien: ÖPIA.
Ortlieb, Claus Peter (1998): Bewusstlose Objektivität. Aspekte einer Kritik der mathematischen Naturwissenschaft. In: Krisis 21/22, S. 15–51.
Ortlieb, Claus Peter (2009): Ein Widerspruch von Stoff und Form. Zur Bedeutung der Produktion des relativen Mehrwerts für die finale Krisendynamik. In: EXIT! Krise und Kritik der Warengesellschaft 9, S. 23–54.
Ortlieb, Claus Peter (2012): Arbeitszwang und Arbeitsethos. *Internetquelle:* https://www.exit-online.org/textanz1.php?tabelle=autoren&index=5&posnr=506&backtext1=text1.php [letzter Zugriff: 5.1.2024].
Ortlieb, Claus Peter (2019): Ende des Spiels. Warum eine allgemeine Geldentwertung nur eine Frage der Zeit ist. In: Ortlieb, Claus Peter: Zur Kritik des modernen Fetischismus. Die Grenzen bürgerlichen Denkens. Gesammelte Texte von Claus Peter Ortlieb 1997–2015. Stuttgart: Schmetterling Verlag, S. 310–315.
Parkin, Tim G. (2003): Old age in the Roman world. A cultural and social history. Baltimore: John Hopkins University Press.
Parkin, Tim (2005): Das antike Griechenland und die römische Welt. Das Alter – Segen oder Fluch? In: Thane, Pat (Hg.): Das Alter. Eine Kulturgeschichte. Darmstadt: Primus, S. 31–69.
Paschukanis, Eugen (1929): Allgemeine Rechtslehre und Marxismus. Versuch einer Kritik der juristischen Grundbegriffe. Berlin: Verlag für Literatur und Politik.
Phillipson, Chris (1982): Capitalism and the construction of old age. London: Macmillan.
Pichler, Barbara (2010): Aktuelle Altersbilder: »junge Alte« und »alte Alte«. In: Aner, Kirsten/Karl, Ute (Hg.): Handbuch Soziale Arbeit und Alter. Wiesbaden: VS, S. 415–425.
Pichler, Barbara (2011): Revoltierendes Anerkennen des Alter(n)s. Für eine unzeitgemäße Sicht auf das Alter. In: Magazin erwachsenenbildung.at, Ausgabe 13, Artikel 4, S. 1–9.
Pinl, Claudia (2013): Freiwillig zu Diensten? Über die Ausbeutung von Ehrenamt und Gratisarbeit. Frankfurt am Main: Nomen.
Pleschberger, Sabine (2005): Nur nicht zur Last fallen. Sterben in Würde aus der Sicht alter Menschen in Pflegeheimen. Freiburg im Breisgau: Lambertus.
Pompe, Hans-Georg (Hg.) (2012): Boom-Branchen 50plus. Wie Unternehmen den Best-Ager-Markt für sich nutzen können. Wiesbaden: Gabler.
Postone, Moishe (1982): Die Logik des Antisemitismus. In: Merkur 36(1), S. 13–25.
Postone, Moishe (1998): Dekonstruktion als Gesellschaftskritik. Derrida über Marx und die neue Weltordnung. In: Krisis 21/22. *Zitiert nach der Online-Version auf krisis.org:* http://www.krisis.org/1998/dekonstruktion-als-gesellschaftskritik [letzter Zugriff: 5.1.2024].
Postone, Moishe (2003): Zeit, Arbeit und gesellschaftliche Herrschaft. Eine neue Interpretation der kritischen Theorie von Marx. Freiburg: ça ira.
Pousset, Raimund (2018): Senizid und Altentötung. Ein überfälliger Diskurs. Wiesbaden: Springer VS.
Prahl, Hans-Werner/Schroeter, Klaus R. (1996): Soziologie des Alterns. Eine Einführung. Paderborn: Schöningh.
Rat der Europäischen Union (2012): Erklärung des Rates über das Europäische Jahr für aktives Altern und Solidarität zwischen den Generationen (2012): Das weitere Vorgehen. Brüssel, 7. Dezember 2012.
Rentschler, Frank (2004): Der Zwang zur Selbstunterwerfung. Fordern und Fördern im aktivierenden Staat. In: EXIT! Krise und Kritik der Warengesellschaft 1, S. 201–229.

Rheinheimer, Martin (2000): Arme, Bettler und Vaganten. Überleben in der Not 1450–1850. Frankfurt am Main: Fischer.
Richter, Horst Eberhard (1979): Der Gotteskomplex. Die Geburt und die Krise des Glaubens an die Allmacht des Menschen. Reinbek bei Hamburg: Rowohlt.
Riedel, Monika/Hofer. Helmut (2018): Zukunftschance Demographie. Wien: Institut für Höhere Studien.
Riley, James C. (2001): Rising life expectancy. A global history. New York: Cambridge University Press.
Robert Koch Institut (2015): Gesundheit in Deutschland. Gesundheitsberichterstattung des Bundes. Berlin: Robert Koch Institut.
Roether, Dorothea (1997): Tagesstrukturierung und Interessen bei alten Menschen in Abhängigkeit vom Hilfe- und Pflegebedarf. In: Zeitschrift für Gerontopsychologie und -psychatrie 10(2), S. 75–83.
Röhr-Sendlmeier, Una M./Ueing, Sarah (2004): Das Altersbild in der Anzeigenwerbung im zeitlichen Wandel. In: Zeitschrift für Gerontologie und Geriatrie 37(1), S. 56–62.
Rosa, Hartmut (2005): Beschleunigung. Die Veränderung der Zeitstrukturen in der Moderne. Frankfurt am Main: Suhrkamp.
Rose, Michael R. (2004): Biological immortality. In: Immortality Institute (Hg.): The scientific conquest of death. Essays on infinite lifespans. Buenos Aires: Libros-EnRed, S. 17–28.
Rosenmayr, Leopold (1978): Die menschlichen Lebensalter in Deutungsversuchen der europäischen Kulturgeschichte. In: Rosenmayr, Leopold (Hg.): Die menschlichen Lebensalter. Kontinuität und Krisen. München: Piper, S. 23–79.
Rosenmayr, Leopold (1983): Die späte Freiheit. Das Alter – ein Stück bewußt gelebten Lebens. Berlin: Severin und Siedler.
Rosenmayr, Leopold (1996): Altern im Lebenslauf. Soziale Position, Konflikt und Liebe in den späten Jahren. Göttingen/Zürich: Vandenhoeck & Ruprecht.
Roth, Richard (1989): Rentenpolitik in der Bundesrepublik. Zum Verhältnis zwischen wirtschaftlicher Entwicklung und der Gestaltung eines sozialstaatlichen Teilbereichs 1957–1986. Marburg: Verlag Arbeiterbewegung und Gesellschaftswissenschaft.
Rothermund, Klaus/Brandstädter, Jochen (2003): Age stereotypes and self-views in later life: Evaluating rival assumptions. In: International Journal of Behavioral Development 27(6), S. 549–554.
Rothermund, Klaus/Mayer, Anne-Kathrin (2009): Altersdiskriminierung. Erscheinungsformen, Erklärungen und Interventionsansätze. Stuttgart: Kohlhammer.
Rowe, John W./Kahn, Robert L. (1997): Successful aging. In: The Gerontologist 37(4), S. 433–440.
Rudman, Debbie Laliberte (2006): Shaping the active, autonomous and responsible modern retiree: an analysis of discursive technologies and their links with neoliberal political rationality. In: Ageing & Society 26(2), S. 181–201.
Rüegger, Heinz (2007): Alter(n) als Herausforderung. Gerontologisch-ethische Perspektiven. Zürich: TVZ.
Ruoss, Matthias (2015): »Aktives Altern« in der kapitalistischen Arbeitsgesellschaft. Ein Beitrag zur Wissensgeschichte der Gerontologie in der zweiten Hälfte des 20. Jahrhunderts. In: Bolze, Max/Endter, Cordula/Gunreben, Marie/Schwabe, Sven/Styn, Eva (Hg.): Prozesse des Alterns. Konzepte – Narrative – Praktiken. Bielefeld: transcript, S. 159–174.
Russell, Bertrand (1970 [1935]): Lob des Müßiggangs. Zürich: Coron.
Russell, Josiah C. (1983): Bevölkerung, B. Nord-, Mittel-, West- und Südeuropa. In:

Lexikon des Mittelalters, Bd. 2: Bettlerwesen bis Codex von Valencia. München: Artemis, Spalte 11–17.

Sachße, Christoph/Tennstedt, Florian (1980): Geschichte der Armenfürsorge in Deutschland. Band 1: Vom Mittelalter bis zum 1. Weltkrieg. Stuttgart: Kohlhammer.

Sackmann, Reinhold/Bartl, Walter (2008): Demographisierung: Bewältigungsform von Krisen der »zweiten« Natur des Menschen? In: Rehberg, Karl, Siegbert (Hg.): Die Natur der Gesellschaft. Verhandlungen des 33. Kongresses der Deutschen Gesellschaft für Soziologie in Kassel 2006. Frankfurt am Main: Campus, S. 2627–2642.

Samerski, Silja (2023): »Kontraproduktiv« und »todfeindlich«. Zur Aktualität von Ivan Illichs *Nemesis der Medizin* angesichts der Corona-Krise. In: Urban, Andreas (Hg.): Schwerer Verlauf. Corona als Krisensymptom. Wien: Promedia, S. 219–238.

Sargeant, Malcolm (2006): Age discrimination in employment. Aldershot: Gower.

Saussure, Ferdinand de (2001 [1931]): Grundfragen der allgemeinen Sprachwissenschaft. Berlin/New York: de Gruyter.

Schäfer, Daniel (2004): Alter und Krankheit in der Frühen Neuzeit. Der ärztliche Blick auf die letzte Lebensphase. Frankfurt am Main: Campus.

Scheich, Elvira (1993): Naturbeherrschung und Weiblichkeit. Denkformen und Phantasmen der modernen Naturwissenschaften. Pfaffenweiler: Centaurus.

Schelsky, Helmut (1965): Die Paradoxien des Alters in der modernen Gesellschaft. In: Schelsky, Helmut: Auf der Suche nach Wirklichkeit. Düsseldorf: Diederichs, S. 198–220.

Scherger, Simone (2015): Die Institutionalisierung der Lebensphase Alter. Geschichte, Wandel und Neuverhandlung aus soziologischer Perspektive. In: Igl, Gerhard/Welti, Felix/Eßer, Michael (Hg.): Alter und Beschäftigungen. Arbeitssituationen, Lebensentwürfe und soziale Sicherung der über 50-Jährigen. Münster: LIT, S. 137–148.

Schimany, Peter (2003): Die Alterung der Gesellschaft. Ursachen und Folgen des demografischen Umbruchs. Frankfurt am Main: Campus.

Schirrmacher, Frank (2004): Das Methusalem-Komplott, 9. Auflage. München: Karl Blessing Verlag.

Schmidt-Hertha, Bernhard/Schramm, Simone/Schnurr, Simone (2012): Altersbilder von Kindern und Jugendlichen. In: Berner, Frank/Rossow, Judith/Schwitzer, Klaus-Peter (Hg.): Individuelle und kulturelle Altersbilder. Expertisen zum Sechsten Altenbericht der Bundesregierung, Bd. 1. Wiesbaden: VS, S. 71–108.

Schmitter, Ernst (2019): Sackgasse Wirtschaft. Einführung in die Wertkritik. Zürich: edition 8.

Schmitz, Winfried (2003): Nicht »altes Eisen«, sondern Garant der Ordnung. Die Macht der Alten in Sparta. In: Gutsfeld, Andreas/Schmitz, Winfried (Hg.): Am schlimmen Rand des Lebens? Altersbilder in der Antike. Köln: Böhlau, S. 87–112.

Schneider, Iris Juliana (2019): Herausforderung Ruhestand – Krise oder Chance? Strategien für mehr Lebensqualität im Un-Ruhestand. Wiesbaden: Springer.

Schneider-Taylor, Barbara (2006): Jean-Jacques Rousseaus Konzeption der Sophie. Ein hermeneutisches Projekt. Hamburg: Dr. Kovac.

Scholz, Roswitha (1992): Der Wert ist der Mann. Thesen zu Wertvergesellschaftung und Geschlechterverhältnis. In: Krisis 12, S. 19–52.

Scholz, Roswitha (1995): Die Maske des roten Todes. Kasinokapitalismus, Frauenbewegung und Dekonstruktion. In: Krisis 15, S. 27–77.

Scholz, Roswitha (1998): Die Verwilderung des Patriarchats in der Postmoderne. In: Krisis 21/22, S. 84–113.

Scholz, Roswitha (2011): Das Geschlecht des Kapitalismus. Feministische Theorien und die postmoderne Metamorphose des Patriarchats, verbesserte und erweiterte Neuausgabe. Bad Honnef: Horlemann.

Scholz, Roswitha (2013): Feminismus – Kapitalismus – Ökonomie – Krise. Wert-Abspaltungskritische Einwände gegenüber einigen Ansätzen feministischer Ökonomiekritik heute. In: EXIT! Krise und Kritik der Warengesellschaft 11, S. 15–63.

Schosserer, Markus/Grubeck-Loebenstein, Beatrix/Grillari, Johannes (2015): Grundlagen der biologischen Alterung. In: Zeitschrift für Gerontologie und Geriatrie 48(3), S. 285–294.

Schröer, Sebastian/Straubhaar, Thomas (2007): Demografische Entwicklung: Problem oder Phantom? In: Barlösius, Eva/Schiek, Daniela (Hg.): Demographisierung des Gesellschaftlichen. Analysen und Debatten zur demografischen Zukunft Deutschlands. Wiesbaden: VS, S. 165–183.

Schroeter, Klaus R. (2009): Die Normierung alternder Körper – gouvernementale Aspekte des doing age. In: Dyk, Silke van/Lessenich, Stephan (Hg.): Die jungen Alten. Analysen einer neuen Sozialfigur. Frankfurt am Main: Campus, S. 359–379.

Schroeter, Klaus R. (2012): Altersbilder als Körperbilder: Doing Age by Bodification. In: Berner, Frank/Rossow, Judith/Schwitzer, Klaus-Peter (Hg.): Individuelle und kulturelle Altersbilder. Expertisen zum Sechsten Altenbericht der Bundesregierung, Bd. 1. Wiesbaden: VS, S. 153–229.

Schuler, Peter-Johannes (1992): Bevölkerungszahl. In: Dinzelbauer, Peter (Hg.): Sachwörterbuch der Mediävistik. Stuttgart: Kröner, S. 95–96.

Schultz, Hans Jürgen (Hg.) (1985): Die neuen Alten. Erfahrungen aus dem Unruhestand. Stuttgart: Kreuz.

Schweda, Mark/Schicktanz, Silke (2012): Das Unbehagen an der Medikalisierung: Theoretische und ethische Aspekte der biomedizinischen Altersplanung. In: Schicktanz, Silke/Schweda, Mark (Hg.): Pro-Age oder Anti-Aging? Altern im Fokus der modernen Medizin. Frankfurt am Main: Campus, S. 23–40.

Schwentker, Björn/Vaupel, James W. (2011): Eine neue Kultur des Wandels. In: Aus Politik und Zeitgeschichte 61(10–11), S. 3–10.

Sennett, Richard (2014): »Wir müssen die Arbeit umverteilen.« Interview in der *Zeit* vom 3. 6. 2014. *Internetquelle:* http://www.zeit.de/karriere/2014-06/interview-richard-sennett-arbeitszeit [letzter Zugriff: 5. 1. 2024].

Shostak, Stanley (2002): Becoming immortal. Combining cloning and stem-cell therapy. Albany: State University of New York Press.

Silver, Catherine B. (2003): Gendered identities in old age: Toward (de)gendering? In: Journal of Aging Studies 17(4), S. 379–397.

Sohn-Rethel, Alfred (1971): Warenform und Denkform. Frankfurt am Main: Europäische Verlagsanstalt.

Sohn-Rethel, Alfred (1989): Geistige und körperliche Arbeit. Zur Epistemologie der abendländischen Geschichte, revidierte und ergänzte Neuauflage. Weinheim: VCH.

Sontag, Susan (1975): The double standard of aging, in: No longer young. The older women in America. Proceedings of the 26 th Annual Conference on Aging. Ann Arbor: University of Michigan, S. 31–39.

Sorgner, Stefan Lorenz (2016): Transhumanismus – »Die gefährlichste Idee der Welt«!? Freiburg im Breisgau: Herder.

Spindler, Mone (2007): Neue Konzepte für alte Körper: Ist Anti-Aging unnatürlich? In: Hartung, Heike/Reinmuth, Dorothea/Streubel, Christiane/Uhlmann, Angelika (Hg.): Graue Theorie. Die Kategorien Alter und Geschlecht im kulturellen Diskurs. Köln u. a.: Böhlau, S. 79–101.

Spindler, Mone (2009): Natürlich alt? Zur Neuerfindung der Natur des Alter(n)s in der Anti-Ageing-Medizin und der Sozialgerontologie. In: Dyk, Silke van/Lessenich, Stephan (Hg.): Die jungen Alten. Analysen einer neuen Sozialfigur. Frankfurt am Main: Campus, S. 380–402.

Spindler, Mone (2014): »Altern ja – aber gesundes Altern«. Die Neubegründung der Anti-Aging-Medizin in Deutschland. Wiesbaden: Springer VS.

Staudinger, Ulrike M. (2003): Das Alter(n): Gestalterische Verantwortung für den Einzelnen und die Gesellschaft. In: Aus Politik und Zeitgeschichte 53(20), S. 35–42.

Staudinger, Ulrike/Schindler, Ines (2002): Produktives Leben im Alter: Aufgaben, Funktionen und Kompetenzen. In: Oerter, Rolf/Montada, Leo (Hg.): Entwicklungspsychologie, 5. Auflage. Weinheim: Beltz, S. 955–982.

Stöckl, Claudia/Kicker-Frisinghelli, Karin/Finker, Susanna (Hg.) (2016): Die Gesellschaft des langen Lebens. Soziale und individuelle Herausforderungen. Bielefeld: transcript.

Stoff, Heiko (2004): Ewige Jugend. Konzepte der Verjüngung vom späten 19. Jahrhundert bis ins Dritte Reich. Köln: Böhlau.

Strange, Nicholas (2006): Keine Angst vor Methusalem! Warum wir mit dem Altern unserer Bevölkerung gut leben können. Springe: zu Klampen.

Struck, Olaf (2016): Krise der Arbeitsgesellschaft? Der Bamberger Soziologiekongress 1982 im Rückblick und Ausblick im Kontext von Digitalisierung, Arbeitsmarkt- und Qualifikationsentwicklung, Working Paper No. 17, Professur für Arbeitswissenschaft, Universität Bamberg.

Stückler, Andreas (2014): Gesellschaftskritik und bürgerliche Kälte. In: Soziologie 43(3), S. 278–299.

Stückler, Andreas (2015): Zum affirmativen Potenzial soziologischer Kritik. Überlegungen zur Dialektik von Kritik und Affirmation in den Sozialwissenschaften. In: Lessenich, Stephan (Hg.): Routinen der Krise – Krise der Routinen. Verhandlungen des 37. Kongresses der Deutschen Gesellschaft für Soziologie in Trier 2014, S. 1486–1495.

Stückler, Andreas (2016): Schöne neue Alterswelt? Zum ideologischen Charakter des Active Ageing. In: Stöckl, Claudia/Kicker-Frisinghelli, Karin/Finker, Susanna (Hg.): Die Gesellschaft des langen Lebens. Soziale und individuelle Herausforderungen. Bielefeld: transcript, S. 29–44.

Stückler, Andreas (2017): »Aktives Altern« und die Krise der Arbeit. Warum die Altersaktivierung die demografische Problematik nicht lösen wird. In: Soziale Probleme 28(1), S. 75–99.

Stückler, Andreas (2019a): Dysfunktionale Funktionalität. In: Kritiknetz – Zeitschrift für Kritische Theorie der Gesellschaft. *Internetquelle:* https://www.kritiknetz.de/kritikderpolitischenoekonomie/1449-dysfunktionale-funktionalitaet [letzter Zugriff: 7.7.2023].

Stückler, Andreas (2019b): Entdramatisierung als kritische Strategie? Wie der demografische Wandel sozialwissenschaftlich »entwirklicht« wird. In: Kritiknetz – Zeitschrift für Kritische Theorie der Gesellschaft. *Internetquelle:* https://www.kritiknetz.de/sozialarbeitsozialpolitik/1450-entdramatisierung-als-kritische-strategie [letzter Zugriff: 5.1.2024].

Stückler, Andreas (2020): Überwachen und Strafen im 21. Jahrhundert. Zur Rückkehr des repressiven Strafrechts in der Krise der Arbeitsgesellschaft. In: Kritiknetz – Zeitschrift für Kritische Theorie der Gesellschaft. *Internetquelle:* https://www.kritiknetz.de/soziologie/1453-ueberwachen-und-strafen-im-21-jahrhundert [letzter Zugriff: 5.1.2024].

Sun, Miriam Ji/Kabus, Andreas (Hg.) (2013): Reader zum Transhumanismus. Norderstedt: BoD.
Tartler, Rudolf (1961): Das Alter in der modernen Gesellschaft. Stuttgart: Enke.
TeamBank (2017): Liquidität 50Plus 2017. Ergebnisse einer repräsentativen Umfrage der österreichischen Bevölkerung im Alter von 18 bis 79 Jahren, *Internetquelle:* https://www.teambank.at/wp-content/uploads/2017/10/berichtsband_liquiditaet_50plus_2017_at.pdf [letzter Zugriff: 5.1.2024].
Tennant, Ruth/Hiller, Louise/Fishwick, Ruth/Platt, Stephen/Joseph, Stephen/Weich, Scott/Parkinson, Jane/Secker, Jenny/Stewart-Brown, Sarah (2007): The Warwick-Edinburgh Mental Well-being Scale (WEMWBS): development und UK validation. In: Health and Quality of Life Outcomes 5, 63.
Tews, Hans Peter (1994): Alter zwischen Entpflichtung, Belastung und Verpflichtung. In: Verheugen, Günter (Hg.): 60 plus. Die wachsende Macht der Älteren. Köln: Bund, S. 51–60.
Theweleit, Klaus (2005): Männerphantasien, Bd. 1, 3. Auflage. München/Zürich: Piper.
Thieme, Frank (2008): Alter(n) in der alternden Gesellschaft. Eine soziologische Einführung in die Wissenschaft vom Alter(n). Wiesbaden: VS.
Thompson, Edward P. (1987 [1963]): Die Entstehung der englischen Arbeiterklasse. Frankfurt am Main: Suhrkamp.
Thompson, Paul/Itzin, Catherine/Abendstern, Michele (1990): I don't feel old. The experience of later life. Oxford: Oxford University Press.
Thürmer-Rohr, Christina (1987): Feminisierung der Gesellschaft – Weiblichkeit als Putz- und Entseuchungsmittel. In: Thürmer-Rohr, Christina: Vagabundinnen. Feministische Essays. Berlin: Orlanda, S. 106–121.
Tikkanen, Tarja (2011): Innovationsfähigkeit und Produktivität – Was hat der demografische Wandel damit zu tun? In: Jeschke, Sabina/Isenhardt, Ingrid/Hees, Frank/Trantow, Sven (Hg.): Enabling Innovation. Innovationsfähigkeit – deutsche und internationale Perspektiven. Berlin: Springer, S. 265–284.
Tornstam, Lars (2005): Gerotranscendence. A developmental theory of positive aging. New York: Springer.
Torp, Cornelius (Hg.) (2015): Challenges of aging. Pensions, retirement and generational justice. Basingstoke: Palgrave Macmillan.
Townsend, Peter (1981): The structured dependency of the elderly: A creation of social policy in the twentieth century. In: Ageing & Society 1(1), S. 5–28.
Townsend, Peter (2007): Using human rights to defeat ageism: dealing with policy-induced »structured dependency«. In: Bernard, Miriam/Scharf, Thomas (Hg.): Critical perspectives on ageing societies. Bristol: Policy Press, S. 27–44.
Tremmel, Joerg Chet (2009): A theory of intergenerational justice. London: Earthscan.
Trüeb, Ralph M. (2006): Anti-Aging. Von der Antike zur Moderne. Darmstadt: Steinkopff.
Twigg, Julia (2004): The body, gender, and age: Feminist insights in social gerontology. In: Journal of Aging Studies 18(1), S. 59–73.
Twigg, Julia/Martin, Wendy (Hg.) (2015): Routledge Handbook of Cultural Gerontology. Abingdon/New York: Routledge.
UNECE (2011): Mainstreaming Ageing. UNECE Policy Brief zum Thema Altern Nr. 1, März 2011.
UNECE (2019): 2018 Active Ageing Index: Analytical Report.
Urban, Andreas (2020): Ein Widerspruch von abstraktem und stofflichem Reichtum. Zum Zusammenhang von Kapitalismus und ökologischer Krise. *Internetquelle:*

https://wertkritik.org/beitraege/urban-kapitalismus-und-oekologische-krise [letzter Zugriff: 5.1.2024].

Vaupel, James W./Kistowski, Kristin von (2006): Dem Alter eine neue Zukunft geben. In: Max Planck Forschung 2/2006, S. 15–18.

Viehöver, Willy (2008): Auf dem Weg zu einer protestantischen Ethik des Alterns? Anti-Aging als eine Form der methodischen Selbstdisziplinierung des Leibes. In: Rehberg, Karl, Siegbert (Hg.): Die Natur der Gesellschaft. Verhandlungen des 33. Kongresses der Deutschen Gesellschaft für Soziologie in Kassel 2006. Frankfurt am Main: Campus, S. 2756–2767.

Vincent, John A. (2006): Ageing contested: Anti-ageing science and the cultural construction of old age. In: Sociology 40(4), S. 681–698.

Vogel, Claudia/Motel-Klingebiel, Andreas (Hg.) (2013): Altern im sozialen Wandel: Die Rückkehr der Altersarmut? Wiesbaden: Springer VS.

Volksanwaltschaft (2017): Bericht der Volksanwaltschaft an den Nationalrat und an den Bundesrat 2016. Wien: Volksanwaltschaft.

Wacquant, Loïc (2009): Bestrafen der Armen. Zur neuen Regierung der sozialen Unsicherheit. Opladen: Barbara Budrich.

Wahl, Hans-Werner/Heyl, Vera (2015): Gerontologie. Einführung und Geschichte, 2. vollständig überarbeitete Auflage. Stuttgart: Kohlhammer.

Walker, Alan (1981): Towards a political economy of old age. In: Ageing & Society 1(1), S. 73–94.

Walker, Alan (1999): The future of pensions and retirement in Europe: towards productive ageing. In: The Geneva Papers on Risk and Insurance 24(4), S. 448–460.

Walker, Alan (2002): A strategy for active ageing. In: International Social Security Review 55(1), S. 121–139.

Wallace, Paul (1999): Altersbeben. Wie wir die demografische Erschütterung in Wirtschaft und Gesellschaft meistern werden. Frankfurt am Main: Campus.

Walter, Norbert (2004): Einleitung: Deutsche – immer weniger und immer älter: Was ist zu tun? In: Speck, Peter (Hg.): Employability – Herausforderungen für die strategische Personalentwicklung. Wiesbaden: Gabler, S. 1–7.

Walter, Tony (1994): The revival of death. London: Routledge.

Walther, Rudolf (1990): Arbeit – Ein begriffsgeschichtlicher Überblick von Aristoteles bis Ricardo. In: König, Helmut/Greiff, Bodo von/Schauer, Helmut (Hg.): Sozialphiosophie der industriellen Arbeit. Opladen: Westdeutscher Verlag.

Wanka, Anna (2018): Vom Eingebundensein und Sich-Zurückziehen. Der Alltag älterer Menschen. In: Psychotherapie im Alter 15(4), S. 357–372.

Wegner, Martina (2014): Produktives Altern. Ältere Menschen als Reserve des neoliberalen Sozialstaats. In: Hammerschmidt, Peter/Pohlmann, Stefan/Sagebiel, Juliane (Hg.): Gelingendes Alter(n) und Soziale Arbeit. Neu-Ulm: AG SPAK Bücher, S. 145–163.

Weigl, Andreas (2011): Arbeit, Lebenserwartung, Geschlecht: Wien 1900–1950. In: Österreichische Zeitschrift für Geschichtswissenschaften 22(2), S. 112–139.

Weingart, Peter/Kroll, Jürgen/Bayertz, Kurt (1992): Rasse, Blut und Gene. Geschichte der Eugenik und Rassenhygiene in Deutschland. Frankfurt am Main: Suhrkamp.

Welsch, Norbert (2015): Leben ohne Tod? Forscher besiegen das Altern. Berlin: Springer Spektrum.

Wenzel, Ulrich (2006): Zur Kritik der Altersdiskriminierung: Exklusion und biografische Krise in der Moderne. In: Zeitschrift für Rechtssoziologie 52(3), S. 373–396.

West, Michael D. (2004): Therapeutic cloning. In: Immortality Institute (Hg.): The

scientific conquest of death. Essays on infinite lifespans. Buenos Aires: Libros-EnRed, S. 63–76.
Wettstein, Markus/Wahl, Hans-Werner (2017): Plasticity of aging. In: Pachana, Nancy A. (Hg.): Encyclopedia of Geropsychology. New York: Springer, S. 1823–1831.
Wetzel, Martin/Simonson, Julia (2017): Engagiert bis ins hohe Alter? Organisationsgebundenes ehrenamtliches Engagement in der zweiten Lebenshälfte. In: Mahne, Katharina/Wolff, Julia Katharina/Simonson, Julia/Tesch-Römer, Clemens (Hg.): Altern im Wandel. Zwei Jahrzehnte Deutscher Alterssurvey (DEAS). Wiesbaden: Springer VS, S. 81–95.
WHO (2002): Active ageing. A policy framework. Genf: World Health Organization.
Winker, Gabriele (2011): Soziale Reproduktion in der Krise – Care Revolution als Perspektive. In: Das Argument 292, S. 333–344.
Wolter, Marc Ingo/Mönnig, Anke/Hummel, Markus/Schneemann, Christian/Weber, Enzo/Zika, Gerd/Helmrich, Robert/Maier, Tobias/Neuber-Pohl, Caroline (2015): Industrie 4.0 und die Folgen für Arbeitsmarkt und Wirtschaft. Szenario-Rechnungen im Rahmen der BIBB-IAB-Qualifikations- und Berufsfeldprojektionen, IAB Forschungsbericht 08/2015.
Woodward, Kathleen (1988): Youthfulness as a masquerade. In: Discourse 11(1), S. 119–142.
Woodward, Kathleen (1991): Aging and its discontents. Freud and other fictions. Bloomington: Indiana University Press.
Woodward, Kathleen (2003): Against wisdom: the social politics of anger and aging. In: Journal of Aging Studies 17(1), S. 55–67.
World Economic Forum (2016): The future of jobs. Employment, skills and workforce strategies for the Fourth Industrial Revolution. Cologny/Genf: World Economic Forum.
Wurm, Tanja (2016): Autonomie und Freiheit als Menschenrechte im Alter? Aktuelle Rechtsprechung im Hinblick auf freiheitsbeschränkende Maßnahmen in Pflegeeinrichtungen nach HeimAufG – Eine kritische Würdigung. In: Stöckl, Claudia/Kicker-Frisinghelli, Karin/Finker, Susanna (Hg.): Die Gesellschaft des langen Lebens. Soziale und individuelle Herausforderungen. Bielefeld: transcript, S. 199–216.
Zaidi, Ashgar/Harper, Sarah/Howse, Kenneth/Lamura, Giovanni/Perek-Białas, Jolanta (Hg.) (2018): Building evidence for active ageing policies. Active Ageing Index and its potential. Singapur: Palgrave Macmillan.
Zinn, Howard (2007): Eine Geschichte des amerikanischen Volkes. Berlin: Schwarzer Freitag.
Zinn, Karl Georg (1989): Kanonen und Pest. Über die Ursprünge der Neuzeit im 14. und 15. Jahrhundert. Opladen: Westdeutscher Verlag.
Zweig, Stefan (2013 [1942]): Die Welt von Gestern. Erinnerungen eines Europäers. Köln: Anaconda.

Anmerkungen

1 Soweit in der Gerontologie nach tieferliegenden Ursachen für Altersfeindlichkeit gefragt wird, kommen allenfalls Erklärungsversuche in Betracht, die *ageism* auf tief sitzende Ängste der Menschen vor dem Tod und dem eigenen Altern zurückführen, welche gleichsam auf alte Menschen projiziert würden. Solche Erklärungsansätze erweisen sich jedoch bei genauerer Betrachtung als tautologisch, da das negative gesellschaftliche Altersbild, das aus der Verdrängung des Todes und des Alter(n)s resultieren soll, zugleich als Erklärung für jene Todesverdrängung herangezogen wird. So wird das zu klärende Problem gewissermaßen durch sich selbst erklärt. Oftmals geraten derartige Erklärungsversuche auch in ein naturalistisches Fahrwasser, wenn sie die Angst vor Tod und Alter(n) (und damit implizit oder explizit auch *ageism*) zu einem Grundzug der Anthropologie erklären und quasi in der Natur des Menschen verorten. Mit Abstand am weitesten hinsichtlich der sozialwissenschaftlichen Erklärung von *ageism* gehen meines Erachtens neuere postmoderne und poststrukturalistische Ansätze, die das Problem bereits an sich in der Existenz von Altersgrenzen und distinkten Lebensphasen verorten. Auf einzelne dieser Erklärungsansätze wird im Laufe der vorliegenden Arbeit noch genauer einzugehen sein.

2 Wenngleich seit dem Finanzcrash von 2008 und angesichts der sich zunehmend verschärfenden Instabilität und krisenhaften Entwicklung der Weltwirtschaft kapitalismuskritische und sogar marxistische Perspektiven wieder etwas mehr Zulauf haben.

3 Wenngleich dies durchaus nicht für alle Vertreter/innen aus den Reihen der *Political Economy of Ageing* gilt (z. B. Estes et al. 2001). Auf die aktuelle, neoliberale Active-Ageing-Ideologie wird zu einem späteren Zeitpunkt noch ausführlich zurückzukommen sein (siehe Kapitel 7).

4 Man denke zum Beispiel an den römischen Senat, der per definitionem ein »Ältestenrat« und die wichtigste Institution der römischen Republik war.

5 Es gibt, nebenbei gesagt, noch zahlreiche andere sehr gute Gründe, die kapitalistische Gesellschafts- und Lebensweise kritisch zur Disposition zu stellen, neben denen der negative gesellschaftliche Status des Alters fast schon als eine zweitrangige Problematik erscheinen mag – ob das die voranschreitende ökologische Verwüstung des Planeten durch eine zu permanentem wirtschaftlichen Wachstum verdammte kapitalistische Ökonomie ist, die wachsende Instabilität der Weltwirtschaft, die zunehmende Verelendung ganzer Weltregionen mit der Folge weltweit ansteigender Fluchtbewegungen oder die mittlerweile wieder deutlich erhöhte Gefahr eines Atomkriegs. Angesichts dieser globalen gesellschaftlichen Entwicklungen und Probleme besteht der bescheidene Beitrag der vorliegenden Arbeit allenfalls darin, zu verdeutlichen, dass auch ein »gutes Altern« in Freiheit, Selbstbestimmung und ohne soziale Ausgrenzung wesentlich von einem sozialen Wandel abhängt, der die Gesellschaft als Ganze umfasst.

6 Und in manchen Regionen der Welt bereits gescheitert ist und mittlerweile kaum mehr stattfindet – siehe die gegenwärtig immer mehr werdenden »gescheiterten Staaten« der spätkapitalistischen Welt (dazu Bedszent 2014).

7 Die *fundamentale Wertkritik* ist vor allem verbunden mit dem Namen Robert

Kurz, der seit den 1980er Jahren eine Vielzahl von Büchern und Aufsätzen publizierte, in denen er im Anschluss an Karl Marx die »wertkritische« Theorie maßgeblich entwickelte (vgl. exemplarisch Kurz 1991, 2000, 2005, 2009, 2012). Für eine Einführung in die Wertkritik sowie in die weiterentwickelte Wert-Abspaltungstheorie siehe Jappe 2005 und Schmitter 2019.

8   Ein wesentlicher Unterschied zu vormodernen Konzeptionen von »Arbeit« besteht im Übrigen auch darin, dass in vormodernen Gesellschaften wie der Antike – ganz anders als in modernen Gesellschaften, wo »Arbeit« heute geradezu als Lebensinhalt und als Medium der »Selbstverwirklichung« gilt – entsprechende Tätigkeiten primär mit unwürdiger Plackerei assoziiert wurden. So stellt etwa der Althistoriker Moses I. Finley in seiner Schrift über die *antike Wirtschaft* fest: »Weder im Griechischen noch im Lateinischen gab es ein Wort, mit dem man die allgemeine Bedeutung von ›Arbeit‹ oder die Vorstellung von Arbeit ›als einer anerkannten sozialen Funktion‹ ausdrücken konnte. Die Art und die Bedingungen der Arbeit in der Antike schlossen das Aufkommen solcher verallgemeinernden Vorstellungen aus, wie zum Beispiel die Vorstellung einer Arbeiterklasse« (Finley 1980: 91f.). Noch im Mittelalter war Arbeit überwiegend negativ konnotiert und galt etwa, in Anlehnung an biblische Überlieferungen, als »Fluch Gottes« nach der Vertreibung aus dem Paradies (vgl. Aßländer 2005: 94ff.). Aufschlussreich ist nicht zuletzt die etymologische Herkunft des Arbeitsbegriffs in der romanischen Sprachfamilie: So stammen etwa das französische *travail*, das spanische *trabajo* sowie das portugiesische *trabalho* vom lateinischen *tripalium* ab, womit ein Folterinstrument in Form von drei Pfählen bezeichnet wurde, an das im alten Rom Sklaven gebunden und gefoltert wurden.

9   Ähnlich formuliert es Thomas R. Cole: Alter und Altern, so Cole, »are certainly real, but they do not exist in some natural realm, independently of the ideals, images and social practices that conceptualise and represent them« (Cole 1992: xxii).

10 Durchaus ähnlich übrigens wie im Feld der Geschlechterforschung und der feministischen Theorie mit Blick auf eine Kritik am modernen Geschlechterverhältnis. Auch hier besteht traditionell ein Gegensatz von gleichheitsfeministischen Ansätzen, die eher auf die Gleichstellung von Männern und Frauen zielen, und differenzfeministischen Ansätzen, die vor allem für eine Aufwertung von »Weiblichkeit« plädieren.

11 Auch für die Idee unterschiedlicher Lebensphasen gibt es zahlreiche historische Vorläufer, so etwa bereits in der griechischen und römischen Antike. Der griechische Lyriker Solon unterschied etwa zehn Lebensalter zu je sieben Jahren, wobei er die Blütezeit des Lebens im siebten und achten Abschnitt, zwischen 42. und 56. Lebensjahr ansetzte, während die letzten beiden Phasen das »hohe Alter« und das »Greisenalter« umfassten. Eine ähnliche Differenzierung des Alters in zwei verschiedene Phasen findet sich später beim römischen Gelehrten Marcus Terentius Varro, der insgesamt fünf Lebensphasen unterscheidet, wobei *senior* (»älterer Mann«) und *senex* (»Greis«) die beiden letzten Phasen beschreiben. Aristoteles wiederum hat, ausgehend von einer Philosophie der »metaphysischen Mitte«, eine Dreiteilung des Lebens in Kindheit/Jugend, mittleres Alter und Greisenalter vorgenommen, die bereits stark an die Dreiteilung des Lebens im »institutionalisierten Lebenslauf« der modernen Gesellschaft erinnert (vgl. hierzu Rosenmayr 1978; Hermann-Otto 2008; Ehmer 2008).

12 Die Entstehung einer eigenen Lebensphase »Jugend« beziehungsweise »Adoles-

zenz« – als zusätzliche Differenzierung der »Kindheit« – lässt sich sogar überhaupt erst auf das frühe 20. Jahrhundert datieren (vgl. Eisenstadt 1966; Ariès 1984).

13 Ähnlich argumentiert auch die österreichische Altersforscherin Roberta Maierhofer. Auch sie problematisiert eine gesellschaftlich dominante Jung-Alt-Binarität, die systematisch zu einer Höherbewertung der Jugend und einer Abwertung des Alters führe: »Jugend ist der positive Bezugspunkt, um zu bestimmen, wer als alt klassifiziert wird. Kulturelle Darstellungen des Alterungsprozesses bleiben daher häufig gefangen in vordergründig negativen Stereotypen, wobei Jugend, vom subjektiven Standpunkt aus bestimmt, eine nicht festgesetzte Markierung darstellt, eine Kategorie, die beinahe unendlich erweiterbar und fließend ist. Die Bezeichnung ›alt‹ wird im Alltag oft nur in der Relation ›älter als ich‹ verwendet« (Maierhofer 1996: 6). Vor diesem Hintergrund plädiert sie – analog zur Unterscheidung von »sex« und »gender« in der Geschlechterforschung – für eine Differenzierung zwischen biologischer und kulturell definierter Bejahrtheit. Auf diese Weise könne verdeutlicht werden, dass es sich bei der Binarität »jung-alt« lediglich um ein soziales Konstrukt handle (vgl. Maierhofer 2015a, 2015b).

14 Nicht von ungefähr ist die Idee des »unabhängigen« und »autonomen« Individuums ein durch und durch modernes Konstrukt. Als bedeutendster Denker und Philosoph der »Autonomie« gilt bekanntlich Immanuel Kant.

15 »Der totale Zusammenhang [der Gesellschaft, A. S.] hat die Gestalt, daß alle dem Tauschgesetz sich unterwerfen müssen, wenn sie nicht zugrunde gehen wollen, gleichgültig, ob sie subjektiv von einem ›Profitmotiv‹ geleitet werden oder nicht.« (Adorno 2003b [1965]: 14)

16 Hier ist natürlich die im 19. und bis ins frühe 20. Jahrhundert hinein immer noch recht hohe Säuglings- und Kindersterblichkeit zu berücksichtigen. Werden Kinder statistisch herausgerechnet, erscheint die Differenz zur heute (in westlichen Industrieländern) vorherrschenden Lebenserwartung nicht mehr ganz so dramatisch, wenn auch immer noch beträchtlich. Weigl gibt in seiner Darstellung der Lebenserwartung in Österreich um 1910 auch die fernere Lebenserwartung von Personen ab 15 Jahren an, die rund 45 Jahre für Männer und rund 47 Jahre für Frauen betrug. Das heißt, wer die Kindheit überlebte, hatte bereits im frühen 20. Jahrhundert in Österreich statistisch eine gute Chance, ein Alter von immerhin 60 Jahren zu erreichen.

17 So zum Beispiel für Österreich von 78 auf 81 Jahre für Männer und von 83 auf 86 Jahre für Frauen (Kontis et al. 2017).

18 Wobei hier aber wahrscheinlich auch berücksichtigt werden muss, dass afroamerikanische Männer, speziell solche aus den Ghettos, häufig keines natürlichen Todes sterben. Deren schockierend niedrige Lebenserwartung dürfte also primär aus der relativ hohen Wahrscheinlichkeit schwarzer Männer resultieren, bereits in jungen Jahren einem Gewaltverbrechen, Drogen oder Ähnlichem zum Opfer zu fallen.

19 Quelle: Office of National Statistics – »Inequality in healthy life expectancy at birth by national deciles of area deprivation: England«, ons.gov.uk (5.3.2015).

20 Zur besseren Veranschaulichung des Problems ein fiktives Rechenbeispiel: Man nehme eine Gesellschaft an mit einer Bevölkerungszahl von einer Million mit sehr ungleich verteilter Lebenserwartung. Die eine Hälfte hat eine Lebenserwartung von 50 Jahren, die andere Hälfte eine Lebenserwartung von 100 Jahren. Durch Errechnung des Mittelwertes ergibt sich für diese Gesellschaft eine durchschnittliche Lebenserwartung von 75 Jahren – all dies ungeachtet der Tatsache, dass die eine Hälfte der Bevölkerung sehr viel kürzer und die andere Hälfte sehr viel länger

lebt und somit praktisch auf niemanden die berechnete Lebenserwartung zutrifft. Möglicherweise nicht in jeder Hinsicht präziser als ein arithmetischer Mittelwert, so aber immerhin sensibler für soziale Ungleichheiten wäre die Verwendung von Medianwerten zur Berechnung der in der Bevölkerung vorherrschenden Lebenserwartung. Dadurch würde die Verteilung in zwei Hälften geteilt. Die mediane Lebenserwartung würde dann angeben, welches Alter die unteren 50 Prozent der Verteilung höchstens erreichen und die oberen 50 Prozent überschreiten. Im fiktiven Beispiel läge dann die allgemeine Lebenserwartung der Gesellschaft nicht bei 75, sondern bei 50 Jahren – ein erheblicher Unterschied. Eine auf einem arithmetischen Mittelwert basierende und unter den gegebenen gesellschaftlichen Verhältnissen tendenziell nach oben verzerrte durchschnittliche Lebenserwartung taugt aber natürlich wesentlich besser dazu, die Dringlichkeit politischer Maßnahmen angesichts des demografischen Altersstrukturwandels zu veranschaulichen und entsprechenden Handlungsbedarf zu propagieren.

21 Nicht zuletzt darauf gälte es seitens einer kritischen Sozialwissenschaft mit allem Nachdruck hinzuweisen, wenn in der Öffentlichkeit wieder einmal das »Sozialschmarotzertum« der Armen, Arbeitslosen und Sozialhilfeempfänger/innen angeprangert wird.

22 Wenngleich angenommen werden kann, dass die entscheidenden Faktoren weniger in den Fortschritten der modernen Medizin zu verorten sind, als vielmehr in der Verbesserung der allgemeinen Lebensstandards. Dadurch gelang es, Krankheiten und Seuchen wie Cholera oder Tuberkulose, die der Bevölkerung des 19. und frühen 20. Jahrhunderts, gerade vor dem Hintergrund der damaligen rasanten Industrialisierungs- und Urbanisierungsprozesse, sehr zu schaffen machten, stark zurückzudrängen (durch sauberes Trinkwasser, verbesserte Ernährungslage, bessere Wohnverhältnisse etc.) (vgl. McKeown 1982).

23 Auf diverse historische Voraussetzungen für die Entstehung von staatlichen Pensionssystemen wird bald noch etwas genauer einzugehen sein (siehe unten, Kapitel 3.5).

24 So lautet auch der Titel seiner Abhandlung: *Disciplining old age*. Dieser Titel verweist meines Erachtens recht geschickt auf den doppelten Bedeutungsgehalt des Begriffes »Disziplin« beziehungsweise »Disziplinierung« – nämlich »Disziplinierung« einerseits als Prozess der Entstehung und Etablierung eines wissenschaftlichen Fachbereichs (einer »Disziplin«) und andererseits als Akt der Züchtigung und gesellschaftlichen Zurichtung. Die Herausbildung der Gerontologie als einer wissenschaftlichen Disziplin geht aus dieser Perspektive schon dem Wortsinne nach einher mit der »Zurichtung« des Alters als Forschungsgegenstand und damit in weiterer Folge auch der alten Menschen selbst, insofern die darauf beruhende gerontologische Forschung einen maßgeblichen Einfluss darauf hat, wie das Alter(n) gesellschaftlich gesehen und reguliert wird.

25 In dem Zusammenhang gibt es auch ganz konkrete Bewegungen innerhalb der (kritischen) Gerontologie, die auf die Etablierung eines alternativen gerontologischen Diskurses zielen. Eine bevorzugte Strategie besteht dabei in der stärkeren wissenschaftlichen Berücksichtigung von ansonsten in der Forschung eher marginalisierten subjektiven Sichtweisen alter Menschen. Dem wissenschaftlich »disziplinierten« Subjekt soll sozusagen Gehör verschafft werden, um so alternative Perspektiven auf das Alter(n) zu generieren. Daraus ist in den letzten Jahren eine eigene gerontologische »Schule« einer sogenannten *Narrative Gerontology* entstanden (vgl. Kenyon et al. 2001, 2011).

26 Auf den Zusammenhang von kapitalistischer Struktur und negativen, das Alter primär als »Problem« verhandelnden Altersdiskursen wird noch ausführlicher einzugehen sein, wenn es in einem späteren Kapitel um die kulturell-symbolische Dimension der Dissoziation des Alters geht (siehe Kapitel 5). Auch der demografische Wandel als ein durchaus reales, weil immanent aus der Struktur kapitalistischer Gesellschaften hervorgehendes »Problem« wird in diesem Zusammenhang noch genauer zu besprechen sein.

27 Gerade diese Angabe von Gründen für die gesellschaftlich gesetzte Differenz zwischen »Alter« und anderen Lebensphasen bleiben postmoderne und (de)konstruktivistische Ansätze innerhalb der Alter(n)sforschung schuldig, wenn sie das Problem ganz allgemein und pauschal auf die Binarität von Kategorien wie »jung« und »alt« reduzieren (vgl. Dyk 2016b; Maierhofer 2015a, 2015b). Sofern mit dieser binären Differenzierung nichts anderes bezeichnet wird als die Tatsache, dass manche Menschen schon länger am Leben sind als andere (und umgekehrt), ist nicht einzusehen, weshalb aus der bloßen Existenz solcher Differenzierungen ein hierarchisches, alte Menschen abwertendes Verhältnis resultieren soll. Die zu klärende Frage wäre also, was genau »alt sein« aus gesellschaftlicher Sicht zu einem Defizit macht. Und in kapitalistischen Gesellschaften ist das ganz offenbar und leicht ersichtlich die Arbeit mit ihren spezifischen Leistungs- und Produktivitätsnormen und dem rund um die Arbeit institutionalisierten Lebenslauf. Oder anders formuliert: Hierarchisch wird diese Binarität erst vor dem Hintergrund der »Wertehierarchie« kapitalistischer Arbeitsgesellschaften.

28 Sogar die Mutter des Autors, Jahrgang 1958 und aufgewachsen auf dem niederösterreichischen Land, kannte als Kind noch das Leben in einem Haushalt mit kleinem Viehbestand, den die voll erwerbstätigen Eltern nebenher für den Eigenbedarf hielten.

29 Im Zuge der Industrialisierung zogen speziell in der zweiten Hälfte des 19. Jahrhunderts massenhaft Menschen auf der Suche nach Arbeit in die Städte. Christoph Sachße und Florian Tennstedt sprechen in diesem Zusammenhang von der »größten Massenbewegung der deutschen Geschichte« (Sachße/Tennstedt 1980: 195). Dadurch konnte sich überhaupt erst ein städtisches Industrieproletariat herausbilden, das wiederum die »Voraussetzung der Entfaltung der kapitalistischen Industrie [mitschuf]« (ebd.: 196).

30 Ein weiterer zu berücksichtigender Faktor dürfte wohl auch im parallel zur zunehmenden Massenproduktion allmählich entstehenden Massenkonsum in der ersten Hälfte des 20. Jahrhunderts zu sehen sein, wodurch überhaupt erst die finanziellen Grundlagen allgemeiner sozialer Sicherungs- und Pensionssysteme geschaffen wurden – eine Entwicklung, die nach dem Zweiten Weltkrieg im Ausbau und den sozialpolitischen »Errungenschaften« des fordistischen Wohlfahrtsstaats kulminierte.

31 Auch die verbreitete Arbeitsunfähigkeit unter der in den Fabriken vernutzten und körperlich zugrunde gerichteten Arbeiterschaft dürfte die Einführung allgemeiner Pensionsversicherungen wesentlich bedingt haben. Wie Borscheid (1996) feststellt, war die Einführung einer staatlichen Rentenversicherung von Bismarck ursprünglich nicht als Instrument zur Alterssicherung gedacht, sondern primär im Sinne einer Invaliditätsrente für arbeitsunfähige Fabrikarbeiter.

32 Jeweils ohne Berücksichtigung geplanter oder bereits in Umsetzung befindlicher Pensionsreformen. So soll in Österreich das Pensionsantrittsalter für Frauen bis zum Jahr 2033 schrittweise an jenes der Männer angepasst werden. Deutschland

hat eine sukzessive Anhebung des allgemeinen Pensionsantrittsalters von 65 auf 67 Jahre bis 2031 vorgesehen.

33 Auch wenn in dieser Studie offenbar alle Register gezogen wurden, um die Befunde im Sinne einer Bereitschaft zur Arbeit bis ins höhere Alter zu interpretieren. So komme den Studienautor/innen zufolge der relativ geringe Wert von 58 Jahren hauptsächlich durch eine kleine Gruppe von Befragten (immerhin neun Prozent) zustande, die ein besonders niedriges gewünschtes Pensionsantrittsalter von unter 50 angeben. Dieser stehe wiederum eine ebenso große Gruppe gegenüber, die angibt, gerne so lange arbeiten zu wollen, wie es ihr Gesundheitszustand erlaubt. Unter dem Strich bleibt jedenfalls als Ergebnis, dass der Wunsch, bis ins höhere Alter und damit über die aktuell bestehende Pensionsgrenze hinaus zu arbeiten, unter den Studienteilnehmer/innen endenwollend ist.

34 In Österreich waren es im Jahr 2018 – unter Berücksichtigung von Beamtenpensionen – fast 20 Milliarden Euro (vgl. Kucsera/Nagl 2019: 1).

35 In Österreich etwa liegt das tatsächliche Pensionsantrittsalter mit aktuell rund 60 Jahren nach wie vor relativ deutlich unter dem gesetzlichen Pensionsantrittsalter (vgl. Kucsera/Nagl 2019: 2).

36 Zur Geschichte der »ersten« (Dampfmaschine) und »zweiten industriellen Revolution« (Fließband, Taylorismus) siehe aus einer kapitalismuskritischen Perspektive Kurz 2009 (vor allem die Seiten 121–218 sowie 350–532).

37 Interessant ist in diesem Zusammenhang übrigens auch, dass der Begriff der Arbeitslosigkeit überhaupt erst im späten 19. Jahrhundert entstand und von da an zunehmend zur Beschreibung der Lage beschäftigungsloser Arbeiter Verwendung fand. Dies dürfte zum einen den Grund haben, dass erst zu dieser Zeit, im Zuge der Industrialisierung, immer größere Bevölkerungsteile überhaupt unmittelbar und ausschließlich von Lohnarbeit abhängig wurden, und zum anderen, dass quasi parallel dazu das industrielle Fabriksystem und die davon ausgehende Tendenz zur Mechanisierung der Produktion nicht nur traditionelle, vorindustrielle Berufe und Gewerbezweige (insbesondere im handwerklichen Bereich) zunehmend vernichtete, sondern in regelmäßigen Abständen eben auch zahlreiche Arbeitsplätze in den Fabriken, die erst durch das Fabriksystem selbst geschaffen wurden.

38 Nicht von ungefähr war eine wesentliche Triebfeder der Einführung von Rentenversicherungen für Arbeiter in Deutschland die grassierende Arbeitsunfähigkeit unter der Arbeiterschaft (siehe oben, Kapitel 3.5). Zu den Verhältnissen in den Fabriken des 19. Jahrhunderts siehe allgemein die berühmte Studie von Friedrich Engels aus dem Jahre 1845 über die *Lage der arbeitenden Klasse in England.*

39 Ähnlich beschreiben diese Entwicklung auch Judith C. Hushbeck (1989) und John Macnicol (1998) für die Verhältnisse in den USA und in Großbritannien im späten 19. und frühen 20. Jahrhundert.

40 Mittlerweile scheint das Pendel eher wieder in Richtung eines »weniger« existenzsichernden Pensionseinkommens auszuschlagen. Nach Angaben der deutschen Bundesregierung gingen in Deutschland im Jahr 2015 rund eine Million Menschen über 65 einer geringfügigen Beschäftigung nach, davon waren ca. 175 000 sogar älter als 75 Jahre. Das ist ein Anstieg um 35 Prozent im Vergleich zum Jahr 2005, bei den über 75-Jährigen hat sich der Anteil sogar verdoppelt. Nun kann daraus zwar nicht geschlossen werden, dass bei allen diesen »Rentner-Minijobbern« finanzielle Not ausschlaggebend ist, die sie zur Erwerbstätigkeit im Alter zwingt. Angesichts des niedrigen Zuverdienstes durch geringfügige Tätigkeiten (die Geringfügigkeitsgrenze liegt bei ca. 450 Euro im Monat) kann aber durch-

aus angenommen werden, dass ein Großteil von ihnen auf diese Weise die Rente aufzubessern versucht. Auf das sinkende Rentenniveau in Deutschland wurde bereits hingewiesen.

41 »Bildung« hier selbstverständlich nur verstanden in der gesellschaftlich dominanten Bedeutung von beruflicher Qualifikation, nicht im Sinne des Erwerbs von Wissen zur tätigen und kritischen Auseinandersetzung mit der Welt.

42 Abgesehen vielleicht von bestimmten Branchen, etwa solchen mit sehr spezifischen Qualifikationsprofilen, die allenthalben über Fachkräftemangel klagen. Dieser zumeist schon quantitativ (mit Blick auf die Zahl offener Arbeitsplätze in Relation zu jener von Arbeitslosen) relativ überschaubare Fachkräftemangel dementiert aber nicht den langfristigen Trend zum Arbeitsplatzabbau und zur Massenarbeitslosigkeit und den damit verbundenen, heute entsprechend niedrigen Wert der Ware Arbeitskraft.

43 Auf die Problematik eines fortschreitenden Arbeitsplatzabbaus durch neue digitale Technologien wird zu einem späteren Zeitpunkt noch ausführlicher einzugehen sein, da damit nämlich auch die Frage der Tauglichkeit gesellschaftspolitischer Problemlösungsstrategien vor dem Hintergrund des demografischen Wandels tangiert ist. Denn das auf höchster internationaler politischer Ebene als Problemlösungsstrategie Nummer eins ausgerufene »aktive Altern« (*active ageing*) zielt ja in erster Linie (wenngleich nicht ausschließlich) auf den längeren Verbleib der Menschen im Erwerbsleben beziehungsweise einen späteren Pensionsantritt ab – eine Strategie, die in dem Maße illusorisch wird, wie die permanent steigende wirtschaftliche Produktivität Arbeitsplätze in stetig wachsender Zahl vernichtet (siehe Kapitel 7.2).

44 Für angelsächsische Länder wie Großbritannien oder die USA mag dies freilich, aufgrund anderer wohlfahrtsstaatlicher und alterspolitischer Rahmenbedingungen, nur bedingt gelten. Unter anderem deshalb wird in der (besonders von der englischsprachigen *Critical Gerontology* ausgehenden) Kritik am Ruhestand dieser häufig nicht nur mit »Zwangspassivierung« und sozialer Marginalisierung, sondern darüber hinaus auch mit der Versetzung alter Menschen in eine prekäre sozioökonomische Lage assoziiert (z. B. Townsend 1981; Laws 1995). Im deutschsprachigen Raum hingegen gelten alte Menschen heute nicht zu Unrecht als eine der am besten sozial abgesicherten Bevölkerungsgruppen überhaupt, weshalb dort Themen wie Altersarmut lange Zeit von der gerontologischen Forschungsagenda verschwunden waren und erst in den letzten Jahren, angesichts fortschreitender neoliberaler Prekarisierung, wieder verstärkt in den Fokus rücken (vgl. Vogel/Motel-Klingebiel 2013).

45 Darauf kommen wir noch ausführlicher zu sprechen, wenn es in einem späteren Kapitel um die sozialpsychologische Dimension der Dissoziation des Alters geht (siehe unten, Kapitel 6).

46 Mittlerweile träumen ja manche Industriekonzerne bereits davon, dank digitaler Technologien in absehbarer Zeit ganze Fabriken vollständig automatisieren zu können. Auch dem liegt, wie schon im 19. Jahrhundert, nicht im Geringsten (oder jedenfalls nicht primär) die bewusste Absicht zugrunde, Lohnabhängige (geschweige denn eine bestimmte Gruppe von ihnen) aus der Arbeit zu drängen, sondern folgt schlicht dem aus der kapitalistischen Verwertungs- und Wachstumslogik und der zunehmenden Weltmarktkonkurrenz resultierenden Zwang zu permanenter Produktivitäts- und Absatzsteigerung.

47 Dass die Politik nicht selber Arbeitsplätze schaffen kann (mit Ausnahme vielleicht

mancher Investitions- und Arbeitsbeschaffungsprogramme des »New Deal« im Anschluss an die Weltwirtschaftskrise der 1930er Jahre, des Nationalsozialismus oder des Keynesianismus nach dem Zweiten Weltkrieg), sondern sich die Möglichkeiten politischen Handelns lediglich auf die Setzung entsprechender Rahmenbedingungen und insbesondere Anreize, zum Beispiel steuerlicher Art, für Wirtschaftsunternehmen beschränkt, wird heute, unter Globalisierungsbedingungen, noch wesentlich offenkundiger. Dabei stehen die einzelnen Staaten in einem sogenannten »Standortwettbewerb« zueinander und sind sehr darum bemüht, Investoren und Unternehmen dazu zu bewegen, möglichst in ihrem und nicht in einem anderen Land wirtschaftlich tätig zu werden. Den erfolgreichen Ländern in diesem sich stetig verschärfenden Wettbewerb gelingt es auf diese Weise, Arbeitslosigkeit in wirtschaftlich unterlegene Volkswirtschaften zu »exportieren« – so etwa in den letzten Jahren besonders erfolgreich vom extrem exportorientierten Deutschland in die zunehmend verschuldeten und deindustrialisierten südlichen Länder der EU (vgl. Konicz 2016: 36).

48 Soweit »Vernunft« eine auf kapitalistische Gesellschaften sinnvoll anwendbare Kategorie darstellt. Die *Kritische Theorie* hat mit Blick auf die moderne kapitalistische Gesellschaft nicht von ungefähr den schönen dialektischen Begriff einer »irrationalen Rationalität« geprägt (z. B. Horkheimer 2008; Horkheimer/Adorno 2010). Das kritische Verdikt einer »irrationalen Rationalität« bezieht sich darauf, dass die kapitalistische Gesellschaft hoch rationale Mittel für einen letztlich irrationalen Zweck – nämlich den Selbstzweck der Kapitalverwertung – einsetzt, wodurch ständig auch eine ganze Reihe (auto-)destruktiver Potenziale freigesetzt werden (Atomkraft, ökologischer Raubbau etc.). Nur in diesem dialektischen Sinne ist also mein Hinweis auf die kapitalistische Binnenrationalität einer Ausgliederung beziehungsweise inkonsequenten Eingliederung älterer Menschen in die Arbeit zu verstehen – als eine Maßnahme, die systemimmanent »sinnvoll« und »vernünftig« ist, auch wenn sie zugleich eine ganze Reihe von Problemen schafft (»Zwangspassivierung«, soziale Marginalisierung alter Menschen, Altersarmut, Notwendigkeit der Finanzierung von Pensionssystemen etc.).

49 Auch hier gilt freilich, dass die Kritik an der Diskriminierung älterer Arbeitnehmer/innen durchaus ihre Berechtigung hat und sogar notwendig ist, soweit es nämlich die unmittelbar praktische Verbesserung der Arbeitsmarktsituation und Lebenslage älterer Menschen betrifft. Es soll an dieser Stelle also durchaus nicht darum gehen, Altersdiskriminierung am Arbeitsmarkt als ernst zu nehmendes und kritikwürdiges Problem infrage zu stellen. Jedoch wird ein solcher Problemzugang selbst problematisch, wo er sich allein in dieser unmittelbar praktischen Perspektive erschöpft und diese wiederum die theoretische Problembestimmung definiert. Denn dann verbleibt die Kritik in einem Problemhorizont, in dem das Problem nicht wirklich erklärt, geschweige denn gelöst werden kann, weil dessen tiefere gesellschaftliche Ursachen – die Produktivitäts- und Verwertungslogiken des Kapitals – auf diese Weise gar nicht berührt werden.

50 Wobei die Arbeitslosigkeit mit steigendem Alter drastisch zunimmt. So lag etwa in Österreich die Arbeitslosenquote für die Altersgruppe 50 bis 54 im Jahresdurchschnitt 2016 (und ohne Berücksichtigung von Schulungsteilnehmer/innen) bei 8,5 Prozent, in der Altersgruppe 55 bis 59 bei 10,9 Prozent und bei 60- bis 64-Jährigen bei 12,5 Prozent (Daten: AMS, zit. n. *Der Standard* vom 28.1.2017).

51 Wenngleich van Dyk für dieses Problem durchaus sensibel ist, wenn sie einräumt, dass durch solche Konzepte Fragen des hochaltrigen, kranken und abhängigen

Alters ungeklärt bleiben (vgl. Dyk 2009: 334), also gerade offen bleibt, wie es um jene Menschen steht, die aus dem gesellschaftlichen Leistungsprinzip herausfallen.

52   Disengagement-Theoretiker/innen würden sich einer solchen Interpretation ihrer Theorie – jedenfalls in dieser stark zugespitzten Form – vermutlich entschieden verwehren und diese schon mit dem Einwand zurückweisen, dass der Ruhestand mitnichten eine soziale »Überflüssigkeit« markiere, sondern vielmehr eine dem Alter angemessene Lebensform darstelle, auf die man sich nach einem langen Arbeitsleben eben adäquat vorbereiten müsse. Im Endeffekt läuft es aber natürlich trotzdem genau darauf hinaus: Lerne zu akzeptieren, dass du im Alter respektive im Ruhestand gesellschaftlich nicht mehr gebraucht wirst und kein vollwertiges Gesellschaftsmitglied mehr bist, dann steht auch einem zufriedenen Leben im Alter nichts im Wege.

53   Hier kommt hinzu, dass die Gerontologie, wie die meisten anderen wissenschaftlichen Disziplinen auch, lange Zeit von Männern dominiert war, die darüber hinaus – so wird jedenfalls innerhalb der Gerontologie ganz gerne, gleichsam anekdotisch, über die eigene Disziplingeschichte erzählt – vor allem durch das Erleben des eigenen Alterungsprozesses für das Alter(n) als Forschungsgegenstand sensibilisiert wurden. Auch daher rührt es, dass die Gerontologie in ihrer Erforschung des Alter(n)s lange Zeit primär vom alternden Mann ausging (und im Wesentlichen bis heute ausgeht).

54   Die Zuordnung des Konsums zur abgespaltenen Reproduktionssphäre ergibt sich aus seinem »Herausfallen« aus der kapitalistischen Waren- beziehungsweise Wertform, wie es auch für alle anderen Reproduktionstätigkeiten charakteristisch ist: »Die Sphäre, die nun tatsächlich aus dem ökonomischen Formzusammenhang herausfällt, sind die Konsumtion und die damit verbundenen vor- und nachgelagerten Tätigkeiten (…). Real stofflich-sinnlich gebraucht und genossen werden die Waren erst im Konsum. Damit entzieht sich das im Konsum ›verknuspert‹, warenförmig hergestellte Produkt der Warenform« (Scholz 2011: 23). Dieses Herausfallen des Konsums aus der Warenform ist darüber hinaus »vermittelt durch eine Sphäre von Reproduktionstätigkeiten, die sich mit teilweise oder sogar apriorisch nicht-warenförmig vermittelten Tätigkeiten, Momenten und Beziehungen verschränken« (ebd.: 24). Hierher gehören vor allem Tätigkeiten wie Einkaufen, Kochen usw., die in der bürgerlich-kapitalistischen Gesellschaft traditionell und bis heute überwiegend in den Aufgabenbereich von Frauen fallen. Nur nebenbei sei in diesem Zusammenhang auch auf die konstitutive Bedeutung des Konsums für die moderne weibliche Geschlechtsidentität hingewiesen, wie sie etwa in der klischeehaften Neigung vieler Frauen zum »Shopping« sichtbar wird.

55   Ein paradoxes Detail am Rande (wie es deren so viele gibt im Kapitalismus) stellt in diesem Zusammenhang übrigens die Tatsache dar, dass alte Menschen zwar mit Abstand die Hauptabnehmer von Medikamenten sind, jedoch praktisch die wenigsten in der Behandlung geriatrischer Patient/innen eingesetzten Medikamente in ihrer konkreten Wirkung auf alte Menschen wissenschaftlich getestet werden. Da alte Menschen nämlich unter anderem dazu neigen, überdurchschnittlich häufig aus Studienpopulationen »rauszusterben«, werden klinische Studien bevorzugt unter Ausschluss alter Menschen durchgeführt (vgl. Cherubini et al. 2010). Umso größer ist das Problem von Wechsel- und Nebenwirkungen, da alten Menschen häufig für sie ungeeignete oder schlecht miteinander verträgliche Medikamente

verabreicht werden (vgl. Mann et al. 2014). Erschwerend kommt hinzu, dass alte Menschen im Allgemeinen auch übermedikalisiert sind, also tendenziell sehr viele, wenn nicht zu viele Medikamente gleichzeitig verordnet bekommen. Die Geriatrie diskutiert dieses Problem seit Jahren unter dem Stichwort »Polypharmazie«.

56 Siehe in diesem Zusammenhang auch Amann et al. (2010), die gegen die vorherrschenden Diskurse der Unproduktivität und der Kostenlast des Alters ein »Sozialprodukt des Alters« in Stellung bringen.

57 Inzwischen gibt es offenbar sogar – angesichts eines zunehmenden Bedarfs an Kinderbetreuung – Formen der Leihgroßelternschaft (»rent a grandma«), die es Familien ermöglicht, auf die (zumeist unentgeltlichen, weil ehrenamtlich erbrachten) Betreuungsleistungen auch von älteren Menschen und hier vor allem von älteren Frauen außerhalb der eigenen Familie zurückzugreifen (vgl. Huszka 2018).

58 Diese Zuwendungen müssen sich auch nicht notwendigerweise auf finanzielle beschränken, sondern können auch sachliche sein. In Italien beispielsweise leben laut einer Studie von *Eurostat* aus dem Jahr 2015 rund zwei Drittel der Italiener/innen zwischen 18 und 34 Jahren noch bei ihren Eltern – vor allem deshalb, weil sie sich keine eigene Wohnung leisten können. Allein seit der Finanzkrise 2007/08 ist dort der Anteil der bei den Eltern wohnenden Erwachsenen in dieser Altersgruppe um fünf Prozentpunkte (von rund 61 auf 66 Prozent) gestiegen.

59 Die Feministin Christina Thürmer-Rohr hat in dem Zusammenhang bereits in den 1980er Jahren sehr treffend darauf hingewiesen, dass Frauen und Weiblichkeit in der Gesellschaft gerade in Krisenzeiten bevorzugt als »Putz- und Entseuchungsmittel« (Thürmer-Rohr 1987) Anerkennung erfahren.

60 Quelle: Statistik Austria – Personen in Anstaltshaushalten nach Typ der Einrichtung und Altersgruppen, 2017.

61 Österreich war eines der ersten europäischen Länder, in denen die bis dahin illegale Betreuung durch privat beschäftigte, zumeist ausländische Pflegekräfte im Privathaushalt legalisiert wurde. Seit 2008 ist diese Form der Altenpflege in Österreich offiziell als Modell der »24-Stunden-Betreuung« zugelassen und gesetzlich geregelt.

62 Einer der häufigsten Gründe für eine Aufnahme alter Menschen in einem Pflegeheim ist etwa Inkontinenz. Wenn Alte und Pflegebedürftige ihren Harn und/oder Stuhl nicht mehr halten können, ist für viele pflegende Angehörige der Punkt erreicht, an dem eine Pflege und Betreuung im Privathaushalt nicht mehr tragbar erscheint.

63 Auch davon sind im Übrigen Frauen weitaus häufiger betroffen als Männer. In Deutschland etwa sind 76 Prozent aller Pflegeheimbewohner/innen weiblichen Geschlechts. Die liegt zum einen daran, dass Frauen eine höhere Lebenserwartung haben als Männer, zum anderen aber auch daran, dass Männer viel öfter zu Hause von ihren (zumeist auch etwas jüngeren) Ehefrauen gepflegt werden. Selbst verwitwete Männer haben bessere Aussichten darauf, von ihren Kindern, vor allem von ihren Töchtern, gepflegt zu werden, als verwitwete Frauen (vgl. Heusinger 2017: 173).

64 Neuerdings haben auch Pflegeheim-Filme Konjunktur – siehe etwa prominent den schwedischen Erfolgsfilm aus dem Jahr 2013 *Der Hundertjährige, der aus dem Fenster stieg und verschwand* (vgl. zu diesem Film auch Kriebernegg 2018a).

65 Flyer des Altenheims St. Elisabeth, st-elisabeth.com (letzter Zugriff: 26.4.2020).

66 Siehe dazu etwas ausführlicher auch unten, Kapitel 5.

67 So gesehen passt es aber auch wieder ganz gut ins Bild, dass vor dem Hintergrund des demografischen Wandels zwar nicht die kritische Auseinandersetzung mit Altenheimen, dafür aber die wissenschaftliche Beschäftigung mit dem Alter(n) insgesamt einen enormen Auftrieb erfahren hat. Der rapide wachsende Anteil alter Menschen an der Bevölkerung macht zunehmend auch diese zu einer handfesten gesellschaftlichen »Bedrohung«, der politisch beizukommen ist. Das wiederum macht alte Menschen respektive das Alter(n) als Forschungsgegenstand »interessant« und darüber hinaus lukrativ, da entsprechend mehr öffentliche Gelder in die Erforschung des Alter(n)s und des demografischen Wandels fließen.

68 Sogar in *Wahnsinn und Gesellschaft* (Foucault 2013a, zuerst 1961), in dem Foucault ein ganzes Kapitel der Demenz widmet, kommen Alte praktisch nicht vor.

69 Weniger einzusehen ist hingegen, weshalb es sich bei dieser altersspezifischen Abweichung um eine »biologisch bedingte Konstante« handeln soll. Weder die »Geschäftigkeit« der modernen Gesellschaft noch die Pensionierung sind biologische, sondern durch und durch gesellschaftliche Sachverhalte. Und eben diese sind es, die alte Menschen zu »Abweichenden« machen, nicht (oder jedenfalls nicht per se) die in der Tat »biologische Konstante« des physischen Alterungsprozesses. Es ist die spezifisch kapitalistische Form der Gesellschaft mit ihrem Arbeitsfetisch und ihrem daraus resultierenden Produktivitäts- und Aktivitätswahn, die all jenen Menschen einen minderwertigen Subjektstatus zuweist, die den damit zusammenhängenden Normen nicht entsprechen können oder wollen.

70 Ausnahmen bestätigen die Regel. Stephen Katz bringt etwa in seinem Aufsatz *Alarmist Demography* die Entstehung von Altenheimen mit der historischen Entwicklung von Armenhäusern als »institution[s] of population differentiation« (Katz 1992: 209) in Verbindung – eine Entwicklung, die insbesondere auch für die Differenzierung von Menschen in »Alte« und »Junge« bedeutsam gewesen sei. Besonders hervorzuheben ist die Dissertation von Martin Heinzelmann (2004) über das »Binnenleben« von Altenheimen, die einen instruktiven, einleitenden historischen Abriss über die Geschichte des Altenheims beinhaltet. An diesem Abriss kann sich auch die in dieser Arbeit vorgelegte »Genealogie« des Altenheims als totaler Institution in wesentlichen Punkten orientieren.

71 Auch heute noch lebt in Deutschland etwas von diesen spätmittelalterlichen Stiften fort in sogenannten »Seniorenstiften«, die vor allem auf die Betreuung und Pflege wohlhabender älterer Menschen spezialisiert sind.

72 Zur Geschichte des Krankenhauses vgl. Foucault 1976.

73 Ohne an dieser Stelle eine elaborierte psychoanalytische Interpretation anbieten zu können oder zu wollen, ließe sich vielleicht auch die virulente Horrifizierung des Altenheims gerade als Folge jener Verdrängung verstehen. Denn bekanntlich drängt das Verdrängte stets in verzerrter und deformierter Gestalt wieder zurück an die Oberfläche. So bringt das abgewehrte Unbehagen vor dem Altenheim im Extremfall (statt einer gesellschaftstheoretisch fundierten, kritischen Auseinandersetzung) so skurrile und überzeichnete Darstellungen und Thematisierungen von Altenheimen wie jene im Pflegeheim-Gruselroman hervor. Hier kommt freilich noch hinzu, dass die Kulturindustrie, deren Produkt diese Romane sind, es auch sehr gut versteht und quasi davon lebt, solche latenten Ängste profitträchtig auszubeuten.

74 Der Begriff der »wilden Euthanasie« bezieht sich ursprünglich auf die fortgesetzte Praxis der Ermordung von Heiminsassen durch das Pflegepersonal während des Nationalsozialismus, nachdem die NS-Euthanasieprogramme offiziell bereits ge-

stoppt waren (vgl. Dörner 1967: 144f.). Trotz dieser sehr spezifischen historischen Bedeutung scheint mir der Begriff doch auch sehr treffend zu sein für solche Fälle der »inoffiziellen«, eigenmächtig durch individuelle Pfleger/innen ins Werk gesetzten »Sterbehilfe«, wie sie sich auch heute noch immer wieder in Alten- und Pflegeheimen ereignen.

75 Auch dafür bietet der Fall Niels Högel und insbesondere dessen mediale Behandlung höchst aufschlussreiches Anschauungsmaterial. Nicht nur in Boulevardblättern, wo reißerische Darstellung ohnehin die bevorzugte Marketingstrategie darstellt, sondern auch in »Qualitätsmedien« erschien der Massenmörder Högel schlicht als das personifizierte »Böse unter uns« (*Süddeutsche Zeitung*, 3. 11. 2018).

76 »Zeitsparlogik« ist ein Begriff der marxistischen Feministin Frigga Haug. Sie bezeichnet damit die von den Gesetzen des Marktes und des Profits vorgegebene Logik der Zeit- und Kosteneffizienz. Demgegenüber und in Widerspruch dazu steht die »Zeitverausgabungslogik«, wie sie vor allem für reproduktive beziehungsweise Care-Tätigkeiten gilt (Haug 1996). Diese beide Zeitlogiken geraten häufig miteinander in Konflikt, wobei entsprechende Konflikte in der Regel zugunsten der wertlogischen Zeit- und Kosteneffizienz gelöst werden müssen. Davon zeugen im Grunde sämtliche Diskussionen über »Pflegequalität« oder über die Arbeitsbedingungen in der (Alten-)Pflege.

77 So hat etwa in Österreich im Jahr 2017 der Sozialrechtsexperte Wolfgang Mazal den Vorschlag gemacht, Arbeitslose für die 24-Stunden-Betreuung am Land einzusetzen, um dem dort besonders stark ausgeprägten Pflegekräftemangel entgegenzuwirken. Vor allem junge Frauen und Asylwerber könnten laut Mazal von dieser Möglichkeit »profitieren« (*Der Standard*, 23. 7. 2017). Nachdem bislang in der 24-Stunden-Betreuung primär ausländische Pflegekräfte (hauptsächlich Frauen aus Osteuropa) ausgebeutet werden, gilt es nun also auch die einheimische Bevölkerung (und hier allen voran Frauen) angesichts hoher Arbeitslosigkeit in billige Pflegekräfte zu verwandeln, um sie zur Bewältigung des »Pflegenotstands« einzusetzen.

78 Gelegentlich ist zu hören, dass gar nicht so wenige Menschen die Möglichkeit, einmal von Pflegerobotern gepflegt zu werden, begrüßen oder zumindest nicht kategorisch ablehnen. Dies sollte vor dem Hintergrund des in diesem Kapitel Gesagten freilich nur umso mehr zu denken geben: Wenn Menschen es vorziehen, von einer Maschine gepflegt zu werden, nur um nicht auf die Betreuung durch chronisch überlastetes Personal in Pflegeheimen oder auf Pflegeleistungen ihrer Kinder angewiesen zu sein, sagt das eigentlich alles über die Qualität und die Rahmenbedingungen der Pflege, die die kapitalistische Gesellschaft ihren Alten und Pflegebedürftigen angedeihen lässt.

79 »Corona im Altenheim: ›Manchmal denke ich, es ist Krieg‹«, deutschlandfunkkultur.de (5. 7. 2020); »Alten- und Pflegeheime: ›Die Einsamkeit tötet‹«, sueddeutsche.de (19. 10. 2020); »Pflegeheimbewohner und Corona-Maßnahmen: ›Menschen sind aus Einsamkeit gestorben‹«, deutschlandfunk.de (1. 4. 2021).

80 »Debatte um Corona-Maßnahmen: Das vergessene Leiden der Alten in der Pandemie«, berliner-zeitung.de (15. 1. 2023); »›Bei der Corona-Bekämpfung wurden Menschenrechte verletzt‹«, faz.net (28. 1. 2023).

81 »Soldat:innen-Einsatz in Pflegeheimen: Opa was vom Krieg erzählen«, taz.de (23. 4. 2021).

82 Die Sexualität im Alter ist ja bis heute massiv tabuisiert (wenngleich das Thema in den letzten Jahren etwas mehr Aufmerksamkeit erfahren hat und etwa eine

Reihe von Filmen entstanden ist, die die Alterssexualität thematisierten – siehe zum Beispiel den österreichischen Film *Der letzte Tanz* aus dem Jahr 2014, der die erotische Beziehung zwischen einer alten Frau und ihrem Pfleger behandelt). Featherstone und Hepworth (1991: 378) haben in dem Zusammenhang unter anderem auf die Praxis alter Menschen in den USA hingewiesen, lieber in schlechten Wohngegenden oder in billigen Motels zu wohnen, als unter deutlich komfortableren Bedingungen bei ihren Kindern zu leben, nur um auch hinsichtlich ihrer Sexualität möglichst außerhalb des Einflussbereichs ihrer Kinder bleiben zu können und so Konflikte zu vermeiden.

83 Wenngleich sich vor dem Hintergrund von demografischem Wandel und Staatsschuldenkrise eine Tendenz abzeichnet, die Altenpflege eher weg vom Pflegeheim und zurück in den Privathaushalt zu verlagern (Stichwort: »ageing in place«). Unklar erscheint allerdings, wer dann die Pflegeleistungen erbringen soll: Ambulante Dienste unterliegen einem ähnlichen Finanzierungsvorbehalt wie Pflegeheime, die 24-Stunden-Betreuung wiederum ist schon aus den oben genannten Gründen schwerlich ein »zukunftsfähiges« Konzept. Nicht nur zu befürchten, sondern vielmehr anzunehmen ist, dass die Erbringung von Pflegeleistungen in Hinkunft wohl wieder vermehrt informell und unbezahlt dorthin abgewälzt wird, wohin derartige Tätigkeiten im Kapitalismus ohnehin traditionell delegiert werden: auf Ehefrauen, Töchter, Schwiegertöchter etc.

84 Eine Sonderstellung im nationalsozialistischen Vernichtungswerk nimmt der Massenmord an den Juden ein – dieser folgte nicht (wie es etwa Hannah Arendt in ihrer bekannten Abhandlung über *Elemente und Ursprünge totaler Herrschaft* behauptete, vgl. Arendt 1986) der hier im Mittelpunkt stehenden Differenzierung von »Nützlichen« und »Überflüssigen«, wie sie für die Ermordung von Alten, psychisch Kranken oder Behinderten bestimmend war. Der kanadische Gesellschaftstheoretiker Moishe Postone (1982) hat überzeugend herausgearbeitet, dass für den modernen Antisemitismus, der unter den Nazis in der systematischen Ermordung von mehr als sechs Millionen Juden kulminierte, die Projektion negativer oder von den Menschen als negativ empfundener Aspekte des Kapitalismus auf das Judentum konstitutiv ist – siehe etwa Ideologeme wie jene vom »jüdischen Zinswucher«, vom »internationalen Finanzjudentum«, von der »jüdischen Weltverschwörung« etc. Bis heute zeigt sich die Wirkmacht solcher Ideologeme, wenn in Zeiten von Finanz- und Wirtschaftskrise Antisemitismus in der Gesellschaft massiv zunimmt. Auch bei psychisch Kranken und Behinderten gibt es einige Aspekte, die über ihren sozialen Status als »Unproduktive« und »Unnütze« hinausgehen, und durch die sich deren »Euthanasierung« in ihrer Logik durchaus von der Tötung alter Menschen unterscheidet. So waren hier besonders auch eugenische Gesichtspunkte ausschlaggebend. Ihre Ermordung war insbesondere (und vielleicht sogar vor allem) »rassenhygienisch« begründet und zielte auf die genetische Stärkung und »Reinhaltung« der »arischen Rasse« (vgl. Klee 1983).

85 »[I]n dem württembergischen Dorf Eschenbach in der Nähe von Göppingen (…) lag der Gipfel der Not kurz nach der Schlacht bei Nördlingen. Von da an sprechen die Pfarregister des Ortes nur noch vom ›kaiserlichen Einfall‹ und vom ›großen Strudel‹. Am 6. September 1634 ist neben anderen Magdalena Hederlin, ›fama optimae‹ – von bestem Ansehen –, Ehefrau des Liebensteinischen Stabschultheißen[,] ›jämmerlich umkommen im keyserlichen Einfall … in ein Schwedisch Trunk ersäufft‹, womit der Pfarrer sagen will, daß man ihr Wasser und Gülle in den Hals geschüttet hat, bis sie erstickt war. Am selben Tag wurde der 70jährige Bäcker

Jakob Ott ›jämmerlich erstlich geschlagen, drauf drappt und dann vollends erschossen‹.« (Borscheid 1989: 85)

86 Es lässt sich auch nur noch schwer nachvollziehen, auf welchen historischen Zeitraum sich Aubrey mit seiner Beschreibung des »holy mawle« konkret bezieht. Dass es sich dabei um ein neuzeitliches und nicht um ein früheres (etwa mittelalterliches) Phänomen gehandelt haben dürfte, wird hingegen durch eine kurze Abhandlung eines gewissen F. S. Burnell in einer renommierten folkloristischen Zeitschrift aus dem Jahre 1945 nahegelegt. Er zitiert darin das »holy mawle« als eines von mehreren Beispielen dafür, »that the practice of killing off the aged persisted even into comparatively late times« (Burnell 1945: 268), und er bringt es unmittelbar im Anschluss an ein Beispiel aus dem 15. Jahrhundert (ein Zitat einer literarischen Figur namens Sir Percival, die sich selbst beglückwünscht, »that he is not like those men of Wales, where sons pull their fathers out of bed and kill them to save the disgrace of their dying in bed«). Burnell schließt seinen Text ab mit dem Hinweis auf ein Nachwirken solcher Praktiken der Altentötung bis in die jüngste Vergangenheit: »Little more than fifty years ago there were yet living those who could remember instances of death being hastened by affectionate relatives, sometimes by actual strangulation« (ebd.).

87 Erwähnt werden sollte, dass die in der Rede des Baccalaureus zum Ausdruck kommende Altersfeindlichkeit wohl nicht Goethes eigene Meinung widerspiegelt, sondern dass dieser damit – zur Zeit der Fertigstellung des *Faust II* immerhin selbst schon über 80 Jahre alt – eher eine kritische Absicht verfolgte. Einen Hinweis darauf liefert bereits ein Satz, den Goethe den als Greis verkleideten Mephisto beim Abgang des Baccalaureus sagen lässt: »Original fahr hin in deiner Pracht! / Wie würde dich die Einsicht kränken: / Wer kann was Dummes, wer was Kluges denken / Das nicht die Vorwelt schon gedacht?« (Goethe 2001 [1832]: 65). Der kritische, aber auch irgendwie hilflos und konservativ-reaktionär anmutende Einwand eines alten Mannes im Angesicht einer entfesselten gesellschaftlichen Entwicklungsdynamik, die traditionelle Verhältnisse und Lebensformen zunehmend zerstörte und dabei auch alte Menschen mehr und mehr an den Rand der Gesellschaft drängte. Auf den modernisierungskritischen Charakter von Goethes *Faust* – vor allem im Sinne einer kritischen Reflexion des rastlos modernen, technisch-wissenschaftlichen Fortschritts – hat Michael Jaeger (2008) hingewiesen.

88 Auf diesen Roman bezog sich im Übrigen bereits auch William Osler. Osler verwendete den Begriff der »fixed period« gerade für die von ihm so idealisierten »fifteen golden years of plenty« zwischen 25 und 40, jene »konstruktive Periode«, in der sich der Mensch auf dem Höhepunkt seines Schaffens befinde, während danach ein stetiger und unaufhaltsamer Abbau einsetze.

89 Generell fällt auf, dass sich in der Frage der gesellschaftlich zweckmäßigen Tötung alter Menschen besonders häufig Mediziner/innen oder aus dem medizinischen Umfeld stammende Personen mit entsprechenden Empfehlungen hervortun. Dies könnte möglicherweise in der Geschichte wie auch der gesellschaftlichen Funktion der modernen Medizin selbst begründet liegen. Bereits Michel Foucault hat in seinen Studien über die *Geburt der Klinik* darauf hingewiesen, dass sich die Medizin bald nach ihrer Institutionalisierung im 18. und 19. Jahrhundert zu einer Art »Lehrmeisterin für die physischen und moralischen Beziehungen zwischen dem Individuum und seiner Gesellschaft« (Foucault 1976 [1963]: 52) entwickelte. Und zu diesen »physischen und moralischen Beziehungen« gehört offenbar nicht nur die Erhaltung der »Volksgesundheit« (neudeutsch: »public health«) durch

Hygienemaßnahmen, gesunden Lebensstil, Prävention usw. (ein gesellschaftlicher Bereich, über den die Medizin bekanntlich mit geradezu missionarischem Eifer gebietet), sondern die Vermeidung jeden menschlichen Verhaltens, mit dem das Individuum dem »Gesellschaftskörper« potenziell schadet – und sei es nur, dass Menschen nicht den »Anstand« haben, rechtzeitig abzutreten, bevor sie alt und gebrechlich sind und der Gesellschaft (und hier nicht zuletzt dem Gesundheitssystem) zur Last fallen. Nicht von ungefähr wird mittlerweile zum Teil schon darüber diskutiert, alte Menschen, angesichts ihrer immer größeren Zahl und der damit verbundenen Kosten für das Gesundheitssystem, von bestimmten medizinischen Leistungen auszuschließen (siehe unten, Kapitel 5.2).

90 »Better for old to kill themselves than be a burden, says Warnock«, thetimes.co.uk (12. 12. 2004).

91 »Martin Amis in new row over ›euthanasia booths‹«, theguardian.com (24. 1. 2010).

92 »Money before lives«, telepolis.de (26. 3. 2020).

93 Die Gleichsetzung von Pflegebedürftigen und insbesondere Demenzkranken mit Zombies ist ein Deutungsmuster, das in der Gegenwart immer häufiger in gesellschaftlichen Altersdiskursen anzutreffen ist (vgl. Behuniak 2011). Zu erinnern ist in dem Zusammenhang auch an die Darstellung alter Pflegebedürftiger im Pflegeheim-Gruselroman, wo sie als lebende Tote im Altenheim herumgeistern (siehe oben, Kapitel 4.4).

94 Darauf wird zu einem späteren Zeitpunkt noch genauer einzugehen sein, da damit unmittelbar Fragen der modernen Subjektkonstitution berührt sind (siehe unten, Kapitel 6.1). Es wird dabei unter anderem zu zeigen sein, dass Sterbehilfediskurse an eine tiefsitzende Angst der Menschen vor dem Verlust des in der kapitalistischen Gesellschaft vorherrschenden, sich primär durch Autonomie, Leistungsfähigkeit, Geschäfts- und Rechtsfähigkeit definierenden Subjektstatus anknüpfen, der besonders mit altersbedingten Begleitumständen wie Pflegebedürftigkeit und Demenz assoziiert wird. Sterbehilfe kann vor diesem Hintergrund verstanden werden als ein »Angebot, Subjekt zu bleiben« (Graefe 2007: 270).

95 Zum Beispiel: »Pflegeheim-Morde: Drei Pfleger zu lebenslanger Freiheitsstrafe verurteilt«, spiegel.de (26. 6. 2018); »Polizei ermittelt wegen Mordverdachts gegen Pfleger«, merkur.de (30. 10. 2018); »Die Sadisten von St. Anna«, falter.at (26. 9. 2017); »Pfleger soll 63-Jährigem Überdosis Morphin verabreicht haben«, da-imnetz.de (23. 3. 2018).

96 »Österreichs größter Pflegeskandal: ›Wer mich ärgert, bekommt ein Gratisbett beim lieben Gott‹«, spiegel.de (12. 4. 2014).

97 »Heimbewohnerin (88) wegen Mordes an Zimmerkollegin verurteilt«, kleinezeitung.at (12. 6. 2017); »Versuchter Mord im Pflegeheim«, mainpost.de (17. 10. 2017); »85-Jähriger tötet Frau im Seniorenheim«, maz-online.de (12. 3. 2018); »Senior (94) getötet – Zimmernachbar (80) unter Verdacht«, bz-berlin.de (20. 5. 2018).

98 »Pflege-Stiftung schlägt Alarm: ›Nirgendwo ist es so einfach zu morden‹«, merkur.de (7. 3. 2018).

99 Dazu passt auch vortrefflich ins Bild, dass die »autonome Inedia« in Deutschland von Institutionen wie dem *Humanistischen Verband* ausdrücklich als »selbstbestimmte« Form des Sterbens befürwortet und gefördert wird (vgl. Pousset 2018: 28).

100 Seine Schätzung beruht auf einer Befragung von insgesamt 51 Pflegekräften in Pflegeheim, Hospiz und Ambulantem Dienst über deren Erfahrungen mit dem »stillen Sterben« (d. h. Inedia und psychogener Tod), deren Ergebnisse er auf die

Zahl aller in einem Jahr verstorbenen Deutschen über 65 hochrechnet. Dazu addiert er eine nicht näher spezifizierte Dunkelziffer. Seine Schätzung erscheint zwar nicht unrealistisch, empirisch belegt ist sie damit aber freilich nicht (und in Ermangelung besserer Daten, schon allein aufgrund des großen Dunkelfeldes, wohl ohnehin gar nicht belegbar).

101 Ausnahmen bestätigen auch hier die Regel (vgl. Brogden 2001).

102 Zum Begriff der Realabstraktion vgl. Sohn-Rethel 1971 sowie 1989. Gleichsam an das Marx'sche Diktum aus dem Fetischkapitel im *Kapital* (»Sie wissen es nicht, aber sie tun es«) anknüpfend, bezog sich Sohn-Rethel damit auf die Fetischkonstitution der kapitalistischen Gesellschaft oder genauer gesagt: auf den kapitalistischen Waren- beziehungsweise Wertfetisch. Dieser beruht laut Sohn-Rethel wesentlich auf einer ganzen Reihe von menschlichen Abstraktionsleistungen, die allerdings nicht nur solche des Denkens seien, sondern vor allem aus dem Tun der Menschen, das heißt aus ihrer realen Praxis hervorgingen – also in diesem Sinne »Realabstraktionen« seien. Der Wert (als konstitutives Formprinzip kapitalistischer Gesellschaften), so schreibt er, »existiert zwar nirgends anders als im menschlichen Denken, er entspringt aber nicht aus dem Denken. Er ist unmittelbar gesellschaftlicher Natur, hat seinen Ursprung in der raumzeitlichen Sphäre zwischenmenschlichen Verkehrs. Nicht die Personen erzeugen diese Abstraktion, sondern ihre Handlungen tun das, ihre Handlungen miteinander« (Sohn-Rethel 1989: 12). Für den »institutionalisierten Lebenslauf« der kapitalistischen Moderne kann Ähnliches gelten: Auch dieser ist nicht einfach nur ein Produkt des Denkens und entsprechender Vorstellungen der Menschen vom Ablauf und der Gestaltung ihres Lebens, sondern geht primär daraus hervor, dass die Menschen diesen Lebenslauf, auf der strukturellen Grundlage einer kapitalistischen Arbeitsgesellschaft, konkret »leben« – indem sie eine Berufsausbildung machen, arbeiten gehen, Geld verdienen, im Alter in den Ruhestand gehen usw. und dieses sozial konstruierte Ablaufschema des Lebens darüber hinaus als selbstverständlich, ja sogar »natürlich« ansehen, obwohl daran nichts selbstverständlich oder natürlich ist, sondern der »institutionalisierte Lebenslauf« vielmehr und ganz im Gegenteil das Produkt einer historisch-spezifischen Form von Vergesellschaftung ist.

103 Bereits bei Ferdinand de Saussure, dessen Sprachtheorie maßgeblichen Einfluss auf spätere postmoderne und poststrukturalistische Ansätze hatte, finden sich Formulierungen, die sich wie eine Vorwegnahme solcher zentralen diskurstheoretischen Prämissen liest: »Man kann nicht einmal sagen, daß der Gegenstand früher vorhanden sei als der Gesichtspunkt, aus dem man ihn betrachtet; vielmehr ist es der Gesichtspunkt, der das Objekt erschafft (…)« (Saussure 2001 [1931]: 9).

104 Damit ist freilich nicht gesagt, dass alte Menschen in der Antike keinerlei Feindseligkeiten oder auch Gewalt erfahren haben. Die historischen Hinweise, die dafür zu finden sind, beschreiben aber offenbar eher Ausnahmen von der Regel einer hohen Verehrung des Alters in antiken Gemeinwesen oder aber sind sehr umstritten. So weist etwa Raimund Pousset in seiner bereits besprochenen Abhandlung über den *Senizid* darauf hin, dass die alten Römer ein Sprichwort hatten, das als damals bestehende Praxis interpretiert werden könnte, über Sechzigjährige zu töten, indem man sie von der Brücke in den Tiber stieß: *sexagenarios de ponte* – »Sechzigjährige von der Brücke (stoßen)« (vgl. Pousset 2018: 16). Auch gebe es Aufzeichnungen, die von rituellen Altentötungen in der Antike berichten – etwa indem man die alten, arbeitsunfähigen Väter in die Schlucht gestürzt oder alte Menschen verhungern lassen habe (ebd.: 15). Solche Fälle der Altentötung/

des Senizids dürften in der Antike aber ausgesprochen selten gewesen sein (vgl. Parkin 2003: 260–272). Auch die Ätiologie der zitierten römischen Redewendung wird in der Geschichtswissenschaft kontrovers diskutiert: So verweise diese möglicherweise nicht, wie allgemein angenommen wird, auf die Praxis der Tötung seniler, als Last wahrgenommener Alter, sondern könnte sich auch auf ein »Regelwerk« bezogen haben, wie in einer öffentlichen Abstimmung auf dem Marsfeld abgestimmt werden sollte. »Dabei mussten Wahlberechtigte, Männer *bis* zum 60. Lebensjahr, über einen Steg schreiten. Mischte sich ein ›Alter‹ *über* sechzig darunter, wurde er von der Brücke geworfen« (Pousset 2018: 16, Herv. i. O.). Generell ist wahrscheinlich im Hinblick auf vormoderne Formen und Praktiken der Altentötung der gänzlich differente historische und soziokulturelle Kontext hinreichend in Rechnung zu stellen. Josef Hörl und Reingard Spannring (2001: 309) weisen etwa darauf hin, dass in vormodernen Kulturen die Altentötung »Bestandteil und Ausdruck einer bestimmten moralischen Ordnung mit religiöser Verankerung« war. Diese ging daher »keineswegs mit einem Mangel an Respekt einher. Im Gegenteil, die Tötung war stets von einem feierlichen Ritus umgeben, es fand ein Fest unter zustimmender Beteiligung des Todesopfers statt« (ebd.). Die Tötung betraf darüber hinaus »immer nur jene alten Personen, die nach dem kulturimmanenten Verständnis als siech bezeichnet wurden und beispielsweise nicht mehr in der Lage waren, lange Märsche zur Nahrungsbeschaffung mitzumachen« (ebd.). Auch wenn es daran aus heutiger Sicht nichts zu beschönigen gibt, so kann gleichwohl kein Zweifel darüber bestehen, dass sich solche vormodernen Formen der Altentötung bereits unter dem Gesichtspunkt des »Respekts« grundsätzlich von modernen Formen des Senizids unterscheiden, wie sie im vorigen Kapitel beschrieben wurden. Vieles spricht also dafür, dass vormodernen und insbesondere antiken Soziatäten aufgrund ihrer gerontokratischen Struktur und des hohen Ansehens, das alte Menschen darin genossen, derart altersfeindliche und alte Menschen systematisch abwertende Zuschreibungen und Praktiken, wie sie für kapitalistische Gesellschaften charakteristisch sind, eher fremd waren. Mit anderen Worten: Vormoderne Kulturen kannte offenbar noch keine *Dissoziation des Alters* – jedenfalls nicht in der Form und der Qualität, wie wir sie kennen und wie sie die kapitalistische Moderne auszeichnet.

105 Siehe in dem Zusammenhang den großen und stetig wachsenden Strang einer sogenannten »Kulturgerontologie«, die das Verhältnis von Alter(n) und Gesellschaft bereits a priori auf ein »kulturelles« reduziert und die »Kulturalisierung« des Alter(n)s sogar ausdrücklich zur bevorzugten Analyseperspektive erklärt (vgl. Haller/Küpper 2010; Twigg/Martin 2015; Maierhofer 2015a; Gallistl et al. 2021).

106 Generell kann die »Problematisierung« mit Foucault als ein zentraler Funktionsmodus von Diskursen bestimmt werden, insofern diese problematisch gewordene Denk- und Handlungsweisen »problematisieren«: »In Wirklichkeit muss, damit ein Handlungsbereich und ein Verhalten ins Feld des Denkens eintritt, eine gewisse Zahl von Faktoren ihn oder es unsicher gemacht, ihm seine Vertrautheit genommen und in dessen Umfeld eine gewisse Anzahl von Schwierigkeiten hervorgerufen haben. Diese Elemente unterliegen sozialen, ökonomischen und politischen Prozessen. Aber sie spielen darin nur eine Rolle als Hinweis. Sie können existieren und ihre Aktionen über eine sehr lange Zeit hinweg ausüben, bevor es zu einer wirklichen Problematisierung durch das Denken kommt. Und wenn diese eintritt, nimmt sie nicht eine einzige Form an, die das direkte Ergebnis oder der

notwendige Ausdruck dieser Schwierigkeiten wäre; sie ist eine oft vielgestaltige, mitunter sogar in ihren verschiedenen Aspekten widersprüchliche, eigentümliche oder spezifische Antwort auf diese Schwierigkeiten, die für sie durch eine Situation oder einen Kontext definiert sind (…)« (Foucault 2005: 732). Auf ganz ähnliche Weise begründet Foucault auch seinen Begriff des »Dispositivs«: Dieses sei »eine Art von (…) Formation, deren Hauptfunktion zu einem gegebenen historischen Zeitpunkt darin bestanden hat, auf einen *Notstand* (urgence) zu antworten« (Foucault 1978: 120, Herv. i. O.). Hier wird also in gewisser Weise thematisch, was bereits an früherer Stelle (Kapitel 3.4) über das Alter(n) als gesellschaftliches »Problem« und dessen »Problematisierung« gesagt wurde: Es muss ein »Problem« geben, das heißt es muss etwas gesellschaftlich »problematisch« werden, um es »problematisieren« zu können, und dies unterliegt wiederum, wie auch Foucault betont, »sozialen, ökonomischen und politischen Prozessen«. Er verweist dabei ausdrücklich auch auf die Notwendigkeit einer Berücksichtigung des jeweiligen historischen Kontexts, etwa wenn er an anderer Stelle schreibt, die Untersuchung von »Problematisierungen« sei »die Art und Weise, wie man Fragen von allgemeiner Bedeutung in ihrer historisch einzigartigen Form analysiert« (Foucault 1990: 52). Gleichzeitig wird hier abermals die kulturalistische Verkürzung diskurstheoretischer Ansätze deutlich, denn im Mittelpunkt der Analyse steht nicht (oder zumindest nicht systematisch), was das »Problem« objektiv für die Gesellschaft zum »Problem« macht und warum, sondern nur noch die Formen seiner »Problematisierung«, also die diskursive Konstruktion des »Problems« im und durch das »Denken« sowie daraus resultierende gesellschaftliche Effekte. Im Kontext des Alter(n)s hat auf den Foucault'schen Begriff der »Problematisierung« vor allem Stephen Katz zurückgegriffen und diesen (mit denselben theoretischen Verkürzungen) zur Grundlage seiner kritischen Analysen über die »Problematisierung« des Alter(n)s durch die Gerontologie gemacht (vgl. Katz 1996, 2000).

107 Zu Recht beurteilen Silke van Dyk und Kolleg/innen derartige Aufwertungsversuche als »Farce«.

108 Streng genommen ergibt schon die Vorstellung einer »wertbildenden Funktion« erst unter kapitalistischen Prämissen Sinn. Denn der »Wert«, der menschlichen Tätigkeiten als »Erwerbsarbeit« zugeschrieben wird, kommt diesen weniger durch die Produktion von nützlichen Gebrauchsgütern zu, sondern primär durch ihre Funktion zur Erzeugung eines abstrakten Geldreichtums (volkswirtschaftlich ausgedrückt etwa als »Bruttonationalprodukt« oder als »Wirtschaftswachstum«). Und dies ist eine Funktion, die ausschließlich für kapitalistische Produktionsverhältnisse charakteristisch ist und vorkapitalistischen Menschen nicht nur völlig unverständlich wäre, sondern geradezu als verrückt erscheinen müsste. Auch Marx hat ausdrücklich auf die »Verrücktheit« gesellschaftlicher Verhältnisse hingewiesen, in denen nicht die Produktion stofflichen Reichtums in Form von Gebrauchsgütern, sondern der abstrakte Reichtum in Form des Geldes im Zentrum steht: »Das Geld selbst in seiner höchsten Fixiertheit ist selbst wieder Ware und unterscheidet sich als solche von den andren nur dadurch, daß es *vollkommner* den Tauschwert ausdrückt, eben daher aber als Münze seinen *Tauschwert* als immanente Bestimmung (…) verliert und *bloßer* Gebrauchswert wird, wenn auch Gebrauchswert für die Preissetzung etc. der Waren. Die Bestimmungen fallen noch unmittelbar zusammen und ebenso unmittelbar auseinander. Wo sie sich selbständig gegeneinander verhalten, *positiv*, wie in der Ware, die Gegenstand der

Konsumtion wird, hört sie auf, Moment des ökonomischen Prozesses zu sein; wo negativ, wie im Geld, wird sie *Verrücktheit*; die Verrücktheit allerdings als ein Moment der Ökonomie und das praktische Leben der Völker bestimmend« (Marx 1983a: 194, Herv. i. O.).

109 Das »Altenteil«, im Sinne des »Ausgedinges«, ist freilich streng genommen nicht nur ein Phänomen der Frühen Neuzeit, sondern hat sich in bäuerlichen Milieus bis weit ins 20. Jahrhundert hinein erhalten. In Österreich beispielsweise gibt es für Bauern erst seit den späten 1960er Jahren eine staatliche Pensionsversicherung (vgl. Ehmer 1990: 123). Überreste von Altenteilregelungen finden sich bis heute, etwa in vertraglich festgehaltenen Bestimmungen über die Betreuung der Altbauern im Rahmen von Hofübergaben oder in der teilweise noch bestehenden Praxis des »Auszugshauses«.

110 Die gegenwärtig mit Abstand am stärksten und schnellsten wachsende Bevölkerungsgruppe sind ja die sogenannten Hochaltrigen, das heißt Personen im Alter von 80 plus. Laut *Eurostat*, dem statistischen Amt der Europäischen Union, soll sich deren Anteil an der Bevölkerung von heute 6,1 Prozent (Stand 2022) auf 14,6 Prozent im Jahr 2100 mehr als verdoppeln. Dabei hat sich deren Anteil bereits in den vergangenen Jahren signifikant erhöht – so etwa bei den Männern seit der Jahrtausendwende annähernd verdoppelt, bei den Frauen etwa um die Hälfte zugenommen.

111 Wie ebenfalls bereits in Kapitel 4.5 dargestellt, gehört es unmittelbar zum Wesen moderner Euthanasiediskurse, die Tötung alter, kranker und pflegebedürftiger Menschen nicht nur utilitaristisch, sondern gerade auch mit der Menschenwürde und der Autonomie der Betroffenen zu legitimieren. Nicht nur bei der von (Neo-)Liberalen wie Hayek verfochtenen »Freiheit«, sondern auch bei Werten wie »Menschenwürde« und »Autonomie« liegen »Pathos und Pathologie« (Kempter 2020) also eng beieinander.

112 Nicht von ungefähr heißt das größte und bedeutendste Institut für Demografie in Österreich *Wittgenstein Centre for Demography and Global Human Capital*.

113 Dass diese zweite dominante Problembestimmung des demografischen Wandels, im Sinne eines bevorstehenden Arbeitskräftemangels und eines damit verbundenen Verlustes von produktivem Potenzial (bis hin zum Zusammenbruch ganzer Volkswirtschaften), angesichts des bereits erreichten und immer schneller steigenden Produktivitätsniveaus der kapitalistischen Produktionsweise im Grunde auf einer gravierenden Fehleinschätzung des Problems beruht, sei an dieser Stelle noch vernachlässigt – es wird darauf zu einem späteren Zeitpunkt ausführlich einzugehen sein (Kapitel 7.2). Sowohl logisch als auch historisch war die Reproduktion von Arbeitskraft jedenfalls lange Zeit ein grundlegendes kapitalistisches Problem, das gesellschaftlich gelöst werden musste. Dass dies heute nicht mehr oder zumindest immer weniger der Fall ist, weil die hohe Produktivität Arbeit tendenziell überflüssig macht und damit auch der Bedarf an menschlicher Arbeitskraft nachhaltig sinkt, ist im Grunde als ein kapitalistisches Krisenphänomen zu werten – nicht zuletzt deshalb, weil dies auch die Bewältigung des demografischen Wandels (die politisch vor allem durch einen längeren Verbleib der Menschen im Erwerbsleben gewährleistet werden soll) zunehmend illusorisch werden lässt.

114 Mit Blick auf Techniken wie die Geburtenkontrolle besteht, wie Foucault im Weiteren herausarbeitet, auch ein unmittelbarer Konnex zum modernen Geschlechterverhältnis und zur Sexualität. Deren ab dem 18. Jahrhundert politisch ins Werk

gesetzte gesellschaftliche Regulierung ging mit der Konstruktion und Institutionalisierung eines spezifisch modernen Systems der Zweigeschlechtlichkeit und, untrennbar damit verbunden, Zwangsheterosexualität einher. Foucault spricht in dem Zusammenhang von »Heteronormativität«. Dieses theoretische Konzept sollte sich später als richtungsweisend für heute recht einflussreiche queere und queer-feministische Ansätze erweisen.

115 Foucault führt diese Entwicklungen stattdessen auf eine zwar historisch lokalisierte, aber letztlich mysteriös bleibende, quasi metaphysische »Bio-Macht« zurück.

116 Damit soll freilich nicht behauptet werden, dass eine Bevölkerungsentwicklung wie die gegenwärtige für andere Gesellschaftsformen keinerlei Herausforderungen bedeuten würde. Zumindest für eine Gesellschaft mit einem Produktivitätsniveau, wie es die kapitalistische mittlerweile entwickelt hat, sollte ein »demografischer Wandel« jedoch an sich relativ leicht zu verkraften sein – vorausgesetzt, diese Gesellschaft ist nicht kapitalistisch organisiert. Darauf wird bald noch etwas genauer einzugehen sein.

117 Die folgende Darstellung folgt einer Argumentation, die ich bereits an anderer Stelle ausführlich entfaltet habe (vgl. Stückler 2019b).

118 Auf den sich hier andeutenden Zusammenhang von positivem Langlebigkeits- und negativem Alters- beziehungsweise Anti-Ageing-Diskurs wird später noch einzugehen sein (Kapitel 5.4).

119 Ebenfalls nicht berücksichtigt ist an dieser Stelle die Tatsache, dass der Konsum alter Menschen bereits ganz grundsätzlich – jedenfalls sofern diese nicht (was aber ohnehin illusorisch wäre) kollektiv und bis ans Lebensende in den Arbeitsmarkt reintegriert werden sollen – ein hinreichend ausfinanziertes Pensionssystem voraussetzt. Genau dessen Finanzierung ist es aber, die durch den demografischen Wandel und aufgrund der damit verbundenen Kosten problematisch wird. Wie man es daher auch dreht und wendet: Im allerbesten Fall bedeutet der Konsum einer stetig wachsenden Altenpopulation gesamtgesellschaftlich gesehen ein Nullsummenspiel, viel wahrscheinlicher aber (wenn überhaupt) einen unter hohen gesellschaftlichen Kosten finanzierten, staatlich subventionierten und daher wirtschaftlich nicht selbsttragenden »Boom« einer sogenannten Seniorenwirtschaft.

120 Vor diesem Hintergrund wäre vielleicht auch die von Bryant konstatierte Neigung des deutschen Demografiediskurses zu besonders »außergewöhnlicher Dramatisierung« in der Spezifik der deutschen Nationalgeschichte zu verorten, insbesondere in der völkischen Konstitution und Begründung der deutschen Nation und der deutschen »Volksgemeinschaft«. Der im Vergleich zu anderen Ländern offenbar besonders irrationale Bevölkerungsdiskurs in Deutschland erwiese sich in diesem Lichte sodann genauso wenig als ein Zufall, wie auch die Tatsache, dass sich der Nationalsozialismus mit seinen massenmörderischen Folgen gerade in Deutschland und nicht etwa anderswo entwickelte. Dieser Gedanke kann hier freilich nicht ausführlicher verfolgt werden. Ein möglicher Zusammenhang von völkisch-deutscher Ideologie und spezifisch deutschem Bevölkerungs- beziehungsweise Alterungsdiskurs würde aber meines Erachtens eine systematische historische Aufarbeitung verdienen, die, soweit ich sehe, noch aussteht.

121 Speziell in Deutschland (und gerade während des Nationalsozialismus) hatte die Überalterungsangst freilich darüber hinaus eine nicht zu unterschätzende militärische Komponente. Die Wahrnehmung der »demografischen Transition« als

»Volks-Krankheit« und entsprechende Halluzinationen eines »Aussterbens der Nation« bezogen sich also nicht zuletzt auch auf Fragen der »Wehrkraft«, das heißt auf einen potenziellen Mangel an jungen, wehrfähigen Männern (vgl. Etzemüller 2007: 69f.).

122 Um dieser »Naturalisierung« von Gesellschaft und davon ausgehenden gesellschaftlichen Sachzwängen gewahr zu werden, braucht im Grunde nur beobachtet zu werden, mit welcher Selbstverständlichkeit in der Öffentlichkeit etwa über die Notwendigkeit von »Wirtschaftswachstum«, von »Produktivität«, der Schaffung von »Arbeitsplätzen«, der Sicherung des »Wirtschaftsstandorts«, über die »Macht der Finanzmärkte« und dergleichen gesprochen wird.

123 Wenngleich der demografische Wandel nicht nur als »Flut« oder »Lawine« in Erscheinung treten muss, sondern auch anders gerahmt werden kann, zum Beispiel im Sinne eines Erdbebens (vgl. Wallace 1999). Im Mittelpunkt steht aber auch hier eine fetischisierte, naturalisierte gesellschaftliche Ordnung, die aufgrund des demografischen Wandels vom Einsturz bedroht ist, was wiederum als Naturkatastrophe imaginiert wird.

124 Dem hier zitierten Buch von Klaus Theweleit verdanke ich auch den Gedanken, dass es das »Fließende« ist, das heißt die Dynamik, die Veränderung und die damit assoziierte Bedrohung einer naturalisierten gesellschaftlichen Ordnung, auf die sich Bilder wie »Flut« oder »Lawine« in entsprechenden Diskursen beziehen.

125 Dies könnte kaum eindrucksvoller demonstriert werden als durch die sich heute in ganz Europa ausbreitenden neofaschistischen Tendenzen.

126 Inzwischen gibt es sogar ein »fünftes Alter«, unter das vermehrt die Ältesten unter den Alten, nämlich die über Neunzig- und Hundertjährigen subsumiert werden. Der Begriff des »fünften Alters« geht zurück auf Leopold Rosenmayr, der damit der gerontologischen Differenzierung in ein »chancenreiches« drittes und ein »eingeschränktes« viertes Alter ein »abhängiges« fünftes Alter hinzufügte (vgl. Rosenmayr 1996: 35).

127 Wenngleich sich die antike »Ambivalenz des Alters« selbst noch durch solche Sichtweisen zieht, etwa wenn Cicero quasi im selben Atemzug feststellt, dass es erforderlich sei, gegen das Alter »wie gegen eine Krankheit« zu kämpfen, und hierfür Ratschläge erteilt, die bereits wie ein Vorschein der heute seitens der Gerontologie propagierten Empfehlungen für ein »gesundes« und »aktives Altern« anmuten (vgl. Trüeb 2006: 41). Dennoch würde es bedeuten, über das Ziel hinauszuschießen, wenn man solche antiken Sichtweisen und Praktiken mit heutigen Anti-Ageing-Strategien gleichsetzte, wie es etwa der hier zitierte Ralph M. Trüeb praktiziert, wenn er seine Befunde ausdrücklich in den Kontext einer Ideengeschichte des Anti-Ageing »von der Antike zur Moderne« stellt. Durch ein solches Vorgehen werden sehr wesentliche historische Differenzen tendenziell verwischt. Dass »Anti-Aging (…) vermutlich so alt [ist] wie die Menschheit« (Wahl/Heyl 2015: 33) ist lediglich ein gerontologischer Mythos, der hauptsächlich durch eine Ausblendung der historischen Spezifik sowohl der modernen als auch vormoderner Gesellschaften zustande kommt. Auf die moderne Spezifik des Anti-Ageing werden wir bald noch zu sprechen kommen.

128 Nicht zufällig und völlig zu Recht besteht ein wesentlicher Kritikpunkt am heute propagierten Idealbild des »aktiven Alterns« seitens der Kritischen Gerontologie darin, dass damit die Lebensumstände der oberen Mittelschicht und deren entsprechend bessere sozioökonomische Möglichkeiten für ein »gesundes« und »aktives« Altern zur allgemeingültigen Norm gemacht werden (siehe Kapitel 7.1).

129 Studien zufolge soll etwa langes Sitzen – in der heutigen, weitgehend »digitalisierten« Arbeitswelt immerhin der Regelfall – sogar mit einem deutlich erhöhten Sterblichkeitsrisiko einhergehen (vgl. Diaz et al. 2017). Dies ist somit ein Aspekt, der sich möglicherweise auch mit Blick auf die zukünftige Entwicklung der Lebenserwartung noch als relevant erweisen könnte. Gänzlich abgesehen wird an dieser Stelle von den zahlreichen anderen »Zivilisationskrankheiten«, die der Kapitalismus den Menschen in zunehmendem Maße durch Massenkonsum oder durch seine permanent wachsenden ökologischen Destruktionspotenziale beschert, zum Beispiel pathologische Fettleibigkeit, Diabetes, Krebs, Suchtkrankheiten, chronische Atemwegserkrankungen (aufgrund von Rauchen, Smog, Feinstaubbelastung) etc. Allein die Belastung durch Luft- und Umweltverschmutzung scheint mittlerweile ein derart dramatisches Ausmaß erreicht zu haben, dass selbst der Kapitalismuskritik völlig unverdächtige Institutionen wie die Vereinten Nationen bereits vor einem bevorstehenden »Massensterben« warnen.

130 Die durch staatliche Gesundheitsförderungs- und Präventionsprogramme betriebene Individualisierung gesellschaftlich verursachter Krankheiten könnte kaum besser illustriert werden als durch die aktuelle Konjunktur von Konzepten wie »gesundheitliche Chancengerechtigkeit« (z. B. Haas/Ziniel 2015). Hier ist das Problem bereits apriorisch auf die individuellen »Gesundheitschancen« des/der Einzelnen heruntertransformiert, die durch Gesundheitsförderung und präventive Maßnahmen möglichst erhöht werden sollen. Der Begriff der »gesundheitlichen Chancengerechtigkeit« erweist sich dabei auch immanent als überaus widersprüchlich: Maximale »gesundheitliche Chancengerechtigkeit« wäre überhaupt nur in einer Gesellschaft denkbar, in der die Gesundheit und körperliche Unversehrtheit des Individuums keine Frage der »Gerechtigkeit« und damit auch keine Frage individueller »Chancen« mehr wäre, sondern unmittelbar aus einer Form der Vergesellschaftung und der gesellschaftlichen Reproduktion folgen würde, die die Menschen nicht mehr systematisch krank macht. So aber fügt sich das Konzept passgenau in den universalen Kampf um Lebenschancen ein, der das Leben im Kapitalismus weitgehend bestimmt.

131 Vergleichbares gilt für historische Abhandlungen, die direkte ideengeschichtliche Entwicklungslinien des Anti-Ageing »von der Antike zur Moderne« (Trüeb 2006) zu erkennen glauben.

132 Katz beschränkt sich auf den Hinweis, dass die Veränderung, die die Wahrnehmung des Alter(n)s und des alternden Körpers erfuhr, darauf beruhte, »how medicine began to reinterpret disease through a new series of symptoms that constituted the aged body as a symbol of separation from other age groups« (Katz 1996: 40). Auch er verweist dabei ausdrücklich auf Foucaults Abhandlung über die *Geburt der Klinik*. Unmissverständlich deutlich wird daher auch bei Katz, dass die moderne Sicht auf das Alter(n) und die Gleichsetzung von Alter(n) mit Krankheit nicht von der historischen Entwicklung der modernen Medizin zu trennen ist.

133 Behauptungen, wonach etwas »so alt wie die Menschheit« sei, sind auch insofern anmaßend, als es dafür keinerlei historisch-archäologische Evidenz gibt. Über den weit größten Teil der Menschheitsgeschichte, die immerhin gute 300 000 Jahre zurückreicht, ist nur wenig bis nichts bekannt. Entsprechend hüten sollte man sich vor solchen historisch gänzlich ungedeckten Pauschalisierungen.

134 Auch der Verjüngungsdiskurs hat freilich durchaus vormoderne Wurzeln – siehe etwa frühneuzeitliche Mythen und bildliche Darstellungen vom »Jungbrunnen« (berühmt etwa das Gemälde von Lucas Cranach dem Älteren aus dem Jahr 1546).

Seine moderne und praktisch ungleich wirksamere und folgenreichere Form nimmt aber auch dieser Diskurs erst auf der Grundlage der modernen Medizin und ihrer Pathologisierung und Medikalisierung des Alter(n)s an.

135   Es ist inzwischen auch hinreichend wissenschaftlich nachgewiesen, dass diverse Lebensreformbewegungen wie auch Alternativpädagogiken des späten 19. und frühen 20. Jahrhunderts den Nationalsozialismus ideologisch ganz maßgeblich mit auf den Weg gebracht haben (dazu u. a. Weingart et al. 1992; Gruschka 2004: 311ff.). Wenn manche lebensreformerische Ideen zunächst von den Nationalsozialisten abgelehnt wurden, wie Schroeter mit Blick auf die Fitness-Bewegung konstatiert (Schroeter 2012: 173), so bezog sich das wahrscheinlich primär auf gewisse politische Aspekte solcher Ideen (zum Beispiel sozialdemokratische Arbeiter-Sport- und Turnvereine oder dergleichen). Nationalsozialistische Ideologeme wie etwa die Idealisierung des als »flink wie ein Windhund, zäh wie Leder und hart wie Kruppstahl« imaginierten deutschen Mannes sollten dafür sensibilisieren, dass das Menschen- und Körperbild der Nazis im Prinzip auf einer Linie liegt mit jenem von Lebensreformbewegungen dieser Zeit, und dass entsprechende Körper- und Fitnessideale (in Deutschland) vielleicht sogar erst durch den Nationalsozialismus im großen Stil gesellschaftlich institutionalisiert wurden. Bereits in *Mein Kampf* betonte Adolf Hitler die zentrale Rolle, die Sport und Fitness im Dritten Reich spielen sollten, nämlich das »Heranzüchten gesunder Körper«. Mit anderen Worten: Hier gab es nichts, was die Nazis »vereinnahmen« mussten, vielmehr wurzelt ihr Körper- und Fitnesskult selbst in den lebensreformerischen Ideologien. Was allenfalls als Spezifikum des nationalsozialistischen Fitnesskults zwecks Stärkung der »Volksgesundheit« hervorgehoben werden kann, ist, dass dieser freilich auch eine militärische Dimension hatte. Hier ging es also nicht nur um »Arbeitskraft« (und ihre Erhaltung), sondern insbesondere auch um »Wehrkraft«.

136   Wenngleich der Unterschied zwischen solchen gerontologischen Konzepten und der radikalen Pathologisierung des Alter(n)s durch die Anti-Ageing-Medizin geringer ist, als er auf den ersten Blick erscheint. Denn im Grunde (und wie bald noch zu zeigen sein wird) sind die Bemühungen der Anti-Ageing-Medizin, das Alter(n) biomedizinisch zu überwinden oder zumindest zurückzudrängen, nur die Extremform dessen, was die Gerontologie mit Konzepten eines »aktiven Alterns« und ihrem Idealbild der »jungen Alten« propagiert.

137   Den »Krieg gegen das Altern« auszurufen scheint in der Tat zu den bevorzugten Marketingstategien von Anti-Ageing-Mediziner/innen zu gehören. Sofern vom »war on ageing« nicht ohnehin bereits im Titel entsprechender Elaborate die Rede ist (z. B. Grey 2004), ziehen sich explizite Kriegserklärungen gegen das Alter(n) wie ein roter Faden durch die einschlägige Literatur: »The war on ageing has begun!« (Klatz/Goldman 2007: 9).

138   Als »Telomere« bezeichnen Molekularbiolog/innen die Enden linearer Chromosomen. Diese Chromosomenenden verkürzen sich mit jeder Zellteilung – ein Prozess, der daher als eine wesentliche Ursache für die Alterung des Organismus betrachtet wird. »Apoptose« beschreibt eine Art von »programmiertem Zelltod«, durch den schadhafte Zellen im Körper gleichsam ausgeschaltet werden. Mit zunehmendem Alter des Organismus lässt die Effizienz der Apoptose stetig nach, mit dem Effekt physiologischer »Alterung«. Zu den »biologischen Grundlagen« des Alterns siehe exemplarisch Schosserer et al. 2015.

139   »Anti-aging market size to reach $303.2 billion by 2025«, psmarketresearch.com (September 2018).

140 Zur Kritik der »Unnatürlichkeit« von Anti-Ageing und ihren Aporien vgl. Spindler 2007.
141 »Schizophrenie« ist hier und im Folgenden freilich nicht im Sinne einer psychiatrischen Diagnose zu verstehen, sondern vielmehr in der wörtlichen Bedeutung des Begriffs. »Schizophrenie« leitet sich vom altgriechischen *s'chizein* (»spalten«, »zersplittern«) und *phrēn* (»Geist«, »Seele«) her, bedeutet also so viel wie »Spaltung des Geistes« oder des »Bewusstseins«. Für einen Diskurs, der einerseits Langlebigkeit (im Sinne von *alt werden*) positiv konnotiert, während andererseits das Alter (im Sinne von *alt sein*) überwiegend negative Zuschreibungen erfährt, erscheint mir dies daher als eine geradezu uneinholbar treffende Bezeichnung, die wohl kein anderer Begriff besser zu leisten imstande ist. Ein Bezug zur psychologischen Dimension des Schizophrenie-Begriffs ist insofern gegeben, als diese zutiefst paradoxe Haltung zum Alter(n) (*alt werden*: ja – *alt sein*: nein) gerade auch auf einer soziopsychischen Ebene exakt der Einstellung des modernen Subjekts zum Alter(n) entspricht (siehe unten, Kapitel 6).
142 Siehe in dem Zusammenhang etwa nochmals das obige Zitat von Ursula Lehr: »Langlebigkeit verpflichtet – wir müssen alles tun, um möglichst gesund ein hohes Lebensalter zu erreichen« (zit. n. Spindler 2009: 396).
143 So etwa bereits nachzulesen bei René Descartes, einem der Begründer des durch die neuzeitliche Naturwissenschaft durchgesetzten mechanistischen Weltbildes – siehe hierzu prominent seine berühmte *Abhandlung über die Methode des richtigen Vernunftgebrauchs* aus dem Jahre 1637, insbesondere das Kapitel »Der Körper als Maschine«. Ihre zeitgemäße Gestalt nehmen solche Vorstellungen vom menschlichen Körper als (zu optimierender) Maschine heute in Konzepten wie »human enhancement« an (vgl. Coenen et al. 2010).
144 Laut einem Bericht der Bioethikkommission aus dem Jahr 2015 sterben in Österreich zirka 70 Prozent der Menschen in einem Krankenhaus oder einem Pflegebeziehungsweise Altenwohnheim.
145 Dieser »Sinnlosigkeit« des Daseins im Kapitalismus entspricht wiederum die nie endenwollende, verzweifelte »Sinnsuche« vieler Menschen – eine Sinnsuche, für die fatalerweise selbst bloß »sinnlose« Sinnsurrogate, vor allem in Gestalt von Konsum, Kulturindustrie usw. zur Verfügung stehen, sodass die Sinnsuche in der Tat nie an ein Ziel kommt und daher immer wieder von Neuem beginnt.
146 Es ist an dieser Stelle nochmals daran zu erinnern, dass der hier verwendete Begriff der Schizophrenie nicht im Sinne einer psychiatrischen Diagnose zu verstehen ist, sondern sich primär auf dessen wörtliche Bedeutung einer »Spaltung des Geistes« oder »Bewusstseins« bezieht. Dass dadurch die im Folgenden zu erörternden sozialpsychologischen Aspekte tendenziell in eine Nähe zu psychischen Störungen und Pathologien gerückt werden, ist dabei nur ein willkommener (und durchaus gewollter) Nebeneffekt der Begriffswahl.
147 Oder aber eine entsprechende Betrachtung erfolgt selbst nur oberflächlich. So bringt etwa Nina Degele Praxen der »Altersverdrängung« phänomenologisch durchaus zutreffend mit einem »körperliche[n] Geist des Kapitalismus« (Degele 2008: 166) in Verbindung. Diese theoretische Bestimmung mündet jedoch nicht in eine systematisch kritische Reflexion des Zusammenhangs von Alter(n), »Altersverdrängung« und kapitalistischer Vergesellschaftung. Generell bleibt unklar, ob Degele der von ihr thematisierten »Altersverdrängung« überhaupt kritisch gegenübersteht – lautet doch ihre zentrale These, dass sich durch die an Jugendlichkeit orientierten Altersverdrängungspraxen eine »neue Generation

von Alternden« ausdrücke, »die sich eine neue Lebensphase kreativ aneignen«. Aus wissenschaftlicher Sicht müsse es laut Degele daher vor allem darum gehen, »nach Brüchen und Umdeutungen zu noch immer vorwiegend negativ getönten Altersbildern (...) zu fahnden« (ebd.), um auf diese Weise Möglichkeiten auszuloten, »Älterwerden neu zu denken« (ebd.: 178).

148 So weisen auch manche sozialkonstruktivistisch orientierten Alter(n)sforscher/innen zu Recht darauf hin, dass *ageism* zwingend einen alternden beziehungsweise gealterten Körper voraussetzt, an dem entsprechende altersdiskriminierende Zuschreibungen sich festmachen können (vgl. prominent Laws 1995). Mag es also keinen gleichsam »natürlichen« alternden Körper geben, der frei wäre von gesellschaftlichen Zugriffen und Konstruktionsprozessen, so gibt es umgekehrt auch keine soziale Konstruktion des Alter(n)s ohne einen physisch alternden Körper.

149 Zur Konkurrenz zwischen Aktivitäts- und Disengagementtheorie siehe oben, Kapitel 4.2. Ausführlicher dazu Katz 1996, 2000.

150 Weniger einsichtig sind hingegen die Schlussfolgerungen, die Andrews aus ihrer Kritik an der vorherrschenden Tendenz zur Alterslosigkeit zieht. Andrews gehört zu jener Riege kritischer Gerontolog/innen, die gegen zunehmende Anti-Ageing-Tendenzen für die Anerkennung des Alters als Lebensphase eigenen Rechts und eigener Dignität plädieren, damit aber auf problematische Weise einer Ontologisierung und Naturalisierung des Alters anheimfallen, die selbst sehr kritisch zu betrachten ist. Dies schmälert allerdings nicht die Plausibilität ihrer Kritik an der gerontologischen und zunehmend gesamtgesellschaftlichen Neigung zu »alterslosen« Selbstkonzepten.

151 Auf den Zusammenhang von Menschenrechten und kapitalistischer Vergesellschaftung hat bereits Karl Marx hingewiesen, der sich wohl als einer der Ersten (und bis heute eher wenigen) darüber gewundert hat, dass der abstrakte »Mensch« der Menschenrechte offenbar mit dem »Bourgeois«, das heißt dem bürgerlich-kapitalistischen Wirtschaftssubjekt identisch ist, während sich die davon verschiedenen Staatsbürgerrechte auf die politische Seite des Bürgers als »Citoyen« beziehen: »Die *droits de l'homme*, die Menschenrechte werden als *solche* unterschieden von den *droits du citoyen*, von den Staatsbürgerrechten. Wer ist der vom *citoyen* unterschiedene *homme*? Niemand anders als das *Mitglied der bürgerlichen Gesellschaft*. Warum wird das Mitglied der bürgerlichen Gesellschaft ›Mensch‹, Mensch schlechthin, warum werden seine Rechte *Menschenrechte* genannt? Woraus erklären wir dieses Faktum? (...) Vor allem konstatieren wir die Tatsache, daß die sogenannten *Menschenrechte*, die *droits de l'homme* im Unterschied von den *droits du citoyen* nichts anderes sind als die Rechte des *Mitglieds der bürgerlichen Gesellschaft*, das heißt des egoistischen Menschen, des vom Menschen und dem Gemeinwesen getrennten Menschen« (Marx 1983b [1843]: 363f., Herv. i. O.). Der sowjetische Rechtstheoretiker Eugen Paschukanis (1929) hat später in seiner Theorie der *Rechtsform* das moderne Recht und insbesondere die Idee angeborener (Menschen-)Rechte ausdrücklich mit dem Fetischcharakter bürgerlich-kapitalistischer Gesellschaften in Verbindung gebracht. Denn diese (in vorkapitalistischen Gesellschaften noch völlig unbekannte) Idee setze voraus, dass das Recht nicht als das wahrgenommen werde, was es tatsächlich sei – nämlich Produkt einer historisch-spezifischen Form von Vergesellschaftung und somit ein durch und durch soziales Verhältnis –, sondern als eine quasi-natürliche Eigenschaft und Qualität des Menschen selbst. Paschukanis spricht in diesem Kontext folgerichtig (und im An-

schluss an den Marx'schen Begriff des Warenfetischismus) von »Rechtsfetischismus«. Den Zusammenhang von moderner Rechtssubjektivität und bürgerlich-kapitalistischer Gesellschaftsform hat Paschukanis auch in folgender Formulierung recht treffend auf den Punkt gebracht: »Das juristische Subjekt (...) ist ein in den Wolkenhimmel versetzter, abstrakter Warenbesitzer« (ebd.: 100). Die kritischen Einsichten von Marx und Paschukanis zusammenfassend ließe sich mithin sagen: Das Subjekt der Menschenrechte ist das bürgerlich-kapitalistische, sich durch Kauf oder Verkauf von Arbeitskraft reproduzierende Wirtschaftssubjekt, und umgekehrt ist auch allein dieses Subjekt (und nur als solches) »Mensch« im menschenrechtlichen Sinne. Auch das hat Marx scharfsichtig wie kein anderer erkannt und zum Ausdruck gebracht, als er feststellte, dass diejenigen, die ihre Haut nicht mehr erfolgreich zu Markte zu tragen vermögen, daher auch folgerichtig nichts anderes zu erwarten hätten als die »Gerberei« (vgl. Marx 1973 [1867]: 191). Wie zutreffend diese Einschätzung ist, könnte heute vielleicht kaum eindrucksvoller vorgeführt werden als etwa durch die zunehmend repressive Behandlung von Arbeitslosen und Sozialhilfeempfänger/innen (Stichwort Hartz IV) oder durch den immer untragbarer werdenden gesellschaftlichen Umgang mit Flüchtlingen (drastische Verschärfung von Asylgesetzen, Mauerbau an Grenzen, Anhaltung von Flüchtlingen in Lagern etc.).

152 Oder höchstens eine Übertreibung, die – mit Günther Anders gesprochen – eine Übertreibung zur Wahrheit hin darstellt, nämlich eine Übertreibung, ohne die die ins Auge gefassten Erscheinungen »unidentifizierbar oder unsichtbar bleiben würden« (Anders 1992: 15).

153 Wenngleich es sich hier durchaus um keine linear zu denkende Verlaufslogik handelt. Wie die Ergebnisse von Hochaltrigenstudien ebenfalls nahelegen, weisen Selbstbezugnahmen hochaltriger Menschen, die bereits sehr stark funktional eingeschränkt und pflegebedürftig sind, darauf hin, dass Pflegebedürftigkeit nicht ausschließlich als unlebbarer Zustand, sondern durchaus auch als nach wie vor lebenswert empfunden werden kann (vgl. ÖPIA 2018: 88 ff.). Allerdings ist bei solchen Personen gewissermaßen der »Kampf« zwischen alterndem Körper und alterslosem Selbst bereits im Wesentlichen zuungunsten des alterslosen Selbst entschieden, ist es mithin erforderlich geworden, das Alter(n) und altersbedingte physische Einschränkungen zunehmend in das Selbstbild und in die eigene Identität zu integrieren. Dieses Selbstbild und die Beurteilung der eigenen Lebenssituation erweisen sich daher zumeist als höchst prekär und fragil.

154 Dies sollte, wie bereits an früherer Stelle angedeutet (siehe oben, Kapitel 4.4), insbesondere solchen Gerontolog/innen zu denken geben, die das Problem der Altersdiskriminierung mithilfe von Menschenrechten zu lösen trachten (z. B. Townsend 2007; Cahill 2018). Wenn die gesellschaftliche Abwertung alter und pflegebedürftiger Menschen bereits in der modernen, »autonom« und »unabhängig« imaginierten Subjektform begründet liegt, deren Unabhängigkeit und Autonomie wiederum assoziativ verknüpft ist mit der Geschäfts- und Rechtsfähigkeit eines bürgerlichen Rechts- und Wirtschaftssubjekts, dann sind Menschenrechte mit ihrer rechtsförmig-abstrakten Vorstellung des »Menschen« selbst ein Teil des Problems, nicht seine Lösung.

155 Nur parenthetisch sei an dieser Stelle, vor dem Hintergrund der oben angedeuteten psychoanalytischen Interpretation des »alterslosen Selbst«, darauf hingewiesen, dass entsprechende gerontologischen Konzepte mit dem Begriff der »Verdrängung« ebenfalls, zumindest implizit, an die psychoanalytische Terminologie anknüpfen.

Aus psychoanalytischer Sicht wäre es dabei aber wahrscheinlich korrekter, von »Altersverleugnung« anstatt von »Altersverdrängung« zu sprechen. »Verdrängung« im psychoanalytischen Sinne meint in erster Linie die Abwehr eines konfliktreichen inneren Wunsches, während sich »Verleugnung« auf die Nicht-Anerkennung eines äußeren Realitätsausschnittes bezieht, was somit also auch dem Impuls, den physischen Alterungsprozess zu negieren, am ehesten entspräche. Insofern erscheint die im englischsprachigen Kontext verwendete Begrifflichkeit eines »age denial« oder eines »denial of ageing« erheblich präziser.

156 Wie etwa Grit Höppner auf der Grundlage empirischer Untersuchungen feststellt, wiegt bei älteren Frauen im Kontext von »Hausarbeit« der Aspekt der Funktionalität stärker als »verschönernde« Körperstrategien (vgl. Höppner 2011: 113). Mit anderen Worten: Die auf den Privatbereich oder Haushalt beschränkte Hausfrau braucht auch im Alter nicht unbedingt »schön« zu sein, sondern muss vor allem »funktionieren«.

157 Dieser hier nur angedeutete Zusammenhang von Dissoziation des Alters und geschlechtlicher Abspaltung müsste freilich in einer eigenständigen Untersuchung noch sehr viel genauer betrachtet werden, als dies an dieser Stelle möglich ist. Zur inferioren »Verweiblichung« des alt gewordenen Subjekts steht auch nicht die zur »Feminisierung« alter Männer gleichsam komplementäre »Vermännlichung« alter Frauen im Widerspruch. Denn deren (sowohl physische als auch charakterliche) »Vermännlichung« ist gleichbedeutend mit dem Verlust all dessen, was ihren ohnehin schon untergeordneten Status als Frauen wesentlich ausmacht. Während Männer im Alter sowohl symbolisch als auch psychologisch zu einer Art weiblichem Wesen mutieren, sind alte Frauen eigentlich nicht einmal mehr das – weder Mann noch wirklich Frau, sondern nur noch ein Wesen von höchst unklarer Gender-Struktur (wenngleich diese auch bei den »verweiblichenden« Männern nur unwesentlich klarer ist). Entsprechend viel Energie müssen Frauen investieren, um ihre Weiblichkeit – und das heißt vor allem Jugendlichkeit, Schönheit und sexuelle Attraktivität – so lange wie möglich zu erhalten.

158 Was diese Veränderungen für das männliche Alter(n) bedeuten, müsste sich in seiner vollen Tragweite erst noch am Alternsprozess der heute jungen bis mittelalten Generation erweisen.

159 »Weltweiter Umsatz von Pfizer mit Viagra in den Jahren 2003 bis 2018 (in Millionen US-Dollar)«, de.statista.com (13. 4. 2019).

160 Erst vor wenigen Jahren, im Sommer 2015, hat in den USA das »Viagra für die Frau« die Zulassung erhalten.

161 Wie treffend der historisch belastete Begriff der »Gleichschaltung« – dieser stammt bekanntlich aus dem Wortschatz des Nationalsozialismus – für die von Anders thematisierte und heute im Transhumanismus einen neuen Höhepunkt erreichende Angleichung der Menschen an ihre technologischen Apparaturen gewählt ist, kann unter anderem an Victor Klemperers Analyse des Gleichschaltungsbegriffs in seiner Abhandlung über die »Sprache des dritten Reichs« (*lingua tertii imperii*, kurz LTI) abgelesen werden: »Es gibt in der LTI keinen anderen Übergriff technischer Wörter, der die Tendenz des Mechanisierens und Automatisierens so nackt zutage treten ließe, wie dieses ›gleichschalten‹. (...) Hier wirkt (...) allein die Gewöhnung, den Menschen zu einem technischen Apparat zu erniedrigen« (Klemperer 2015 [1947]: 176f.). Auch das Verdikt, das Klemperer über die Nationalsozialisten, angesichts ihrer offenen Identifikation von Menschen mit Maschinen, spricht, kann umstandslos auf heutige Verhältnisse und insbesondere auf trans-

humanistische Ideologien übertragen werden: »Eine entgeistigtere Denkart als die sich hier verratende ist unmöglich« (ebd.: 177).

162 Dies geht mittlerweile sogar so weit (dies ist Crarys eigentliches Thema), dass selbst der Schlaf, als vielleicht einziges bislang noch nicht völlig kapitalistisch ausgeschlachtetes Grundbedürfnis des Menschen, zunehmend zum Gegenstand neoliberaler Selbstoptimierungspraxen wird. Nur noch der Schlaf steht einer vollständigen Rund-um-die-Uhr-Verfügbarkeit des Menschen als Humankapital und Konsument im Wege.

163 Dies kann im Übrigen auch daran abgelesen werden, dass transhumanistische Ideen zunehmend gesellschaftliche Verbreitung finden und einiges an Zustimmung erfahren (vgl. Sun/Kabus 2013; Sorgner 2016).

164 Zu dieser Leibfeindlichkeit steht nicht im Widerspruch, dass das (post-)moderne Subjekt, wie wohl noch kein Mensch zuvor in der Geschichte, geradezu besessen ist vom eigenen Leib und sich in diversen, bis ins Esoterische hineinreichenden Formen der »Selbstsorge« der Pflege desselben widmet (gesunde Ernährung, Vegetarismus/Veganismus, Sport, Wellness, Yoga, Qi Gong etc.). Denn was es dabei pflegt, ist in erster Linie sein sozialer Körper beziehungsweise sein Leib als biologischer Träger jenes Sozialkörpers. Deshalb erfüllen viele Selbstsorgepraktiken für das Subjekt stets auch eine wesentliche soziale Distinktionsfunktion im gesellschaftlichen Kampf um Lebenschancen und soziale Anerkennung. Diese erlauben es einem also insbesondere, sich selbst und seine Umwelt seiner »Eigenverantwortung« für die eigene Gesundheit zu versichern und dabei auch seine Identität und »Individualität« gezielt in Szene zu setzen.

165 Die Projektion funktioniert freilich auch in die andere Richtung. Alternde Menschen grenzen sich ja nicht nur von übertriebener, sondern auch von zu wenig »Altersverdrängung« ab. Wenn etwa ein alter Mann aufgrund seines Alters funktional stärker eingeschränkt ist als man selbst, oder wenn eine alternde Frau es unterlässt, sichtbare Alterserscheinung durch individuelle Schönheitspflege zu kaschieren, so bestätigt auch das nur das eigene »Altershandeln« und die damit verbundenen Anstrengungen, das Altern zurückzudrängen und seine alterslose Subjektivität zu bewahren.

166 Sehr instruktiv in diesem Zusammenhang ist der österreichische Dokumentarfilm *Daheim – unsere Zeit im Pflegeheim* (2013, Regie: Ulrich Schwendinger). Dieser Film liefert einen überaus aufschlussreichen Einblick und höchst interessantes empirisches Material über die wohlversorgte Trostlosigkeit des Daseins im Pflegeheim. Praktisch kein Interview, das der Regisseur mit seinen pflegebedürftigen Protagonist/innen führt, in dem auch nur ein negatives Wort über das Heim und über die Pflege und Betreuung, die einem dort zuteil wird, fällt, und in dem nicht dennoch und gleichzeitig immer auch das menschliche Elend durchscheint, das ein Leben im Pflegeheim für die Menschen bedeutet. Hier hat man Menschen vor sich, die so sehr unter der Ödnis und der Langeweile ihres Daseins leiden, dass manche von ihnen offen den Wunsch äußern, möglichst bald zu sterben, oder vor laufender Kamera in Tränen ausbrechen. Selbst wo Äußerungen von Pflegeheimbewohner/innen nicht derart drastisch ihr Leiden zum Ausdruck bringen, ist unmittelbar die Leere spürbar, die das Leben im Heim prägt (etwa wenn minutiös und in einer manchmal geradezu klaustrophobische Beklemmungen auslösenden Art und Weise der immer gleiche Pflegeheimalltag geschildert wird). Bemerkenswert, angesichts der eröffneten Einblicke und der Wirkung, die der Film auf den Zuschauer ausübt, ist, dass dieser offenbar nicht als kritischer Film über

Pflegeheime gedacht war, sondern, ganz im Gegenteil (worauf auch der Filmtitel hinweist), durchwegs um eine »positive Message« bemüht ist. Der Film versteht sich als eine Dokumentation der subjektiven Konstruktionsleistungen von Heimbewohner/innen, mit denen sie das Pflegeheim als ihr »Zuhause« konstruieren. Das Resultat ist freilich ein Film, der eindrucksvoll zeigt, dass die Bewohner/innen im Pflegeheim alles Mögliche sehen, nur nicht ihr »Zuhause«.

167 Generell erscheint es sinnvoll, sich vor Augen zu halten, dass die Selbstverständlichkeit, mit der Pflegetätigkeiten heute professionalisiert und kommerzialisiert stattfinden, historisch noch recht jungen Datums ist und – jedenfalls in dieser Form – auf die fortschreitende Kapitalisierung der Gesellschaft und insbesondere aller zwischenmenschlichen Beziehungen im Spätkapitalismus verweist. Noch im 18. Jahrhundert war der Austausch von Betreuungsleistungen gegen Geld ein wesentlicher Aspekt, der die bürgerliche Geringschätzung von Ledigen begründete, weil diese, in Ermangelung einer Familie, die sich um sie kümmert, im Alter »alles gegen Geld verlohnen müssen« (vgl. Borscheid 1989: 190). Andere für Altenpflegetätigkeiten bezahlen zu müssen, war damals also eher ein Stigma denn Ausdruck von »Autonomie«. Dass der sozial höherstehende Rückgriff auf die Familie für Pflegetätigkeiten freilich vor allem auf der Ausbeutung von Frauen beruhte (und bis heute beruht), braucht an dieser Stelle nicht extra erwähnt zu werden.

168 Darunter leiden nicht nur die unmittelbar von der Pensionierung Betroffenen, sondern oftmals auch deren Ehegatten, insbesondere Ehefrauen: »Männer, die wie Fische auf dem Trockenen liegen, gehen ihren Frauen auf die Nerven und gefährden den Fortbestand ihrer Ehe. Man hat bereits ein neues Krankheitsbild aus der Taufe gehoben, das das Leiden der Ehefrauen unter den ins Haus zurückgekehrten Ehemännern bezeichnen soll: das Retired-Husband-Syndrom (RHS). Männer im Ruhestand werden oft skurril und für die Um- und Mitwelt schwer erträglich.« (Eisenberg 2019)

169 Frei nach dem Motto von Adornos (kapitalismus-)kritischen *Reflexionen aus dem beschädigten Leben*: »Das Leben lebt nicht« (Adorno 2003f. [1951]: 20).

170 Diese und die meisten der folgenden Zitate sind alle dem kurzen, sehr lesenswerten Text *Arbeitszwang und Arbeitsethos* von Claus Peter Ortlieb (2012) entnommen.

171 Häufig ist die Abwertung von Müßiggängern auch mit offen rassistischen Ressentiments verbunden, so etwa im Bild vom »faulen Neger«. Hierzu beispielhaft Kant: »In den heißen Ländern reift der Mensch in allen Stücken früher, erreicht aber nicht die Vollkommenheit der temperierten Zonen. Die Menschheit ist in ihrer größten Vollkommenheit in der Rasse der Weißen. Die gelben Indianer haben schon ein geringeres Talent. Die Neger sind weit tiefer, und am tiefsten steht ein Teil der amerikanischen Völkerschaften« (Kant, *Physische Geographie*, 1802). Ähnlich auch Hegel: »Der Barbar ist faul, und unterscheidet sich vom Gebildeten dadurch, daß er in der Stumpfheit vor sich hin brütet, denn die praktische Bildung besteht eben in der Gewohnheit und in dem Bedürfen der Beschäftigung« (Hegel, *Grundlinien der Philosophie des Rechts*, 1820). Auch diese beiden Zitate stammen aus Ortlieb 2012.

172 Wobei hier der Vollständigkeit halber hinzugefügt werden muss, dass Hannah Arendt ihre Konzeption eines »tätigen Lebens« ausdrücklich im Widerspruch zur modernen Reduktion von Aktivität auf Arbeit und Konsum verstanden wissen wollte. Auch erweist sie sich als überaus sensibel für historische Differenzen hin-

sichtlich kultureller Bedeutungen von »Aktivität«. Gleichwohl ist unübersehbar, dass sie mit ihrer einseitigen Betonung von Tätigsein im Sinne der »vita activa« durchaus auf einer Linie liegt mit der neuzeitlichen und insbesondere modernen Fetischisierung von Aktivität, zumal sie auch dazu neigt, diese zu einem Grundbedürfnis des Menschen schlechthin zu anthropologisieren (dies wird besonders deutlich im englischen Originaltitel ihres Werks: *The Human Condition*). Dies ermöglicht es schließlich heutigen Gerontolog/innen, Arendts Konzept der »vita activa« – ganz entgegen deren (kapitalismus-)kritischen Intentionen – für die wissenschaftliche Begründung eines »aktiven Alterns« zu instrumentalisieren.

173　In der Tat ein Klassiker unter den zahlreichen Altersstereotypen, der sich sogar bis tief in die Gerontologie hinein reproduziert. So ziert zum Beispiel das Cover einer der bekanntesten deutschen Altersstudien, der *Berliner Altersstudie*, ein Foto von vier etwas verloren wirkenden alten Damen und Herren auf einer Parkbank (vgl. Lindenberger et al. 2010).

174　»2012 – European Year for Active Ageing and Solidarity between Generations«, ec.europa.eu (9. 4. 2013).

175　»New paradigm in ageing policy«, ec.europa.eu (November 1999).

176　Bei der folgenden kritischen Erörterung des »aktiven Alterns« handelt es sich im Wesentlichen um eine Zusammenführung verschiedener Argumentationsstränge, die ich bereits in diversen früheren Publikationen entfaltet habe (vgl. Stückler 2016, 2017). An der dort entwickelten Argumentation orientiert sich daher auch die nachfolgende Analyse, punktuell geht sie aber auch darüber hinaus.

177　Auf die bis in die 1950er und 1960er Jahre zurückreichenden Wurzeln des »aktiven Alterns« und insbesondere die große Rolle der Gerontologie bei der Durchsetzung dieses neuen Altersbildes weist zu Recht Matthias Ruoss hin (vgl. Ruoss 2015). Ihm zufolge lässt sich die im gerontologischen Aktivitätskonzept zum Ausdruck kommende Idealisierung von Aktivität im Alter als Versuch der Legitimation der erst in der Nachkriegszeit abgeschlossenen Verallgemeinerung des Altersruhestands verstehen: »Nur durch die (Re-)Produktion beziehungsweise Übertragung zentraler gesellschaftlicher Normen und Werte wie Wirtschaftlichkeit, Gemeinnützigkeit und Produktivität auf das Alter (…) konnte der Ruhestand als sozialpolitische Errungenschaft in kapitalistischen Arbeitsgesellschaften gerechtfertigt werden« (ebd.: 169). Was dabei freilich nicht übersehen werden darf (und in diesem Punkt überstrapaziert Ruoss meines Erachtens sein Argument, mit dem er sich vor allem gegen die verbreitete kritisch-gerontologische Interpretation des »aktiven Alterns« als eines im Kern neoliberalen Programms positioniert), ist, dass gerade darin der zentrale Unterschied zum heute politisch dominanten Active-Ageing-Diskurs besteht. Denn dieser zielt, wie im Folgenden noch zu veranschaulichen sein wird, tendenziell auf eine Delegitimierung des Ruhestandes vor dem Hintergrund des demografischen Wandels und einer sich abzeichnenden Unfinanzierbarkeit der historisch gewachsenen Pensionssysteme.

178　Auch die Unterscheidung zwischen kalendarischem und biologischem Alter ist ein unmittelbares Produkt des gerontologischen Diskurses von den »jungen Alten« und gehört seither zum Kernbestand gerontologischer und alterssoziologischer Einführungen (siehe auch oben, Kapitel 5.3).

179　Der Abbau von Sozialtransfers geht empirisch unter anderem schon deshalb nicht mit einer Verringerung der Sozialausgaben einher, da die operative Umstellung des Sozialstaats auf die Aktivierung seiner Klienten und Klientinnen auch die Unterhaltung eines entsprechenden Verwaltungsapparats erfordert, der diese Aktivierung mit durchaus erheblichem Verwaltungs- und Kostenaufwand umzusetzen hat (siehe etwa die in Deutschland im Zuge von Hartz IV geschaffenen, sogenannten »Jobzentren«). Darüber hinaus produziert die spätkapitalistische, durch neoliberale Maßnahmen wie die Transformation des Wohlfahrtsstaats oder die Deregulierung von Arbeitsverhältnissen zusätzlich verschärfte Prekarisierung von Lebensverhältnissen entsprechend mehr »Sozialfälle«, die wiederum der »aktivierende Sozialstaat« zu verwalten hat.

180 In diesem Punkt der Verlängerung oder Verlagerung von Normen des mittleren Lebensalters ins höhere Alter besteht auch der wahre Kern bereits an früherer Stelle (Kapitel 3.1) erwähnter kritisch-gerontologischer Ansätze, die dergleichen im Sinne eines »age imperialism« verhandeln (Biggs 2004a). Besonders deren Interpretation entsprechender Entwicklungen als neue, aktuelle Form von Altersfeindlichkeit (»new ageism«) ist angesichts des hier Gesagten nur zu unterstreichen. Allerdings neigen Vertreter/innen der Age-Imperialism-These selbst in problematischer Weise dazu, der »Kolonisierung« des Alters durch Normen des mittleren Lebensalters die unbedingt zu verteidigende Dignität des Alters als einer eigenständigen Lebensphase entgegenzuhalten und quasi einzuklagen. Damit verfallen sie tendenziell einer Ontologisierung und Naturalisierung des Alters, die aus einer gesellschaftskritischen Perspektive selbst zu kritisieren ist.

181 Siehe dazu etwa die vom Rat der Europäischen Union herausgegebenen »Leitlinien für aktives Altern«, die primär auf eine längere Beschäftigung von Menschen abstellen (Rat der Europäischen Union 2012: 8–11).

182 Ob ich mit meiner Interpretation des Zitats die Intentionen des Autors treffe, sei dahingestellt. Wenzels Ausführungen lassen sich ohne Weiteres auch im Sinne einer »Ambivalenz« postmoderner Entwicklungen verstehen. Zugleich lässt er aber wenig Zweifel am albtraumhaften Charakter des »jungen Alters« unter den Bedingungen von postmoderner und neoliberaler Entstandardisierung, Flexibilisierung und Prekarisierung. Als »ambivalent« (und damit implizit gegen eine überwiegend negative und kritische Einschätzung derartiger Entwicklungen gerichtet) lässt sich all das meines Erachtens nur solange interpretieren, als man diese Entwicklungen in utopische und albtraumhafte Aspekte gleichsam auseinanderlegt, anstatt diese als das zu betrachten, was sie sind, nämlich zwei Seiten derselben Medaille.

183 »OECD-Studie: Maschinen statt Menschen«, oe1.orf.at (9. 8. 2016).

184 »OECD job markets remain tight though inflation is hitting real wages«, oecd.org (11. 7. 2023).

185 Hierzu auch ein internationales Beispiel: Allein zwischen 1995 und 2002 haben die zwanzig größten Volkswirtschaften der Welt mehr als 31 Millionen Industriearbeitsplätze verloren. Hingegen ist im selben Zeitraum die globale Industrieproduktion um 30 Prozent gewachsen (vgl. Konicz 2016: 30).

186 Amtliche Arbeitslosenstatistiken sind sehr unzuverlässige Datenquellen, wenn es darum geht, einen realistischen Überblick über die tatsächliche Arbeitsmarktsituation zu gewinnen. Deren Aussagekraft hängt bereits wesentlich davon ab, wie Arbeitslosigkeit definiert und operationalisiert wird. So gilt etwa laut *Eurostat*, dem statistischen Amt der Europäischen Union, eine Person im Alter von 15 bis 74 Jahren als erwerbslos, wenn sie in der Berichtswoche der Erhebung ohne Arbeit ist, innerhalb von zwei Wochen eine Arbeit aufnehmen könnte und in den vergangenen vier Wochen aktiv eine Arbeit gesucht hat. Vor allem Letzteres ermöglicht es, Arbeitslose aus der Statistik herausfallen zu lassen, etwa indem man

sie in Schulungen steckt oder sie als Frührentner deklariert. Auch Arbeitslose, die sich mangels Jobchancen aus dem System zurückziehen, werden hier nicht erfasst. Es ist daher davon auszugehen, dass amtliche Erwerbslosenquoten die tatsächliche Arbeitslosigkeit massiv unterschätzen.

187 Gerade die Produzenten digitaler Technologien träumen davon, in absehbarer Zeit die Produktion vollständig automatisieren zu können. Der Technikkonzern *Foxconn* zum Beispiel, einer der weltweit größten Fertigungsbetriebe für elektronische Produkte und mit mehr als einer Million Beschäftigten der größte private Arbeitgeber in China, hat vor einigen Jahren mit der Meldung aufhorchen lassen, innerhalb der nächsten Jahre ganze Fabriken völlig automatisieren zu wollen (*Spiegel*, 31.12.2016).

188 Auch Michael Heinrichs Kritik vermag die These von Kurz nicht zu entkräften, weil sie deren argumentativen Kern gar nicht trifft. Heinrich argumentiert, dass eine Steigerung der Produktivität stets zu einer entsprechenden Steigerung der Mehrwertmasse führen müsse. Damit entgeht ihm gerade die Quintessenz von Kurz' Argumentation: nämlich das Umschlagen einer Tendenz steigender Wertschöpfung durch sukzessive Erhöhung der Produktivität in ein tendenzielles Schrumpfen der gesamtgesellschaftlichen Mehrwertmasse in dem historischen Moment, von dem an die steigende Produktivität mehr Arbeit überflüssig macht, als durch neue Prozess- und Produktinnovationen in den Produktionsprozess absorbiert wird.

189 Das ist aber ohnehin nur einer von vielen kapitalistischen Widersprüchen dieser Art. Der Kapitalismus zerstört ja auch ökologisch beharrlich seine eigenen Lebensgrundlagen (ökologischer Raubbau, Umweltverschmutzung, Treibhausgase etc.).

190 Wenngleich die Automatisierung der Pflege bislang an den damit verbundenen hohen Kosten zu scheitern scheint. Das heißt aber selbstverständlich nicht, dass die Gefahr der Arbeitsplatzrationalisierung in der Pflege damit gebannt ist. Vor allem aber folgt daraus nicht, dass deshalb mit einer groß angelegten »Arbeitsplatzoffensive« in der Pflege gerechnet werden kann. Und wenn doch, fragt sich immer noch, zu welchen Bedingungen. Die Löhne und Arbeitsbedingungen in der Pflege sind ja schon heute kaum zumutbar, weder dem Pflegepersonal noch den Gepflegten. Und auch deren Verbesserung scheitert nicht zuletzt am damit verbundenen Kostenproblem.

191 Ähnliche Überlegungen zirkulieren freilich auch innerhalb des wissenschaftlichen Mainstreams. Hier findet sich das Produktivitäts-Argument vor allem in der Form, dass die Abnahme gesellschaftlich verfügbarer Arbeitskraft infolge des demografischen Wandels durch eine entsprechende Steigerung der Arbeitsproduktivität kompensiert werden müsse (vgl. Arnds/Bonin 2003; Börsch-Supan 2009).

192 Nicht von ungefähr ist das bedingungslose Grundeinkommen ursprünglich eine durch und durch neoliberale Idee. Einer seiner ersten Fürsprecher war der Schutzpatron des Neoliberalismus Milton Friedman, der bereits 1962 in seinem Buch *Capitalism and Freedom* für eine »negative Einkommenssteuer« als Mittel zur Schaffung eines Grundeinkommens plädierte, die sämtliche staatlichen Sozialleistungen ersetzen sollte.

193 Vgl. exemplarisch »Rentner, gebt das Wahlrecht ab!«, taz.de (1.6.2019).

194 Unzutreffend ist daher meines Erachtens auch die Einschätzung von Silke van Dyk, wonach die Verflüssigung von Altersnormen und -identitäten im Sinne eines »jungen und aktiven Alters« als »Ausdruck der Individualisierung gesellschaft-

licher Risiken im Sinne des neoliberalen Zeitgeistes« aufzufassen sei, während die postmoderne Aufweichung und Verflüssigung von geschlechtlichen und sexuellen Identitäten, etwa im Kontext von Transgender-Praktiken, als »subversive Widerständigkeit« (Dyk 2009: 327) gelesen werden könne. Denn ähnlich wie beim Alter korrespondiert auch beim Geschlecht und der Sexualität die Flexibilisierung entsprechender Normen und Identitäten einer allgemeinen Flexibilisierung, Entstandardisierung und Individualisierung im Zuge neoliberaler Restrukturierungen, der diese nicht minder in die Hände spielt wie Diskurse und Praktiken eines »jungen und aktiven Alters« (vgl. in diesem Sinne kritisch Scholz 2011: 157ff.). Womit van Dyk freilich recht hat, ist, dass dies bei den »jungen Alten« sehr viel offensichtlicher ist als bei queer-feministischen und Transgender-Praktiken.

195 Bei Pichler erscheint es mir in diesem Zusammenhang generell problematisch, dass sie das passive Moment in der revoltierenden Anerkennung des Alterns explizit als ein »Nicht-Identisches«, im Sinne der *Negativen Dialektik* Adornos, auffasst. Diese »Nicht-Identität« bestehe demnach darin, dass jene Passivität gleichsam ein Anderes zum gesellschaftlich vorherrschenden und speziell das junge und mittlere Alter prägenden Aktivitäts- und Leistungsfetisch repräsentiere. Eine derartige theoretische Bestimmung läuft aber letztlich darauf hinaus, dem Alter – ähnlich wie es Kritiker/innen des »age imperialism« (Biggs 2004a) tun – bereits per se einen positiven, ontologischen und quasi-natürlichen Status mit eigener Dignität zuzuschreiben, wodurch die moderne Dissoziation des Alters nicht etwa aufgehoben, sondern reproduziert würde. Aspekte des menschlichen Lebens, die nicht in der kapitalistischen Wertform mit ihren Leistungs-, Aktivitäts- und Produktivitätsnormen aufgehen und daraus quasi herausfallen, sind nicht gleichbedeutend mit einem »Nicht-Identischen«, da ihr »Herausfallen« eines aus dem kapitalistischen Wertverhältnis selbst ist, dieses also stets mit dem Wertverhältnis dialektisch vermittelt ist (vgl. Scholz 2011: 124). Nichts anderes gilt für das »dissoziierte Alter« und damit verbundene, den Aktivitäts- und Leistungsnormen des »mittleren Alters« opponierende Seinsweisen und Eigenschaften wie Passivität.